Autoren: Hans Jecht, Svenja Hausener, Dr. Sebastian Decker, Tobias Fieber, Ahmet Gevci, Marcel Kunze, Markus Lichtner, Peter Limpke, Dominik Schulz, Rainer Tegeler, Nadine Wirries

Herausgeber: Hans Jecht, Svenja Hausener

Kaufmann/Kauffrau im E-Commerce

3. Ausbildungsjahr

2. Auflage

Bestellnummer 01885

Zusatzmaterialien zu Kaufmann/Kauffrau im E-Commerce

Für Lehrerinnen und Lehrer:

inkl. E-Book

Lösungen: 978-3-427-01888-9
Lösungen Download: 978-3-427-01887-2
BiBox Einzellizenz für Lehrer/-innen (Dauerlizenz): 978-3-427-85279-7
BiBox Kollegiumslizenz für Lehrer/-innen (Dauerlizenz): 978-3-427-85519-4
BiBox Kollegiumslizenz für Lehrer/-innen (1 Schuljahr): 978-3-427-87745-5

Für Schülerinnen und Schüler:

inkl. E-Book

BiBox Einzellizenz für Schüler/-innen (1 Schuljahr): 978-3-427-01886-5
BiBox Klassensatz PrintPlus (1 Schuljahr): 978-3-427-81469-6-

westermann GRUPPE

© 2022 Bildungsverlag EINS GmbH, Ettore-Bugatti-Straße 6-14, 51149 Köln
www.westermann.de

Druck und Bindung: Westermann Druck GmbH, Georg-Westermann-Allee 66, 38104 Braunschweig

ISBN 978-3-427-01885-8

Vorwort

Die Ausbildung zum E-Commerce Kaufmann/Kauffrau ist sicherlich eine Ausbildung mit großer Zukunft: Der Onlinehandel nimmt stetig zu und macht einen großen Anteil der weltweiten Wirtschaft aus. E-Commerce-Kaufleute werden zukünftig für viele interessante Aufgaben und zielgerichtete Bereiche in Unternehmen des Onlinehandels eingesetzt. Das Interesse an qualifizierten Mitarbeitern in diesem Fachbereich ist daher hoch, und zwar in allen Branchen.

Um die benötigte Handlungskompetenz bei den Schülerinnen und Schülern zu entwickeln, folgt der KMK-Rahmenlehrplan für den neuen Ausbildungsberuf der Lernfeldkonzeption, die das Lernen an berufstypischen Situationen und in vollständigen Handlungen vollziehen lässt.

Als Handlungskompetenz verstehen wir „die Fähigkeit des Einzelnen, sich in beruflichen, gesellschaftlichen und privaten Situationen sachgerecht, durchdacht sowie individuell und sozial verantwortlich zu verhalten" (KMK). Die Schülerinnen und Schüler sollen auf die selbstständige Bewältigung der zunehmend komplizierteren und komplexeren Praxis in den unterschiedlichsten Unternehmen im Bereich E-Commerce vorbereitet werden.

In einem vom neuen Rahmenlehrplan geforderten Unterricht muss ein Schulbuch den von den Lernsituationen ausgelösten Lernprozess

- strukturieren,
- die zur Erreichung der geforderten Kompetenzen notwendigen Inhalte und Methoden darstellen,
- zum Lesen und zum Lernen bewegen und motivieren.

Das vorliegende Schulbuch deckt die Lernfelder 9–12 des dritten Ausbildungsjahres ab:

- Der Schwerpunkt der Ausbildung lag im ersten Jahr überwiegend im Betreiben eines Webshops. Im zweiten Ausbildungsjahr im Service und in der Anwendung des Onlinemarketings. Im dritten Ausbildungsjahr dagegen geht es mehr um Entscheidungen, die mit der Wahl des Vertriebskanals zu tun haben: E-Commerce-Kaufleute müssen sich der unterschiedlichsten Möglichkeiten, Webshops zu betreiben, bewusst sein. Die Schülerinnen und Schüler sollen auch das Zusammenspiel unterschiedlichster digitaler und analoger Vertriebskanäle im Zusammenhang mit Multi-Channel-Konzepten nachvollziehen können. Sie müssen Alternativen zu diesem Vertriebskanal sehen und über ein gewisses Hintergrundwissen im Bereich Hardware und Software verfügen. Auf diese Anforderungen werden die Lernenden im **Lernfeld 9** vorbereitet.

- Eine immense Bedeutung hat im E-Commerce die Steuerung der Geschäftsprozesse bekommen. Diese erfolgt datengetrieben durch Verwendung unterschiedlichster Kennzahlen. Diese müssen ermittelt, analysiert und in Entscheidungen umgesetzt werden können. Dieser Entwicklung trägt das **Lernfeld 10** Rechnung.

- Die Schülerinnen und Schüler arbeiten im E-Commerce in einem der dynamischsten Wirtschaftsbereiche. Volkswirtschaftliche Entwicklungen können hier deshalb sofort positive oder negative Auswirkungen auf Unternehmen und Mitarbeiter haben. Im **Lernfeld 11** wird es den Lernenden ermöglicht, Einflüsse gesamtwirtschaftlicher Rahmenbedingungen und Entwicklungen zu analysieren, deren Auswirkungen auf die wirtschaftliche Situation des Unternehmens zu beurteilen und gegebenenfalls entsprechende Entscheidung zu treffen.

- Vielmehr noch als in stationären Unternehmen verändert sich das Arbeitsumfeld der im Bereich E-Commerce arbeitenden Mitarbeiterinnen und Mitarbeiter ständig und in großen Schritten. Vor diesem Hintergrund bekommt das Arbeiten in Projekten eine immer größer werdende Relevanz. Kompetenzen, Tätigkeiten anders und agiler als herkömmlich in klassischen Unternehmen zu organisieren, werden in Lernfeld 12 vermittelt.

Diese Reihe bildet den neuen KMK-Rahmenlehrplan ab und unterstützt den handlungsorientierten Unterricht, indem sie neben der Darbietung von Fachinhalten auch die Methoden- und Medienkompetenz fördert, die Voraussetzungen für selbstständiges, zielgerichtetes Arbeiten sind. Dieses Schulbuch erfüllt nach unserem Ermessen die Aufgabe einer Informationsquelle, aus der die Schülerinnen und Schüler Lerninhalte entnehmen, die sie zur Lösung umfangreicher Problemstellungen aus den betrieblichen Handlungssituationen benötigen.

Die Schulbuchreihe verwendet durchgehend dasselbe Modellunternehmen – die **Exclusiva GmbH** –, sodass es den Lernenden erleichtert wird, die Strukturen, Prozesse, Phänomene und Probleme abzubilden und nachzuvollziehen, mit denen sie auch in ihrer betrieblichen Praxis konfrontiert werden.

Die einzelnen Kapitel des vorliegenden umfassenden und verständlichen Schulbuchs sind einheitlich gegliedert:

1. **Einstieg:** Jedes Kapitel beginnt mit einer anschaulichen Fallschilderung oder Darstellung, die auf eine Problemstellung des Kapitels hinweist.

2. **Information:** Es schließt sich ein ausführlicher Informationsteil mit einer großen Anzahl von Beispielen und weiteren Veranschaulichungen an.

3. **Aufgaben:** Die Lernaufgaben dienen der Erschließung des Textes und sollen von den Schülerinnen und Schülern mithilfe des Informationsteils selbstständig gelöst werden. Durch Anwendung wichtiger Lern-, Arbeits- oder Präsentationstechniken im Zusammenhang mit dem behandelten Thema werden in weiteren Aufgaben Grundlagen zum Erwerb der beruflich geforderten Handlungskompetenz gelegt.

4. **Zusammenfassung:** Am Kapitelende werden die wesentlichen Lerninhalte in Form einer farblich hervorgehobenen Übersicht als Post-Organizer zusammengefasst. Die Übersicht eignet sich sehr gut zur Wiederholung des Gelernten.

Die übersichtliche Gestaltung der Kapitel, die ausführlichen Erläuterungen der Fachbegriffe, die leicht verständliche Textformulierung und die vielen Beispiele und Abbildungen veranschaulichen die Inhalte ganz besonders, sodass das Lernen wesentlich erleichtert wird.

Der zweispaltige Satz und das breitere Buchformat wurden gewählt, um die Erfassbarkeit des Textes zu verbessern. Das umfangreiche Sachwortverzeichnis am Schluss des Buches soll dem schnellen und gezielten Auffinden wichtiger Inhalte dienen.

Das Autorenteam und der Verlag haben sich in diesem Titel für die Verwendung der weiblichen und/oder männlichen Form entschieden, um die bessere Lesbarkeit der Texte zu gewährleisten und um den noch vorhandenen Berufsbezeichnungen in den Lehrplänen zu folgen. Angesprochen sind selbstverständlich alle Geschlechter.

Vorwort zur 2. Auflage

Seit der 1. Auflage hat es im Bereich E-Commerce verschiedene rechtliche, ökonomische und technische Neuerungen von hoher Relevanz gegeben. Diese wurden eingearbeitet. Ein besonderer Schwerpunkt lag dabei auf der Beachtung verschiedener B2B-Aspekte.

Zudem haben wir die Anregungen und Vorschläge sehr vieler Kolleginnen und Kollegen eingearbeitet. Bei diesen bedanken wir uns explizit.

Wir weisen darauf hin, dass viele weitere multimediale Zusatzmaterialien sowie Aktualisierungen in der BiBox zu diesem Buch enthalten sind.

Frühjahr 2022   Die Herausgeber und Verfasser

Marktplätze Shopsoftware

Webshops Local Commerce

Datenbanken Auktionen

Datenfeeds Schnittstellen

Produktdatenoptimierung

Usability Barrierefreiheit

Disruption

Social Selling Click&Collect

Geotargeting

Netze API

Prozessor Responsivität

Showrooming

Digitalisierung

Lernfeld 9

Online-Vertriebskanäle auswählen

9.1 Die unterschiedlichen Erscheinungsformen von E-Commerce

Einstieg

Pause in der Berufsschule: Ronja Bunko von der Exclusiva GmbH trifft sich mit einigen anderen Mitschülerinnen und Mitschülern auf dem Schulhof. Diese kommen aus den unterschiedlichsten Unternehmen, die aber alle ihre Leistungen über das Internet verkaufen: Maximilian Schulte, Auszubildender bei der Großhandlung Grotex GmbH, Irina Wrede, Auszubildende bei der Hama Maschinenbau AG, Babette Meibaum, Auszubildende bei der die HiBabank, Robin John, Auszubildender bei der Wuppertalia-Versicherung, Domenica Jeltsch, Auszubildende bei dem Tourismusanbieter Goodtours, und Isabell Baxmann, Auszubildende bei der Internet-Veranstaltungsagentur Events&more.

Führen Sie Unterschiede in den Geschäftsprozessen der einzelnen Unternehmen auf.

INFORMATIONEN

E-Commerce gibt es in den unterschiedlichsten Varianten, die in zwei Hauptarten auftreten können.

Die beiden Grundarten des E-Commerce	
Business-to-Consumer (B2C)	Business-to-Business (B2B)
• klassisches Onlinegeschäft zwischen Unternehmen und Endkunden • Verkauf von Waren und/oder Dienstleistungen	• elektronischer Geschäftsverkehr eines Unternehmens mit anderen Unternehmen auf jeder denkbaren Wirtschaftsstufe

Mittlerweile gibt es nahezu keine Wirtschaftsstufe (und dort jeweils keine Branche) mehr, die nicht durch die Digitalisierung verändert wird. Die Unterschiedlichkeit der Formen des E-Commerce liegt an der Vielfalt der Produkte und Branchen, den verschiedenen Handelsformen auf den Wirtschaftsstufen und den dort jeweils verwendeten Technologien. Auch die Kommunikation zwischen den einzelnen Unternehmen in Hinblick auf Logistik, Lagerung und Zahlungsverkehr gewinnt eine immer größere Bedeutung.

Einzelhandel

Entscheidendes Merkmal des Einzelhandels ist, dass er Waren und Dienstleistungen an private Endverbraucher verkauft. Immer wieder hat sich der Einzelhandel im Laufe der Zeit gewandelt. Gerade durch die Entwicklungen des E-Commerce ist der Handel auch jetzt gewaltigen Veränderungen unterworfen.

Handel im Wandel

Im B2C-Segment des E-Commerce können verschiedene Einzelhandelsunternehmen unterschieden werden:

- Statt wie früher über Kataloge zu verkaufen, agieren heute Versandhandelsunternehmen mit Webshops. Solche Einzelhandelsbetriebe verändern also mit dem Vertrieb über das Internet den Vertriebskanal.

- Viele stationäre Einzelhandelsgeschäfte (darunter auch viele kleine), die über Ladengeschäfte verkaufen, legen sich zusätzlich Webshops zu. Sie wenden also das Mehrkanal-Prinzip (Multi-Channel-Prinzip) an und verkaufen jetzt nicht nur über einen Vertriebskanal, sondern über mehrere.

Mono-Channel Kauf:
Beim Kauf verwendet der Konsument lediglich einen Kanal (Online informiert und gekauft oder Offline informiert und gekauft).

Multi-Channel-Kauf:
Beim Kauf nutzt der Konsument einen Kanal zur Information und den jeweils anderen zum Kauf bei einem oder mehreren Händler(n).

Cross-Channel-Kauf:
Vor dem Kauf werden die zur Verfügung stehenden Kanäle eines Händlers übergreifend genutzt, z. B. Click & Collect: Online gekauft und stationär abgeholt.

Anteil der Käufe nach Branchen in Prozent

	MONO-CHANNEL	MULTI-CHANNEL		CROSS-CHANNEL
Fashion & Accessoires	69,6 %	30,4 %	davon	3,9 %
CE/Elektro	48,7 %	51,3 %	davon	6,1 %
Heimwerken & Garten	51,1 %	48,9 %	davon	6,2 %
Wohnen & Einrichten	49,1 %	50,9 %	davon	7,4 %
Freizeit & Hobby	57,2 %	42,8 %	davon	6,5 %

- Darüber hinaus gibt es sehr viele Unternehmen, die nur über das Internet ihre Waren und Dienstleistungen vertreiben („Pure Player"). Es gibt hier nicht nur Webshops, die zu traditionellen Einzelhandelsgeschäften in Konkurrenz treten. Durch Digitalisierung und Internationalisierung sind auch neue Marktteilnehmer hinzugekommen.

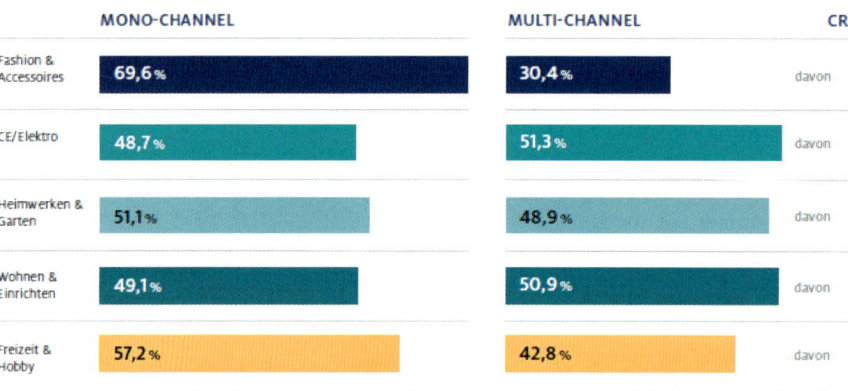

Hersteller, die über ihre eigene Webseite verkaufen — App-Stores und Software-Download-Anbieter — Einzelhändler in anderen Ländern (CrossBorder) — Video- und Musik-Streaming-Dienste — Verbraucher durch C2C-Handel auf Online-Plattformen

Lieferdienste des Einzelhandels

Wer als Einzelhandelsunternehmen seinen Kunden die Warenlieferung anbieten möchte, kann hierfür auf verschiedene Strategien setzen. Hierzu zählen:

- Warenlieferung mit eigenem Lieferdienst: Ein eigener Lieferservice ist für ein Unternehmen eine flexible und sehr schnell umzusetzende Möglichkeit. Es werden lediglich ein Transportfahrzeug und ein Fahrer benötigt, außerdem ein Tourenplanungsprogramm sowie ein Navigationsgerät.

- Kooperation mit benachbarten Geschäften: In manchen Städten schließen sich verschiedene Unternehmen zusammen und betreiben aus wirtschaftlichen Gründen einen gemeinsamen Lieferdienst.

Besonders Lebensmittelgeschäfte stehen in einigen Städten in Konkurrenz zu Express-Lieferservices. Diese entnehmen die Waren aus unterschiedlichen Lagern, die sie in Innenstadtlagen gemietet haben, und versuchen, die Artikel schnell wie möglich (zum Teil innerhalb von 10 Minuten) anzuliefern.

Großhandel

B2C-Angebote des Einzelhandels richten sich an Endverbraucher. Im B2B-Marktsegment, in dem Großhandelsunternehmen auftreten, werden Produkte an Hersteller oder andere Händler verkauft. Händler haben also Geschäftsbeziehungen zu Herstellern, Einzelhändlern oder anderen Großhändlern. Dadurch ergeben sich andere Anforderungen an die jeweiligen Online-Verkaufsbemühungen. Wird bei online auftretenden Einzelhandelsunternehmen versucht, eine große und anonyme Masse – auch auf emotionale Weise – zu erreichen, legen Großhandelsunternehmen eher Wert auf eine direkte und persönliche Ansprache der entsprechenden Verantwortlichen. Diese erfolgt in der Regel informativ und auf Fakten basiert. Es wird viel mehr als im B2C versucht, eine langfristige Beziehung aufzubauen.

Einige Unterschiede zwischen	
B2C	**B2B**
Verkaufsabschlüsse mit einzelnen Käufern	zum Teil mehrere Käufer und Akteure bei jeder Transaktion
Kunden zahlen mit eigenem Geld	Einkäufer (Einkaufsabteilung) zahlen mit Geld des Unternehmens
einfache/einfachere Artikel	komplexe Produkte und Dienstleistungen
vergleichsweise niedriger Wert pro Verkaufstransaktion	hohe Werte
Schneller Abschluss der Verkaufsaktionen	Verkaufsaktionen ziehen sich oft über längeren Zeitraum hin
Kunde trifft oft emotionale Entscheidung	Einkäufer treffen rational begründete Entscheidungen nach vielfältigen Prüfungen (Kalkulation/Nutzwertanalyse/Zahlen des Controllings/Beobachtung der Mitbewerber).
Die Onlinehändler haben vergleichsweise viele Kunden, die aber nur mit relativ geringen Beträgen zum Umsatz beitragen.	Auf diesem Markt auftretende Händler haben relativ wenige Kunden, die allerdings mit hohen Beträgen zum Umsatz beitragen.
Onlinemarketing ist entscheidend für die Absatzförderung	Ein sehr wichtiger Faktor für die Absatzförderung ist das Beziehungsmanagement zu den Ansprechpartnern bei den Kunden.
Der Verkaufsabschluss findet zu Zeiten statt, die dem Kunden passen. Dies kann nachts oder auch am Wochenende sein.	Verkaufsabschlüsse finden zu normalen Geschäftszeiten statt.
Die Unternehmen versuchen, möglichst viele Neukunden zu generieren.	Die meisten Kunden sind Stammkunden. Es gibt wenig Neukunden.
Webshops werden ständig meist nur kurz von wechselnden Interessenten besucht.	Geschäftspartner sind fast jeden Tag im Shop.
Auch wenn Preisdifferenzierungen im B2C auch schon anzutreffen sind, gilt hier für einen Großteil der Angebote, dass Kunden die gleichen Preise sehen.	Im B2B bekommt in der Regel jeder Kunde seinen individuellen Preis.

Im Großhandel erfolgt der Onlineeinkauf (im Gegensatz zu den B2C-Formen) überwiegend noch stationär über Desktops bzw. Laptops. Smartphones spielen hier nur eine geringe Rolle, der Anteil und die Anzahl der Onlineeinkäufe über Webshops und Marktplätze im Großhandel steigen signifikant. Viele der von Großhändlern betriebenen B2B-Shops sind international ausgerichtet. Untersuchungen haben gezeigt, dass von diesen aber nur etwa 15 % mit länderspezifischen Frontends ausgestattet sind. Zu erkennen ist, dass B2C-Standards auf B2B abfärben. Immer wichtiger werden auch hier:

- Bequemlichkeit,
- Schnelligkeit,
- große Auswahl,
- Preistransparenz,
- Verfügbarkeitsübersicht,
- Produktdaten,
- Lieferzeit.

Industrie

Auch die Industrie wird momentan extrem stark von der Digitalisierung erfasst. Man spricht in diesem Zusammenhang von der **Industrie 4.0**: Hier geht es um die Vernetzung von Maschinen, Systemen, Produkten und Prozessen. Zentral ist dabei, dass das Internet Einzug in die Fertigung hält. Neben den Computern, die schon im Rahmen der dritten Revolution in der Fertigung etabliert wurden, findet man nun auch verstärkt vernetzte, autonome Produkte und Entscheidungsprozesse.

Die Industrie 4.0 benutzt das **Internet der Dinge** (Internet of Things, IOT).

Das Internet der Dinge ist ein Netzwerk, das aus zahlreichen sogenannten smarten Objekten besteht, die sich untereinander austauschen. Jedes intelligente Objekt im Internet of Things ist über eine eigene Internetadresse identifizierbar und kann dadurch vom Menschen über das Internet angesprochen werden.

Wichtige Aspekte von Industrie 4.0 sind:

- Die Produkte sind personalisiert: der Kunde kann das Produkt genau so konfigurieren, wie er es benötigt.
- Früher versuchte ein Industrieunternehmen aus ergonomischen Gründen, Artikel nach Möglichkeit in großen Mengen zu produzieren. Nun können auch Produkte mit der Losgröße (= Auflage/Anzahl) 1 wirtschaftlich hergestellt werden.
- In der Industrie 4.0 ist das **predictive ordering** möglich: Das Internet der Dinge liefert große Mengen an Daten. Big-Data-Auswertungsprogramme können nun Prognosen über die Produktion von Gütern abgeben.

BEISPIEL

Das große Internet Versandhaus Omozan analysiert Daten zu Bestellungen und Surfverhalten. Es sagt anhand dieser Daten voraus, dass am kommenden Montag fünf Personen in Hannover einen bestimmten Artikel bestellen werden. Da von diesem Artikel keiner mehr auf Lager ist, wird der Hersteller automatisch informiert. Die Artikel werden produziert und anschließend zur gegebenen Zeit in das nächstgelegene Versandzentrum des Versandhauses (im Prinzip also auf gut Glück) verschickt. Wenn dann mit hoher Wahrscheinlichkeit fünf Personen aus Hannover tatsächlich diesen Artikel bestellen, kann die Lieferung sofort und unmittelbar erfolgen.

Vorhersagen können auch über Störungen und Abläufe in Geschäftsprozessen erfolgen.

BEISPIEL

Hubert Wiederholt arbeitet bei der Intex AG. Sein Smartphone gibt eine Meldung aus: Die Maschine, an der er gerade arbeitet, meldet, dass demnächst ein Teil von ihr endgültig abgenutzt sein wird. Es droht dann ein Maschinenstillstand. Wenn an der Maschine nicht schon eine automatische Nachbestellung für dieses Teil aktiviert ist, kann Hubert jetzt direkt vom Handy bzw. von der Maschine eine Nachbestellung bestätigen. Auch hier liegt eine Form des predictive orderings vor. Die Bestellung geht unmittelbar an den Hersteller. Dabei werden die exakten Daten des Ersatzteils, die über einen im 3-D-Druck hergestellten QR-Code direkt auf dem Produkt gespeichert und vor dem Einbau gescannt wurden, an den Hersteller übermittelt. Der Hersteller der Ersatzteile hat auf der Grundlage einer großen Menge gesammelter Daten über das Ersatzteil (und einem daraus abgeleiteten Zeitraum, in dem der kritische Verschleiß erreicht wird), bereits die Produktionsmittel für das Ersatzteil auf Lager.

Auswirkungen von Industrie 4.0 auf den E-Commerce-Bereich:

- Industrie 4.0 ermöglicht es, individuelle Produkte online zu konfigurieren. Das dahinterliegende ERP-System kann den Auftrag dann direkt an entsprechende Produktionsmaschinen des Herstellers übermitteln. „Internet of Things"-Technologien (Sensoren, RFID-Chips an Produktionselementen bzw. fertigen Produkten) arbeiten eng mit den ERP-Systemen zusammen. Diese sorgen dafür, dass das Produkt erstellt und anschließend in den Lieferprozess eingeschleust wird. Der Prozess von der Bestellung über die Produktion bis zur Lieferung wird effizient gestaltet.
- Die Daten aus den Industrie-4.0-Geschäftsprozessen können erheblich besser ausgewertet werden als früher: Analysen aus E-Commerce- und ERP-Aktivitäten ermöglichen die Vorhersage von Einkaufstrends. Damit kann im Bedarfsfall direkt Einfluss auf die Produktentwicklung bzw. Produktion genommen werden. Im Extremfall können Fertigungsprozesse so gesteuert werden, dass ein individuelles und personalisiertes Produkt exakt zu dem Zeitpunkt fertig ist, wenn der Kunde es bestellt.

BEISPIEL

Die Spindler KG bestellt eine bestimmte Menge eines extra für sie gefertigten personalisieren Produkts. Die Intex AG stellt dieses mit einem 3-D-Drucker her. Gleichzeitig lässt sie über entsprechende Auswertungsprogramme Kunden identifizieren, die von einem solchen Produkt ebenfalls profitieren könnten. Diese erhalten dann automatisiert über das E-Commerce-System eine Empfehlung.

D2C

B2B beschreibt im Allgemeinen die Beziehung zwischen zwei Unternehmen, also zwei juristischen Personen. Deshalb gelten in einem Vertragsverhältnis hier besondere Gepflogenheiten und Gesetze. Typische Verbraucherrechte aus dem B2C wie z.B. das Widerrufsrecht greifen nicht. Lieferung, Reklamation, Zahlung und Zahlart und auch Datenschutz werden anders geregelt. Darüber hinaus sind B2B-Geschäftsbeziehungen auf Langfristigkeit und Vertrauen aufgebaut; die Transaktionen umfassen sehr häufig höhere Summen und Volumen.

Der Vertriebskanal muss die bestehende Geschäftsbeziehung auch online abbilden, denn häufig werden Konditionen vor der Transaktion für einen definierten Zeitraum ausgehandelt und müssen im Onlinekanal hinterlegt sein (Sortiment, Preis, die Liefermenge, Lieferqualität, Zahlart, Reklamation, aber auch Boni bzw. Kick-backs).

Gerade auf der sogenannten letzten Meile, also in puncto Lieferfähigkeit und -geschwindigkeit, Beratung, Finanzierung und Service, ist der Anspruch im B2B deutlich höher als im B2C.

B2B wird auch mit D2C (Direct to Customer) verbunden. Dies ist häufig der Fall, wenn ein Unternehmen als Verbraucher gegenüber dem Hersteller auftritt (geläufig z.B. bei Verbrauchsmaterial wie Schrauben oder Ventilen oder bei Baustoffen). Die Materialien werden von Handwerkern oder Werkstätten gekauft, also eindeutig Unternehmen, die diese dann aber beim Endverbraucher, dem Konsumenten aus dem B2C, verarbeiten oder verbauen.

Dienstleistungsunternehmen

Neben Waren sind auch Dienstleistungen ökonomische Güter, die der Befriedigung menschlicher Bedürfnisse dienen. Es gibt jedoch entscheidende Unterschiede:

- Für Dienstleistungen sind die mangelhafte Dauerhaftigkeit und Lagerfähigkeit kennzeichnend.
- Oft gibt es eine Gleichzeitigkeit von Produktion und Konsum.

Man spricht bei Dienstleistungen auch von **immateriellen Gütern**: Eine Dienstleistung ist generell nicht materiell, also nicht körperlich erfassbar. Ein wichtiges Merkmal immaterieller Güter ist, dass sie nicht auf Vorrat produziert werden können, weil sie immer direkt im Prozess erstellt werden. Für die traditionelle Dienstleistung galt, dass sie nicht an einem Ort erstellt und an einem anderen Ort in Anspruch genommen werden konnte. Mit der Digitalisierung gilt dies aber nicht mehr in jedem Fall.

BEISPIEL

Caroline Görlich aus Hannover lässt sich per Skype von einem Rechtsanwalt aus München beraten.

Im stationären Handel spielen Dienstleistungen schon lange eine immense Rolle. Verschiedene Studien legen aber nahe, dass Dienstleistungen im E-Commerce immer wichtiger werden. Mittlerweile nutzen bereits sehr viele Deutsche Dienstleistungen aus dem Internet.

Im E-Commerce-Bereich werden unterschiedliche Arten von Dienstleistungen (die auch ineinander übergehen können) angeboten:

- **Traditionelle Dienstleistungen, die nun über das Internet angeboten werden:** Diese reichen von Handwerkern über Reinigungskräfte bis hin zu Nachhilfelehrern.
- **E-Services:** Elektronische Dienstleistungen, die die Unternehmen erbringen, ohne dass ein Kunde persönlich anwesend sein muss.

BEISPIELE

- Stephanie Lang bucht bei einem Internet-Reisebüro eine Reise auf die Malediven.
- Christoph Völger liest die lokalen Nachrichten im Onlineauftritt der regionalen Tageszeitung.
- Isabell Baxmann lässt sich über das Internet ärztlich beraten.
- Domenica Jeltsch lässt sich bei einem darauf spezialisierten Webshop individualisierte Kleidungsstücke erstellen.

- Ramon Zamir nimmt an einer Onlineschulung für Steuerfachleute teil.
- Lukas Volkmar überweist per Onlinebanking von zu Hause aus eine Rechnung.

Die Beispiele unterscheiden sich dadurch, inwieweit anbietende Unternehmen die Dienstleistung auf den Kunden zuschneiden (standardisiert oder auf die Einzelperson hin individualisiert) bzw. in welchem Ausmaß eine Interaktion vom Kunden gefordert wird (kaum bis hoch).

BEISPIEL

- **Digitale Güter:** Dies sind alle Waren und Dienstleistungen, die komplett aus Informationen bestehen. Sie können deshalb vollständig über elektronische Netze vertrieben werden.

Digitale Güter		
Content (Inhaltsprodukte)	Vertriebsdienstleistungen	individuelle Beratungsdienstleistungen
• Software • Werbung • Medienprodukte aller Art Dies sind immaterielle Güter, die bisher noch über materielle Träger wie DVDs bzw. CD-ROMs oder über analoge Verteilernetze wie zum Beispiel Fernsehen oder Radio vertrieben wurden.	Verkauf bzw. Vermittlung von • Tickets/Eintrittskarten • Versicherungsverträgen • Mietverträgen (von Wohnungen/Autos usw.) • Wertpapieren	persönliche Beratungsgespräche zu • Verbraucherfragen • Vermögensfragen • Rechtsproblemen • Steuerangelegenheiten

Dienstleister bieten ihre Leistungen in der Regel über einen eigenen Webauftritt (für Dienstleistungen) an. Sie verfügen also über einen eigenen, bei den Suchmaschinen gut platzierten speziellen Webshop, über den sie Kunden informieren und ihre Dienstleistungen anbieten.

Viele solcher Unternehmen sind jedoch auch auf Plattformen vertreten, die das Ziel verfolgen, Anbieter und Nutzer miteinander in Kontakt zu bringen.

BEISPIEL

Der Handwerker Theo Schulte ist neben seinem eigenen Webauftritt noch zusätzlich auf einer Plattform für Handwerker im Internet vertreten. Der Vorteil solcher Plattformen ist, dass das Finden und Buchen von Dienstleistungen hier für Kunden besonders einfach ist. Der Kunde Hendrik Werner sieht dort,

- welche Dienstleistungen von welchen Firmen angeboten werden,

- welche festen Stundensätze diese für bestimmte Tätigkeiten verlangen
- und welche Bewertungen einzelne Unternehmen erhalten haben.

Hendrik Werner hat eine große Auswahl und kann sehr schnell den für ihn passenden Anbieter einer Dienstleistung finden. Die Firmen selbst können sich zielgenau und individuell präsentieren und sich eine über den eigenen Webauftritt hinausgehende Stammkundschaft sichern.

Drei typische Beispiele für Dienstleistungen im E-Commerce

1. Die Tourismusbranche

Gerade in der Tourismusbranche hat es durch das Aufkommen von E-Commerce tiefgreifende Veränderungen gegeben. Innovationen im Internet haben großen Einfluss auf zwei entscheidende Marktmerkmale gehabt:

- **Auf die Distributionsart des Leistungsangebots:** Erfolgte über Jahrzehnte der Vertrieb von Reiseprodukten fast ausschließlich über stationäre Reisebüros, entwickelte sich das Internet sehr schnell zum bedeutendsten Vertriebsweg für touristische Leistungen.
- **Die Wettbewerbsstruktur (Marktteilnehmer):** Zunächst nutzten kleinere innovative Unternehmen (Start-ups) den neuen Online-Vertriebskanal. Dann erkannten auch branchenfremde Unternehmen ihre Chancen und traten als Vermittler von Reiseprodukten auf. Durch den Erfolg solcher Anbieter gerieten die etablierten Reise- bzw. Touristikunternehmen zunehmend unter Druck und kümmerten sich mit großen Anstrengungen ebenfalls um den neuen Vertriebsweg. Als Resultat hat sich ein intensiver Wettbewerb zwischen einer Vielzahl von Unternehmen entwickelt, die durch unterschiedliche Herkunft und Ressourcenausstattung gekennzeichnet sind.

2. Der Bankenbereich

Im Bankenbereich werden fast nur digitale Produkte vertrieben. Eine effiziente Nutzung des Internets ist für viele Banken zur Überlebensfrage geworden. Sie nutzen das Internet nicht nur als Informationsmedium, sondern zunehmend auch als Vertriebsweg. Dies wird dadurch erleichtert, dass sich Bankprodukte als Dienstleistungen fast ohne stoffliche Komponente besonders für den Onlinehandel eignen: Die Produktmerkmale der Artikel können leicht und umfassend beschrieben werden. Über Kennziffern wie etwa Laufzeit über Zinssatz können Kunden schnell und leicht die Angebote von Mitbewerbern vergleichen.

Zu den Leistungen von Banken im Onlinebereich gehören:

- Das Onlinebanking: Onlinebanking ist mittlerweile längst Standard geworden, ohne den eine Bank nicht mehr am Markt bestehen kann. Kunden können ihre Bankgeschäfte bequem über das Internet abwickeln, und zudem hat eine Bank die Möglichkeit, ihnen weitere Produkte zu vermitteln.
- Der Online-Börsenhandel: Der Börsenhandel hat sich in den letzten Jahren durch das Aufkommen des Internets extrem verändert: Kunden der Banken konnten im Rahmen des klassischen Parkett-

handels nur über Makler am Börsengeschehen teilnehmen. Computersysteme der Banken ermöglichen dagegen heute eine sekundenschnelle Verbreitung von Kurzinformationen. Jeder Kunde kann über die entsprechenden Computersysteme des Bankensystems im Rahmen des Online-Brokerage zeitnah und direkt an der Börse auftreten. Immer mehr wird es auch möglich, auf Kursschwankungen während eines Börsentages (sogar innerhalb von nur wenigen Minuten) zu reagieren.
- Das Bankensystem ist in vielerlei Hinsicht an der Entwicklung und Bereitstellung schneller, einfacher und sicherer Bezahlverfahren für E-Commerce-Geschäfte beteiligt.

3. Versicherungen

Noch ist die Anzahl von Versicherungsverträgen, die über das Internet abgeschlossen werden, relativ gering, doch die Tendenz steigt. Die noch vergleichsweise geringe Abschlussrate ist auf die fehlenden Beratungsmöglichkeiten bei komplizierten Versicherungsprodukten zurückzuführen: Je standardisierter die Versicherung ist, desto mehr Angebote von Versicherungen im Internet gibt es.

Versicherungsunternehmen nutzen dennoch im starken Ausmaß das Internet:

- Die Internetseiten dienen der Imageverbesserung.
- Die Kunden erhalten jede Art eventuell gewünschter Informationen (zum Beispiel ausführlichste Produktbeschreibungen).
- Den Kunden wird ein umfassender Service geboten:
  - einige Versicherungen bieten ihren Kunden Zugriff (über Passwort) auf sämtliche abgeschlossene Versicherungen.
  - Bei fast allen Versicherungsunternehmen kann ein Kunde über das Internet Termine vereinbaren.
  - Bei vielen Versicherungen ist eine Schadenmeldung über das Internet möglich.

Logistikunternehmen

Fast jeder Bereich des E-Commerce steht in Verbindung mit Logistikunternehmen: Dadurch verändert sich die logistische Wertschöpfungskette.

Sowohl im B2B-Bereich (Hersteller und Einzelhandel) als auch im B2C-Bereich (Handel und Endkunden) gestalten sich die Geschäftskontakte zunehmend direkter. Es gibt weniger Zwischenstationen bei der Warenauslieferung: Der Transport von Waren erfolgt kundenorientiert. Wer-

Hinter der Auslieferung einer Onlinebestellung eines Kunden stecken viele Aktivitäten entlang der Logistikkette von der Belieferung des Lagers bis zur Aushändigung an den Käufer.

den im Rahmen einer E-Logistik alle handelnden Akteure und die von ihnen abhängenden Prozessketten effizient miteinander verzahnt, wird es Effekte auf Logistik und Verkehr geben:

- Onlinekäufe, bei denen direkt nach Hause geliefert wird, ersetzen private Einkaufsfahrten. Die Auslieferung online gekaufter Waren erfolgt jedoch häufig in Form kleinteiliger Sendungen. Da diese an eine Vielzahl wechselnder Empfänger verteilt werden müssen, nimmt die Zahl der Fahrten mit kleineren Auslieferungsfahrzeugen zu. Weil zudem über größere Entfernungen bestellt und geliefert wird, verlängern sich zudem die Transportzeiten. Es kommt zu einer gewissen Verkehrszunahme.

- Die Auslieferung von Sendungen an private Haushalte ist mit hohen Kosten und Problemen verbunden. Vor diesem Hintergrund sollte die zukünftige Verkehrsentwicklung mit einer Verbesserung der Effizienz der Belieferungssysteme beeinflusst werden.

- Die Logistikunternehmen sehen sich im Hinblick auf E-Commerce momentan durch mehrere Entwicklungen herausgefordert: Da die deutschen Kunden immer mehr im Internet bestellen, kommen die Logistikunternehmen mit der Auslieferung kaum noch hinterher.

BEISPIEL

Der größte deutsche Paketdienst fährt an nur einem Tag der Weihnachtszeit über 11 Millionen Pakete aus.

Die Paketdienste investieren vermehrt und kontinuierlich in Personal, Fahrzeuge, Umschlagsinfrastruktur und innovative Zustellkonzepte durch:
- Werben um neue Paketzusteller. Die KEP-Dienste können momentan gar nicht so viele Zusteller finden, wie benötigt werden.
- stärkere Automatisierung der Verteilerzentren,
- Unterstützung der Paketboten durch Roboter.

- Deutsche Kunden haben hohe Ansprüche an die Auslieferung. Sie erwarten, dass diese möglichst gratis nach Hause erfolgt. Diese Auslieferung an die Haustür gibt es nicht in jedem Land. Vor diesem Hintergrund überlegen verschiedene Paketdienste und Unternehmen, Strategien der Mehr-Klassen-Zustellung auszuprobieren: Gratis oder nur für einen geringen Preis soll nur noch an Paketstationen geliefert werden, weil nur dieses für die Unternehmen wirtschaftlich ist. Eine Haustürlieferung soll der Kunde extra bezahlen. Dieses Auslieferungssystem lässt sich noch weiter ausdifferenzieren, etwa in „Standardversand mit etwa dreitägiger Lieferzeit" oder den kostspieligeren Erhalt der Sendung am nächsten Tag.

- Ein weiterer Flaschenhals bei der Auslieferung ist das **Problem der letzten Meile** (last mile): Es geht hier um die letzten Schritte des Transports bis zur Haustür des Kunden, bis dieser seine Ware in den Händen halten kann. Ein Hauptaspekt des Problems der letzten Meile liegt in den gestiegenen Kundenanforderungen und dem geänderten Konsumentenverhalten in Zeiten des E-Commerce und Mobile Shopping: Die Kunden bestellen vermehrt Waren vom heimischen PC bzw. von unterwegs direkt an ihre Haustür. Damit werden die ausliefernden Unternehmen vor enorme Herausforderungen hinsichtlich ökonomischer Tourenplanung und Paketzustellung gestellt. Die ausliefernden Paketdienste sind zunächst einmal bestrebt, die Warensendungen so zu bündeln, dass kurze, schnelle und effiziente Auslieferungstouren geplant und durchgeführt werden können. Damit sollen die Zustellkosten so niedrig wie möglich gehalten werden. Schwierig ist aber die Einschätzung des Kundenverhaltens und dabei vor allem der Zeiten, an denen die Kunden bereit sind, ihre Pakete auch anzunehmen. Oft ist der Paketbote vor der Tür des Kunden, dieser aber nicht da. Durch die dadurch verursachte Wiederholung der Zustellung werden erneute Kosten verursacht.

Die einfachsten Strategien der Paketdienste zur Lösung dieses Problems sind:
– die Abgabe der Sendung bei einem Nachbarn. Dort holt der Empfänger später seine Ware ab.
– die Ablage des Pakets an einem vereinbarten Ort.

Weiterhin wird versucht, den Kunden zur Ware zu bringen. In die Nähe viel besuchter Orte (Geschäf-te/Tankstellen usw.), die der Kunde mit einer hohen Wahrscheinlichkeit sowieso aufsucht, gibt der Paketbote nicht zugestellte Warensendungen ab. Der Kunde kann dann später von solchen Paketshops seine Warensendungen mitnehmen. Diese Paketshops sind oft rund um die Uhr geöffnet. Prinzipiell ähnlich funktionieren Paketschließfächer, die der Kunde anmieten kann. In Pilotprojekten wird auch die Zustellung in den Kofferraum der Kundenautos erprobt.

Zur Vermeidung eines Nicht-Antreffens von Kunden wird die Kommunikation zwischen den KEP-Diensten und den Empfängern gesteigert:
– Für die Paketdienste ist schon die Vereinbarung über gewünschte Nachbarn oder Ablagepunkte eine deutliche Arbeitserleichterung und Zeitersparnis.
– Zur Tourenplanung gibt der Paketdienst dem Empfänger schon bei der Bestellung ein Liefer-Zeitfenster an.
– Das Logistikunternehmen lässt Kunden ihre Telefonnummern bei sich hinterlegen: Bei nicht erfolgreicher Anlieferung kann sogleich ein alternativer Termin vereinbart werden.

AUFGABEN

1. Was ist das Merkmal des Einzelhandels?
2. Welche Arten von Einzelhandelsgeschäften können im B2C-Segment des E-Commerce unterschieden werden?
3. Erläutern Sie die Begriffe
   a) Mono-Channel-Kauf
   b) Multi-Channel-Kauf
   c) Cross-Channel-Kauf
4. Führen Sie Beispiele auf für Unternehmen, die neuerdings im B2C-Segment als neue Marktteilnehmer hinzugekommen sind.
5. Welche Unterschiede bestehen zwischen Einzelhandels- und Großhandelsunternehmen?
6. Geben Sie mindestens neun Unterschiede zwischen B2C und B2B an.
7. Was versteht man unter der Industrie 4.0?
8. Erläutern Sie den Begriff „predictive ordering".
9. Welche Auswirkungen hat Industrie 4.0 auf den E-Commerce Bereich?
10. Unterscheiden Sie Waren und Dienstleistungen.
11. Welche Arten von Dienstleistungen werden im E-Commerce-Bereich angeboten?
12. Führen Sie Beispiele für digitale Güter auf.
13. Auf welche Weise treten Logistikunternehmen im E-Commerce-Bereich auf?

ZUSAMMENFASSUNG

9.2 Möglichkeiten des Onlinevertriebs im stationären Einzelhandel und im Versandhandel

Einstieg

Andreas Seeger ist aktuell in der Verkaufsabteilung bei Frau Wollny eingesetzt.

Frau Wollny:

„Herr Seeger, Sie haben ja vielleicht mitbekommen, dass wir über die Möglichkeit des Onlinevertriebs für die Exclusiva GmbH nachdenken. In dieser Angelegenheit sollen Sie mich nun unterstützen."

Andreas Seeger:

„Ja, ich habe davon gehört, dass der Onlinevertrieb stark ausgeweitet werden soll."

Frau Wollny:

„Sehr schön. Das hatte ich gehofft. Wir müssen über diese neue Vertriebsform nachdenken, damit wir unsere Waren zeitgemäß an die Kunden bringen. Das Potenzial des Onlinehandels ist riesengroß und wir nutzen es derzeit gar nicht. Streng genommen haben wir den richtigen Zeitpunkt für den Einstieg in den Onlinevertrieb schon verschlafen."

1. Geben Sie an, welche Vertriebsformen die Exclusiva GmbH aktuell nutzt.

2. Welche weitere Vertriebsform soll in Zukunft zusätzlich genutzt werden?

3. Erläutern Sie begründet, welche Hoffnungen sich für die Exclusiva GmbH an die Ausweitung der Vertriebskanäle knüpfen.

INFORMATIONEN

Der (Einzel-)Handel passt sich ständig an die Anforderungen der Kunden an. Er befindet sich somit in einem stetigen Wandel. Im Laufe der Zeit haben sich viele Formen des Einzelhandels bewährt. Allerdings kommen ständig neue Formen hinzu. Einige Betriebsformen verlieren an Bedeutung oder verschwinden sogar ganz.

In der jüngeren Vergangenheit haben viele Unternehmen durch den Onlinevertrieb eine Möglichkeit gefunden, den Einkauf für die Kunden noch leichter zu gestalten. Der Onlinehandel (zumeist als eine Form des Versandhandels) hat dementsprechend insgesamt sehr stark an Bedeutung gewonnen. Die Händler bieten hierbei ihre Waren im Internet zum Kauf an. Die Kunden können die Bestellung bequem von zu Hause im Onlineshop oder auf virtuellen Marktplätzen (z. B. Amazon, eBay) vornehmen.[1] Die Bestellung wird sofort übermittelt, die Zahlung in der Regel direkt und bequem am Computer abgewickelt. Die bestellte Ware ist häufig innerhalb von

---

[1] Die verschiedenen Arten des Onlinevertriebs werden in den folgenden Kapiteln genauer dargestellt. In diesem Kapitel wird lediglich der eigenständige Onlinevertrieb auf der eigenen Homepage betrachtet. Der Vertrieb über Dritte, z. B. Amazon und eBay, bleibt hier unberücksichtigt.

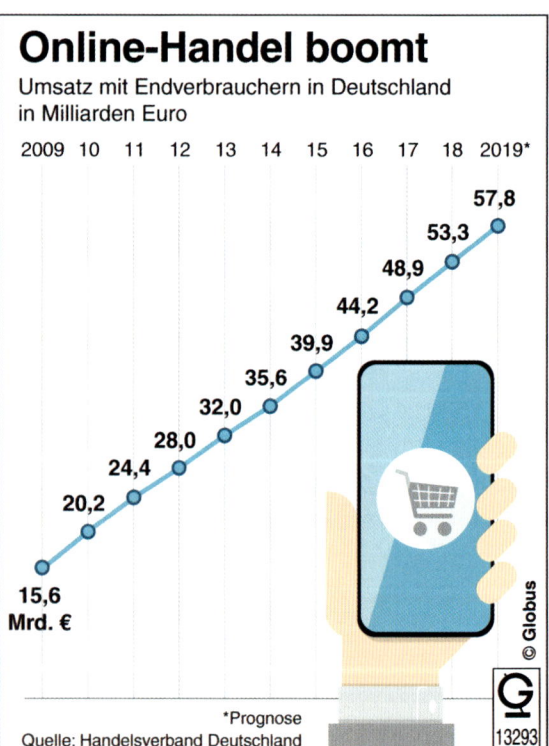

Online-Handel boomt

Umsatz mit Endverbrauchern in Deutschland in Milliarden Euro

| 2009 | 10 | 11 | 12 | 13 | 14 | 15 | 16 | 17 | 18 | 2019* |

57,8
53,3
48,9
44,2
39,9
35,6
32,0
28,0
24,4
20,2
15,6 Mrd. €

© Globus

*Prognose
Quelle: Handelsverband Deutschland

13293

wenigen Werktagen beim Abnehmer. Gegen Aufpreis bieten Online-Versandhändler einen Service an, der eine Lieferung am nächsten Werktag garantiert.

Stationärer Handel und Onlinevertrieb (Eignung und Bedeutung)

Klassischerweise spricht man von Betriebsformen des Handels. Eine Betriebsform ist durch die Art und Weise gekennzeichnet, in der das Unternehmen mit dem Kunden in Berührung tritt. Die Unterscheidung der einzelnen Betriebsformen ist in der Praxis manchmal nicht eindeutig möglich. Dies liegt daran, dass manche Einzelhändler die Eigenschaften von mehreren Betriebsformen in ihrem Unternehmen verbinden. Die Unternehmen in den unterschiedlichen Betriebsformen des Handels setzen aufgrund des Potenzials verstärkt auf den Onlinevertrieb.

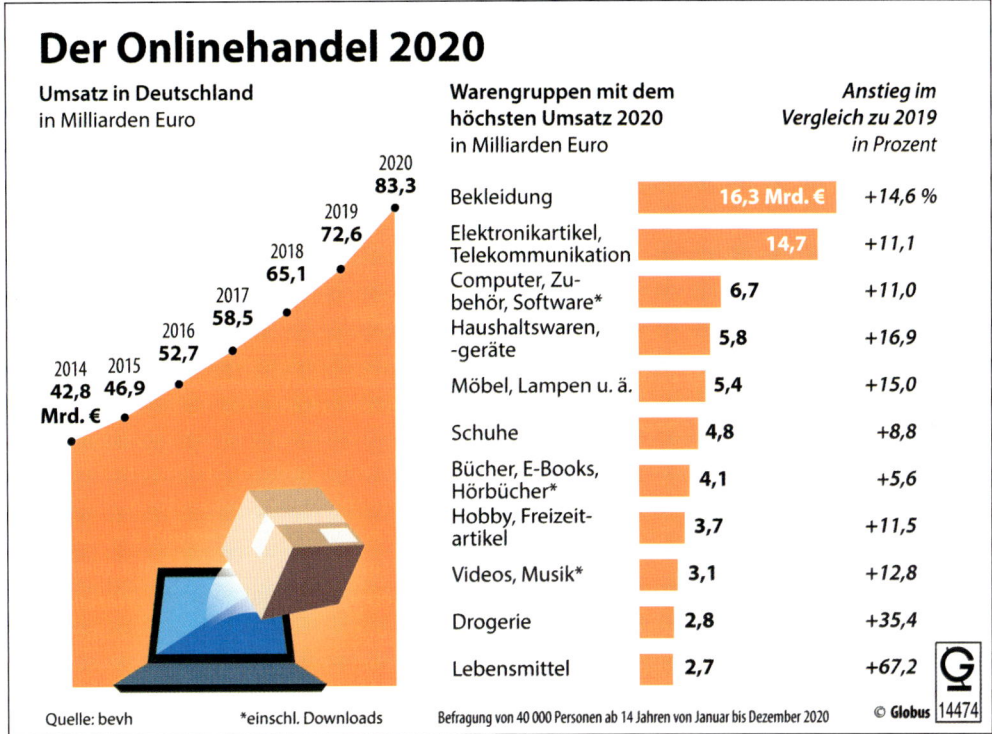

Der Onlinehandel 2020

Umsatz in Deutschland in Milliarden Euro

Jahr	Umsatz
2014	42,8 Mrd. €
2015	46,9
2016	52,7
2017	58,5
2018	65,1
2019	72,6
2020	83,3

Warengruppen mit dem höchsten Umsatz 2020 in Milliarden Euro — **Anstieg im Vergleich zu 2019** in Prozent

Warengruppe	Umsatz	Anstieg
Bekleidung	16,3 Mrd. €	+14,6 %
Elektronikartikel, Telekommunikation	14,7	+11,1
Computer, Zubehör, Software*	6,7	+11,0
Haushaltswaren, -geräte	5,8	+16,9
Möbel, Lampen u. ä.	5,4	+15,0
Schuhe	4,8	+8,8
Bücher, E-Books, Hörbücher*	4,1	+5,6
Hobby, Freizeitartikel	3,7	+11,5
Videos, Musik*	3,1	+12,8
Drogerie	2,8	+35,4
Lebensmittel	2,7	+67,2

Quelle: bevh   *einschl. Downloads   Befragung von 40 000 Personen ab 14 Jahren von Januar bis Dezember 2020   © Globus 14474

Als stationären Einzelhandel bezeichnet man die Betriebsformen des Einzelhandels, die den Kunden ihre Leistungen an dauerhaft festgelegten Standorten anbieten.

- **Warenhaus**
  Warenhäuser sind großflächige, meist mehrstöckige Geschäfte, die den Kunden eine große Vielfalt von Artikeln anbieten. Auch eine Lebensmittelabteilung ist häufig in Warenhäusern eingegliedert. Das Warenhaus bietet seinen Kunden ein großes, breites und tiefes Warensortiment. Ein Warenhaus befindet sich meist in zentraler Lage von größeren Städten. Die meisten Warenhausketten bieten ihren Kunden die Waren auch im Internet über einen Onlineshop an. Die Kunden können dann zumeist wählen, ob sie den Versand nach Hause oder in die nächstgelegene Filiale wünschen. Letztere Alternative ist kostengünstiger. Große Warenhausketten sind zum Beispiel Kaufhof, Breuninger und Karstadt.

- **SB-Warenhaus**
  Das SB-Warenhaus ist ein großflächiges Einzelhandelsgeschäft, das den Kunden sämtliche Artikel des täglichen Gebrauchs ebenso wie Lebens- und Genussmittel anbietet. Eine weitere Bezeichnung für diese Betriebsform ist Hypermarkt. Im Gegensatz zum Warenhaus stehen die Serviceleistungen bei dieser Betriebsform nicht so sehr im Vordergrund. Die Waren

werden weitgehend in Selbstbedienung angeboten. Das SB-Warenhaus bietet seinen Kunden eine große Sortimentsbreite. SB-Warenhäuser befinden sich häufig in Randlagen von Städten. Sie sind gut mit dem Auto zu erreichen und bieten zahlreiche eigene Parkflächen. Beispiele für SB-Warenhäuser sind Kaufland, real und Marktkauf. Auch die REWE-Center oder E-Center (Edeka) sind als SB-Warenhäuser anzusehen. Die E-Commerce-Strategie der SB-Warenhausketten ist völlig unterschiedlich. Edeka und REWE bieten ihren Kunden die Waren auch im Internet über einen Onlineshop an. Die Kunden können zwischen Versand oder Filialabholung wählen. Kaufland und Marktkauf informieren online lediglich über die aktuellen Angebote der einzelnen Filialen. Ein Onlineshop existiert nicht.

- **Kaufhaus**

Ein Kaufhaus ist ein Einzelhandelsgeschäft, welches die Waren einer bestimmten Warengruppe (oder nur weniger Warengruppen) in einer sehr großen Sortimentstiefe anbietet. Innerhalb der angebotenen Warengruppe wird nahezu ein Vollsortiment geführt. Die Kunden können also nahezu jeden Artikel der Wa-

rengruppe in jeder erdenklichen Qualität, Preislage und Ausführung erwerben. Ein Kaufhaus verfügt über qualifiziertes Personal und bietet zum Teil auch weitere Dienstleistungen an. Die Kaufhäusern bieten ihren Kunden in der Regel die Waren auch im Internet über einen Onlineshop an. Die Kunden können zwischen Versand oder Filialabholung wählen. Beispiele für Kaufhäuser sind C & A und Peek & Cloppenburg.

- **Verbrauchermarkt**

Ein Verbrauchermarkt ist ein Einzelhandelsunternehmen mit einer großen Sortimentsbreite im Bereich von Nahrungs- und Genussmitteln. Die Waren werden vornehmlich in Selbstbedienung angeboten. Der Verbrauchermarkt unterscheidet sich insbesondere durch seine geringere Größe vom SB-Warenhaus. Außerdem ist das Non-Food-Sortiment zumeist sehr klein. Verbrauchermärkte haben in der Regel eine eigene Homepage. Auf der Homepage werden aktuelle und zukünftige Angebote veröffentlicht. Ferner erhält der Kunde generelle Informationen (über Anfahrt, Öffnungszeiten, Services usw.) zum Markt. Durch das kleinere Sortiment im Non-Food-Bereich verfügen Verbrauchermärkte im Vergleich zu SB-Warenhäusern seltener über eigene Onlineshops. Eine konkrete Aussage lässt sich jedoch nicht treffen. Die Märkte befinden sich verkehrsgünstig in Stadtrandlagen.

- **Fachmarkt**

Als Fachmarkt wird ein Einzelhandelsbetrieb bezeichnet, der sich auf das Angebot von Waren einer bestimmten Branche im Non-Food-Bereich spezialisiert hat. Der Fachmarkt befindet sich meist in Stadtrandlagen und zeichnet sich durch verhältnismäßig wenig Personal aus. Fachmärkte sind in der Regel als Fachmarktkette organisiert. Die

Top 10 der größten Unternehmen im Lebensmittelhandel in Deutschland (2020)

Nettoumsatz[1] in Milliarden Euro

Unternehmen	Nettoumsatz
Edeka	42,20
Rewe	28,64
Lidl	21,60
Aldi Süd	16,40
Netto Marken-Discount	14,55
Kaufland	13,46
Aldi Nord	12,20
Penny	8,05
Real	6,80
Bartels-Langness	4,31

[1] Nettoumsatz Lebensmitteleinzelhandel ohne Gastronomie und Fachmärkte; Werte teilweise geschätzt.

Quelle: EHI Retail Institute   EHI handelsdaten.de   EHI Retail Institute

Fachmarktkette bietet ihren Kunden die Waren meist auch im Internet über einen Onlineshop an. Kunden können zwischen Versand oder Filialabholung wählen. Ein zusätzlicher Service ist häufig, dass die Verfügbarkeit bestimmter Produkte in einem bestimmten Markt, den der Kunde auswählt, geprüft werden kann. Kunden können dann in den Markt fahren und das Produkt kaufen. Teilweise kann man auch direkt im Onlineshop den Kauf bei einer bestimmten Filiale tätigen. Der Artikel wird dann im Markt kurzfristig zur Abholung bereitgestellt. Dies ist insbesondere dann ein Vorteil, wenn der Kunde sich ein bestimmtes Angebot sichern will, aber nicht sofort in den Markt fahren kann. Beispiele für Fachmärkte sind Hornbach, Obi, Media-Markt.

• Fachgeschäft

Im Gegensatz zum Fachmarkt bietet das Fachgeschäft eine qualifiziertere fachliche Beratung durch verhältnismäßig mehr Personal. Fachgeschäfte befinden sich zumeist in den Innenstädten. Durch die hohen Standortkosten und die große Konkurrenz durch die Fachmärkte müssen viele Fachgeschäfte schließen. Viele Fachgeschäfte haben allerdings ihr Einzugsgebiet durch einen eigenen Onlineshop oder durch den Vertrieb über Amazon oder eBay stark ausgeweitet. Durch das Onlinegeschäft werden oft große Umsätze erzielt, die die Wirtschaftlichkeit des Geschäftsbetriebes gewährleisten.

• Supermarkt

Der Supermarkt ist eine kleine Form von Verbrauchermärkten und SB-Warenhäusern. Es werden in der Regel Produkte des täglichen Lebens angeboten (Lebensmittel, Drogerieartikel, Genussmittel). Der Supermarkt dient in der Praxis häufig der Nahversorgung in einem Stadtviertel, oder einem Dorf. Bei einer Größe unter 800 m² wird von einem Supermarkt gesprochen. Supermärkte bieten ihren Kunden die Waren vereinzelt auch im Internet über einen Onlineshop an. Die Kunden haben die Möglichkeit, online einen Einkauf zu tätigen. Sie können diesen dann in der Filiale zu einer gewünschten Zeit abholen oder sich gegen Aufpreis (in der Regel durch den firmeneigenen Lieferservice) nach Hause bringen lassen.

• Discounter

Als Discounter werden Einzelhandelsgeschäfte bezeichnet, die auf einer geringen Verkaufsfläche ein Warensortiment anbieten, welches eine geringe Tiefe und Breite aufweist. Die Verkaufsfläche wird intensiv genutzt. Die Warenpräsentation ist einfach gehalten. Im Vordergrund steht die Idee, den Kunden das überschaubare Sortiment kostengünstig anzubieten. Um dieses Ziel zu erreichen, werden viele Eigenmarken angeboten. Teure Herstellermarken werden nicht so häufig angeboten. Der Servicegedanke steht im Hintergrund. Die E-Commerce-Strategien der Discounter in Deutschland unterscheiden sich stark. Lidl und Penny bieten ihren Kunden einen Teil der Waren (in der Regel Non-Food Sortiment) auch im Internet über einen Onlineshop an. Die Ware wird dem Kunden dann über Standardversand nach Hause geliefert. Eine Filialabholung ist zumeist nicht vorgesehen. Bei den meisten anderen Discountern, z. B. Aldi Nord und Süd, existiert ein Onlineshop nicht. In den USA treten insbesondere Lidl und Aldi im E-Commerce anders auf (vgl. Artikel). Beispiele für Discounter sind Aldi, Lidl, Netto, Penny. Eine Unterform der Discounter stellen die Fachdiscounter dar. Diese bieten ein branchenspezifisches Warensortiment in geringer Tiefe und Breite zu geringen Preisen an, z. B. KiK, trinkgut, Fressnapf.

Discounter – Wie Lidl und Aldi in den USA mit der Digitalisierung experimentieren

Lidl und Aldi haben sich in den USA mit Start-ups verbündet, die Lebensmittel nach Hause liefern. Finanziell lohnt sich das – anders als in Deutschland.

Düsseldorf. In Deutschland verweigern sich die Discounter dem E-Commerce mit frischen Lebensmitteln komplett. Lidl hat seinen fertig entwickelten Onlinedienst „Lidl Express" vor einem Jahr kurz vor dem Start wieder gestoppt. Konkurrent Aldi meidet den Onlinehandel schon traditionell, und auch Penny oder Netto beschränken sich im Netz auf den Handel mit Aktionsware.

In den USA dagegen überbieten sich Aldi und Lidl mit Experimenten bei Onlinelieferdiensten. Beide haben sich mit Start-ups verbündet, die ihren Kunden Lebensmittel aus den Geschäften direkt an die Haustür liefern.

So kooperiert Lidl mit dem Unternehmen Shipt. Es begann im Oktober 2017 mit einem Pilotprojekt im US-Bundesstaat South Carolina und wurde seitdem ständig ausgeweitet. Zunächst kam North Carolina dazu, in diesem Jahr dann vier weitere Städte in Virginia. Damit erreicht Lidl über diesen Service potenziell mittlerweile 1,2 Millionen Haushalte. Ab Juni soll auch in Georgia ausgeliefert werden.

Einfaches Prinzip

Das Prinzip des Liefer-Start-ups ist simpel: Kunden bestellen die Waren auf der Website von Shipt, selbstständige Einkäufer besorgen die Produkte im Laden und bringen sie noch am gleichen Tag ins Haus. Die Lidl-Geschäfte gehörten zu den Lieblingssupermärkten der Kunden, begründete Bill Smith, Gründer und Vorstandschef von Shipt, den Ausbau der Zusammenarbeit.

Finanziell funktioniert das, weil die amerikanischen Kunden im Gegensatz zu deutschen Konsumenten bereit sind, für den Service extra zu bezahlen. So kostet die Jahresgebühr für Shipt 99 Dollar. Als zusätzlichen Anreiz mussten Lidl-Kunden zum Start für den Dienst jedoch nur 49 Dollar zahlen.

Nicht viel anders funktioniert der E-Commerce beim Konkurrenten Aldi, der sich jedoch den konkurrierenden Lieferdienst Instacart als Partner ausgesucht hat. Der Discounter hat den Dienst zunächst bei Pilotprojekten in Atlanta, Dallas und Los Angeles getestet. Im März hat er die Zusammenarbeit ausgeweitet auf 200 Filialen in Chicago und Umgebung.

Experten halten diese Kooperationen für eine gute Idee, bietet doch der Onlinehandel mit Lebensmitteln in den USA beste Perspektiven. Nach einer gerade veröffentlichten Studie des internationalen Handelsforschungsinstituts IGD soll der Onlinehandel mit Lebensmitteln in den USA bis zum Jahr 2022 um 129 Prozent zulegen. „Lieferplattformen wie Instacart und Shipt spielen eine führende Rolle in diesem Kanal", sagt IGD-Analyst Stewart Samuel. Sie böten den Händlern die Möglichkeit, in diesem Segment rasch zu expandieren.

Doch ob diese Möglichkeiten Aldi und Lidl auf Dauer offenstehen, ist fraglich. Denn je erfolgreicher die Lieferdienste sind, desto größer ist die Gefahr, dass sie von einem großen Händler aufgekauft werden. Instacart ist noch unabhängig, doch Shipt ist bereits von der Supermarktkette Target übernommen worden. Und wie lange die bereit sind, die deutsche Konkurrenz zu unterstützen, ist ungewiss.

Quelle: Kolf, Florian: Discounter – Wie Lidl und Aldi in den USA mit der Digitalisierung experimentieren. In: Handelsblatt Online. 13.6 2018. www.handelsblatt.com/unternehmen/handelkonsumgueter/discounter-wie-lidl-und-aldi-in-den-usa-mitder-digitalisierung-experimentieren/22682866.html? ticket= ST-1459919-7cWzLSDc4vzrmm1oVDJz-ap3 [16.11.2021].

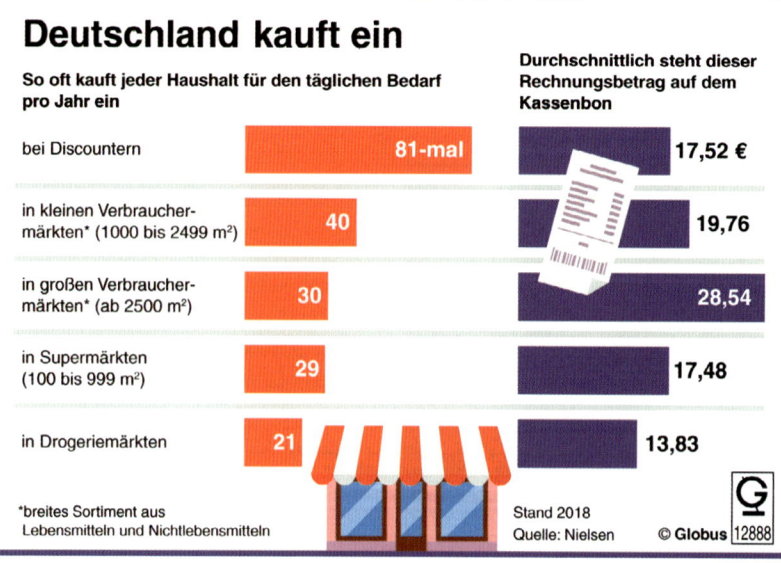

Deutschland kauft ein

So oft kauft jeder Haushalt für den täglichen Bedarf pro Jahr ein

Durchschnittlich steht dieser Rechnungsbetrag auf dem Kassenbon

bei Discountern	81-mal	17,52 €
in kleinen Verbrauchermärkten* (1000 bis 2499 m²)	40	19,76
in großen Verbrauchermärkten* (ab 2500 m²)	30	28,54
in Supermärkten (100 bis 999 m²)	29	17,48
in Drogeriemärkten	21	13,83

*breites Sortiment aus Lebensmitteln und Nichtlebensmitteln

Stand 2018
Quelle: Nielsen

© Globus 12888

Betriebs-form	Verkaufs-form	Online-angebot	Ge-schäfts-ausstat-tung	Warengruppen	Waren-sortiment	Preis-niveau	Verkaufs-fläche	Lage
Waren-haus	SB, Vor-wahl, Be-dienung	regulärer Online-shop	mittel bis gehoben	Textilien, Hausrat, Wohn-bedarf, Unter-haltungselekt-ronik, Schmuck, Nahrungs- und Genussmittel u. v. m.	breit und teilweise tief	mittel bis hoch	mind. 3 000 m²	Stadt- und Einkaufs-zentren
SB-Wa-renhaus	SB	unter-schiedlich	einfach bis mittel	Lebensmittel, Gebrauchs- und Verbrauchsgü-ter, dazu häufig größere Non-Food-Abteilun-gen	breit und mäßig tief	niedrig	mind. 5 000 m²	Randlage oder Einkaufs-zentren
Kaufhaus	Vorwahl und Be-dienung, SB	regulärer Online-shop	branchen-spezifisch mit Roll-treppen und Auf-zügen	branchenspe-zifisch (ohne Lebensmittel)	breit und tief	breit und tief	groß	Stadt- und Einkaufs-zentren
Verbrau-cher-markt	überwie-gend SB	unter-schiedlich, eher kein eigener Online-shop	einfach	Lebens- und Genussmittel sowie Alltags-gegenstände des Non-Food-Bereichs	breit	niedrig	mind. 800 m², aber unter 5 000 m²	verkehrs-günstig in Randlagen
Fach-markt	SB/Vor-wahl	Online-shop der Fach-markt-ketten	einfach	zweckgebunden (z. B. Baumarkt)	breit und tief	niedrig bis mittel	klein bis mittel	Stadt- und Einkaufs-zentren
Fach-geschäft	Vorwahl/Bedie-nung	teilweise eigene Online-shops	mittel	branchen-spezifisch (z. B. Bergsteig-zentrum)	branchen-spezifisch breit und tief	mittel bis hoch	klein	häufig Innen-stadt
Super-markt	SB/Voll-bedie-nung	vereinzelt Online-shops, Vertrieb über eBay, Amazon o. Ä.	auf SB ausgelegt, aber mit Frisch-theken in Vollbedie-nung	Nahrungs- und Genussmittel, ergänzt um Non-Food-Artikel	breit und tief	mittel	400 m² bis 800 m²	Stadt- und Stadt-randlagen, Einkaufs-zentren, größere Orte
Discoun-ter (Fach-discoun-ter)	SB	teilweise Online-shops im Non-Food Segment	einfach (Regale, ohne Aufsteller o. Ä.)	branchenspe-zifisch (z. B. Lebensmittel, ergänzt um we-nige Non-Food-Artikel)	geringe Breite und Tiefe	niedrig	mittel bis groß	Stadt- oder Stadt-randlage

Neuere Betriebsformen und deren Eignung für den Onlinevertrieb

Der Einzelhandel entwickelt sich ständig weiter. Daher treten die Geschäfte häufig in neuen Konstellationen am Markt auf, um den Verkauf ihrer Waren anzukurbeln. Einige dieser besonderen Erscheinungsformen des Einzelhandels sind im folgenden Abschnitt genauer beschrieben.

- **(Factory-/Designer-)Outlet-Center**
  Outlet-Center sind Einkaufszentren, welche sich zumeist in Randlagen oder außerhalb von Städten befinden. Es handelt sich um viele (60 bis 100) an einem Ort konzentrierte Geschäfte verschiedener Hersteller. Die Hersteller bieten ihre Waren im Rahmen eines Gesamtkonzeptes in eigenen Shops in den Outlet-Centern zu niedrigen Preisen an. Sie verkaufen hier häufig überschüssige Waren oder Waren zweiter Wahl. In Deutschland befinden sich Outlet-Center zum Beispiel an der Autobahn bei Soltau, in Metzingen und in Wolfsburg. Outlet-Center verfügen zumeist über eine Homepage für das gesamte Center. Hier werden Angebote, Aktionen usw. angekündigt. Bei Einkauf werden in den Outlet-Centern häufig Gutscheine oder Rabatte nur gegen Angabe der Adressdaten (inklusive E-Mail-Adresse) gewährt. So werden Kunden stetig mit den neuesten Angeboten in die Outlet-Center gelockt. Allerdings gibt es in der Regel keine Onlineshops.

- **Convenience-Shop**
  Convenience-Shops sind kleinflächige und zumeist hochpreisige Einzelhandelsgeschäfte mit einem kleinen Warensortiment in Tiefe und Breite. Meistens sind die Shops an Bahnhöfen, Tankstellen oder ähnlichen zentralen Punkten mit großem Publikumsverkehr angesiedelt. Sie setzen darauf, dass für die Kunden die Bequemlichkeit Vorrang vor dem Preisbewusstsein hat. Ferner profitieren sie häufig von ausgedehnten Öffnungszeiten. Ein Onlineangebot gibt es in der Regel nicht.

- **Pop-up-Store**
  Ein Pop-up-Store ist ein Einzelhandelsgeschäft, welches nur kurzfristig betrieben wird. Häufig werden vorübergehend leerstehende Geschäftsräumen in Innenstadtlagen genutzt (z. B. bei Mieterwechsel, Insolvenz). Der Pop-up-Store kann auch bewusst aufgrund eines Großereignisses kurzfristig eröffnet (z. B. Fanartikel oder Trikotverkauf zu einer Fußballweltmeisterschaft). Popup-Stores befinden sich auch in Shopping- und Outlet-Centern. Aufgrund der Kurzfristigkeit der Geschäftstätigkeit eines Pop-up-Stores gibt es in der Regel kein Onlineangebot.

- **Shoppingcenter**
  Die Zahl der Shoppingcenter in Deutschland stieg bis 2018 stetig an. Es handelt sich hierbei um einheitlich geplante Zentren, in denen eine Vielzahl von Einzelhandelsbetrieben ansässig ist. Der Kunde erhält somit in einem Shoppingcenter alle Waren, die er benötigt. Teilweise sind in den Shoppingcentern sogar Fitnessstudios integriert. Shoppingcenter entstehen häufig in bestehenden Gebäuden zentraler Stadtlagen (z. B.

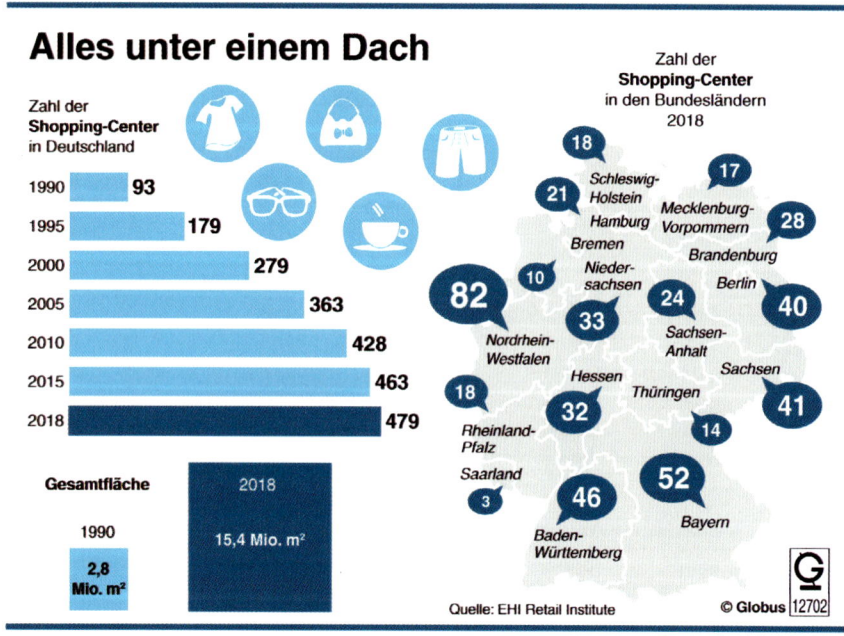

Alles unter einem Dach

Zahl der **Shopping-Center** in Deutschland

Jahr	Zahl
1990	93
1995	179
2000	279
2005	363
2010	428
2015	463
2018	479

Gesamtfläche
1990: 2,8 Mio. m²
2018: 15,4 Mio. m²

Zahl der **Shopping-Center** in den Bundesländern 2018

Schleswig-Holstein 18
Hamburg 21
Mecklenburg-Vorpommern 17
Bremen 28
Niedersachsen 10
Brandenburg 28
Berlin 40
Nordrhein-Westfalen 82
Sachsen-Anhalt 24
Hessen 33
Sachsen 41
Thüringen 14
Rheinland-Pfalz 18
Saarland 3
Baden-Württemberg 46
Bayern 52
Hessen 32

Quelle: EHI Retail Institute   © Globus 12702

Alexa in Berlin, Ernst-August-Galerie in Hannover) oder in eigens dafür errichteten Gebäuden in Randlagen mit guter Verkehrsanbindung (z. B. das A10 Center in Wildau, Brandenburg). Shoppingcenter betreiben meistens eine eigene Center-Homepage für das gesamte Center. Hier werden die einzelnen Shops vorgestellt. Es wird normalerweise ein Centerplan für die Orientierung (auch als Download) zur Verfügung gestellt. Angebote, Aktionen usw. werden den Kunden angekündigt. Allerdings gibt es in der Regel keine Onlineshops. Seit 2018 stagniert die Anzahl der Shoppingcenter.

Versandhandel

Der Versandhandel ist eine spezielle Form des Einzelhandels. Die Waren werden von den Kunden per Internet, Telefon oder Post bestellt und vom Einzelhändler an die Kunden versendet. Der Versand kann z. B. per Lkw, Post, Schiff oder Bahn erfolgen. Die Versandhändler wählen

für ihre Niederlassungen oder Logistikcenter zumeist Standorte, die einen Versand leicht ermöglichen. Die Lage an Autobahnen ist typisch. Die Bestellung aufgrund von Prospekten und Katalogen, der sogenannte klassische Versandhandel, verliert in den letzten Jahren zunehmend an Bedeutung. Dies ist darin begründet, dass der Online-Versandhandel stark zunimmt. Für die Kunden ist es einfacher, per Mausklick im Internet eine Bestellung aufzugeben als per Post, Bestellschein oder Telefon.

Klassischer Versandhandel

Der klassische Versandhandel verliert immer mehr an Bedeutung. Die Kunden bestellen hierbei in der Regel aufgrund von Katalogen oder Prospekten per Telefon oder Bestellschein beim Versandhändler. Nach Eingang der Bestellung erfolgen der Versand und die Abwicklung der Bezahlung. Der klassische Versandhandel wird zunehmend durch den Onlinehandel abgelöst.

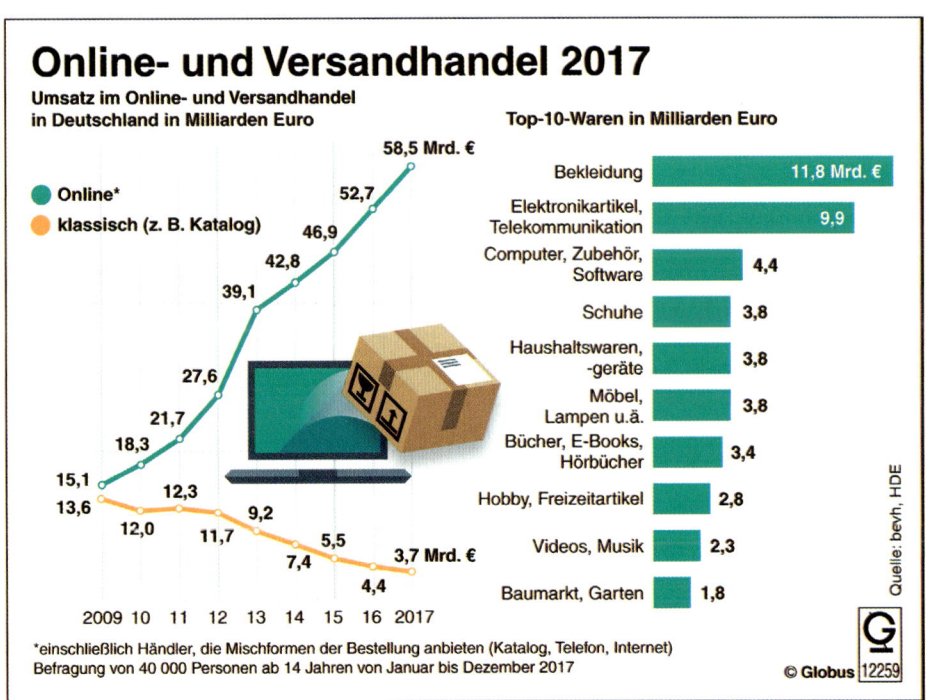

Online- und Versandhandel 2017

Umsatz im Online- und Versandhandel in Deutschland in Milliarden Euro

● Online*
● klassisch (z. B. Katalog)

Online: 15,1 18,3 21,7 27,6 39,1 42,8 46,9 52,7 58,5 Mrd. €

klassisch: 13,6 12,3 12,0 11,7 9,2 7,4 5,5 4,4 3,7 Mrd. €

2009 10 11 12 13 14 15 16 2017

Top-10-Waren in Milliarden Euro

Ware	Mrd. €
Bekleidung	11,8 Mrd. €
Elektronikartikel, Telekommunikation	9,9
Computer, Zubehör, Software	4,4
Schuhe	3,8
Haushaltswaren, -geräte	3,8
Möbel, Lampen u.ä.	3,8
Bücher, E-Books, Hörbücher	3,4
Hobby, Freizeitartikel	2,8
Videos, Musik	2,3
Baumarkt, Garten	1,8

Quelle: bevh, HDE

*einschließlich Händler, die Mischformen der Bestellung anbieten (Katalog, Telefon, Internet) Befragung von 40 000 Personen ab 14 Jahren von Januar bis Dezember 2017

© Globus 12259

- **Onlinehandel (E-Commerce, Internethandel)**
  Der Onlinehandel ist ebenfalls zumeist eine Form des Versandhandels. Eine Ausnahme bildet die Möglichkeit der Filialabholung. Der Handel über virtuelle Marktplätze (Amazon, eBay usw.) ist ebenfalls eine Form des Versandhandels[1].

- **Teleshopping**
  Beim Teleshopping werden den Kunden Waren über das Medium Fernsehen angeboten. Die Kunden be-

stellen in der Regel per Telefon, indem sie die eingeblendeten Bestellhotlines anrufen. Es gibt reine Teleshoppingkanäle (z. B. QVC, HSE24), welche zum Teil sogar auf bestimmte Warengruppen spezialisiert sind (z. B. sonnenklar.tv, pearl.tv). Diese Sender verfügen über eigene Homepages. Die Webseiten enthalten in der Regel einen Onlineshop. Es werden die Artikel aus dem Teleshopping über das Internet angeboten. Der Kunde kann auf der Homepage auch live auf das TV-Bild schauen, um ggf. an Aktionen oder Auktionen teilzunehmen. Außerdem strahlen zahlreiche private

---

1 Details hierzu in anderen Kapiteln.

Fernsehsender Dauerwerbesendungen und Werbespots aus, bei denen die Kunden direkt per Telefon die beworbenen Waren bestellen können.

Ambulanter Einzelhandel

Beim ambulanten Einzelhandel bieten die Händler den Kunden ihre Waren nicht von einem festen Standort an. Sie reisen entweder direkt zu ihren oder zumindest in die Nähe ihrer Kunden, um ihre Waren abzusetzen.

- **Markthandel**
  Der Handel auf Märkten ist das Hauptbeispiel des ambulanten Einzelhandels. Die Händler bieten ihre Waren zum Beispiel auf Wochen-, Bauern-, Jahr-, Floh-, Weihnachtsmärkten usw. an. Einige Händler verfügen auch über eine eigene Homepage. Zumeist werden dort die Produkte und der Betrieb vorgestellt. Auch Kontaktdaten werden angegeben. Ein eigener Onlineshop ist dagegen nur selten zu finden.

- **Hausierhandel**
  Beim Hausierhandel ziehen die Händler direkt von Tür zu Tür zu den Kunden. Der Hausierhandel hat keine große Bedeutung mehr in der Praxis und somit auch nicht im Onlinehandel.

AUFGABEN

1. Unterscheiden Sie zwischen stationärem und ambulantem Einzelhandel.

2. Geben Sie die Merkmale an, mit denen man die Betriebsformen des Einzelhandels unterscheiden kann.

3. Stellen Sie mithilfe der im Informationstext genannten Abgrenzungsmerkmale die Betriebsform Ihres Ausbildungsbetriebes fest.

4. Nennen Sie die typischen Betriebsformen im Lebensmitteleinzelhandel.

5. Geben Sie an, welche Lebensmitteleinzelhändler (unabhängig von der Betriebsform) ein Onlinegeschäft mit Lebensmitteln anbieten.

6. Zeigen Sie mögliche Probleme im Lebensmitteleinzelhandel auf, die dazu führen, dass die Unternehmen das Food-Segment nicht im Onlineshop anbieten.

7. a) Lesen Sie den Zeitungsartikel im Kapitel.
   b) Beschreiben Sie die Onlinestrategie im Lebensmittelsegment von Aldi und Lidl in den USA.
   c) Überlegen Sie, warum die Strategie sich in den USA so sehr von der Strategie in Deutschland unterscheidet.

8. Grenzen Sie das Warenhaus vom SB-Warenhaus ab. Nennen Sie dabei auch jeweils ein Beispiel, anhand dessen Sie Ihre Abgrenzung verdeutlichen.

9. Begründen Sie, welche Vorteile ein Discounter für die Kunden bietet.

10. Nennen Sie die Nachteile, die ein Fachgeschäft gegenüber einem Fachmarkt aus Sicht des Unternehmers hat.

11. a) Recherchieren Sie selbst nach Fachgeschäften (in Ihrer Heimatstadt oder auch im Internet), die einen eigenen Onlineshop betreiben.
    b) Erläutern Sie, warum diese (kleinen) Geschäfte einen eigenen Onlineshop anbieten.

12. Erläutern Sie, wie sich die Betriebsformen des Einzelhandels entwickeln.

13. Geben Sie Gründe an, warum die Anzahl der Shoppingcenter bis 2018 zunahm und seitdem weitestgehend stagniert.

14. Geben Sie Gründe an, die den Kunden zur Bestellung im Onlineversand bewegen können.

15. Denken Sie über Ihr eigenes Konsumverhalten nach.
    a) Bei welchen Betriebsformen erledigen Sie Ihre Einkäufe?
    b) Geben Sie an, warum Sie sich für die unter a) genannten Betriebsformen entscheiden.

ZUSAMMENFASSUNG

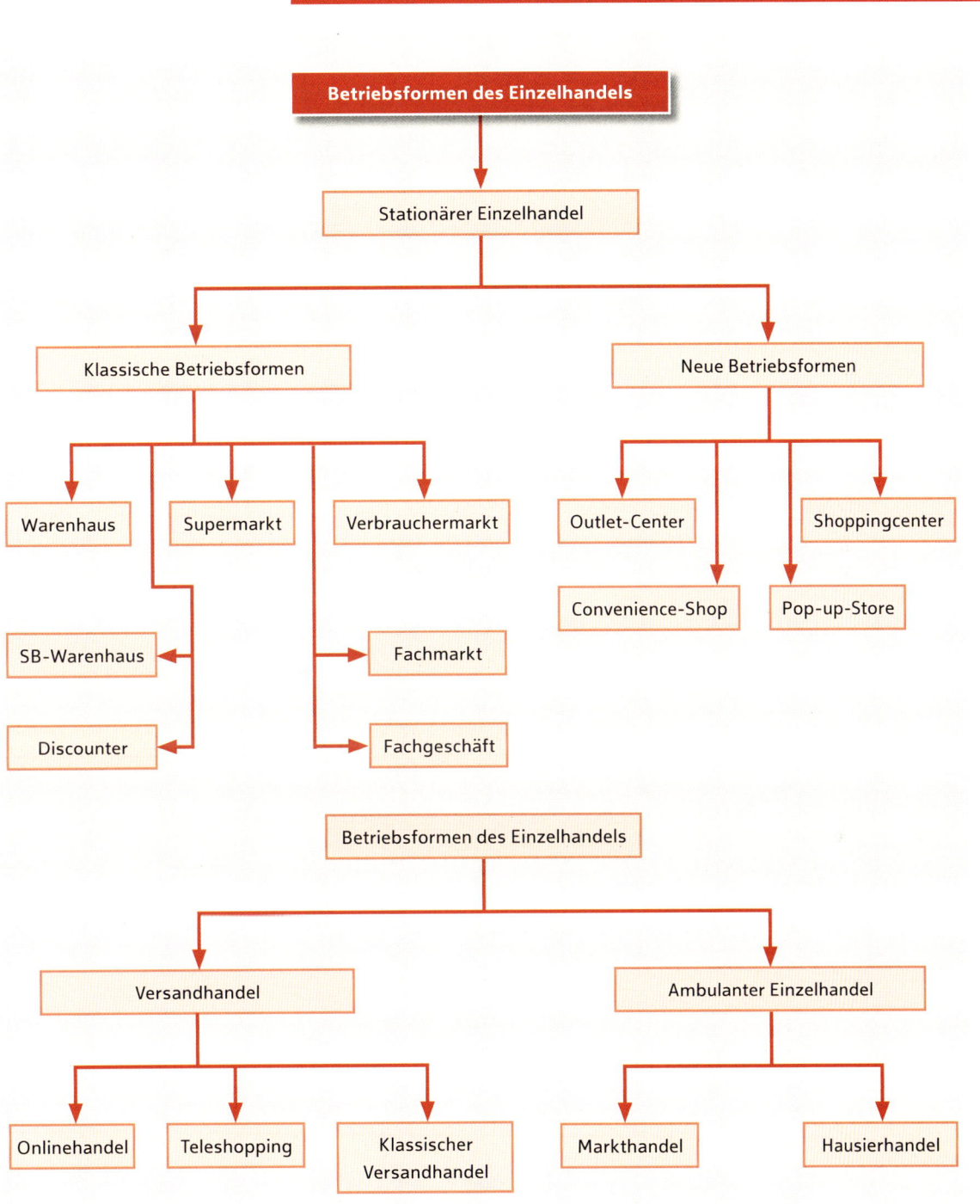

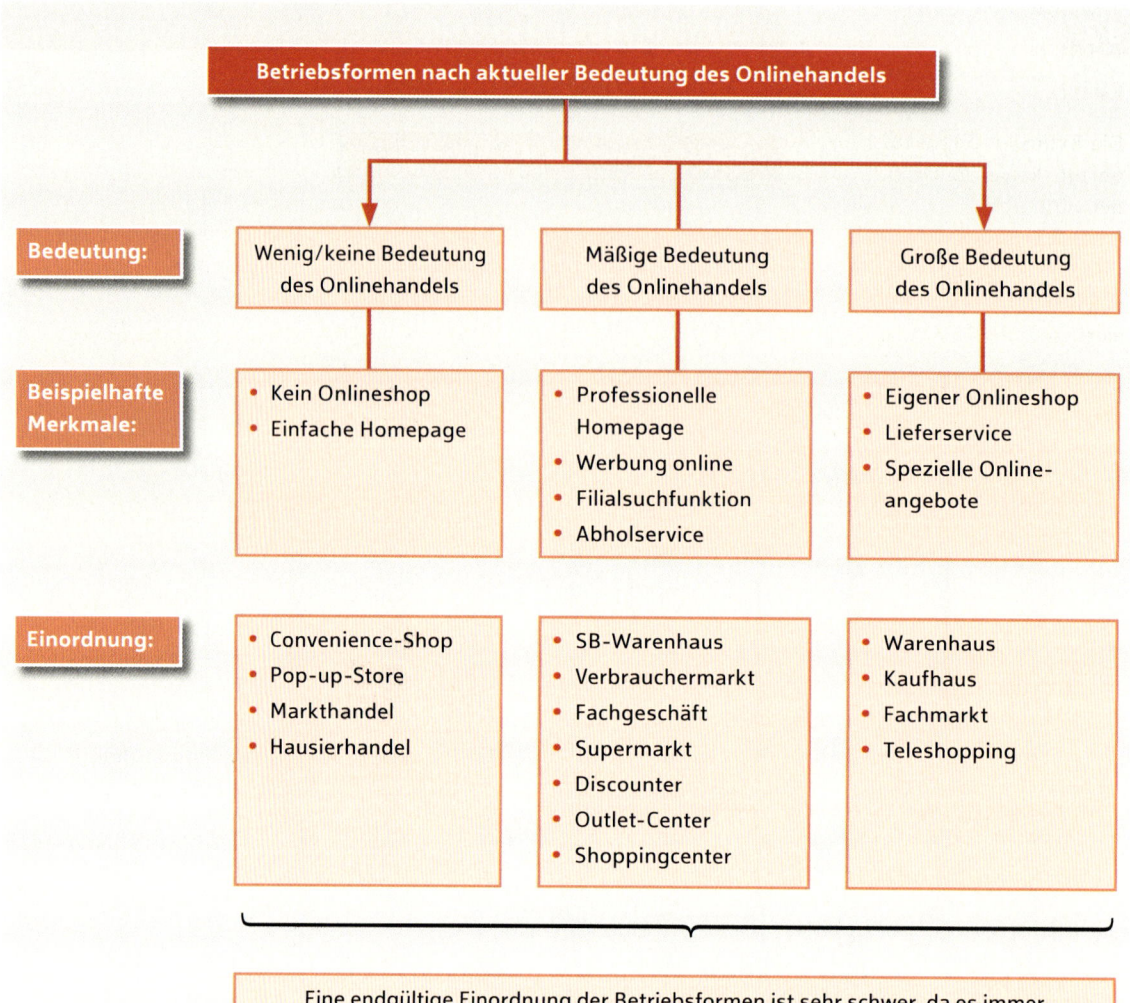

Betriebsformen nach aktueller Bedeutung des Onlinehandels

Bedeutung:	Wenig/keine Bedeutung des Onlinehandels	Mäßige Bedeutung des Onlinehandels	Große Bedeutung des Onlinehandels
Beispielhafte Merkmale:	• Kein Onlineshop • Einfache Homepage	• Professionelle Homepage • Werbung online • Filialsuchfunktion • Abholservice	• Eigener Onlineshop • Lieferservice • Spezielle Online-angebote
Einordnung:	• Convenience-Shop • Pop-up-Store • Markthandel • Hausierhandel	• SB-Warenhaus • Verbrauchermarkt • Fachgeschäft • Supermarkt • Discounter • Outlet-Center • Shoppingcenter	• Warenhaus • Kaufhaus • Fachmarkt • Teleshopping

Eine endgültige Einordnung der Betriebsformen ist sehr schwer, da es immer Ausnahmen gibt (z. B. aktuell Lidl bei den Discountern) und die Möglichkeiten des Onlinehandels sich sehr schnell verändern.

9.3   E-Commerce betreffende Innovationen im stationären Einzelhandel

Einstieg

Die Exclusiva GmbH führt vermehrt Textilien im Sortiment. Ronja Bunko und Agathe Kwasny haben nun den Auftrag bekommen, bei der Einrichtung einer neuen digitalen Umkleidekabine zu assistieren. Momentan führen die beiden einen Testkauf durch. Stefanie Beyer spielt eine Kundin, die sich für einen Pullover interessiert:

Die RFID-Technologie (Radio Frequency Identification) erkennt, welche Kleidungsstücke Ronja in die Kabine bringt. Die ausgesuchten Produkte werden auf einem Tablet im Umkleideraum angezeigt. Möchte Ronja als Kundin das Produkt in einer anderen Farbe oder Größe haben, werden die Verkaufsmitarbeiter direkt durch das Tablet benachrichtigt. Agathe bringt der Testkundin Ronja das gewünschte Kleidungsstück. Sie bekommt über das Tablet zusätzlich Empfehlungen für ähnliche Produkte, die Ronja gefallen könnten.

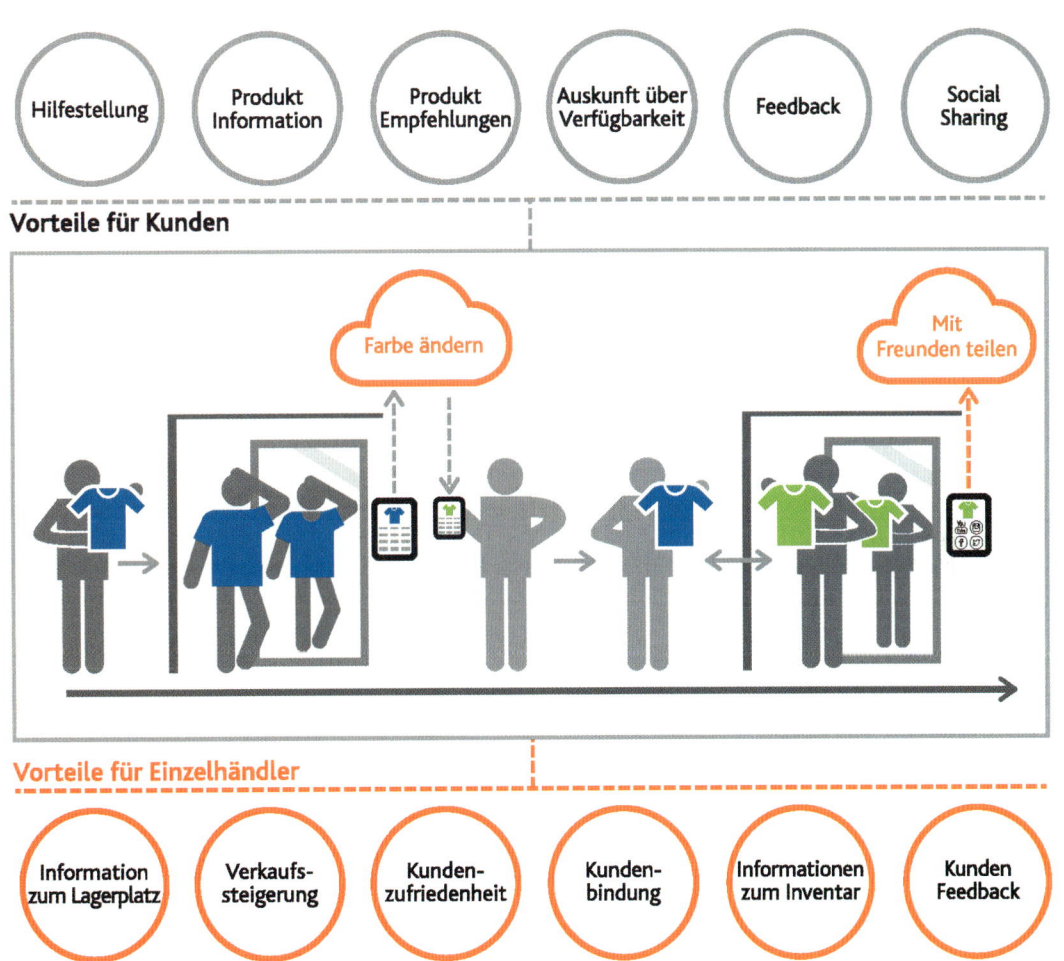

Vorteile der interaktiven Umkleidekabine

Vor der Umkleidekabine steht ein Bodyscanner. Dort hatte Ronja Bunko die Maße ihres Körpers digital erfassen und ins EDV-System übernehmen lassen. Mithilfe eines digitalen Spiegels kann Ronja nun sofort sehen,

- wie der Pullover an ihr aussieht,

- wie eine andere Farbe oder Größe wirken würde
- ob andere Artikel – z. B. eine bestimmte Jeans – dazu passen würden.
- Ronja Bunko kann also verschiedene Kleidungsstücke „anprobieren", ohne sich wirklich umzuziehen.

1. Nennen Sie Vorteile interaktiver Umkleidekabinen für Einzelhändler und Kunden.

2. Geben Sie an, welche anderen modernen Warenpräsentationen Sie kennen.

INFORMATIONEN

Ständiger Wandel im Handel

Der stationäre Handel erhält immer stärkere Konkurrenz durch die verschiedenen Formen des E-Commerce, die sich über das Internet an Kunden wenden. Deshalb müssen sich Inhaber und Beschäftigte im Einzelhandel stärker mit dem Verkauf über das Internet an Endverbraucher auseinandersetzen. Online auftretende Unternehmen müssen sich dagegen mit den Strategien stationärer Einzelhandelsunternehmen auseinandersetzen, wollen sie gegen diese bestehen.

Der stationäre Handel kann zwei Strategien verfolgen:

- Er betreibt selber zusätzlich Onlinehandel.
- Er setzt stationär moderne innovative Informationstechnologien auch im Verkauf und in der Warenpräsentation ein („digitaler Handel").

Vor diesem Hintergrund ändert sich das Umfeld für stationäre Einzelhandelsgeschäfte ständig:

- Das Warenangebot wechselt stetig.
- Im stationären Handel legen die Kunden viel Wert auf den emotionalen Faktor vor Ort: Je weniger Emotionen ein Artikel und seine Umgebung auslöst, desto eher wird dieser im Internet gekauft.
- Die Kunden wenden zusätzlich neue Einkaufsformen an. Sie kaufen anders ein als früher. Smartphones, Computer und Tablets spielen dabei eine große Rolle. Die Kunden informieren sich und kaufen online und stationär in beliebiger Kombination.

BEISPIEL

Die Kunden sehen sich heute nicht mehr einfach in den Geschäften des stationären Einzelhandels um. Sie informieren sich vorher im Internet und suchen dann gezielt einzelne Geschäfte auf.

- Die Kunden denken immer weniger in Absatzkanälen: Sie akzeptieren Unterschiede bei den in verschiedenen Absatzkanälen auftretenden Einzelhandelsunternehmen bezüglich Preis, Service und Qualität immer weniger. Sie möchten die Vorteile des Interneteinkaufs in Zukunft auch im stationären Einzelhandel haben.

Die Gewohnheiten und Ansprüche der Kunden ändern sich. Es wird für den Handel immer schwieriger, Kunden zu halten und zu erneuten Einkäufen zu bewegen.

Da die meisten Kunden heute alle Verkaufskanäle wie stationäre Ladengeschäfte und Webshops parallel nutzen, spielen die beiden Begriffe „Showrooming" und „ROPO-Effekt" eine große Rolle:

- **Showrooming**: Die Kunden lassen sich in stationären Ladengeschäften beraten, gehen anschließend aber online kaufen.
- **ROPO-Effekt**: Die Kunden handeln nach dem Motto „research online, purchase offline": Sie informieren sich online, kaufen dann aber im stationären Handel.

Zu seiner Zukunftssicherung muss der stationäre Handel zwei Strategien verfolgen:

- Der stationäre Handel muss den Kunden Mehrwerte bieten, die über den eigentlichen Verkauf hinausgehen. Geboten werden müssen
    - Erlebnis und Abenteuer,
    - Spaß und Unterhaltung,
    - Einbindung in Communitys.
- Der stationäre Handel muss auf den digitalen Handel setzen und die Verkaufsräume mit der Logik der Digitalisierung verknüpfen: Verschiedene Arten innovativer Technologien unterstützen den Verkauf vor Ort (Instore-Technologien). Im Mittelpunkt stehen neben anderen EDV-Technologien auch die Smartphones der Kunden: Sie werden zu einem der wichtigsten Kanäle der Kundenansprache. Für den stationären Handel wird es in Zukunft von zentraler Bedeutung sein, neue Technologien schnell in den Geschäften einzusetzen.

Der digitale Handel schafft mithilfe digitaler Services und Informationstechnologien völlig neuartige, stationäre Ladengeschäfte.

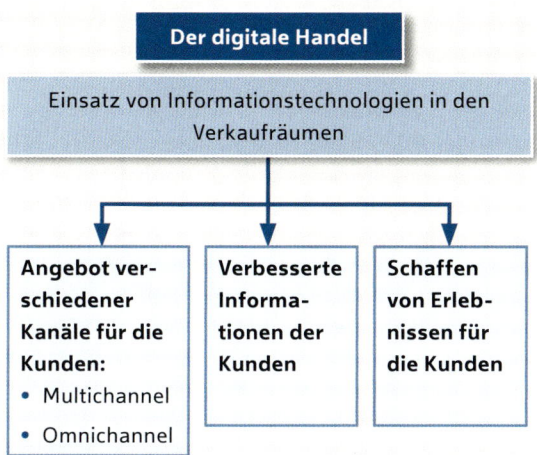

Die Omnichannel-Strategie von Einzelhandelsunternehmen

Die Kunden des Einzelhandels werden in Zukunft (bewusst oder unbewusst) immer häufiger mehrere Vertriebswege für ihren Einkauf gleichzeitig in Anspruch nehmen. Der Einzelhandel reagiert darauf, indem er mehrere neue Strategien anwendet und zunehmend mit mehreren Vertriebswegen arbeitet – Marketingexperten sprechen von „Kanälen" oder" Channels".

Unterschieden wird hier zwischen Multichannel und Omnichannel.

Wenn ein Einzelhandelsunternehmen Waren über mehrere Kanäle (= Vertriebswege) verkauft, liegt **Multichannel** vor. Diese unterschiedlichen Vertriebswege werden dem Kunden zwar von einem Unternehmen angeboten, haben aber nichts miteinander zu tun.

BEISPIEL

Ein Unternehmen des stationären Einzelhandels verkauft seine Waren über das Ladengeschäft vor Ort. Unabhängig davon werden die Waren aber zusätzlich auch noch über einen Katalog und neuerdings über einen kürzlich eingerichteten Onlineshop vertrieben.

Omnichannel ist eine Weiterentwicklung des Multichannels: Hier werden alle Kanäle nicht nur einfach nebeneinander genutzt. Es wird stattdessen versucht, sie planmäßig miteinander zu verknüpfen. Dadurch kann der Kunde kanalübergreifend handeln.

BEISPIEL

- Stina Lachendro bestellt im Internetshop der Exclusiva GmbH und holt die Ware im Geschäft ab.
- Dominik Waldau informiert sich im Laden und bestellt im Webshop der Exclusiva GmbH.

Die Kunden recherchieren immer mehr im Netz, um ihre stationären Käufe vorzubereiten. Auch in den Verkaufsräumen möchten sie verstärkt kaufrelevante Informationen abrufen. Vor diesem Hintergrund kann man eigentlich immer weniger vom reinen stationären Einzelhandel oder reinen internetgestützten Einzelhandelsformen sprechen. Beide Erscheinungsformen des Einzelhandels verschmelzen zu **hybriden Handelsformen** (hybrid: gemischt). Hier ist häufig nicht mehr auszumachen, ob der Kauf online oder offline zustande kam. Die damit zusammenhängenden technologischen Innovationen ergeben enorme Chancen für den stationären Einzelhandel. Kommen die Unternehmen den von den Kunden geforderten digitalen Nutzungsmöglichkeiten nach, schaffen sie eine völlig neue Form der Kundenorientierung.

Digitale Technologien in den Verkaufsräumen

Nachdem man die immense Bedeutung der verschiedenen Bereiche der Verkaufsraumgestaltung erkannt hat, werden von diversen Einzelhandelsunternehmen zunehmend unterschiedliche Neuerungen im Bereich der Warenpräsentation angewandt. Dabei handelt es sich vor allem um digitale Technologien vor und in den Verkaufsräumen.

Diese Technologien befinden sich häufig noch in der Versuchsphase. Es ist jedoch abzusehen, dass sie sich mittelfristig durchsetzen und im Einzelhandel alltäglich werden.

Um Kunden anzuziehen und zu halten, müssen stationäre Einzelhandelsunternehmen neue Wege gehen. Im Vergleich zu Internetgeschäften sind sie hinsichtlich der Produktvielfalt durch ihre Ladenfläche begrenzt. Zusätzlich werden sie preislich vom Internethandel unter Druck gesetzt. Deshalb setzen Einzelhandelsunternehmen vermehrt auf innovative EDV-Technik, um ihre Position im Wettbewerb zu verbessern. Diese Technik wird in den Verkaufsräumen eingesetzt, um sie zu modernisieren. Gleichzeitig versuchen viele Einzelhändler, das Internet und die Ladengeschäfte zu verbinden. Sie setzen dabei vor allem auf Smartphones und Tablets.

Anforderungen von Kunden an den Einzelhandel, die mithilfe digitaler Innovationen erreicht werden können.

Im Rahmen des digitalen Handels kann der stationäre Einzelhandel also das Einkaufserlebnis im Ladengeschäft mithilfe neuer Technologien verbessern.

Lässt sich der stationäre Handel auf die Digitalisierung ein, hat er gegenüber dem reinen Onlinehandel auch Vorteile:

- Durch die Gewinnung und Analyse der Kundendaten können Kundenerwartungen vorweggenommen werden: Es können den Kunden individuelle Empfehlungen gegeben werden.
- Mit verschiedenen technologischen Innovationen kann versucht werden, den Kunden zu inspirieren und zu begeistern: Das Erlebnis des Ladenbesuchs kann unvergesslich gemacht werden.
- Datengestützt kann der Kunde optimal an das Unternehmen gebunden werden, indem er auch alle nicht in den Verkaufsräumen vorrätigen Waren erleben, weitgehend ausprobieren und dann gegebenenfalls bestellen kann.

Innovative Technologien in den Verkaufsräumen

In den Verkaufsräumen wird von vielen Einzelhandelsunternehmen mittlerweile stark in die unterschiedlichsten innovativen Technologien mit unterschiedlichsten Zielsetzungen investiert. Bei allen werden vom Einzelhandelsunternehmen Möglichkeiten der Datenverarbeitung genutzt.

Informationsterminals

Informationsterminals bieten umfassende Informationen zu verschiedenen Waren. Darüber hinaus erhalten die Kunden dort hilfreiche Tipps, zum Beispiel ständig wechselnde Rezeptvorschläge. Diese den Kunden zum Kauf anregenden Systeme bestehen aus Säulen, die über einen Touchscreen bedient werden. Die Informationsterminals sind dabei so ausgelegt, dass sie auch von im Umgang mit Computern ungeübten Personen ohne Bedienungsanleitung genutzt werden können.

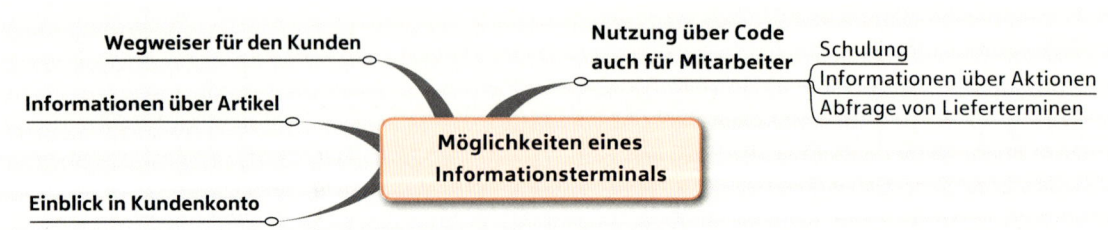

BEISPIEL

In der Schreibwarenabteilung der Kaufstadt Warenhaus AG in Schonstadt sucht Anke Gronau die passende Druckerpatrone für ihren Tintenstrahldrucker. Sie hat aber ein Problem: Welches der vielen Produkte ist die richtige Wahl für ihr Gerät? Suchend blickt sie sich um und entdeckt ein Informationsterminal. Mit nur vier Berührungen des Bildschirms bekommt sie hier die richtige Antwort. Nachdem sie den Hersteller ihres Druckers ausgewählt und ihre Patronenart angegeben hat, bestimmt sie nur noch ihr Druckermodell. Das Infoterminal gibt ihr in Sekundenschnelle die Auskunft: Die passende Kartusche hängt an Haken 15, es handelt sich um das Produkt mit der Nummer 9998.

An elektronischen Kiosksystemen können Artikel gekauft werden, z. B. Tickets am Flughafen.

Mit vielfältigen Multimediafunktionen werden den Kunden Informationen schnell und einfach zur Verfügung gestellt.

Elektronische Kiosksysteme

Werden die Informationsterminals neben den Informations- und Präsentationsaufgaben um die Möglichkeit erweitert, verschiedene Artikel zu bestellen oder zu kaufen, spricht man von elektronischen Kiosksystemen. Das sind einzelne Standsäulen mit Touchscreen-Monitor, die an stark besuchten Plätzen (z. B. am Eingang eines Einzelhandelsunternehmens) in multimedialer Form und durch Interaktionsmöglichkeiten nicht nur Informationen und Übersichten über verschiedene Themen (z. B. Warenangebote) präsentieren. Im Vordergrund steht der Verkauf von Waren und Dienstleistungen. Erlaubt werden oftmals sogar Kreditkartenzahlungen.

Dadurch ergibt sich der große Vorteil für Einzelhandelsunternehmen, ihre Warenpräsentation zu vergrößern: Sie können Waren anbieten, die nicht zum normalen Sortiment gehören und daher nicht vorrätig sind.

Über Kiosksysteme können z. B. multimediale Präsentationen, interaktive Produktinformationen, Teleshopping, Erlebniseinkäufe in virtuellen Kaufhäusern oder Schulungen angeboten werden.

Elektronische Etiketten

Elektronische Regaletiketten (Electronic Shelf Labels) dienen zunächst einmal der Preis- und Produktauszeichnung direkt am Regal.

Preisauszeichnung

Um einen Preisvergleich und eine Prüfung der Rechnung durch den Käufer zu ermöglichen, ist durch die Preisangabenverordnung eine generelle Preisauszeichnungsverpflichtung vorgeschrieben.

Waren müssen demnach innerhalb und außerhalb der Verkaufsräume mit dem Endpreis gekennzeichnet werden, sodass Verbraucher sehen können, was wie viel kostet. Damit wird Transparenz und Vergleichbarkeit gewährleistet. Einzelhandler sind außerdem verpflichtet,

- den Grundpreis einer Ware anzugeben sowie
- die handelsüblichen Warenbezeichnungen bzw. Gütebezeichnungen.

Am Regal kann die Auszeichnung auf dreierlei Arten erfolgen:

Einzelpreisauszeichnung: Jeder Artikel wird mit einem Etikett versehen.

Traditionelle Regalauszeichnung: Für alle Artikel gilt ein Etikett aus Papier am Regal.

Regalauszeichnung mit elektronischen Displays: Die Preisauszeichnung erfolgt über ein elektronisches Etikett am Regal.

Elektronische Preisetiketten ersetzen herkömmliche Regaletiketten aus Papier. Die Technologie macht die manuelle Preisauszeichnung in weiten Bereichen überflüssig. Bei elektronischen Etiketten sieht der Kunde auf einem kleinen elektronischen Display am Regal die Grund- und Warenpreise. Die Preisauszeichnung erfolgt über das drahtlose lokale Datennetzwerk des Einzelhandelsunternehmens. Ins Warenwirtschaftssystem eingegebene Preisänderungen werden automatisch in Sekundenschnelle direkt an die Displays geschickt: Preisänderungen sind somit ohne Verzögerung umgesetzt. Der Regalpreis entspricht stets dem Preis an der Kasse.

Elektronische Etiketten enthalten wie die herkömmlichen Etiketten u. a. Angaben über den Kilo- bzw. Literpreis.

Neben der Anzeige des Produktpreises können Zusatzinformationen bis hin zu werbewirksamen Kurztexten in das elektronische Regaletikett eingespeichert werden, wie z. B. die Produktbezeichnung, die Herkunft usw.

Weitere Vorteile:

- Es sind auch mehrfache Preisauszeichnungen möglich, die neben dem Verkaufspreis den Grundpreis ausweisen.
- Die Preisangabe kann durch die zentrale Eingabe filialbezogen, zeitlich begrenzt und auch kundenindividuell (z. B. Nachlässe für Inhaber von Kundenkarten) zeitgenau erfolgen und ist kurzfristig steuerbar.
- Besonders werbewirksam lassen sich wahrnehmungssteuernde Hinweise wie z. B. das Blinken des Displays einsetzen. So kann gezielt und auffällig auf Sonderangebote hingewiesen werden.

Elektronische Preisetiketten eröffnen dem stationären Handel nicht nur die Möglichkeit, schnell und flexibel auf Preisaktionen der Onlinekonkurrenz zu reagieren. Die neuesten Entwicklungen in diesem Bereich bieten Einzelhandlern und Kunden darüber hinaus noch weitere Möglichkeiten:

- Die Schilder können zur Navigation genutzt werden. Sucht ein Kunde zum Beispiel ein ganz bestimmtes Produkt in einem Geschäft, lässt sich dieses über eine App ansteuern, die entsprechende Standortinformationen vom Preisschild bekommt.

BEISPIEL

Im Frischebereich der Lebensmittelabteilungen der Kaufstadt Warenhaus AG wird der Verkauf durch gestaffelte Preisminderungen gefordert. Der Preis wird kurz vor Geschäftsschluss immer günstiger.

- Mit intelligenten elektronischen Regaletiketten lassen sich Kommissionierprozesse bei Onlinebestellungen von Kunden vereinfachen, die ihren Einkauf abholen oder nach Hause liefern lassen wollen. Mitarbeiter stellen die bestellten Artikel anhand einer wegeoptimierten Liste zusammen. Die Mitarbeiter werden zum richtigen Produkt am Regal geführt. Durch Blinken des Etiketts wird angezeigt, wo sich der gewünschte Artikel im Regal befindet.
- Das elektronische Regaletikett kann sich auf Wunsch auf die Anzeige des Lagerbestandes umstellen, um den Mitarbeitern die Logistik der Regalnachfüllung zu vereinfachen.
- Wenn die Kunden ihr Smartphone an das Preisschild halten, können sie zusätzliche Informationen über das Produkt abrufen, zum Beispiel Inhaltsstoffe, Bilder und andere Produktdaten.

BEISPIEL

Das Preisschild der Zukunft kann aber noch mehr als eine schnelle Preisänderung auf Knopfdruck. Steht der Kunde Martin Picke am Regal, kann das Preisschild per NFC-Technologie (also Near Field Communication) zum Beispiel Daten über Allergene in Lebensmitteln auf sein Handy übertragen. Martin kann auch Rezensionen zu den gewünschten Produkten abrufen.

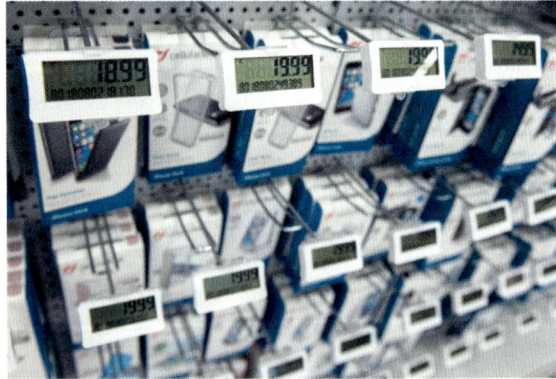

Elektronische Regaletiketten informieren die Kunden immer übersichtlich über den aktuellen Preis.

Intelligente Regale

Intelligente Regale – sogenannte Smartshelves – sind mit dem Warenwirtschaftssystem des Einzelhandelsunternehmens verbunden. Durch ein RFID-Lesegerät am Regal werden die Mitarbeiter aufmerksam gemacht, wenn Artikel fehlen oder vom Kunden falsch platziert zurückgelegt werden. Die Mitarbeiter können dann das Regal auffüllen bzw. die Ware umsortieren.

Alle Waren, die aus dem Lager geholt werden, sind dann entsprechend als „nicht mehr am Lager" markiert. Eine Nachbestellung kann veranlasst werden. Damit ist dem Problem der leeren Regale entgegengewirkt. Hersteller können frühzeitig auf eine höhere Nachfrage reagieren und Kunden werden nicht mehr umsonst in ein Geschäft kommen und sich ärgern, wenn sie ein bestimmtes Produkt nicht vorfinden. Elektronische Preisschilder an Regalen machen zudem Schluss mit nicht ausgezeichneten Waren. Ein weiterer Vorteil ist, dass es keine Fehler bei der Auszeichnung mehr gibt, denn elektronischen Preisschilder nutzen die gleichen Daten wie die Kasse.

Die intelligenten Regale basieren auf RFID-Technologie: Automatisch werden falsch eingestellte Waren erkannt. Sinkt der Warenbestand im Regal unter eine bestimmte Menge, erhält das Verkaufspersonal sofort diese Information.

BEISPIEL

Die Smartshelves können durch die RFID-Technologie die Informationen der Waren lesen. Dadurch können sofort Fragen beantwortet werden:

- Liegt das Sakko noch in der Umkleidekabine?
- Hängt es im falschen Ständer?
- Oder probiert es ein Kunde jetzt gerade an?

Elektronische Werbedisplays

Elektronische Werbedisplays sind multimediale Ausprägungen der sogenannten POS-Displays (POS = Point of Sale = Ort des Verkaufs) bzw. der Plakatdisplays. Es handelt sich dabei um Werbeträger zur visuellen Information im Verkaufsraum. Sie befinden sich in der Regel in unmittelbarer Nähe der Waren.

Displays und Touchscreens eignen sich optimal zur Information der Kunden und zur Kommunikation mit diesen.

BEISPIEL

In der Exclusiva GmbH werden Displays zur Warenpräsentation genutzt. Neben den ausgestellten Schuhen laufen auf Displays Filme, die diese in Aktion zeigen. Mit Touchscreens können die Kunden direkt Feedback geben

POS-Displays sind beleuchtete, manchmal auch mit Bewegungseffekten versehene Werbeträger aus Metall, Holz, Pappe oder Kunststoff. Der Einsatz von Batterien oder ein Stromanschluss sorgt zusammen mit Sensoren, Leuchtmitteln und Elektromotoren für Lichteffekte und/oder Bewegungen. Dadurch sollen der Verkaufsraum belebt und die Aufmerksamkeit der Kunden gewonnen werden. Manche POS-Displays sind in Nebenfunktion gleichzeitig Warenträger: Sie können nämlich auch Ware aufnehmen.

POS-Displays beleben den Verkaufsraum.

Plakatdisplays sind Werbeträger, die mit Postern und Plakaten informieren. Häufig sind sie beleuchtet, da der Einsatz von Licht dem Kunden eher auffällt als normale Plakate in einem Rahmen.

Beleuchtete Plakatdisplays erhöhen die Aufmerksamkeit.

Bei elektronischen Werbedisplays erfolgt die Erzeugung der Informationen mithilfe der EDV, die Darstellung der Informationen über die LED-Technik. Elektronische Werbedisplays sind also elektronische Bildschirme, die zur Werbung eingesetzt werden. Die Werbedisplays übernehmen Präsentations- und Informationsaufgaben.

Mit Fotos, Grafiken oder Videoanimationen und im Vergleich zur Papierdarstellung optimalem Farbbild erläutern sie Waren oder bestimmte Leistungen des Einzelhandelsunternehmens. Motivwechsel – wie z. B. Änderungen oder Aktualisierungen – können extrem schnell übermittelt und angezeigt werden. Neben unterschiedlichsten Text- und Bildinformationen ist es auch möglich, Videos über die elektronischen Werbedisplays zu zeigen.

Auch die folgenden Warenträger finden schon Einzug in die Verkaufsräume:

- **Sensoren im Schaufenster**
  Sensoren erkennen mithilfe von Software zur Gesichtserkennung, welche Artikel besonders lange angeschaut werden. Diese werden speziell ausgeleuchtet und sorgen dafür, dass zusätzliche Bilder und Informationen von innen mittels eines Projektors an die Scheibe geworfen werden. Außerdem erklären sie mittels einer Stimme über Außenlautsprecher die Vorzüge des Artikels („virtuelles Schaufenster").

Das virtuelle Schaufenster informiert über Produkte und Dienstleistungen.

- **Advertising Display**
  Das sind Flachbildschirme mit Informationsspots, die passend durch RFID-Chips im Einkaufswagen ausgelöst werden.

BEISPIEL

In allen Filialen gleichzeitig startet die Kaufstadt Warenhaus AG das Aktionsvideo eines Markenartikellieferanten, der ein neues Produkt herausstellen möchte.

- **Interaktive Displays**
  Die Wände der Verkaufsräume sind mit interaktiven Bildschirmen ausgestattet. Auf diesen sind Videos und Live-Streams zu sehen.

BEISPIEL

Ein Artikel ist mit einem RFID-Chip versehen. Nähert sich ein Kunde einem der Bildschirme, startet ein Video, das den entsprechenden Artikel in Szene setzt.

Kinect-Sensoren und Displays

Informationen zu Produkten können auf großen interaktiven Flächen präsentiert werden. Dies können Zubereitungstipps, Sonderangebote, aber auch Preisinformationen wie Herkunftsland, Nährwertangaben und ähnliche Produkte sein. Die Displays reagieren auf die Gestensteuerung der Kunden. Dies wird möglich durch „Kinect-Sensoren", die die Bewegungen der potenziellen Käufer auswerten.

Die Programme, die hinter diesen Sensoren stehen, ermöglichen mittlerweile sogar künstliche Gefühlsanalysen (affective computing bzw. emotional decoding). Die Sensoren können das Geschlecht, das Alter, die Emotionen, Gesten und Körperhaltungen von Personen erkennen und darauf reagieren: Sie sehen also, wann der

Kunde mit Desinteresse reagiert bzw. wo er sich emotional zufrieden fühlt. Dazu sammelt die Software unbewusste Gesichtsausdrücke (Mimik). Kommen potenzielle Käufer in die Nähe der Displays, passt die Software dann die Werbebotschaften individuell an den vermuteten Gefühlszustand des Käufers an. Eyetracker überprüfen, ob die emotionale Reaktion der Kunden tatsächlich mit dem Blick auf dem Bildschirm zu tun hat. Insgesamt kann dadurch die Werbung in stationären Geschäften individuell gesteuert werden.

Regaloptimierungssoftware

„**Regaloptimierung**" (engl.: space management) bedeutet, dass die Produkte im Einzelhandel so angeordnet werden, dass sie den größtmöglichen Umsatz bringen und dabei die vorhandene Verkaufsfläche bestmöglich ausnutzen. Jeder Ware soll der Platz zugeordnet werden, der ihrem Umsatz- und Ertragsbeitrag und den Kaufgewohnheiten der Kunden am besten entspricht. Angesichts der ständig wechselnden und immer umfangreicher werdenden Sortimente erweist sich das jedoch als immer schwieriger, denn der Umfang der Verkaufsfläche, auf der die Produkte platziert werden können, ändert sich kaum.

Deshalb wird die Regaloptimierung seit einiger Zeit in vielen Einzelhandelsunternehmen von einer **Regaloptimierungssoftware** unterstützt. Regaloptimierungssoftware verwaltet die Regalfläche optimal: Sie schlägt die bestmögliche Platzierung einer Ware, nicht nur aus betriebswirtschaftlicher Sicht (Umsatz), sondern auch aus Kundensicht vor: Wo finden die Kunden die gesuchte Ware am schnellsten? Die grafischen Möglichkeiten der Software und die Kennzahlen, die aus dem Programm gewonnen werden können, sind dabei eine große Hilfe. Beispiele für solche Kennzahlen sind:

- die Regalproduktivität (der zu erwartende Umsatz pro Regalmeter)
- die Regalrentabilität (der Deckungsbeitrag pro Regalmeter)

Mit einer Regaloptimierungssoftware lassen sich auch alternative (= weitere mögliche) Produktplatzierungen am PC testen, simulieren und wirtschaftlich auswerten.

Software hilft in einem Einzelhandelsunternehmen bei der Regaloptimierung.

Shopping als interaktives Erlebnis

Konfigurationsmöglichkeiten

Bei verschiedenen Artikeln findet der Kunde Tablets mit einem Konfigurator, mit denen er das Produkt nach eigenen Wünschen zusammenstellen kann.

In einem Textilgeschäft kann man verschiedene Modelle mit einem Konfigurator in Tabletts, aber auch mit Smartphones individuell gestalten.

Informationskioske erlauben auch Konfigurationsmöglichkeiten und unterschiedliche Ansichten der interessierenden Artikel.

Kunden wünschen sich WLAN im Geschäft
Welche digitalen Services Kunden im Geschäft wünschen

WLAN ist bei digitalen Services im Geschäft aber nur die Spitze des Eisbergs. Viele Kunden zeigen sich für weitere digitale Services offen. Wie wäre es etwa mit einer Echtzeit-Info über den aktuellen Vorrat im Laden oder eine Navigations-App, die dem Kunden anzeigt, wo er seine gesuchten Produkte findet?

21%	28%	31%	36%	41%
Navigations-App, die zu gewünschten Produkten führt	Produkt-informationen per Tablet, Smartphone oder QR-Code	Individuelle Sonderangebote per App	Echtzeit-Info über Vorrat im Laden	WLAN im Geschäft

Ein für Kunden immer wichtiger werdendes Kriterium für die Attraktivität eines stationären Einzelhandelsgeschäfts ist eine leichte Zugangsmöglichkeit zum Internet.

Fotowände als Verkaufsstätten

Fotowände an belebten Orten (Bahnhöfe/Flughäfen) bilden Regale mit Waren nach. Die Kunden benötigen lediglich eine kleine App. Sie scannen damit kleine Codes (z. B. Matrixcodes) von den Artikeln, die sie kaufen möchten. Wenige Zeit später können die Waren im Markt abgeholt werden oder sogar nach Hause geliefert werden.

BEISPIEL

Die LEMI AG testet gerade das Konzept der virtuellen Filiale in Berlin: In einer U-Bahn-Station hat das Unternehmen große Plakatwände aufgehängt. Diese sehen aus wie Regale im Supermarkt und zeigen die 800 beliebtesten Produkte – von Milch über Äpfel bis hin zu Tierfutter. Jedes Produkt besitzt einen Code, der mithilfe der LEMI-App auf dem Smartphone eingescannt wird. Erfolgt die Bestellung vor 13 Uhr, wird die Ware noch am selben Abend nach Hause geliefert. Der nervige Einkauf lässt sich so in den paar Minuten erledigen, bis die nächste U-Bahn kommt.

Die Fotowände sind also virtuelle Regale: Ein virtuelles Regal ist ein Bildschirm, auf denen Produkte zu sehen sind, ähnlich wie in einem Schaufenster. Die Kunden können diese Produkte bestellen und später an einem Auslieferungspunkt abholen oder nach Hause transportieren lassen. Was im Regal liegt, legen die Händler kurzfristig fest, etwa nach Tageszeit oder Wetter.

Die Nutzer scannen mit der Kamera ihres Smartphones den QR-Code, der neben den Waren abgebildet ist. Die App erkennt das Produkt und legt es in den virtuellen Einkaufskorb.

Beim Konzept der virtuellen Filiale verschmelzen Einkaufsstraße und Onlineshopping immer stärker zu einer einzigen Einkaufswelt.

Beinahe an jedem beliebigen Ort kann ein Unternehmen ein virtuelles Geschäft eröffnen.

BEISPIEL

In Parks, bei Sehenswürdigkeiten, in Wohnsiedlungen oder direkt vor Ladengeschäften von Mitbewerbern sind virtuelle Geschäfte denkbar.

Darstellung des Verkaufsraums im Internet

Stationäre Einzelhandelsgeschäfte haben auch die Möglichkeit, die Lagerung der Waren im Verkaufsraum im Internet direkt nachzustellen. Der Kunde sieht auf der Webseite ein aktuelles Foto eines Regals und der dort untergebrachten Ware. Er braucht dann nur auf das Produkt seiner Wahl zu klicken.

Persönliche Einkaufsberater

Ein Personal Shopping Assistant (PSA) ist ein kleiner Computer, den der Kunde an seinem Einkaufswagen befestigen kann und der dann die Rolle eines persönlichen Einkaufsberaters für ihn spielt. Personal Shopping Assistants stellen also mobile Hilfen am Einkaufswagen mit einer Fülle von Servicefunktionen für den Kunden dar:

- Der Kunde bekommt den Weg dorthin gezeigt, wo er bestimmte Waren finden kann.
- PSAs geben Auskunft über jeden Artikel des Sortiments.
- Wenn der Kunde sich z. B. mit einer Kundenkarte identifiziert hat, kennt ihn das Warenwirtschaftssystem und kann auf früher gern gekaufte Artikel hinweisen.
- Bei Bedarf soll in Zukunft sogar – aufgrund der früher erfassten Einkaufsinformationen – eine Einkaufsliste erstellt werden können.
- Wenn die eingekauften Artikel mit einem integrierten Scanner gleich gescannt werden, hat der Kunde einen Überblick über Menge und Wert seiner Einkäufe.
- Auch das Selfscanning kann unterstützt werden: Die gescannten Daten können an die Kasse weitergegeben werden.
- Es kann auf Ergänzungsangebote für die vom Kunden eingekauften Artikel hingewiesen werden.
- Zukünftig soll der Kunde sogar seine zu Hause erstellte Einkaufsliste an das Einzelhandelsunternehmen schicken können, wo sie im PSA zur Verfügung steht.

[...]

Leicht gebräunt steht der Verkäufer da, mit weißem T-Shirt und blauen Kontaktlinsen, und trägt im Arm ein ... nun ja, ein Ding. Ein hellgraues Etwas aus Plastik, groß und dick wie ein Leitz-Ordner, mit einem dunklen Flachbildschirm in der Mitte. Ob ich einen PSA haben möchte, fragt der Herr und strahlt mich erwartungsfroh an.

Wen bitte?

Er meint das Ding. PSA steht für „Personal Shopping Assistant" und bedeutet „persönlicher Einkaufsberater". Ein kleiner Computer, den ich mir vorne auf die Stange meines Einkaufswagens klemmen kann.

Der PSA hilft mir, weil er alles weiß. Er weiß, was ich sonst immer kaufe, weil meine Einkaufsgewohnheiten auf meiner Kundenkarte gespeichert sind, und mit der zeige ich dem PSA, wer ich bin. Er weiß, was es gerade für Sonderangebote im Laden gibt. Und er weiß, wie ich sie finde, weil er funktioniert wie ein kleines Navigationssystem im Auto, erklärt der freundliche Herr. Er könne mich zwar nicht von Köln nach Frankfurt lotsen, aber immerhin von der Käsetheke zum Meister-Proper-Regal.

[...]

Quelle: Rohwetter, Marcus: Das Philadelphia-Experiment. In: Zeit Online, Wirtschaft, Zukunftsmarkt. 5.6 2003. www.zeit.de/ 2003/24/Future_Store [16.11.2021], verändert

Der „Personal Shopping Assistant" ist direkt am Einkaufswagen angebracht.

Der selbstfahrende Einkaufswagen

Überwiegend – aber nicht nur – für mobilitätseingeschränkte Personen, etwa Rollstuhlfahrer oder Kunden mit Kinderwagen, ist der selbstfahrende Einkaufswagen bestimmt. Der Einkaufswagen identifiziert mittels Bilderkennung den Kunden und folgt ihm quer durch den Verkaufsraum. Dabei kann er auch Hindernissen aus dem Weg gehen.

Der selbstfahrende Lieferservice

Für diesen innovativen Lieferservice gilt die gleiche Zielgruppe wie für den selbstfahrenden Einkaufswagen: Ein autonomer Roboter bringt z. B. Rollstuhlfahrern oder älteren Menschen ihre Einkäufe und Bestellungen nach Hause. Dieser umweltfreundliche Zustelldienst wird momentan noch erprobt und soll langfristig herkömmliche Lieferservices ablösen und kleinere Pakete aus dem Einzelhandelsunternehmen nach Hause transportieren. Vor Ort beladen, kann sich der Lieferroboter innerhalb einer halben Stunde mit bis zu sechs Stundenkilometern sicher über Bürgersteige zur Haustür bewegen Dort kann der Kunde ihn mit einer Smartphone-App öffnen und entladen.

Der „Autobot" liefert über kürzere Entfernungen Einkäufe nach Hause.

Scanner zur Unterstützung der Produktsuche: Die Findbox

Oft haben Kunden in den Verkaufsräumen das Problem, vor meterlangen Regalen mit einer kaum zu überschaubaren Vielzahl von Artikeln zu stehen und aus Hunderten Produkten ein ganz bestimmtes ausfindig machen zu wollen oder zu müssen. Die Lösung bietet die Findbox: Kunden können mitgebrachte Artikel unter einen speziellen Scanner halten. Im Regal blinkt daraufhin ein ähnliches Produkt per LED-Leuchte auf.

Eine Findbox soll die passende Druckerpatrone finden.

BEISPIEL

Stefanie Beyer braucht Druckertinte und bringt die alte Druckerkartusche mit in das Geschäft. Dort hält sie die leere Druckerpatrone unter einen an der Wand installierten Scanner, der mithilfe von drei Kameras ein Bild erstellt, wie es auch vom menschlichen Auge erzeugt wird. Hat die Findbox den Artikel erkannt, wird zum einen der Fundort auf dem Display über dem Scanner angezeigt, zum anderen blinkt ein LED-Licht am entsprechenden Regalplatz.

Für die Kunden bedeutet ein solches Gerät, dass sie viel einfacher und schneller immer den richtigen Artikel finden. Die Findbox zeigt den Kunden zudem auch Ersparnismöglichkeiten an, indem sie die Preise von Einzel- und Multipacks miteinander vergleicht. Aber auch für das Verkaufspersonal bedeutet die einfache Handhabung der Findbox eine Arbeitserleichterung.

Click & Collect

Diese Strategie vereint die Stärken des stationären Handels mit denen von Internetshops. Der Kunde sucht bequem und in aller Ruhe Waren im Internetshop des stationären Einzelhandelsbetriebes aus und zahlt diese auch online. Die zusammengestellten Waren werden dann nicht per Paketdienst nach Hause gebracht. Der Kunde holt sie sich stattdessen im Ladengeschäft ab. Vorteile dieser Strategie:

- Der Kunde kann entspannt ohne Wartezeiten einkaufen.
- Der Versand in die stationäre Filiale erfolgt in der Regel schneller als bei der Lieferung nach Hause.
- Die Ware kann innerhalb einer gewissen Zeitspanne jederzeit vom Kunden abgeholt werden.
- Es werden Versandkosten eingespart.
- Reklamationen und Retouren können sofort abgewickelt werden.
- Für das Unternehmen bietet Click & Collect die große Chance, dass dadurch Kunden in den Verkaufsräumen auftauchen.

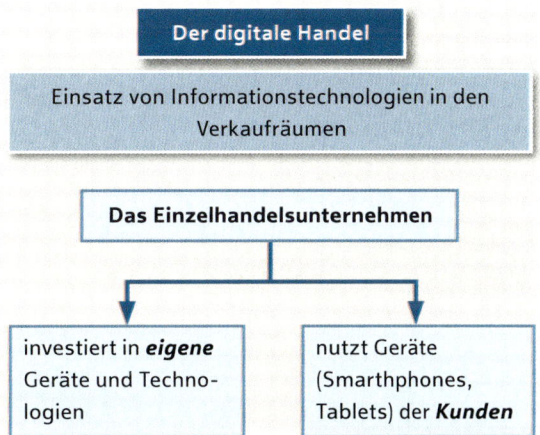

Smartphones und Warenpräsentation

Der Einzelhandel muss nicht nur in neue Technologien in seinen Verkaufsräumen investieren. Er kann auch schon bei den Kunden vorhandene Technik nutzen: Für die Einzelhandelsunternehmen werden immer mehr die Smartphones der Kunden interessant. Die Verbreitung, die Intelligenz und die Möglichkeiten von Smartphones steigen von Jahr zu Jahr. Viele Einzelhandelsunternehmen sehen die Smartphones der potenziellen Käufer mittlerweile als vielfältige Shopping-Agenten an, die eine Hauptrolle in der Kommunikation zwischen Kunden und Unternehmen spielen.

Das Smartphone ist für die Kunden der universelle Einkaufsbegleiter. Dies macht sie für Einzelhandelsgeschäfte interessant:

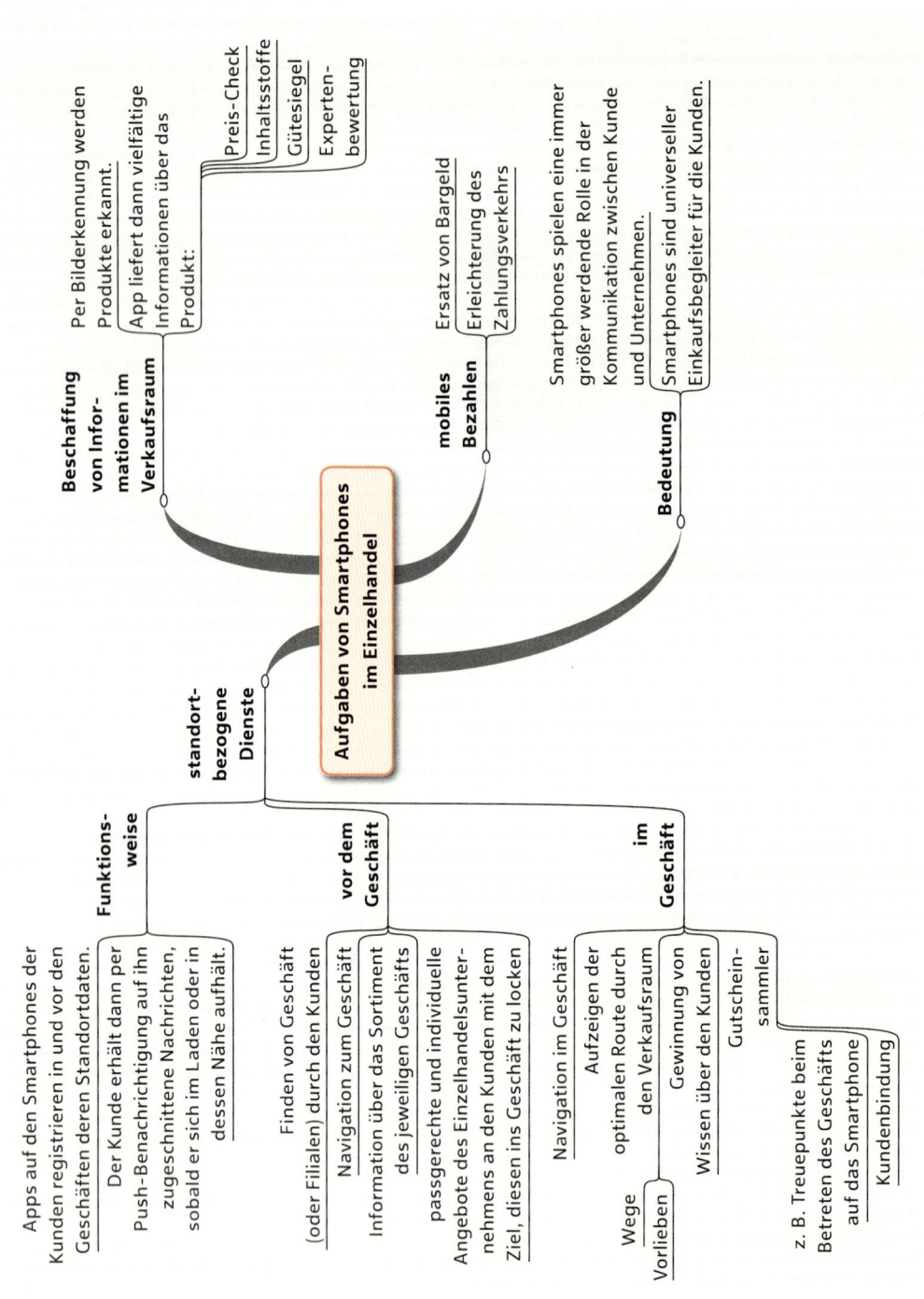

Beschaffung von Informationen im Verkaufsraum

Per Bilderkennung werden Produkte erkannt.

App liefert dann vielfältige Informationen über das Produkt:
- Preis-Check
- Inhaltsstoffe
- Gütesiegel
- Experten-bewertung

mobiles Bezahlen
- Ersatz von Bargeld
- Erleichterung des Zahlungsverkehrs

Bedeutung
- Smartphones spielen eine immer größer werdende Rolle in der Kommunikation zwischen Kunde und Unternehmen.
- Smartphones sind universeller Einkaufsbegleiter für die Kunden.

Aufgaben von Smartphones im Einzelhandel

standort-bezogene Dienste

Funktions-weise
- Apps auf den Smartphones der Kunden registrieren in und vor den Geschäften deren Standortdaten.
- Der Kunde erhält dann per Push-Benachrichtigung auf ihn zugeschnittene Nachrichten, sobald er sich im Laden oder in dessen Nähe aufhält.

vor dem Geschäft
- Finden von Geschäft (oder Filialen) durch den Kunden
- Navigation zum Geschäft
- Information über das Sortiment des jeweiligen Geschäfts
- passgerechte und individuelle Angebote des Einzelhandelsunternehmens an den Kunden mit dem Ziel, diesen ins Geschäft zu locken

im Geschäft
- Navigation im Geschäft
- Aufzeigen der optimalen Route durch den Verkaufsraum
- Gewinnung von Wissen über den Kunden
  - Wege
  - Vorlieben
- Gutschein-sammler
- z. B. Treuepunkte beim Betreten des Geschäfts auf das Smartphone
- Kundenbindung

Beschaffung von Informationen vor dem Verkaufsraum (location based services)

Vor allem durch die Verbindung von Smartphones und **Ortserkennung (location based services)** eröffnen sich für Einzelhandelsunternehmen interessante Einsatzgebiete. Beim Annähern an das Geschäft versuchen bestimmte Apps, Kunden mit passgenauen Angeboten zu informieren, abzubremsen und in das Geschäft zu locken.

Diese Apps

* informieren einerseits über das Sortiment des jeweiligen Unternehmens

BEISPIEL

Kunden der Kaufstadt Warenhaus AG bekommen in der Nähe einer Filiale einen Überblick über das vorhandene Sortiment sowie Serviceinformationen (z. B. Rezeptideen)

* und andererseits über Angebote und Aktionen

BEISPIEL

Eine entsprechende App zeigt vorbeigehenden Passanten, dass die Exclusiva GmbH verschiedene Rabattaktionen anbietet. Sie versucht die Smartphone-Besitzer zum Besuch zu animieren. Die Exclusiva GmbH arbeitet auch mit Mobile Shopping: Registrierte Kunden erhalten einen Gutschein aufs Smartphone, den sie beim Kauf bestimmter Produkte in einer Filiale einlösen können.

Einzelhandelsunternehmen nutzen den Zugang zum Internet also nicht, um ihre Produkte und Dienstleistungen weltweit anzubieten, sondern um Kunden direkt vor Ort zu erreichen. Dabei orientieren sie sich genau an deren Verhalten und Bedürfnissen. Denn Kunden heute suchen verstärkt online und mobil, etwa per Smartphone, nach Angeboten und Informationen aus ihrem direkten Umfeld. Mit entsprechenden Apps können sie auf attraktive Angebote in ihrer Umgebung aufmerksam gemacht werden – perfekt passend zu Ort, Zeit und ihren persönlichen Interessen

Möglich werden „location based services" durch das sogenannte **Geofencing-Verfahren** („Geofencing" setzt sich aus den englischen Begriffen „geographie" = Geografie/Erdkunde und „fencing" = einzäunen zusammen.): Hier wird ein „unsichtbarer Zaun" um ein Einzelhandelsunternehmen errichtet. Betritt ein Passant das „eingezäunte" Gebiet, wird über dessen Smartphone ein Signal ausgelöst. Der Passant kann dann wieder über das Smartphone in einem digitalen Dialogkanal angesprochen werden.

Wenn der Smartphonebesitzer einerseits die Geofencingfunktion im Betriebssystem des Smartphones aktiviert hat, andererseits der Geofencing-App den Zugriff auf seinen Standort erlaubt hat, kann der Einzelhandel diese digitale Strategie nutzen: Sobald eingegebene Grenzkoordinaten überschritten werden, sendet eine Geofencing-App eine entsprechende Nachricht mit den Koordinaten, dem Datum und der Uhrzeit an einen zentralen Server.

Geofencing kann für eine spezielle Form des Internetmarketings verwendet werden: Mit dem **Geotargeting** (engl. „target" = Ziel) sollen Kunden an ihrem geografischen Standort mit unterschiedlichen Werbeinhalten erreicht werden. Um solche Maßnahmen umsetzen zu können, sind folgende Maßnahmen notwendig:

* Zunächst einmal ist für die Standortbestimmung eine Einwilligung des Kunden erforderlich. Dies kann geschehen durch Aktivierung der GPS-, Bluetooth- oder WLAN-Funktionen seines Smartphones. Die Zustimmung kann aber auch über die entsprechende Shopping-App erfolgen.
* Zusätzlich muss der Kunde noch einmal eindeutig seine Erlaubnis für die Location based services geben.

BEISPIEL

* direkt über eine Mitteilung einer App (App Push Notification)
* über E-Mail
* SMS
* oder Messenger

Geotargeting kann von Kunden auch für Preisvergleiche genutzt werden. Bestimmte Apps können beim Einkaufen Preise eines Unternehmens, in dem man sich gerade befindet, schnell mit den Angeboten anderer Einzelhändler in der Umgebung vergleichen. Mit Text- oder Spracheingaben bzw. durch das Abfotografieren des Artikels oder Barcodes können Suchanfragen aufgegeben werden. Daraufhin erscheint eine Karte mit den Angeboten aus der näheren Umgebung.

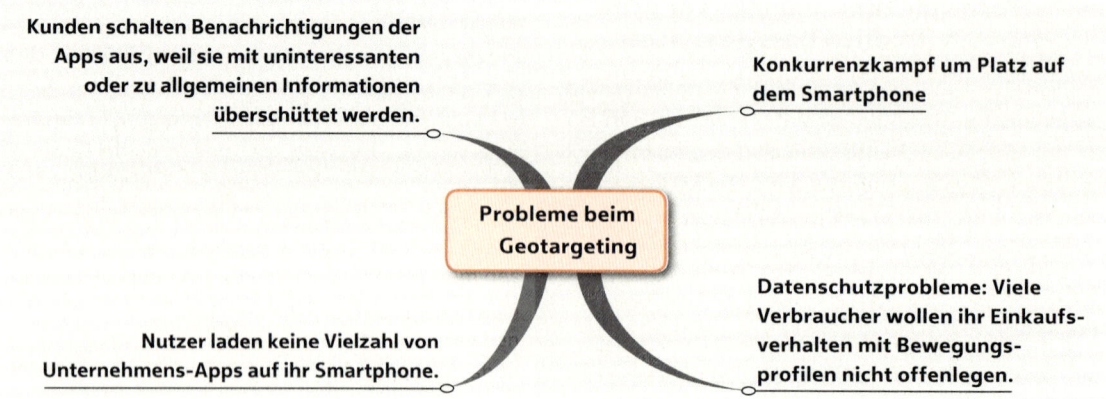

Kunden schalten Benachrichtigungen der Apps aus, weil sie mit uninteressanten oder zu allgemeinen Informationen überschüttet werden.

Konkurrenzkampf um Platz auf dem Smartphone

Probleme beim Geotargeting

Nutzer laden keine Vielzahl von Unternehmens-Apps auf ihr Smartphone.

Datenschutzprobleme: Viele Verbraucher wollen ihr Einkaufsverhalten mit Bewegungsprofilen nicht offenlegen.

Beschaffung von Informationen im Verkaufsraum

- Im Verkaufsraum können Kunden durch Scannen eines Produkts zusätzlich Wissenswertes dazu abrufen: Am Produkt selber oder am Regal in der Nähe zum jeweiligen Artikel sind sogenannte QR-Codes angebracht, über die eine Vielzahl von Informationen – jeglicher Art – abgefragt werden kann.

  „QR" steht dabei für „Quick Response" (wortwörtlich: „schnelle Antwort"). Dieser Code, eine Matrix voller schwarzer und weißer Punkte, kann per Scanner oder Mobiltelefon gelesen werden.

Via Bilderkennung identifizieren bestimmte Apps Produkte und bringen sofort passende Informationen auf das Display. In Sekunden können die Kunden z. B. Preise vergleichen, Testberichte nachlesen oder die Allergieverträglichkeit von Produkten überprüfen.

Vom einfachen Preis-Check bis hin zu Informationen rund um Inhaltsstoffe, Gütesiegel und Expertenbewertungen bieten bestimmte Apps eine Vielzahl an Daten rund um die Produkte, die jeden Tag genutzt, gekauft und konsumiert werden.

- Andere Apps dienen als **Shopping-Navigationsgeräte im Geschäft**.
  Anhand einer vom Kunden erstellten (virtuellen) Einkaufsliste kann beispielsweise eine optimale Route durch das Geschäft berechnet werden. Die App kennt die Regalreihen und weitere wichtige Merkmale des Unternehmens und führt den Kunden.

BEISPIEL

Das Smartphone kann den potenziellen Käufer schneller zum Ziel führen. Im Rahmen der Indoor-Navigation teilt der Kunde mit, welchen Artikel er sucht. Er wird dann entsprechend durch den Laden geführt. Bei der Exclusiva GmbH können sich die Kunden mithilfe einer App optimal orientieren. Sie müssen nicht unbedingt nach Hinweisschildern suchen oder sich Ladenpläne anschauen. Ein Kunde braucht mündlich nur noch das Smartphone zu fragen: „Wo sind die Herrenanzüge?"

Ein Zusatznutzen für den Einzelhandel liegt darin, dass er viel über die Wege und Vorlieben des Kunden erfährt.

BEISPIEL

Die Exclusiva GmbH kann genau ermitteln, welchen Weg die Kunden im Geschäft gehen und wo – z. B. vor welchem Regal – sie wie lange stehengeblieben sind.

Möglich wird diese Navigation durch **„Beacons"**, kleine Sender, die auf einer energiesparenden Bluetoothversion basieren.

Diese Minisender werden mit Jahre reichenden Batterien betrieben und können ihre Signale bis zu 30 Meter weit aussenden.

BEISPIEL

Die Beacons bei der Exclusiva GmbH erfassen nichts und sammeln auch keine Daten. Sie unterscheiden sich durch UUID-Kennungen (Universally Unique Identifier). Diese setzen sich zusammen aus

- der eigentlichen UUID-Kennung (z. B. Exclusiva GmbH),
- dem Major-Teil (Filiale im SWZ Berlin),
- dem Minor-Teil (z. B. Sportabteilung).

Nur diese Angaben sendet der Beacon.

Erst eine entsprechende App auf dem Smartphone des Kunden empfängt sie. Dabei errechnet das empfangende Smartphone aus der Signalstärke, in welcher Entfernungszone sich der Kunde gerade befindet:

- Außer Reichweite: alles über 30 m
- Entfernt: zwischen 30 und 2 m
- Nah: zwischen 2 m und 50 cm
- Unmittelbar: unter 50 cm.

Nun reagiert die App. Dabei sind unterschiedliche Möglichkeiten denkbar:

- Erkennt ein entsprechend platzierter Beacon, dass ein potenzieller Kunde sich dem Geschäft nähert, wird er versuchen, diesen mit Werbebotschaften oder Rabattangeboten in die Unternehmensräume zu lotsen.

- Hat der Kunde das Geschäft betreten, kann er evtl. über die App identifiziert werden. In jedem Fall wird der potenzielle Käufer begrüßt.
- Nähert sich der Kunde einer bestimmten Abteilung, wird die App ihm Informationen zu den dort präsentierten Produkten liefern.
- Die App stellt ihm auch die dort gerade geltenden Sonderangebote vor.

Beacons können das Einkaufen verändern: Die Funksender erkennen Handys in ihrer Nähe. Entsprechende Apps vermitteln den Kunden dann persönliche Tipps, Treuepunkte und Rabatte.

Virtual Reality und Augmented Reality: Neueste technologische Möglichkeiten in den Verkaufsräumen

Wenn der stationäre Einzelhandel Kunden wieder in die Verkaufsräume zurückbekommen möchte, muss er Shopping vor Ort zu einem Erlebnis machen. Dazu kann er verschiedene Virtual-Reality- oder Augmented-Reality-Technologien einsetzen. Der Einzelhandel kann sie in unterschiedlicher Weise in unterschiedlichen Bereichen verwenden.

Virtual Reality

Bei Virtual Reality befindet man sich in einem abgeschlossenen virtuellen Raum. Der Kunde riecht, hört und fühlt die reale Umgebung um sich zwar noch. Er sieht aber nicht mehr, was um ihn herum geschieht und wohin er sich bewegt.

Virtual Reality (abgekürzt VR) ist die Schaffung einer scheinbaren Welt, in die der Betrachter eintauchen und in der er sich bewegen kann. In der virtuellen Realität gibt es keine physischen Gebäudegrenzen mehr. Das Geschäft und das Sortiment werden virtuell dargestellt. Panoramatechnologien ermöglichen das Eintauchen in die Produktwelt eines scheinbar echten Ladengeschäfts. Im Rahmen eines 3-D-Erlebnisses können sich die Kunden durch die Verkaufsräume bewegen. Sie können Angebote betrachten, Preise vergleichen und sich dabei beliebig drehen.

Ein großer Vorteil liegt darin, dass nur wenig tatsächliche Verkaufsfläche benötigt wird. Zusätzlich ist lediglich ein Lagerraum erforderlich.

BEISPIEL

Tanja Schwab arbeitet in einem sehr kleinen Geschäft. Sie lässt die Kundin eine Datenbrille aufsetzen. Die Kundin sieht nun einen riesigen, sehr schön ausgestatteten Verkaufsraum mit vielen Produkten. Sie findet Gefallen an einem virtuell dargestellten Artikel. Tanja holt ihn aus dem Lager.

Tanjas Kundin trägt die VR-Brille.

Durch Virtual Reality werden besondere Erlebnisse für die Kunden geschaffen. Ohne tatsächlich dort gewesen zu sein, können die Kunden an für sie fremde Orte versetzt werden.

BEISPIEL

- Die Kunden eines Modegeschäftes werden mit VR-Brillen ausgestattet. Sie haben dann das Gefühl, live eine Modeschau zu besuchen.
- Im Bereich des Möbeleinzelhandels besteht das Problem, dass sich die Kunden die teuren Artikel schlecht in ihrem Umfeld vorstellen können. Mit VR-Brillen können sich die potenziellen Käufer mit individuell zusammengestellten Möbelstücken ihre virtuell dargestellten Wohnräume ansehen.

Augmented Reality

Die reale Welt vermischt sich mit der scheinbaren Welt. Augmented Reality (abgekürzt AR) bedeutet frei übersetzt „erweiterte Realität". Hierbei werden zusätzliche Informationen oder Objekte auf einem Gerät wie einem Smartphone eingeblendet, die Realität wird mit Computerobjekten erweitert.

Augmented Reality ist somit eine Kombination aus wahrgenommener und vom Computer erzeugter Realität.

BEISPIEL

Bei einem Bundesligaspitzenspiel im Fernsehen zeigt die in der Wiederholung in das Bild eingeblendete Linie, dass ein Spieler im Abseits stand.

Mit der Weiterentwicklung und Verbreitung der Smartphones hat mittlerweile fast jeder die Möglichkeit, AR zu erleben. Dadurch wird diese Technologie auch für den Einzelhandel interessant.

Einer der Vorteile von Augmented Reality ist, dass der potenzielle Käufer keine VR-Brille dazu tragen muss. Meist genügt dafür eine App. Ein vor einiger Zeit sehr populäres Beispiel für eine AR-App war „Pokémon Go".

BEISPIEL

In den Einzelhandelsbereichen Mode und Kosmetik können Kunden mithilfe eines Smartphones und einer Augmented-Reality-App verschiedene Make-up-Töne auf dem eigenen Gesicht ausprobieren. Sie können auch die Haarfarbe ohne größere Auswirkungen ändern.

Mithilfe einer App kann die Farbe der Fingernägel probeweise virtuell geändert werden.

Unternehmen des stationären Einzelhandels können den Kunden zusätzlich zu deren realen Wahrnehmungen weitere Zusatzinformationen – die einen unmittelbaren Bezug dazu haben – zur Verfügung stellen.

BEISPIEL

- Der Einzelhandel nutzt Augmented Reality im Zusammenhang mit location based services, damit ortsabhängig Zusatzinformationen über das Unternehmen, dessen Angebote und Sortimente auf dem Display von Smartphones eingeblendet werden.
- Wird eine Fleischverpackung gescannt, wird ein Film über den Bauernhof gezeigt, von dem das Fleisch stammt.
- Bei Werkzeugen oder Haushaltswaren werden Videos mit Bedienhinweisen hinterlegt.
- Wird ein Buchcover vom Smartphone erfasst, erscheinen weitere Informationen über das Buch sowie Rezensionen.

Über AR können Unternehmen die Kunden auf Sonderangebote aufmerksam machen.

Digitale Spiegel

Digitale Spiegel projizieren in Umkleidekabinen Kleider mittels Augmented Reality virtuell auf den Körper von Kunden. Die Kunden können so bequem alle Farben eines Modells ausprobieren, ohne dass sie dafür jedes Kleidungsstück einzeln anprobieren müssen. Das Einkaufen wird dadurch schneller und angenehmer.

BEISPIEL

Neuerdings können Kunden in der Filiale der Exclusiva GmbH aus einer digitalen Datenbank Kleidungsstücke auswählen, die dann direkt auf ihr Spiegelbild projiziert werden. Der digitale Spiegel animiert virtuelle Kleidungsstücke täuschend echt, wenn sich der Kunde vor dem Spiegel bewegt. So entsteht eine realistische Illusion, dass der Kunde die Kleidungsstücke tatsächlich am Körper trägt.

Eine Kundin probiert den digitalen Spiegel aus.

Der interaktive Umkleideraum ist eine Kombination aus Sensoren, berührungsempfindlichen Oberflächen und einer Projektionsfläche. Es werden eine erlebnisorientierte Umgebung dargestellt, Produktinformationen mitgeteilt, dem Kunden Empfehlungen gegeben.

In einem digitalen Spiegel kann sich der Kunde also nach wie vor betrachten wie in einem herkömmlichen Spiegel. Die Informationstechnologie ergänzt aber dessen Möglichkeiten. Mithilfe des Wiederaufrufens gespeicherten Aufnahmen lassen sich verschiedene Aussehensmöglichkeiten direkt miteinander vergleichen. Diese Aufnahmen können über die sozialen Netzwerke auch an Freunde und Bekannte verschickt werden. Dies ermöglicht auch das Einholen der Meinungen anderer zum Einkauf.

Interaktive Umkleideräume

Interaktive Umkleideräume sind eine Weiterentwicklung der digitalen Spiegel. Der Kunde wird mithilfe einer 3-D-Technik in eine virtuelle Welt versetzt. Mehrere per Projektion bespielte Wände erzeugen eine vergleichsweise realistische Umgebung und setzen ein in die Umkleidekabine gebrachtes Kleidungsstück in den entsprechenden Produktkontext.

BEISPIEL

Ein Kunde interessiert sich für eine Skijacke. Er betritt mit ihr den Umkleideraum. Dort wird beispielsweise die Umgebung einer Berglandschaft angezeigt und mit der entsprechenden Soundkulisse hinterlegt: Der Kunde findet sich mit der entsprechenden Jacke ausgerüstet virtuell auf einem Berg wieder, hört Windrauschen usw.

Body Scanner (Body Kinectizer)

Der Kunde wird mit 3-D-Kameras gefilmt. Dabei werden seine Maße gescannt. Der Kunde stellt sich in den Bodyscanner. Seine Maße werden durch Abtasten von drei oder vier Laserstrahlen automatisch ermittelt. Anschließend werden die perfekt sitzenden Maße berechnet. Jetzt können am eigenen Abbild infrage kommende Kleidungsstücke am Bildschirm angeschaut werden.

Der Kunde hat dann die Möglichkeit, seinen eigenen – virtuell erzeugten – Körper mit verschiedenen Outfits zu versehen. Er kann prüfen, ob Farbe, Form und Größe des Artikels passen.

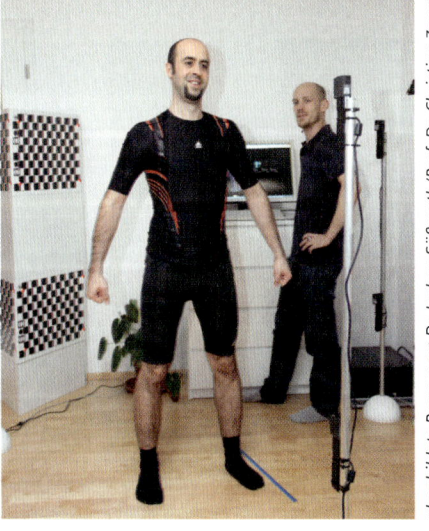

abgebildete Prersonen: Dr. Jochen Süßmuth/Prof. Dr. Christian Zagel

Ein Body Scanner scannt die Maße eines Kunden.

3-D-Druck im Einzelhandel

Eine Technologie mit großen Auswirkungen auf die Produktion in der Industrie ist der 3-D-Druck. Bei diesem Fertigungsverfahren können computergesteuert Gegenstände aller Art hergestellt werden. Mit sogenannten 3-D-Druckern werden dabei die Endprodukte mit bestimmten Ausgangsmaterialien (z. B. Kunststoffe oder Metalle) nach vorgegebenen Formen und Maßen schritt- und schichtweise aufgebaut.

Für den Handel ist das 3-D-Verfahren interessant, weil es eine Produktion vor Ort ermöglicht. Damit ist eine Umgehung der Industrie möglich.

Händler können durch den 3-D-Druck zu Produzenten werden. Sie bieten für die Produktion des Artikels den Kunden entsprechende Vorlagen und Muster an. Dieser entscheidet sich. Der Einzelhändler fertigt dann das Endprodukt mit einem 3-D Drucker an. Haben Kunden ihre eigenen Ideen, können sie sich ihre eigenen Produkte kreieren. Der Händler liefert die Materialien. Mit der Fähigkeit, auf Knopfdruck mit dem 3-D-Drucker Artikel herzustellen, können Produkte somit individualisiert werden.

Erstellung einer Spielzeugfigur mit einem 3-D-Drucker

AUFGABEN

1. Was sind Informationsterminals?

2. Wodurch unterscheiden sich Informationsterminals von Kiosksystemen?

3. Welche Vorteile haben elektronische Etiketten gegenüber Etiketten in Papierform?

4. Was sind Smartshelves?

5. Erläutern Sie die Vorteile elektronischer Werbedisplays.

6. Was sind die Aufgaben von Programmen zur Regaloptimierung?

7. Welche Vorteile haben Personal Shopping Assistants für die Unternehmen?

8. Führen Sie die Vorteile von Personal Shopping Assistants für die Kunden auf. Lesen Sie dazu auch den folgenden Artikel.

Ist das der Einkaufswagen der Zukunft?

Wenn es nach der Supermarkt-Kette Edeka geht, laufen wir in Zukunft nur noch mit dem "Easy Shopper" durch Supermärkte.

Porta Westfalica – **Habt Ihr Euch auch schon das eine oder andere Mal darüber geärgert, dass Ihr Sachen auf Eurer Einkaufsliste einfach nicht im Supermarkt findet? Oder dass Ihr unnötige Wege geht, weil Ihr irgendwas vergessen habt?**

Das soll jetzt der Vergangenheit angehören! Zumindest im Edeka Center Porta Westfalica. Denn dort wurde am Mittwoch der "Easy Shopper" vorgestellt. Seit Juli 2016 wurde der Einkaufswagen bereits getestet, jetzt bleibt er dauerhaft.

Und das neue Gefährt ist ziemlich smart! Über die App "Easy Shopper" könnt Ihr schon zu Hause Eure Einkaufsliste erstellen. Im Supermarkt scannt Ihr dann einfach einen QR-Code über ein Display, das an dem Einkaufswagen der Zukunft angebracht ist.

Automatisch wird die Liste dann so sortiert, dass Ihr Euch unnötige Laufwege spart. Außerdem werdet Ihr durch den Supermarkt navigiert, sodass Ihr immer genau zu dem Produkt kommt, zu dem Ihr wollt.

Die Einkaufsliste, die Ihr über eine spezielle "Easy Shopper"-App erstellt, wird auf dem Display am Einkaufswagen automatisch nach Laufweg sortiert.

Wenn Ihr gefunden habt, was Ihr sucht, nehmt Ihr das Produkt einfach und scannt es mit dem Bildschirm am Shopper. Natürlich habt Ihr auch die Möglichkeit, Produkte, die nicht auf der Liste stehen, einzukaufen. Die werden ebenfalls einfach gescannt und in den innovativen Wagen gepackt.

Sollte es doch mal ein Problem geben, dann gibt es einen extra SOS-Knopf. Wenn Ihr den drückt, kommt ein Mitarbeiter, um Euch zu helfen.

Am Ende Eurer Shopping-Tour lauft Ihr dann einfach nur noch durch die "Easy Shopper"-Kasse, an der Eure Produkte und deren Gewicht automatisch erkannt werden und wo Ihr nur noch bezahlen müsst. Auspacken und alles auf ein Kassenband legen, gehört also der Vergangenheit an!

Dadurch werden lange Wartezeiten und -schlangen vermieden. Das Einkaufserlebnis soll so komfortabler werden, verspricht Edeka Minden-Hannover.

Quelle: TAG24 NEWS Deutschland: Ist das der Einkaufswagen der Zukunft? In: Tag 24. 21.09 2017. www.tag24.de/nachrichten/edeka-minden-hannover-porta-westfalica-easy-shopper-einkaufswagen-innovativ-zukunft-338145 [16.11.2021].

9. Wie können Einzelhandelsunternehmen die Smartphones von Kunden nutzen?

10. Erläutern Sie den Begriff „location based services".

11. Was ist ein QR-Code?

12. Wodurch unterscheiden sich Virtual und Augmented Reality?

13. Führen Sie Beispiele für Virtual und Augmented Reality im Einzelhandel auf.

14. Lesen Sie dieses Kapitel erneut.
    a) Beachten Sie dabei alle Regeln des aktiven Lesens.
    b) Erstellen Sie eine Mindmap, die über alle wichtigen Neuerungen im Bereich der Warenpräsentation informiert.

15. Erstellen Sie für die Warenhäuser der Kaufstadt Warenhaus AG einen Vorschlag für die Inhalte eines Informationssystems (z. B. die Vorstellung von vier Artikeln Ihres Ausbildungssortiments).

16. Überlegen Sie – welche Vorteile hat ein Einzelhandelsunternehmen durch einen 3-D-Drucker?

ZUSAMMENFASSUNG

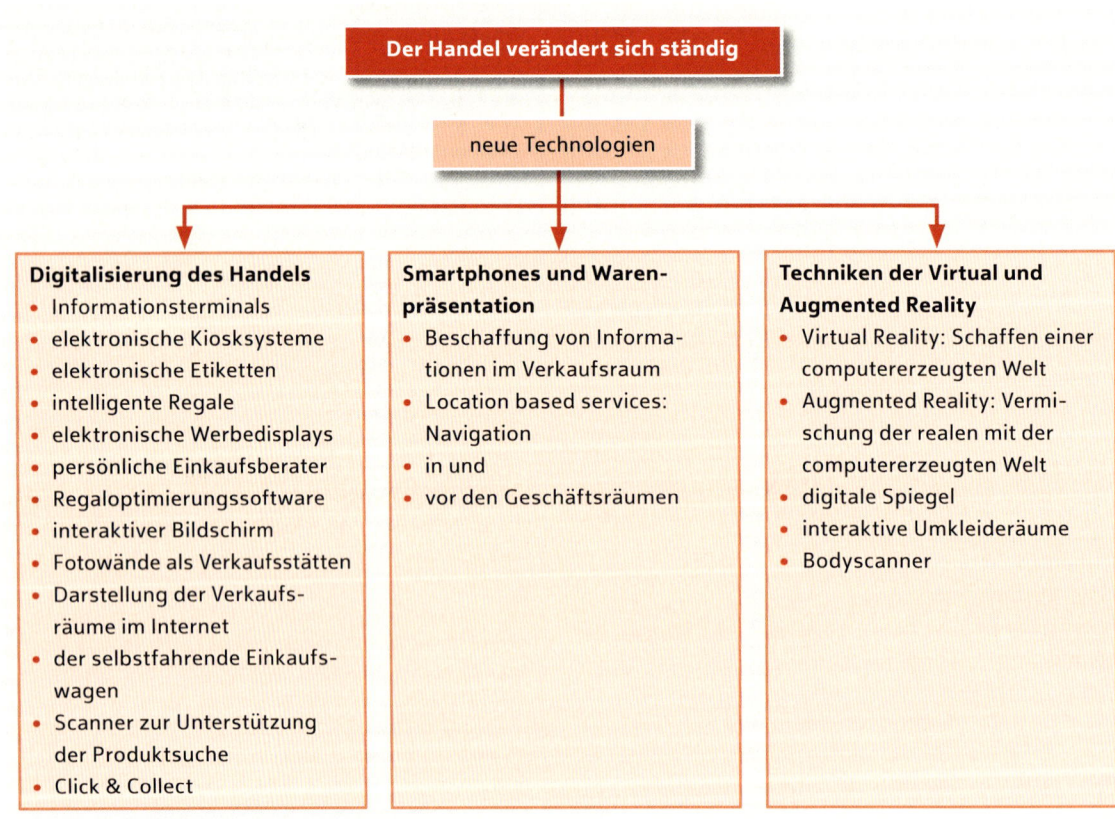

Der Handel verändert sich ständig

neue Technologien

Digitalisierung des Handels
- Informationsterminals
- elektronische Kiosksysteme
- elektronische Etiketten
- intelligente Regale
- elektronische Werbedisplays
- persönliche Einkaufsberater
- Regaloptimierungssoftware
- interaktiver Bildschirm
- Fotowände als Verkaufsstätten
- Darstellung der Verkaufsräume im Internet
- der selbstfahrende Einkaufswagen
- Scanner zur Unterstützung der Produktsuche
- Click & Collect

Smartphones und Warenpräsentation
- Beschaffung von Informationen im Verkaufsraum
- Location based services: Navigation
- in und
- vor den Geschäftsräumen

Techniken der Virtual und Augmented Reality
- Virtual Reality: Schaffen einer computererzeugten Welt
- Augmented Reality: Vermischung der realen mit der computererzeugten Welt
- digitale Spiegel
- interaktive Umkleideräume
- Bodyscanner

9.4 Beurteilung von Webshops und Shopsoftware

Einstieg

Ronja Bunko betritt das Büro von Herrn Hayes.

Ronja Bunko:

„Guten Morgen Herr Hayes. Nanu, warum schütteln Sie denn den Kopf?"

Herr Hayes:

„Hallo Ronja. Ich interessiere mich gerade sehr für die Shopsoftware eines Mitbewerbers. Die wird in dieser Fachzeitschrift hier beschrieben. Aber nur sehr kurz. Hier, schauen Sie mal:"

> Die größte Stärke des Systems ist die Nutzerfreundlichkeit. Es ist sehr zugänglich und einfach zu bedienen und schafft es gleichzeitig dennoch, den vollen Funktionsumfang zu bieten. Auch die

> Einrichtung lässt sich problemlos bewältigen. Der wohl größte Nachteil ist jedoch das Layout bzw. das Design. Der Mangel an Themes ist ein echter Makel. Das Backend dagegen überzeugt mit absoluter Einsteigerfreundlichkeit und einem großen Funktionsumfang. Lediglich die Möglichkeit zur mobilen Verwaltung und ein Benachrichtigungssystem fehlen hier. Das Frontend, also die Shop-Oberfläche, bietet alle nötigen Funktionen, und die bereits angelegten Steuersätze sind sehr von Vorteil.

Ronja Bunko:

„Na, nicht gerade informativ. Welche Kriterien müssen eigentlich bei der Auswahl eines Shopsystems beachtet werden?"

Führen Sie Aspekte auf, die bei der Auswahl oder Gestaltung eines Webshops beachtet werden müssen.

INFORMATIONEN

Hat sich ein Unternehmen entschieden, einen Webshop zu betreiben, muss dieser entweder selber programmiert werden oder eine entsprechende Software muss gekauft bzw. gemietet werden. Vor diesem Hintergrund sind für den Erfolg oder Misserfolg des Webshops eine Vielzahl von unterschiedlichen Faktoren ausschlaggebend. Der eigene Webshop – aber auch die Onlinepräsenzen der Mitbewerber – müssen ständig daraufhin untersucht und kontrolliert werden.

Usability

Unter der Usability eines Webshops versteht man dessen Benutzerfreundlichkeit. Diese Eigenschaft liegt vor, wenn der Onlineshop intuitiv und einfach genutzt werden kann.

Die Usability ist eines der wichtigsten Kriterien bei der Auswahl eines Shopsystems.

BEISPIEL

Ramon Zamir sucht bei verschiedenen Onlineshops einen bestimmten Artikel. Je leichter er diesen auf der jeweiligen Internetseite findet (und dort auch kaufen könnte), desto höher ist die Usability.

Oft wird im Zusammenhang mit der Usability auch von Gebrauchstauglichkeit gesprochen:

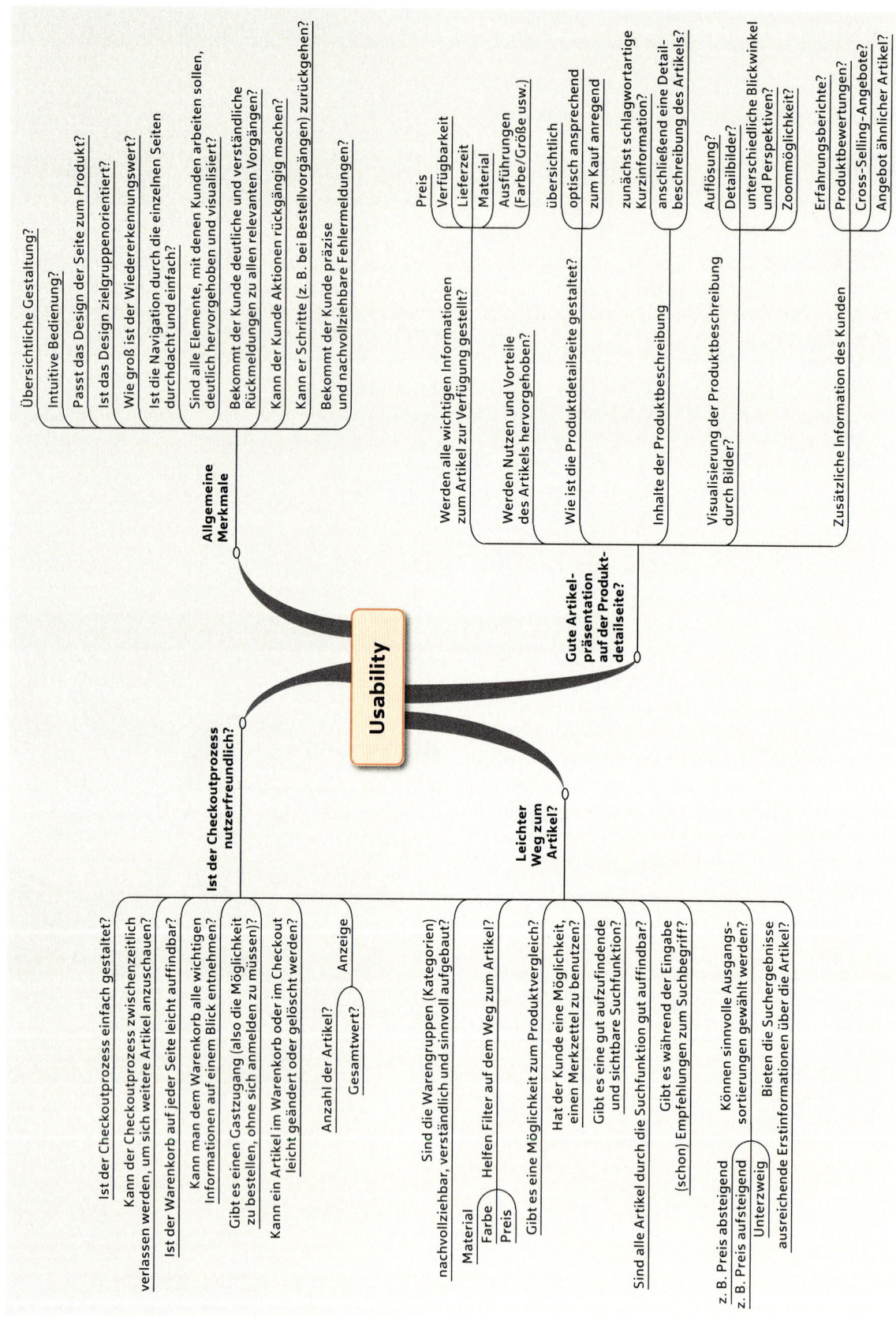

Usability

Allgemeine Merkmale

Übersichtliche Gestaltung?
Intuitive Bedienung?
Passt das Design der Seite zum Produkt?
Ist das Design zielgruppenorientiert?
Wie groß ist der Wiedererkennungswert?
Ist die Navigation durch die einzelnen Seiten durchdacht und einfach?
Sind alle Elemente, mit denen Kunden arbeiten sollen, deutlich hervorgehoben und visualisiert?
Bekommt der Kunde deutliche und verständliche Rückmeldungen zu allen relevanten Vorgängen?
Kann der Kunde Aktionen rückgängig machen?
Kann er Schritte (z. B. bei Bestellvorgängen) zurückgehen?
Bekommt der Kunde präzise und nachvollziehbare Fehlermeldungen?

Gute Artikelpräsentation auf der Produktdetailseite?

Werden alle wichtigen Informationen zum Artikel zur Verfügung gestellt?
— Preis
— Verfügbarkeit
— Lieferzeit
— Material
— Ausführungen (Farbe/Größe usw.)

Werden Nutzen und Vorteile des Artikels hervorgehoben?

Wie ist die Produktdetailseite gestaltet?
— übersichtlich
— optisch ansprechend
— zum Kauf anregend

Inhalte der Produktbeschreibung
— zunächst schlagwortartige Kurzinformation?
— anschließend eine Detailbeschreibung des Artikels?

Visualisierung der Produktbeschreibung durch Bilder?
— Auflösung?
— Detailbilder?
— unterschiedliche Blickwinkel und Perspektiven?
— Zoommöglichkeit?

Zusätzliche Information des Kunden
— Erfahrungsberichte?
— Produktbewertungen?
— Cross-Selling-Angebote?
— Angebot ähnlicher Artikel?

Ist der Checkoutprozess nutzerfreundlich?

Ist der Checkoutprozess einfach gestaltet?
Kann der Checkoutprozess zwischenzeitlich verlassen werden, um sich weitere Artikel anzuschauen?
Ist der Warenkorb auf jeder Seite leicht auffindbar?
Kann man dem Warenkorb alle wichtigen Informationen auf einem Blick entnehmen?
Gibt es einen Gastzugang (also die Möglichkeit zu bestellen, ohne sich anmelden zu müssen)?
Kann ein Artikel im Warenkorb oder im Checkout leicht geändert oder gelöscht werden?
— Anzahl der Artikel?
— Gesamtwert? — Anzeige

Leichter Weg zum Artikel?

Sind die Warengruppen (Kategorien) nachvollziehbar, verständlich und sinnvoll aufgebaut?
Helfen Filter auf dem Weg zum Artikel?
— Material
— Farbe
— Preis

Gibt es eine Möglichkeit zum Produktvergleich?
Hat der Kunde eine Möglichkeit, einen Merkzettel zu benutzen?
Gibt es eine gut auffindende und sichtbare Suchfunktion?
Sind alle Artikel durch die Suchfunktion gut auffindbar?
Gibt es während der Eingabe (schon) Empfehlungen zum Suchbegriff?
Können sinnvolle Ausgangssortierungen gewählt werden?
— z. B. Preis absteigend
— z. B. Preis aufsteigend — Unterzweig
Bieten die Suchergebnisse ausreichende Erstinformationen über die Artikel?

Funktionalität

Ein weiteres wesentliches Qualitätsmerkmal eines Internetshops ist dessen Funktionalität. Darunter versteht man den Funktionsumfang der Software zum Betreiben des Shops. Es geht um die Frage, welche und wie viele Aufgaben und Anforderungen erfüllt werden.

Bestandteile der Funktionalität (nach ISO/IEC9126)					
Angemessen-heit	Sicherheit	Interopera-bilität	Konformität	Ordnungs-mäßigkeit	Richtigkeit
Umfasst das Programm geeignete Funktionen für spezielle Aufgaben?	Verhindert die Software unberechtigte (sowohl vorsätzliche als auch versehentliche) Zugriffe auf Daten und Programmteile?	Kann die Software mit anderen vorgegebenen Computersystemen bzw. Programmen zusammenarbeiten und -wirken?	Hält das Softwareprodukt Standards, Konventionen oder gesetzliche Bestimmungen (im Hinblick auf die Funktonalität) ein?	Hält die Software anwendungsspezifische Normen oder Vereinbarungen ein?	Werden richtige Ergebnisse geliefert bzw. richtige Wirkungen erzielt?

Ergonomie

Eng mit der Usability hängen Gesichtspunkte der Ergonomie zusammen. Oft gehen beide Punkte ineinander über. Unter der Ergonomie versteht man die Anpassung der (technischen) Arbeitsbedingungen an den Menschen und nicht umgekehrt.

Bei allen ergonomischen Problemstellungen wird nicht davon ausgegangen, dass der Mensch sich der Technologie anpassen muss, vielmehr wird der Faktor Mensch ins Zentrum gerückt (human-centered-design).

BEISPIEL

Dies bedeutet, dass sich der Onlineshop an den Kunden anpasst und nicht umgekehrt. Die Bedingungen sind so zu gestalten, dass möglichst geringe gesundheitliche Belastung entsteht.

Es gibt zwei Arten der Ergonomie:

- die Hardware-Ergonomie – hierunter fallen die Gestaltung der Computer-Hardware (der technischen Geräte) und die angemessene Arbeitsplatzgestaltung – und
- die Software-Ergonomie mit der Gebrauchstauglichkeit von Programmen.

Ein Unternehmen, das einen Webshop betreibt, muss beide Aspekte der Ergonomie im Blick haben:

- Das Frontend eines Webshops muss für die Kunden ergonomisch gestaltet sein.

BEISPIEL

Die Unternehmensberaterin Dr. Janina Mueller überprüft die Software-Ergonomie des Webshops der Exclusiva GmbH für Kunden. Ein Auszug aus ihrem Gutachten: „... Auch für Kunden ist der Onlineshop der Exclusiva GmbH im Hinblick auf die Einhaltung softwareergonomischer Kriterien als sehr gelungen einzuschätzen: Kunden können sich eine sehr schnelle Übersicht über die Struktur des Onlineshops der Exclusiva GmbH verschaffen. Sie gelangen mit wenigen Seitenaufrufen bzw. Klicks zu den von ihnen gewünschten Artikeln und haben die Möglichkeit, dem Unternehmen auch spezielle Wünsche mitzuteilen. Ebenso können Kunden die Bestellung auch zusammen mit den Personendaten unter Abschrift absenden."

- Das Backend des Webshops muss so gestaltet sein, dass die Mitarbeiter den Webshop ergonomisch betreiben können.

Wesentliche Kriterien der Software-Ergonomie werden in der Norm DIN EN ISO 9241 zusammengefasst. Mit dieser stehen Onlinehändlern Qualitätskriterien zur Verfügung, mit denen sie ihre Onlineshops ergonomisch gestalten können.

Die softwareergonomischen Grundsätze der DIN EN ISO 9241

Die DIN EN ISO 9241 sieht sieben Grundsätze für die Gestaltung von Software vor. Werden diese Prinzipien beachtet, ist ein Webshop softwareergonomisch gestaltet. Im Hinblick auf die Internetseiten eines Webshops werden vor allem

- Eingabefelder,
- Listen
- und Menüs

betrachtet.

Aufgabenangemessenheit	Die Software soll die Arbeitsschritte zu Erledigung der beabsichtigten Aufgabe genau abbilden. Die Funktionen des Programms basieren auf charakteristischen Eigenschaften der Arbeitsaufgabe.
Selbstbeschreibungsfähigkeit	Alle Texte im Shop (aber auch in der Software für die Mitarbeiter, mit der das Shopsystem gehandelt wird) sind sofort verständlich. Sie sind selbsterklärend. Der Anwender weiß zu jeder Zeit, wo er sich in einem Programm oder Dialog befindet. Ihm ist auch klar, welche Handlungen er nun unternehmen kann.
Steuerbarkeit	Eine Software ist steuerbar, wenn der Anwender Dialoge optimal so beeinflussen kann, dass er sein gewünschtes Ziel erreicht. Erreicht werden kann dies zum Beispiel, indem • Bedienungsschritte aufgehoben werden bzw. rückgängig gemacht werden können; • Dialoge des Benutzers mit dem Shopsystem so einfach und flexibel gestaltet werden, dass der Anwender sein Ziel erreicht (zum Beispiel: Ein Kunde erreicht in nur wenigen Schritten den von ihm gesuchten Artikel; ein Mitarbeiter kann mit wenigen Schritten eine Produktdetailseite erstellen).
Erwartungskonformität	Die Anordnung von Informationen und die Bedeutung von Symbolen sollten den Erwartungen der Anwender entsprechen. Der Benutzer sollte davon ausgehen können, dass das Programm die Kenntnisse seines Arbeitsgebietes und seiner Erfahrung widerspiegelt. Wichtig ist als weiteres Beispiel, dass Funktionstasten in allen Menüs und Masken gleichartig verwendet werden.

Die softwareergonomischen Grundsätze der DIN EN ISO 9241	
Fehlertoleranz	Mit allen programmiertechnischen Möglichkeiten sollte ein Programm helfen, Fehler zu vermeiden. Es sollte Plausibilitätskontrollen und vor allem auch Korrekturmöglichkeiten anbieten. Das beabsichtigte Arbeitsergebnis sollte auch im Falle fehlerhafter Eingaben mit nur geringem Korrekturaufwand erreicht werden.
Individualisierbarkeit	Einstellung in dem Programm bzw. im Output der Programme sollten personenabhängig eingestellt und gespeichert werden können. Die Kommunikation zwischen Programm und dem Anwender sowie die Darstellung der Informationen sollten an die individuellen Fähigkeiten und Bedürfnisse angepasst werden können.
Lernförderlichkeit	Die Software sollte so gestaltet sein, dass der Anwender die Nutzung des Programms leicht lernen kann. Erreicht werden kann dies zum Beispiel durch durchgängige Konzepte bei der Strukturierung von Bedienungsschritten, Dialogen, Funktionen und Menüpunkten.

Responsives Design

Der Erfolg eines Shopsystems hängt maßgeblich davon ab, ob es ein responsives Design aufweist, also ob es auf alle Monitorgrößen angepasst ist.

Ist ein Webshop responsiv, wird dessen Layout so flexibel gestaltet, dass dieses auf allen denkbaren Endgeräten eines potenziellen Kunden eine gleichbleibende Benutzerfreundlichkeit bietet und der Inhalt gänzlich und schnell vom Besucher aufgenommen werden kann.

BEISPIEL

Der Kunde Lukas Volkmar kann den Webshop sowohl mit seinem Smartphone, seinem Tablet als auch mit seinem Desktop-Computer uneingeschränkt und problemlos nutzen.

Barrierefreiheit

Das verwendete System zum Betreiben des eigenen Webshops sollte barrierefrei gestaltet sein. „Barrierefreiheit" bedeutet, dass auch Menschen mit Einschränkungen ohne Probleme den Shop verwenden können.

BEISPIEL

Das Shopsystem ermöglicht es, Menüs nicht nur mit der Maus, sondern auch per Tabulatortaste zu steuern. Die Inhalte der Webseite sind auch als Audiodatei verfügbar.

Nach dem internationalen WCAG 2.0-Standard für Barrierefreiheit im Netz umfassen die Anforderungen unter anderem:

Um die gesellschaftlichen Anforderungen an die Barrierefreiheit von Onlineshops erfüllen zu können, müssen Onlinehändler in Deutschland mit Kosten von über drei Milliarden Euro rechnen.

Vollständigkeit

Dieses Merkmal ist eng im Zusammenhang mit dem Merkmal der Funktionalität zu sehen. Es geht hierbei darum, ob alle Funktionen im Vergleich zu den vordefinierten Anforderungen (dies kann ein Lasten- oder Pflichtenheft im Rahmen eines Projekts sein) vollständig umgesetzt worden sind.

Übertragbarkeit

Manchmal kann auch die Übertragbarkeit (Portabilität) ein wichtiges Entscheidungskriterium für die Auswahl eines Shopsystems sein. Untersucht werden muss oft auch, wie leicht sich eine Software in eine andere Umgebung übertragen lässt. Gemeint sind damit die drei Bereiche:
- die Softwareumgebung,
- die Hardwareumgebung,
- die organisatorische Umgebung.

BEISPIEL

Bernd Felbermair überprüft gerade die Portabilität eines Webshops-Systems. Er untersucht, wie groß der Aufwand zum Installieren der Software (Installierbarkeit) ist. Er prüft auch, ob dieses System anstelle des bisher verwendeten genutzt werden kann (Austauschbarkeit) und ob mit diesen auch gleichzeitig gearbeitet werden kann (Koexistenz).

Zuverlässigkeit

Bei der Auswahl von Shopsystemen muss auch deren fehlerfreie Lauffähigkeit beurteilt werden. Bei diesem Qualitätsmerkmal geht es darum, ob die Software ein bestimmtes Leistungsniveau über einen bestimmten Zeitraum aufrechterhalten kann.

Änderbarkeit

Eine Software muss im Falle von Änderungen schnell, fehlerfrei und unkompliziert anzupassen sein. Der Aufwand, der zur Durchführung vorgegebener Änderungen notwendig ist, muss klein sein.

BEISPIEL

Bei einer politisch vorgegebenen Änderung des Mehrwertsteuersatzes muss dieses schnell und nach Möglichkeit mit nur einer Eingabe im Programm umgesetzt werden können.

Effizienz

Unter bestimmten Bedingungen kann auch eine Rolle spielen, ob und in welchem Umfang das ins Auge gefasste Softwarepaket verfügbare Systemressourcen nutzt. Geprüft werden kann also das Verbrauchsverhalten bestimmter Betriebsmittel:

- Wie viel Speicherplatz wird benötigt?
- Wie groß ist die Netzwerkkapazität?
- Wie viel Prozessorleistung wird in Anspruch genommen?
- Wie groß ist der Energieverbrauch?
- Wie viele Festplattenzugriffe erfolgen?

Zugriff auf Quellcode

Hilfreich kann in manchen Fällen auch ein Zugriff auf den Quellcode sein (wenn dies Vertragsgegenstand bei Lieferung des Softwareprodukts ist). Dieser sollte verständlich nachvollziehbar sein. Für Testzwecke oder auch für eine eventuelle Änderbarkeit sollten die Entscheidungslogik, der Name von Variablen usw. verständlich sein.

In den Quellcode werden vom Programmierer alle Befehle und Anweisungen geschrieben, die später vom fertigen Programm verarbeitet werden sollen. Später entsteht dann ein lauffähiges Programm. Kommerzielle Software wird meistens ohne, Programme, die unter einer Open Source Lizenz stehen, mit dem Quellcode ausgeliefert. Das ermöglicht deren Anpassung und erleichtert die Lokalisierung von Fehlern.

Erfüllen der Informationspflichten

In einem Onlineshop muss sichergestellt sein, dass der Betreiber seine Informationspflichten gegenüber den Kunden nachkommt. Ein ordnungsgemäßer Webshop muss vor Abschluss des Kaufvertrages in diesem Zusammenhang in angemessener Weise Kunden auf Folgendes hinweisen:

- Impressum,
- Disclaimer,
- die wesentlichen Eigenschaften des Artikels.

Während des Bestellvorganges müssen die folgenden Aspekte berücksichtigt werden:

- Durch passende technische Mittel muss ein Onlineshop so gestaltet sein, dass Fehler im Checkout-Prozess vom Kunden leicht und schnell erkannt werden können und er diese anschließend korrigieren kann.

BEISPIEL

Am Ende des Checkoutprozesses werden in der Exclusiva GmbH zusammenfassend noch einmal alle Daten einer Bestellung dargestellt. Imke Wettberg kann vor einer Bestellung ihre Eingaben kontrollieren und diese gegebenenfalls berichtigen.

- Während des Checkout-Prozesses muss der Onlineshop den Kunden über jeden einzelnen Schritt, der zum Vertragsabschluss führt, informieren.

BEISPIEL

Imke Wettberg bestellt bei der Exclusiva GmbH. Durch eine Fortschrittsanzeige mit Meldungen wie zum Beispiel „Kundendaten", „Zahlungsinformationen", „Zusammenfassung" wird ihr immer der gerade aktuelle Status des Bestellvorganges angezeigt.

- Auch auf die wesentlichen Eigenschaften des Produkts muss in der Zusammenfassung am Ende der Fortschrittsanzeige hingewiesen werden.
- Spätestens bei Beginn des Checkout-Prozesses muss der Kunde deutlich darüber informiert werden,
  - mit welchen Zahlungsverfahren er die bestellte Ware bezahlen kann,
  - ob es irgendwelche Lieferbeschränkungen gibt.

- Kunden müssen auch über das ihnen zustehende Widerrufsrecht informiert werden. Es muss nachvollziehbar von den Angaben zur Ausübung des Widerrufsverfahrens (Fristen, Widerrufsbelehrung, Muster-Widerrufsformular) Kenntnis genommen werden können.
- Ein Onlineshop muss den Kunden auch angemessen mitteilen, wie hoch die Kosten bei einer Rücksendung von Waren sind, wenn nicht der normale Standardversandweg gewählt wird.
- Der Kunde muss während des Bestellvorganges ohne Schwierigkeiten erfahren können,
  - wie viel die Ware einschließlich der Umsatzsteuer kostet
  - und welche Liefer- und Versandkosten anfallen.
  - Der Kunde muss seine Gesamtkosten ohne Probleme im Voraus berechnen können. (Die Angabe eines Grundpreises ist während des Bestellvorgangs nicht mehr notwendig, wenn vorher schon einmal darauf hingewiesen wurde.)
- Die endgültige Bestätigung, dass der Kunde sich zu einer Zahlung verpflichtet, muss deutlich gekennzeichnet sein. Dies kann durch Schaltflächen (Buttons) erfolgen, aus denen eindeutig hervorgeht, dass dem Kunden nun Kosten entstehen.
- Werden neben den normalen Gewährleistungsrechten bei einem Kauf auch Garantierechte eingeräumt, muss auf diese schon vor Vertragsabschluss hingewiesen werden. Zusätzlich müssen den Kunden die Garantiebedingungen auch in Textform zugestellt werden.
- Webshops sind auch verpflichtet, Hinweise zur Entsorgung von Altbatterien oder Elektroschrott zu geben.

Dies kann in geeigneter Weise auf einer Internetseite des Webshops geschehen. Eine andere Möglichkeit (die schwerer zu beweisen ist) besteht darin, die notwendigen Angaben den Kunden schriftlich mit der Warensendung zukommen zu lassen.

- Weiterhin müssen Kunden mit ausdrücklichen und deutlichen Hinweisen von
  - den AGBs,
  - der Datenschutzerklärung und
  - der Widerrufsbelehrung

Kenntnis nehmen können. Nicht unbedingt zwingend notwendig ist eine Bestätigung der Kenntnisnahme durch Setzen eines entsprechenden Hakens.

Sprachen

Viele Betreiber von Webshops möchten Artikel auch international verkaufen. Im Backend sollte in diesem Fall eine entsprechende Software zum Betreiben des Webshops mindestens folgende Aspekte gewährleisten:

- Ein Shop sollte in beliebig vielen Sprachen gleichzeitig betrieben werden können. Standardmäßig sollten mindestens Sprachpakete für Deutsch und Englisch vorhanden sein. Weitere Sprachpakete für andere Sprachen sollten zusätzlich geordert werden können.
- Die Sprache sollte über eine Auswahl im Shop manuell vom Kunden umgestellt werden können. Alternativ sollte der Shop die Browsersprache des Besuchers der Internetseite erkennen und automatisch auf die entsprechende Sprache umschalten. Dann kann der potenzielle Kunde in seiner Sprache begrüßt werden.
- Der Shop sollte es dann ermöglichen, alle Produkte, aber auch die während des Kaufvorganges anfallenden Dokumente in der jeweiligen Sprache anzuzeigen bzw. zu erzeugen.

Webshop: B2B-Varianten

Ein Webshop für das B2B-Umfeld hat einige abweichende Anforderungen. Gleich sind die Anforderungen an die Grundfunktionen eines Webshops: der digitale Katalog in Listenform und dessen Gliederung in Kategorien, der Warenkorb und der Checkout. Auch die Login-Funktion ist zunächst einmal keine Besonderheit.

Im B2B-Umfeld werden häufig jedoch nicht nur Verkaufshistorie oder individuelle Preise geladen, sondern auch **spezielle Sortimente** oder ein vom Hersteller **eingeschränktes Produktportfolio** für bestimmte Kunden oder Kundengruppen. Dies kann unterschiedliche Gründe haben: B2B-Kunden wünschen sich manchmal die Einschränkung aus Übersichtlichkeitsgründen. Au-

- Alle Dokumente, die während der Bestellabwicklung anfallen, sollten in der gewählten Währung ausgestellt werden können.
- Die Konversationsrate wird verbessert, wenn man dem Kunden anbietet, in seiner Landeswährung zu zahlen. Vor diesem Hintergrund sollten die Betreiber eines Internetshops die Möglichkeit haben, beliebig viele Währungen selbst anzulegen.

BEISPIEL

Im Webshop der Exclusiva GmbH ist der Euro als Standardwährung festgelegt. Für jede weitere Währung wird dann nur noch der Umrechnungskurs hinterlegt. Mister Delmore aus Glasgow zahlt dann für einen Artikel in britischen Pfund. Die Shopsoftware nimmt die Umrechnung automatisch vor.

Mit der Hinterlegung einer kundenspezifischen Währung können damit die Kalkulation und Anzeige sämtlicher Preise, aller Frachtkosten, Zuschläge usw. in der entsprechenden Währung erfolgen.

- Ähnliches gilt auch für die Konfiguration von Steuersätzen. Im Shopsystem sollten abhängig von der jeweiligen Rechtslage in dem betreffenden Land beliebig viele Steuersätze hinterlegt und verwaltet werden können. Im Backend muss dann nur noch ausgewählt werden, welcher Steuersatz für welches Land gelten soll. Die Berechnung und das Ausweisen der Umsatzsteuer zum Beispiel erfolgen dann für den Kunden automatisch. Ebenfalls kann entschieden werden, ob die Mehrwertsteuer überhaupt ausgewiesen werden soll. So kann beispielsweise bei Verkäufen in nicht-europäische Länder ein umsatzsteuerfreier Versand angeboten werden.

ßerdem lassen sich mit der eingeschränkten Auswahl die Nachfrage auf bestimmte Produkte reduzieren und somit Preisvorteile durch Mengenrabatte erzielen, und der Bestellvorgang an sich wird schneller. Auch der Hersteller möchte manchmal verschiedenen Kundengruppen verschiedene Marken oder Produktgruppen anbieten, da er dies in Kombination mit einer Preisstrategie Absatz, Umsatz, Marge und Gewinn optimieren kann.

Ein B2B-Kunde fordert in der Regel auch ein **Rollenmodell** für den Webshop. Grundsätzlich unterscheidet man den Besteller/Bedarfsträger und den Entscheider/Einkäufer. Der eine füllt sozusagen den Warenkorb, der andere bezahlt ihn. Gerade in größeren Unternehmen und in Einkaufsgemeinschaften kommen Rollenverteilungen regelmäßig vor.

Funktionen wie **Auftragswiederbestellung** oder **Upload von Bestelllisten** sind häufig gewünschte Funktionen im B2B-Umfeld. Gerade die Regelmäßigkeit bei der Bestellung von bestimmten Produkten bestimmt das B2B-Umfeld. Der Upload von Bestelllisten erfolgt häufig im CSV-, Excel- oder XML-Format. Er bietet den Vorteil, auf eine direkte Anbindung des ERP-Systems an den Webshop verzichten zu können, denn die Schnittstelle zur direkten Anbindung ist häufig aufwendiger und mit Kosten verbunden. Es ist ein Zwischenschritt zur Automatisierung, der leicht und mit geringem Aufwand zu vollziehen ist. Fast jedes ERP bietet die Exportfunktion von Listen an. Nachteil dieser Lösung ist, dass es keinen Rückfluss an Informationen gibt. Auftragsbestätigung, Lieferavis oder Lieferschein müssen z. B. weiterhin in onlineshoptypischer Weise per E-Mail abgewickelt werden und bedürfen so einer manuellen Bearbeitung.

Im B2B-Umfeld ist auch die **Filialbelieferung** geläufig, die eine erweiterte Lieferadressenverwaltung erfordert. Die Liquidation der Rechnung kann dann auch gerade bei Einkaufsgemeinschaften oder Franchise-Unternehmen unterschiedlich gestaltet werden. „Zentral oder dezentral" ist dabei häufig eine Frage und muss im Webshop abgebildet werden.

Zahlungsarten sind ein weiterer Aspekt in einem Webshop im B2B-Umfeld, der abweichend behandelt werden muss. Die aus dem B2C bekannten und beliebten Zahlarten Kreditkarte, Bankeinzug, PayPal usw. werden durch die im B2B-Umfeld geläufigere Zahlung auf Rechnung ergänzt, da man in der Regel durch das Anmelden als Unternehmen in einem Webshop sowieso einige Prüfungen durchlaufen muss. Obligatorisch ist die Überprüfung der Umsatzsteueridentifikationsnummer. Nur mit ihr ist es möglich, den gebräuchlichen Vorsteuerabzug abzuwickeln. Im Zuge dieser Überprüfung können auch der Handelsregistereintrag und die Bonität geprüft werden, womit dann die Zahlart „auf Rechnung" und Höhe der Bestellungen begrenzt oder erweitert werden kann.

Damit ist das Thema **Rahmenverträge** angeschnitten. Im B2B-Umfeld werden gerne Rahmenverträge über Sortimente, Preise, Abnahmemengen, Konditionen (wie Lieferzeiten, Zahlungsziele) oder auch Qualitätskriterien festgelegt. Ein Webshop im B2B muss zum Beispiel Preisstaffeln oder Kick-backs bei Mengenvereinbarungen mit abbilden können.

Auffällig im B2B-Bereich ist das **UX-Empfinden** (UX = User eXperience). Das Kundenfeedback zur Benutzerfreundlichkeit ist hier viel unmittelbarer, intensiver und durch Einzelmeinungen und Vertrauen geprägt. Dies liegt vor allem an der direkten Beziehung zwischen Hersteller und Händler. Während im B2C-Umfeld das Userverhalten durch Massenanalyse bestimmt wird, kann es gerade im B2B-Umfeld mit einigen Hundert oder Tausend Kunden nicht auf die gleiche Art und Weise entwickelt werden. Treibend bei UX sind Kennzahlen wie Verweildauer, durchschnittlicher Warenkorb, CTR oder Conversion Rate. Diese Kennzahlen sind im B2B jedoch nur begrenzt aussagekräftig. Der bekannte Kunde als Wiederbesteller, der eine Bestellliste hochlädt, hat sicherlich eine geringe Verweildauer und einen hohen Warenkorb. Stößt er auf technische Schwierigkeiten im Webshop, ist er schnell am Telefon, um mit dem Support oder seinem Accountmanager zu sprechen. Er wechselt nicht einfach zu einem anderen Webshop, da er weiß, dass er z. B. seine Preisvorteile nur erlangen kann, wenn er seine Nachfrage auf den einen Webshop bündelt. Folglich sind seine Ansprüche an dessen Funktionalität auch höher.

Als eine zusätzliche Herausforderung im B2B zeigt sich die **IT-Infrastruktur von Unternehmen**. Die Zugänglichkeit des Internets ist gerade bei Filialbetrieben nicht immer gewährleistet. Auch ist die Aktualität bei der Nutzung von Betriebssystemen und Browsern deutlich geringer als im privaten Umfeld B2C. Gelegentlich ist es notwendig, einen Webshop auf Windows XP mit einem älteren Internet Explorer von Microsoft anzupassen.

Datenaustauschmöglichkeiten mit anderen Programmen

In einem E-Commerce-Unternehmen, das ein Shopsystem verwendet, kommen in den verschiedenen Geschäftsprozessen weitere Programme zum Einsatz. Damit die Geschäftsprozesse reibungslos ablaufen, müssen die Daten zwischen allen im Unternehmen verwendeten Softwarepaketen komplikationslos ausgetauscht werden können. Dazu werden in den jeweiligen Programmen Schnittstellen benötigt.

Für ein Unternehmen ist es also von enormer Bedeutung, Daten, die in dem einem System erzeugt werden, auch in anderen Softwarepaketen weiterverwenden zu können. Dies ist normalerweise nicht einfach, weil man dazu wissen muss, welche Daten in welchen Formaten in den jeweiligen Programmpaketen vorhanden sind und verwendet werden. Ein Shopsystem muss vor diesem Hintergrund also die Ausgabe von Daten, aber auch deren Aufnahme in bestimmten Datenaustauschformaten ermöglichen. Der Anpassungsprozess der vorliegenden Daten beim Austausch mit anderen Systemen ist in diesem Zusammenhang nicht ganz einfach.

BEISPIEL

Die Exclusiva GmbH nimmt ein neues Produkt in ihr Sortiment auf. Zunächst wird die Artikelnummer mit einigen weiteren Artikeldaten in das ERP-System des Unternehmens eingepflegt. Diese Daten müssen nun in das Shopsystem gebracht werden. Sie reichen zudem allein nicht aus, um Verkäufe im Onlineshop zu generieren. Sie müssen noch um weitere Daten im Shopsystem ergänzt werden, wie Marketingtexte bzw. Bild- oder Videomedien. In diesem Fall kommen noch zu den eigens im Shopsystem angelegten Daten die Daten eines **Produktinformationsmanagement-Systems** (PIM) hinzu.

Für eine erfolgreiche Durchführung aller Geschäftsprozesse im Unternehmen ist also eine ordnungsgemäße Verarbeitung aller Daten in einem Softwaresystem notwendig. Die Daten müssen in eine Form gebracht werden, die das jeweilige Programm versteht, und mit fehlenden Informationen (die in anderen Programmen entstanden sind) angereichert werden. Bei der Anschaffung eines Shopsystems muss also auf das Vorhandensein entsprechender Schnittstellen für ein Datenaustausch geachtet werden.

Je größer die Datenmengen in einem Unternehmen sind, desto sinnvoller ist es, im Hinblick auf eine Optimierung der Datenaustauschprozesse auf Softwarepakete zu setzen, die die unterschiedlichen Datensysteme der einzelnen Programme verwalten. Hier

- werden die Daten von unterschiedlichen Softwaresystemen erzeugt, gespeichert und in einer programmindividuellen Form ausgegeben,
- haben die jeweiligen Daten eine unterschiedliche Struktur
- und liegen oft redundant vor.

Durch den Einsatz entsprechender Programme können alle im Unternehmen gesammelten Daten sinnvoll genutzt werden. Solche Softwarepakete führen die heterogen strukturierten Daten verschiedener Quellen zusammen und verarbeiten diese, dass deren Qualität gesichert wird. In integrierter Form werden die Daten für die weitere Verarbeitung in anderen Programmen bereitgestellt. Dies geschieht typischerweise in drei Schritten im sogenannten **ETL-Prozess**:

- Extraktion: Aus den unterschiedlichen Datenquellen der verschiedenen Programme werden alle wichtigen Informationen ausgelesen.
- Transformation: In einem zweiten Schritt werden die Datenstruktur und die Dateninhalte in das übersichtliche und einheitliche Format einer Zieldatenbank überführt. Die Datengrundlage kann dadurch ganzheitlich erfasst und überblickt werden. Somit können die Daten ermittelt und herausgefiltert und mit weiteren Daten zu verknüpft werden.

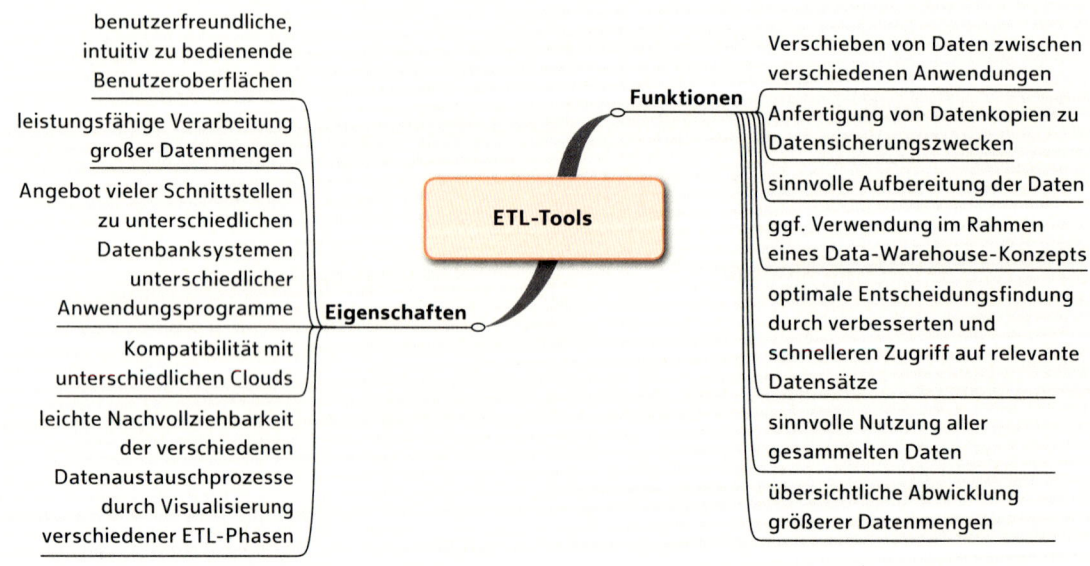

- Loading (Laden): Schließlich werden die transformierten Daten in die Zieldatenbank übertragen.

Die **ETL-Tools** können nicht nur für einen direkten Austausch zwischen zwei Programmen verwendet werden.

BEISPIEL

Das ERP-System der Exclusiva GmbH erfasst die Straße und die Hausnummer eines Kunden in einem Feld, das Shopsystem in zwei Feldern. Ein ETL-Tool sorgt dafür, dass in jedem der beiden Programme diese beiden Daten in der benötigten Form zur Verfügung stehen.

Immer öfter spielen die ETL-Tools eine Rolle im Zusammenhang mit Data-Warehouse-Konzepten in Unternehmen. Dabei werden Daten aus unterschiedlichen Datenquellen gesammelt, dann zentral organisiert und verwaltet, um die unterschiedlichsten Geschäftsprozesse erfolgreich durchführen zu können. Ein **Data Warehouse** ist eine Technologie, die strukturierte, unstrukturierte und halbstrukturierte Daten in Form einer zentralen Datenbank aus einer oder mehreren Quellen kombiniert. Die verschiedenen in den Geschäftsprozessen eingesetzten Programme erhalten die benötigten Daten vom Data Warehouse, liefern aber auch selbst entsprechende Daten.

AUFGABEN

1. Was versteht man unter der Usability?

2. Führen Sie Kriterien auf, die die Usability eines Webshops vergrößern.

3. Recherchieren Sie im Internet: Besuchen Sie verschiedene Webshops einer bestimmten Branche. Untersuchen Sie diese systematisch auf Erfüllung verschiedener Kriterien der Usability. Präsentieren Sie Ihren Mitschülerinnen und Mitschülern anschließend, welche Aspekte der Usability in dem jeweiligen Shop Sie als gelungen oder weniger geeignet ansehen. Begründen Sie dies jeweils.

4. Was versteht man unter der Funktionalität eines Webshops?

5. Welche Bestandteile gehören zur Funktionalität nach der ISO/IEC 9126?

6. Führen Sie eine Internetrecherche durch: Besuchen Sie verschiedene Webshops einer bestimmten Branche. Untersuchen Sie diese systematisch auf Unterschiede in der Funktionalität. Präsentieren Sie Ihren Mitschülerinnen und Mitschülern anschließend, wodurch sich verschiedene Shops im Funktionsumfang unterscheiden.

7. Erläutern Sie den Begriff „Ergonomie".

8. Unterscheiden Sie die Hardware- von der Softwareergonomie.

9. Welche Folgen hat eine Nichtbeachtung softwareergonomischer Prinzipien?

10. Führen Sie die softwareergonomischen Grundsätze der DIN EN ISO 9241-110 auf.

11. Was versteht man unter dem responsiven Design?

12. Recherchieren Sie im Internet: Besuchen Sie verschiedene Webshops einer bestimmten Branche. Untersuchen Sie, inwieweit diese responsiv gestaltet sind. Präsentieren Sie Ihren Mitschülerinnen und Mitschülern anschließend, wodurch sich verschiedene Shops im Hinblick auf das responsive Design unterscheiden.

13. Führen Sie Anforderungen an die Barrierefreiheit von Internetseiten eines Webshops auf.

14. Erläutern Sie die Begriffe
    a) Vollständigkeit,
    b) Übertragbarkeit,
    c) Zuverlässigkeit,
    d) Änderbarkeit,
    e) Effizienz
    eines Webshops.

15. Führen Sie Informationspflichten auf, die der Betreiber eines Onlineshops mithilfe der Shopsoftware erfüllen muss.

16. Welche Vorteile bringt die Installation von Sprachpaketen in einem Webshop?

17. Suchen Sie im Internet nach mehreren Tests von Shopsystemen. Vergleichen Sie die dort verwendeten Beurteilungskriterien mit den im Kapitel aufgeführten:
    - Welche Beurteilungsmerkmale werden ebenfalls verwendet?
    - Welche Aspekte werden in dem jeweiligen Test nicht berücksichtigt?
    - Gibt es Beurteilungskriterien, die im Kapitel nicht genannt sind?

18. Welches Merkmal zur Beurteilung eines Webshops wird in der folgenden Abbildung angesprochen?

19. Kathleen Harris, in Deutschland lebende Amerikanerin, ist blind. Sie vertritt die folgende Meinung: „For me being online is everything. It's my hi-fi, my source of income, my supermarket, my telephone. It's my way in."

Erläutern Sie vor diesem Hintergrund die Bedeutung der Barrierefreiheit für Webshops.

20. Nennen Sie drei zusätzliche Anforderungen an einen Webshop im B2B-Umfeld und erläutern Sie diese.

ZUSAMMENFASSUNG

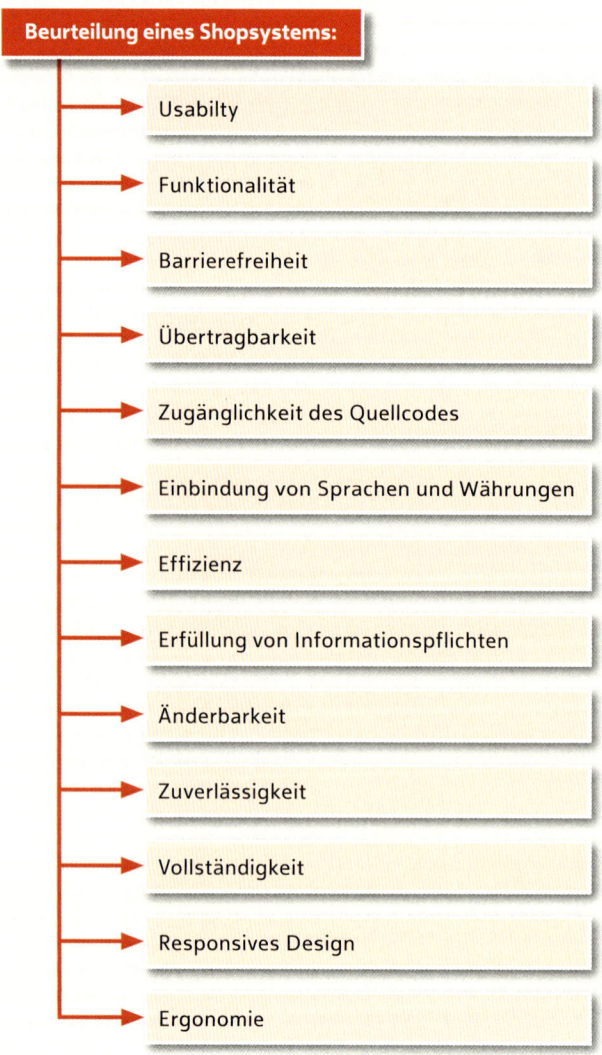

Beurteilung eines Shopsystems:

- Usabilty
- Funktionalität
- Barrierefreiheit
- Übertragbarkeit
- Zugänglichkeit des Quellcodes
- Einbindung von Sprachen und Währungen
- Effizienz
- Erfüllung von Informationspflichten
- Änderbarkeit
- Zuverlässigkeit
- Vollständigkeit
- Responsives Design
- Ergonomie

9.5 Elektronische Marktplätze

Einstieg

Die Auszubildenden der Exclusia GmbH treffen sich während der Mittagspause.

Ronja Bunko:
„Habt ihr schon gehört? Die Exclusiva GmbH will jetzt nicht nur über unseren eigenen Webshop, sondern auch über Marktplätze Artikel anbieten!"

Andreas Seeger:
„Marktplätze? Was ist denn der Unterschied zu einem Webshop?"

Stellen Sie die Unterschiede von einem Marktplatz zu einem normalen Webshop dar.

INFORMATIONEN

Unter elektronischen Marktplätzen versteht man Plattformen, auf denen verschiedene Händler europaweit ihre Waren und Dienstleistungen online anbieten können.

Um Kunden online, aber auch offline erreichen und gewinnen zu können, ist es von größter Wichtigkeit, dass der Unternehmer weiß, wie der Handel vernetzt ist und wie Vertriebskanäle optimiert bzw. optimal eingesetzt werden können.

Grundvoraussetzung hierfür ist die Nutzung von verschiedenen elektronischen Marktplätzen, einmal für Werbezwecke, und natürlich auch, um die Verkaufsleistung zu steigern. Da die Konkurrenz im Onlinehandel sehr hart ist und auch stetig steigt, sind neben dem Preis für die angebotenen Produkte auch Serviceleistungen, wie schnelle und kostenlose Lieferung sowie kostenlose Rücksendung und vor allem das Begeistern der angehenden Käufer notwendig.

Aus Sicht eines kleinen Händlers wird es aus folgenden Gründen immer schwieriger, mit einem Webshop Kunden im Internet zu erreichen:

- Es besteht ein Wettbewerb um die besten Plätze bei Suchmaschinen. Dies betrifft sowohl den unbezahlten als auch den bezahlten Bereich.
- Alle Bestandteile des Onlinehandels werden immer herausfordernde und komplexer: Ständig und parallel müssen verschiedene Maßnahmen ergriffen werden, um sich am Markt zu halten:

– Den Kunden müssen immer mehr Zahlungsarten angeboten werden.
– Der Kundenservice muss immer weiter verbessert werden.
– Die Reduzierung der Lieferzeiten ist eine ständige Aufgabe.
– Zusätzlich muss immer an einer Verbesserung der Usability gearbeitet werden.
- Die Anzahl der Konkurrenten am Markt steigt. Dadurch steigen die Marketingkosten, die Gewinne sinken.
- Die Kunden bewegen sich auf immer mehr Vertriebskanälen.

Nutzt der (kleine) Onlinehändler auch Marktplätze, hat er gegenüber der ausschließlichen Verwendung eines Webshops verschiedene Vorteile:

- Dem Händler steht ein zusätzlicher Vertriebskanal zur Verfügung.
- Ein Händler kann versuchsweise eigene Artikel oder eigene Strategien im Bereich des Marketings online ausprobieren.
- Online-Marktplätze garantieren dem Händler eine große Zahl an potenziellen Kunden, die er allein nur mit hohen Marketingkosten erreichen könnte, denn mit dem großen Sortiment sprechen Online-Marktplätze sehr viele Kunden an. Auch das Ranking bei Suchmaschinen wird dadurch verbessert.

Ein Marktplatz unterscheidet sich von einem normalen Webshop dadurch, dass der Betreiber nicht an der geschäftlichen Transaktion (zwischen Kunde und Anbieter) beteiligt ist: Er unterstützt sie stattdessen technisch und organisatorisch.

Der Betreiber des Marktplatzes stellt Anbietern und Kunden lediglich die für ihre Transaktion technisch und organisatorisch erforderliche Infrastruktur zur Verfügung. Nach der Registrierung des Kunden kommt einerseits zwischen dem Betreiber des Marktplatzes und dem Verkäufer, andererseits zwischen dem Marktplatz und dem Kunden ein Vertrag über die Nutzung der Plattform zustande.

Genau wie herkömmliche Märkte bringen auch elektronische Marktplätze Angebot und Nachfrage nach Waren und Dienstleistungen zusammen.

Schnelle Abwicklung des Verkaufsprozesses

Sehr hohe Benutzerfreundlichkeit und intuitive Bedienbarkeit

Unkomplizierte Rückgabemöglichkeiten der Waren für den Kunden

Niedrige bis gar keine Versandkosten

Diese Voraussetzungen müssen Online-Marktplätze heute erfüllen

Große Auswahl an Zahlungsverfahren

Hohe Versandgeschwindigkeit

Sehr detaillierte und qualitativ hochwertige Produktdaten und Bilder

Großes und vielseitiges Produktsortiment

Einige BEISPIELE für elektronische Marktplätze sind:

- Amazon
- eBay
- Zalando
- Home24.de
- Shopping.com

usw.

Unterscheidungskriterien der elektronischen Marktplätze

Doch nicht jeder Händler kann auch jeden Marktplatz nutzen.

- Hier findet die Unterscheidung zwischen offenen und geschlossenen Marktplätzen statt. Bei **geschlossenen Marktplätzen** entscheidet der Betreiber, welche Händler für seine Plattform zugelassen werden, bei den **offenen Marktplätzen** kann sich fast jeder Händler selbstständig anmelden.

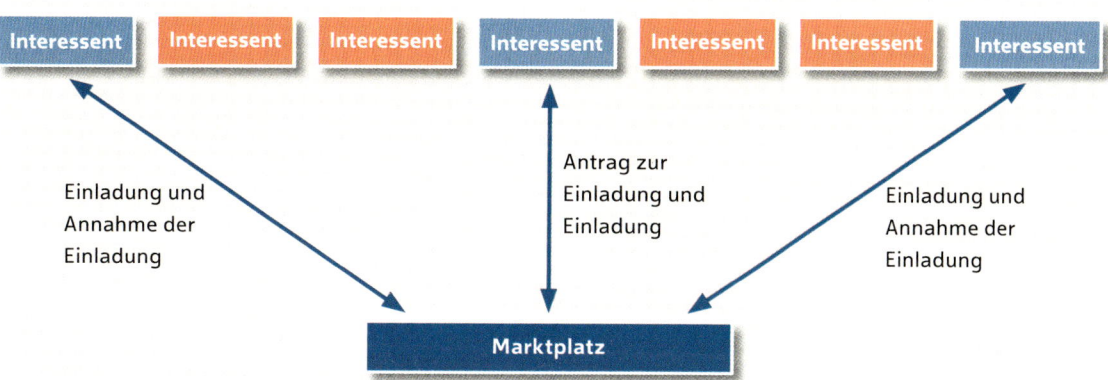

Ein geschlossener Marktplatz

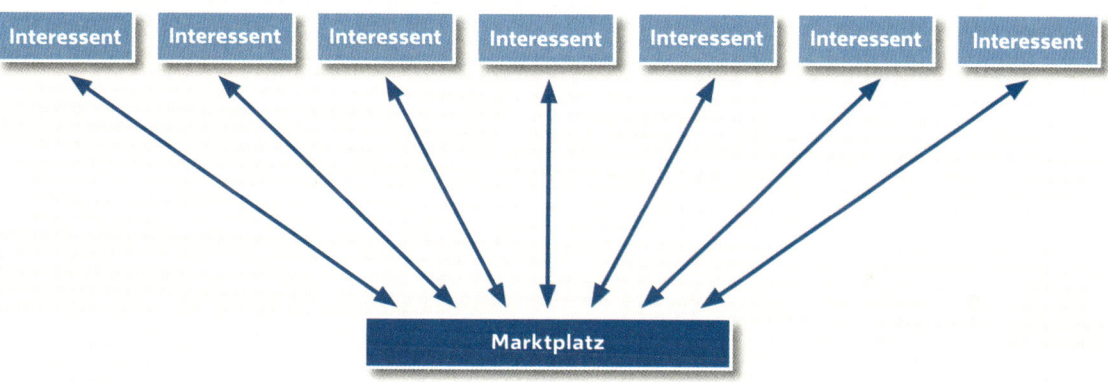

Ein offener Marktplatz

BEISPIEL

Jeder Onlinehändler kann über den Amazon-Marktplatz Waren direkt an Endkunden verkaufen. Dies ist also ein *offener* Marktplatz: Normale Onlinehändler, die über die Amazon-Plattform Waren verkaufen, werden von Amazon als „Seller" betrachtet.

Erfolgreichen Onlinehändler bietet Amazon an, als „Vendor" aufzutreten: „Vendor" kann man also nur auf Einladung werden. In dieser Hinsicht liegt also ein geschlossener Marktplatz vor. Amazon nimmt dann den Onlinehändlern sehr viel Arbeit in den Bereichen Marketing, Verkauf und Logistik ab. Damit wird der „Vendor" zum reinen Lieferanten der Ware. Vorteile für den Onlinehändler sind verbesserte Auffindbarkeit, bevorzugter Zugriff auf Amazons Marketinginstrumente und die Imagevorteile durch „Verkauf und Versand durch Amazon". Diese Vorteile werden jedoch „erkauft" durch den Nachteil einer sehr starken Abhängigkeit von Amazon.

- Eine weitere Unterscheidung bei den Marktplätzen gibt es bei der **Angebotsart**, also der Art und Weise, wie die Waren angeboten werden. Bei Sofortkäufen oder Auktionen findet der Kauf direkt auf dem Marktplatz, also online, statt. Handelt es sich um Kleinanzeigen oder Inserate, wird die Ware zwar online angeboten, aber häufig „offline" übergeben und unter Umständen auch bar vor Ort bezahlt.

- Ferner gibt es bei der **Betreiberart** des Marktplatzes einen Unterschied. Ein Marktplatz kann von einem Händler selbst betrieben werden (z. B. Zalando), der auch selbst auf seiner Plattform Waren zum Verkauf anbietet, oder von einem reinen Marktplatzbetreiber, der lediglich die Plattform betreut und für andere Händler zur Verfügung stellt (z. B. Allyouneed, Gute Marken usw.).
- Außerdem muss berücksichtigt werden, dass es **branchenübergreifende (horizontale)** Märkte gibt, auf denen Unternehmen verschiedenster Branchen unterschiedliche Produkte anbieten, sowie **vertikale** Marktplätze, auf denen nur Produkte aus einer bestimmten Branche erstanden werden können.
- Handelt es sich um einen **statischen** Marktplatz, bedeutet dies, dass Waren und/oder Dienstleistungen per Katalog (auch Katalogprinzip genannt), also mit festen Preisen, angeboten werden. Zusätzlich erhält der Kunde hier zu den abgebildeten Produkten Informationen über Art, Güte und Beschaffenheit der Produkte, ohne dass dies als Extratext im Shop eingepflegt werden muss (die Daten stehen ja bereits zur Verfügung). Lediglich die Verfügbarkeit muss ergänzt werden. Im Gegensatz dazu variieren bei den **dynamischen** Märkten die Preise und es werden verschiedene Verhandlungsmechanismen zur Preisbildung herangezogen (Rabatte, Skontobeträge usw.). Auch Auktionen zählen zu den dynamischen Märkten, weil sich der Preis aufgrund der vorliegenden Gebote bestimmt.

Außerdem lassen sich die Marktplätze unterscheiden in:

Händlerplattformen	Käuferplattformen	Neutrale Marktplätze
Der Hersteller oder Händler bietet für andere Händler eine Plattform an.	Händler und Hersteller bieten für Endkunden Waren oder Dienstleistungen an.	Neutrale Dritte bieten eine Plattform an, auf der Hersteller und Händler Produkte anbieten und Käufer diese erwerben können.

Auswahl eines geeigneten Marktplatzes durch einen Onlinehändler

Um Waren auf einem Marktplatz absatzorientiert und möglichst gewinnbringend anbieten zu können und sich für den richtigen zu entscheiden, sind im Vorfeld folgende Überlegungen anzustellen:

- **Was biete ich an?**
  Hier muss der Händler überlegen, welche Produkte sich für den Onlinehandel anbieten und welche Erwartungshaltung er in Bezug auf den Umsatz für das angebotene Produkt hat.

- **Zu welchem Preis biete ich an?**
  Soll das Produkt „preisstabil" im Netz erscheinen oder gibt die Kalkulation einen Spielraum vor? Falls ja, kann auf Repricer zurückgegriffen werden.

- **Welche Repricer bzw. Dynamic Pricer sollen eingesetzt werden?**
  „Geiz ist geil" war einst der Werbeslogan eines großen Unternehmens. Dieser hat sich im Laufe der Zeit beim Kunden in den Köpfen verankert, und so wird das Netz auch heute noch mehrmals am Tag von den Kunden nach den günstigsten Preisen für das gewünschte Lieblingsprodukt durchforstet. Damit Unternehmen konkurrenzfähig bleiben, nutzen sie Repricer bzw. Dynamic-Pricer. Hierbei handelt es sich um Programme, die unter Berücksichtigung von bestimmten Regeln und Schwellenwerten Produktpreise neu berechnen und anpassen. Daher ist es beispielsweise möglich, dass ein angebotenes Produkt beim gleichen Händler morgens zu einem anderen Preis als mittags angeboten wird.

```
208  limit_val = a;
209  $("#limit_val").a(a);
210  update_slider();
211  function(limit_val);
212  $("#word-list-out").e(" ");
213  var b = k();
214  h();
215  var c = 1(), a = " ", d = parseInt
           arseInt($("#slider_shuffle_num
     function("LIMIT_total:" + 
```

- **Welche Informationen sind für den Kunden wichtig und gesetzlich notwendig?**

  Um Produkte im Netz anbieten zu können, sind verschiedene Angaben notwendig. Diese dienen dem Kunden als Information und dem Händler als Absicherung, falls der Kunde andere Ansprüche an ein erworbenes Produkt stellt, als dieses tatsächlich hat. Aufgrund von verschiedenen Gesetzen müssen Qualität, Eigenschaften der Waren usw. genau erläutert werden.

- **Welche Konkurrenzprodukte gibt es aktuell?**

  Marktbeobachtungen, gerade im Bereich E-Commerce, sind von größter Wichtigkeit, um konkurrenzfähig zu bleiben und weiterhin am Markt von Kunden gefunden zu werden. Hier sollten auch gerade die Keywords der Konkurrenz erfasst und möglichst bei den eigenen Angeboten eingebaut werden.

- **Welche Kosten fallen für mich als Händler auf den verschiedenen Marktplätzen an und welche Regeln gelten?**

  Die Kosten für das Anbieten von Produkten auf Marktplätzen können variieren. So ist es zum Beispiel möglich, dass Pauschalbeträge für den Shop anfallen und/oder bestimmte Prozentwerte zusätzlich für jedes verkaufte Produkt abzugeben sind. Auch die Dienstleistung, die beim Anbieter des Marktplatzes in Anspruch genommen wird, kann von den Leistungen her unterschiedlich „gebucht" werden, wodurch die Kosten ebenfalls variieren. Des Weiteren verbieten verschiedene Betreiber das Anpassen der Preise (Preiserhöhung oder Preissenkung) an den Konkurrenzpreis. Beim Design und bei den vorgegebenen Features sind die verschiedenen Plattformen meist „starr" und der Händler hat nur wenig Einfluss auf das Aussehen. Seine eigene Corporate Identity bleibt also meist unberücksichtigt.

  Als wichtigste Regel kann angeführt werden, dass es von großer Notwendigkeit ist, die AGBs und sonstige Regelungen zu beachten und einzuhalten.

- **Reichweite, Nutzbarkeit und Schnittstellen**

  Ziel eines jeden Verkäufers ist, möglichst viele Menschen zu erreichen, damit Produkte erfolgreich verkauft werden können. Dieser Faktor wird als „Reichweite" bezeichnet und spielt bei der Auswahl eines passenden Marktplatzes eine wichtige Rolle für den Händler.

  Ferner ist die Nutzbarkeit des Shops, der auf dem Marktplatz angelegt werden kann, wichtig. Können Kunden leicht und einfach Produkte finden, die entsprechenden Beschreibungen lesen und die Ware kaufen, stellt dies einen Vorteil für den Händler dar. Aber auch, dass Produkte leicht und einfach einzustellen sind und die Kaufabwicklung zügig vonstattengeht, sind ausschlaggebende Argumente, ob ein Marktplatz geeignet ist oder eher nicht.

  Außerdem muss der Händler sich noch überlegen, ob es Schnittstellen zwischen dem Marktplatz und seinem eigenen Onlineshop geben muss und ob diese vom Betreiber angeboten werden.

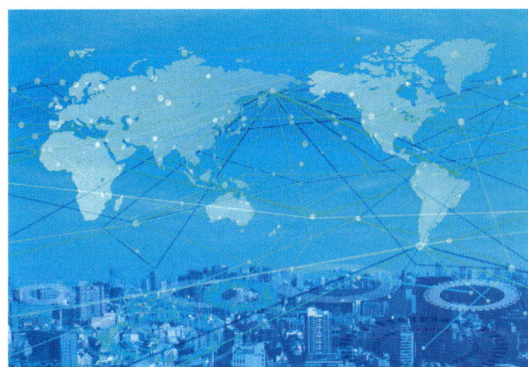

Vorteile von elektronischen Marktplätzen

- Technische Komponenten unterliegen der Aufsicht des Betreibers.
- Evtle. Störungen sind vom Betreiber zu beheben – dieser muss dafür die notwendige Manpower aufbringen.
- Die Auswahl an Produkten für den Käufer steigt.
- Transaktionen werden automatisiert – Kauf und Verkauf sind einfach möglich.
- Die Marktplätze sind in der Regel bereits bekannt und die potenziellen Kunden müssen nicht extra auf diese aufmerksam gemacht werden (Marketing bereits vorhanden durch Marktplatzbetreiber) Durch ihre große Bekanntheit (zumindest trifft dies auf die größeren Marktplätze zu) haben die dort vertretenen Onlinehändler Imagevorteile. Bei Konflikten, die sich eventuell aus einer geschäftlichen Transaktion zwischen Kunde und Verkäufer ergeben, wird die Handelsplattform zudem oft als Vermittler aufgefasst.
- Auch unbekannte Unternehmen können erfolgreich Produkte verkaufen und weniger eigene Werbung ist notwendig.
- Aufwand und Risiko halten sich in Grenzen durch meist geringe und planbare Kosten.
- Neue Märkte können schnell, einfach und ohne großes Risiko getestet werden.

Nachteile von Marktplätzen

- Unter Umständen liegen alle Kundendaten auf dem Server des Marktplatzes: Dadurch sind auch Auswertungen schwieriger möglich oder kostenpflichtig.
- Wenig Freiheit bei der Gestaltung des Shopdesigns (Corporate Identity fehlt unter Umständen).
- Das Shopsystem des Marktplatzes ist unter Umständen nicht kompatibel mit dem E-Shop-System des Händlers selbst.
- Es gelten die Regeln des Marktplatzes (Rücknahme- und Zahlungsbedingungen, Serviceleistungen, Lieferzeiten usw.).

Leistungen von Online-Marktplätzen für Händler

Marketing

Die Online-Marktplätze bieten dem Händler einen Online-Marketingmix an, dessen einzelne Maßnahmen er alleine in der Regel nicht vollständig durchführen könnte. Das einzelne Unternehmen ist damit manchmal überfordert. Instrumente des Onlinemarketing, die von elektronischen Marktplätzen angeboten werden, sind:

- SEO,
- SEA,
- Displaywerbung,
- ein eigenes Affiliate-Programm,
- Newsletter,
- Anmeldung bei Preissuchmaschinen,

- zielgruppengenaue Verwendung von Social Media. Die Marktplätze haben das Know-how, auch ständig neu hinzukommende Social-Media-Vertriebskanäle zu nutzen, auszuwerten und entsprechende Kampagnen dort zu fahren.

Die Online-Marktplätze betreiben zudem auch außerhalb des Internets Marketingmaßnahmen (zum Beispiel Radio- und Fernsehen-Werbung). Abhängig von der Zielrichtung unterscheidet man bei den Marketingmaßnahmen Off-site- und On-site-Instrumente. Die Handelsplattformen führen Maßnahmen durch, die einerseits potenzielle Kunden von außerhalb (**off-site**) gewinnen und andererseits die Besucher der Handelsplattform (**on-site**) zu Kunden des Onlinehändlers machen sollen. Mit von den Marktplätzen zur Verfügung gestellten Tools können Händler ihre eigenen Produkte innerhalb des Marktplatzes besonders mit Marketingmaßnahmen unterstützen und von den Produkten anderer Händler abheben.

Abwicklung von Zahlungen

Ein neuralgischer Punkt im E-Commerce ist die Abwicklung von Zahlungen. Auf der einen Seite hat der Händler Sorge, dass er sein Geld nach der Auslieferung der Artikel nicht erhält, auf der anderen Seite befürchten Kunden, den Artikel nach Bezahlung nicht zu erhalten. Vor diesem Hintergrund wurden Zahlungsverfahren unterschiedlichster Art in großer, nicht unbedingt mehr überschaubarer Menge entwickelt. Die Online-Marktplätze bieten den Händlern und Kunden sehr komfortabel die wichtigsten und beliebtesten Zahlungsverfahren an.

Unterschiedliche Modelle der Zahlungsabwicklung bei Online-Marktplätzen	
Vollständige Zahlungsabwicklung	**Zurverfügungstellung von Schnittstellen**
Nachdem der Kunde die Ware bestellt hat, übernimmt der Online-Marktplatz die Forderung. Der Marktplatz bietet dem Kunden unterschiedliche Zahlungsverfahren an. Alle Schritte der Zahlungsabwicklung übernimmt dann der Marktplatz: Falls der Kunde nicht zahlen sollte, führt der Marktplatzbetreiber das Mahnwesen durch.	Auf Marktplätzen, auf denen dem Händler verschiedene Schnittstellen zur Zahlungsabwicklung zur Verfügung gestellt werden (zum Beispiel eBay), entscheiden die Händler darüber, welche Zahlungsmöglichkeiten sie potenziellen Käufern anbieten wollen. Hat ein Kunde bezahlt, erhält der Händler sofort (ohne eine Rückhaltefrist abwarten zu müssen) den Kaufbetrag.
Nach der Bestellung durch den Kunden liefert der Onlinehändler die Ware aus, es sei denn, der Kunde musste die Zahlungsart „Vorkasse" wählen.	
Einen bestimmten Zeitraum nach Auslieferung der Ware (oft sind dies zwei bis drei Wochen) wird dem Onlinehändler seine Forderung vom Marktplatz erstattet. Nach Abzug einer Provision erfolgt dies unabhängig davon, ob der Kunde tatsächlich gezahlt hat oder nicht.	

Angebot von Serviceleistungen

Die Marktplatzbetreiber bieten ihren Onlinehändlern verstärkt Hilfsmittel an, die diese im Umgang mit ihren Kunden nutzen können:

- Zum Kundenservice gehört es, dass der Händler auch detaillierte Kundenanfragen zu Produkten, zur Lieferzeit oder zum Bestellstatus beantwortet. Einige Marktplätze bieten dafür als Unterstützung der Händler Hotlines an.
  Eine große Hilfe für Kunden ist es im Vorfeld, wenn ihnen der Besuch in einem Onlineshop über die Einheitlichkeit von Prozessen erleichtert wird und:
  - alle nachgefragten Artikel über eine gleiche Navigationsstruktur aufzufinden sind,
  - die Darstellungen der Artikel einheitlich sind,
  - die Bestellprozesse standardisiert sind.
- Außerdem übernehmen die Marktplätze für ihre Onlinehändler häufig einen Teil der Kommunikation mit den Kunden.

BEISPIEL

Der Marktplatz, auf dem die Exclusiva GmbH vertreten ist, übernimmt bei bestimmten, häufig vorkommenden Geschäftsprozessen die Kommunikation mit den Kunden per E-Mail. Es handelt sich dabei zum Beispiel um die Bestellbestätigungen bzw. Zahlungsbestätigungen. Der Marktplatz hat den Kunden auch einen Bereich zur Verfügung gestellt, wo sie ihre Bestellungen aufrufen, nachvollziehen und bearbeiten können.

- Wenn der Marktplatz ein Bewertungssystem für seine Onlinehändler bietet, ist es für potenzielle Käufer leichter, die Qualität des Verkäufers zu beurteilen.

- Ein besonderer Service für Händler ist die Übernahme des **Fulfillments** durch den Marktplatz. Der Marktplatz stellt Lagerplätze zur Verfügung, verpackt die Artikel und versendet sie fachgerecht. Je nach Vereinbarung können auch Reklamationen und Retouren über den Marktplatz abgewickelt werden.

BEISPIELE

Onlinehändler auf dem Amazon-Marktplatz können einen Vertrag über das „Fulfillment by Amazon" abschließen. Die Vorteile für den Händler:

- Die Auslieferung erfolgt schneller. Dadurch steigt die Kundenzufriedenheit.
- Artikel mit langen Lieferzeiträumen werden von Amazon nach hinten gerankt. Durch die schnelle Lieferung über das „Fulfillment by Amazon" kommt der Onlinehändler im Ranking nach vorne.

- Händler, die das „Fulfillment by Amazon" nutzen, sind automatisch und ohne Zusatzkosten bei Amazon Prime dabei. Dadurch können zum Teil Artikel versandkostenfrei angeboten werden.

Als nachteilig erweist sich, dass Amazon Gebühren für die Einlagerung und den normalen Versand (Ausnahme Amazon Prime) der Artikel verlangt und dass der Onlinehändler keinen direkten Kontakt mehr mit seinen Kunden hat.

Technische Unterstützung

Technisch gesehen ist das Auftreten eines Onlinehändlers auf einem Online-Marktplatz vergleichsweise einfach. Als **Stammdaten** sind für die Handelsplattform zunächst die Produktdaten erforderlich. Als **Bewegungsdaten** benötigt der Marktplatz zusätzlich noch Informationen, um die Verfügbarkeit der Artikel den potenziellen Kunden melden zu können.

In der einfachsten Variante bieten die Online-Marktplätze die Möglichkeit, Produktdaten über Eingabemasken manuell auf die Handelsplattform hochzuladen. Komfortabler ist der Upload von Dateien. Eine Bearbeitung der Produktdaten wird über eine Webschnittstelle durchgeführt.

Viele Shopsysteme bieten Schnittstellenmodule an. Mit diesen können dann die Artikeldaten vom Shopsystem (eventuell auch von dahinterliegenden Warenwirtschaftssystemen) gepflegt werden. Im Idealfall können damit verschiedene Online-Marktplätze parallel verwendet werden: Der gesamte Verkaufsprozess wird dann auf mehreren Handelsplattformen automatisch begleitet.

Ausweitung des Kundenkreises über nationale Grenzen

Da besonders die großen Online-Marktplätze international vertreten sind, bieten diese für Onlinehändler die Möglichkeit, Produkte und Dienstleistungen auch im Ausland anzubieten. Für Onlinehändler ist dieser Weg oft einfacher, kostengünstiger, als einen Webshop für ausländische Kunden aufzubauen, denn:

- die standardisierten Module für Geschäftsprozesse (wie zum Beispiel Kaufabwicklung, Zahlungsabwicklung usw.) sind schon in die jeweilige Landessprache übersetzt;
- der Marktplatz orientiert sich bei der Abwicklung der Verkäufe und Zahlungsprozesse an den rechtlichen Bestimmungen des jeweiligen Landes. Dies gibt dem Onlinehändler schon eine gewisse rechtliche Sicherheit;
- die Marktplätze können auch für eine logistische Abwicklung der Verkäufe sorgen.

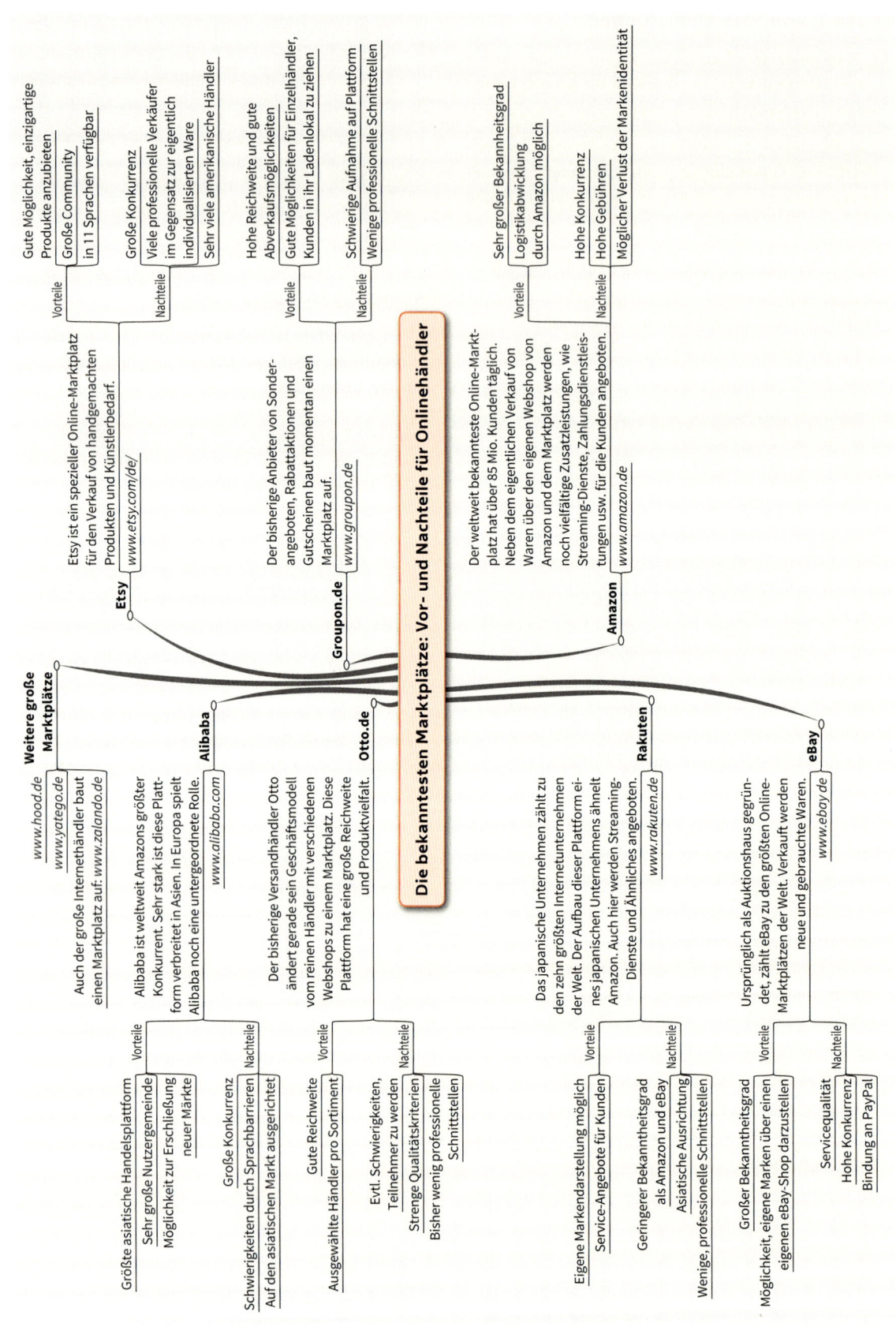

Die bekanntesten Marktplätze: Vor- und Nachteile für Onlinehändler

Weitere große Marktplätze

www.hood.de
www.yatego.de
Auch der große Internethändler baut einen Marktplatz auf: www.zalando.de

Alibaba

www.alibaba.com

Alibaba ist weltweit Amazons größter Konkurrent. Sehr stark ist diese Plattform verbreitet in Asien. In Europa spielt Alibaba noch eine untergeordnete Rolle.

Vorteile
- Größte asiatische Handelsplattform
- Sehr große Nutzergemeinde
- Möglichkeit zur Erschließung neuer Märkte

Nachteile
- Große Konkurrenz
- Schwierigkeiten durch Sprachbarrieren
- Auf den asiatischen Markt ausgerichtet

Etsy

www.etsy.com/de/

Etsy ist ein spezieller Online-Marktplatz für den Verkauf von handgemachten Produkten und Künstlerbedarf.

Vorteile
- Gute Möglichkeit, einzigartige Produkte anzubieten
- Große Community in 11 Sprachen verfügbar

Nachteile
- Große Konkurrenz
- Viele professionelle Verkäufer im Gegensatz zur eigentlich individualisierten Ware
- Sehr viele amerikanische Händler

Groupon.de

www.groupon.de

Der bisherige Anbieter von Sonderangeboten, Rabattaktionen und Gutscheinen baut momentan einen Marktplatz auf.

Vorteile
- Hohe Reichweite und gute Abverkaufsmöglichkeiten
- Gute Möglichkeiten für Einzelhändler, Kunden in ihr Ladenlokal zu ziehen

Nachteile
- Schwierige Aufnahme auf Plattform
- Wenige professionelle Schnittstellen

Otto.de

Der bisherige Versandhändler Otto ändert gerade sein Geschäftsmodell vom reinen Händler mit verschiedenen Webshops zu einem Marktplatz. Diese Plattform hat eine große Reichweite und Produktvielfalt.

Vorteile
- Gute Reichweite
- Ausgewählte Händler pro Sortiment

Nachteile
- Evtl. Schwierigkeiten, Teilnehmer zu werden
- Strenge Qualitätskriterien
- Bisher wenig professionelle Schnittstellen

Amazon

www.amazon.de

Der weltweit bekannteste Online-Marktplatz hat über 85 Mio. Kunden täglich. Neben dem eigentlichen Verkauf von Waren über den eigenen Webshop von Amazon und dem Marktplatz werden noch vielfältige Zusatzleistungen, wie Streaming-Dienste, Zahlungsdienstleistungen usw. für die Kunden angeboten.

Vorteile
- Sehr großer Bekanntheitsgrad
- Logistikabwicklung durch Amazon möglich

Nachteile
- Hohe Konkurrenz
- Hohe Gebühren
- Möglicher Verlust der Markenidentität

Rakuten

www.rakuten.de

Das japanische Unternehmen zählt zu den zehn größten Internetunternehmen der Welt. Der Aufbau dieser Plattform einschließlich des japanischen Unternehmens ähnelt Amazon. Auch hier werden Streaming-Dienste und Ähnliches angeboten.

Vorteile
- Eigene Markendarstellung möglich
- Service-Angebote für Kunden

Nachteile
- Geringerer Bekanntheitsgrad als Amazon und eBay
- Asiatische Ausrichtung
- Wenige, professionelle Schnittstellen

eBay

www.ebay.de

Ursprünglich als Auktionshaus gegründet, zählt eBay zu den größten Online-Marktplätzen der Welt. Verkauft werden neue und gebrauchte Waren.

Vorteile
- Großer Bekanntheitsgrad
- Möglichkeit, eigene Marken über einen eigenen eBay-Shop darzustellen

Nachteile
- Servicequalität
- Hohe Konkurrenz
- Bindung an PayPal

Dennoch hat der Onlinehändler beim Angebot seiner Produkte und Dienstleistungen ins Ausland bestimmte Punkte zu beachten:

- die im jeweiligen Land möglicherweise herrschenden Meldepflichten oder Einfuhrgrenzen;
- die rechtlichen Rahmenbedingungen des jeweiligen Landes;
- Die vom Marktplatz zur Verfügung gestellte Kommunikation in den Standardmodulen in der Landessprache muss auch im direkten Kontakt zwischen Onlinehändler und ausländischen Kunden in der Muttersprache des potenziellen Käufers stattfinden.
- Die Produktbeschreibungen müssen in der Landessprache vorhanden sein.

Plattformen für Onlinehändler

B2C-Marktplätze

Onlinehändlern steht eine Vielzahl von Online-Marktplätzen zur Verfügung. Sehr viele Händler bieten ihre Waren privaten Kunden vor allem über die Marktplätze von Amazon und eBay an. Bekannte Marktplätze im B2C-Bereich sind in der Mindmap auf S. 68 aufgeführt.

Als Hersteller auf B2B-Marktplätzen

Neben den bereits bekannten Vorteilen der Marktplätze für Händler und Hersteller – schneller Markteintritt, Reichweite zum Kunden, geringer technischer Aufwand – kommen für Hersteller und Markeninhaber weitere positive Aspekte hinzu.

Auf B2B-Marktplätzen kommen grundsätzlich Unternehmen zusammen, Anbieter und Nachfrager. Beide Seiten können unterschiedlich besetzt sein. Hier geht es beim Anbieter nicht um einen Händler, sondern um einen Hersteller, einen Produzenten oder ein Industrieunternehmen. Der Nachfrager ist auch ein Unternehmen, doch dabei spielt es eine entscheidende Rolle, ob der Geschäftspartner ein Wiederverkäufer ist (Händler bzw. Retailer) oder ein Verbraucher, also ein Unternehmen, das die gekauften Produkte selbst zur Herstellung oder Erbringung von Dienstleistungen braucht (direct to consumer = D2C). Je nach Marktstruktur kann der B2B-Verbraucher (hier D2C) ein ähnliches Kundenverhalten wie ein B2C-Kunde haben.

Pflegt man als Hersteller seine Produkte und Marken und sind diese auch rechtlich geschützt, können diese über die Marktplätze bis zu einem gewissen Grad kontrolliert und kann insbesondere auf das Erscheinungsbild der Produkte Einfluss genommen werden.

Auch wenn sie rapide Umsatzsteigerungen zeigen, hinken B2C-Marktplätze hinter B2B-orientierten elektronischen Marktplätzen hinterher. Diese sind – auf ihre jeweilige Wirtschaftsstufe gezogen – noch erfolgreicher.

B2B-Marktplätze

B2B-Marktplätze bieten sowohl gewerblichen Käufern als auch Verkäufern Vorteile.

Vorteile für Einkäufer:
- Käufer haben auf Marktplätzen eine große Produkt- und Anbieterauswahl. Diese ist nicht nur regional und auch nicht unbedingt national beschränkt, sondern prinzipiell weltweit.
- Die Käufer können die Preise auf dem Markt vergleichen.
- Kann ein Händler nicht bzw. nicht rechtzeitig liefern, kann schnell zu einem anderen Lieferanten gewechselt werden: Damit haben die Käufer eine ständige Produktverfügbarkeit.

Vorteile für Verkäufer:
- Die als Verkäufer auftretenden Onlinehändler haben ein riesiges, weltweites Kundenpotenzial.
- Die Verkäufer profitieren von auf Geschäftskunden zugeschnittenen Funktionen des Marktplatzes.

So ist es als Markenrechtsinhaber bei Amazon leicht möglich, Änderungen an den dortigen Angeboten, an die sich dann auch Händler anhängen können, vorzunehmen, z. B. an Bildmaterial, Bulletpoints, Beschreibungen, morphologischen Daten und Artikelnummern. Dazu müssen lediglich über den digitalen Dialog mit Amazon die eigenen Markenrechte angezeigt werden, z. B. durch das Einreichen von Eintragungen in Markenregister von Bild-, Wort- oder Wort-Bild-Marken in Verbindung mit einem Nachweis als Unternehmen z. B. durch Handelsregistereintrag. Danach kann Amazon leicht und recht schnell veranlasst werden, Fremdangebote zu den eigenen Produkten zu löschen und auf das eigene zu verweisen. Darstellung und Beschreibung des Produkts unterliegen auf diese Art und Weise einer gewissen Qualitätskontrolle.

In der Industrie geht man sehr häufig davon aus, dass ein Produkt grundsätzlich verfügbar ist. Gegenüber einem Händler, der seinen Bestand disponieren muss, gilt in einem Industrieunternehmen oftmals „Produktion = Verfügbarkeit". Auch wenn die Produktion eines Produkts ebenfalls Limits aufweist und diese in der Regel durch die Produktionsplanung auch berücksichtigt werden, lassen sich Artikel häufig schnell in den Produktionsablauf einbinden, wenn dies gewünscht ist. Somit haben Hersteller einen strategischen Vorteil, da sie direkt über die Verfügbarkeit von Produkten entscheiden und so in die Funktion des Handels eingreifen können. Produkte vorzuhalten und auf Anfrage zu liefern, ist eine Funktion des Handels.

Hersteller üben außerdem eine gewisse Preiskontrolle aus, wenn sie auf Markplätzen präsent sind. Zumindest sorgen sie für zusätzliche Transparenz, die allerdings auch durch Marktplatzrecherche gewonnen werden könnte. Die Teilnahme als Händler auf Marktplätzen ist also nicht zwingend.

Auf Marktplätzen kann für Produkte eine höhere Marge erzielt werden, wenn sie die B2B-Verbraucher erreichen und somit Handelsstufen überspringen können. Ob bei dieser Art der „direct sales" oder D2C auch der Gewinn tatsächlich steigt, hängt von weiteren Faktoren ab wie den Gebühren des Marktplatzes und der eigenen Kostenstruktur.

Hersteller können auf Marktplätzen Informationen über den Absatz (Menge) und das Preisniveau ihrer Produkte erfahren, die über die üblichen Schnittstellen, die APIs von Amazon und Co., hinausgehen und auch das Auslesen von Absatz und Preisen der Konkurrenz erlauben. Durch eine aktive Preisgestaltung ist es möglich, eigene Erfahrungen zu Saisonalität oder Preiselastizität der Produkte zu sammeln.

Auch der direkte Kundenkontakt in einem D2C-Umfeld ist für die Qualität und Produktentwicklung nicht zu unterschätzen, da das Kundenfeedback unmittelbar und nicht gefiltert durch den Handel stattfindet. Dafür aber öfter und mehr Feedback.

Durch die genaue Analyse von Marktplatzteilnehmern werden Strukturen von Handelsstufen im eigenen Markt sichtbar. Den Herstellern sind in der Regel nur die Herstellungskosten und die Großhandelspreise bekannt. Die Marktplatzpreise zeigen nun die Lücke zu den End- und Verbraucherpreisen auf und lassen somit Rückschlüsse über Kostenstrukturen der beteiligten Händler zu.

Dies gilt gleichermaßen für B2C als auch für B2B. Im B2B-Umfeld von Markplätzen kommt hinzu, dass es sich hierbei um den Verkauf an Unternehmen handelt. Das Preisniveau ist in der Regel niedriger. Dafür gibt es einen geschlossenen und somit exklusiveren Kreis an Marktteilnehmern. Der Gewerbenachweis ist Pflicht.

Als Vorteil für Hersteller auf einem B2B-Marktplatz erweist sich, dass sie es mit Unternehmen zu tun haben, die die Produkte zwar zu geringeren Preisen als B2C-

Kunden abnehmen, dafür aber in höheren Mengen. Nur der Großhandel nimmt noch größere Mengen ab, dafür aber zu geringeren Preisen. Das Ziel eines Herstellers auf einem digitalen Marktplatz sollte die vollständig automatisierte digitale Abwicklung des Auftrags sein, die somit skalierbar ist.

Um als Hersteller in einem B2B-Umfeld erfolgreich verkaufen zu können, müssen jedoch einige Voraussetzungen erfüllt sein: Zunächst gilt es sicherzustellen, dass die maximale Reichweite der eigenen Produkte weltweit gegeben ist. Dafür braucht der Hersteller ein ausgefeiltes Preissystem, das Märkte, Kundengruppen, Handelsstufen, Mengen und Qualitäten berücksichtigt. Dies kann zu komplexen Formeln führen, die wiederum in einem Preissystem gepflegt werden sollten, damit die Preise konsistent sind und es nicht zu Unstimmigkeiten mit den Kunden kommt.

Darüber hinaus muss das Herstellerunternehmen einige weitere Funktionen des Handels übernehmen, wenn es auf Marktplätzen auftritt, im B2C-Umfeld stärker als im B2B-Umfeld. Der Produkt-Content muss in allen Sprachen der Märkte vorhanden sein. Zwar reicht als Einstieg häufig Englisch als weltweite Handelssprache, doch die Erfahrung zeigt, dass Absatz und Umsatz mit einem landesspezifischen Content steigen. Im B2B-Umfeld ist das Zur-Verfügung-Stellen von Content jedoch zugleich auch eine Verkaufsförderung in Richtung Händler, da auch ihnen diese Inhalte so digital zur eigenen Vermarktung zur Verfügung stehen.

Außerdem müssen sich Hersteller auf eine völlig andere Form des Kundenservice einstellen. Die Aufträge über Marktplätze haben in der Regel zwar ein größeres Volumen als B2C-Aufträge, aber ein geringeres Volumen als die Großhandelsaufträge. Dafür sind sie häufiger als Großhandelsaufträge und seltener als B2C-Aufträge. Folglich kommen häufiger auch Kundenberatung, Rückfragen, Reklamationen und Qualitätsanforderungen vor und nicht selten auch die Forderung nach Austausch und Reparatur und Wartung der Produkte. Diese klassische Handelsfunktion muss das Herstellerunternehmen nun bieten.

Nachteilig bei einigen Marktplätzen ist die fehlende Warenkorbfunktion. Als Folge besteht eine Bestellung häufig nur aus einem Artikel. Und wenn ein Warenkorbsystem vorhanden ist, ist es nicht selbstverständlich, dass ausschließlich eigene Produkte im Warenkorb landen. Das birgt besondere Herausforderungen an die Kostenstruktur beim Fulfillment eines Auftrags.

Branchenabhängig gibt es eine Vielzahl von Marktplätzen. Bekannt sind unter anderem aber auch die folgenden branchenübergreifenden B2B-Plattformen:

- *https://sell.amazon.de*
- *https://business.amazon.de/*

- *www.mercateo.com*
- *www.wucato.de*
- *www.wlw.de*
- *www.zentrada.de*
- *www.restposten.de*

Marktplätze im Procurement am Beispiel Amazon Vendor

Gerade als Hersteller lohnt es sich, über Amazon Vendor den B2B-Marktplatz „Amazon Business" zu beliefern; vor allem eigene Produkte und Marken, über die man die Preis- und Absatzhoheit besitzt, sind dazu geeignet.

Große und kleine Unternehmen nutzen Amazon Business als Beschaffungskanal sowohl für Spezialprodukte als auch für Artikel für den alltäglichen Gebrauch wegen der Größe des Sortiments, also der Auswahl, wegen der Verfügbarkeit und der unkomplizierten Abwicklung: Der Einkauf der Unternehmen, das Procurement, sucht über Amazon das benötigte Produkt und bestellt.

Dabei dringt Amazon auch in Spezialmärkte ein. Beispiel Kfz-Branche: Zwar haben sich in Deutschland eine Reihe von spezialisierten Marktplätzen dieser Branche etabliert (siehe Pure Player wie Autodoc oder kfzteile24 und verschiedene Großhändler), doch auch auf den klassischen Marktplätzen wie eBay entstehen regionale kleine spezialisierte Marktplätze. Kunden erwarten dies zunehmend.

Folglich ist es konsequent, dass auch Amazon in diese Branchen drängt, zumal es dank seiner Infrastruktur im Fulfillment (Lager, Logistik und IT) und vor allem dank seines Bekanntheitsgrades schnell Zugang zu Kunden findet.

Als Hersteller sollte der Schritt in Richtung Amazon Vendor wohl überlegt sein und nur mit einer dezidierten Absatz-, Preis- und Markenstrategie erfolgen, die auch alle anderen Vertriebskanäle berücksichtigt.

Die Amazon-Anforderungen an Verfügbarkeit, Lieferfähigkeit, Retouren, IT-Systeme, Preise usw. sind recht hoch. Aber es kann sich dann lohnen, wenn man der Hersteller eines Produkts ist: Man ist dann nicht auf den Absatz über Amazon Vendor angewiesen und kann zu Preisanfragen von Amazon auch nein sagen.

Wichtig hierbei ist zu verstehen, dass Amazon im Vendor-Programm wie ein Großhändler auftritt und auf eigene Rechnung über seinen Marktplatz verkauft. Im Zweifel hat Amazon nicht nur den Hersteller der Produkte als Lieferanten gelistet, sondern auch große andere Großhändler, und kauft je nach Situation global ein. Dessen muss sich der Hersteller immer bewusst sein, und das muss sich in der Preis- und Markenstrategie widerspiegeln.

Eine große Rolle auf B2B-Marktplätzen spielt das **Electronic Procurement**. Darunter wird die der teilweise oder der vollständig automatisierten Beschaffung im Einkauf verstanden. In erster Linie geht es hierbei um die Verbesserung und Optimierung der Beschaffungsprozesse in Form der funktions- und unternehmensübergreifenden Aktivitäten, die der Bereitstellung aller im Unternehmen benötigten Güter sowie Leistungen dienen. Ziel ist es dabei vorrangig, die Bearbeitungs- und Durchlaufzeiten zu minimieren. Erst in zweiter Linie sollen die Einkaufskosten durch Bedarfs- und Lieferantenoptimierung reduziert werden.

C2C-Marktplätze

Es gibt auch C2C-Marktplätze: Bei diesen erfolgt das Angebot von Konsumenten an Konsumenten als Nachfrager. Durch die erleichterte Kommunikation für Privatleute mithilfe eines entsprechenden Marktplatzes können Angebot und Nachfrage im großen Rahmen komfortabel und kostengünstig in Übereinstimmung gebracht werden. Eine der bekanntesten Consumer-to-Consumer-Markt-Plattformen ist eBay. Dieser Marktplatz zwar heute auch als B2C-Marktplatz bekannt. eBay startete ursprünglich als C2C-Plattform und kann auch heute noch als eine solche genutzt werden.

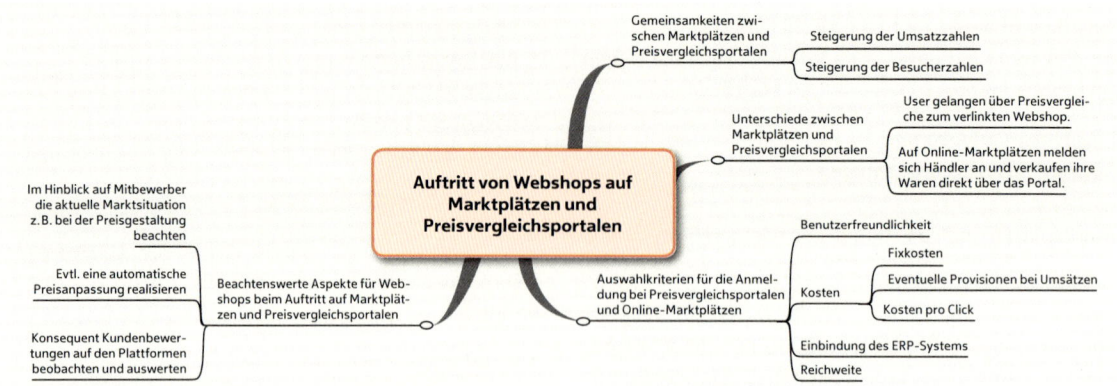

Rechtliche Grundlagen von Marktplätzen

Marktplätze vermitteln zwischen Anbietern und Kunden-produkten und Services. Zwischen diesen besteht also im Prinzip eine Dreiecksbeziehung. Es werden mehrere Verträge abgeschlossen:

- Zunächst einmal wird zwischen dem Anbieter und dem Kunden, der Waren kaufen will bzw. Dienstleistungen beauftragen möchte, ein Vertrag abgeschlossen. Dabei handelt es sich beim Erwerb von Produkten um einen Kaufvertrag. Werden Dienstleistungen erbracht, kann es sich entweder um einen Dienstvertrag oder um einen Werkvertrag handeln.

- Auch zwischen dem Kunden und dem Betreiber des Marktplatzes besteht eine vertragliche Beziehung über die Nutzung des Marktplatzes.
- Zwischen dem Marktplatz und dem Onlinehändler, der Waren oder Dienstleistungen über dem Marktplatz vertreiben möchte, wird ein Vertrag über die Nutzung des Marktplatzes geschlossen. Rechtlich gesehen ist dies in der Regel eine bestimmte Form des Geschäfts-besorgungsvertrages.

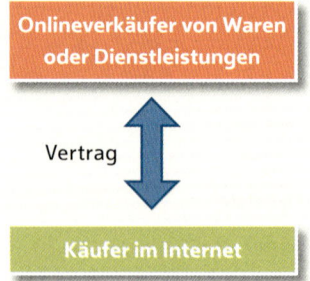

Der Normalfall: Ein Kunde schließt einen Vertrag (bei Waren Kaufvertrag, bei Dienstleistungen entweder einen Werkvertrag oder einen Dienstvertrag) mit dem Webshop ab.

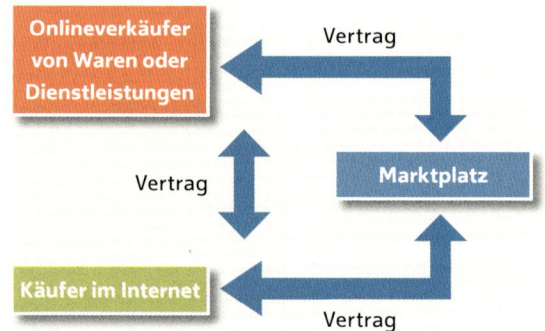

Auf Marktplätzen gibt es immer mehrere Verträge.

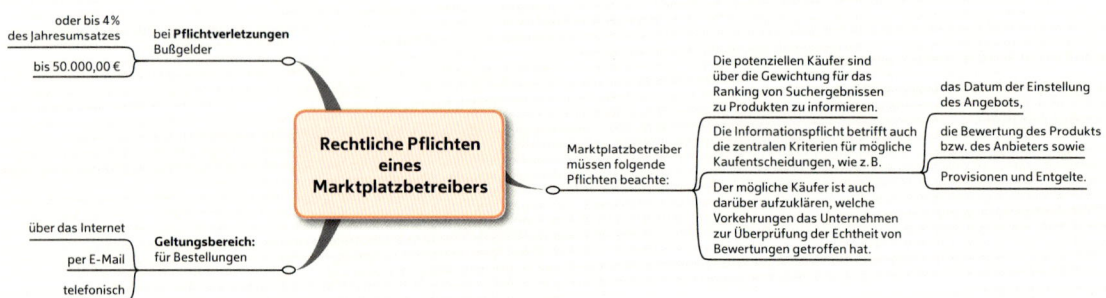

Geschäftsbesorgungsvertrag

Ein Geschäftsbesorgungsvertrag ist ein Dienstvertrag oder Werkvertrag, der eine Geschäftsbesorgung zum Gegenstand hat. Er wird zwischen einem Leistungsschuldner (= **Geschäftsbesorger**) und einem Leistungsgläubiger (= **Geschäftsherr**) abgeschlossen. Ein Geschäftsbesorgungsvertrag kann sowohl mündlich als auch schriftlich geschlossen werden.

> **DEFINITION**
>
> Eine **Geschäftsbesorgung** ist eine selbstständige wirtschaftliche Tätigkeit in fremdem Interesse.

Selbstständige Tätigkeit bedeutet: der Geschäftsbesorger kann frei darüber entscheiden, wie er die Geschäftsbesorgung durchführt.

Wirtschaftliche Tätigkeit bedeutet: Es muss sich um eine Tätigkeit handeln, die sich auf das Vermögen des Geschäftsherrn bezieht.

In fremdem Interesse bedeutet: Der Geschäftsbesorger übernimmt eine Aufgabe, für die der Geschäftsherr ursprünglich zuständig war.

BEISPIELE für Geschäftsbesorgungsverträge:

- Vertrag zwischen Rechtsanwalt und Mandant
- Beauftragung eines gewerblichen Autohändlers durch den Fahrzeugeigentümer, sein gebrauchtes Fahrzeug im Namen und auf Rechnung des Fahrzeugeigentümers zu verkaufen
- Steuerberatungsvertrag
- Maklervertrag
- Vermögensverwaltungsvertrag
- Gutachtervertrag
- Bauträgervertrag

- Vertrag über die Bearbeitung oder Verarbeitung von Waren für andere, wenn das Gewerbe nicht handwerksmäßig betrieben wird
- Vertrag über die Übernahme der Beförderung von Gütern und Reisenden zur See
- Geschäfte der Spediteure, Lagerhalter und Kommissionäre
- Verlagsgeschäfte
- Druckereigeschäfte, wenn das Gewerbe nicht handwerksmäßig betrieben wird
- Bankgeschäfte (Überweisungsvertrag, Zahlungsvertrag, Girovertrag)

Durch den Abschluss eines Geschäftsbesorgungsvertrages verpflichtet sich der Geschäftsbesorger, ein ihm vom Geschäftsherrn übertragenes Geschäft zu besorgen. Der Geschäftsherr muss dem Geschäftsbesorger als Gegenleistung ein Entgelt zahlen. Ein Geschäftsbesorgungsvertrag ist ein Dienstvertrag, wenn die Geschäftsbesorgung nur das Tätigwerden des Geschäftsbesorgers für den Geschäftsherrn zum Inhalt hat.

BEISPIEL

Der Vertrag zwischen einem Rechtsanwalt und einem Klienten ist ein Dienstvertrag in der Form des Geschäftsbesorgungsvertrags.

Ein Geschäftsbesorgungsvertrag ist ein Werkvertrag, wenn der Geschäftsbesorger dem Geschäftsherrn außer der Tätigkeit auch den Erfolg der Tätigkeit schuldet.

BEISPIEL

Übernahme der Bearbeitung oder Verarbeitung von Waren für den Geschäftsherrn durch den Besorger.

AUFGABEN

1. Im nächsten Betriebsunterricht der Exclusiva GmbH wird es um elektronische Marktplätze und deren Vor- und Nachteile gehen.
   a) Informieren Sie sich über diesen Themenbereich, indem Sie das Kapitel über elektronische Marktplätze lesen.
   b) Erstellen Sie eine zusammenfassende Mindmap.
   c) Präsentieren und vergleichen Sie Ihre Ergebnisse.
   d) Nehmen Sie ggf. Änderungen/Ergänzungen vor.

2. Warum wird es aus der Sicht eines kleinen Onlinehändlers immer schwerer, Kunden mit einem Webshop im Internet zu erreichen?

3. Welche Vorteile hat das Auftreten auf einem Marktplatz für einen Onlinehändler?

4. Was ist ein elektronischer Marktplatz?

5. Welche Anforderungen werden von Onlinehändlern heute an Online-Marktplätze gestellt?

6. „Hier hat nur ein bestimmter Kreis von Geschäftspartnern Zugang." Welche Art von Marktplatz liegt vor?

7. Welche Marktplätze kann man abhängig von der Betreiberart unterscheiden?

8. Führen Sie Bereiche auf, in denen ein Online-Markt-platz einen Onlinehändler unterstützt.

9. Erläutern Sie,
   a) was Off-site-Maßnahmen,
   b) was On-site-Maßnahmen sind.

10. Führen Sie verschiedene Plattform für Onlinehänd-ler im B2C-Bereich auf.

11. Was versteht man unter einem B2B-Marktplatz?

12. Führen Sie Beispiele für B2B-Marktplätze auf.

13. Erläutern Sie die Funktionsweise eines großen C2C-Marktplatzes.

14. Erläutern Sie, welche Verträge geschlossen werden, wenn ein Onlinehändler einen Marktplatz nutzt.

15. Was ist ein Geschäftsbesorgungsvertrag?

16. Informieren Sie sich, welche Marktplätze für Sie und Ihr Ausbildungsunternehmen in Deutschland sowie innerhalb Europas infrage kommen, und notieren Sie diese. Finden Sie Vor- und Nachteile, die die je-weiligen Marktplätze für Sie bieten.

17. Informieren Sie sich über geeignete Repricer und halten Sie wichtige Informationen übersichtlich fest. Gehen Sie dabei auch auf die Anforderungen ein, die notwendig sind, um mit diesen Programmen zu arbeiten.

18. Überlegen Sie, wie das Kosten-Nutzen-Verhältnis beim Einsatz von Repricern ist und warum dieses eine Rolle in Ihrer Verkaufskalkulation spielt.

19. Lesen Sie den folgenden Text. Erstellen Sie dann eine englischsprachige Mindmap, die dessen Inhalt wiedergibt.

Marketplaces

On the internet, the merchants cannot assume that buyers come across their online shops by themselves. Online merchants must either en-gage in cost-intensive marketing or place their goods on web sites that are already well-known to customers. Therefore, there are already many online marketplaces successfully established throughout the web.

The term 'online marketplace' refers to an online shop where, in contrast to the classic online shop of a single retailer, customers can purchase prod-ucts online from different retailers who sell via the marketplace, but on their own account. Similar to a fair or weekly market, merchants come together at a central location and offer their products to visitors.

At those marketplaces customers benefit from a large selection of products, while dealers appreci-ate the increased reach: Merchants who are active on the large online marketplaces often generate the largest part of their sales there.

Internet platforms do not only serve as an addi-tional sales channel, but are also ideal for enter-ing the e-commerce world. Thanks to the online marketplaces the formation of an own online shop and its marketing is possible without large costs. These platforms also make sure that the products are perceived by the intended target group.

20. Nennen Sie drei Vorteile eines Produktherstellers im Vergleich zu einem Händler auf einem B2B-Markt-platz.

ZUSAMMENFASSUNG

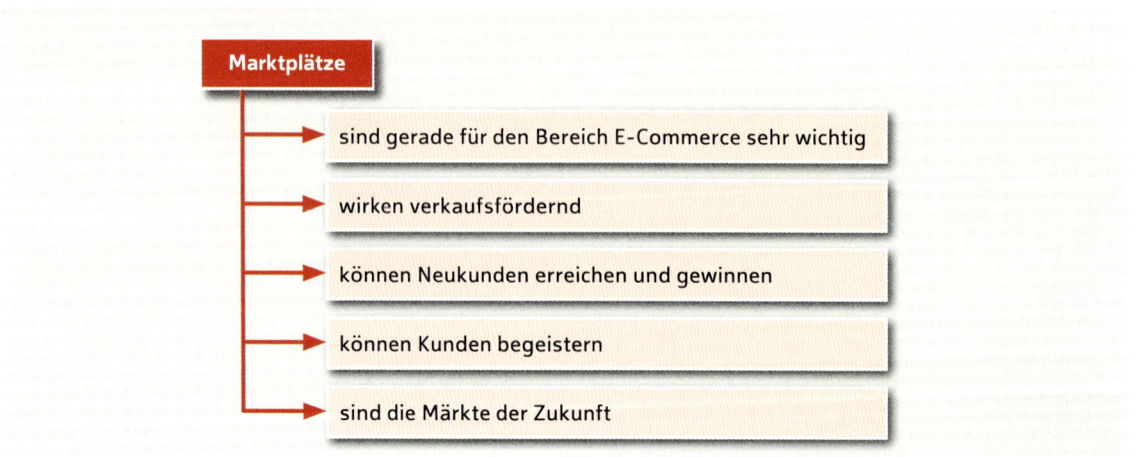

Marktplätze
- sind gerade für den Bereich E-Commerce sehr wichtig
- wirken verkaufsfördernd
- können Neukunden erreichen und gewinnen
- können Kunden begeistern
- sind die Märkte der Zukunft

9.6 Auktionen

Einstieg

Ronja Bunko wird zu Herrn Hertien gerufen.

Ronja Bunko:
„Guten Morgen Herr Hertien! Sie wollten mich sprechen?"

Herr Hertien:
„Hallo Ronja! Hier, schauen Sie einmal: Während der letzten Inventur hat sich gezeigt, dass wir in dieser Warengruppe – obwohl sie eigentlich gut läuft – doch einige Restposten haben. Ich möchte mal versuchen, diese im Rahmen einer Auktion loszuwerden. Dabei sollen Sie mich unterstützen!"

Ronja Bunko:
„Wodurch unterscheidet sich denn eine Auktion von dem normalen Verkauf?"

Geben Sie an, was eine Onlineauktion ist.

INFORMATIONEN

Auktionen zählen zu der Form des dynamischen Marktplatzes. Onlineauktionen sind Auktionen, die über das Internet veranstaltet werden. Nach Abschluss einer Auktion zahlt der erfolgreiche Bieter in der Regel per Nachnahme oder Überweisung. Die Ware wird dann an den Kunden versendet. In einigen Fällen zahlt der Bieter auch bar bei Abholung.

Bekannteste Veranstalter von Onlineauktionen sind
- eBay, ebay.de
- hood.de
- Ricardo, ricardo.ch
- MyHammer, myhammer.de (für Dienstleistungen)

Innerhalb des Auktionsprinzips werden diverse Unterscheidungen vorgenommen. Je nachdem, was der Verkäufer erreichen und welche Produkte er verkaufen möchte, werden diese Modelle eingesetzt.

Arten von Auktionen

- **Klassische Auktion** (auch Englische Auktion genannt)
  Ein Produkt oder eine Dienstleistung wird zu einem Mindestpreis (Startpreis) innerhalb eines bestimmten Zeitraums angeboten. Die Käufer geben für das gewünschte Produkt Gebote ab und der Höchstbietende erhält nach dem Ablauf der Zeit den Zuschlag. Die klassische Auktion ist geeignet für verschiedene Produkte und Dienstleistungen, bei denen der Preis im Vorfeld nicht zuverlässig bestimmt werden kann. Man unterscheidet:
  - Offlineauktion: Die Auktion findet in einem Auktionshaus statt.
  - Online-live-Auktion: Die Auktion findet im Internet statt. Unter Umständen können Softwarelösungen eingesetzt werden, die selbstständig bis zu einem festgelegten Höchstpreis mitbieten.

- **Holländische Auktion** (Top-Down-Auktion)
  Ein Produkt wird zu einem festgelegten Höchstpreis angeboten. Die Käufer können innerhalb eines festgelegten Zeitraums Preisvorschläge in bestellten Intervallen nach unten unterbreiten. Der Bieter, der den Preis, den der Verkäufer als Mindestpreis für das Produkt festgelegt hat, bietet, erhält den Zuschlag. Die Holländische Auktion ist geeignet für Produkte, die schnell veräußert werden sollen, ggf. auch aufgrund von Wertverlust, wie bei verderblichen Waren, Restposten (auch bei Reisen oder Tickets).

- **Höchstpreisauktion** (Verdeckte Auktion)
  Ein Produkt, eine Immobilie oder eine Dienstleistung wird zu einem vorher festgelegten Mindestpreis angeboten und die Bieter geben Gebote ab. Der Unterschied zur klassischen Auktion besteht darin, dass die Bieter nicht wissen, welchen Preis die anderen Bieter als Gebot abgegeben haben. Ziel dieser Auktion ist es, einen möglichst hohen Preis zu erzielen und die Bieter an ihre „Höchstgrenze" in Bezug auf das abgegebene Gebot zu treiben. Diese Art der Auktion ist geeignet für Produkte, Immobilien oder Dienstleistungen, bei denen der Mindestpreis möglichst die Kosten deckt und eine Gewinnmaximierung angestrebt wird.

- **Vickrey-Auktion** (Second Price Sealed Bid Auction)
  Diese ähnelt der Höchstpreisauktion. Die Gebote werden ebenfalls verdeckt abgegeben und der Höchstbietende bzw. Tiefstbietende (je nach Angebotsform) erhält den Zuschlag. Allerdings muss nur der Preis des zweithöchsten bzw. zweitniedrigsten Gebotes gezahlt werden. Sie ist geeignet für Produkte, bei denen der Preis schwer einzuschätzen ist, deren Verkauf aber einen möglichst hohen Gewinn bringen soll.

Meist werden Produkte in Auktionen mit dem Ziel des „Verkaufs" angeboten. Hierbei handelt es sich vorwiegend um Produkte, deren Preis schwer abzuschätzen ist, oder um Restbestände, die abverkauft werden sollen.

Auch ist es in der Praxis üblich, dass Unternehmen Container mit Retourenlieferungen von Versandunternehmen „blind" kaufen und die Einzelprodukte wiederum in Auktionen anbieten. Hier besteht allerdings die Gefahr, dass der Käufer – da er nicht weiß, was für Produkte sich in den Containern befinden – unter Umständen zu viel für die erhaltenen Waren zahlt oder diese nur schwer wiederverkäuflich sind.

Werden beispielsweise Container mit Retourenlieferungen von verschiedenen Versandunternehmen angeboten, können sich die Verkäufer gegenseitig „unterbieten" oder „überbieten", je nachdem, welcher Auktionsmechanismus zur Preisbildung herangezogen wird. Der Käufer erhält dann den jeweiligen Container zum günstigsten bzw. zweitgünstigsten oder höchsten bzw. zweithöchs-

ten Preis. Dies hat den Vorteil, dass der Verkäufer die angebotenen Güter „los ist" und der Käufer einen aus seiner Sicht akzeptablen Preis für die erworbenen Artikel zahlt.

Werden Waren und Dienstleistungen über Auktionsplattformen angeboten, gilt auch hier wieder, dass die gesetzlichen Bestimmungen sowie die AGBs der Betreiber akzeptiert und eingehalten werden müssen.

Vorteile und Nachteile von Auktionen

Vorteile von Auktionen

- Produkte, Dienstleistungen sowie Immobilien können innerhalb eines festgesetzten Zeitraums schnell verkauft werden.
- Auch schwierige Produkte können abgesetzt werden.
- Der Umsatz kann gesteigert werden.
- Bei B2B-Auktionen ist nur wenig „Manpower" für den Einkauf notwendig (Kostenersparnis).
- Es herrscht Transparenz für den Einkäufer – je nach Auktionsmodell.
- Kulturelle Unterschiede zwischen Käufer und Verkäufer spielen weniger eine Rolle, da beide nur „online" in Erscheinung treten.
- Ein globaler Einkauf sowie Verkauf sind einfach und schnell möglich.
- Das Angebot hat eine hohe Reichweite – dadurch ggf. Steigerung des Angebotspreises, Neukundengewinnung.

Nachteile von Auktionen

- Entgelte fallen an (z. B. Kosten für Lizenzen sowie Providergebühren).
- Ggf. ist eine extra Software notwendig, die kostenpflichtig ist.
- Durch die verschiedenen Auktionsformen können Fehleinkäufe entstehen.
- Produkte werden möglicherweise zu einem zu hohen Preis eingekauft.
- Der Bieter wird verleitet, höhere Gebote abzugeben, also er ursprünglich geplant hat.

Rechtslage bei zwei grundlegenden Problemen bei Auktionen mit eBay	
Eigengebote	**Abbruchjagden**

Preismanipulationen durch Eigengebote über Dritt-accounts sind unter dem Begriff „Shill Bidding" bekannt. Nach Ansicht des Bundesgerichtshofs sind Eigengebote eines eBay-Verkäufers unwirksam.

BEISPIEL

Hubert Neuhaus stellt sein gebrauchtes Auto zum Startpreis von zwei Euro bei eBay ein. Ein Freund erhöht den Betrag auf drei Euro. Anschließend gibt Hubert Neuhaus über ein anderes – nicht auf seinen Namen lautendes – Benutzerkonto immer wieder Eigengebote ab und bringt den Preis auf 15.000,00 €. Der einzige Fremdbieter ist Werner Leck. Dieser erhöht ebenfalls schrittweise seine Angebote. Weil er sein Maximalgebot aber zu spät auf ebenfalls auf 15.000,00 € erhöht, gewinnt er die Auktion nicht. Das Auto bleibt bei Hubert Neuhaus.

Der Kaufinteressent Werner Leck bemerkt das verbotene „Shill Bidding" und klagt: Er bezieht sich auf die allgemeinen Geschäftsbedingungen von eBay. Diese verbieten Eigengebote. Auch Verwandte und Freunde dürfen den Preis nicht mit Eigengeboten manipulieren.

Der Bundesgerichtshof gibt Werner Leck in vollem Umfang Recht: Ein Kaufvertrag komme immer nur zwischen dem Anbieter und einer anderen Person zustande, ein Vertrag des Verkäufers mit sich selbst sei rechtlich also ausgeschlossen. Hubert Neuhaus muss einen sehr hohen Schadenersatz leisten: Die Höhe bemisst sich nach dem Verkehrswert des Autos zum Ende der Auktion abzüglich des letzten rechtsgültigen Gebots. Dies ist in diesem Fall ein Gebot von drei Euro. Die höheren Gebote hat Werner Leck nach Ansicht des Bundesgerichtshofs nur deshalb getätigt, weil er von regulären Mitbietern ausging und diese überbieten wollte.

Verboten sind „Abbruchjagden". Darunter wird die Teilnahme an einer Onlineauktion verstanden, wobei nur geringe Beträge geboten werden: Gehofft wird auf einen Abbruch der Auktion. Wird diese aus einem bestimmten Grund vom Verkäufer abgebrochen, wird später Schadenersatz in Höhe des Differenzbetrags zwischen dem Höchstgebot zum Zeitpunkt des Abbruchs der Onlineauktion und den Kosten für eine Ersatzbeschaffung des in der Auktion angebotenen Produkts fällig.

BEISPIEL

Hubert Neuhaus hat zahlreiche Nutzerkonten bei eBay. Über ein Konto gibt er ein Niedriggebot für ein Motorrad ab. Der eigentliche Verkäufer (Lukas Volkmar) bricht wegen einiger fehlerhaften Angaben im Hinblick auf technische Details die Auktion ab. Er korrigiert sein Angebot und startet die Auktion neu. Hubert Neuhaus gibt jetzt kein neues Gebot ab und wartet einige Monate. Dann wendet er sich an den Verkäufer Volkmar und moniert, dass der Abbruch unzulässig gewesen sei: Er sei der eigentliche Höchstbieter. Da das Motorrad aber im Rahmen der zweiten Auktion verkauft worden ist, beansprucht Hubert Neuhaus nun Schadenersatz.

In mehreren ähnlichen Fällen mit abgebrochenen Auktionen geht Hubert Neuhaus ähnlich vor.

Vor Gericht bekommt der Verkäufer Lukas Volkmar recht. Hubert Neuhaus hat laut Urteil Rechtsmissbrauch betrieben: Faktisch hat er am Objekt der Auktion kein Interesse gehabt.

Man kann auch juristisch sauber einen Zuschlag in einer Auktion bekommen.

AUFGABEN

1. Nachdem Ronja sich mit verschiedenen Marktplätzen sowie den Vor- und Nachteilen für den Bereich E-Commerce auseinandergesetzt hat, überlegt sie, ob man die von Herrn Hertien angesprochenen Produkte auch über spezielle Auktionen verkaufen kann.
    a) Helfen Sie Ronja und informieren Sie sich über diesen Themenbereich, indem Sie das Kapitel über Auktionen lesen.
    b) Halten Sie wichtige Informationen stichpunktartig fest.
    c) Erarbeiten Sie einen Leitfaden für das Anbieten von Produkten per Auktion.
    d) Präsentieren Sie Ihre Ergebnisse.

2. Was ist eine Onlineauktion?

3. Führen Sie bekannte Veranstalter von Onlineauktionen auf.

4. Erläutern Sie die drei verschiedenen Arten von Auktionen.

5. Führen Sie Vorteile und Nachteile von Onlineauktionen auf.

6. Wie ist die Rechtslage bei
    a) der Abgabe von Eigengeboten,
    b) Abbruchjagden?

7. Welche Art von Auktion ist in den folgenden Beispielen angesprochen?
    a) Die Auktionsplattform legt den maximalen Preis fest. Die Reaktionszeit beginnt zu laufen. Mit jeder Minute fällt der Preis: Das erste Angebot erhält den Zuschlag. Ist die Zeit abgelaufen und die Ware nicht verkauft, wird sie vom Markt genommen.
    b) Die Auktionsplattform bittet die potenziellen Käufer, ihre Gebote bis zu einem bestimmten Termin (dieser wird „Deadline" genannt) abzugeben. Die Auktionsplattform hält die Gebote der Bieter bis zu diesem Termin geheim. Im Anschluss daran werden die Gebote veröffentlicht und der Gewinner ermittelt.
    c) Die Bieter versammeln sich zu einer zuvor bestimmten Zeit virtuell in einem Raum auf der Auktionsplattform. Diese fordert die Teilnehmer auf, ein Gebot abzugeben (oder sie gibt die Gebote vor und die Bieter können diesem Gebot zustimmen). Jeder Bieter sieht das abgegebene Gebot eines anderen Bieters. Er hat dann eine begrenzte Zeit, um ein höheres Gebot abzugeben.

8. Informieren Sie sich über Auktionsplattformen, die für Ihr Unternehmen bzw. Ihre angebotenen Produkte infrage kommen, und notieren Sie diese. Stellen Sie Ihre Ergebnisse im Plenum vor und üben Sie konstruktive Kritik.

9. Informieren Sie sich über die rechtlichen Rahmenbedingungen, die für das Anbieten von Produkten und Dienstleistungen gelten, und halten Sie diese in einer Mindmap fest. Stellen Sie Ihre Ergebnisse im Plenum vor und üben Sie konstruktive Kritik.

ZUSAMMENFASSUNG

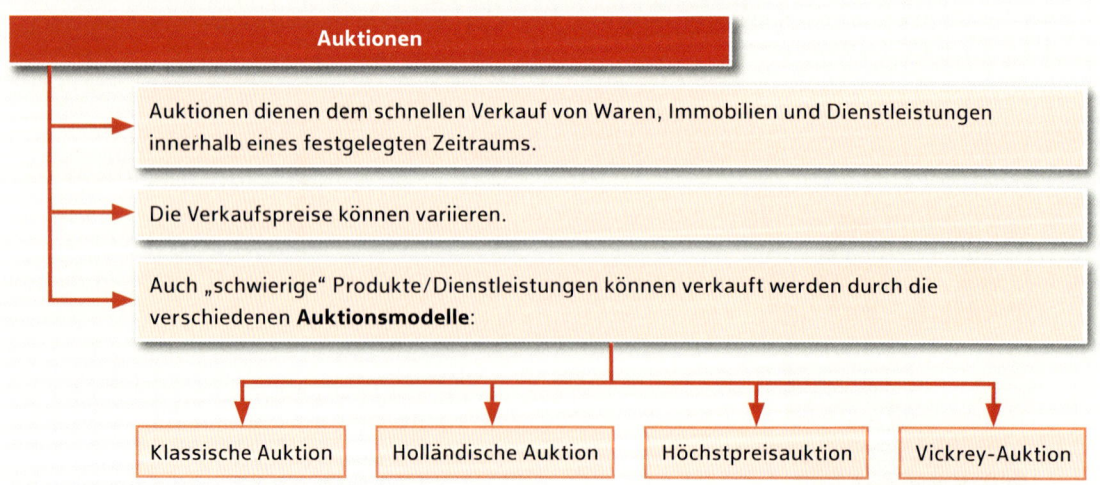

Auktionen

Auktionen dienen dem schnellen Verkauf von Waren, Immobilien und Dienstleistungen innerhalb eines festgelegten Zeitraums.

Die Verkaufspreise können variieren.

Auch „schwierige" Produkte/Dienstleistungen können verkauft werden durch die verschiedenen **Auktionsmodelle**:

| Klassische Auktion | Holländische Auktion | Höchstpreisauktion | Vickrey-Auktion |

9.7   Regionale Marktplätze (Local Commerce)

Einstieg

Ronja Bunko, Auszubildende der Exclusiva GmbH, stößt auf einen interessanten Artikel zum Thema „Regionale Marktplätze – Plätze der Zukunft". Sie fragt den Abteilungsleiter für den Onlinevertrieb, Herrn Brand, was ein regionaler Marktplatz ist. Herr Brand bittet Ronja Bunko, sich zu informieren und das Thema „regionale Marktplätze" auf dem nächsten Azubitreffen vorzustellen.

Erläutern Sie, was ein regionaler Marktplatz ist.

INFORMATIONEN

Da die Digitalisierung immer mehr voranschreitet und der innerörtliche Handel mehr und mehr durch den Onlinehandel ersetzt wird, bieten sich für lokale Geschäfte regionale Marktplätze für den Vertrieb an.

Elektronische Marktplätze dienen der Beseitigung regionaler Standortnachteile, vor allem von Händlern des stationären Handels in einem bestimmten Gebiet.

Diese haben das Ziel, Produkte und Dienstleistungen aus der Region anzubieten und die Nahversorgung zu gewährleisten sowie überregional ihre Produkte und Dienstleistungen bekannt zu machen und zu verkaufen. Aufgrund dieser Maßnahme soll die Wirtschaft in der Region gestärkt und stabilisiert werden.

Regionale Marktplätze sind Spezialisten für lokale Angebote. Sie können daher in bestimmten Fällen besondere Sortimente anbieten und für eine bessere Sichtbarkeit der lokalen Händler sorgen.

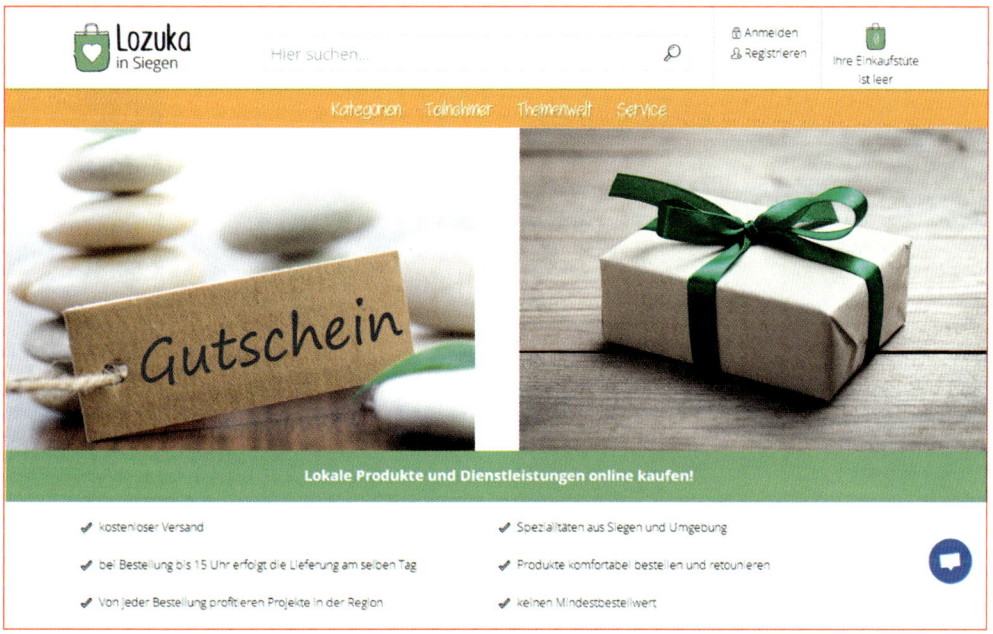

Ein Beispiel für einen lokalen Marktplatz

Ein Kunde findet auf einem regionalen Marktplatz alle Informationen, um eine optimale Kaufentscheidung rund um Artikel in seiner regionalen Nähe treffen zu können.

Regionale elektronische Marktplätze haben den Vorteil, dass die Anlieferung der Waren, die über das Internet bekannt gemacht und bestellt werden können, aus der Region oft schneller und kostengünstiger erfolgen kann. Logistische Prozesse, aber auch die personale Kommunikation werden in der Region verbessert.

Unterschiede zwischen regionalen Marktplätzen und normalen Online-Marktplätzen

Im Gegensatz zu normalen Online-Marktplätzen (zum Beispiel Amazon, eBay usw.) bietet ein regionaler Online-Marktplatz im Normalfall nur ein lokal verfügbares Angebot von Produkten und Dienstleistungen in einem regional begrenzten Raum an. Ein überregionaler Verkauf ist normalerweise nicht vorgesehen. Dies liegt zum Teil auch daran, dass der regionale Online-Marktplatz von potenziellen Kunden außerhalb des Einzugsgebiets oft nicht wahrgenommen wird.

Bei regionalen Marktplätzen ist der **ROPO-Effekt** besonders oft anzutreffen: ROPO ist die Abkürzung für „Research online, purchase offline": Dies ist also der Einkauf im stationären Handel, nachdem der Kunde sich im Internet informiert hat. Den gegenteiligen Effekt nennt man **Showrooming**: Kunden informieren sich in stationären Ladengeschäften, um anschließend online einzukaufen.

Durch die Präsenz der örtlichen Behörden auf diesen Plattformen ist es für diese möglich, ihre Kundenfreundlichkeit zu steigern und Behördengänge zu vereinfachen bzw. für manche Angelegenheiten komplett zu ersetzen. Dies stellt einen Vorteil sowohl für den Bürger als auch für die Behörde (z. B. Gemeindeverwaltung) dar.

Die Betreiber der regionalen Marktplätze können örtliche Verbände, das Marketingbüro der Kommune, Gemeinde, Stadt, usw. oder auch private Anbieter sein. Ein weiterer

Vorteil dieser Plattformen ist es, dass sie als Informationsplätze dienen. Beispielsweise ist es leicht und einfach möglich, Veranstaltungen zu bewerben sowie deren Termine zu veröffentlichen und Bürger über sonstige Ereignisse zu informieren. Außerdem kann sich der Kunde nach Öffnungszeiten, Warenangebot, Anreiseweg und sonstige Services der teilnehmenden Händler informieren.

Wichtig bei den regionalen Marktplätzen ist die Verknüpfung von Online- und Offlinekäufen. So ist es zum Beispiel sinnvoll, in verschiedenen Regionen einen Bring- oder Abhol-Service für die angebotenen Waren anzubieten sowie diese klassisch auf dem Versandweg zum Kunden zu schicken. Hintergrund der Idee ist, dass Innenstädte wiederbelebt und potenzielle Käufer in die nicht virtuellen Verkaufsstraßen „gezogen" werden.

Da die Konkurrenz im Onlinehandel sehr groß ist, müssen die regionalen Marktplätze für die Kunden attraktiv gemacht werden. So stärken verschiedene Aktionen, wie die Möglichkeit, „Marktpunkte" zu sammeln und in Prämien umzutauschen, oder sonstige Maßnahmen die Kundenbindung. Auch durch das Erzeugen eines „Wir-Gefühls": *„Wir kaufen in unserer Region und für unsere Region!"* kann die Kundenbindung erreicht werden.

Natürlich sind diese Maßnahmen mit Kosten und immer neuen Ideen verbunden, die von den Händlern getragen bzw. gefunden werden müssen. Um jedoch die Regionen und gerade den Einzelhandel auch in wirtschaftlich schwächeren Gegenden bzw. Gegenden mit vielen älteren Menschen zu stärken, bietet sich ein regionaler Marktplatz an.

Die Strategie, lokale Händler konkurrenzfähig zu Unternehmen des E-Commerce zu machen, wird Local Commerce genannt: Die in einer bestimmten Region beheimateten Einzelhändler betreiben neben ihren stationären Ladengeschäften zusätzlich Electronic Commerce. Sie werden durch örtliche Shoppingplattformen (die regionalen Marktplätze) unterstützt, die sich an Kunden der Region orientieren. Die auf den regionalen Marktplätzen auftretenden Unternehmen bieten Dienste an wie Click and Collect (Waren werden im Internet bestellt und in den stationären Ladengeschäften abgeholt) und Same-day-delivery (Warenlieferung am selben Tag der Bestellung).

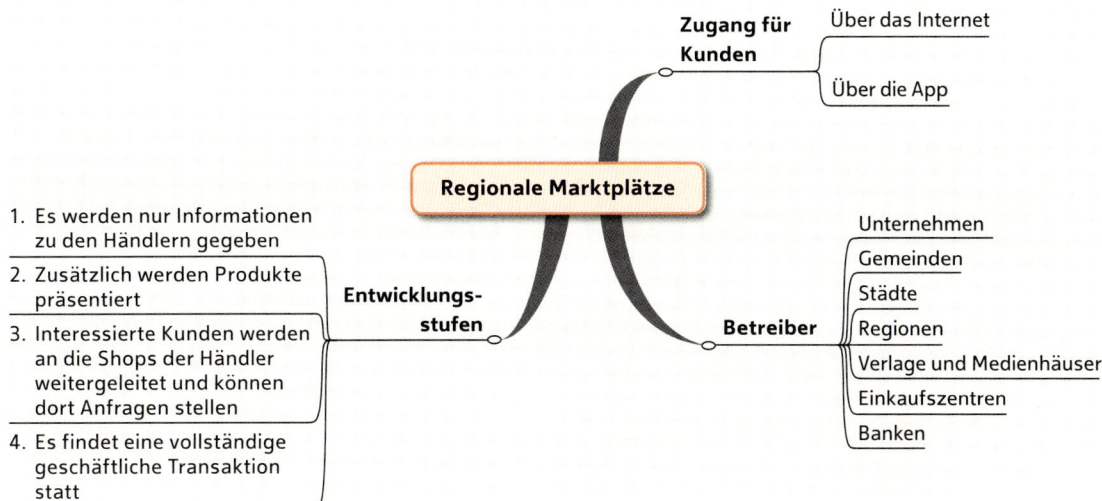

Vor- und Nachteile von regionalen Marktplätzen

Vorteile von regionalen Marktplätzen

- Die Region wird mit dem Internet verknüpft.
- Die Region kann gestärkt werden.
- Regionale Produkte können unter Umständen besser verkauft werden.
- Der Bekanntheitsgrad der Region sowie ihrer Produkte wird gesteigert.
- Sie sind eine leicht zugängliche Informationsquelle.
- Es entstehen ggf. geringere Kosten für Unternehmen durch die Bündelung von Ressourcen.
- Die Kundenbindung wird gestärkt.
- Es wird „mit der Zeit" gegangen (Trends werden nicht „verschlafen").
- Ggf. können Kunden wieder in die Innenstädte „gezogen" werden, wenn die Geschäfte und deren Angebot durch den Auftritt im regionalen Marktplatz bekannt sind.

Nachteile von regionalen Marktplätzen

- Es gibt eine große Konkurrenz durch marktführende Online-Marktplätze.
- Auch innerhalb der lokalen Plattformen kann es zu großer Konkurrenz aufgrund einer Vielzahl von Anbietern kommen.
- Gute Ideen und eine stetige Entwicklung des Marktplatzes sind notwendig, um wettbewerbsfähig zu bleiben.
- Innenstädte werden nicht belebt, da viele Kunden trotz des regionalen Marktplatzes Versandartikel bestellen.
- Teilnehmende Unternehmen benötigen zwingend funktionierende und kompatible Warenwirtschaftssysteme, um die Verfügbarkeit der Waren abzurufen und um gegenüber den Kunden verlässliche Aussagen hierzu machen zu können.

AUFGABEN

1. Der Abteilungsleiter für den Onlinevertrieb, Herr Brand, bittet die Auszubildenden, eine ansprechende PowerPoint-Präsentation zum Themenbereich „regionale Marktplätze" zu erstellen und dieses während des nächsten Azubitreffens vorzustellen.

   a) Informieren Sie sich über diesen Themenbereich, indem Sie das Kapitel über regionale Marktplätze lesen.

   b) Erstellen Sie eine PowerPoint-Präsentation mit allen wichtigen Inhalten zu Ihrem Themenbereich. Die PowerPoint-Präsentation soll wie folgt aufgebaut sein:
   - Deckblatt
   - Inhaltsverzeichnis
   - Erläuterung des Themenbereichs
   - Schlussfolie
   - Quellenangaben

   c) Achten Sie auf eine ansprechende Gestaltung.

   d) Präsentieren Sie Ihre Ergebnisse und geben Sie sich gegenseitig ein Feedback.

2. Was sind regionale Marktplätze?

3. Erläutern Sie den Unterschied zwischen regionalen Marktplätzen und normalen Online-Marktplätzen.

4. Was versteht man unter dem
   a) ROPO-Effekt,
   b) Showrooming-Effekt?

5. Erläutern Sie die Verknüpfung von Online- und Offlinekäufen auf regionalen Marktplätzen.

6. Führen Sie unterschiedliche Entwicklungsstufen regionaler Marktplätze auf.

7. Wer kann Betreiber regionaler Marktplätze sein?

8. Geben Sie
   a) Vorteile,
   b) Nachteile
   regionaler Marktplätze an.

9. Besuchen Sie die folgenden lokalen Marktplätze:
   a) *ebay-deine-stadt.de/moenchengladbach*
   b) *www.yategolocal.com/regensburg*
   c) *shop.mein-heilbronn.de/*
   d) *siegen.lozuka.de/*

   Untersuchen Sie jeweils,
   - die Reichweite des Marktplatzes,
   - wer der Betreiber des Marktplatzes ist,
   - wie die technische Umsetzung des Marktplatzes erfolgt.

10. Infomieren Sie sich über regionale Marktplätze in Ihrem Umfeld. Notieren Sie, welche Angebote diese haben und ob sich ein regionaler Marktplatz für Ihr Unternehmen anbietet. Begründen Sie Ihre Meinung und diskutieren Sie diese im Plenum.

ZUSAMMENFASSUNG

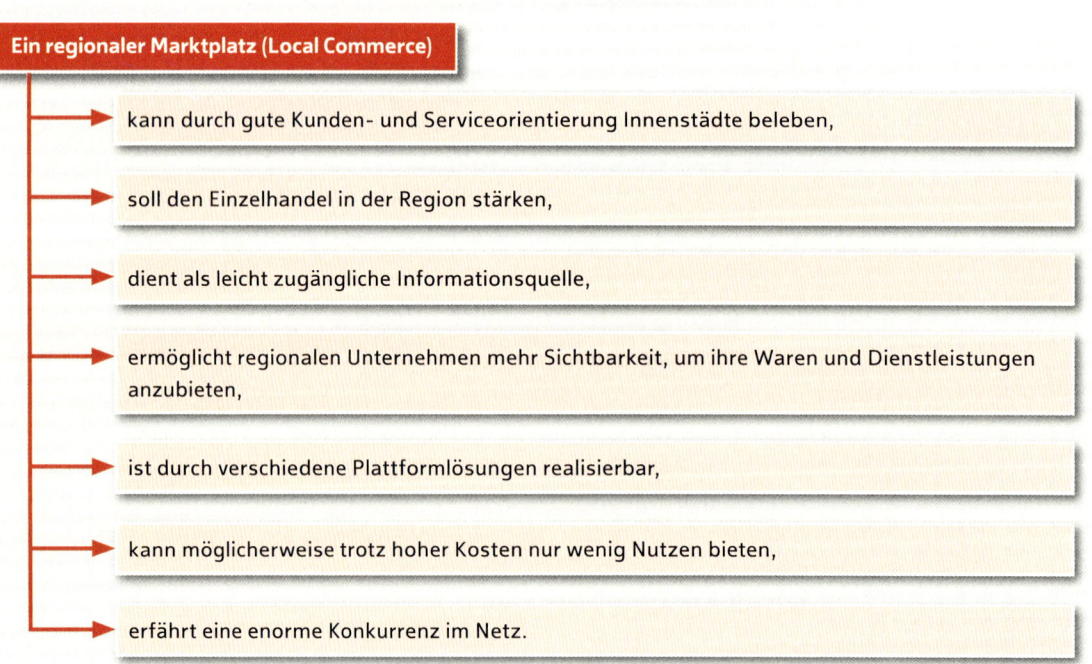

Ein regionaler Marktplatz (Local Commerce)

- kann durch gute Kunden- und Serviceorientierung Innenstädte beleben,
- soll den Einzelhandel in der Region stärken,
- dient als leicht zugängliche Informationsquelle,
- ermöglicht regionalen Unternehmen mehr Sichtbarkeit, um ihre Waren und Dienstleistungen anzubieten,
- ist durch verschiedene Plattformlösungen realisierbar,
- kann möglicherweise trotz hoher Kosten nur wenig Nutzen bieten,
- erfährt eine enorme Konkurrenz im Netz.

9.8 Soziale Netzwerke als Vertriebskanäle (Social Selling)

Einstieg

Die Auszubildenden der Exclusiva GmbH unterhalten sich beim Mittagessen.

„Gestern Abend hab' ich mir über Facebook eine super coole Tasche gekauft", erzählt Ronja Bunko.

„Echt, über Facebook?", fragt Andreas Seeger nach: „Ich dachte, dort gibt es nur Werbeanzeigen. Wie funktioniert denn das?"

Erläutern Sie die Rolle sozialer Netzwerke als zusätzliche Vertriebskanäle.

INFORMATIONEN

Bis vor einiger Zeit wurden die sozialen Netzwerke wie Instagram, Facebook, Snapchat und Co. als reine Werbeplattformen von verschiedensten Unternehmen und Gruppen genutzt. Im Vordergrund stehen für Unternehmen als wichtigste Faktoren des Einsatzes von sozialen Netzwerken die Kundenbindung, das Markenbewusstsein und der Kundenservice. Direkte Kaufabschlüsse über Social Media sind noch relativ selten. Doch die Möglichkeiten, mithilfe der sozialen Netzwerken kreative Anreize für den Kauf von Waren und Dienstleistungen durch Kunden zu schaffen, werden immer bedeutender.

BEISPIEL

Barbara Schmidt surft auf Facebook. Ein Freund von ihr teilt einen Beitrag zu einem sie interessierenden Produkt eines Markenherstellers. Damit wird Ihr Freund quasi zum Markenbotschafter. Eventuell wird Barbara Schmidt dadurch zum Käufer des Produktes. Damit hätte das vertreibende Unternehmen über eine soziale Plattform (in diesem Fall Facebook) ohne Zusatzkosten ein Produkt verkauft.

[...] Nur wenige Kunden tätigen direkte Käufe über soziale Medien. Laut einer Facebook-Commerce-Studie der Zeppelin Universität Friedrichshafen sehen gerade einmal 1 % der Befragten Facebook als geeigneten Shopping-Kanal an. Social-Media-Aktivitäten können den Vertrieb aber aktiv unterstützen. Beispielsweise dadurch, dass ein deutlicheres

Bild der eigenen Kunden und deren Ansichten und Bedürfnisse entstehen kann. Und indem ein Interessent zum richtigen Zeitpunkt einen entscheidenden Kaufimpuls erhält oder ein unzufriedener Kunde durch unkomplizierte Hilfestellung wiedergewonnen und gebunden werden kann.

Quelle: Rosner, Katja: Social Selling: Wenn Social Media und Vertrieb zusammenspielen. In: Vertriebszeitung. o. ED. www.vertriebszeitung.de/social-selling-wenn-social-media-und-vertrieb-zusammenspielen/[25.3 2019].

Die Einsatzmöglichkeiten der sozialen Medien für Onlinehändler haben sich also im Laufe der Zeit gewandelt, und mittlerweile sieht man in den sozialen Netzwerken nicht nur Werbung der Unternehmen, sondern kann aufgrund dieser speziellen Anzeigen auch direkt deren Produkte und Dienstleistungen erwerben. Mit einem Klick ist es möglich, in den Onlineshop für das gewünschte Produkt zu gelangen und, wie von „klassischen Onlineshops" gewohnt, seine Bestellung aufzugeben. Auch die üblichen Zahlungsmethoden, z.B. PayPal, Zahlung per Kreditkarte usw., sind hinterlegt, da es sich bei dem Shop, in den man weitergeleitet wird, um den tatsächlichen Onlineshop des Anbieters handelt.

Durch das Vorschlagen von weiteren passenden Produkten im Onlineshop werden Zusatzkäufe generiert und der Umsatz der Unternehmen so gesteigert. Aufgrund der hohen Anzeigen-Reichweite können die Unternehmen ihre Produkte global anbieten und absetzen, was wiederum eine Umsatzsteigerung zur Folge hat.

Auch das Ranking bei den Suchmaschinen nimmt durch die Klicks in den sozialen Netzwerken und die anschließende Weiterleitung in den Shop zu. Unternehmen steigern also nicht nur ihren Umsatz, sondern auch ihre Marktpräsenz.

Ein Nachteil für den Kunden, aber ein Vorteil für den Anbieter von Produkten ist es, dass durch die Weiterleitung in den Onlineshop und die etwas andere „Darstellungsform" nicht immer nachvollziehbar ist, wo sich der Standort des jeweiligen Unternehmens befindet. So bestellt der Käufer sein Wunschprodukt, ohne zu hinterfragen, wo der Anbieter seinen Sitz hat. Meist wird erst, wenn der Versand des erworbenen Artikels ansteht, festgestellt, dass sich der Anbieter beispielsweise in einem Nicht-EU-Land befindet, was dann jedoch vom Kunden nur noch „zur Kenntnis" genommen werden kann. Unter „normalen Umständen" hätte der Kunde evtl. kein Produkt von diesem Händler erworben.

Durch die Möglichkeit dieser Einkaufsform nehmen auch die „Spontankäufe (Impulskäufe)" der Kunden zu. Ohne dass der Käufer gezielt nach einem Produkt gesucht hat, werden seine Bedürfnisse geweckt und durch das Erwerben des Artikels zufrieden gestellt. Diese Art des Einkaufs nennt man in der Fachsprache **Instant-Shopping**.

Da der Verkauf über die sozialen Netzwerke boomt, gibt es immer bessere Features für die Verkäufer, die jedoch mit einigen Kosten verbunden sind. Da jedoch der Umsatz von vielen Unternehmen, die diese Verkaufsart nutzen, stetig steigt, stehen die anfallenden Kosten auf jeden Fall im Verhältnis zum Ertrag.

Vorteile und Nachteile von sozialen Netzwerken als Vertriebskanäle

Vorteile von sozialen Netzwerken als Werbeplattformen

Je mehr Kanäle ein Händler online nutzt, desto zahlreicher werden seine Kontaktpunkte zu potenziellen Kunden.

- Hohe Reichweite
- Umsatzsteigerung
- Verkauf auch schwieriger Produkte aufgrund der Reichweite
- Gesteigerter Bekanntheitsgrad des Unternehmens
- Einfache Handhabung
- Gute Auslastung des eigenen Onlineshops
- Kundenvielfalt
- Verstärkte Impulskäufe
- Zusatzkäufe

Nachteile von sozialen Netzwerken als Werbeplattformen

- Nicht immer transparent für Kunden, auf welcher Seite er sich befindet (durch ein verändertes Shop-Design)
- Verleiten zu Impulskäufen
- Wecken ständig neuer „Bedürfnisse"
- Ggf. höhere Kosten für den Anbieter der Anzeige und der damit gekoppelten Shop-Verknüpfung

Strategien für den Einsatz sozialer Netzwerke

Für alle Onlinehändler ist es eine wichtige Tatsache, dass über 80 % der 18- bis 50-Jährigen mindestens ein soziales Netzwerk regelmäßig nutzen. Vor diesem Hintergrund kann kein Unternehmen, das im Internet Waren und Dienstleistungen verkaufen möchte, auf Social-Commerce-Maßnahmen verzichten. Diese Maßnahmen werden oft auch unter dem Begriff „Social Selling" zusammengefasst.

Unter Social Selling wird die bewusste Nutzung sozialer Netzwerke für einen Verkauf bzw. für die Unterstützung eines Verkaufs von Waren und Dienstleistungen verstan-

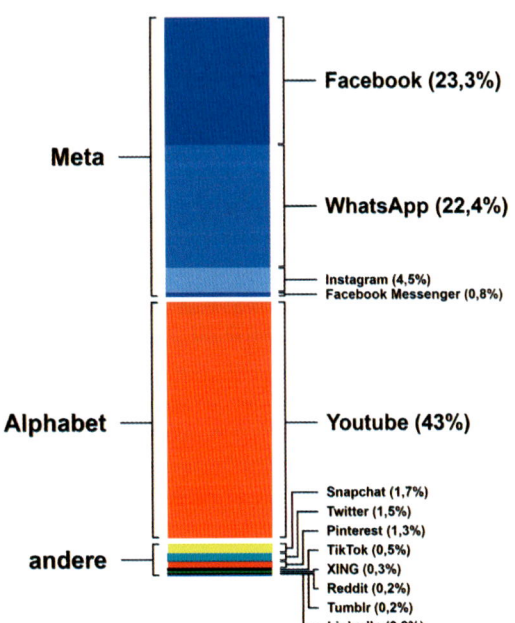

Meta
- Facebook (23,3%)
- WhatsApp (22,4%)
- Instagram (4,5%)
- Facebook Messenger (0,8%)

Alphabet
- Youtube (43%)

andere
- Snapchat (1,7%)
- Twitter (1,5%)
- Pinterest (1,3%)
- TikTok (0,5%)
- XING (0,3%)
- Reddit (0,2%)
- Tumblr (0,2%)
- LinkedIn (0,2%)

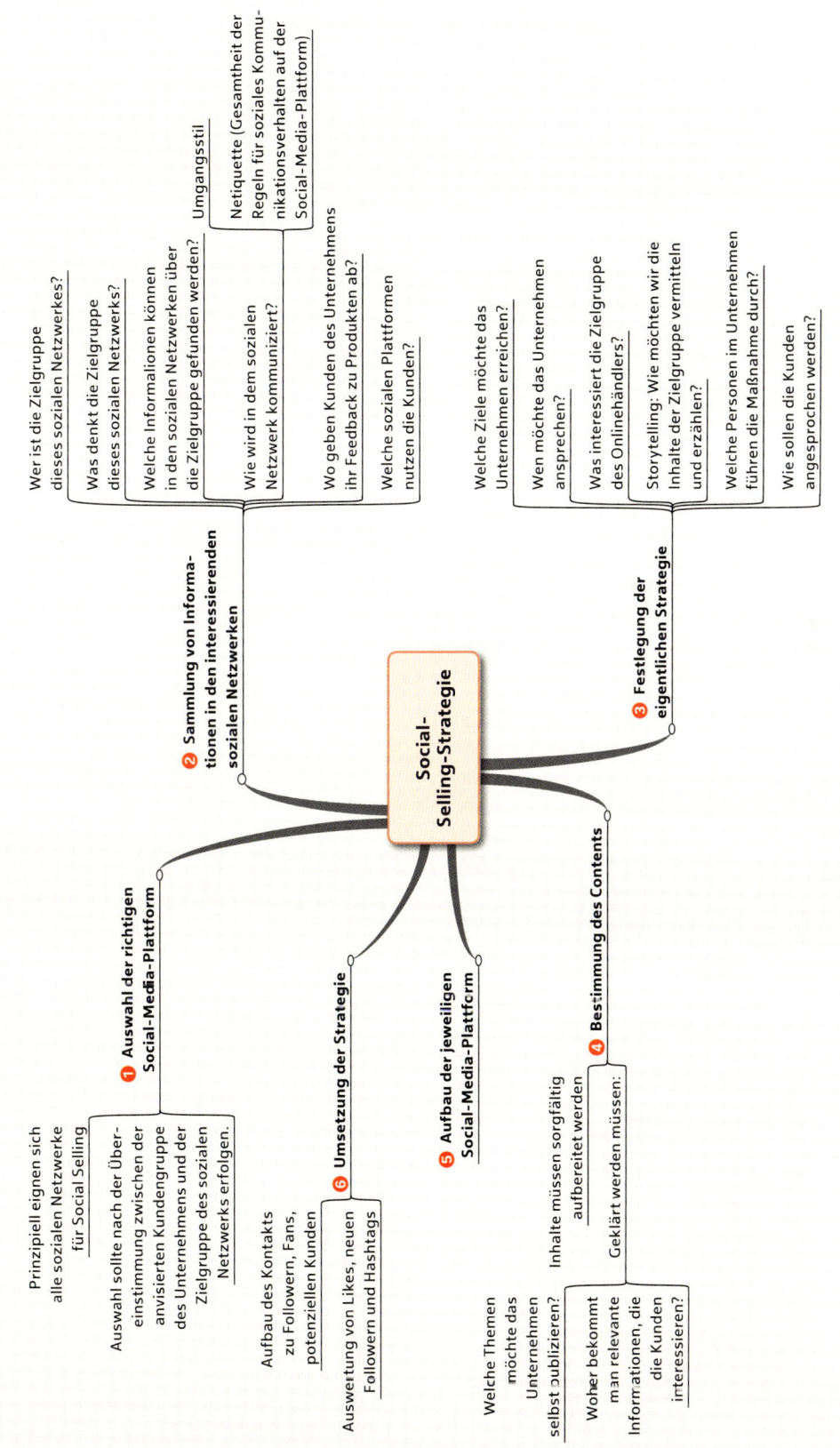

Social-Selling-Strategie

❶ Auswahl der richtigen Social-Media-Plattform
- Prinzipiell eignen sich alle sozialen Netzwerke für Social Selling
- Auswahl sollte nach der Übereinstimmung zwischen der anvisierten Kundengruppe des Unternehmens und der Zielgruppe des sozialen Netzwerks erfolgen.

❷ Sammlung von Informationen in den interessierenden sozialen Netzwerken
- Wer ist die Zielgruppe dieses sozialen Netzwerkes?
- Was denkt die Zielgruppe dieses sozialen Netzwerks?
- Welche Informationen können in den sozialen Netzwerken über die Zielgruppe gefunden werden?
  - Umgangsstil
  - Netiquette (Gesamtheit der Regeln für soziales Kommunikationsverhalten auf der Social-Media-Plattform)
- Wie wird in dem sozialen Netzwerk kommuniziert?
- Wo geben Kunden des Unternehmens ihr Feedback zu Produkten ab?
- Welche sozialen Plattformen nutzen die Kunden?

❸ Festlegung der eigentlichen Strategie
- Welche Ziele möchte das Unternehmen erreichen?
- Wen möchte das Unternehmen ansprechen?
- Was interessiert die Zielgruppe des Onlinehändlers?
- Storytelling: Wie möchten wir die Inhalte der Zielgruppe vermitteln und erzählen?
- Welche Personen im Unternehmen führen die Maßnahme durch?
- Wie sollen die Kunden angesprochen werden?

❹ Bestimmung des Contents
- Inhalte müssen sorgfältig aufbereitet werden
- Geklärt werden müssen:
  - Welche Themen möchte das Unternehmen selbst publizieren?
  - Woher bekommt man relevante Informationen, die die Kunden interessieren?

❺ Aufbau der jeweiligen Social-Media-Plattform

❻ Umsetzung der Strategie
- Aufbau des Kontakts zu Followern, Fans, potenziellen Kunden
- Auswertung von Likes, neuen Followern und Hashtags

den. Social selling kann auf über 5 000 Plattform statt-finden. Darunter befinden sich nicht nur die eigentlichen sozialen Netzwerke. Auch Foren oder Firmenblocks kön-nen dazu gezählt werden. Mit einer guten Strategie kön-nen Unternehmen die eigenen Umsatzziele mit sozialen Netzwerken erreichen:

WhatsApp als Vertriebskanal

WhatsApp kann zumindest indirekt als Vertriebskanal genutzt werden:

- Zunächst einmal ermöglicht WhatsApp ganz allgemein eine virale Streuung von Information.
- Newsletter können von Unternehmen nicht nur über E-Mails versendet werden, sondern auch über Whats-App.
- WhatsApp liefert auch die Möglichkeit, den Kunden höchst aktuelle Informationen zu geben.
- und kann geschäftliche Transaktionen unterstützen.
- In puncto Service und Beratung steht potenziellen Käufern mit WhatsApp ein weiterer Kanal zur Kontakt-aufnahme zur Verfügung: Sie können Fragen stellen und sich beraten lassen.

BEISPIEL

Die Exclusiva GmbH kann über WhatsApp ihre Kun-den über neu eingetroffene Produkte, die zu ihnen passen könnten, auf dem Laufenden halten. Damit kann die Kommunikation zwischen der Exclusiva GmbH und ihren potenziellen Käufern individuell ge-staltet werden. Mithilfe der gesammelten Kunden-informationen können personalisierte und individu-elle Nachrichten verschickt werden. Das weckt bei den Kunden Interesse und steigert die Kundenbin-dung.

Noch relativ selten sind direkte Anbahnungsmöglichkei-ten von Verkäufen über WhatsApp.

BEISPIEL

Um WhatsApp als neuen zusätzlichen Vertriebsweg zu nutzen, möchte die Exclusiva GmbH sowohl für pri-vate als auch für gewerbliche Kunden eine Bestell-hotline per WhatsApp anbieten. Andreas Seeger und Ronja Bunko legen Herrn Hertien einen ersten Ent-wurf vor:

Wir haben einen neuen Service für Sie!

Die WhatsApp Bestellhotline

Persönlich, schnell und unkompliziert

Ab sofort bietet die Exclusiva GmbH Ihnen die schnelle und unkomplizierte Kontaktaufnahme per WhatsApp an.

Um eine rechtsverbindliche Kommunikation sicherzustellen, bitten wir Sie, sich **einmalig** bei uns zu registrieren. Dann kann es direkt losgehen:

➤ Einfach unsere Telefonnummer speichern.
➤ Bestellwunsch abschicken.
➤ Aus unserer Bestätigung erfahren, wann die Lieferung kommt.

Wir freuen uns auf Sie!

Nutzung von Facebook

Facebook als Informationskanal

Wie jedes andere soziale Netzwerk können Unternehmen die Facebook-App des Unternehmens Meta als Informa-tionskanal nutzen. Damit können sie beeinflussen, ob das Unternehmen, seine Produkte oder Dienstleistun-gen erfolgreich sind: Wird eine richtige Strategie ange-wendet, dann bekommen das Unternehmen bzw. die von ihm vertriebenen Produkte und Dienstleistungen auf Fa-cebook eine optimale Aufmerksamkeit. Beiträge werden diskutiert oder sogar geteilt. Beachtet werden muss aber auch, dass es bei unsachgemäßer Handhabung schnell zu negativer Kritik bzw. negativen Meinungen kommt.

BEISPIEL

Die Marketingabteilung einer Restaurantkette für italienisches Essen veröffentlichte auf Facebook ein Video, auf dem ein Salat mit einer Raupe zu sehen war. Daraufhin entwickelte sich ein Shitstorm (eine Art lawinenartiges Auftreten von negativer Kritik ge-gen eine Person oder ein Unternehmen in sozialen Netzwerken). Mit einer gelungenen Entschuldigung und viel Selbsthumor gelang es der Restaurantkette, die Stimmung positiv umkippen zu lassen.

Facebook als den Verkauf unterstützendes Medium

Beiträge zu Produkten werden an den Profilen der verschiedenen Zielgruppen des Unternehmens ausgerichtet und diesen zugespielt. Mit verschiedenen Maßnahmen kann versucht werden, aus potenziellen Käufern auch Kunden zu machen.

BEISPIELE

- Interessante und spannende Videos, in denen Geschichten erzählt werden (Storytelling), in denen Produkte des Unternehmens eine mehr oder weniger große Rolle spielen
- Rabattaktionen aus bestimmten Anlässen
- Gewinnspiele
- Gutscheinaktionen

Facebook als Medium für einen direkten Verkauf

Einige Unternehmen verlinken von ihren Facebook-Seiten (oder auch von einzelnen Beiträgen) auf den eigenen Webshop.

BEISPIEL

Kunden können auf der Facebook-Seite der Exclusiva GmbH einen „Jetzt einkaufen"-Button anklicken. Darüber werden sie auf den eigentlichen (externen) Internetshop der Exclusiva GmbH geleitet. Dort können sie die gewünschten Produkte dann tatsächlich kaufen.

WIE ARBEITEN DIE USER FUR FACEBOOK?

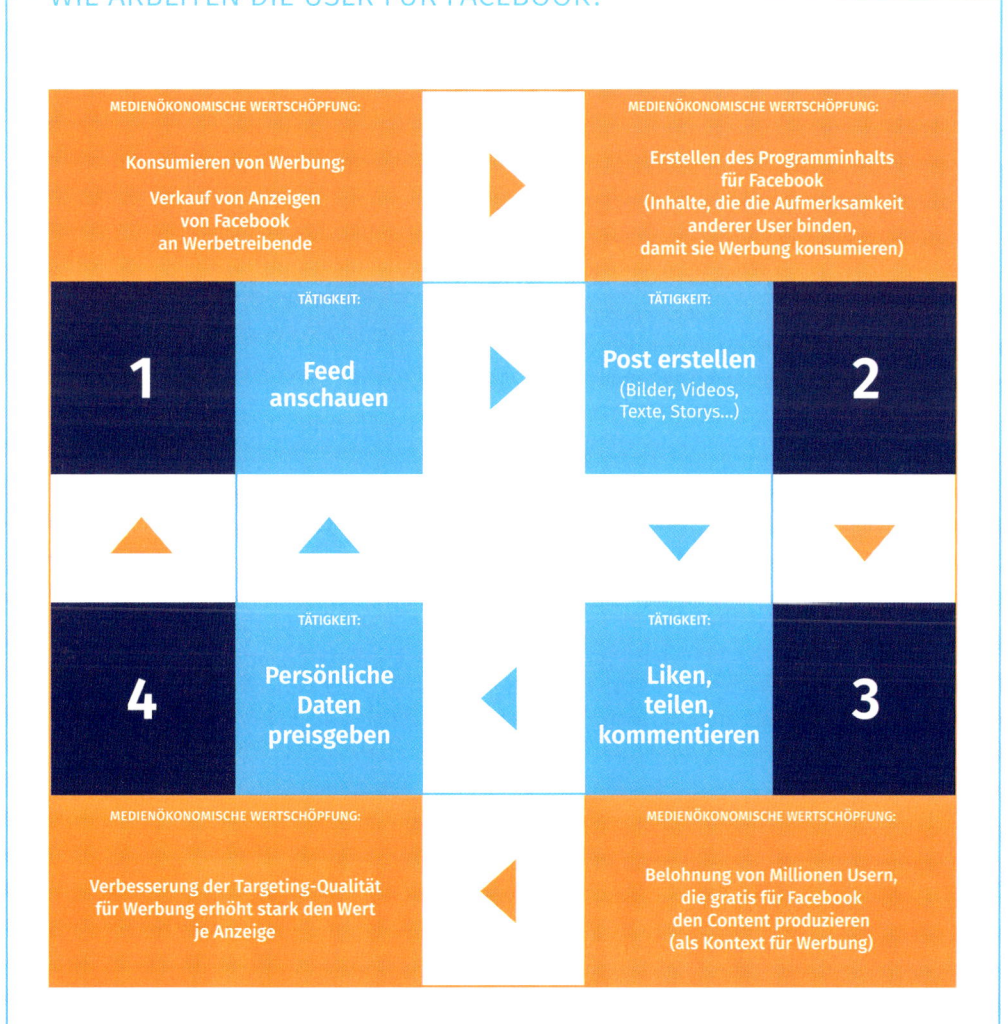

Bei vielen sozialen Netzwerken wie hier bei Facebook produzieren die User den Content der Plattform selbst. Daneben wird den Usern auch noch Werbung, die von der Social-Media-Plattform an Unternehmen verkauft wird, vorgespielt. Vor diesem Hintergrund geben die User persönliche Daten preis: Dadurch wird wiederum ein genaueres Targeting der Werbung ermöglicht.

Facebook bietet Unternehmen auch die Möglichkeit, einen Onlineshop in ihre Facebookseite zu integrieren.

Facebook-Seite einrichten

Erste Schritte mit dem Messenger durchführen

Ziele

Markenbekanntheit steigern

Lokale Unternehmen hervorheben

Online-Umsätze steigern

App bewerben

Leads generieren

Werbeanzeigen messen und optimieren

Bestandskunden ansprechen

Meta for business

fasst verschiede Plattformen zusammen

Facebook
Instagram
Messenger
WhatsApp
Audience Network
Oculus
Workplace

bietet Unternehmen folgende Produkte

Facebook-Seiten
Instagram-Profile
Stories
Shops
Facebook-Business Suite
Facebook-Werbeanzeigen
Messenger Ads
Instagram-Werbeanzeigen
Video Ads
Werbeanzeigenmanager

Community-Management

Ein wichtiges Instrument zum Aufbau und zur Pflege langfristiger Kundenbeziehungen im Bereich der sozialen Medien ist das Community-Management. Ein im E-Commerce auftretendes Unternehmen kann durch Beantworten von Fragen oder durch die Moderation von Diskussionen in den direkten Dialog zu bestehenden oder möglichen Kunden in den sozialen Netzwerken treten. Ein guter Draht zu den Mitgliedern der Community hilft Unternehmen, Probleme früh zu erkennen.

BEISPIEL

Die Exclusiva GmbH ist in verschiedenen sozialen Netzwerken wie Facebook, WhatsApp, Instagram, Twitter und YouTube vertreten. Ronja Bunko ist momentan mit dem Community-Management beauftragt. Sie sieht, dass es in allen sozialen Netzwerken zu jedem denkbaren Thema eine Vielzahl von Kommentaren gibt. Sehr viele Internetnutzer haben es

sich angewöhnt, jedes Erlebnis oder jedes Produkt zu bewerten und ihre Meinung dazu abzugeben. Die Unternehmensleitung der Exclusiva GmbH hat Ronja Bunko nun gebeten, die Auftritte der Exclusiva GmbH in den sozialen Medien in diesen Zeiten sich überschlagender Meldungen und zugespitzter Meinungen zu beobachten und wo nötig für ein angemessenes Klima zu sorgen. Sie hat in diesem Zusammenhang verschiedene Aufgaben:

- Sie sorgt für ein Gesprächsklima, in dem Kunden und Interessenten gerne diskutieren.
- Sie lässt die Exclusiva-Produkte in einem guten Licht erscheinen.
- Sie hebt konstruktive Kommentare hervor und blendet negative und/oder anstößige Beiträge aus, die das Gesprächsklima vergiften könnten oder gegen die guten Sitten verstoßen.
- Sie kommentiert unterschiedliche Beiträge.
- Sie plant Community-Events.

Social Media im B2B

Zur Kundenakquise im B2B-Umfeld werden oft und gern die sozialen Medien genutzt. Gerade berufsbezogene Netzwerke wie Xing und LinkedIn bieten sich dafür an.

Im B2B-Geschäft begegnen sich meist der Vertrieb des verkaufenden Unternehmens und der Einkauf des kaufenden Unternehmens. Ist der Vertrieb als Account/Key-Account Management organisiert, sucht er in der Akquise potenzielle Kunden, um diese direkt anzusprechen. Diese sind ihm in der Regel durch Branchenverbände, Messen oder Marktrecherchen bekannt. Dies erleichtert die Ansprache über Telefon, E-Mail oder per Brief. Auch persönliche Netzwerke, die ein Key-Accounter über Jahre aufbaut, sind dabei hilfreich. Persönliche Empfehlungen öffnen dabei sprichwörtlich Türen. Gerade dieses Persönliche ist der fundamentale Unterschied zwischen Marketing im B2B- und dem im B2C-Bereich: Im B2B besteht tatsächlich eine soziale Beziehung zwischen Menschen, während es im B2C trotz aller Bemühungen um persönliche Kontakte in erster Linie um das Auswerten von Daten und das Verwenden von wiederkehrenden Mustern geht.

Im Gegensatz zum B2C sieht man es im B2B-Bereich auch nicht so eng mit der Kaltakquise. Grundsätzlich ist auch im B2B die Kaltakquise verboten, dennoch besteht dort eher die Möglichkeit, potenzielle Kunden persönlich anzusprechen, wenn diese „vermutlich" an dem Angebot (Produkt oder Dienstleistung) interessiert sein könnten. Ein großer Vorteil des von Microsoft aufgebauten LinkedIn ist, dass alle Teilnehmer des Netzwerks, das sich global über 700 Millionen Kontakte erstreckt und zur

Kontaktaufnahme und zum Austausch auffordert, der Kaltakquise quasi zugestimmt haben, was zusätzlich Rechtssicherheit schafft: Alle Teilnehmer geben bereitwillig Auskunft über Werdegang, Qualifikation und Position. So lassen sich leichter Entscheider identifizieren und ansprechen. Auch lassen sich individuelle Vorlieben aus den Profilen herauslesen und damit die Ansprachen individueller und passender gestalten.

Diese Kontaktaufnahme und -pflege wird durch Business-Netzwerke wie Xing und LinkedIn also stark vereinfacht und unterstützt. Man „vernetzt sich" einfach mit seinen Kontakten und bleibt durch die Nachrichtenfunktion immer wieder in Verbindung, vereinbart Termine oder unterbreitet Angebote. Auch durch das Teilen von Nachrichten, Neuigkeiten oder Interessantem in einem persönlichen Post ist es möglich, die Aufmerksamkeit seiner Kontakte (oder hier: Kunden) im Netzwerk zu gewinnen und somit möglicherweise Sales zu generieren.

Ebenfalls erleichtert wird die Akquise, das Erlangen von Leads, durch die Suchfunktion und die Eingrenzungsmöglichkeiten nach Unternehmen, Regionen, Branchen, aktueller Position oder Keywords. Die Ansprache des potenziellen Kunden ist denkbar einfach durch das Drücken des „Vernetzen"- oder „Nachricht"-Buttons. Der Empfänger entscheidet dann, ob durch seine Reaktion eine Kommunikation oder Transaktion zustande kommt.

Mit dem „Sales Navigator" von LinkedIn in Verbindung mit dem eigenen CRM wie z.B. „Microsoft Dynamics" oder „Salesforce" ermöglicht LinkedIn auch eine Professionalisierung der Kontaktpflege und Akquise über

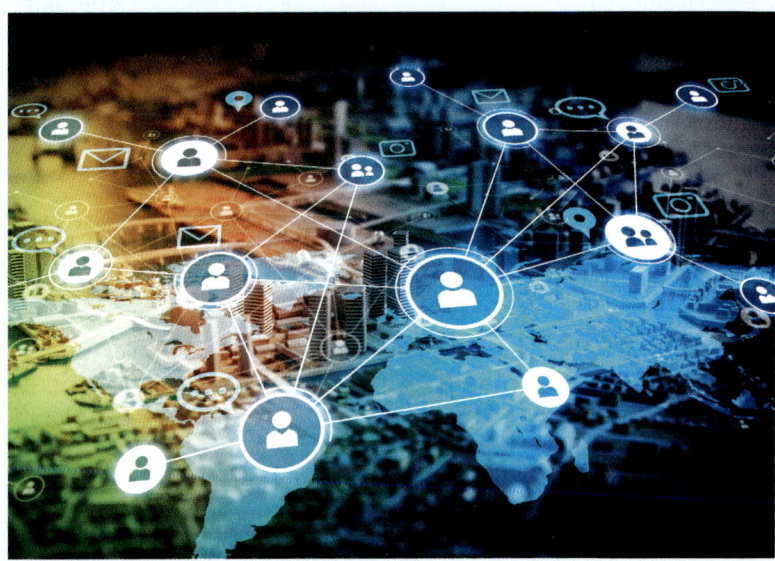

ein gesamtes Unternehmen in Verbindung mit Social Media. Dieses Tool ist kostenpflichtig und richtet sich nach der Menge der Lizenzen für die eigenen Mitarbeiter und der Anzahl der gewünschten Kontakte. Doch gerade bei Investitionsgütern oder Lieferverträgen mit entsprechenden Auftragsvolumen kann sich das schnell bezahlt machen.

Im Sales Navigator ist es auch möglich, „Personas" zu definieren und die Digital Twins im Netzwerk von LinkedIn zu suchen und zu identifizieren. Diese können dann direkt über das

Nachrichtenfeld angesprochen werden. Die „Personas" sind eine starke Vereinfachung anhand von bestimmten Attributen von Menschen, um sie in Gruppen zusammenzufassen und ihnen damit gleiche oder ähnliche Interessen zu unterstellen. Das macht die Planung und Ansprache von Werbung praktikabel. Das Konzept des „Digital Twin" ist ein Konstrukt, um eine reale Person mit seiner digitalen Person zu verknüpfen. Gruppiert man also digitale Personen zu Personas, geht man davon aus, dass zu diesen digitalen Personen reale Personen gefunden werden können, die ähnliche oder gleiche Eigenschaften haben. In sozialen Netzwerken werden digitale Personen verwendet, die häufig ihrem

Digital Twin entsprechen, aber nicht müssen. Deutlich wird dies am Avatar: Hier wählen Menschen häufig sogar bewusst andere Eigenschaften. Der Avatar (Digital Twin) ist in diesem Fall dann ungleich der realen Person.

Die Synchronisationsfunktion mit dem eigenen CRM hilft, vorhandene Informationen mit neu gewonnenen zu verknüpfen. Die Erkenntnisse können dann leicht über die gesamte eigene Firma in verschiedenen Teams geteilt werden. Mit dieser Transparenz lässt sich auch die Effizienz des Vertriebs steigern, da geteilte Kontakte und Informationen Dopplungen und damit unnötige Kundenansprachen vermeiden.

AUFGABEN

1. Führen Sie Vorteile und Nachteile sozialer Netzwerke als Vertriebskanäle auf.

2. Was versteht man unter Social Selling?

3. Die Exclusiva GmbH möchte weitere soziale Netzwerke als Vertriebskanal nutzen. Aus welchen Schritten sollte ihre Strategie dabei bestehen?

4. Erläutern Sie, wie WhatsApp als Vertriebskanal genutzt werden kann.

5. Auf welche Weise können Onlinehändler Facebook als zusätzlichen Vertriebskanal verwenden?

6. Welche Vorteile hat die Verwendung sozialer Netzwerke für das Marketing von Unternehmen?

7. Was versteht man unter dem Begriff „Instant Shopping"?

8. Führen Sie Vorteile und Nachteile von sozialen Netzwerken als Werbeplattform auf.

9. Überlegen Sie, wie eine Werbeanzeige für ein soziales Netzwerk sowie für ein Produkt Ihrer Wahl aussehen kann, und erstellen Sie diese. Präsentieren Sie Ihre Ergebnisse und geben Sie sich gegenseitig ein Feedback.

10. Prüfen Sie, ob Ihr Unternehmen bereits über soziale Netzwerke Verkäufe tätigt, und stellen Sie Ihre Ergebnisse im Plenum vor.

11. Was versteht man unter Community-Management?

12. Halten Sie die folgenden Aussagen in kurzen Thesen fest.

Social selling

Social networks have fundamentally changed the way we communicate, both in private and in a business context. Of course, today's customers also expect the companies to use the modern ways of communication.

Traditional sales channels such as telephone or e-mail are no longer sufficient. They have even become unusual in some contexts so that many decision-makers in the b2b sector no longer respond to requests of this kind.

Therefore, companies are increasingly targeting customers via social networks. In social selling, social media are used as an effective sales instrument.

13. Beschreiben Sie, auf welche Art und Weise Social Media bei der Akquise im B2B Umfeld genutzt werden kann.

ZUSAMMENFASSUNG

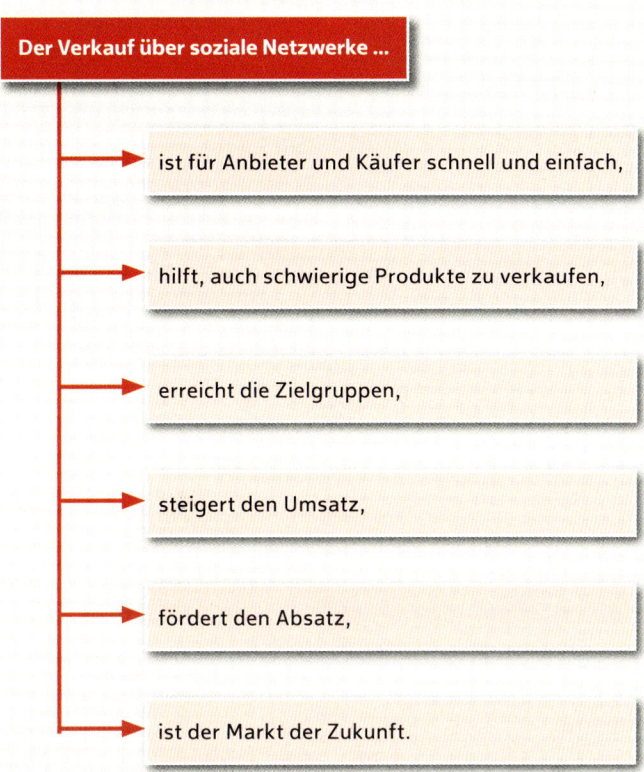

Der Verkauf über soziale Netzwerke ...

- ist für Anbieter und Käufer schnell und einfach,

- hilft, auch schwierige Produkte zu verkaufen,

- erreicht die Zielgruppen,

- steigert den Umsatz,

- fördert den Absatz,

- ist der Markt der Zukunft.

9.9 Grundlegende Entscheidungen bei der Auswahl von Hardware und Software

Einstieg

In den letzten Jahren ging es mit der Exclusiva GmbH stetig bergauf. Umsätze und Gewinne nahmen stark zu. Der Betrieb wuchs. Inzwischen treten jedoch die ersten Schwierigkeiten auf.

Michael Hertien:

„In den Abteilungen wird geklagt, dass unsere Datenverarbeitung total veraltet ist. Nach Ansicht der Mitarbeiter erfüllt sie überhaupt nicht mehr ihren Zweck. Das betrifft nicht nur den Onlinevertrieb. Auch alle anderen Abteilungen sind davon berührt."

Susanne Hahne-Hertien:

„Wenn das stimmt – und ich habe das bei meiner täglichen Arbeit auch schon mitbekommen –, verursacht das bei uns immense Kosten. Das kann für unseren Betrieb absolut existenzgefährdend werden. Vielleicht sollten wir uns über eine Erneuerung unserer Datenverarbeitung einmal Gedanken machen …"

Nach einigen Überlegungen beschließen Herr Hertien und Frau Hahne-Hertien, die EDV der Exclusiva GmbH neu zu organisieren. Sie beauftragen damit Herrn Hayes, dem Ronja Bunko zur Seite gestellt wird.

1. Geben Sie an, welche grundlegenden Entscheidungen Herr Hayes bei der Umstellung der EDV treffen muss.

2. Führen Sie Beispiele für die Anwendung des EVA-Prinzips an.

INFORMATIONEN

Wenn ein neues Unternehmen die elektronische Datenverarbeitung einführen will, müssen zwei grundlegende Entscheidungen getroffen werden:

- Welche Hardware soll angeschafft werden?
- Welche Software soll installiert werden?

Hardware

Hardware (engl. für *harte Ware*) ist ein Sammelbegriff für alle Bestandteile der EDV-Anlage, die man anfassen kann. Zur Hardware zählt die gesamte maschinelle Ausstattung des Computersystems: Geräte, Kabel und Datenträger.

BEISPIELE

Herr Hayes erklärt Ronja Bunko – etwas locker – den Begriff Hardware: „Alle Elemente einer EDV-Anlage, die man nur mit etwas Kraftaufwand beschädigen kann, gehören zur Hardware. Also sind

- die Tastatur als Gerät,
- die Verbindung zwischen Gehäuse und Drucker als Kabel
- und die CD oder DVD als Datenträger

Hardwarebestandteile. Man kann sie direkt berühren."

Jeder Betrieb kann seine EDV-Anlage durch entsprechende Zubehörteile seinen Bedürfnissen anpassen. Eine sinnvolle Zusammenstellung von Hardwarebestandteilen nennt man **Konfiguration**.

BEISPIEL

Die Konfiguration des kleinen Kiosks Blumenthal GbR besteht aus einem Personal Computer, einem Drucker und einer Datenkasse.

Software

Ohne Software kann die Hardware nicht arbeiten. Zur Software (engl. für *weiche Ware*) zählt alles, was in Dateien festgehalten ist. Dateien sind Ansammlungen von Informationen. Sie bestehen also aus zusammengehörenden Daten, die in der Regel auf einem Datenträger gespeichert und durch einen Namen eindeutig identifizierbar sind.

BEISPIEL

Herr Hayes erläutert Ronja Bunko – salopp wie immer – die Software:

„Software ist all das in einer EDV-Anlage, was man nicht anfassen kann. Software klirrt oder klappert also nicht. Manchmal ist nur ein versehentlicher Tastendruck – also kaum Gewalt – nötig, um Software zu zerstören."

Es gibt zwei verschiedene Arten von Software, nämlich Programmdateien und Datendateien.

Wird in der Datenverarbeitung ganz allgemein von einer „Datei" gesprochen, ist meistens eine Datendatei gemeint.

Programmdateien

Programmdateien – kürzer und häufiger als Begriff verwendet: **Programme** – sind Dateien, die Informationen für die EDV-Anlage enthalten. Sie bestehen aus – dem Computer verständlichen – Befehlen, die ihn zur Lösung einer Aufgabe bringen sollen.

BEISPIEL

Herr Hayes ruft an der EDV-Anlage ein zur Ansicht geschicktes Demo-Programm für die EDV-Unterstützung der Warenwirtschaft auf. Das Programm ist aktiv: Die Befehle werden von der EDV-Anlage gelesen und dann schrittweise ausgeführt. So bewirkt der Aufruf des Programms zunächst einmal das Erscheinen des Startmenüs am Bildschirm.

Datendateien

Datendateien enthalten Informationen für den Benutzer der EDV-Anlage. Diese Daten möchte der Anwender zur Lösung eines bestimmten Problems benutzen.

BEISPIEL

Frau Altmann, Sekretärin der Geschäftsleitung, schreibt am Computer einen Geschäftsbrief. Dies geschieht mithilfe eines Textverarbeitungsprogramms, das die Erfassung, Änderung und Gestaltung sowie den Ausdruck von Texten bewirkt.

Der eigentliche Text dagegen – eine Reklamation – ist eine Datendatei. Sie ist im Gegensatz zum Textverarbeitungsprogramm passiv, weil die enthaltenen Informationen nur dem Menschen, nicht aber dem Computer verständlich sind und daher von ihm auch nicht als Befehl aufgefasst werden. Der Inhalt der Datei kann also nur bearbeitet werden.

EVA-Prinzip

Das gesamte EDV-System funktioniert nach dem EVA-Prinzip.

Das EVA-Prinzip bedeutet, dass jede Informationsverarbeitung – sowohl beim Menschen als auch beim Computer – immer in den drei Schritten Eingabe der Daten, Verarbeitung der Daten, Ausgabe der Daten erfolgt.

Das EVA-Prinzip ist das Grundprinzip jeden menschlichen Handelns.

BEISPIEL

Eingabe: Agathe Kwasny, Auszubildende bei der Exclusiva GmbH, hat abends ihren Radiowecker auf 7 Uhr eingestellt.

Verarbeitung: Während der Nacht überprüft der Radiowecker ständig, ob die von Agathe Kwasny eingestellte Zeit erreicht ist.

Ausgabe: Um 7 Uhr beginnt der Radiowecker, Musik zu spielen.

Auch der weitere Tagesablauf von Katarzyna Lindemann läuft immer nach dem EVA-Prinzip ab:

Eingabe: Das Ohr von Agathe Kwasny nimmt die Musik des Radioweckers auf und leitet sie an das Gehirn weiter.

Verarbeitung: Das Gehirn versteht die Musik als Befehl zum Wachwerden.

Ausgabe: Das Gehirn gibt an die Füße den Befehl, aus dem Bett zu steigen.

Auch die Arbeitsweise des EDV-Systems hält sich an das EVA-Prinzip. Zunächst einmal ist die Hardwarekonfiguration nach dem EVA-Prinzip aufgebaut. Der Computer wird über ein Eingabegerät – das kann z. B. eine Tastatur sein – mit Daten und Anweisungen versorgt. Diese Informationen werden durch den Computer verarbeitet. Das Ergebnis wird über ein Ausgabegerät – z. B. einen Bildschirm – ausgegeben.

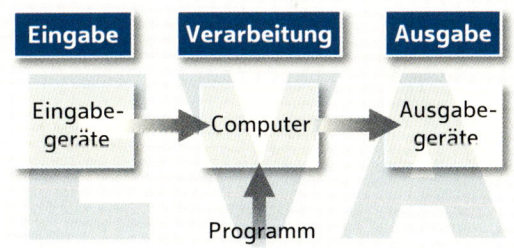

BEISPIEL

Eingabe: In der Exclusiva GmbH wird beim Kassiervorgang die in einem Strichcode verschlüsselte Artikelnummer des vom Kunden gewünschten Artikels mit einem Strichcodeleser eingelesen.

Verarbeitung: Die Kasse setzt sich aus einem Personal Computer und den typischen Kassenelementen zusammen (Geldschublade usw.). In dem Speicher der Kasse wird der Artikelpreis gesucht. Anschließend wird der Betrag berechnet, der vom Kunden insgesamt zu zahlen ist.

Ausgabe: Im Kassendisplay (= Anzeige für den Kunden) erscheint der Zahlungsbetrag, gleichzeitig wird der Kassenbon gedruckt. Die abgebuchten Bestände werden an den Großrechner der Zentrale weitergeleitet.

Auch für den Aufbau der Software gilt das EVA-Prinzip.

BEISPIEL

Die Textileinzelhändlerin Gertrud Schön e. Kffr. kauft bei der Exclusiva GmbH drei Hosen für 100,00 € und fünf Pullover für 98,00 €. Das Programm, das an der Kasse den Gesamtzahlungsbetrag ermitteln soll, ist so programmiert, dass es zunächst einmal die Einzelpreise verlangt (Eingabe). Anschließend sorgt es dafür, dass der Computer den Gesamtpreis von 790,00 € berechnet (Verarbeitung). Dieser wird nach den im Programm enthaltenen Arbeitsanweisungen an den Kassendrucker und an die Kundenanzeige weitergegeben (Ausgabe).

Eingabe	Verarbeitung	Ausgabe
über	• Suchen nach Artikelpreis	an
• Scheck-kartenleser	• Rechnungs-erstellung	• Drucker
• Tastatur	• Abbuchen der Bestände	• Monitor
• Strichcode-leser	• Weitergabe an Großrechner durch Kassen-programm	• Großrechner
• Electronic Cash		

Die Auswahl von Hardware- und Softwareelementen im Unternehmen

In den Unternehmen unterliegen alle Hardware- und Softwareelemente aufgrund des großen Innovationsdrucks einem raschen Wandel. Ständig müssen also für Datenverarbeitungssysteme Auswahlprozesse durchgeführt werden.

Um zwischen verschiedenen Lösungsalternativen die beste zu finden, müssen diese sowohl einer Kostenanalyse als auch einer Nutzenanalyse unterzogen werden.

Die Kostenanalyse

Im Rahmen der Kostenanalyse wird untersucht, ob sich die zur Verfügung stehenden Alternativen bei den anzuschaffenden Hardware- bzw. Softwareelementen in den Kosten unterscheiden. In die von den Anbietern genannten Preise sind oft weitere, zusätzlich anfallende Kosten im Zusammenhang mit der Beschaffung bzw. angebotene Vergünstigungen nicht eingerechnet. Für alle Alternativen müssen zur besseren Vergleichbarkeit deren Bezugspreise ermittelt werden.

Ein Bezugspreis (oft auch Einstandspreis genannt) ist der Preis eines Produktes, abzüglich sämtlicher Preisabschläge (wie zum Beispiel Rabatte und Skonto) und zuzüglich der Kosten, die für den Transport des Gutes anfallen (zum Beispiel Porto und Versandversicherung). Im Rahmen einer Kostenanalyse müssen immer die Bezugspreise verglichen werden.

BEISPIEL

Ronja Bunko ermittelt den Preis für zehn USB-Sticks. Angeboten werden diese für 20,00 € pro Stück. Werden mehr als fünf Stück abgenommen, räumt der Lieferant einen Rabatt von 20 % ein. Wird innerhalb der Skontofrist bezahlt (und das hat die Exclusiva GmbH vor), kann ein Skonto von 2 % abgezogen werden. An Versandkosten fallen 10,40 € an.

Listeneinkaufspreis	Preis, der im Angebot (oft in Form von Listen) genannt wird	100 %		200,00 €
– Rabatt	z. B. für die Abnahme größerer Mengen	– 20 %		– 40,00 €
= Zieleinkaufspreis	Preis, der bei Inanspruchnahme des Lieferanten-kredits gezahlt werden muss	= 80 %	100 %	160,00 €
– Skonto	Zins für den Lieferantenkredit		– 2 %	– 3,20 €
= Bareinkaufspreis	Preis bei „sofortiger" Zahlung		= 98 %	156, 80 €
+ Bezugskosten	z. B. Kosten für den Frachtführer			10,40 €
= Bezugspreis	Dieser auch häufig „Einstandspreis" genannte Preis umfasst sämtliche Kosten, bis die Ware auf Lager liegt, und ist damit die Grundlage für Angebotsver-gleiche.			167,20 €

Die Nutzenanalyse

Wenn sich die angebotenen Alternativen sowohl in den Kosten als auch in den Leistungen unterscheiden, reicht Kostenvergleich in Form einer normalen Bezugskalkulation nicht aus. Dann müssen auch die Leistungen der ins Auge gefassten Hardware- bzw. Softwareelemente untersucht werden.

Wichtige Entscheidungskriterien können dann beispielsweise sein:

- die Produktmerkmale
- die Kulanz der Anbieter der Programme
- der Umfang eventuell gewährter Garantieleistungen
- bisherige Erfahrungen im Hinblick auf Reklamationen
- Zusatzleistungen des Anbieters usw.

Die Nutzwertanalyse

Eine sehr wichtige Entscheidungshilfe in solchen Fällen kann die Nutzwertanalyse sein. Diese kann immer dann eingesetzt werden, wenn die Bewertung von Alternativen nicht in erster Linie anhand von konkreten Zahlen und Fakten geschieht, sondern auch subjektive Einflüsse eine Rolle spielen.

BEISPIEL

In der Exclusiva GmbH soll von Ronja Bunko ein neues Lohn-/Gehaltsprogramm ausgewählt werden. Es stehen drei Alternativen zur Wahl. Ausgewählt wird (in diesem mit nur drei Kriterien sehr vereinfachten Bei- spiel) das Programm 2 mit 67 Punkten: Dieses hat das beste Gesamtergebnis unter qualitativen Gesichtspunkten:

Kriterien	Gewich-tungsfaktor	Leistungen Programm 1		Leistungen Programm 2		Leistungen Programm 3	
		Punkte	Punkte × Faktor	Punkte	Punkte × Faktor	Punkte	Punkte × Faktor
Qualität des Programms	5	5	25	7	35	6	30
Schulungsmaterial	3	7	21	8	24	5	15
Übertragbarkeit der Daten	2	4	8	4	8	2 I	4
Gesamtwert	10		54		67		49

Wie ist Ronja Bunko bei dieser Nutzwertanalyse vorgegangen?

- Sie hat sich zunächst überlegt, welche Bedeutung die drei Leistungskriterien Qualität des Programms, Schulungsmaterial und Übertragbarkeit der Daten für ihr Unternehmen haben. Sie stuft daraufhin die Qualität des Programms mit dem Faktor 5 wichtiger ein als das Schulungsmaterial (Faktor 3) und die Übertragbarkeit der Daten (Faktor 2).
- Dann bewertet sie die Leistung der verschiedenen Programme nach einer Punkteskala von 1 bis 9. Beispielsweise vergibt Ronja für das Programm 15 Punkte für die Qualität des Programms, sieben Punkte für das Schulungsmaterial und vier Punkte für die Übertragbarkeit der Daten.

- Diese vergebenen Bewertungspunkte werden dann mit dem jeweiligen Gewichtungsfaktor multipliziert: Das Programm 1 erhält dann im Hinblick auf das Kriterium Übertragbarkeit der Daten 8 Punkte (2 × 4).
- Das Gesamtergebnis für die einzelnen Programme erhält Ronja aus der Addition der gewichteten Bewertungen.
- Das beste Gesamtergebnis hat das Programm mit der höchsten Punktzahl.

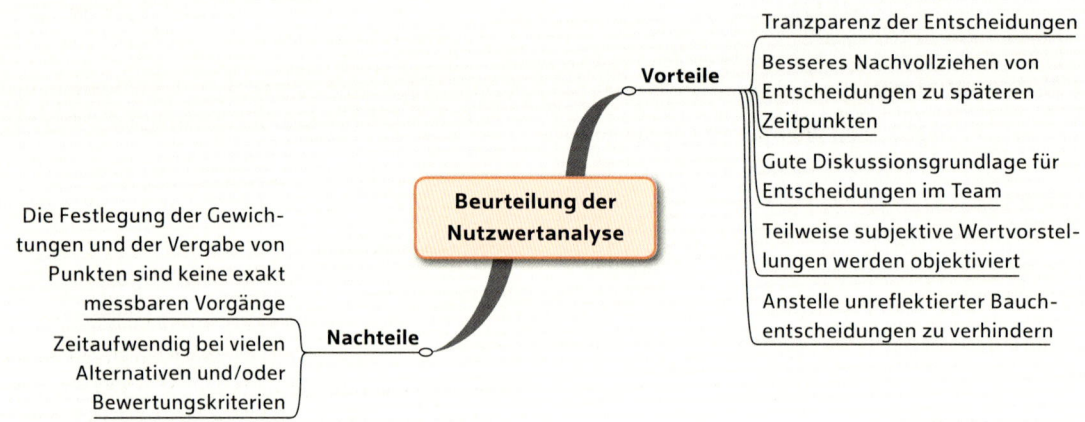

Die Entscheidungsmatrix

Eine weitere – sehr einfache und schnell zu realisierende – Auswahlmethode ist die Entscheidungsmatrix (oft auch Entscheidungstabelle genannt):

- In den Spalten einer Tabelle werden die verschiedenen Alternativen (Entscheidungsoptionen) benannt.
- In den Zeilen führt man dann die jeweils verschiedenen Eigenschaften, über die die Alternativen verfügen, auf.
- Die Erfüllung der einzelnen Kriterien wird in den Zeilen dann jeweils mit „Ja" (bzw. Haken) oder „Nein" (bzw. kein Haken) angegeben. Durch diese übersichtliche Darstellung kann man schnell erkennen, was die einzelnen Alternativen an Leistungsmerkmalen erfüllen.
- In der letzten Zeile der Entscheidungsmatrix kann dann aufsummiert werden, wie viele Kriterien die jeweilige Alternative erfüllt.

Der allgemeine Aufbau einer Entscheidungstabelle kann in etwa wie folgt aussehen:

Produkt-merkmal	Alternative		
	Software-produkt 1	Software-produkt 2	Software-produkt 3
1	ja	nein	ja
2	ja	ja	ja
3	nein	ja	ja
4	ja	ja	nein
5	nein	ja	ja
6	nein	nein	ja
Gesamt	3	4	5

BEISPIEL

Ronja Bunko möchte ihr Wohnzimmer multimedial aufpeppen. Für die Entscheidung, was sie anschaffen möchte, zieht sie eine Entscheidungstabelle einer Fachzeitschrift, z. B der „Stiftung Warentest", heran.

AUFGABEN

1. Erläutern Sie den Begriff *Hardware*.

2. Welche Hardware ist in Ihrem Ausbildungsbetrieb vorhanden?

3. Was ist eine Konfiguration?

4. Wodurch unterscheiden sich Programmdateien von Datendateien?

5. Entscheiden Sie, ob in den folgenden Fällen Hardware oder Software angesprochen ist.
   a) Ronja Bunko schließt einen Drucker an die EDV-Anlage an.
   b) Der mit einem Textverarbeitungsprogramm erstellte Werbebrief wird abgespeichert.
   c) Herr Hayes tauscht eine defekte Tastatur aus.
   d) Aufgrund einer Veränderung des Mehrwertsteuersatzes wird eine neue Version des Finanzbuchführungsprogramms installiert.
   e) Frau Wulff kauft für die Exclusiva GmbH 100 CDs.

6. Wie ist die Konfiguration des EDV-Fachraums Ihrer Schule?

7. Was versteht man unter dem EVA-Prinzip?

8. Welche Bedeutung hat das EVA-Prinzip für die Datenverarbeitung?

9. Zerlegen Sie die folgenden Tätigkeiten in die drei Phasen Eingabe, Verarbeitung, Ausgabe:
   a) Unterricht in Datenverarbeitung
   b) versehentlich eine heiße Herdplatte berühren
   c) Erstellen einer Rechnung
   d) Säubern von Wäsche mit der Waschmaschine
   e) Durchführung einer Rechenaufgabe mit dem Taschenrechner

10. Welche der folgenden Aussagen sind richtig?
    a) Programme enthalten Arbeitsanweisungen an die EDV-Anlage.
    b) Nur Programme sind nach dem EVA-Prinzip aufgebaut.
    c) Programme gehören zur Hardware eines Computers.
    d) Datendateien enthalten Befehle.

11. Bei welchen der folgenden Datenverarbeitungsoperationen handelt es sich um
    - Eingabevorgänge,
    - Verarbeitungsvorgänge,
    - Ausgabevorgänge
    einer EDV-Anlage?

    a) Der Drucker an der Datenkasse druckt den Kassenbon.
    b) Im Zuge einer Werbeaktion werden die Sonderangebotspreise erfasst.
    c) Das EDV-gestützte Warenwirtschaftssystem ermittelt den vom Kunden zu zahlenden Betrag.
    d) Am Bildschirm werden die umsatzstarken Artikel angezeigt.
    e) An der Datenkasse wird die Artikelnummer als Balkencode eingelesen.

12. Teilen Sie Ihre Klasse in sechs Gruppen ein. Jeweils zwei Gruppen erstellen eine Wandzeitung oder Folie, die informiert über die Bedeutung
    a) der Hardware (Gruppen 1 und 2),
    b) der Software (Gruppen 3 und 4),
    c) des EVA-Prinzips (Gruppen 5 und 6).
    Bereiten Sie sich auf die Präsentation vor.

13. Erstellen Sie eine PowerPoint-Präsentation, die alle grundlegenden Bestandteile einer EDV-Anlage vorstellt. Präsentieren Sie unter Beachtung der Präsentationsregeln.

14. Die Exclusiva GmbH möchte für ihre Mitarbeiter 40 digitale Diktiergeräte anschaffen. Sie erhält drei Angebote für den Artikel. Ermitteln Sie im Rahmen einer Kostenanalyse den jeweiligen Bezugspreis.
    a) Kurz KG: Listenpreis 11,20 €; 3 % Skonto; 10 % Mengenrabatt bei Bezug von mehr als 20 Artikeln; keine Bezugskosten
    b) Uhlendorf Büro GmbH: Listenpreis 13,10 €; kein Skonto; 10 % Mengenrabatt bei Abnahme von mehr als 15 Stück; Bezugskosten 2,00 €
    c) Tegeler GmbH: Listenpreis 9,30 €; kein Rabatt; kein Skonto; Bezugskosten 5 % des Listenpreises

15. Oft wird im Rahmen eines **qualitativen Angebotsvergleichs** die Methode der **Nutzwertanalyse** angewendet. Bei der Nutzwertanalyse werden mögliche Entscheidungskriterien so gewertet, dass wichtige Kriterien stärker zur Geltung kommen als unwichtige. Die Qualität der Entscheidungen soll dadurch gesteigert werden. Man wählt zunächst geeignete Kriterien aus, die bei der Beurteilung von Angeboten als relevant angesehen werden. Nach ihrer Wichtigkeit werden für die ausgewählten Kriterien dann Punkte (bzw. Prozente) vergeben. Die Gesamtsumme der vergebenen Punkte (bzw. Prozente) muss 100 betragen. Im nächsten Schritt wird bewertet, inwieweit die Angebote das jewei-

lige Kriterium erfüllen. Bei jedem Angebot wird für jedes Kriterium das Produkt aus Gewichtungs- und Bewertungspunkten ermittelt. Die Punkte werden pro Angebot zusammengezählt. Das Angebot mit der höchsten Summe ist das qualitativ beste.

Die Exclusiva GmbH hat bei vier Anbietern Angebote eingeholt für einen bestimmten Druckertyp. Zur endgültigen Auswahl nutzt Ronja Bunko nun im Rahmen des qualitativen Angebotsvergleichs die Nutzwertanalyse. Dabei wählt sie die Variante, die den Bezugspreis einbezieht.

Ronja hat mittlerweile schon die relevanten Kriterien ermittelt und diese gewichtet. Auch hat sie schon bewertet, inwieweit die jeweiligen Angebote das jeweilige Kriterium erfüllen (Eingaben von Ronja in der folgenden Tabelle in kursiver Schrift).

Entscheidungskriterien	Gewichtungspunkte der Kriterien	Angebote			
		Lottermann	Huhn	Hirsch	Altmeier
Preis	30	3	3	4	5
Lieferzeit	30	5	4	0	5
Zahlungsziel	8	5	4	3	4
Unterstützung von Werbeaktivitäten	30	0	5	5	0
Gesamtsumme	100				

a) Tragen Sie in der Tabelle zu den einzelnen Entscheidungskriterien die gewichtete Beurteilung ein.

b) Stellen Sie fest, für welchen Lieferanten sich die Exclusiva GmbH entscheiden wird.

16. Ronja Bunko hat verschiedene Angebote für einen Monitor eingeholt. Drei Angebote haben den gleichen günstigen Bezugspreis. Zur endgültigen Auswahl nutzt Ronja die Nutzwertanalyse. Sie hat mittlerweile schon die relevanten Kriterien ermittelt und diese gewichtet. Auch hat sie schon bewertet, inwieweit die jeweiligen Angebote das jeweilige Kriterium erfüllen (Eingaben von Ronja in der folgenden Tabelle in kursiver Schrift).

Entscheidungskriterien	Gewichtungspunkte der Kriterien	Angebote		
		Runge KG	Matzke AG	Schaper GmbH
Handbücher	10	5	5	3
Termintreue	30	5	3	1
Lieferzeit	10	1	3	5
Umweltaspekte	20	4	1	2
Beschwerden in der Vergangenheit	10	3	5	5
Qualität	20	3	4	5
Gesamtsumme	100			

Bei welchem Anbieter wird die Exclusiva GmbH bestellen?

17. Entscheidungstabellen

Entscheidungstabellen unterstützen Auswahlentscheidungen. In ihnen wird festgehalten, ob bestimmte wichtige Bedingungen erfüllt (Angabe: Ja oder Haken) oder nicht erfüllt (Angabe: Nein bzw. kein Haken) sind. Entscheidungstabellen sind mittlerweile in der DIN 66241 genormt.

In einfachen Formen der Entscheidungstabellen werden nur Bedingungen angegeben, die entweder erfüllt oder nicht erfüllt sind.

		R1	R2	R3	R4	R5	R6	R7	R8
B1	Bedingung 1	J	J	J	J	N	N	N	N
B2	Bedingung 2	J	J	N	N	J	J	N	N
B3	Bedingung 3	J	N	J	N	J	N	J	N

Einfache Entscheidungstabellen: Auflistung von logischen Bedingungen, die erfüllt sein können („JA") oder nicht erfüllt sind („NEIN"). Im Beispiel ergeben sich so für die drei Bedingungen acht mögliche Kombinationen (das „R" steht für diese sogenannten „Regeln").

In erweiterten Formen der Entscheidungstabellen erfolgt noch eine Ergänzung um die Aktionen, die bei Vorliegen bestimmter Kombinationen von Bedingungen durchgeführt werden können.

		R1	R2	R3	R4	R5	R6	R7	R8
B1	Bedingung 1	J	J	J	J	N	N	N	N
B2	Bedingung 2	J	J	N	N	J	J	N	N
B3	Bedingung 3	J	N	J	N	J	N	J	N
A1	Aktion 1	X	X			X	X	X	X
A2	Aktion 2				X				
A3	Aktion 3			X					

In dieser erweiterten Form einer Entscheidungstabelle ist die jeweilige Aktion festgelegt, die bei Vorliegen der entsprechenden Regel (Kombination der Bedingungen) vorgesehen ist.

Die Exclusiva GmbH möchte im Rahmen einer Marketingaktion guten Kunden für einen begrenzten Zeitraum Rabatte gewähren. Es wird daher folgende Entscheidungstabelle aufgestellt:

Entscheidungstabelle: Rabatt für gute Kunden		R1	R2	R3	R4	R5	R6	R7	R8
B1	Mehr als 5 Bestellungen im Geschäftsjahr	J	J	J	J	N	N	N	N
B2	Rechnungen mehr als 2 Wochen offen	J	J	N	N	J	J	N	N
B3	Durchschnittlicher Rechnungsbetrag ist höher als 100,00 €	J	N	J	N	J	N	J	N
A1	kein Rabatt	X	X			X	X	X	X
A2	10 % Rabatt				X				
A3	20 % Rabatt			X					

Geben Sie an, welche Kunden den höchsten Rabatt eingeräumt bekommen.

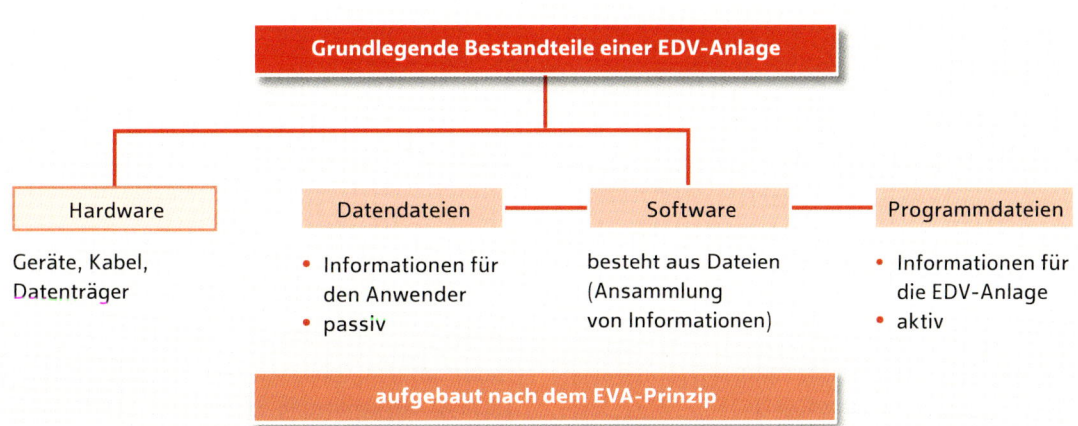

ZUSAMMENFASSUNG

Grundlegende Bestandteile einer EDV-Anlage

Hardware	Datendateien	Software	Programmdateien
Geräte, Kabel, Datenträger	• Informationen für den Anwender • passiv	besteht aus Dateien (Ansammlung von Informationen)	• Informationen für die EDV-Anlage • aktiv

aufgebaut nach dem EVA-Prinzip

9.10 Die Hardware

Einstieg

Um 9:30 Uhr in der Exclusiva GmbH:

Ronja Bunko:
„Hallo Tacdin! Kommst du mit in die Frühstückspause?"

Tacdin Akay:
„Hallo Ronja! Ja, ich muss nur noch die Datei, an der ich gerade arbeite, abspeichern. Dann hat mir Herr Hayes noch gesagt, ich soll die Projektergebnisse vorsichtshalber noch mal sichern. Wir haben demnächst eine Präsentation."

Ronja Bunko:
„Okay, dann los, wir müssen dann noch Agathe und Andreas abholen."

Gleichzeitig in einem anderen Raum:

Im Verkauf der Exclusiva GmbH soll ein neuer Drucker angeschafft werden. Agathe Kwasny ist zusammen mit Andreas Seeger beauftragt, einen Drucker auszuwählen. Zur Auswahl stehen ein Tintenstrahldrucker und ein Laserdrucker. Der auszuwählende Drucker soll mit einem hohen Druckvolumen klarkommen. Er soll zudem einerseits über eine hohe Druckqualität, andererseits über eine hohe Druckgeschwindigkeit verfügen. Aus Kostensicht stehen weniger die Anschaffungskosten als vielmehr die Vermeidung von Folgekosten im Vordergrund.

Agathe Kwasny:
„Lass uns die Sachen gleich nach der Pause entscheiden. Jeden Augenblick müssten Ronja und Tacdin vorbeikommen ..."

1. Stellen Sie fest, welche externen Speicher zur dauerhaften Aufbewahrung von Daten es gibt.

2. Entscheiden Sie, welcher externe Speicher sich zur Sicherung einer 1,9-MB-Datei eignet.

3. Geben Sie an, welche externen Speicher sich gut zum Transport eignen.

4. Untersuchen Sie, welche Kriterien bei der Anschaffung von Druckern beachtet werden sollen.

5. Vergleichen Sie Tintenstrahl- und Laserdrucker.

6. Entscheiden Sie sich für eine Druckerart. Begründen Sie Ihre Entscheidung.

INFORMATIONEN

Entsprechend dem EVA-Prinzip setzt sich eine EDV-Anlage immer aus mindestens drei Einheiten zusammen:

- Ein Eingabegerät nimmt Daten von außen auf und bringt sie in das EDV-System.
- Die Zentraleinheit verarbeitet dann diese Daten.
- Ein Ausgabegerät gibt die verarbeiteten Daten wieder nach außen ab.

Eingabegeräte

Daten und Programme können auf unterschiedliche Art zur Verarbeitung in die EDV-Anlage gelangen. Die beiden wichtigsten Eingabegeräte, die in fast keiner Hardware-Grundkonfiguration fehlen, sind die Tastatur und die Maus.

Tastatur

Die Tastatur ist das bekannteste Eingabegerät. Sie dient der Direkteingabe: Die Daten gelangen – ohne Zwischenspeicherung – zeichenweise zur Zentraleinheit.

Vor allem, wenn Daten erstmals eingegeben werden, geschieht dies normalerweise über die Tastatur.

Der Aufbau der Tastatur entspricht der Schreibmaschinentastatur. Zusätzlich sind noch weitere Tasten vorhanden, um innerhalb von Programmen bestimmte Arbeiten durchführen zu können. Die Tastatur verfügt daher über vier Tastengruppen:

- **Schreibmaschinentastatur**

  BEISPIELE

  Eine deutsche Schreibmaschinentastatur erkennt man an der Tastenkombination QWERTZ. Eine amerikanische Schreibmaschinentastatur verfügt über die Tastenkombination QWERTY.

- **numerisches Tastenfeld**

  Sollen größere Zahlenmengen eingegeben werden, dann ist die Benutzung des numerischen Tastenfelds (im Vergleich zu den Zifferntasten der Schreibmaschinentastatur) griffgünstiger und schneller. Die Anordnung der Tasten entspricht einer Rechenmaschine.

- **Funktionstasten**
Mit ihnen werden jeweils bestimmte häufig wiederkehrende Arbeiten gestartet. Abhängig vom gerade laufenden Programm haben sie eine unterschiedliche Bedeutung.

- **Steuertasten**
Sie bewirken bestimmte Kommandos an Hard- und Software.

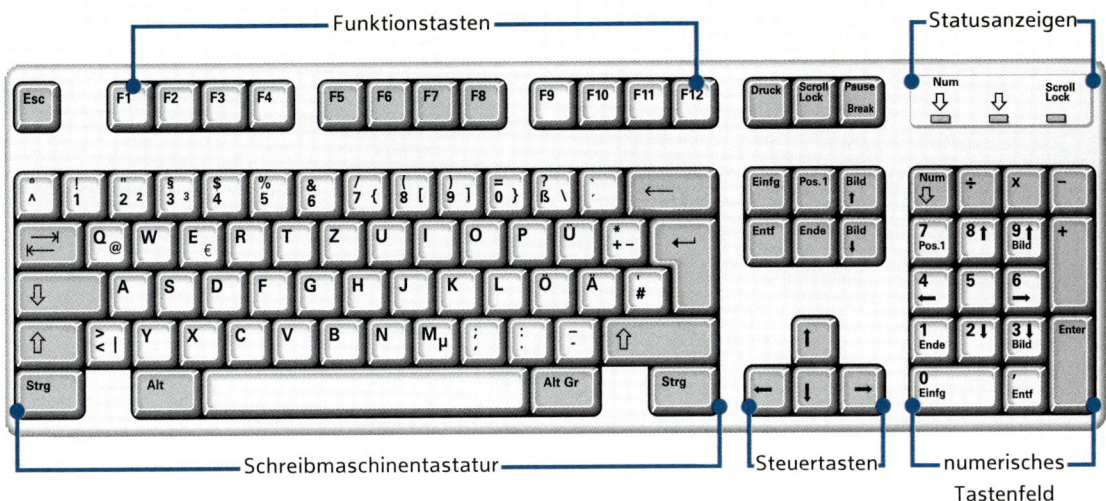

Funktionstasten · Statusanzeigen · Schreibmaschinentastatur · Steuertasten · numerisches Tastenfeld

Bedeutung der wichtigsten Tasten

Return-Taste: dient – wie die Enter-Taste im numerischen Tastenfeld – der Bestätigung von Befehlen bzw. Eingaben.

Escape-Taste: dient zum Löschen der letzten Befehlszeile oder zur Unterbrechung des laufenden Programms.

Alt/Gr-Taste: dient zur Wahl der dritten Tastenbelegung.

Alt-Taste: ruft in Verbindung mit anderen Tasten in vielen Programmen Unterprogramme auf.

Entf-Taste: löscht das Zeichen an der Cursorposition.

Druck-Taste: bringt den aktuellen Bildschirminhalt in die Zwischenablage.

Strg-Taste: ermöglicht die Eingabe von Steuerbefehlen bei gleichzeitiger Betätigung anderer Tasten.

Shift-Taste: Umschalttaste zwischen Groß- und Kleinschreibung

Cursor-Tasten: verschieben den Cursor – das ist der blinkende Eingabepunkt am Bildschirm – an jede gewünschte Stelle des Bildschirms.

Sehr viele Tastaturen haben außerdem eine Windows-Taste, die Aktionen mithilfe von Tastenkombinationen erlaubt.

Maus

Programme sind heute so gestaltet, dass sie mit der Maus bedient werden können. Seit der Einführung der grafischen Benutzeroberfläche Windows hat dieses etwa mausgroße Eingabegerät immer mehr an Bedeutung gewonnen. Bei der mechanischen Maus befindet sich an der Unterseite eine Rollkugel, die optische Maus erfasst die Bewegung mithilfe eines Sensor-Chips, einer Art kleine Kamera. Bei beiden wird die Bewegung auf einer glatten Fläche abgetastet und als Positionsänderung eines Zeigers auf den Bildschirm übertragen.

Vorteilhaft ist die Arbeit mit der Maus, weil sich durch das Bewegen dieses Eingabegeräts und durch das Klicken der Tasten auf der Oberseite der Maus viele Arbeiten schnell und bequem ohne die Tastatur ausführen lassen. Auf dem Bildschirm werden Eingabemöglichkeiten in leicht verständlicher (grafischer, farbiger und bildhafter) Form vorgegeben, die der Benutzer mithilfe der Maus einfach auslösen kann. Mit Mäusen können jedoch keine Texte eingegeben werden.

BEISPIEL

Wenn Ronja Bunko durch die Bewegung der Maus den Bildschirmpfeil auf ein CD-Symbol richtet und die Maustaste drückt, zeigt der Computer automatisch den CD-Inhalt.

Statt wie früher mit der Tastatur und zahlreichen Computerkommandos steuert also die Maus die gesamte Kommunikation zwischen Mensch und Computer. An die Stelle der vom Menschen zu lernenden und anzuwendenden Computerbefehle treten vom Computer angebotene Bildsymbole. Durch die Maustechnik und den damit verbundenen schnellen Lernvorgang lässt sich der Computer innerhalb weniger Stunden beherrschen.

Zentraleinheit

Das Herz des Computers ist die Zentraleinheit, die die ganze EDV-Anlage überwacht und steuert. Die Zentraleinheit – nach dem englischen Begriff *Central Processing Unit* häufig mit CPU abgekürzt – ist für die Verarbeitung der Daten zuständig. Sie besteht aus:

- Steuerwerk
- Rechenwerk
- Arbeitsspeicher

Steuerwerk

Das Steuerwerk sorgt für die Durchführung der einzelnen Befehle eines Programms: Es steuert die Reihenfolge, in der die Befehle des Programms ausgeführt werden, entschlüsselt diese Kommandos in eine dem Computer verständliche Darstellungsform und gibt die für ihre Ausführung erforderlichen Signale an die anderen Bestandteile der EDV-Anlage ab. Das Steuerwerk wird von einem Taktgeber angewiesen, bei jedem Takt einen Befehl aus dem Programm zu lesen und die Abarbeitung des Befehls zu veranlassen.

Rechenwerk

Auf Anweisung des Steuerwerks führt das Rechenwerk Berechnungen und Vergleiche durch. Dabei werden alle Rechenoperationen in einfachste Additionen aufgelöst, die das Rechenwerk allerdings extrem schnell ausführt.

Prozessor

In den modernen Computern erfolgt fast immer eine Zusammenfassung von Steuerwerk und Rechenwerk zu einer Funktionseinheit, die als Prozessor bezeichnet wird. Dies hat zwei Gründe:

- Weil Steuerwerk und Rechenwerk über teilweise identische Bauteile verfügen, lag es aus Kostenersparnisgründen nahe, diese nur noch einmal zu produzieren.
- Durch die Zusammenfassung wird eine Voraussetzung für die Miniaturisierung (Verkleinerung) des Computers geschaffen.

Interner Arbeitsspeicher

Bei der Verarbeitung müssen sowohl das Programm als auch die dafür notwendigen Daten in der Zentraleinheit verfügbar und schnell zugänglich sein. Deshalb befindet sich dort ein Speicher, der die aktuell benötigten Programme und Daten aufnimmt, aufbewahrt und abgibt. Dieser interne (= innerhalb der Zentraleinheit befindliche) Speicher wird häufig auch **Hauptspeicher** genannt.

Bei der Abarbeitung eines Programms holen Steuerwerk und Rechenwerk Befehle und Daten schrittweise aus dem Hauptspeicher und verarbeiten diese. Die Ergebnisse werden wiederum vorübergehend vom Hauptspeicher aufgenommen.

Der Hauptspeicher besteht aus zwei Teilen:

- RAM-Speicher
- ROM-Speicher

RAM-Speicher

Der größte Teil des Arbeitsspeichers ist der RAM-Speicher (englisch: Random Access Memory). In ihm befinden sich die laufenden Programme mit den von ihnen benötigten Daten. Der Inhalt dieses Arbeitsspeichers ändert sich, wenn bei Bedarf ein anderes Programm oder andere Daten geladen werden.

BEISPIEL

Ronja Bunko hat gerade einen Geschäftsbrief geschrieben und ausgedruckt. Sowohl das Textverarbeitungsprogramm als auch die Datei mit dem Brief stehen noch im RAM-Speicher. Wenn Herr Hayes nun mit einem Programm zur Unterstützung der Warenwirtschaft am selben Computer arbeiten möchte, dann werden die Textdatei und das Textverarbeitungsprogramm im RAM-Speicher überschrieben: Dort ist nun die Warenwirtschaftssoftware gespeichert.

Der RAM-Speicher wird häufig auch als „flüchtiger" Speicher bezeichnet. Nach dem Ausschalten des Computers geht – durch Unterbrechung der Stromzufuhr – der Inhalt dieses Speichers verloren.

ROM-Speicher

Dieser sehr kleine Teil des Arbeitsspeichers verliert seinen Inhalt nicht, wenn der Strom für den Computer abgeschaltet wird. Vom Hersteller sind fest und unveränderbar die zum elementaren Betrieb der EDV-Anlage notwendigen Ur-Informationen einprogrammiert (Nurlesespeicher = Read Only Memory).

Ronja Bunko schaltet den Computer aus. Damit sind sämtliche Programme und Daten, die im RAM-Speicher standen, verloren. Dazu gehören auch die Programme, die die EDV-Anlage steuern und funktionsfähig machen.

Im ROM-Speicher sind die notwendigsten Befehle fest mithilfe elektronischer Schaltungen installiert, damit der Computer trotz des leeren RAM-Speichers beim Einschalten seine Arbeit wieder aufnehmen kann.

Interne und externe Einheiten

BEISPIEL

Herr Hayes erklärt Ronja Bunko den Aufbau der Hardware: „Das ganze EDV-System ist mit einem Unternehmen vergleichbar. Das Steuerwerk ist der Chef, der entscheidet, was zu tun ist und Aufgaben an die ihm unterstellten Mitarbeiter delegiert. Das Rechenwerk ist der Malocher, der die Hauptarbeit macht. Der Hauptspeicher entspricht dem Lager. Die Eingabegeräte sind die Außendienstmitarbeiter, die die Aufträge für das Unternehmen besorgen. Ausgabegeräte entsprechen der Transportabteilung, die die Ware an die Kunden ausliefert.“

Bei der Hardware einer EDV-Anlage unterscheidet man:

- **interne Einheiten**
  Darunter versteht man die Zentraleinheit mit ihren Komponenten.

- **externe Einheiten**
  Externe Einheiten sind die sog. **Peripheriegeräte**. Dies sind alle Komponenten einer EDV-Anlage, die sich am Rande (= an der Peripherie) – und damit außerhalb – der Zentraleinheit befinden. Dazu zählen die Eingabe- und die Ausgabegeräte sowie die externen Speicher.

Ausgabegeräte

Die Ergebnisse der Datenverarbeitung werden von der Zentraleinheit in der Regel am Monitor angezeigt oder auf Papier gedruckt.

Monitor

Wird durch den Anwender bzw. durch ein Programm nichts anderes verlangt, werden die Ausgabedaten an den Monitor bzw. Bildschirm geschickt. Dieser arbeitet grundsätzlich wie ein Fernseher. Der Hauptunterschied besteht darin, dass der Computerbildschirm überwiegend stehende Bilder anzeigt. Der Monitor gehört zur Standardausrüstung einer EDV-Anlage, um direkt und schnell Informationen einzusehen.

Es existieren verschiedene Bildschirmtypen, die aber nur in Verbindung mit der richtigen Grafikkarte funktionieren. Die im Computer eingebaute Grafikkarte stellt die Verbindung zwischen Bildschirm und Zentraleinheit her. Der Monitor kann nur das darstellen, was die Karte liefert. Sie bestimmt die Schärfe des Bildschirmbildes, die Geometrie der Zeichen und das Übertragungsverfahren.

Im Monitor wird ein Text oder ein Bild durch verschiedene Punkte erzeugt. Dabei gilt die Regel: Je höher die Auflösung (= Anzahl der Punkte), umso besser die Ausgabequalität.

Drucker

Leistungsmerkmale von Druckern

Der Ausdruck auf Papier wird in Unternehmen benötigt, um Ergebnisse in schriftlicher Form zu dokumentieren, zu verteilen und zu archivieren. Soll ein Drucker eingesetzt werden, müssen folgende Leistungsmerkmale beachtet werden:

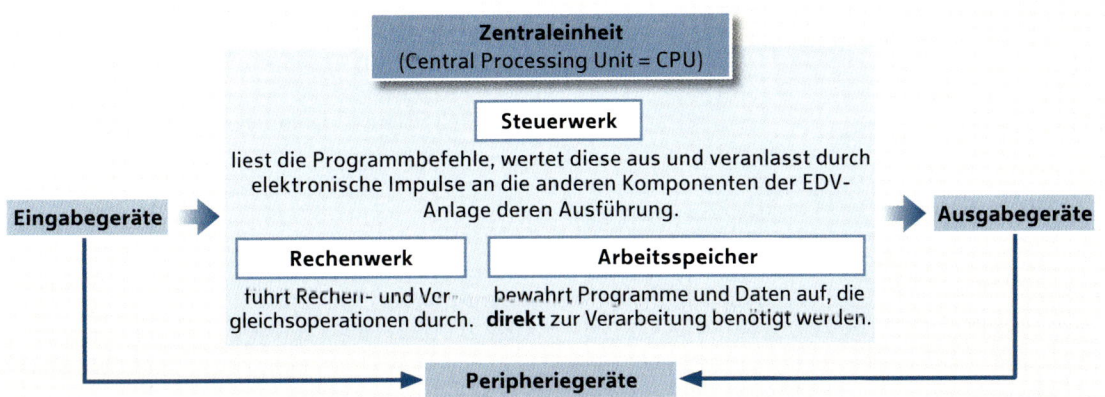

Zentraleinheit
(Central Processing Unit = CPU)

Steuerwerk

liest die Programmbefehle, wertet diese aus und veranlasst durch elektronische Impulse an die anderen Komponenten der EDV-Anlage deren Ausführung.

Eingabegeräte ➡ ⬅ **Ausgabegeräte**

Rechenwerk

führt Rechen- und Vergleichsoperationen durch.

Arbeitsspeicher

bewahrt Programme und Daten auf, die **direkt** zur Verarbeitung benötigt werden.

Peripheriegeräte

- **Druckqualität**
Eines der wichtigsten Auswahlkriterien für Drucker ist die Schriftqualität.

- **Auflösung**
Die Auflösung ist ein besonders wichtiger Kennwert für Drucker, die das Bild aus einzelnen Punkten zusammensetzen. Sie wird in dpi (dots per inch) angegeben. Je höher die dpi-Zahl, desto schärfer das Druckbild. Der absolute Mindestwert beträgt 600 dpi. Die heutigen Drucker haben meist eine Auflösung von über 1000 dpi und erreichen damit sehr gute Druckergebnisse. Moderne Drucker im Modus für optimalen Druck auf hochwertigem Fotopapier bieten bis zu 4 800 dpi.

- **Druckformat**
Die meisten Ausdrucke erfolgen im Format A4. Es gibt aber auch Drucker, die für größere (A3) oder kleinere Formate, z. B. Fotos oder Visitenkarten, vorgesehen sind.

- **Druckgeschwindigkeit**
Sie wird in Seiten pro Minute gemessen.

- **Speicher**
Seitendrucker müssen erst die komplette Seite speichern, bevor sie sie ausdrucken können. Je mehr Speicher ein Drucker besitzt, desto eher kann der Computer die Druckausgabe beenden. Die Größe dieser Puffer für die Druckausgabe wird in MB angegeben.

- **Anschlüsse**
Drucker werden entweder noch über die parallele Schnittstelle (Centronics/IEEE 1284) oder bei modernen Varianten über USB mit dem Computer verbunden. In Netzwerken wird in den Drucker eine spezielle Netzwerkkarte eingebaut oder er wird mit einem Druckerserver verbunden.

- **Papierzuführung**
Sie gibt an, welchen Papiervorrat der Drucker aufnimmt.

- **Zeichenvorrat**
Anzahl der verschiedenen Schriftarten und -größen

- **Anzahl von Farben**

- **Papierarten und -größen**

- **Kosten pro Seite**

- **Belastungsfähigkeit**

Druckerarten

- **Nadeldrucker**
Bei einem Nadeldrucker befinden sich auf einem Druckkopf zwischen 9 und 48 Nadeln, die in mehreren senkrechten Reihen angeordnet sind. Die Nadeln erzeugen über ein Farbband einzelne Punkte, aus denen sich das Zeichen auf dem Papier zusammensetzt. Jedes auszudruckende Zeichen wird also aus einem Punktraster – einer sogenannten Matrix – gebildet.

Durch die teils enorme Geräuschentwicklung finden sich Nadeldrucker heute nur noch in einigen Fällen als Listendrucker oder Spezialdrucker, beispielsweise für den Formulardruck mit Durchschlägen. Dieser Druckertyp hat nur Vorteile, wenn Durchschläge erstellt werden sollen.

- **Thermodrucker**
Bei Thermodruckern werden die einzelnen Punkte durch Nadeln, die von kleinen Heizspiralen umgeben sind, in das Spezialpapier gebrannt. Dieser Druckertyp wird heute fast nur noch an Kassen (Einzelhandel/ Tankstellen) angewandt. Thermodrucker benötigen für den Betrieb keine Farbe, sondern nur wärmeempfindliches Spezialpapier.

- **Tintenstrahldrucker**
Im Druckkopf eines Tintenstrahldruckers sind Tintendüsen in Matrixform angeordnet. Diese Düsen sprühen Punkte als winzige Tintenspritzer aufs Papier. Aus ihnen setzt sich dann das Zeichen zusammen. Die Tintenstrahldrucker sind durch ihren sehr günstigen Anschaffungspreis vor allem im privaten Bereich häufig anzufinden. Allerdings sind die Tintenpatronen relativ teuer.

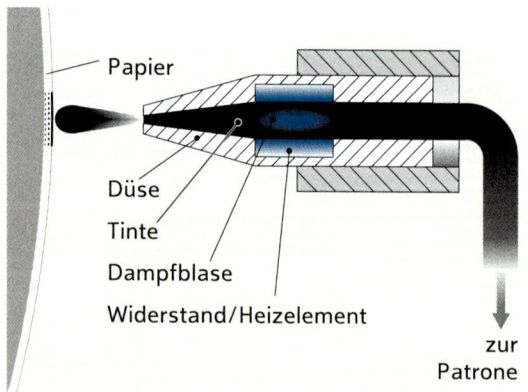

Papier
Düse
Tinte
Dampfblase
Widerstand/Heizelement
zur Patrone

Beim Tintenstrahldrucker erhitzt der Widerstand die Tinte, die sich ausdehnt und durch Düsen auf das Papier spritzt.

Funktionsweise eines Tintenstrahldruckers

- **Laserdrucker**
Laserdrucker haben sich im Bürobereich eindeutig als Standarddrucker etabliert. Durch ihre Geschwindigkeit und Leistungsfähigkeit sind sie gerade bei dem

Mehrfachdruck im Vorteil gegenüber den Tintendruckern. Von allen erschwinglichen Geräten haben Laserdrucker das beste Druckbild. Sie verbinden hohe Druckqualität und -geschwindigkeit mit geringer Geräuschentwicklung und eignen sich damit sehr gut z. B. für den Einsatz im Büro.

Nachteilig ist zwar, dass Laserdrucker teils immer noch recht teuer sind, mittlerweile erreichen sie aber bei mittlerer Qualität die Preise von Tintenstrahldruckern. Der relativ teure Toner wird in Tonerkassetten oder Kartuschen gehandelt. Bei den meisten Druckern ist in die Tonerkassette außerdem die Belichtungstrommel integriert. Dieses Bauteil unterliegt einem gewissen Verschleiß und wird somit bei jedem Tonerwechsel mit ausgetauscht. Ein Tonerwechsel ist je nach der Flächendeckung auf den gedruckten Seiten nach ca. 3 000 Exemplaren notwendig.

Der Laserdrucker gehört zu der Klasse der Non-Impact-Drucker, d. h., der Ausdruck findet berührungslos statt. Er arbeitet ähnlich wie ein Fotokopierer. Von einem stark gebündelten Lichtstrahl – dem Laser – wird das Druckbild, in einzelne elektronische Impulse zerlegt, auf eine lichtempfindliche Bildtrommel übertragen. An den schwarzen Stellen nimmt das elektrostatisch aufgeladene Normalpapier Toner auf, der durch Erhitzung fest auf dem Papier bleibt.

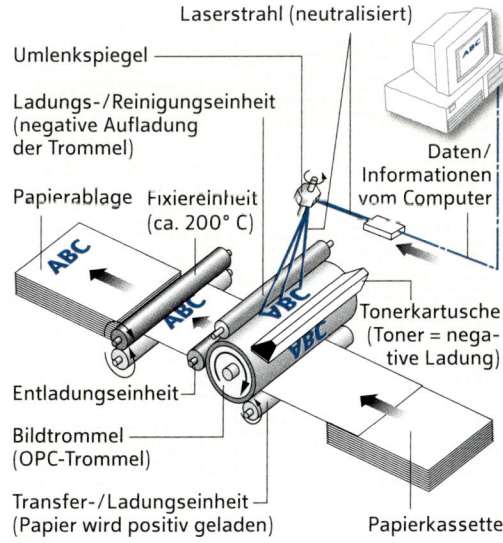

Laserstrahl (neutralisiert)
Umlenkspiegel
Ladungs-/Reinigungseinheit (negative Aufladung der Trommel)
Papierablage
Fixiereinheit (ca. 200° C)
Daten/Informationen vom Computer
Tonerkartusche (Toner = negative Ladung)
Entladungseinheit
Bildtrommel (OPC-Trommel)
Transfer-/Ladungseinheit (Papier wird positiv geladen)
Papierkassette

Bestandteile eines Laserdruckers

Funktionsweise

1. Schritt:
Die Informationen werden vom Computer an den Laserdrucker übertragen. Dabei hilft der sogenannte Druckertreiber, ein Programm, das die Zusammenarbeit von PC und Drucker steuert. Die Daten werden über eine Schnittstelle übertragen und dort im Speicher zu vollständigen Seiten aufgebaut. Deswegen zählt der Laserdrucker zu den Seitendruckern, im Gegensatz zu dem zeilenweise druckenden Tintenstrahldrucker.

Da vor dem Ausdruck die gesamte Seite berechnet wird, sind entsprechende Speicherkapazität und Prozessorleistung notwendig, um eine hohe Schnelligkeit zu erreichen.

2. Schritt:
Dann wird die Bildtrommel von der Reinigungseinheit negativ aufgeladen. Der Laser wird mithilfe des rotierenden Umlenkspiegels auf die Trommel gelenkt, an die Stellen, wo später der Toner aufgetragen werden soll. Der Umlenkspiegel wird Polygonspiegel genannt.

3. Schritt:
Durch den Laser werden die getroffenen Stellen neutralisiert. Die Bildtrommel dreht sich und die vorher neutralisierten Stellen kommen an dem Toner vorbei. Die Toner-Rolle enthält negativ geladene Farbteilchen, die nun an den neutralisierten Stellen haften. Der noch negativ geladene Teil der Bildtrommel stößt den Toner ab. Das Papier wird jetzt positiv geladen und zieht den Toner an.

4. Schritt:
Damit der Toner nicht verwischt, wird das Papier durch die Fixierwalzen geführt und der Toner wird durch die relativ hohe Temperatur (ca. 200 °C) eingebrannt. Das Papier ist fertig. Die Bildtrommel wird jetzt durch die Reinigungseinheit entladen und der überschüssige Toner entfernt.

Wird der letzte Schritt ausgelassen und der Rest der Schritte wiederholt, kann der Drucker mehrere Kopien anfertigen. Die hohe Geschwindigkeit (6 Seiten bis 45 Seiten pro Minute) und das klare Schriftbild sind die Vorteile des Laserdruckers. Farblaserdrucker funktionieren prinzipiell wie die Schwarz-Weiß-Laserdrucker, bis auf den kleinen Unterschied, dass hier vier Druckwerke hintereinander arbeiten.

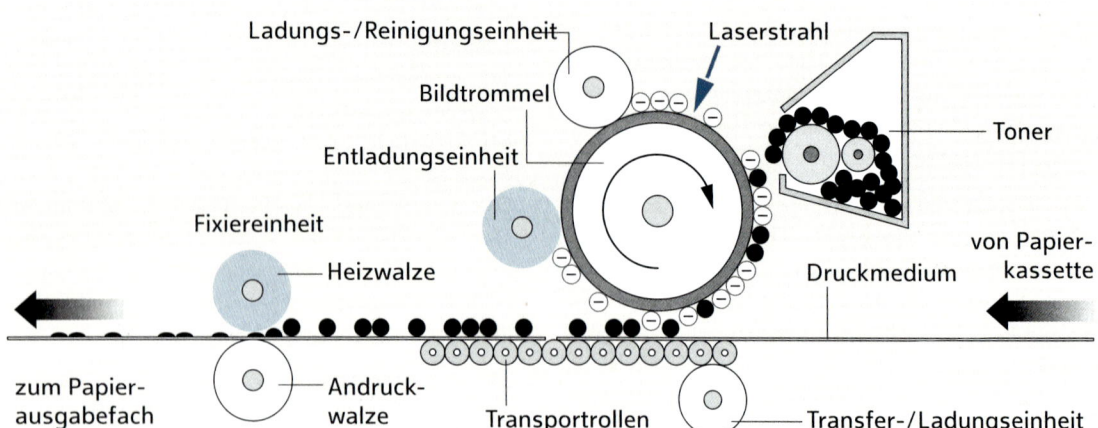

Funktionsweise eines Laserdruckers

- **LCD- und LED-Drucker**

LCD- und LED-Drucker ähneln in vielen Bereichen technisch den Laserdruckern:

– Beim LCD-Drucker ersetzt eine Leiste mit Flüssigkristallen (LCD = liquid crystal display) die Laser und die dazugehörenden rotierenden Spiegel. Da die LCD-Technologie im Drucker weniger Platz einnimmt als ein Laser im Laserdrucker, fallen LCD-Drucker in der Regel kleiner aus als die meisten Laserdrucker. LCD-Drucker zeichnen sich durch eine hohe Druckqualität aus. Die laufenden Druckkosten sind gering. Allerdings produzieren sie ähnlich den normalen Laserdruckern das gesundheitsschädliche Ozon.

– Bei LED-Druckern finden Leuchtdioden Anwendung. Sie zeichnen sich durch eine relativ geringe Umweltbelastung aus. Sie haben eine vergleichsweise hohe Lebensdauer und sind zudem sehr zuverlässig. Die Anschaffungskosten sind jedoch noch recht hoch.

Vergleich Tintenstrahldrucker – Laserdrucker			
Druckerart	**Geschwindigkeit**	**Vorteile**	**Nachteile**
Tintenstrahldrucker	je nach Modus bis zu 34 Seiten/Min.	• sehr leise • schnell • gute Qualität • verschiedene Schriftarten und -größen • niedrige Anschaffungs- und Betriebskosten	• keine Durchschläge möglich • Optimale Druckergebnisse sind oftmals nur auf speziellem Fotopapier zu erzielen. • Die Ausdrucke sind je nach Farbauftrag meist feucht (ungünstig beim Drucken auf Normalpapier, da die Farben verlaufen).
Laserdrucker	je nach Modus bis zu 45 Seiten/Min.	• hohe Geschwindigkeit • sehr gute Qualität • minimales Betriebsgeräusch	im Vergleich zum Tintenstrahldrucker relativ hohe Anschaffungs- und Betriebskosten

Multifunktionsgeräte

Die Zusammenführung verschiedenster Technologien in einem Gerät findet immer mehr Verbreitung. Multifunktionsgeräte werden häufig auch All-in-one-Geräte genannt. Man kann ein Gerät mit vernünftiger Druck-, Scan-, Kopier- und Faxqualität zu einem Preis kaufen, der sich nicht wesentlich von dem eines guten Druckers allein unterscheidet. Die meisten Multifunktionsgeräte können auch benutzt werden, ohne dass man den Computer einschalten muss. Kopieren, Scannen und Faxen sollten in jedem Fall ohne PC möglich sein.

Multifunktionsgeräte	
Vorteile	**Nachteile**
• weniger Platzbedarf als viele Einzelgeräte	• Ist ein Gerät in Reparatur, sind alle Geräte weg.
• direkter Anschluss zum PC für alle Geräte	• nur für kleinere Firmen und Ansprüche geeignet
• kurze Wege, da alles konzentriert ist	
• kostengünstiger als viele Einzelgeräte	• Bei Ausfall eines Geräts ist ein Austausch schwierig.

Multifunktionsgerät

Externe Speicher

Der Hauptspeicher der Zentraleinheit arbeitet mit einem außerordentlich schnellen Zugriff auf die Daten. Sein Fassungsvermögen ist jedoch aus technischen Gründen begrenzt. Er dient nur während der Programmausführung zur Speicherung und wird nicht für eine dauerhafte Aufbewahrung von Daten herangezogen. Diese Aufgaben übernehmen die externen Speicher. Als externer Speicher wird jeder Speicher außerhalb der Zentraleinheit bezeichnet.

Wer speichert wie viel? (ein interessanter Überblick)		
Träger	**Kapazität**	**Papierseiten**
1 Seite Papier	3 KB	1
Arbeitsspeicher	8 MB	2 640
CD	600 MB	198 000
menschliches Gehirn	150 000 MB	49 500 000

Externe Speicher sind langsamer, aber dafür erheblich preiswerter als interne Speicher. Sie verfügen über sehr hohe Speicherkapazitäten: Daten, die aus Platzgründen nicht ständig im Zentralspeicher stehen können, werden extern gespeichert und bei Bedarf in den Arbeitsspeicher übertragen. Externe Speicher dienen nicht nur zur Aufbewahrung großer Datenmengen, sondern sie werden gleichzeitig auch als Eingabe- und Ausgabegeräte verwendet.

Magnetische Speicher

Magnetische Speicher benötigen zur Ablage von Informationen eine dünne magnetische Schicht, die auf Materialien unterschiedlicher Art aufgebracht sein kann. Die Daten werden in fest vorgesehenen Spuren auf dem Datenträger aufgezeichnet. Die gespeicherte Information wird durch Magnetisierung bzw. Nichtmagnetisierung dargestellt.

Magnetstreifenkarten

Magnetstreifenkarten sind milliardenfach verbreitet. Ein solche Karte hat eine Standardgröße von 85,6 × 54 × 0,76 mm und besteht überwiegend aus Kunststoff. Auf der Rückseite befindet sich ein 12,7 mm breiter Magnetstreifen, auf dem Daten aufgezeichnet werden. Die Speicherkapazität beträgt bis zu 278 Zeichen. Sie sind extrem billig.

BEISPIEL

Bank- und Kreditkarten sind Magnetstreifenkarten. Sie ermöglichen die Abwicklung von bargeld- und schecklosen Zahlungen in Handels- und Dienstleistungsbetrieben.

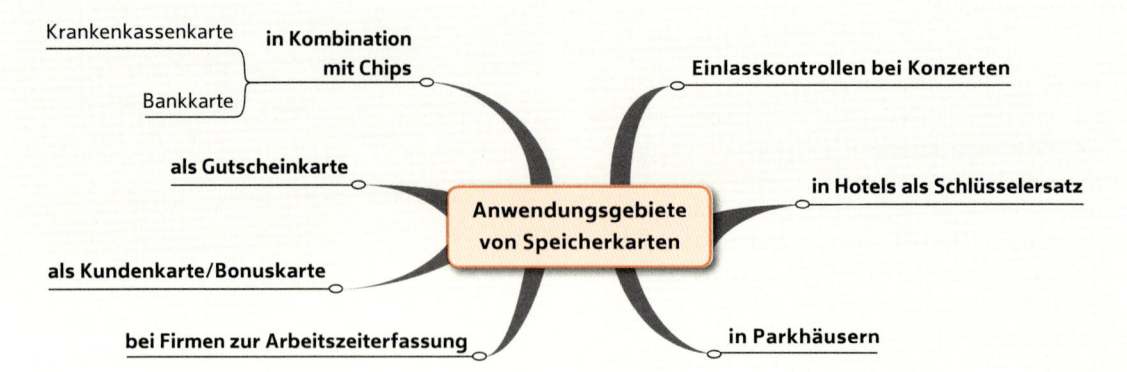

Anwendungsgebiete von Speicherkarten
- Krankenkassenkarte, Bankkarte – in Kombination mit Chips
- als Gutscheinkarte
- als Kundenkarte/Bonuskarte
- bei Firmen zur Arbeitszeiterfassung
- Einlasskontrollen bei Konzerten
- in Hotels als Schlüsselersatz
- in Parkhäusern

Festplatte

Zur Standardkonfiguration jedes Computers gehört die Festplatte. Eine Festplatte wird oft auch als HDD-Laufwerk bezeichnet (Hard Disk Drive). Festplatten speichern Daten magnetisch auf mehreren, im Gehäuse untergebrachten Scheiben und bieten auf diese wahlfreien (= beliebigen) Zugriff: Die Daten werden bei einer Festplatte magnetisch auf Scheiben geschrieben, die sich ähnlich wie bei einem Schallplattenspieler drehen. Lese- und Schreibköpfe schreiben die Daten ringförmig auf die Scheibe bzw. lesen sie. Die Köpfe sind jeweils ein winziger Magnet. Dieser ist in der Lage, eine Metallbeschichtung dauerhaft magnetisch zu polarisieren bzw. diese Polarisierung wieder in ein elektrisches Signal zu verwandeln (also zu lesen).

Die maximale Kapazität von Festplatten steigt stetig, heute kann eine Festplatte bis zu 12 Terabyte (TB) an Daten speichern.

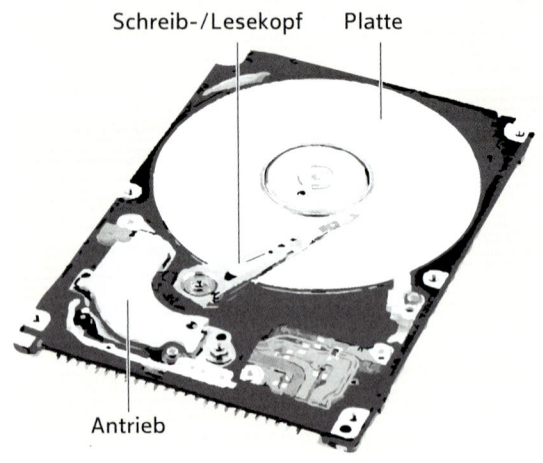

Schreib-/Lesekopf   Platte

Antrieb

Innenleben einer Festplatte

Wichtige Merkmale von Festplatten	
Kapazität	Größe der Platte in GB
Umdrehungsgeschwindigkeit	Die meisten Platten arbeiten mit 7 200 U/Min. Es gibt aber auch Festplatten mit über 10 000 U/Min.
Zugriffszeit	gibt an, wie lange die Festplatte braucht, um den Lesekopf zum Datensatz zu bewegen
Baugröße	In Desktop-Rechnern werden meist 3 ½-Zoll-Platten verwendet, in Notebooks 2 ½-Zoll-Platten.

Wechselplatten

Wechselplatten können dem Computer entnommen werden. Sie eignen sich einerseits zur Mitnahme großer Datenbestände, andererseits zur Datensicherung.

BEISPIEL

In Netzwerken wird der Inhalt des Servers für den Fall eines Datenausfalls häufig auf einer zweiten Wechselfestplatte „gespiegelt" (doppelt kopiert).

Externe Festplatte

Externe Festplatten sind in einem eigenen Gehäuse außerhalb des Arbeitsplatzrechners untergebracht. Sie bieten zwei Vorteile: Zum einen muss man den PC nicht aufschrauben, um mehr Speicherplatz zu bekommen. Zum anderen lässt sich die Platte auch an jedem beliebigen anderen Rechner betreiben.

Die Verbindung mit dem PC oder Notebook erfolgt per USB- oder FireWire-Schnittstelle. Im Handumdrehen steht so mehr Speicherkapazität zur Verfügung. Die Mobilität eröffnet neue Möglichkeiten: So kann etwa der aufwendige Datenabgleich zwischen zwei Computern gespart werden. Alles Nötige wird einfach auf der externen Festplatte gespeichert.

SSD

Eine Alternative zu herkömmlichen Festplatten sind Solid State Drives. Diese werden i. d. R. mit SSD abgekürzt. SSDs verfügen über keine beweglichen Bauteile.

Im Gegensatz zu den traditionellen Festplatten (die Daten auf rotierenden Magnetspeichern speichern) legen die SSDs Informationen auf Flash-Speicherchips ab. Diese haben im Vergleich mit Festplatten viele Vorteile:

- Sie arbeiten fast lautlos.
- Sie nehmen aufgrund ihrer geringen Größe erheblich weniger Platz ein und wiegen auch weniger.
- Sie sind unempfindlicher gegen Erschütterungen als herkömmliche Festplatten.
- SSDs sind Festplatten im Hinblick auf die Geschwindigkeit überlegen. Sie verfügen über deutlich kürzere Zugriffszeiten und höhere Datenraten.

Diese Vorteile werden erkauft durch höhere Preise. Eine SSD kostet wesentlich mehr als eine herkömmliche Festplatte.

Optische Speicher

Optische Speicher sind Datenträger, die optisch mit Laserstrahlen beschrieben und abgetastet werden können. Beim Schreiben wirkt der Laserstrahl auf den Kunststoff der Speicherplattenoberfläche ein. Dies erfolgt im Rhythmus des Bitmusters und führt zum Schmelzen der Speicherschicht. Es entsteht ein Loch (Pit = Vertiefung) in der Oberfläche, das beim Auslesen der Information zu einer veränderten Reflexion des Lesestrahls führt.

Die Besonderheit der rein optischen Speichermedien liegt also in ihrer berührungslosen Abtastung durch einen Laserstrahl des Laufwerks. Optische Speicher haben als Hauptvorteile eine hohe Speicherdichte und Speicherkapazität. Sie sind zudem unempfindlich gegen-

über Magnetfeldern (anders als es bei Festplatten oder Wechselplatten der Fall ist). Die optischen Speichermedien sind vergleichsweise billig und können relativ viele Daten aufnehmen. Solange sie nicht verkratzen, sind sie auch sehr langlebig. Sie haben eine geringe Fehler- und Störanfälligkeit sowie geringe Herstellungskosten.

CD

Die Compact-Disc (CD) wurde Anfang der 1980er-Jahre ursprünglich als digitales Medium für Musik entwickelt. Der Begriff *Compact Disc* beschreibt mehrere Produkte, die alle auf einer 12 cm großen silberglänzenden Scheibe basieren und von einem optischen Lasersystem beschrieben und gelesen werden. Der *Zugriff auf die Daten* ist allerdings langsamer als bei einer Festplatte.

Die Leistungsfähigkeit eines CD-ROM-Laufwerks ist von verschiedenen Faktoren abhängig:

- **durchschnittliche Drehgeschwindigkeit**
  Heute angebotene Laufwerke bieten eine bis zu 72-fache konstante Drehgeschwindigkeit.

- **Zugriffszeit**
  Die durchschnittliche Zugriffszeit liegt etwa bei 70 bis 100 Millisekunden.

- **Datenübertragungsrate**
  Heute werden ca. 8 MB/Sek. erreicht.

Compact Discs (CDs) haben eine spiralförmig von innen nach außen verlaufende Spur, auf der sich die Daten in Form von sogenannten *Pits* und *Lands* befinden. Je nachdem, ob beim Lesen der Laserstrahl ein Pit (Vertiefung) oder ein Land (Erhebung) trifft, wird der Laserstrahl unterschiedlich von der Reflexionsschicht des Mediums zurückgeworfen. Beim Beschreiben erhitzt ein starker Laserstrahl die lichtempfindliche Schicht und lässt dort, wo Pits aufgebracht werden sollen, den Blick auf die Reflexionsschicht frei. Dieser Vorgang wird daher auch Brennen genannt.

Die wichtigsten CD-Arten

- **CD-ROM**
  Eine CD-ROM (Compact Disc Read Only Memory) ist eine bespielte, unveränderliche optische Platte. Sie ist also ein Nurlesespeicher für Daten. Das Verändern oder Löschen von bereits aufgezeichneten Daten ist bei einer CD-ROM nicht möglich. Kauft man Programme, so befinden sich diese auf einer CD-ROM.

- **CD-DA**

  Die CD-DA (Compact Disc Digital Audio) löste ab etwa 1979 die Schallplatte als wichtigstes zum Verkauf bestimmtes Medium von aufgezeichneten Sprach- und Musikaufnahmen ab. Die Musik-CD hat gewöhnlich ca. 74 Minuten Spieldauer.

- **CD-R**

  Eine CD-R (Compact Disc Recordable) ist eine Compact Disc, die ein Mal beschrieben werden kann. Ein späteres Löschen ist dann nicht mehr möglich. Mit einem CD-Brenner – auch CD-Writer genannt – kann man mit CD-Rs (= Rohlingen) selbst CD-ROMs bzw. CD-DAs (Audio CDs) erstellen. Sie können dann bis zu 74 oder 80 Minuten Musik enthalten bzw. 650 MB oder 700 MB Daten (in Einzelfällen bis 879 MB) aufnehmen. Dies kann komplett auf einmal (Single Session) oder in einer Serie von Sitzungen (Multi Session) geschehen. Auf den Datenträgern ist die maximal zulässige Schreibgeschwindigkeit angegeben.

- **CD-RW**

  Eine CD-RW (Compact Disc Rewritable) ist eine Compact Disc, die mehrmals beschrieben werden kann. Die Daten können nach dem Beschreiben wieder gelöscht werden. Es gibt unterschiedliche Typen:
  - CD-RW Low Speed:

    4-fache Schreibgeschwindigkeit
  - CD-RW High Speed:

    8-, 10- oder 12-fache Schreibgeschwindigkeit
  - CD-RW Ultra Speed:

    16- oder 24-fache Schreibgeschwindigkeit
  - CD-RW Ultra Speed+:

    32-fache Schreibgeschwindigkeit

CDs haben als Speichermedien mittlerweile stark an Bedeutung verloren.

DVD

Nach Einführung der Audio-CD in den 1980er-Jahren wurde dieses Speichermedium schnell für den Computerbereich als Massenspeicher weiterentwickelt. Bald musste ein Speichermedium her, um neben Daten und Ton auch Videos auf die Scheibe zu bringen. Die Filmindustrie war daran interessiert, ihre Filme auf eine kompakte Scheibe – wie eine CD – unterzubringen. Und die Computer-Industrie verlangte nach einem Speicher, der noch größere Datenmengen speichern konnte. Daher wurde das Konzept der CD aufgegriffen und verbessert: Das Ergebnis war die DVD.

- **DVD-ROM**

  Eine DVD-ROM enthält unveränderbare Daten, die in der Regel mit dem Computer verarbeitet werden. Ge-

genüber CD-ROMs haben die bespielten DVDs Vorteile: Durch die vielfache Speicherkapazität und eine wesentlich höhere Datentransferrate sind sie als auswechselbarer, tragbarer Massenspeicher für Anwendungen mit hohen Leistungs- und Kapazitätsansprüchen geeignet.

BEISPIEL

Datenbanken mit großen Datenbeständen werden auf DVDs gespeichert.

- **DVD+Rs und DVD-Rs**

  DVD+Rs und DVD-Rs sind ein Mal beschreibbare DVDs, auf die man Daten oder Videos brennen kann. Ein späteres Löschen ist nicht möglich. Sie haben normalerweise eine Kapazität von 4,7 GB, wenn auf einer Seite gespeichert wird. Bei DVDs mit beiderseitiger Speicherung können sogar bis zu 9,4 GB aufgenommen werden. DVD+Rs und DVD-Rs unterscheiden sich dadurch, wie sie die Daten technisch ablegen. Früher gab es mehr Laufwerke, die DVD+Rs lesen, als solche Laufwerke, die DVD-Rs lesen konnten. Heutige Laufwerke sind in der Lage, beide Formate zu lesen.

- **DVD+RWs und DVD-RWs**

  DVD+RWs und DVD-RWs sind wiederbeschreibbare DVDs, auf die man Daten oder Videos brennen kann. Die Daten können nach dem Beschreiben wieder gelöscht werden. Diese DVDs können bis zu 1000 Mal wiederbeschrieben werden. Die Haltbarkeit wird auf 25 bis 100 Jahre geschätzt.

Brenn-Programme

Sie dienen dem Beschreiben („Brennen") von optischen Speichermedien wie CDs oder DVDs mithilfe von CD- und DVD-Brennern. Man kann mit ihnen entweder einzelne Dateien auf dem Speichermedium speichern oder aber ganze CDs bzw. DVDs kopieren. Brenn-Programme werden mittlerweile häufig auch zur Datensicherung („Backup") verwendet. Bekannte Brennprogramme sind z.B. Nero und WinOnCD.

Elektronische Speicher

Alle elektronischen Datenträger verwenden Halbleiterbauelemente zur Datenspeicherung. Unterschieden werden Chipkarten und die auf der Flash-Technologie basierenden Speicherkarten.

Chipkarten

Chipkarten sind Plastikkarten, die einen Chip enthalten, der aus einem Mikroprozessor und einem Speicher besteht. Es gibt zwei normierte Kartengrößen:

- Ein größeres Format ist bei Ausweisen, Kunden-, Bank- und Kreditkarten anzutreffen.
- Ein kleineres Format findet man bei SIM-Karten in Mobiltelefonen.

Chipkarten ermöglichen einen vielfältigen Einsatz im täglichen Leben. Moderne Chipkartensysteme erlauben den Einsatz derselben Chipkarte für mehrere Anwendungen gleichzeitig.

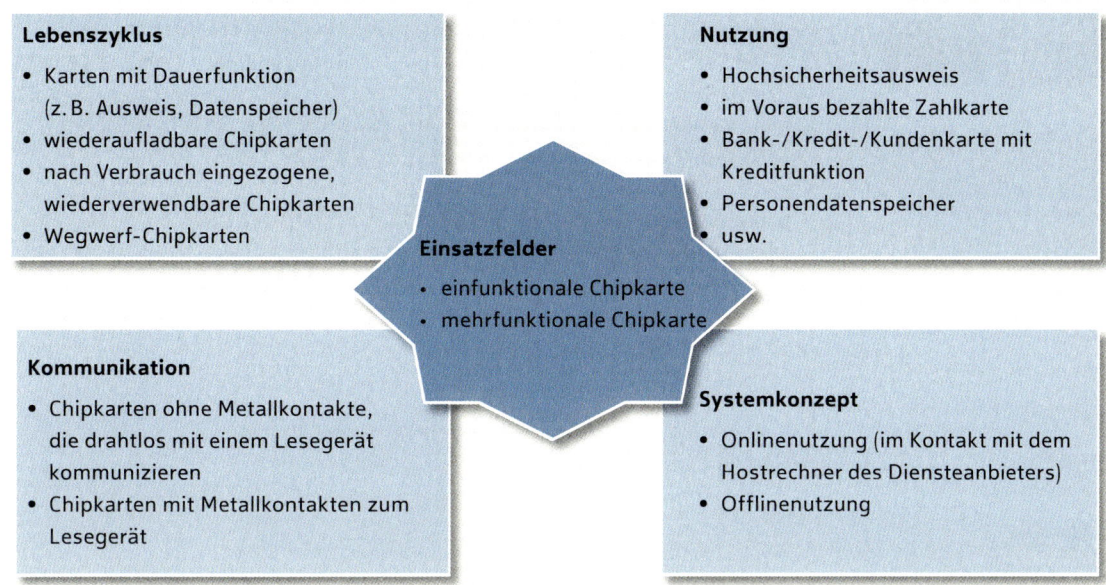

Lebenszyklus
- Karten mit Dauerfunktion (z. B. Ausweis, Datenspeicher)
- wiederaufladbare Chipkarten
- nach Verbrauch eingezogene, wiederverwendbare Chipkarten
- Wegwerf-Chipkarten

Nutzung
- Hochsicherheitsausweis
- im Voraus bezahlte Zahlkarte
- Bank-/Kredit-/Kundenkarte mit Kreditfunktion
- Personendatenspeicher
- usw.

Einsatzfelder
- einfunktionale Chipkarte
- mehrfunktionale Chipkarte

Kommunikation
- Chipkarten ohne Metallkontakte, die drahtlos mit einem Lesegerät kommunizieren
- Chipkarten mit Metallkontakten zum Lesegerät

Systemkonzept
- Onlinenutzung (im Kontakt mit dem Hostrechner des Diensteanbieters)
- Offlinenutzung

Quelle: Hansen, Hans Robert; Neumann, Gustaf: Wirtschaftsinformatik 2. 9. Auflage. Stuttgart: UTB 2005, S. 167.

Speicherkarten

Eine zunehmende Miniaturisierung EDV-naher Geräte und das wachsende Interesse der PDA- und Mobiltelefon-Industrie erfordern neue Speicherkonzepte. Solche kleinen Geräte brauchen auch kleine Speichermedien.

Speicherkarten sind sehr kleine und flache Speichermedien, die Daten wie Text, Bilder, Audio und Video auch ohne Stromzufuhr speichern. Je nach Hersteller gibt es unterschiedliche Standards. Speicherkarten verfügen über Schreib- und Lesespeicher. Gebraucht werden sie für kleine, mobile Geräte.

Für die Archivierung großer Datenmengen sind die Speicherkarten zu teuer, dafür eignen sich CDs oder DVDs besser.

BEISPIEL

Speicherkarten dienen in unterschiedlichen Computerarten wie Laptops, Notebooks, Handhelds, aber auch bei MP3-Playern, Mobiltelefonen, Digitalkameras und Camcordern zur Speicherung von Bilddaten.

Bei den meisten Speicherkarten kommt die sogenannte *Flash-Technik* zum Einsatz. Das ist ein nichtflüchtiger

Wechselspeicher, der auch ohne Stromzufuhr die Daten behält. Ein Teil der Flashspeicher besitzt einen integrierten Controller, also eine Steuereinheit, andere nicht. Der Controller ist mitverantwortlich für die Übertragungsgeschwindigkeit der Daten: Es können schneller Daten abgelegt werden.

Flash-Speicher sind nichtflüchtige Speicher: Werden diese nicht mit Strom versorgt, werden die Daten dennoch langfristig vorgehalten. Solche Speicher gibt es in unterschiedlicher Form. Bekannte Beispiele sind die USB-Sticks oder verschiedene Arten von Speicherkarten. Sie werden in einer Vielzahl von Verbrauchergeräten, aber auch in Hardware von Unternehmen eingesetzt.

Die SD-Karte	
Secure Digital Memory Card 	Alte Kartentypen wie die CompactFlash Card oder die MultiMedia Card sind mittlerweile fast überall von der Secure Digital Memory-Card verdrängt. Eine Secure Digital Memory Card (SD) besitzt einen integrierten Controller. Ihr Fassungsvermögen kann bis zu 2 GB betragen. Ihre Stärke liegt in der Sicherung der Daten. So verfügt sie einerseits über einen mechanischen Schreibschutz, andererseits über die DRM-Technik (Digital Rights Management). Das bedeutet, dass der Controller einen in digitale Daten eingearbeiteten Schutz auslesen und befolgen kann. Beispiel: Sieht eine Schutzanweisung vor, dass eine Datei nicht öfter als dreimal kopiert werden darf, unterbindet die Karte ab dem vierten Versuch jeglichen Kopierversuch. Sie erlaubt auch eine verschlüsselte Sicherung der Inhalte. Bis zu 32 GB speichern kann die Weiterentwicklung SDHC (SD High Capacity). Beachtet werden sollte, dass solche Karten nur von dafür ausgelegten Lesegeräten gelesen werden können. Auf dem Markt erhältlich sind mittlerweile SDXC-Karten (SD Extended Capacity) mit einer Kapazität zwischen 48 GB bis zu 2 TB. Für kleine Geräte werden mittlerweile Mini-SDs angeboten, die nur etwa halb so groß sind wie die normalen Karten. Eine Mini-SDHC-Karte hat ein Fassungsvermögen bis zu 16 GB.
Weitere Speicherkartenformate	• Memory-Sticks haben etwa die Größe eines Kaugummis. • xD-Picture Card

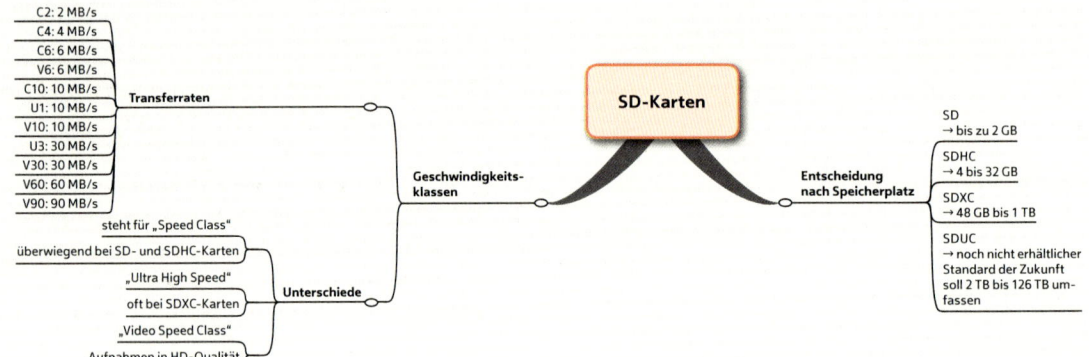

Das Angebot an Speicherkarten ist relativ unübersichtlich: Immer neue Speicherkartenformate drängen auf den Markt. Mit einem Speicherkartenleser, der über USB oder FireWire mit dem Computer verbunden wird, können die gängigsten Speicherkarten direkt ausgelesen werden.

Ein wesentliches Problem bei den Speicherkarten ist das Fehlen eines Marktstandards. Die verschiedenen Arten von Speicherkarten haben verschiedene Größen. Es gibt allerdings Geräte, die bis zu 21 verschiedene Speicherkarten lesen und beschreiben können.

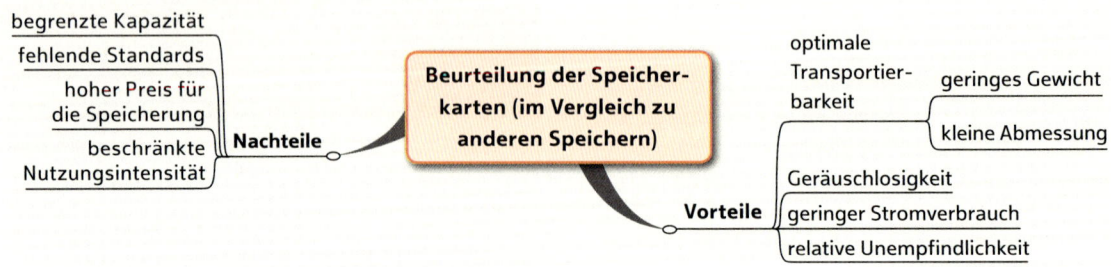

USB-Stick

Als USB-Stick (engl. Stick = Stock oder Stange) bezeichnet man USB-Geräte, die ein sehr kleines (stockförmiges) Format haben. Sie vereinen die Vorteile eines Flashspeichers (klein, leicht, steckbar) mit der Standardschnittstelle USB. Umgangssprachlich versteht man in Deutschland darunter hauptsächlich ein USB-Gerät, das als auswechselbares Speichermedium dient.

Als USB-Sticks gibt es zurzeit noch folgende andere Geräte:
- Lesegeräte für Memory Sticks
- Netzwerkkarten für Wireless LAN

USB-Sticks sind also praktische und preiswerte Datenspeicher, die überwiegend mobil genutzt werden. Diese Speichergeräte sind Laufwerk und Speichermedium in einem. USB-Sticks werden einfach in die USB-Schnittstelle des Computers gesteckt. USB-Sticks haben unterschiedliche Speicherkapazitäten, von 32 MB bis zu 2 TB. Auf einem USB-Speicher-Stick gespeicherte Daten blei-

ben nach Herstellerangaben bis zu zehn Jahre lang lesbar. Fast alle Windows-Versionen können ohne manuelle Treiberinstallation mit USB-Speicher-Sticks zusammenarbeiten. So kann man wichtige Programme wie Browser und E-Mail-Programm überallhin mitnehmen. Doch weil USB-Sticks wegen der geringen Größe leicht verloren gehen können, sollte man darauf keine wichtigen persönlichen Daten wie E-Mail-Zugangsdaten, Passwörter oder Ähnliches speichern. Alternativ kann man solche Daten zusätzlich sichern und durch ein Passwort schützen.

Einige USB-Sticks kombinieren mehrere Funktionen. Oft ist die Grundfunktion der Massenspeicher, es gibt aber beispielsweise auch USB-Sticks, die sich innerhalb einer Uhr oder eines Schweizer Taschenmessers befinden, oder Sticks mit eingebautem MP3-Player, Diktiergerät, Radio oder mit Digitalkamera.

USB-Stick

AUFGABEN

1. Über welche Tastengruppen verfügt die Tastatur?

2. Woran erkennt man eine deutsche Tastatur?

3. Untersuchen Sie, mit welchen Tasten die folgenden Aufgaben erfüllt werden:
   a) Erzeugen von Großbuchstaben
   b) Bestätigung der Eingabe und Zeilenvorschub
   c) Cursor (Leuchtmarke) wird um eine Zeile nach oben bewegt.
   d) Ein Text wird um eine Seite zurückgeblättert.

4. Erläutern Sie die Aufgaben der folgenden Tasten:
   a) Esc
   b) Entf
   c) Enter

5. Welche Vorteile bzw. Nachteile hat das Eingabegerät Maus gegenüber der Tastatur?

6. Was ist ein Prozessor?

7. In einer Computerfachzeitschrift findet Carolin Saager zwei Anzeigen für Personal Computer. PC 1 hat eine durchschnittliche Taktrate von 1,4 GHz, PC 2 hat 3,2 GHz. Herr Hayes erklärt ihr, dass GHz die Abkürzung für Gigahertz ist. Ein Gigahertz bedeutet, dass der Taktgeber des Steuerwerks eine Milliarde kleiner Teilbefehle pro Sekunde abarbeitet. Welcher Computer ist für eine schnelle Programmausführung am besten geeignet?

8. Entscheiden Sie, ob die im Folgenden angesprochenen Programme und Daten im ROM- bzw. RAM-Speicher liegen.
   a) Herr Frank arbeitet mit einem Finanzbuchführungsprogramm.
   b) Frau Adam schreibt mithilfe eines Textverarbeitungsprogramms einen Geschäftsbrief.
   c) Nachdem Carolin Saager morgens den Computer eingeschaltet hat, überprüft dieser programmgesteuert sich selbst auf seine Funktionsfähigkeit.
   d) Mithilfe eines Tabellenkalkulationsprogramms kalkuliert Frau Zahn die Verkaufspreise einer neuen Warengruppe. Die Zwischenergebnisse werden im Computer gespeichert.

9. Wodurch unterscheiden sich interne und externe Speicher?

10. Wie viele Zeichen bewahren Speicher auf mit einer Kapazität von
    a) 2 Gigabyte,
    b) 1,4 Megabyte,
    c) 600 Megabyte,
    d) 640 Kilobyte?

11. Entscheiden Sie, ob es sich in den folgenden Fällen um ein Eingabegerät, Ausgabegerät oder einen externen Speicher handelt.

a) Maus   d) Tastatur

b) Bildschirm   e) Drucker

c) DVD   f) Festplatte

12. Welche der folgenden Aussagen sind richtig?

a) Der Prozessor ist eine Zusammenfassung von Steuerwerk und Arbeitsspeicher.

b) Der Arbeitsspeicher ist teurer als ein externer Speicher. Daher hat er nur eine begrenzte Kapazität.

c) Der RAM-Speicher dient zur langfristigen Aufnahme von Programmen und Daten.

d) Externe Speichergeräte sind zugleich Eingabe- und Ausgabegeräte.

13. Führen Sie eine Internetrecherche durch. Suchen Sie Informationen über Begriff und Bedeutung von:

a) SCSI-Laufwerke

b) DVD

14. Bilden Sie in Ihrer Klasse mehrere Gruppen. Erkunden Sie jeweils unterschiedliche Computerfachgeschäfte im Internet. Lassen Sie sich dort Informationsmaterial und Preise geben für einen

• Computer,

• Drucker,

• Monitor,

die zum Zeitpunkt der Erkundung als Standard angesehen werden.

a) Werten Sie die Informationsmaterialien aus. Klären Sie mithilfe des Buchs und des Internets unbekannte Fachbegriffe.

b) Werten Sie Produktmerkmale und Preise aus. Entscheiden Sie sich für ein Gerät und begründen Sie dies.

15. Lesen Sie den nebenstehenden Text und klären Sie die folgenden Fragen:

a) Welche Leistungsgrößen sind momentan Standard bei den verschiedenen Bestandteilen eines Computersystems?

b) Was bedeuten die Leistungsgrößen?

16. Nennen Sie verschiedene Druckerarten.

17. Wie werden Drucker mit dem Computer verbunden?

18. Wo werden heute noch Thermodrucker verwendet?

19. Wie arbeiten Tintenstrahldrucker?

20. Erläutern Sie Vor- und Nachteile von Tintenstrahldruckern.

Festplatte

Mindestens 200 GB (1 Gigabyte = 1 Milliarde Byte) sollte der Datenspeicher beim Normal-PC fassen, für Spiele und Multimedia sind deutlich mehr als 320 GB angebracht, denn Animationen und Klänge brauchen viel Platz. Oft ist in Prospekten ein Geschwindigkeitswert angegeben: 5 400 Umdrehungen pro Minute sind ausreichend; 7 200 haben deutlich lautere Arbeitsgeräusche, ohne wesentlich mehr zu bringen.

Prozessor

Das „Hirn" des PC ist der Hauptprozessor. Die bedeutendsten Anbieter sind derzeit Intel und AMD. Die wichtige Zahl dazu ist die Taktfrequenz. Sie gibt an, wie schnell der Prozessor Informationen verarbeitet: Megahertz (MHz) ist die Einheit für Millionen Takte pro Sekunde, Gigahertz (GHz) steht für Milliarden Takte pro Sekunde. Je höher die Zahlen, desto schneller und teurer ist der Prozessor. Üblich sind Werte ab 1 400 Megahertz (1,4 GHz). Zum Prozessor erhält der Rechner das passende „Mainboard". Das ist die Hauptplatine mit den grundlegenden PC-Elementen.

Arbeitsspeicher

Der eigentliche Arbeitsspeicher des Computers heißt RAM (kurz für *Random Access Memory*). Hier werden Daten kurzfristig gespeichert, während der Rechner angeschaltet ist. Je größer der Speicherwert ist, desto leichter und schneller kann der PC arbeiten.

DVD-/CD-ROM-Laufwerk

Der Multimedia-PC sollte einen Brenner enthalten, mit dem sich Videos und Musik auf CD- oder DVD-Rohlingen speichern lassen. Das kann auch beim Normal-PC zur Datensicherung sinnvoll sein. Verwirrend sind die Angaben zur Geschwindigkeit, z. B.: 48x/24x/12x. Die erste Zahl bezeichnet, wie schnell die CD gelesen werden kann, die zweite und dritte stehen für die Geschwindigkeit beim Brennen.

---

21. Erläutern Sie die Funktionsweise von Laserdruckern.

22. Führen Sie Vor- und Nachteile der Laserdrucker auf.

23. a) Was sind Multifunktionsgeräte?

b) Welche Vor- und Nachteile haben Multifunktionsgeräte?

24. Gehen Sie auf die Internetseite *www.idealo.de/ preisvergleich/SubProductCategory/3526.html.* Gehen Sie dort zum Filter für Drucker. Suchen Sie Drucker:

a) mit einem monatlichen Benutzeranspruch von mehr als 100 000 Stück,

b) mit einer Zeit von weniger als 10 Sekunden für die erste Seite,

c) mit einer Geschwindigkeit von über 60 Seiten pro Minute für Schwarzweiß-Druck.

25. Erstellen Sie ein kleines Drucker-Lexikon mit wichtigen Begriffen. Die folgenden Begriffe sollen mindestens erklärt werden:

a) Dithering

b) Bubble Jet

c) Ink-Jet-Drucker

d) kompatible Druckerpatronen

e) Laminieren

f) Matrixdrucker

g) Nadeldrucker

h) Piezo-Technologie

i) Postscript-Drucker

j) Spooling

Suchen Sie im Internet geeignete Seiten, die Ihnen bei der Erstellung des Lexikons helfen können. Als Hilfestellung eignet sich z. B. die Internetadresse *www.c-nw.de/lexikon/.*

26. Welche Kriterien sind bei der Auswahl eines Speichermediums zu beachten?

27. Welche magnetischen Speicher gibt es?

28. Führen Sie Merkmale der Festplatte auf.

29. Wie ist das Speicherprinzip bei optischen Speichern?

30. Erläutern Sie die verschiedenen CD-Arten.

31. Wodurch unterscheiden sich CDs und DVDs?

32. Welche Speicherkarten kennen Sie?

33. Führen Sie die zwei Arten elektronischer Datenträger auf.

34. Was ist ein SSD-Laufwerk?

35. Suchen Sie im Internet bei einer Preissuchmaschine

a) eine externe Festplatte (160 GB; 2,5 Zoll),

b) ein SSD-Laufwerk.

36. Beurteilen Sie die folgenden Aussagen:

a) 1 MB entspricht 1024 Terabyte.

b) Ein RAM ist ein Direktzugriffsspeicher, der nur lesbar ist

c) 2 KB sind 2048 Byte.

d) Eine SD-Karte kann nicht zur Datensicherung verwendet werden.

e) Einige USB-Sticks kombinieren mehrere Funktionen.

f) CDs haben immer noch eine immens große Bedeutung als Sicherungsmedien in Unternehmen.

g) SSDs sind günstiger als herkömmliche Festplatten. Sie haben zudem schnellere Zugriffszeiten.

h) Externe Speicher dienen nicht nur zur Aufbewahrung großer Datenmengen, sondern sie werden gleichzeitig auch als Eingabe- und Ausgabegeräte verwendet.

i) Mithilfe der Maus können Daten zeichenweise in das EDV-System gebracht werden.

37. Führen Sie vier Druckerprobleme und mögliche Lösungen dafür auf. Hilfestellung dafür unter: *www.printer-care.de/de/drucker-ratgeber.*

ZUSAMMENFASSUNG

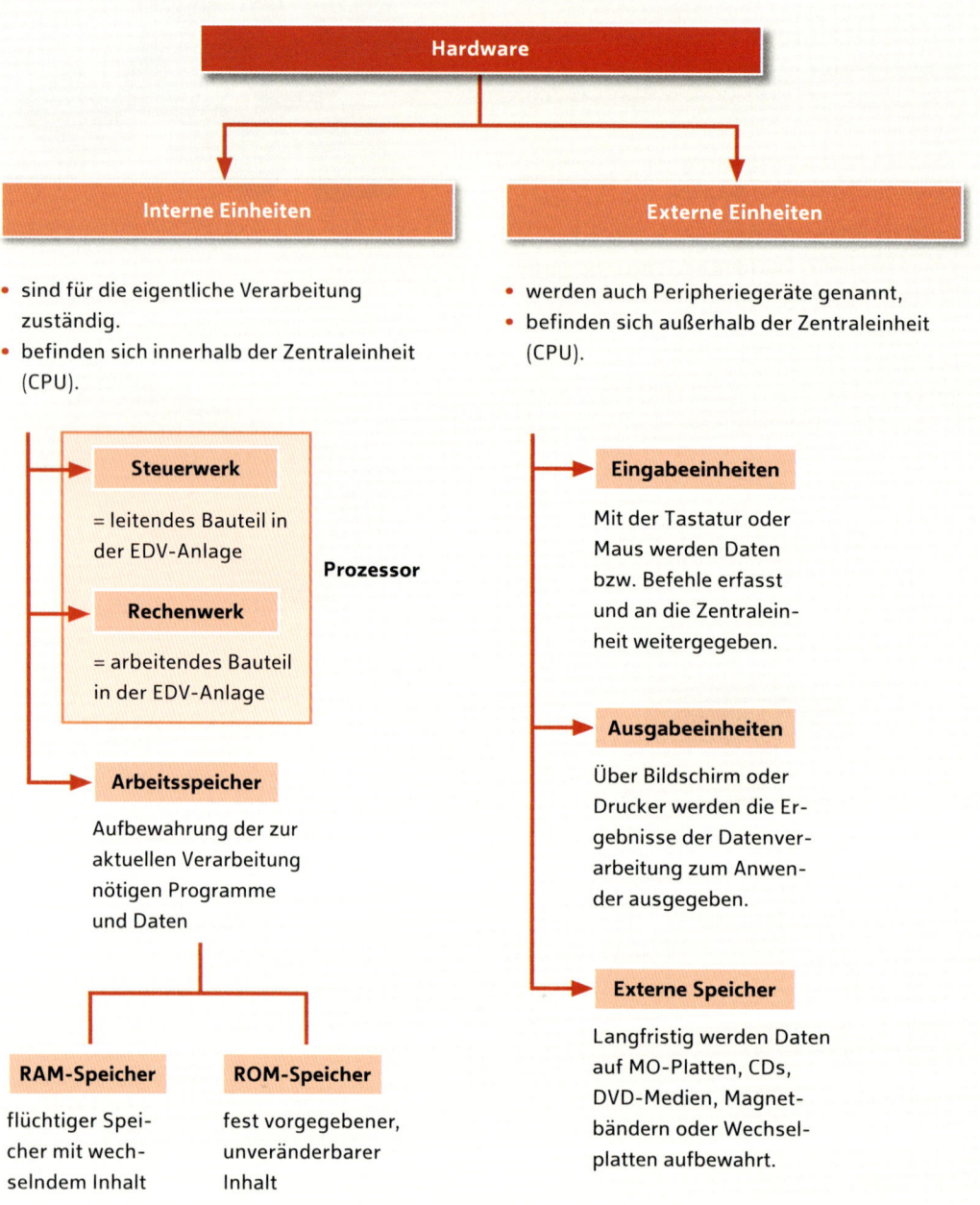

Hardware

Interne Einheiten

- sind für die eigentliche Verarbeitung zuständig.
- befinden sich innerhalb der Zentraleinheit (CPU).

Steuerwerk

= leitendes Bauteil in der EDV-Anlage

Prozessor

Rechenwerk

= arbeitendes Bauteil in der EDV-Anlage

Arbeitsspeicher

Aufbewahrung der zur aktuellen Verarbeitung nötigen Programme und Daten

RAM-Speicher

flüchtiger Speicher mit wechselndem Inhalt

ROM-Speicher

fest vorgegebener, unveränderbarer Inhalt

Externe Einheiten

- werden auch Peripheriegeräte genannt,
- befinden sich außerhalb der Zentraleinheit (CPU).

Eingabeeinheiten

Mit der Tastatur oder Maus werden Daten bzw. Befehle erfasst und an die Zentraleinheit weitergegeben.

Ausgabeeinheiten

Über Bildschirm oder Drucker werden die Ergebnisse der Datenverarbeitung zum Anwender ausgegeben.

Externe Speicher

Langfristig werden Daten auf MO-Platten, CDs, DVD-Medien, Magnetbändern oder Wechselplatten aufbewahrt.

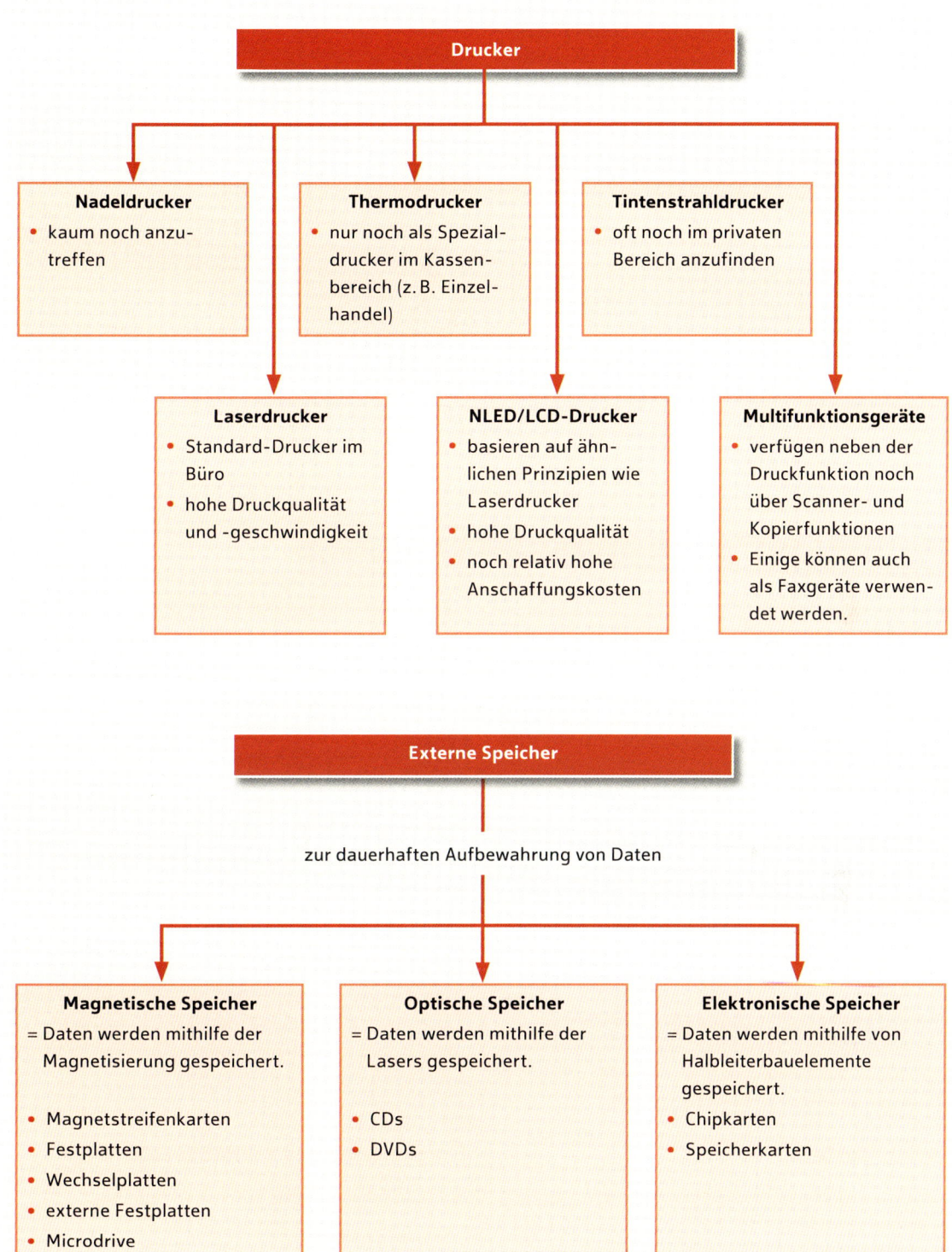

Drucker

Nadeldrucker
- kaum noch anzu-
  treffen

Thermodrucker
- nur noch als Spezial-
  drucker im Kassen-
  bereich (z. B. Einzel-
  handel)

Tintenstrahldrucker
- oft noch im privaten
  Bereich anzufinden

Laserdrucker
- Standard-Drucker im
  Büro
- hohe Druckqualität
  und -geschwindigkeit

NLED/LCD-Drucker
- basieren auf ähn-
  lichen Prinzipien wie
  Laserdrucker
- hohe Druckqualität
- noch relativ hohe
  Anschaffungskosten

Multifunktionsgeräte
- verfügen neben der
  Druckfunktion noch
  über Scanner- und
  Kopierfunktionen
- Einige können auch
  als Faxgeräte verwen-
  det werden.

Externe Speicher

zur dauerhaften Aufbewahrung von Daten

Magnetische Speicher
= Daten werden mithilfe der
  Magnetisierung gespeichert.

- Magnetstreifenkarten
- Festplatten
- Wechselplatten
- externe Festplatten
- Microdrive

Optische Speicher
= Daten werden mithilfe der
  Lasers gespeichert.

- CDs
- DVDs

Elektronische Speicher
= Daten werden mithilfe von
  Halbleiterbauelemente
  gespeichert.
- Chipkarten
- Speicherkarten

9.11 Die Software

Einstieg

In der Berufsschule trifft Ronja Bunko Sarah Sommer vom Versandhandelsunternehmen Grotex GmbH und ist beeindruckt: Die Grotex GmbH hatte das Anwenderprogramm Lage HkH-Auftragsbearbeitung auf mehreren DVDs geliefert bekommen, und Sarah bekam anschließend den Auftrag, dieses Programm auf mehreren Rechnern zu installieren.

Stellen Sie fest, welche Arten von Software Sarah Sommer verwendet.

INFORMATIONEN

Der Betrieb von EDV-Anlagen erfordert das Zusammenwirken von Hardware, Daten und Programmen. Ein Programm (bzw. eine Programmdatei) ist eine Abfolge von Anweisungen an den Computer zur Lösung einer vollständigen Aufgabe. Es werden zwei große Gruppen von Programmen unterschieden:

- **Systemprogramme (Betriebssystem/Systemsoftware)**
  Die Betriebssystem genannten Systemprogramme sind für den Betrieb einer EDV-Anlage unerlässlich, gehen aber nicht auf die verschiedenen besonderen Aufgabenstellungen der einzelnen Benutzer ein. Das Betriebssystem umfasst alle für die Steuerung des betreffenden Computers zur Verfügung gestellten Programme.

- **Anwenderprogramme (Anwendungssoftware)**
  Die Anwendungssoftware besteht aus Programmen, die speziell für bestimmte Branchen oder anfallende Probleme des Benutzers erstellt wurden.

Betriebssystem

Unter dem Begriff *Betriebssystem* werden alle Programme zusammengefasst, die für die Funktionsfähigkeit einer EDV-Anlage unbedingt notwendig sind. Die Systemsoftware – so werden Betriebssysteme häufig auch genannt – steuert das ganze EDV-System. Dabei erfüllt das Betriebssystem folgende Aufgaben:

- Es koordiniert die verschiedenen internen und externen Hardwarebestandteile des Computers.

- Es steuert und überwacht die Abwicklung von Programmen.

- Es ist das Bindeglied zwischen der EDV-Anlage im Ganzen und dem Anwender.

BEISPIEL

Ohne ein Betriebssystem läuft in der EDV-Anlage nichts. Ähnlich der Infrastruktur einer Großstadt mit Bussen und Bahnen, der Müllabfuhr und der Feuerwehr ist das Betriebssystem der organisatorische Unterbau für das Zusammenspiel aller Elemente des Computers wie Prozessor, Hauptspeicher, Tastatur, CD-ROM-Laufwerke usw. Es koordiniert und verwaltet diese Betriebsmittel. Es stellt aber auch seine Dienste dem Anwender und der von ihm benutzten Software zur Verfügung, damit Daten gelöscht, kopiert, ein- und ausgegeben, angezeigt und berechnet werden können.

Tätigkeiten eines Betriebssystems

Typische Arbeiten eines Betriebssystems sind:

- **Startprozedur**
  Ein kleines, im nicht löschbaren ROM-Speicher installiertes Betriebssystemteil sorgt dafür, dass alle zum Betrieb der EDV-Anlage notwendigen Systemsoftwarebestandteile nach dem Einschalten des Computers von einem externen Speicher in den flüchtigen RAM-Speicher gebracht werden.

– Es werden fertige Designs angeboten.

– Die Anbieter stellen i. d. R. umfangreiche Dokumentationen zur Verfügung.

– Zum Angebot gehören auch Herstellersupport und Schulungen.

Miete eines kommerziellen Onlineshop-Systems

Der Onlineshop wird von einem Anbieter für einen monatlichen Betrag gemietet. Auch hier werden unterschiedliche Versionen von einer Grundversion bis hin zu ausgefeilten Enterprise-Versionen angeboten. Die unterschiedlichen Ausführungen unterscheiden sich hinsichtlich des Funktionsumfangs und des Angebots weiterer Serviceleistungen. Ein weiteres wichtiges Unterscheidungsmerkmal ist hier auch die Anzahl einstellbarer Artikel.

Der Vermieter des Webshops übernimmt Leistungen wie

- Hosting,
- Wartung,
- Sicherheitsupdates
- und Backups.

Miete eines Onlineshop-Systems	
Vorteile	**Nachteile**
<ul><li>geringe Einstiegskosten</li><li>leichtes Handling für Anfänger und Einsteiger</li></ul>	<ul><li>eingeschränkte Darstellungsvielfalt</li><li>nur Auswahl aus vorgefertigten Layouttemplates</li><li>mangelnde Anpassungsfähigkeit</li><li>Anwender hat keinen Zugriff auf Quelltext</li><li>Entwicklung eigener Entwicklungen nicht möglich</li></ul>

Eigenprogrammierung eines Webshops

Durch das Unternehmen selbst programmierte Shopsysteme haben den Vorteil, dass sie optimal an die Bedürfnisse des Webshops angepasst werden können. Dem gegenüber steht jedoch ein extrem hoher Entwicklungsaufwand: Eine solche Shopsoftware ist sehr teuer. Es ist die Frage, ob für solche Programme das Kosten-/Nutzenverhältnis stimmt: Kaufsoftware erfüllt heute die meisten Leistungsanforderungen und kann ggf. oft auch an unternehmensspezifische Belange angepasst werden. Ein Unternehmen sollte sich also sehr genau fragen, ob sich die Individualprogrammierung auch rechnet.

Softwaretechnisch sind Eigenentwicklungen i. d. R. auch nicht in dem Ausmaß ausgereift und getestet wie Kaufsoftware, die schon vielfach auf dem Markt vorhanden ist. Zusätzlich ist man stark abhängig vom Systementwickler.

AUFGABEN

1. Wodurch unterscheiden sich Anwendungsprogramme von Betriebssystemen?

2. Erläutern Sie die Aufgaben eines Betriebssystems.

3. Nennen Sie die wichtigsten Betriebssysteme bei Personal Computern.

4. Aus welchen Programmbestandteilen besteht ein Betriebssystem?

5. Erklären Sie die Begriffe
   a) Individualprogramme,
   b) Standardprogramme.

6. Die Lebensmittel-Großhandlung Schröter OHG plant den Kauf eines Standardprogramms für die Finanzbuchhaltung.
   Erläutern Sie die Vorteile und Nachteile einer solchen Software im Vergleich zu Individualprogrammen.

7. Welche der folgenden Aussagen ist falsch?
   a) Anwenderprogramme werden in der Regel vom Hersteller des Computers mitgeliefert, da sie in jedem Fall an die Hardware angepasst werden müssen.
   b) Ein Programm besteht aus einer geordneten Folge von Befehlen.
   c) Betriebssysteme bestehen nur aus Dienstprogrammen.
   d) Bei eigenerstellter Software kann auf die besonderen Problemstellungen des Anwenders eingegangen werden.
   e) Software ist ein anderer Begriff für Betriebssystem.

8. Entscheiden Sie, ob in den folgenden Fällen Anwendungssoftware oder Systemsoftware (Betriebssystem) verwendet wird.

a) Ronja Bunko kopiert zwei Dateien auf eine CD.

b) In der Lohn- und Gehaltsbuchhaltung wird die Gehaltsliste ausgedruckt.

c) Herr Hayes lässt sich am Bildschirm das Inhaltsverzeichnis der Festplatte ausgeben.

d) Frau Adam überweist eine Lieferantenrechnung vom Computer aus.

9. Erläutern Sie, warum man Betriebssysteme als Bindeglied zwischen Hardware und Anwendungssoftware bezeichnet.

10. Welche Schritte laufen bei der Inbetriebnahme eines PC ab, bis die Betriebsbereitschaft erreicht ist?

11. Erläutern Sie die Begriffe

a) ROM-Speicher,

b) RAM-Speicher,

c) Booten,

d) Betriebsbereitschaft.

12. Tamara Nestmann behauptet, dass jeder Computer auch ohne ein funktionsfähiges Programm arbeitet. Ronja Bunko erläutert, dass ein solcher Computer völlig nutzlos sei.

a) Wer von beiden hat recht?

b) Begründen Sie Ihre Meinung.

13. a) Erstellen Sie eine kurze PowerPoint-Präsentation, die über die Unterschiede zwischen System- und Anwendungssoftware informiert.

b) Bereiten Sie sich darauf vor, Ihre Präsentation vorzustellen.

14. Führen Sie eine Internetrecherche zum Thema *Betriebssysteme* durch. Gefunden werden sollen eine Definition, Informationen zu den Aufgaben des Betriebssystems und zu den Arten von Betriebssystemen.

15. Sehen Sie sich die Abbildungen und den dazugehörenden Text auf der Internetseite *https://www.pcwelt.de/produkte/Windows-11-im-Mega-Test-Unnoetiger-Windows-10-Nachfolger-11109083.html* [16.11.2021] an. Führen Sie neue Leistungsmerkmale auf, über die Windows 11 gegenüber Vorgängerversionen verfügt.

16. Lesen Sie den folgenden Artikel. Erstellen Sie danach eine Mindmap, die die wichtigsten Aussagen zusammenfasst.

Linux ist mittlerweile eine echte Alternative zu Windows

Betriebssystem nur für Nerds? Linux ist deutlich benutzerfreundlicher geworden. Die größten Vorteile der Plattform: Sie ist kostenlos und sicherer als Windows. Nutzer müssen aber etwas Zeit investieren.

Linux gilt vielen immer noch als Plattform für Nerds. Dabei ist es mit den Jahren viel benutzerfreundlicher geworden und längst eine echte Alternative zu Windows. Das Betriebssystem mit dem Pinguin als Maskottchen ist dank schlanker und Ressourcen-schonender Distributionen selbst – oder gerade – für ältere Systeme geeignet. Doch Linux ist nicht gleich Linux, und Einsteiger müssen sich erst etwas einarbeiten.

Es gibt einen ganzen Dschungel verschiedener Linux-Systeme, die sogenannten Distributionen. Die Kunst ist es, die richtige für den eigenen Gebrauch zu finden. Einer der größten Vorteile von Linux ist der Preis: Die Distributionen sind für Privatnutzer in aller Regel kostenlos. Ausprobieren kostet also nur Zeit.

Liane Manuela Dubowy vom Fachmagazin „c't" empfiehlt Einsteigern Ubuntu, OpenSuse oder Linux Mint. Alle ließen sich einfach installieren und brächten gleich eine ordentliche Grundausstattung an Programmen mit. Die Benutzeroberflächen der drei Distributionen seien zudem logisch aufgebaut, leicht zu bedienen und auch anzupassen.

Besonders Kenner älterer Windows-Versionen finden sich dort schnell zurecht. Wer eine noch stärkere Windows-Orientierung sucht, sollte die Ubuntu-Variante Xubuntu ausprobieren, die auch keine großen Hardware-Anforderungen ans System stellt.

Noch schicker wird es mit Linux Mint, das sich mit seiner Cinnamon-Oberfläche an den neuesten Windows-Versionen orientiert. Wer vom Mac kommt, sollte zum Einstieg in die Linux-Welt Elementary OS ausprobieren. Die Ästhetik und Funktion der Benutzeroberfläche ist hier stark an MacOS orientiert. Dafür sieht es bei der vorinstallierten Software etwas spärlicher aus.

Installation von DVD oder USB-Stick

Viele Linux-Distributionen sind auch als sogenanntes Live-System verfügbar. Das bedeutet, dass sie ohne Installation direkt von einer DVD oder einem USB-Stick gestartet und dann genutzt werden können. Das bietet für Einsteiger viele Vorteile: Sie können die jeweilige Distribution erst einmal testen und dabei feststellen, ob das System zu ihnen passt und mit der eigenen Hardware harmoniert.

Linux-Nutzer sparen nicht nur beim Betriebssystem: Auch die Programme kosten für Privatanwender in aller Regel nichts. Bei den meisten Ubuntu-Distributionen ist zum Beispiel LibreOffice vorinstalliert, ein Open-Source-Konkurrent von Microsofts Office.

Wer für ein bestimmtes Windows-Programm keine Linux-Entsprechung findet, muss den Umweg über

Hilfsprogramme gehen, um die Windows-Software unter Windows weiternutzen zu können. Wine ist so eine Software.

„In der Wine-App-Datenbank kann man nachsehen, wie gut die jeweilige Software unterstützt wird", erklärt Dubowy. „Die kommerzielle Wine-Variante Crossover hat sich insbesondere darauf konzentriert, die Unterstützung für beliebte Windows-Software wie Microsoft Office und Quicken zu verbessern."

Betriebssysteme nebeneinander installieren

Wer Linux nutzen möchte, aber dennoch häufig Windows benötigt, kann auch beide Betriebssysteme nebeneinander auf einem Rechner installieren – und dann immer beim Hochfahren auswählen, welches System er starten möchte.

Ausführliche Anleitungen sind im Internet leicht zu finden, allerdings sollten sich nur fortgeschrittenere Nutzer an eine Parallelinstallation machen. In jedem Fall ist vorher eine Datensicherung ratsam.

Ein weiterer Linux-Pluspunkt ist Sicherheit. „Linux-Distributionen sind in der Regel Open Source und durch eine weltweite Community geprüft", sagt Matteo Cagnazzo vom Institut für Internet-Sicherheit in Gelsenkirchen. „Außerdem gibt es mehr Restriktionen für Nutzer-Accounts."

Aber auch Linux-Systeme sind nicht unangreifbar. Cagnazzo empfiehlt, das System direkt bei der Installation zu verschlüsseln, um Missbrauch vorzubeugen.

Und wie immer und überall müssen auch bei Linux Updates sofort eingespielt werden. Das Gros der Schadsoftware wird zwar für Windows geschrieben, es gibt aber durchaus auch Linux-Viren.

Mit Fragen und Problemen sind Linux-Nutzer nie allein. Im Netz gibt es zahlreiche Gruppen, in denen Erfahrungen ausgetauscht und Hilfestellungen gegeben werden. Dazu gehört „Linuxforen.de", wo Einsteiger in fast jedem Bereich Unterstützung finden.

Für jede Linux-Distribution bestehen zudem eigene Hilfe- und Diskussionsforen. Anlaufstellen für Ubuntu sind etwa „Ubuntuusers.de" und „Askubuntu.com".

Quelle: © dpa, 18.10.2018

17. Besuchen Sie die Internetseite *www.turn-on.de/tech/topliste/ubuntu-vs-windows-10-7-punkte-im-vergleich-286666* [16.11.2021]. Führen Sie mindestens sechs Unterschiede von Linux und Windows auf.

18. Führen Sie im Zusammenhang mit der Anschaffung eines Programms für das Betreiben eines Webshops mindestens einen Vorteil und einen Nachteil auf von
a) Open-Source-Software,
b) Mietsoftware,
c) Kaufsoftware,
d) Individualsoftware.

ZUSAMMENFASSUNG

Programme in einer EDV-Anlage

Betriebssysteme
- Programme, die das gesamte EDV-System steuern
- Systemsoftware, die die Nutzung der Hardware und der Anwendungsprogramme ermöglicht

Anwenderprogramme
- Programme, die die eigentlichen Probleme der Computerbenutzer lösen
- Software, die für kaufmännische, technische und private Anwendungen erstellt wurde

Standardsoftware
- Programme, die für viele Anwender geschrieben wurden
- fertige und zum Kauf angebotene Software, die auf vielseitige Nutzung hin ausgelegt ist

Individualsoftware
- Programme, die vom Anwender selbst oder eigens für ihn geschrieben wurden
- Software, die auf die besonderen Problemstellungen der Computerbenutzer eingeht

9.12 Netze

Einstieg

Tacdin Akay, der längere Zeit erkrankt war, will zum ersten Mal mit dem Warenwirtschaftssystem der Exclusiva GmbH arbeiten. Ronja Bunko soll ihn einarbeiten: „Fahr schon einmal den Computer hoch", weist sie ihn an. Nach wenigen Sekunden erscheint auf dem Bildschirm eine Abfrage nach Benutzernamen und Passwort.

Tacdin Akay:

„Das ist hier ja ganz anders als auf meinem Computer zu Hause."

Ronja Bunko:

„Zu Hause hast du einen Einzelplatz-PC. In unserem großen Unternehmen hängen aber alle PCs an einem Netzwerk. Hast du überhaupt schon ein Passwort bekommen? Wenn nicht, musst du mal in die EDV-Abteilung zum Netzwerkadministrator gehen und dir Benutzername, Passwort und Zugriffsrechte holen ..."

1. Klären Sie, was ein Netzwerk ist.
2. Erkunden Sie das Netzwerk Ihrer Schule und beantworten Sie die folgenden Fragen:
   a) Welches Netzwerkbetriebssystem wird verwendet?
   b) Wie viele Rechner sind an das Netzwerk angeschlossen?
   c) Welche Verzeichnisse stehen für Sie auf dem Server zur Arbeit zur Verfügung?

INFORMATIONEN

> **DEFINITION**
> Ein **Netz** ist ein stark verzweigtes System, das Objekte oder Menschen verbindet. Netze sind überall vorhanden, selbst innerhalb des menschlichen Körpers.

Netzwerke

> **DEFINITION**
> Netzwerke sind Datennetze. Diese ermöglichen die – im Idealfall – weltweite Kommunikation zwischen mehreren Computern.

Dabei spielt es keine Rolle, ob es sich um einen Personal Computer oder Großrechner handelt. Die einzige Voraussetzung ist, dass alle Computer und angeschlossenen Geräte mit den gleichen Sprachen und Protokollen arbeiten.

Das Protokoll, eine formale Beschreibung von Regeln und Konventionen, definiert den Datenaustausch zwischen den Komponenten eines Netzwerks. Typische Protokollfamilien sind TCP/IP, CSMA/CD und das IPS/SPX.

Beim Zusammenschluss mehrerer Computer zu einem Netzwerk wird in jeden Rechner eine Netzwerkkarte eingebaut, die mit einem speziellen Netzwerkkabel an das Netzwerk angeschlossen ist. Die eigentliche Kommunikation wird hier von der Netzwerksoftware bewerkstelligt.

Arten von Netzwerken

Untersucht man die Reichweite der Netzwerke, kann man LANs und WANs unterscheiden:

- **lokale Netzwerke** (Local Area Networks = LANs)
  Bei den meisten Datennetzwerken handelt es sich um lokale Netze. Sie werden in der Regel in den Unterneh-

men oder auch den Schulen eingesetzt. Lokale Netze ermöglichen die interne Kommunikation innerhalb der Grundstücksgrenzen.

- **Weitverkehrsnetze** (Wide Area Networks = WANs)
  Sie umfassen ein großes geografisches Gebiet und verbinden Städte und Länder miteinander.

LANs und/oder WANs können auch über das Internet verbunden werden.

Eine weitere Einteilung ergibt sich unter dem Gesichtspunkt, ob das Netzwerk gleichberechtigte Computer enthält oder mindestens ein Computer spezielle Dienste für das Netzwerk anbietet:

- **Client-Server-Netzwerke**
  Hier bieten bestimmte Rechner – die Server – Dienste an, die von den Arbeitsstationen der einzelnen Benutzer – den Clients – in Anspruch genommen werden können (File-Server stellt Dateien zur Verfügung, Print-Server stellt Drucker zur Verfügung usw.). Es können mehrere Server und mehrere Hundert Clients miteinander verbunden werden.

BEISPIEL

Der Server der Exclusiva GmbH stellt seine Dienste (Programme, Daten, angeschlossene Hardware) im Netz zur Verfügung. Die User an den angeschlossenen Client-Rechnern in den einzelnen Filialen können diese Dienste nutzen, soweit ihnen Zugriffsrechte vom Supervisor (Netzwerkverwalter) gegeben werden.

- **Peer-to-Peer-Netzwerke**
  Sie ermöglichen jedem angeschlossenen Computer den Zugriff auf Daten, Programme und Drucker jedes anderen angeschlossenen Computers. Die Unterscheidung zwischen Client und Server gibt es nicht. Die einzelnen PCs sind im Netz gleichberechtigt. Sie haben gegenseitigen Zugriff, es erfolgt keine zentrale Datenverwaltung.

Jeder angeschlossene Computer kann also gleichzeitig Dienste anbieten und in Anspruch nehmen. Diese Netzwerke sind meist auf wenige Arbeitsstationen beschränkt. Hier benötigt man keine eigene Software. Die gängigen Betriebssysteme haben die entsprechenden Funktionen bereits eingebaut.

Komponenten eines Netzwerks	
Netzwerk-Betriebssystem	regelt den Datenaustausch zwischen den PCs und steuert den Zugriff der Benutzer auf die zentralen Dateien und peripheren Geräte, z. B. Windows, NOVELL Netware, Microsoft LAN-Manager.
Netzwerk-Adapter	Steckkarten im PC ermöglichen die Verbindung des PC zum Netz.
Server in Client-Server-Netzwerken	• verwaltet das gesamte Netz, den Zugriff auf die gemeinsame Software, Dateien und Geräte. • soll ein schneller Rechner sein, mit großer Festplatte und schneller Datenübertragung. • kann im non-dedicated mode laufen, dann kann auf ihm auch gearbeitet werden, oder im dedicated mode, dann ist er nur für die Verwaltung des Netzes zuständig. Der Dedicated-Modus ist der Standardwert.
Verbindungen	Über Leitungen oder Funk werden die Teilnehmer eines Netzwerks physikalisch verbunden.
Steuerungsgeräte für Netzwerkverkehr	• Ein **Hub** ist ein Knotenpunkt in einem Netzwerk. Ein Hub ist also dazu da, in einem (in der Regel sternförmigen) Netzwerk mehrere Computer miteinander zu verbinden. • Mithilfe eines Switches kann ein Netzwerk in mehrere Unternetze gegliedert werden. Ein **Switch** (Schalter) scheint auf den ersten Blick wie ein Hub zu funktionieren. An ihm lassen sich mehrere mit Netzwerkkarten ausgerüstete Rechner oder andere Netzwerkgeräte anschließen. Die Daten werden dann entsprechend verteilt. Während ein Hub aber die Daten an alle angeschlossenen Geräte gleichzeitig weitergibt, ist ein Switch in der Lage, für einen kurzen Moment eine exklusive Verbindung zwischen zwei am Switch angeschlossenen Netzgeräten herzustellen. Die Übertragungsleistung wird dadurch wesentlich höher, als das bei einem Hub der Fall ist. Das erfordert aber auch eine viel aufwendigere Elektronik, was einen Switch gegenüber einem Hub auch deutlich teurer macht. • **Router** verbinden Netzwerke mit unterschiedlichen Topologien und Protokollen.
PCs als Arbeitsstation (Klienten)	Hier werden mit den zentral gespeicherten Programmen die Daten verarbeitet, diese ggf. auch auf lokalen Festplatten gespeichert.

Netzwerktopologien

Unter der Netzwerktopologie kann man die Architektur des Netzwerks verstehen. Es gibt unterschiedliche Arten (= Topologien), wie die Computer des Netzwerks zusammenhängen:

Ringtopologie

Die Rechner bilden einen Ring, d. h., jeder Rechner ist mit zwei anderen über Kabel verbunden. Die Daten wandern dann im Kreis von Rechner zu Rechner, bis sie an dem Rechner angekommen sind, für den die Daten bestimmt sind.

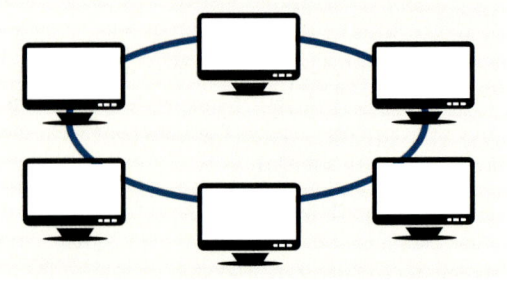

Ringtopologie

Sterntopologie

Der zentrale Rechner ist mit jeweils einem separaten Netzwerkkabel mit jedem einzelnen Rechner im Netz verbunden. Das Netzwerk sieht dann aus wie ein Stern: Der Server befindet sich in der Mitte und die Client-PCs sind um ihn herum.

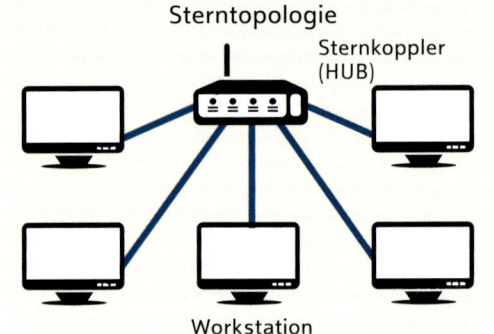

Sterntopologie

Sternkoppler (HUB)

Workstation

Bustopologie

Es gibt ein Hauptkabel, den Bus, an dem alle Rechner hängen. Wenn ein Rechner nun an einen anderen Rechner Daten sendet, bekommen alle anderen Computer diese Daten zwar auch, aber nur der eigentliche Empfänger verwertet die Daten.

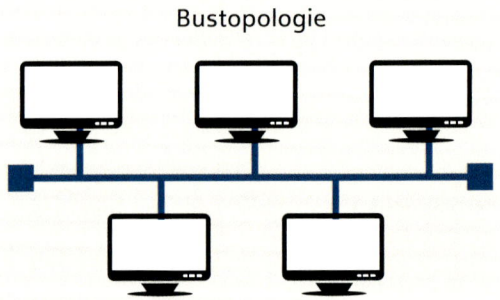

Bustopologie

Baumtopologie (Stern-Bus-Topologie)

Die Anordnung der Computer kann man sich wie einen Baum mit Zweigen und Ästen vorstellen. Ausgehend von einer Wurzel existiert eine Menge von Verzweigungen zu weiteren Verteilungsstellen. An jeder Verzweigung sitzt ein Rechner, der die Daten weiterleitet. Die Kombination von Stern- und Bustopologie kann z. B. eine Baumstruktur ergeben.

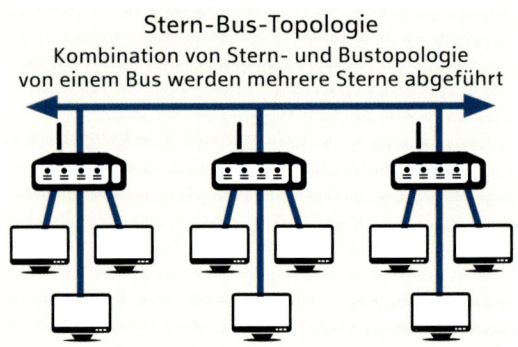

Stern-Bus-Topologie
Kombination von Stern- und Bustopologie
von einem Bus werden mehrere Sterne abgeführt

Topologie	Merkmale	Vorteile	Nachteile
Ringstruktur	• Alle Stationen sind ringförmig in Reihe geschaltet. • Jede Station wirkt als Repeater für die umlaufenden Daten. • Jede Station ist ein aktives Element. • Jeder Computer hat einen Vorgänger und einen Nachfolger.	• Das Ringnetz ist leicht erweiterbar. • Es ermöglicht kurze Kabelwege. • Es gibt eine eindeutige Steuerung, da die Daten nur in einer Richtung auf dem Ring kreisen. (Kollisionen sind ausgeschlossen.) • Aufgrund der Störanfälligkeit bei Ausfall eines Computers werden in der Praxis Ringleitungsverteiler eingesetzt. Sie werden als Hub (für Ring) bezeichnet. Ist eine Station nicht aktiv, wird ein Schalter geschlossen und somit der Ring aufrechterhalten.	• Ein fehlerhaftes Kabel oder eine fehlerhafte Station legen das gesamte Netz lahm. • Mit steigender Anzahl der Arbeitsstationen steigt die Übertragungszeit.
Sternstruktur	• Ist besonders erprobt und zuverlässig. • Stellt die älteste Netzwerkform dar. • Die etablierten Netze sind oft sternförmig aufgebaut (Telefonnetzzentrale).	• Ein fehlerhaftes Kabel, das zu einer einzelnen Station führt, hat keinen Einfluss auf das Gesamtnetz. • Es können nachträglich, ohne Beeinflussung des vorhandenen Netzes, Arbeitsstationen nachgerüstet werden. (Es ist aber immer ein Kabelanschluss zum Knoten zu legen.)	• Je nach Lage des Knotens kann sich ein langer Kabelweg ergeben. • Lange Datenwege • Abhängigkeit von einem zentralen Bauteil (dem Knoten). Fällt der Knoten aus, der die gesamte Steuerung realisiert, fällt das gesamte Netz aus. • Der Austausch eines Knotens ist aufgrund der Anbindung an alle Stationen relativ aufwendig.
Busstruktur	• Ein busförmiges Netzwerk entsteht im Prinzip aus einem ringförmigen Netzwerk, das an einer Stelle aufgeschnitten und auseinandergezogen ist. • Die beiden entstehenden Enden des Busses müssen durch Abschlusswiderstände entsprechend der Impedanz des gewählten Kabels abgeschlossen werden. Der Abschlusswiderstand verhindert, dass die Signale am Ende des Busses reflektiert werden. Das Signal wird durch den Abschlusswiderstand gelöscht. • Die Arbeitsstationen sind im Busnetzwerk nicht direkt im Kabelmedium eingebunden (keine Repeater-Funktion).	• Günstige Verkabelung. • Kurze Leitungsführung. • Leichte Erweiterbarkeit und Flexibilität. • Der Ausfall einer Station ist unproblematisch.	• Es gibt die prinzipielle Möglichkeit der Datenkollision auf dem Bussystem. • Begrenzte Netzausdehnung. • Bei Kabelbruch fällt das gesamte Netz aus.

Topologie	Merkmale	Vorteile	Nachteile
Baum-struktur	• Verschiedene Netzwerktopo-logien werden untereinander verbunden.	• Weniger Leitungen als bei einer Sterntopologie.	• Ein Ausfall betrifft ganze Äste. • Verzweigungen verursachen höhere Installationskosten, insbesondere wenn Glasfaserkabel bzw. Koaxialkabel verwendet werden.

Vorteile von Netzwerken

Die ersten Computer waren alleinstehende Geräte. Jeder funktionierte – als Insellösung – alleine unabhängig von anderen Computern. Es wurde bald deutlich, dass dies keine Methode war, um in Unternehmen effizient und kostensparend zusammenzuarbeiten. Es wurde nach einer Lösung gesucht, die erfolgreich die folgenden Probleme löst:

• Die Vervielfältigung der Ausrüstung oder Ressourcen sollte vermieden werden.

BEISPIEL

Teure Spezialdrucker sollen von allen Arbeitsplätzen aus bedient werden können und brauchen somit nur einmal angeschafft werden.

• Die Computer – und damit die Mitarbeiter – sollten effizient miteinander kommunizieren.

Eine Lösung dieses Problems war die Entstehung der Netzwerke. Netze verbinden Daten, Kommunikation, Datenverarbeitung und Datenablage.

BEISPIEL

Das LAN ermöglicht es der Exclusiva GmbH, Dateien effizient intern zur Verfügung zu stellen und via E-Mail zu kommunizieren. Das Netzwerk ermöglicht es, sich Drucker oder andere Peripheriegeräte teilen zu können.

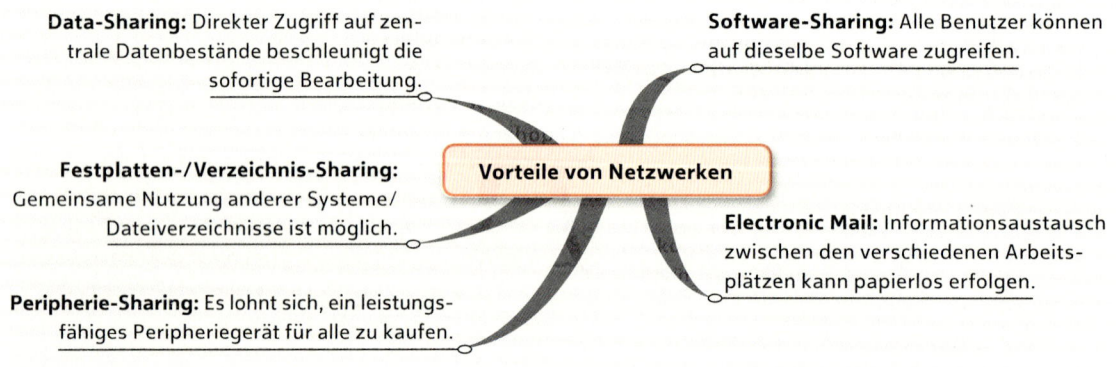

Data-Sharing: Direkter Zugriff auf zentrale Datenbestände beschleunigt die sofortige Bearbeitung.

Festplatten-/Verzeichnis-Sharing: Gemeinsame Nutzung anderer Systeme/Dateiverzeichnisse ist möglich.

Peripherie-Sharing: Es lohnt sich, ein leistungsfähiges Peripheriegerät für alle zu kaufen.

Vorteile von Netzwerken

Software-Sharing: Alle Benutzer können auf dieselbe Software zugreifen.

Electronic Mail: Informationsaustausch zwischen den verschiedenen Arbeitsplätzen kann papierlos erfolgen.

Arbeit in Netzen

Eine besondere Rolle in Netzwerken spielt der Netzwerkadministrator (Systemverwalter, Supervisor). Dieser besitzt übergeordnete Rechte im Gesamtsystem. Jeder Nutzer eines Netzwerks erhält vom Systemverwalter ein Konto zugewiesen.

In diesem Konto können u. a. folgende Dinge festgelegt werden:

• Benutzernamen
• Gruppenname
• Gruppenzugehörigkeit
• Kennworte

• Benutzerprofile
• Zugangszeiten
• Anmeldeskripte
• Basisverzeichnisse

Bezeichnung und Umfang der Kontoinhalte sind stark vom verwendeten Betriebssystem abhängig. Benutzer lassen sich für eine einfachere Verwaltung in Gruppen zusammenfassen. Abhängig von der Art des Dateisystems des Netzwerkbetriebssystems auf dem jeweiligen Server können für diese dann Zugriffsberechtigungen auf unterschiedlicher Ebene vergeben werden.

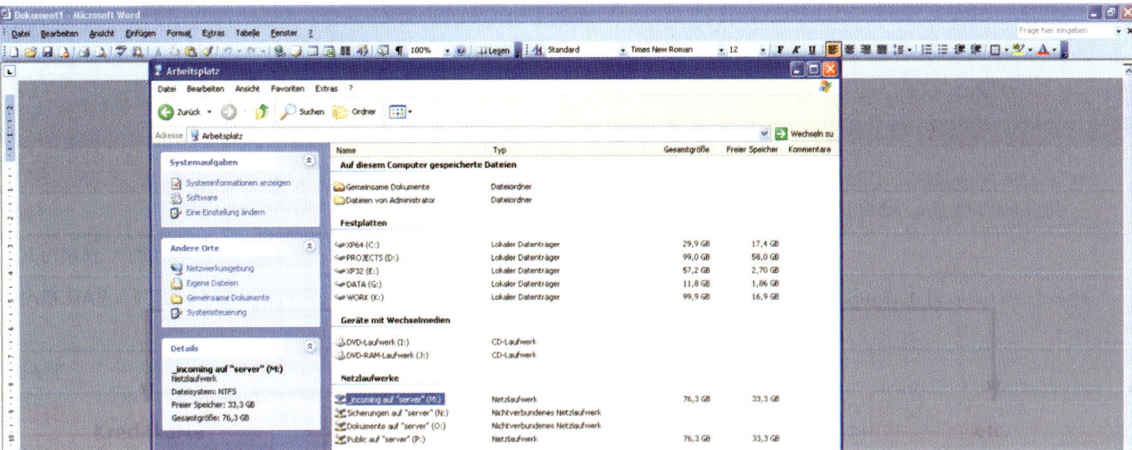

Dieser Anwender hat vom Systemadministrator die Möglichkeit bekommen, mit vier Netzwerklaufwerken zu arbeiten.

Intranet

Viele Firmen haben die Internettechnik für sich entdeckt, um die interne Kommunikation zu verbessern. Gerade bei Unternehmen mit mehreren Bereichen, Standorten (national und international) oder Tätigkeitsfeldern bietet diese Technik jede Menge Vorteile. Der Grundgedanke eines Intranets ist es, durch die Anwendung der Internettechnologie in lokalen (firmeninternen) Netzwerken jedem Mitarbeiter im Unternehmen Informationen zugänglich zu machen – unabhängig von Zeit und Raum.

Ein Intranet ist also ein Rechnernetzwerk, das auf den gleichen Techniken wie das Internet (TCP/IP, HTTP) basiert, jedoch nur von einer festgelegten Gruppe von Mitgliedern einer Organisation genutzt werden kann.

Für die IT-Infrastruktur im Unternehmen bedeutet das den Einsatz

- von TCP/IP als Netzwerkprotokoll,
- der Internetdienste als Anwendungsbasis,
- von Webbrowsern als universelle Benutzeroberfläche.

Der Begriff Intranet wird oft unabhängig von seiner technischen Definition für die Zusammenfassung der betriebs- oder gemeinschaftsinternen Webkommunikation genutzt. Dazu können File-Server, Webseiten oder Foren gehören. Im Idealfall werden hier sämtliche betriebsinternen öffentlichen Informationen gesammelt und es entsteht ein leicht aktuell zu haltendes Netzwerk von Regeln, Absprachen, Verfahrens- und Ablaufanweisungen, Dokumenten und Formularen.

Durch den schnellen Informationsfluss und einfachen, jederzeit möglichen Informationszugriff werden Kosten eingespart und neue Zeitpotenziale erschlossen.

Das Medium Intranet erfordert allerdings eine veränderte Arbeitsweise:

Die Informations-Bringschuld wird zur Holschuld eines jeden Mitarbeiters. Wurden die Informationen gewöhnlich in schriftlicher Form oder per E-Mail an den Arbeitsplatz gebracht, so müssen jetzt dieselben Informationen aus dem Intranet geholt werden.

Netze und Dienste in der modernen Kommunikationstechnik

Sämtliche Abteilungen eines Unternehmens tauschen ständig große Mengen an unterschiedlichen Informationen mit Personen und Institutionen außerhalb des Unternehmens aus. Dabei sollen die kaufmännischen Vorgänge wie Bestellungen, Anfragen, Angebote, Widerrufe, Reklamationen usw. den Empfänger rasch und möglichst schriftlich erreichen.

Die notwendige Beweisfunktion und Schnelligkeit setzen der Nutzung des Telefons und der brieflichen Mitteilung zum Informationsaustausch Grenzen. Deshalb werden Informationen zunehmend elektronisch übermittelt. Zudem ist dabei die Möglichkeit eines schriftlichen Dialogs gegeben. Auch weil die Informationsflut im kaufmännischen Bereich gewaltig steigt, reichen die herkömmlichen Kommunikationstechniken und -verfahren nicht mehr aus.

Um Daten preiswert und schnell zu übermitteln (sowie zu erfassen und abzulegen), wurden neue Kommunikationstechnologien entwickelt und eingeführt.

Bei den neuen Telekommunikationstechnologien werden im Gegensatz zu den herkömmlichen Postdiensten (Brief-/Paketdienst) Nachrichten nicht materiell übermittelt. Stattdessen werden die Nachrichten zur Übermittlung in elektronische Signale überführt, die nachher beim Empfänger wieder in die ursprüngliche, „verständliche" Form zurückgewandelt werden.

In diesem Zusammenhang muss zwischen Netzen und Diensten unterschieden werden.

Netze sind technische Übertragungswege, auf denen Texte und Daten, Sprache und Bilder von einem Endgerät (z.B. dialogfähiger Computer, Telefon) zum anderen übermittelt werden. Die Netze stellen also die Kommunikationskanäle dar, die die Datenendeinrichtungen der Bürokommunikation miteinander verbinden. Netze bilden somit die Infrastrukturgrundlage für die Übertragung beliebiger Informationen.

Netze haben das Ziel, ihren Nutzern **Dienste** anzubieten. Diese stellen Dienstleistungen durch unterschiedliche Betreiber zum Zwecke der Telekommunikation bereit. Die Kommunikationsdienste der Netzbetreiber regeln die Nutzungsmodalitäten der einzelnen Netze für die Kommunikationspartner. Die Dienste unterscheiden sich:

• nach Art der zu übertragenden Information

> **BEISPIEL**
>
> Es gibt Dienste für:
>
> • Sprachkommunikation
> • Textkommunikation (z.B. Telefax)
> • Dateiübertragungen (z.B. Datex-P)

• nach Übertragungsqualität und -geschwindigkeit
• nach Art und Anzahl der benötigten Geräte
• und nicht zuletzt auch nach den anfallenden Gebühren

Dienste sind also die Übertragungsstandards, durch die die verschiedenen Netze mit den dazugehörigen Endgeräten verbunden werden.

Hausinterne (lokale) Netze

Hausinterne Netze ermöglichen eine betriebsinterne Kommunikation. Sie überschreiten die Grundstücksgrenzen nicht. Sie sind gebührenfrei, da sie nicht den Bestimmungen der Deutschen Telekom unterliegen. Das klassische Netz für die betriebsinterne Kommunikation ist die **Fernsprechnebenstellenanlage**. Sie dient insbesondere der Sprachübertragung.

Um zwischen verschiedenen Computersystemen direkt Daten, Texte und auch bildliche Darstellungen auf dem Leitungsweg übertragen zu können, sind allerdings sehr schnelle und technisch hochwertige Kabelverbindungen und Übermittlungseinrichtungen erforderlich. Diese sogenannten **lokalen Netze** (Local Area Network, häufig auch LAN abgekürzt) verbinden Computer und andere Kommunikationsendgeräte miteinander, sodass bisher isolierte Arbeitsplätze nun Daten austauschen können. Ein weiterer Vorteil liegt in der gemeinsamen Nutzung teurer Peripheriegeräte wie Drucker oder Festplatten, die nicht für jeden Arbeitsplatz angeschafft werden müssen. Neuerdings werden lokale Netze auch als Funknetze aufgebaut. Bekannt sind diese unter der Abkürzung W-LAN (Wireless Lan – drahtloses Netz).

Öffentliche Netze

Für die Übermittlung von Informationen über größere Entfernungen stellen die Deutsche Telekom und andere Netzbetreiber gegen Gebühr verschiedene öffentlich nutzbare Netze zur Verfügung. Diese Netze sind für ganz bestimmte Aufgaben geschaffen worden und auf diese Anwendungen hin optimiert. Es zeichnet sich jedoch mehr und mehr ab, dass die bestehenden Telekommunikationsnetze häufig auch für andere Zwecke und Anwendungen genutzt werden.

Bei den Telefonnetzen gibt es zwei unterschiedliche Netzarten:

• Das **Festnetz** ist ein Netz für mündliche Nachrichten mit ortsfesten Anschlusspunkten für Endeinrichtungen. Die Telefongeräte sind an einen Ort gebunden.
• Das **Mobilfunknetz** ist ein Netz zur drahtlosen Kommunikation. Es besteht aus verschiedenen regional verteilten Funkzellen, zu dem die Mobilfunkgeräte Kontakt aufnehmen. Die Mobiltelefongeräte ermöglichen einen freizügigen Ortswechsel im Netz. Dabei wird das Mobilfunkgerät automatisch von Zelle zu Zelle weitergereicht.

Daneben gibt es noch **Datennetze**. Diese vermitteln Daten von einer Datenendeinrichtung zur anderen.

Damit Unternehmen und Privatleute zu den öffentlichen Informations- oder Kommunikationsdiensten Zugang erhalten und sie nutzen können, bedarf es also eines Netzes. Das wird von einem Carrier wie der Deutschen Telekom bereitgestellt. *Carrier* ist der Fachausdruck für *Netzbetreiber*.

Nur wenige Netzbetreiber verfügen über eigene Anschlussleitungen bis zu ihren Kunden. In der Regel bieten sie nur den Fernverkehr an und greifen bei den Ortsverbindungen und bei den Anschlussleitungen auf das Netz der Deutschen Telekom zurück. Das Breitbandkabelnetz und die Stromleitungen der Energieversorgungsunternehmen, aber auch Funkverbindungen werden hier in Zukunft ganz neue Möglichkeiten bieten.

Festnetz

Das Telefonnetz ist für die Sprachübertragung entwickelt und optimiert worden. Das eigentliche Netz ist heute digitalisiert. Das weltweite Telefonnetz ist ein komplexes System von Teilnehmern und Verteilern. Über Kabel, Glasfaserleitungen oder Funk werden akustische Signale übertragen. Der Nutzer kann einen analogen oder einen digitalen Telefonanschluss verwenden. Unterschiede gibt es also heute nur noch im Bereich der Anschlussleitung. Dies ist die Verbindungsleitung zwischen dem Unternehmenssitz bzw. der Wohnung des privaten Telefonteilnehmers und dem Netzknoten.

Alle modernen Computer arbeiten in ihrem Inneren mit der digitalen Darstellung von Werten, die durch Kombination der beiden Ziffern 0 und 1 dargestellt werden, z. B.:

• Strom fließt oder fließt nicht.
• Ein magnetischer Speicher ist magnetisiert oder nicht.

Der Wechsel zwischen diesen beiden Zuständen ist klar und eindeutig.

Bei der analogen Darstellung von Daten kann es unendlich viele Zustände geben. Die Übergänge zwischen den einzelnen Zuständen sind fließend.

Die Unterschiede zwischen der digitalen und analogen Darstellung von Daten können an einer Armbanduhr deutlich gemacht werden: Eine herkömmliche Armbanduhr zeigt die Zeit analog in einem stetigen Fluss an. Eine eindeutige Aussage, wie spät es nun exakt ist, ist mit dieser Uhr nicht möglich. Moderne Digitaluhren sind in ihrer Anzeige eindeutig: Es wird immer exakt ein Zustand angezeigt.

Das Telefonnetz dient aber heute nicht nur dem Fernsprechdienst, sondern vor allem der Sprachkommunikation. Die anderen Funktionen wie der Faxversand oder die Datenübertragung sind zusätzliche Leistungen.

• **Analoge Telefonanschlüsse**
Seit der vollständigen Digitalisierung des Netzes sind manchmal nur noch die Anschlussleitung und das Endgerät analog. Ab dem Übergang in das eigentliche Telefonnetz (*Netzknoten*) werden die Gespräche dann digitalisiert.

• **ISDN-Anschlüsse**
Bis vor Kurzem wurden bundesweit noch ISDN-Anschlüsse verwendet. ISDN läuft langsam aus und wird nur noch in einigen ländlichen Regionen zu finden sein. Standard ist nun DSL (siehe unten). DSL bietet alle Vorteile, die ISDN-Anschlüsse gegenüber analogen Telefonanschlüssen hatten, darüber hinaus aber noch viel mehr. Der Schritt vom analogen Telefonanschluss zum ISDN-Anschluss bestand in der Digitalisierung der Verbindung vom Netzknoten zum Anschluss des Kunden, der sogenannten *Teilnehmeranschlussleitung*. Durch die Installation eines Netzabschlussgeräts (NTBA – Network Termination Basicrate Access) wurde aus einem bestehenden analogen ein T-ISDN-Anschluss.

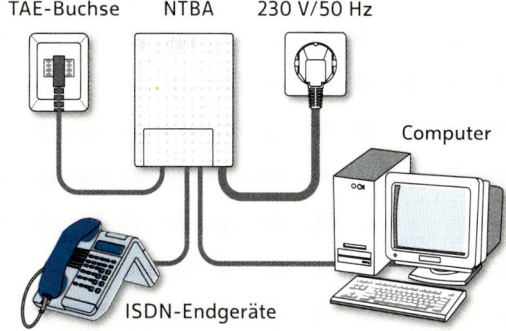

Ein ISDN-Anschluss verfügt über zwei Datenkanäle, die jeweils 64 KBit/Sek. übertragen können. Während man bei einem analogen Anschluss nur einen Dienst (Telefon, Fax, Internet) nutzen kann, lassen sich bei einem ISDN-Anschluss zwei Dienste gleichzeitig einsetzen.

ISDN ist die Abkürzung von Integrated Services Digital Network, was so viel heißt wie *Dienste integrierendes digitales Netz*. ISDN bietet eine umfassende, einheitliche Lösung: ein universelles Netz, über das sowohl Sprache als auch Text, Grafiken und Daten zum Teil gleichzeitig in früher unerreichter Qualität übermittelt werden können. Um dies zu ermöglichen, ist die Digitalisierung des Fernsprechnetzes eine wichtige Voraussetzung.

Über einen ISDN-Basisanschluss können bis zu acht verschiedene Kommunikationsmedien bzw. Geräte angeschlossen werden, z. B. Computer, Telefon, Telefax usw. Dabei kann der Anwender bestimmte Dienste gleichzeitig nutzen. ISDN verbessert also den Service bei der Übermittlung von Informationen entscheidend:

– Durch ISDN kommt es bei fast allen Telediensten zu einer erheblich schnelleren, sichereren und komfortableren Übertragung von Daten.
– Durch die schnellere Übertragung kommt es zu einer Senkung der Übermittlungskosten.
– Alle Dienste sind über eine einzige Rufnummer zu erreichen.

- Alle Geräte, gleichgültig ob Telefon, Telefax usw., können an eine universelle Telekommunikationssteckdose angeschlossen werden.
- Da alle Teledienste an dasselbe Netz angeschlossen sind, können multifunktionale Geräte (z. B. Telefon mit integriertem Faxgerät) eingesetzt werden. Diese sind relativ kostengünstig, da wesentliche Steuer- und Verstärkereinheiten mehrfach genutzt werden. Außerdem belegen die multifunktionalen Geräte nur wenig Platz im Vergleich zu mehreren Einzelgeräten.

• **DSL**

Der Oberbegriff DSL (Digital Subscriber Line) steht für eine moderne Übertragungsmöglichkeit für Daten in größeren Mengen. Die DSL-Technik ersetzt keine Telefon- oder Basisanschlüsse, sondern sie ermöglicht die Mitbenutzung der Anschlussleitung für Highspeed-Internet- und Datenanwendungen. Die DSL-Technik ist also kein Ersatz für analoges Telefonieren oder ISDN, sondern der schnelle, kostengünstige Weg für

- Datenübertragungen (LAN-zu-LAN-Verbindung, Teleworking),
- Videoaustausch und Videokonferenzen,
- 50-mal so schnelle Informationsabfrage aus dem Internet und
- alle anderen Multimedia-Anwendungen (Teleshopping, Homebanking, digitales Video oder Web-TV).

BEISPIEL

Ein mit ISDN 20 Minuten dauernder Download ist in ca. 1 Minute erledigt.

Varianten von DSL

ADSL

Die üblichen DSL-Anschlüsse basieren auf der ADSL-Technik (Asymmetrical Digital Subscriber Line). Dabei werden das Hochladen (der Upstream) und das Herunterladen (der Downstream) von Daten in einem unterschiedlichen Größenverhältnis (asymmetrisch) genutzt. Dem Downstream wird eine wesentlich größere Bandbreite zugewiesen. Das ist verhältnismäßig, da der normale Nutzer mehr Daten „herunterlädt", als er „hochlädt".

Durch die ADSL-Technik konnte das Kapazitätsproblem der „letzten Meile" gelöst werden. Dies ist die Strecke zwischen der Vermittlungsstelle und der Telekommunikationsanschlusseinheit. Für die ADSL-Technik wird gemeinsam mit dem bestehenden T-ISDN Anschluss oder dem analogen Telefonanschluss eine Kupferdoppelader als Übertragungsweg vom Netzknoten zum Kunden und zurück genutzt. Abhängig von Entfernung, Aderndurchmesser, Kabelqualität und Störeinflüssen werden folgende Bitraten erreicht:

- Downstream: 1,5 Mbit/Sek. bis 8 Mbit/Sek.

- Upstream: 128 kbit/Sek. bis 768 kbit/Sek.

Eine vorgeschaltete Weiche, ein sogenannter *Splitter*, trennt den Telefondienst von den hochbitratigen Datenanwendungen.

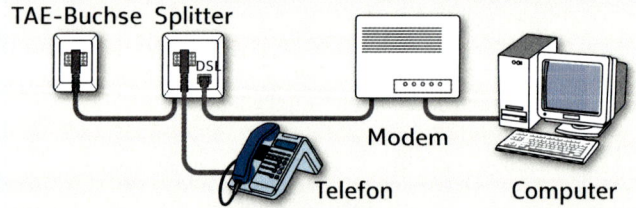

Die Abbildung zeigt den Anschluss am analogen Telefonanschluss. Beim ISDN-Anschluss müsste zwischen Splitter und ISDN-Telefon bzw. Telefonanlage noch der NTBA angeschlossen werden.

SDSL

SDSL (Symmetric Digital Subscriber Line) unterscheidet sich von ADSL durch die Zuweisung einer gleich großen Bandbreite für den Upstream und den Downstream. Damit übertragen beide Kanäle mit derselben Geschwindigkeit. SDSL hat für viele einen großen Vorteil. Wenn die Leitung zwischen einem DSL-Nutzer und der Vermittlungsstelle länger als 4,5 Kilometer ist, kann kein ADSL verwendet werden. Symmetrisches DSL (SDSL) ist oft auch dann verfügbar, wenn die Leitung zwischen dem Nutzer und der Vermittlungsstelle länger ist.

VDSL

VDSL (Very High Data Rate Digital Subscriber Line) ermöglicht noch höhere Datenübertragungsraten und damit noch umfangreichere Anwendungen als andere DSL-Standards. Damit wird eine Kombination aus Internetzugang, Fernsehen (IP-TV) in HDTV-Qualität und Telefonie (VoIP) über den DSL-Anschluss möglich. Allerdings ist die Reichweite des VDSL recht gering, mit zunehmender Länge des Kabels sinkt die Geschwindigkeit der Datenübertragung. Das VDSL-Netz wird zurzeit von der Deutschen Telekom ausgebaut und wurde in einigen deutschen Großstädten bereits in Betrieb genommen.

In manchen Gegenden ist DSL nicht verfügbar, denn die DSL-Techniken wie ADSL und SDSL können aus technischen Gründen nur mit einem Kupferkabel zur Übertragung der Daten über die Telefonleitung genutzt werden. Die Verwendung von Kupferkabel als Telefonanschluss-Kabel ist in Deutschland üblich. In einigen Gegenden (vor allem in ostdeutschen Großstädten) wurden jedoch Glasfaserkabel verlegt. Diese eigentlich modernere Technik erlaubt keinen Betrieb von DSL über die Telefonleitung. DSL-Interessierte, die nicht über ein normales Kupferkabel versorgt werden können, haben jedoch DSL-Alternativen:

– **DSL über DSL-fähige Kupferkabel**
   Die Deutsche Telekom verlegt in einigen dieser Gebiete nun zusätzlich zu dem Glasfaserkabel DSL-fähige Kupferkabel, doch diese sind zurzeit noch Einzelfälle.

– **DSL per Satellit**
   Über eine Satellitenschüssel werden Daten aus dem Internet geladen. So lassen sich hohe Ladegeschwindigkeiten erreichen, ohne dass ein kabelgebundener DSL-Anschluss verwendet wird.

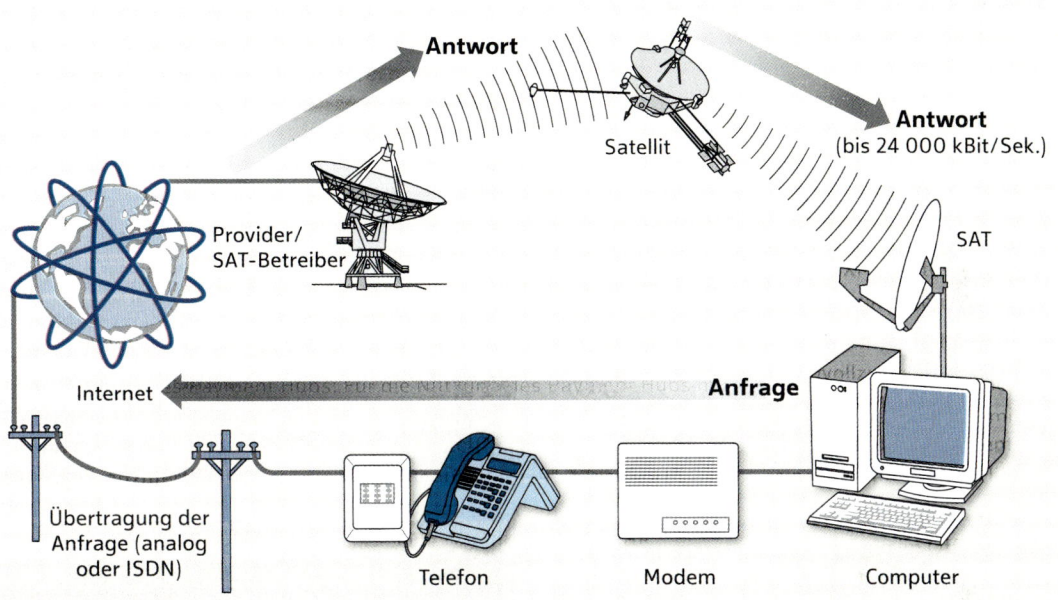

Die Verbindung per Satellit wird als Kanal für den Empfang von Daten (Download) genutzt. Entweder wird nun anbieterabhängig zusätzlich eine übliche Internet-Verbindung über einen Telefonanschluss oder Mobilfunkanschluss für den Datenversand (Upload) sowie zum Anfordern von Internet-Inhalten verwendet oder dies erfolgt ebenfalls über den Satelliten.

– **Internet und/oder Telefon per TV-Kabel**
   Nicht nur, wenn DSL nicht möglich ist, lohnt sich oft der Einstieg in das Internet über TV-Kabel. Das ist in vielen Gebieten verfügbar und es kommen stetig weitere hinzu. Auch einen Telefonanschluss liefern die Kabelanbieter. Internet und Telefon über das TV-Kabel kann ebenfalls eine Alternative zum Festnetz-Telefonanschluss sein, denn der ist für Internet und Telefon über den Kabelanschluss nicht nötig.

– **Datenübertragung per Stromkabel**
   Als neue interessante Möglichkeit der Datenübertragung ist der Aufbau eines Netzwerks über ein 230-Volt-Stromnetz mittlerweile schon sehr ausgereift.

– **Datenübertragung per UMTS**
   In den Mobilfunknetzen sind durch die Einführung des Mobilfunk-Standards UMTS (Universal Mobile Telecommunications System) Übertragungsraten möglich geworden, die mit denen des DSL vergleichbar sind. Die Mobilfunk-Anbieter offerieren mittlerweile auch Datenflatrates für die unbegrenzte Nutzung der Datenübertragung per UMTS zu einem monatlichen Pauschalpreis.

Mobilfunknetz

Das Mobilfunknetz ist das Zugangsnetz, in dem die Übertragung der Signale zwischen einer Mobilfunkantenne und Mobiltelefonen stattfindet. Diese Mobiltelefone, umgangssprachlich auch Handys genannt, haben gegenüber den Festnetzgeräten einen entscheidenden Vorteil: Sie sind tragbare Telefone, die über Funk mit dem Telefonnetz kommunizieren und daher ortsunabhängig eingesetzt werden können.

In Europa wird derzeit für digitale Mobilfunkdienste vorwiegend der Standard GSM (Global System for Mobile Communications) verwendet.

Mobilfunkstandards

Es gibt unterschiedliche Mobilfunkstandards, die sich überwiegend hinsichtlich der Geschwindigkeit der Datenübertragung unterscheiden. Für E-Commerce- Unternehmen ist dies relevant, da ihre Kunden mit Smartphones und Tablets mit SIM-Karten möglichst schnell im Internet surfen möchten. Momentan gibt es in Deutschland die Mobilfunkstandards 2G, 3G, 4G und 5G. Nicht überall sind alle Mobilfunkstandards vertreten. Ein Smartphone bzw. Tablet wählt in der Regel das bestmögliche Netz.

Das „G" in den Bezeichnungen für die Mobilfunkstandards steht für die jeweilige „Generation":

- **2G:** Dieser Standard reicht zwar für Telefongespräche vollkommen aus, im mobilen Internet kommt es mit Geschwindigkeiten von maximal 220 kbit/s zu extrem langsamen Ladezeiten. Damit ist dieser Standard für die Übertragung von Webseiten eher nicht geeignet. Erkennbar ist der Empfang durch Hinweise am Smartphone auf „EDGE" bzw. „E" oder „GPRS".
- **3G:** Dieser Mobilfunkstandard ermöglicht mit seinen Varianten das Surfen im Internet.

Varianten von 3G

UMTS	HSDPA	HSDPA+
384 kbit/s	7,2 Mbit/s	42 Mbit/s

Die Mobilfunkanbieter sind momentan dabei, 3G allmählich vom Netz zu nehmen.

- **4G:** Der Mobilfunkstandard der vierten Generation ist in Deutschland auch unter dem Namen „LTE" bekannt. Immer mehr Mobilfunkanbieter setzen auf diesen Standard. Die Geschwindigkeit liegt – je nach Situation – zwischen 300 bis 1000 Mbit/s. Dieses Netz wird weiterhin für die private Nutzung optimiert.
- **5G:** Gegenwärtig wird das 5-G-Netz aufgebaut. Erste 5-G-kompatible Smartphones sind bereits auf dem Markt. In der Theorie sind Geschwindigkeiten von bis zu 10 Gbit/s möglich.

5G sorgt nicht nur für eine erheblich schnellere Übertragung von Mobilfunkdaten, sondern dient darüber hinaus als Grundlage für die Digitalisierung vieler Lebensbereiche.

BEISPIELE

- Die 5-G-Technik ist Grundlage für die Automatisierung von Produktionsprozessen.
- Sie dient auch als Basis für autonomes Fahren, da die Echtzeitübertragung der Daten dafür unerlässlich ist.
- Gerade für den Bereich E-Commerce wichtig: Das 5-G-Netz unterstützt durch seine hohen Datenraten Virtual- und Augmented-Reality-Möglichkeiten. Über die Webshop-Seiten entstehen über die Smartphones der Kunden virtuell neue Welten, die an die reale angelehnt sein können. Bei der Augmented Reality stehen den Kunden neben den realen Wahrnehmungen Zusatzinformationen zur Verfügung, die einen unmittelbaren Bezug zum Gesehenen haben (zum Beispiel Artikelinformationen).

Der überwiegende Anteil der Mobilfunkteilnehmer sind Kunden der großen Netzbetreiber.

Ein Mobiltelefon besteht aus zwei Komponenten: dem Mobilfunkgerät selbst und dem SIM (Subscriber Identity Module).

Auf der SIM-Karte wird auch die teilnehmerbezogene Rufnummer gespeichert. Ebenso sind dort verschlüsselte Kryptogramme für Anmeldungen und Nutzerdaten untergebracht. Darüber hinaus können Kurznachrichten, Gebühreninformationen und ein persönliches Telefonregister gespeichert werden.

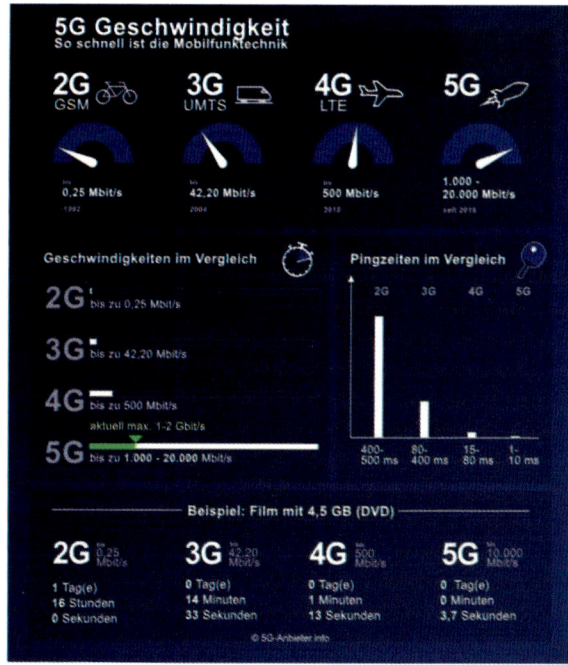

GSM-Netze werden in Europa auf den Frequenzbändern 900 MHz und 1800 MHz betrieben. Ein Dual-Band-Mobiltelefon unterstützt beide Frequenzbänder. Ein Tri-Band-Mobiltelefon kann darüber hinaus auf dem in den USA gebräuchlichen Frequenzband 1900 MHz arbeiten. Neben GSM gibt es noch den Mobilfunkstandard UMTS (Universal Mobile Telecommunications System).

Internetzugang mit Mobiltelefon		
GSM	**UMTS**	**WLAN**
Da das GSM-Netz deutschlandweit sehr gut ausgebaut ist, steht dem mobilen Internetsurfen nichts im Wege. Normale Mobiltelefone arbeiten mit dem klassischen GSM-Netz (= Global System for Mobile Communication), das ursprünglich für Telefonate und Faxe konzipiert wurde. Beim Surfen im Internet kommen aber viel größere Datenmengen zustande. Daher wurden zwei neue Übertragungsstandards entwickelt, durch die das GSM-Netz akzeptable Geschwindigkeiten für normale Internet-Anwendungen hat:	Mit einem UMTS-fähigen Mobiltelefon oder Notebook kann man ebenfalls ins Internet. UMTS (= Universal Mobile Telecommunications System) zeichnet sich durch eine schnelle Datenübertragung von bis zu 384 kbit/s aus. Durch neue Techniken (HSDPA-Standard) sind z. T. sogar Geschwindigkeiten von 1,8 Mbit/Sek. und mehr möglich.	WLAN (= Wireless Local Area Network) ist eine weitere Möglichkeit, sich einen Internetzugang mittels Mobiltelefon zu verschaffen. WLANs sind Funknetzwerke, die schnell installiert sind, über eine durchschnittliche Reichweite von 80 m verfügen und eine mittlere Datenübertragungsrate von 25 Mbit/Sek. bis 30 Mbit/Sek. haben. Jedes Unternehmen kann auf dem Firmengelände wie jeder Privatmann zu Hause mit einem DSL-WLAN-Router ein kabelloses Netzwerk einrichten.

GSM

Da das GSM-Netz deutschlandweit sehr gut ausgebaut ist, steht dem mobilen Internetsurfen nichts im Wege. Normale Mobiltelefone arbeiten mit dem klassischen GSM-Netz (= Global System for Mobile Communication), das ursprünglich für Telefonate und Faxe konzipiert wurde. Beim Surfen im Internet kommen aber viel größere Datenmengen zustande. Daher wurden zwei neue Übertragungsstandards entwickelt, durch die das GSM-Netz akzeptable Geschwindigkeiten für normale Internet-Anwendungen hat:

- Mit GPRS (= General Packet Radio Service) werden die Daten nicht als kontinuierlicher Datenstrom (GSM-Technik) versandt, sondern in kleine Datenpäckchen aufgeteilt. So kann ein Nutzer während der Sprech- und Übertragungspausen in einem Gespräch einen Dateidownload durchführen. Mobiltelefone können mit dieser Übertragungstechnik schon mit einer Geschwindigkeit von bis zu 100 kbit/Sek. Daten empfangen.

- Im Gegensatz dazu erreicht HSCSD (= High Speed Circuit Switched Data) seine maximale Datenübertragungsrate von 115,2 kbit/Sek. durch Zusammenschaltung mehrerer Kanäle. Die höhere Bandbreite ermöglicht zügige Downloads.

- Eine Technik, die häufig angewandt wird, um höhere Übertragungsgeschwindigkeiten im normalen GSM-Netz zu erzielen, ist EDGE (Data Rates for GSM Evolution).

UMTS

Mit einem UMTS-fähigen Mobiltelefon oder Notebook kann man ebenfalls ins Internet. UMTS (= Universal Mobile Telecommunications System) zeichnet sich durch eine schnelle Datenübertragung von bis zu 384 kbit/s aus. Durch neue Techniken (HSDPA-Standard) sind z. T. sogar Geschwindigkeiten von 1,8 Mbit/Sek. und mehr möglich.

UMTS-Mobiltelefone sind in der Lage, mehrere Datenströme gleichzeitig zu senden und zu empfangen. So kann man z. B. zeitgleich telefonieren und E-Mails abrufen. Aber auch mit einem Laptop ist mobile Kommunikation per UMTS möglich: Downloads, E-Mailen oder Webradio hören sind kein Problem.

Der Vorteil von UMTS ist also, dass man innerhalb des relativ gut ausgebauten Netzes mobil surfen und dank der hohen Datenrate auch aufwendige Anwendungen im Internet nutzen kann. Befindet man sich außerhalb des UMTS-Netzes (vor allem in ländlichen Gebieten oder im Ausland), können die Mobiltelefone auch auf das herkömmliche GSM-Netz zurückgreifen.

WLAN

WLAN (= Wireless Local Area Network) ist eine weitere Möglichkeit, sich einen Internetzugang mittels Mobiltelefon zu verschaffen. WLANs sind Funknetzwerke, die schnell installiert sind, über eine durchschnittliche Reichweite von 80 m verfügen und eine mittlere Datenübertragungsrate von 25 Mbit/Sek. bis 30 Mbit/Sek. haben. Jedes Unternehmen kann auf dem Firmengelände wie jeder Privatmann zu Hause mit einem DSL-WLAN-Router ein kabelloses Netzwerk einrichten.

Viele Betreiber von Cafés und Restaurants nutzen diese Möglichkeit und bieten über sogenannte WLAN-Hotspots mobile Internetzugänge an. Hotspots finden sich auch an öffentlichen Plätzen wie Bahnhöfen oder Flugplätzen. Dort kann jeder mit einem eigenen WLAN-fähigen Notebook ins Internet gehen.

Nachteile des WLAN-Internetzugangs:

- Man kann nicht überall ins Internet, sondern nur dort, wo es einen Hotspot gibt.

- Datenschutz und -sicherheit sind bei öffentlich zugänglichen Hotspots nicht unbedingt gewährleistet.

AUFGABEN

1. Unterscheiden Sie Netze und Netzwerke.

2. Führen Sie Komponenten eines Netzwerks auf.

3. Definieren Sie:
   a) LAN
   b) WAN
   c) Peer-to-Peer-Netzwerk
   d) Client-Server-Netzwerk

4. Was bedeutet es, wenn ein Server im dedicated mode läuft?

5. Was ist ein Supervisor?

6. Was ist eine Netzwerktopologie?

7. Nennen und erläutern Sie Vorteile von Netzwerken.

8. Führen Sie auf, was ein Systemverwalter für jeden Anwender festlegt.

9. Was ist ein Intranet?

10. Ermitteln Sie, welche Benutzerrechte Sie im Netz Ihrer Schule haben.

11. Gehen Sie zu den Internetadressen *https://www.arocom.de/fachbegriffe/webentwicklung/intranet* und *https://staffbase.com/blog-de/was-ist-ein-intranet/.*
    a) Klären Sie die Frage, wie sich das Intranet vom Internet unterscheidet.
    b) Erstellen Sie eine Mindmap zu den Vorteilen des Intranets.

12. Unterscheiden Sie Netze von Diensten.

13. Was bedeutet ISDN?

14. Führen Sie die Vorteile von ISDN auf.

15. Erläutern Sie DSL.

16. Welche Varianten von DSL gibt es?

17. Führen Sie Alternativen für DSL auf.

18. Welcher Standard wird für digitale Mobilfunkdienste in Europa verwendet?

19. Was versteht man unter UMTS?

20. Welche Vorteile hat der neue G5-Standard?

21. Beurteilen Sie die verschiedenen Netze nach den folgenden Kriterien:
    a) Zugangsmöglichkeiten für Privatpersonen
    b) Betreiber
    c) Kosten für den Abruf von Informationen
    d) geografische Reichweite

22. Stellen Sie fest, welche Netze
    a) bei Ihnen privat,
    b) in einem Ihnen bekannten Unternehmen genutzt werden.

23. Erläutern Sie die Vorteile des 5-G-Netzes.

ZUSAMMENFASSUNG

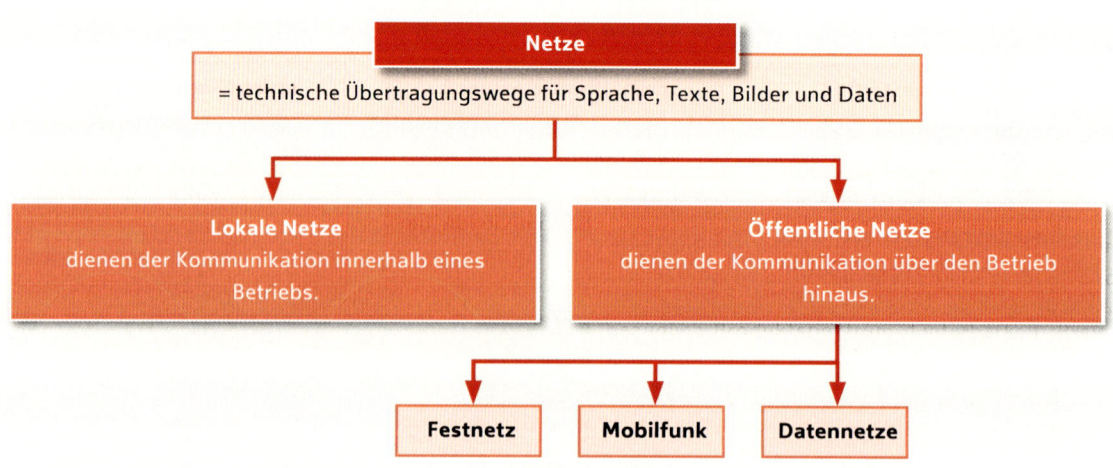

Netzwerke

= Zusammenschluss von mehreren Computern

Vorteile

- Resource-Sharing
- Data-Sharing
- Software-Sharing
- Remote-Control
- zentrale Benutzerverwaltung
- Datensicherung
- Datenschutz

Arten

unterscheiden sich durch

geografische Reichweite

- **Local Area Network (LAN):**

  Computernetzwerk in den Grundstücksgrenzen eines Unternehmens zur Vereinfachung des Datenaustausches und zur gemeinsamen Nutzung vorhandener Geräte wie z. B. Drucker oder Festplatten

- **Wide Area Network (WAN):**

  überregionale, über die Grundstücksgrenzen hinausgehende (z. T. weltweite) Netze

Funktionalität

- **Peer-To-Peer-Netzwerk:**

  Die einzelnen PCs sind im Netz gleichberechtigt.
  – gegenseitiger Zugriff
  – keine zentrale Datenverwaltung

- **Client-Server-Netzwerk:**

  Einer oder mehrere Server stellen ihre Dienste (Programme, Daten, angeschlossene Hardware) im Netz zur Verfügung. Die User an den angeschlossenen Client-Rechnern können diese Dienste nutzen, soweit ihnen Zugriffsrechte vom *Supervisor* (Netzwerkverwalter) gegeben werden.

Netzwerkarchitektur (Topologie)

- Ringstruktur
- Sternstruktur
- Busstruktur
- Baumstruktur

Intranet als Sonderform

Ein Intranet ist ein **internes** Informations- und Kommunikationsnetz z. B. eines Unternehmens, das genauso funktioniert wie das Internet.

9.13 Schnittstellen

Einstieg

Ronja Bunko hat für Herrn Hayes Informationen über neue Zahlungsarten zusammengetragen und vorgestellt. Die Exlusiva GmbH möchte möglichst alle von Kunden nachgefragten Zahlungsarten aufnehmen, um für eine große Kundenzufriedenheit zu sorgen. Ronja Bunko ist noch nicht ganz klar, wie die Anbindung der verschiedenen Zahlungsarten im Webshop erfolgt. Sie spricht Herrn Hayes daraufhin an. Dieser entgegnet ihr: „Zunächst mal müssen Ihnen drei Begriffe klar sein: ‚Schnittstelle', ‚API' und ‚Payment Provider'. Und dann können wir mit der Einbindung der neuen Zahlungsverfahren loslegen …"

Klären Sie für Ronja die Bedeutung der Begriffe: „Schnittstelle", „API" und „Payment Provider".

INFORMATIONEN

Schnittstellen verbinden Systeme, die unterschiedliche Eigenschaften haben. Mit ihnen erfolgt der Übergang von einem System in ein anderes. Eine Schnittstelle wird oft auch als **Interface** bezeichnet. Über diese wird der Datenaustausch oder die Datenverarbeitung zwischen verschiedenen Komponenten eines EDV-Systems realisiert.

Im E-Commerce-Bereich kommen Schnittstellen eine große Bedeutung zu. Sie ermöglichen eine Kommunikation sowohl zwischen Software- als auch Hardwarekomponenten.

Es gibt verschiedene Arten von Schnittstellen:

- Hardwareschnittstellen
- Benutzerschnittstellen
- Softwareschnittstellen

Hardwareschnittstellen

Hardwareschnittstellen sorgen für die Kompatibilität eines Hardwareelements mit anderer Hardware.

Einige Beispiele für externe Hardwareschnittstellen

Diese befinden sich am Gehäuse eines EDV-Geräts. Sie dienen dem Anschluss von externen Geräten an einen Computer.

Parallele Schnittstelle	Bei parallelen Schnittstellen werden in der Regel acht Datenbits (die in Nullen und Einsen zerlegten Informationen) gleichzeitig mithilfe von parallelen Leitungen übertragen. Sie werden oft noch für Anschlüsse von Druckern verwendet.	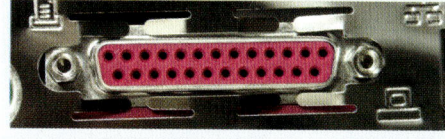
Standardversion der seriellen Schnittstelle	Die serielle Schnittstelle ist eine der ältesten Schnittstellen in der EDV. Hierbei werden die Datenbits zeitlich nacheinander über eine einzige Leitung übertragen. An eine serielle Schnittstelle kann man nur ein weiteres Gerät anschließen. Über serielle Schnittstellen werden manchmal noch Mäuse angeschlossen. Die im Folgenden aufgeführten Schnittstellenarten sind ebenfalls alle seriell.	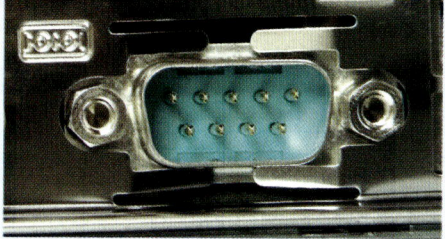

Einige Beispiele für externe Hardwareschnittstellen	
USB	USB-Anschlüsse (USB = Universal Serial Bus) wurden ursprünglich entwickelt, um die Anschlüsse von Geräten zu vereinheitlichen. Ziel war es, nach Möglichkeit nur noch eine Schnittstelle für alle Geräte zu haben. Damit ist ein USB-Anschluss sehr benutzerfreundlich. Ein USB-Hostadapter sorgt für eine selbstständige Identifikation der angeschlossenen Geräte am Computer. Es gibt drei Generationen des USB, die sich im Hinblick auf die Datenrate unterscheiden. 
FireWire	FireWire ist eine Schnittstelle, die einen schnellen Datenaustausch zwischen dem Peripheriegerät und dem Computer ermöglicht. Mit einer Übertragungsrate von bis zu 800 MBit/s eignet sich diese Schnittstelle besonders gut zur Übertragung von Bildern und Videos und zum Anschluss von Videokameras, Festplatten und DVD-Brennern. Weitere Bezeichnungen für diese Schnittstelle sind die vom Standardisierungsgremium IEEE festgelegte Name „IEEE 1394" und „iLINK". 
PCMCIA	Eine Schnittstelle speziell für Speichermedien ist PCMCIA (= PC Memory-Card International Association). Eine PCMCIA-Steckkarte wird in einen speziellen Schacht eines Computers eingeführt. Diese Schnittstelle wird hauptsächlich zum Anschluss mobiler Speicherkarten oder anderer Varianten von Karten (Netzwerkkarten/TV-Karten) verwendet.  *Eine PCMCIA-Schnittstelle nimmt eine Speicherkarte auf.*
HDMI	HDMI (= High Definition Multimedia Interface) ist eine Schnittstelle für die gleichzeitige Übertragung von Bild und Ton: Damit verbunden werden können Computer mit DVD-Playern, BluRay-Playern, Festplattenrecordern, Fernsehern oder einem Monitor. 
eSATA	Die SATA-Buchse für interne Festplatten gibt es auch in der externen Variante eSATA. eSATA überträgt Daten bis zu viermal so schnell wie USB 2.0. 

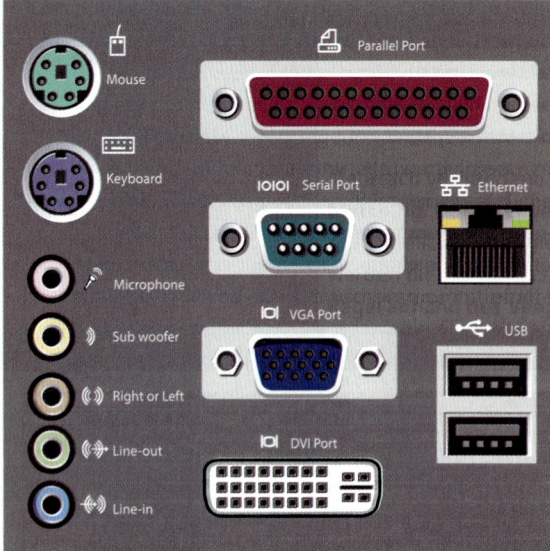

Unterschiedliche Hardware-Schnittstellen auf einen Blick

Benutzerschnittstellen

Benutzerschnittstellen ermöglichen es Menschen, mit einem Programm oder einem EDV-Gerät zu agieren. Eine typische Benutzerschnittstelle ist das **Graphical User**

Interface (GUI). Diese grafische Benutzeroberfläche von Computersystemen erleichtert deren Bedienung. Sie ist fester Bestandteil sowohl moderner Betriebssysteme als auch Anwendungsprogramme.

BEISPIEL

Ein Graphical User Interface ermöglicht Kunden eines Webshops die Verwendung von benutzerfreundlichen Eingabegeräten wie einer Maus.

Bei Onlineshop-Systemen stellt das Frontend das Graphical user interface dar. In dieser Hinsicht ist es eine visuelle Oberfläche, die die Schnittstelle zwischen dem Benutzer und der dahinterliegenden Softwarelogik (dem Backend) darstellt: Daten des Benutzers werden entgegengenommen, zur Verarbeitung an die Software weitergeleitet und am Ende wird das Resultat wieder einem Benutzer zurückgegeben. Man kann eine solche Benutzerschnittstelle auch als „Gesicht" bzw. Oberfläche einer Software bezeichnen. Im Internet wird es im Detail mittels Technologien wie **HTML** (Hypertext Markup Language), **CSS** (Cascading Style Sheets) usw. umgesetzt. Jede im Browser dargestellte Website ist also zunächst eine auf Usability ausgelegte Benutzerschnittstelle, über die der Benutzer mit der eigentlichen Software agiert.

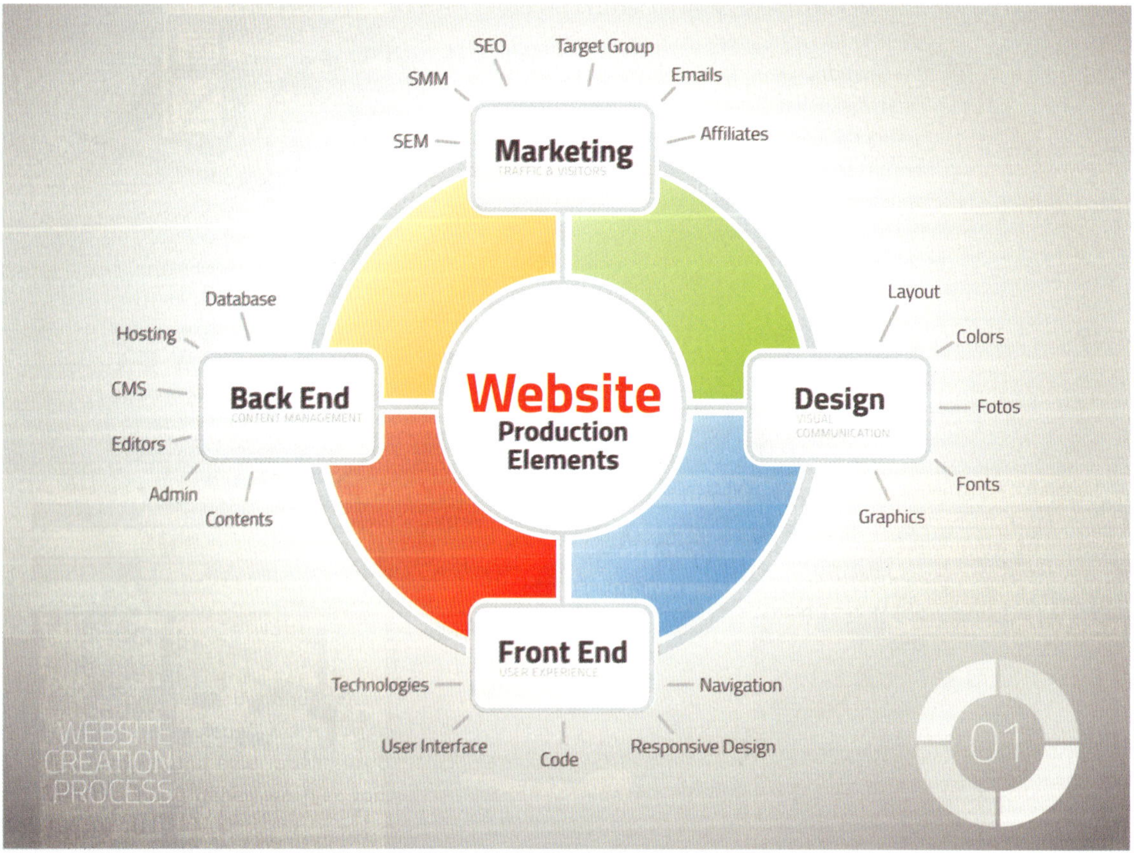

Der Zusammenhang zwischen Backend und Frontend im Gestaltungsprozess einer Webseite.

Softwareschnittstellen

Mit Softwareschnittstellen kommunizieren verschiedene unterschiedliche Programme oder Programmteile miteinander. Hier werden zum Beispiel Daten oder Kommandos ausgetauscht. Ein anderer Begriff für die Softwareschnittstellen ist Programmierschnittstellen. International am bekanntesten ist die Abkürzung **API** (Application Programming Interface). Eine API ist eine programmtechnische Lösung, durch die unterschiedliche Anwendungen miteinander kommunizieren können.

BEISPIELE

- In einem Unternehmen wird mit der Textverarbeitung des Herstellers A gearbeitet. Die im Unternehmen verwendete Datenbankanwendung kommt vom Lieferanten B. Eine Programmierschnittstelle (API) bindet nun die Daten der Textverarbeitung komfortabel in die Datenbankanwendung ein. Der Vorteil ist, dass nichts extra von den schon in die Textverarbeitung aufgenommenen Daten noch einmal in die Datenbank eingetippt werden muss.
- Über eine API lassen sich zwischen einer Shopsoftware und einem Warenwirtschaftssystem Datenbankenoperationen ausführen. Dazu gehören das Anlegen, Lesen, Aktualisieren und Löschen von Datensätzen.
- Im Gegensatz zu einer Benutzerschnittstelle kommuniziert bei einem API nicht ein Mensch mit einem System, sondern Anwendungen kommunizieren direkt miteinander. Beispielsweise bestellt Caroline Kaiser einen Drucker in einem Onlineshop. Sie selbst kommuniziert nur mit dem Shop über dessen Weboberfläche. Der Shop selbst kann aber über APIs:
  - die Bonität von Caroline Kaiser bei einer Kreditauskunft erfragen,
  - bei einer Versicherung eine Garantieverlängerung abschließen,
  - die Zahlung über Kreditkarte oder PayPal veranlassen
  - sowie einen Spediteur beauftragen.

Webshops profitieren durch Schnittstellenprogrammierung von erweiterten Funktionen ihrer Software. Falls eine Schnittstelle für ein anderes Programm angeboten wird, lässt sich auf diese Weise der Nutzen der ursprünglichen Software erhöhen.

Viele Softwareprodukte bieten darüber hinaus Import- und Exportfunktionen. Dies ermöglicht den Austausch von Daten zwischen unterschiedlicher Software. Das Programmieren und Entwickeln von Zusatzprogrammen für die Kommunikation der Softwareprodukte untereinander nennt man **Schnittstellenprogrammierung**.

Arten von APIs	Anwendung	Beispiele
Interne APIs	Sie sind für professionelle Softwareentwickler unverzichtbar. Sie kommen seitenintern zur Anwendung kommt, um den eigenen internen Webseitenaufbau zu modularisieren. Das gesamte Softwaresystem wird in möglichst viele einzelne, unabhängige Teilmodule zerlegt, die untereinander über interne APIs kommunizieren. Sie werden eingesetzt, um Komponenten und Module der Software auf der einen Seite voneinander zu trennen und auf der anderen Seite wieder zu verbinden. Das Ziel interner APIs ist es, die Modularität zu steigern und gleichzeitig dadurch die Gesamtkomplexität des Gesamtsystems zu senken.	In der Automobil- und PC-Industrie wird der Einsatz interner APIS mit vielfältigen Arbeitsteilungs-, Outsourcing- und Kombinationsmöglichkeiten belohnt.

Arten von APIs	Anwendung	Beispiele
Externe APIs	Analog zur Darbietung bestimmter Funktionen gegenüber dem Benutzer über das User Interface können diese und andere Funktionen auch über eine externe API ausgeführt werden. Externe APIs sind über das Internet zugänglich und stehen einer Vielzahl von Nutzern offen. Dies ist besonders interessant, um Inhalte weiterzuverarbeiten und Mash-ups zu erstellen. (Unter einem „Mash-up" versteht man die Erstellung neuer Medieninhalte durch die nahtlose Kombination bereits bestehender Inhalte.)	Externe APIs sind die Schnittstellen von Amazon, eBay, Facebook (Meta), PayPal und Google. Ein weiteres typisches Beispiel ist das Versenden von Tweets über Desktop-Anwendungen wie TweetDeck, wo die externe Twitter-API eingesetzt wird. Andere Beispiele sind z.B. YouTube oder Flickr. Beispiel für ein Mash-up: Anbieter von Websites können über die API von Google Maps Landkarten und Satellitenfotos auf der eigenen Website einbinden und zusätzlich mit individuellen Markierungen versehen.
Plattform-APIs	Sie bieten Schnittstellen zur Integration in eine andere Website oder Plattform. Damit können Dritte Applikationen oder Plug-ins entwickeln und diese im Rahmen der Plattform betreiben: Mit Plattform-APIs kann das User Interface eines Programms in das User Interface einer Plattform integriert werden. Ermöglicht werden kann aber auch der Zugriff auf Benutzerdaten (zum Beispiel auf den Namen des eingeloggten Kunden) oder auf andere zentrale Funktionen der Plattform. Sie bieten auch Schnittstellen zur Integration in eine andere Website oder Plattform. Damit können Dritte Applikationen oder Plug-ins entwickeln und diese im Rahmen der Plattform betreiben: Mit Plattform-APIs kann das User Interface eines Programms in das User Interface einer Plattform integriert werden. Ermöglicht werden kann aber auch der Zugriff auf Benutzerdaten (zum Beispiel auf den Namen des eingeloggten Kunden) oder auf andere zentrale Funktionen der Plattform.	Bekanntes Beispiel aus der Web-Welt ist die API von Facebook (Meta).
Authentifizierungs- und Autorisierungs-APIs	Dieser Sondertyp gewinnt immer mehr an Bedeutung: Dies sind Schnittstellen zur Authentifizierung (Identifikation) und Autorisierung (Zugriffsrechtsgewährung) von Benutzern.	Mit Facebook Connect, Google Friend-Connect oder der OpenID-Standard ist kein Aufbau eines eigenen User-Pools mehr notwendig. Die Nutzer eines Internetangebots loggen sich über eine solche Plattform ein. Dies nennt man dann auch Single Sign-On.

Web-Schnittstellen

Viele Webdienste, Webshops, Produktportale und generell Webseiten bieten APIs an, um die Anbindung verschiedenster Daten an die eigene Webseite zu ermöglichen. Eine besondere Form von APIS sind also Webschnittstellen. Diese ermöglichen die Kommunikation verschiedener Webanwendungen. Mit diesen werden Daten ausgetauscht und auf entfernten Computern Funktionen aufgerufen.

BEISPIELE

- Über eine entsprechende Schnittstelle tauschen das ERP-System und das Shopsystem der Exclusiva GmbH Bestellungen und Kundendaten aus.
- Zwischen verschiedenen externen Payment-Anbietern und dem Shop-System der Exclusiva GmbH fließen unterschiedlichste Zahlungsinformationen.

Das Shopsystem arbeitet beim Vorhandensein einer Webschnittstelle mit den Daten anderer Programme, ohne dass diese extra mühselig noch einmal eingegeben werden müssen.

BEISPIEL

Der Kunde Oliver Bernecker nutzt den Webshop der Exclusiva GmbH. Im Backend werden Informationen über ihn und die von ihm bestellten Artikel aus dem ERP-System abgerufen. Hat er zum Beispiel eine Bestellung vorgenommen, werden entsprechende Datenänderungen (unter anderem Verringerung des Lagerbestandes) unmittelbar im ERP-System vorgenommen. Diese Daten müssen nicht im Shopsystem vorgehalten bzw. extra eingegeben werden.

Das Angebot einer gut dokumentierten Programmierschnittstelle (API) kann im E-Commerce-Bereich einen erheblichen Wettbewerbsvorteil darstellen. Eine solche API, die vom Anbieter einer Software zur Verfügung gestellt wird, ermöglicht es anderen Programmanbietern, leicht Software für dieses System zu erstellen. Diese haben nun den Vorteil, mit einem leichten Datenaustausch ihres Produkts mit diesem System zu werben. Es steigt jedoch auch die Attraktivität des Ausgangssystems.

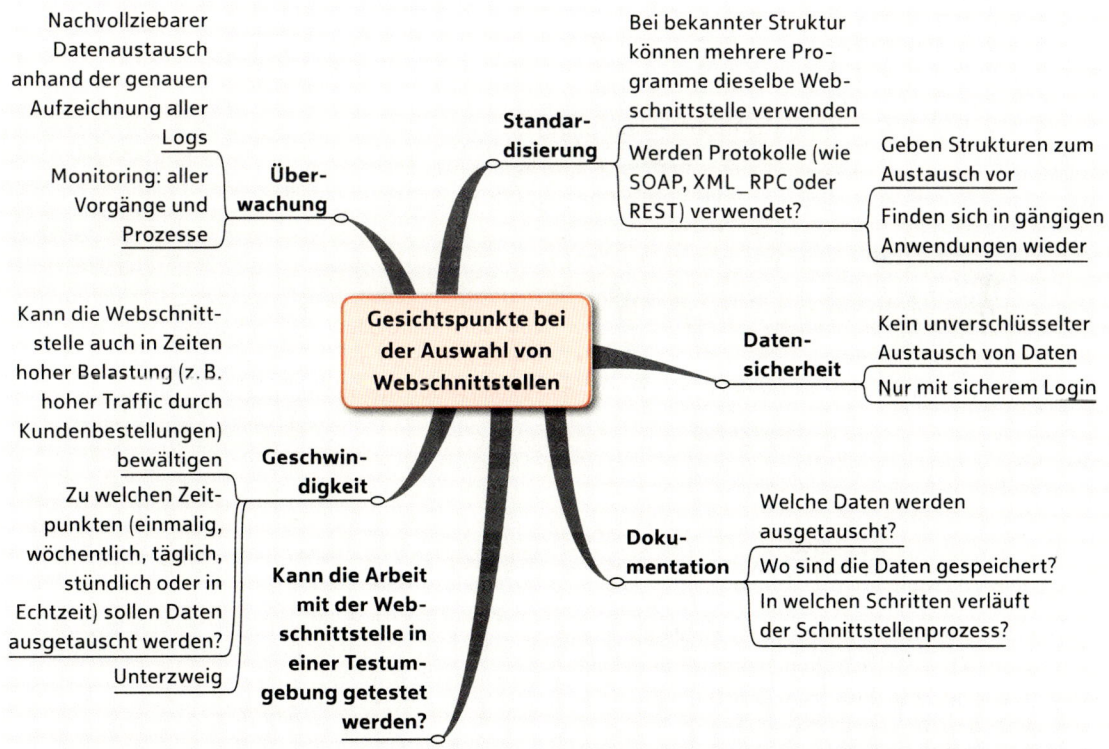

Eigenerstellung von Webschnittstellen am Beispiel der Umsetzung von Zahlungsverfahren

Möchte man als Onlinehändler in seinem Webshop alle relevanten Online-Bezahlsysteme anbieten, muss man mit jedem einzelnen Zahlungsanbieter eine Vertragsvereinbarung abschließen. Anschließend müsste der Shopbetreiber für jedes einzelne Zahlungsverfahren die technische Integration in seinen Shop selbst übernehmen: Die notwendigen Schnittstellen (APIs) wären selbst zu programmieren. Dies kann einige Nachteile haben:

- Es kann zu Fehlern, Ausfällen oder Verbindungsschwierigkeiten kommen.
- Es besteht die Möglichkeit, dass Zertifikate versehentlich abgelaufen sind.

- Ein sehr großes Problem ist die Update-Fähigkeit: Wird auf der Seite des Shops ein Update gemacht, kann es sein, dass im Anschluss die selbst programmierte Schnittstelle nicht mehr passt. Umgekehrt kann zum Beispiel ein Update des Zahlungsanbieters dazu führen, dass die Schnittstelle im Shop nicht mehr kompatibel ist und neu programmiert werden muss.
- Bei neuen Anforderungen ist sicherzustellen, dass die Schnittstelle möglichst einfach weiterentwickelt werden kann.

Die eigene Programmierung von Schnittstellen stellt also einen hohen Kosten- und Zeitaufwand dar, da jeweils eine individuelle Entwicklung der Schnittstellen für den Shop erstellt werden muss. Es ist zudem sehr schwer, ohne technisches Know-how und Fachkompetenz neueste Entwicklungen auf dem Markt zu berücksichtigen.

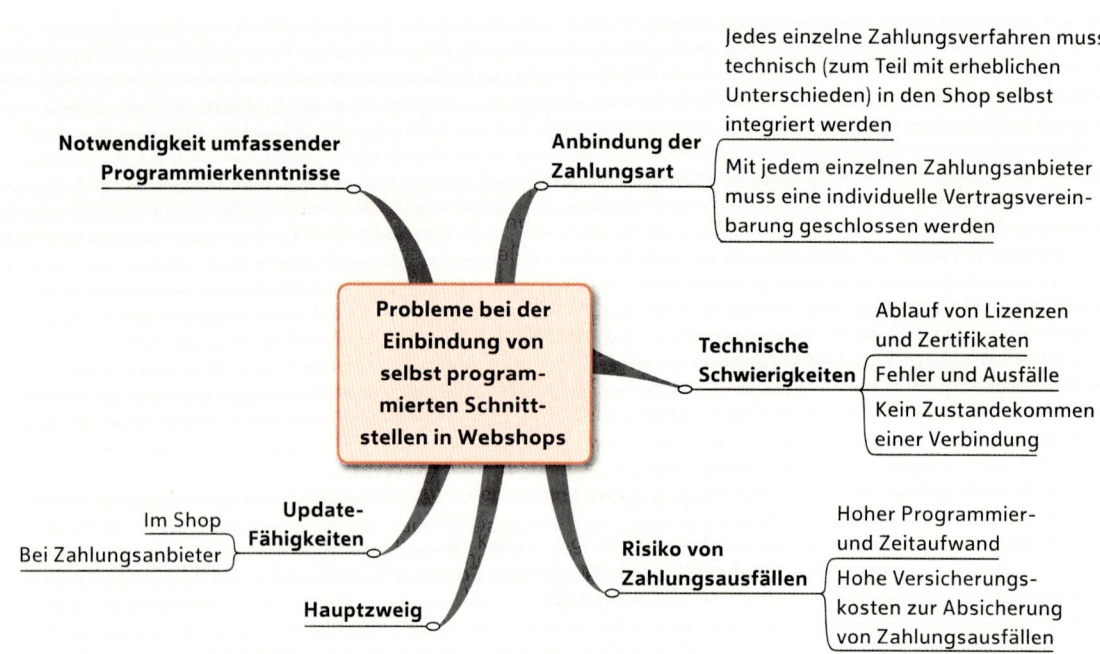

Verwendung von Schnittstellen zu Payment Service Provider

Um die vielen Nachteile der eigenen Erstellung von Schnittstellen für jeden einzelnen Anbieter von Zahlungsverfahren zu vermeiden, kann der Dienst von sogenannten **Payment Service Providern** in Anspruch genommen werden. Anstatt jedes Zahlverfahren einzeln selbst in den Onlineshop zu integrieren, kann eine Dienstleister-Schnittstelle genutzt werden. Der Dienstleister hat Verträge mit den einzelnen Online-Bezahldiensten. Durch Übernahme einer Vermittlerfunktion, erleichtert er dem Onlinehändler, die Nutzung der verschiedenen Zahlungsverfahren.

Die meisten solcher Zahlungsserviceanbieter haben bereits funktionierende Schnittstellen zu einer Vielzahl von Zahlungsanbietern. Anstatt jeden Mieter also einzeln einzubinden, muss ausschließlich der Payment Service Provider in den eigenen Onlineshop integriert werden. Alle bekannten Shopsysteme bieten bereits vorintegrierte Schnittstellen zu großen Zahlungsserviceanbietern an. Oft übernehmen die Payment Service Provider auch das Risiko für Zahlungsausfälle. Rechtlich tritt der Zahlungsserviceanbieter als Vertragspartner gegenüber dem Kunden auf. Er kümmert sich um die finanzielle Abwicklung. Das Angebot kann inklusive, in einigen Fällen aber auch kostenpflichtig sein.

AUFGABEN

1. Was versteht man unter einer Schnittstelle?

2. Erläutern Sie die Begriffe
   a) Hardwareschnittstelle

   b) Benutzerschnittstelle

   c) Programmschnittstelle.

3. Führen Sie kurz mindestens vier Arten von APIs auf.

4. Welche Art von API liegt in den beiden folgenden Fällen vor?

   a)

   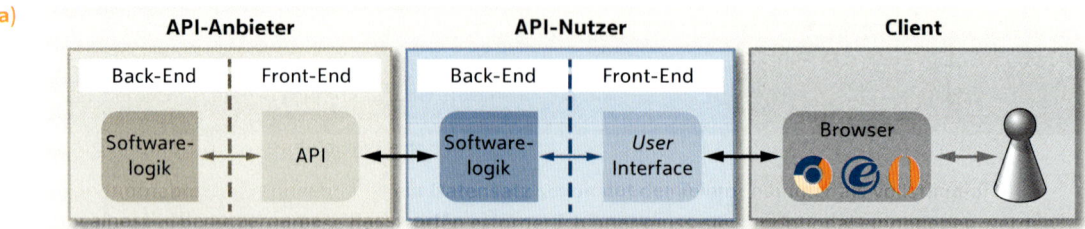

   b)

   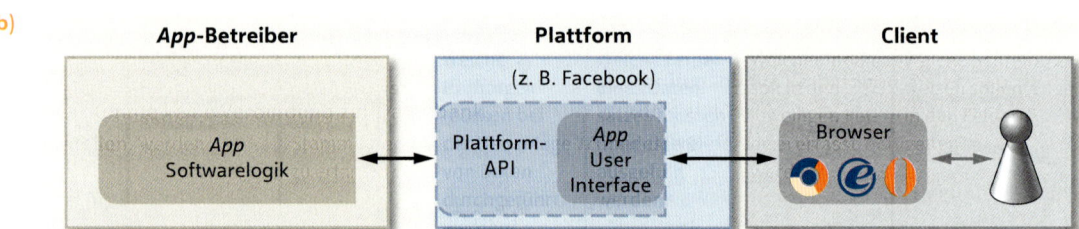

5. Welche Probleme können bei der Einbindung von Schnittstellen in Webshops auftreten?

6. Welche Bedeutung haben Programmierschnittstellen im E-Payment-Verfahren?

7. Was ist ein Payment Service Provider?

8. Wie erfolgt die Zahlungsabwicklung im E-Payment-Verfahren?

9. Sie sollen sich exemplarisch über die Möglichkeiten der Einrichtung von Zahlungsarten in einem Webshop informieren.
   Gehen Sie zur Internetadresse
   https://www.billbee.io/blog/richtige-zahlungsarten-fuer-deinen-onlineshop [16.11.2021].

   Lesen Sie sich die Seite durch. Beantworten Sie die Frage, welche Zahlungsverfahren in einem Webshop eingebunden werden können.

10. Agathe Kwasny soll über Schnittstellen Zahlungsdienstleister in das von der Exclusiva GmbH verwendete Shopsystem einbinden.
    Rufen Sie das Webshop-Programm ihrer Schule auf. Ihr Ziel ist es, dort PayPal nach den Anweisungen des folgenden Leittextes zu installieren. Gehen Sie dazu – ähnlich wie in diesem Beispiel mit der von der Exclusiva GmbH Webshop-Software – in den im folgenden genannten Schritten vor:

1. Wenn Sie auf „Admin-Zugang" geklickt haben, befinden Sie sich in der Administratoren-Ansicht und können Einstellungen vornehmen. Die Seite sieht wie folgt aus (die Zahlen können abweichen):

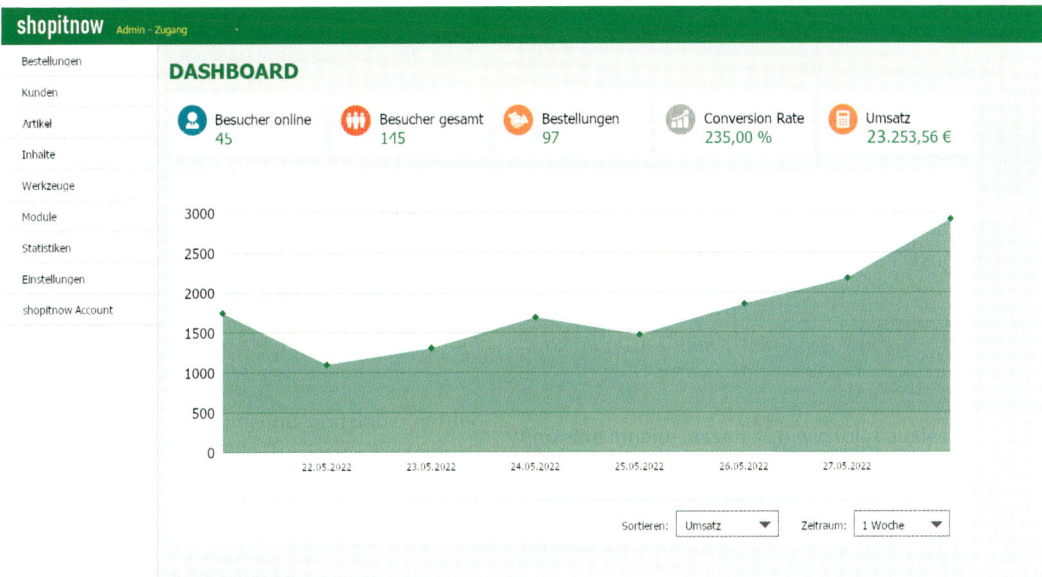

2. Wählen Sie im nächsten Schritt unter „Module" in der Seitenleiste den Unterpunkt „Zahlungsweisen" aus und klicken Sie in der sich rechts öffnenden Spalte auf „PayPal". Sie sehen die folgende Abbildung:

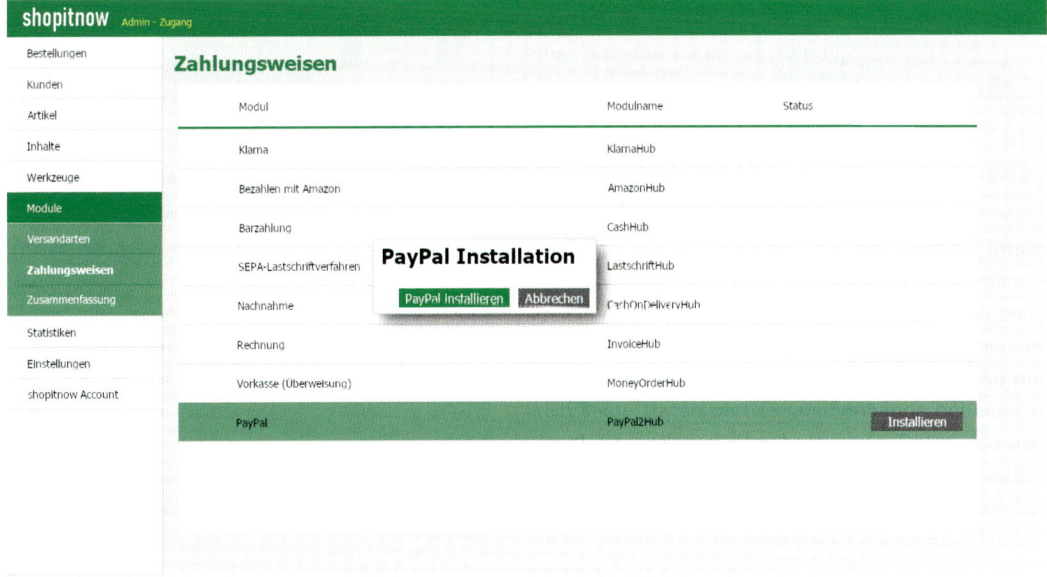

3. Klicken Sie im Fenster „Zahlungsmodul installieren" auf „ok". Es erscheint die folgende Seite, auf der verschiedene Einstellungen zu PayPal eingetragen werden können. Speichern Sie am Ende Ihre Einstellung durch Klick auf den Button „Speichern".

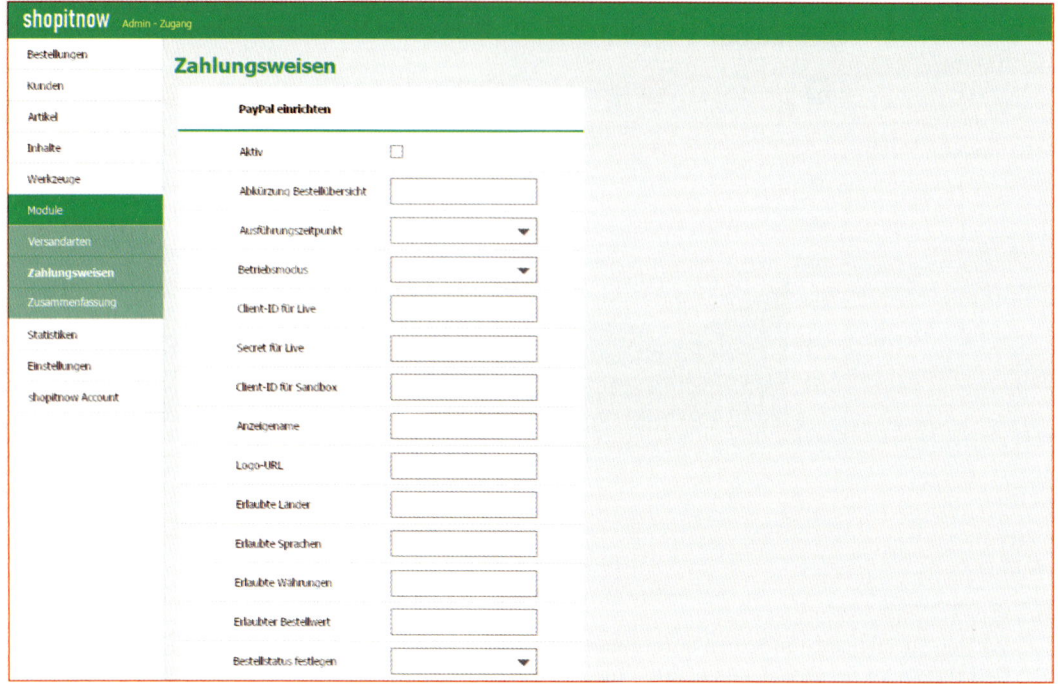

4. Sie haben nun erfolgreich die Zahlungsart PayPal im Webshop hinzugefügt. Die Seite sieht wie folgt aus:

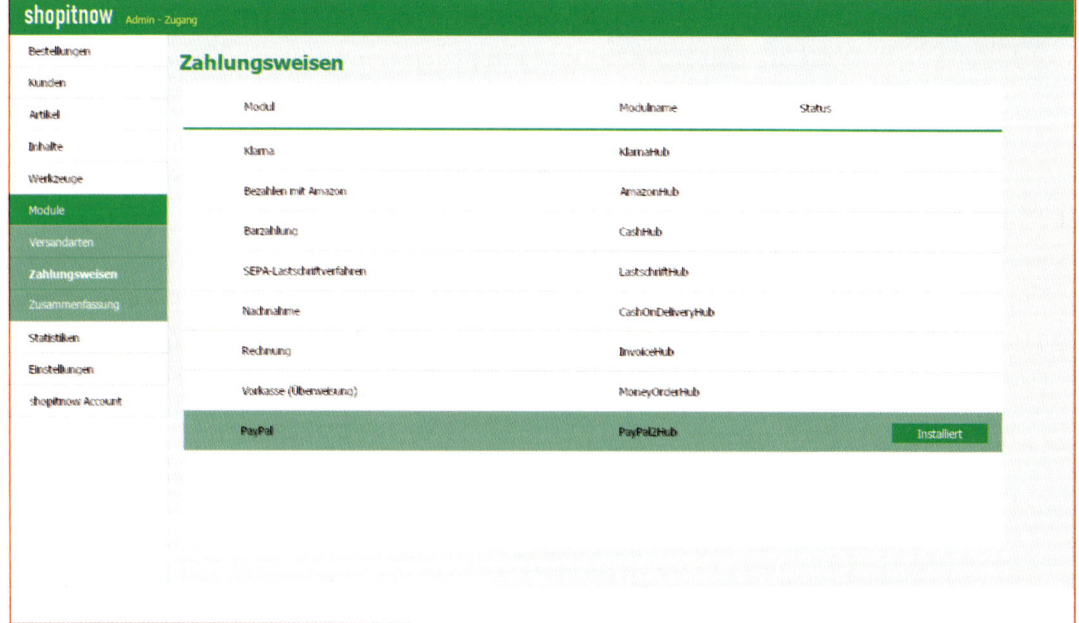

Wenn Sie auf den Stift klicken, können Sie mit dem Button „Deinstallieren" die Zahlungsweise wieder deinstallieren.

c) Installieren Sie Klarna nach dem folgenden Leittext:

1. Klicken Sie oben links auf „Admin". Sie befinden sich nun in der Administratoren-Ansicht und können Einstellungen vornehmen. Die Seite sieht wie folgt aus (die Zahlen können andere sein):

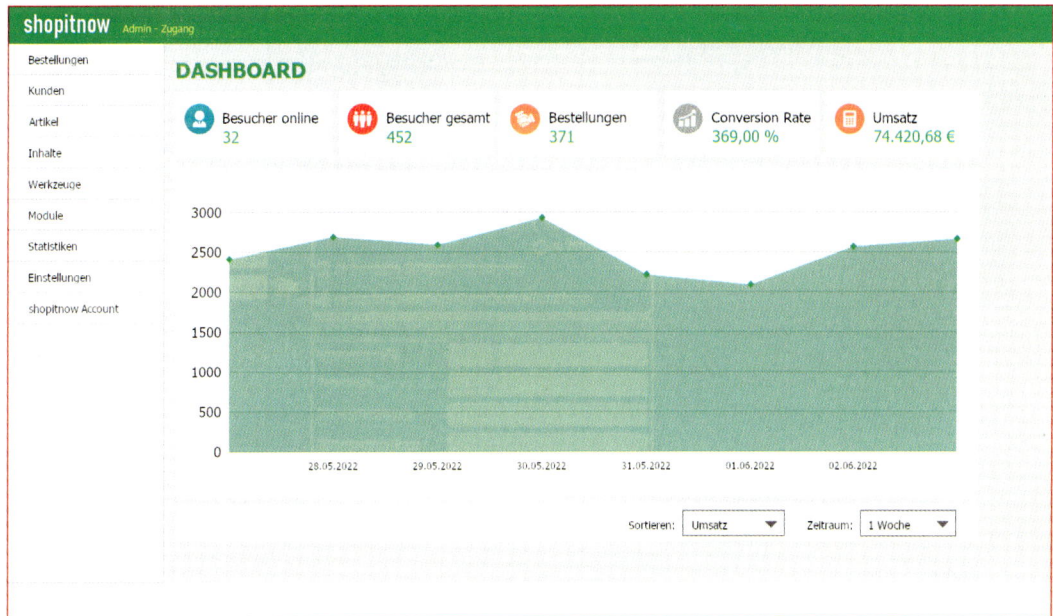

2. Anmeldung des Payment Hubs: Für die Nutzung des Payment Hubs muss der Shop am Hub angemeldet werden. Die Anmeldung können Sie in „Admin-Zugang" vornehmen. Die Seite sieht wie folgt aus (mit Ihren Anmeldedaten):

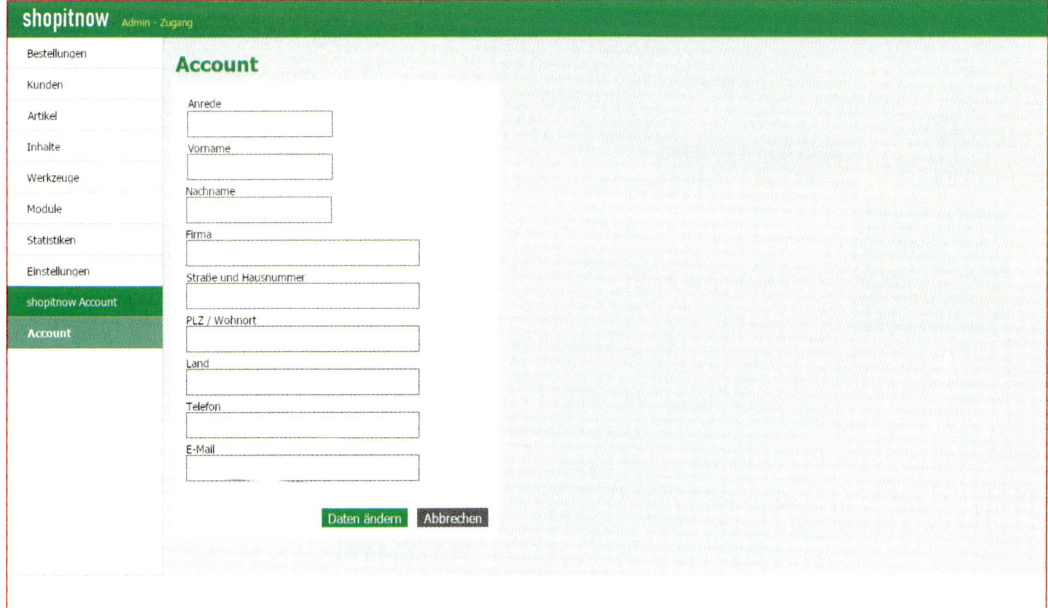

Sie sind nun mit dem Payment Hub verbunden und können hier den Payment Service Provider Klarna installieren, der die Zahlungsweisen *Softkauf, Rechnung, Ratenkauf* und *Lastschrift* anbietet. Dies sehen Sie in der folgenden Abbildung.

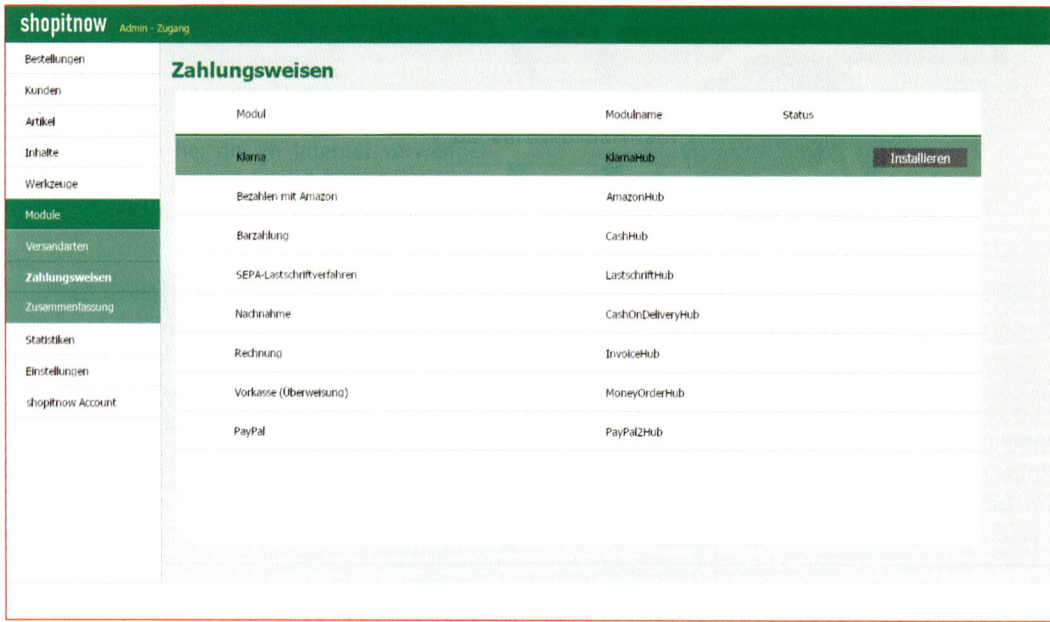

3. Sie können nun den Payment Service Provider Klarna im Webshop installieren, indem Sie auf „Installieren" klicken. Im nächsten Schritt müssen für die Klarna-Registrierung alle abgefragten Informationen eingetragen werden, damit man für Klarnas Zahlarten freigeschaltet wird. Sie sehen die folgende Abbildung im Webshop:

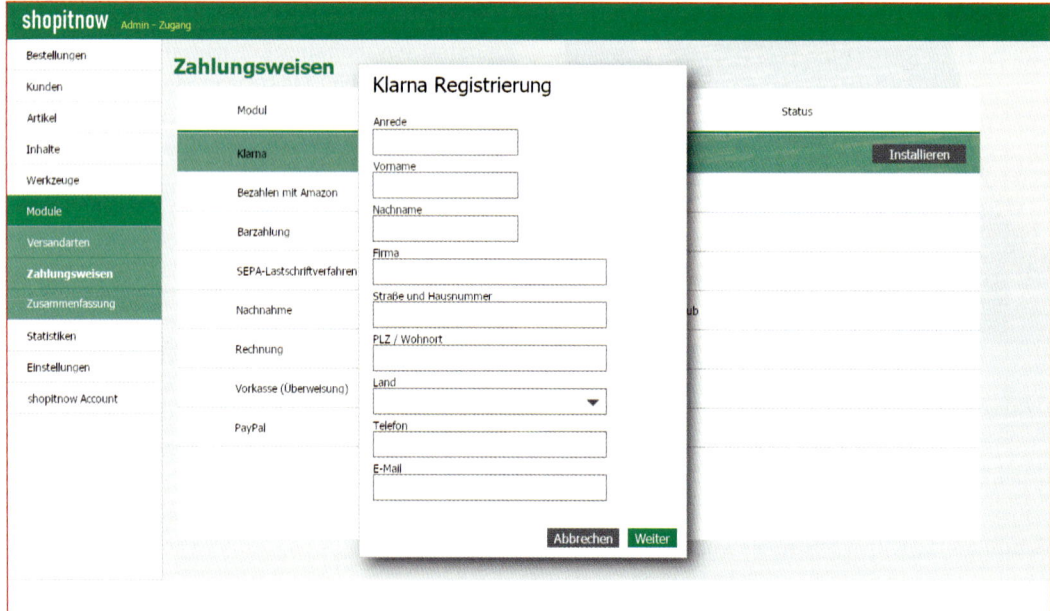

(Hinweis: Wenn Sie nur testen wollen, können Sie die Registrierung oft auch überspringen.)

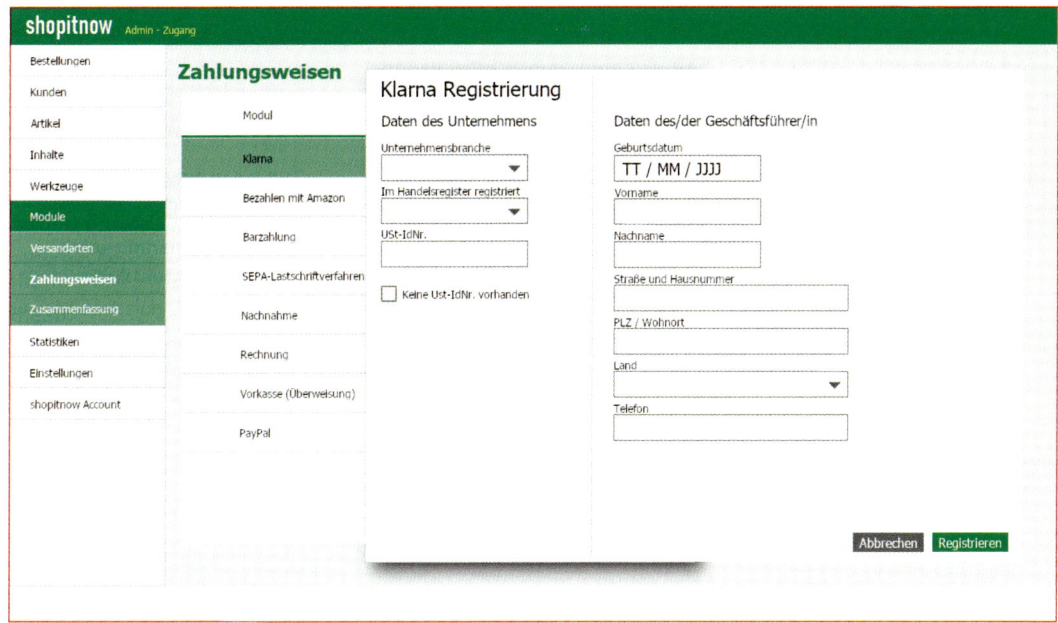

4. Im nächsten Schritt werden die Klarna Zahlungsweisen ausgewählt. Die Seite sieht wie folgt aus:

5. Klarna verarbeitet nun die Daten und erstellt ein extra Klarna Konto, damit zukünftig alle ausgewählten Zahlungsarten darüber abgewickelt werden können. Die Darstellung der Module im Bestellvorgang können dann etwa wie folgt aussehen.

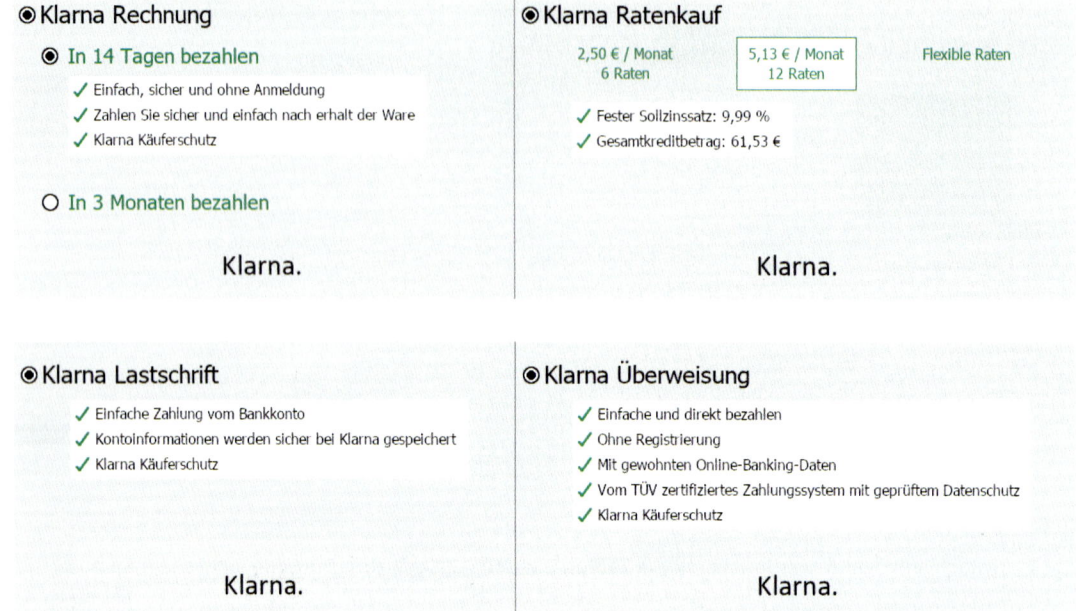

ZUSAMMENFASSUNG

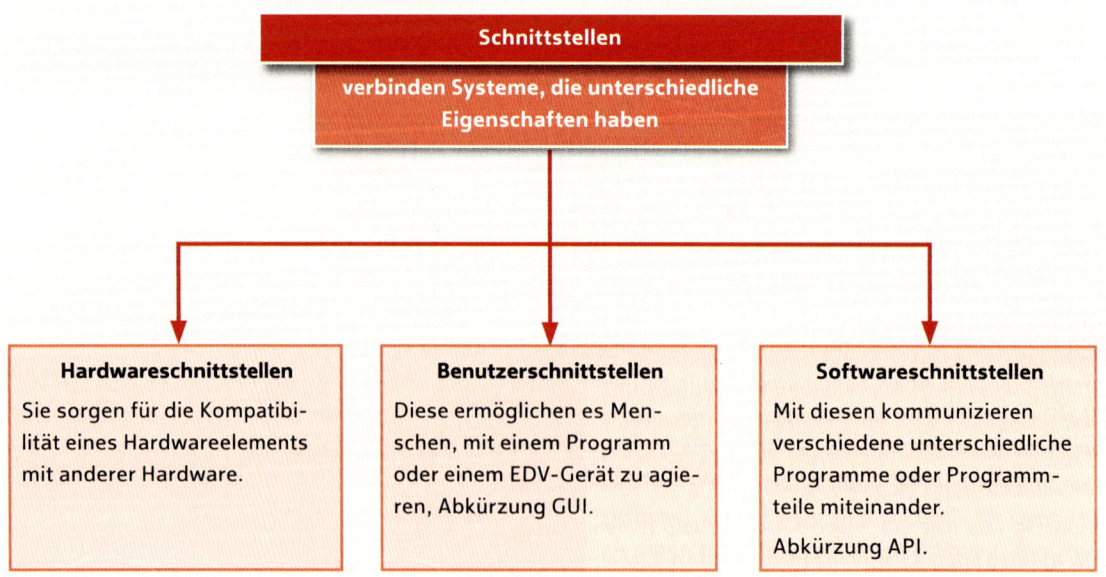

9.14 Verwendung von Datenbanken

Einstieg

Im Rahmen der Sortimentsveränderung sollen neue Artikel in den Onlineshop aufgenommen werden. Ronja Bunko und Tacdin Akay haben die Zeit bis zur Mittagspause damit verbracht, entsprechende Produktbeschreibungen für die neue Ware zu erstellen, die dann in den Onlineshop eingepflegt werden sollen.

Ronja Bunko:

„Puh, das war eine ganz schöne Arbeit. Aber endlich sind alle Texte fertig. Aber die richtige Arbeit fängt jetzt wahrscheinlich erst an."

Tacdin Akay:

„Wie meinst du das?"

Ronja Bunko:

„Nun, die ganzen Produktbeschreibungen müssen ja jetzt noch in den Onlineshop übertragen werden. Herr Fritz hat uns ja erst erklärt, dass sich die ganzen Inhalte einer Webseite in der Programmierung verbergen. Dann müssen wohl auch alle neuen Artikel erst mal in die Programmierung eingetragen werden."

Tacdin Akay:

„Ich glaube, das geht einfacher. Im Betrieb nutzen wir für viele Sachen ja auch Datenbanken. Zum Beispiel kommen im Personalwesen ja immer neue Mitarbeiter hinzu oder alte gehen. Und da wird ja auch nicht jedes Mal das Programm umgeschrieben. Ich nehme an, dass der Onlineshop auch eine entsprechende Datenbank besitzt."

Erklären Sie, welche Vorteile die Verwendung von Datenbanken für einen Onlineshop bringt.

INFORMATIONEN

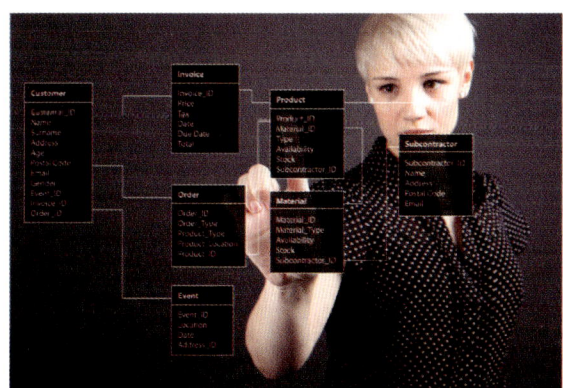

Die **Aufgabe einer Datenbank** ist es, große Mengen an Daten zu speichern und zu verwalten. Bedingung dafür ist, dass die Daten

- trennscharf (d. h. ohne Verwechslungsmöglichkeit),
- dauerhaft und
- schnell abrufbar

gespeichert sind.

Dabei setzt sich eine Datenbank aus zwei Teilen zusammen:

- zum einen aus den eigentlichen Daten (z. B. Produktnummer, Produktname, Produktabbildung, Produktbeschreibung usw.) und
- zum anderen dem Datenbankmanagementsystem, das die Aufgaben der Verwaltung übernimmt.

Damit eine Datenbank entsprechend effizient arbeiten kann, muss bei der Erstellung berücksichtigt werden, welche Daten benötigt werden. Zu Beginn muss also der **Zweck einer Datenbank** festgelegt werden. Ein Onlineshop benötigt z. B. eine Vielzahl von Daten über die angebotenen Produkte, den Lagerbestand, die Kunden und die getätigten Bestellungen. Datenbanken haben hierbei den Anspruch, sich an der realen Welt zu orientieren. Das heißt alle Daten, die in der realen Welt bzgl. des Themas anfallen würden, sollten auch in der Datenbank gespeichert werden. Dazu gehören z. B. die Adresse des Kunden, die gewünschten Produkte, Lieferkonditionen usw. Soll nun eine entsprechende Datenbank für den Onlinevertrieb erstellt werden, so sollte sich daran orientiert werden, welche Daten auch bei einem Bestellvorgang im stationären Handel benötigt werden.

Die Daten, die in der Datenbank abgespeichert werden, können von dem Nutzer frei bestimmt werden und werden meist beim Einrichten der Datenbank festgelegt. Gute Datenbanksysteme lassen aber auch zu, dass später noch zusätzliche Daten eingebunden werden können, wenn sie nötig werden. Während der Nutzer also bei der Wahl der Daten relativ frei ist, sind die Funktionen des Datenbankmanagementsystems vom Programmierer festgeschrieben. **Datenbankmanagementsysteme** verwalten Datenbanken, indem sie die Daten abspeichern, aufrufen und bearbeiten, aber auch, indem sie einzelne Inhalte miteinander verknüpfen.

Relationale Datenbanken

Wie Daten in einer Datenbank abgespeichert werden und wie sie miteinander in Beziehung gesetzt werden, hängt stark von der jeweiligen Art der Datenbank ab. Häufig wird in der Praxis eine relationale Datenbank verwendet.

Eine relationale Datenbank erfüllt dabei folgende Bedingungen:

- Alle Daten werden in Tabellen gespeichert.
- Jede Zeile der Tabelle enthält dabei genau einen Datensatz.
- Alle Tabellen müssen mindestens einen gemeinsamen Wert aufweisen, damit sie verknüpft werden können.
- Die einzelnen Tabellen müssen möglichst ähnlich aufgebaut sein.
- Über Verknüpfungen lassen sich entsprechende Berichte ausgeben.

BEISPIEL

Ronja Bunko kauft eine Stereoanlage in einem Onlineshop. Über ihre Kundennummer wird die Bestellung mit ihren Kundendaten und über die Artikelnummer mit den Warendaten verknüpft.

Eine relationale Datenbank wird in der Regel nach dem **Entity-Relationship-Modell (ERM)** aufgebaut. Dabei werden einzelne Objekte (= Entities) miteinander in Beziehung (= Relationship) gesetzt. Auf diese Weise können in der Praxis z. B. alle Waren mit den dazugehörigen Bestellungen und Käufern verknüpft werden.

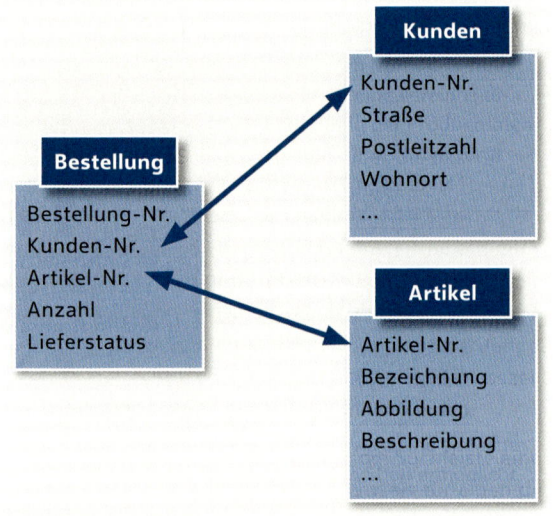

Entity-Relationship-Modell (ERM)

Dabei lassen sich drei Arten von Beziehungen unterscheiden:

1:1-Beziehung	**1:n-Beziehung**	**m:n-Beziehung**
Es besteht immer genau eine Beziehung zwischen einer Entity der ersten Tabelle und einer Entity der zweiten Tabelle.	Es besteht eine Beziehung zwischen einer Entity der ersten Tabelle und mehreren Entities einer zweiten Tabelle.	Es bestehen mehrere Beziehungen zwischen den Entities der ersten Tabelle und den Entitites der zweiten Tabelle.

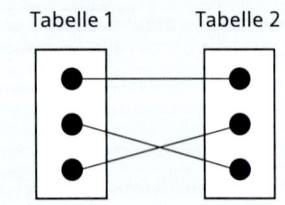

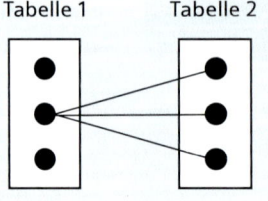

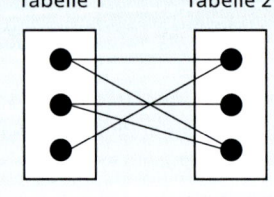

BEISPIEL

Ein Kunde bestellt genau ein Produkt.

BEISPIEL

Ein Kunde kauft mehrere, verschiedene Produkte ein.

BEISPIEL

Mehrere Kunden kaufen mehrere, verschiedene Produkte ein.

Die Beziehungen zwischen den Tabellen einer Datenbank werden über sogenannte **Schlüssel** erstellt. Ein Schlüssel stellt dabei einen Wert innerhalb eines Datensatzes dar, mit dem der Datensatz klar identifiziert werden kann. Als Schlüssel eignen sich z. B. Artikelnummer oder Kundennummer, da diese nur ein einmalig vergeben werden und daher immer klar einem Datensatz zugeordnet werden können.

Unterschieden wird dabei nach Primärschlüsseln und Sekundärschlüsseln. Ein **Primärschlüssel** ist dabei ein Schlüssel, mit dem in einer Tabelle ein einzelner Datensatz klar identifiziert werden kann. Zum Beispiel hat jede Bestellung eine Vorgangsnummer, die einmalig ist. Ein **Sekundärschlüssel** enthält einen Verweis auf den Primärschlüssel einer anderen Tabelle. Die Bestellung enthält als Sekundärschlüssel z. B. die Kundennummer, damit sie zweifelsfrei mit einem bestimmten Kunden verbunden werden kann, dessen Daten in einer anderen Tabelle stehen. Über die Beziehung zwischen diesen Schlüsseln können neben der Bestellung auch gleich die Kundendaten (z. B. Anschrift) aus der Tabelle mit den Kundendaten aufgerufen werden.

Eine Datenbank mit Microsoft Access erstellen und verwalten

Eine Möglichkeit, eine relationale Datenbank zu erstellen, bietet das Programm Microsoft Access, das im Microsoft Office Paket enthalten ist. Da die Anwendung im Offlinebereich stattfindet, benötigt Access keine Internetverbindung. Es kann für Datenbanken im internen Firmennetzwerk oder auch nur auf einem einzelnen Rechner verwendet werden.

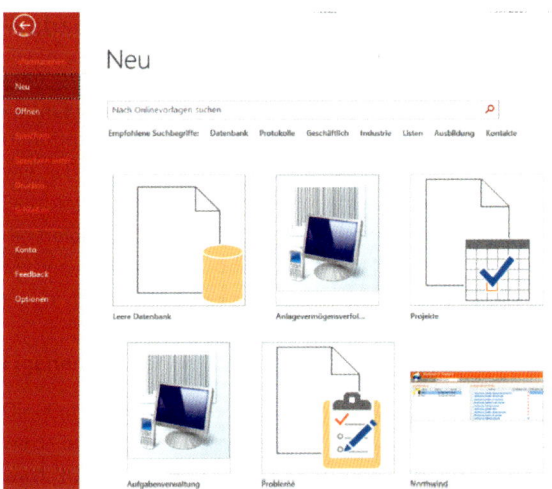

Beim Öffnen von MS Access erhalten wir unter dem Menüpunkt „Neu" eine Auswahl an verschiedenen Vorlagen. Um die Funktionsweise von MS Access näher zu betrachten, beschäftigen wir uns an dieser Stelle nur mit der leeren Datenbank (erster Punkt) ohne spezielle Vorlagen.

Im nächsten Fenster werden dann der Name der Datenbank sowie der Speicherort angegeben. Wenn dies erledigt ist, wird mit einem Klick auf die Schaltfläche „Erstellen" die neue Datenbank angelegt.

Der folgende Bildschirm öffnet die Arbeitsoberfläche von Excel. Dabei ist der Arbeitsbereich in verschiedene Bereiche geteilt. Im oberen Bereich befindet sich die Titelleiste ❶, darunter folgt das Register ❷. Unter dem Register findet sich das Menüband ❸. Darunter befindet sich auf der linken Seite der Navigationsbereich ❹. In diesem Bereich lassen sich sämtliche Tabellen finden, die Teil der Datenbank sind. Daneben auf der rechten Seite befindet sich die Seite mit den zurzeit ausgewählten Objekten ❺. Hier werden z. B. die Inhalte der Tabellen angezeigt und können bearbeitet werden.

Um die erste Tabelle in unserer Datenbank zu erstellen, haben wir zwei Möglichkeiten:

- Zum Anlegen einer neuen Tabelle können wir die automatisch erstellte **Tabelle 1 aus dem Navigationsbereich** nutzen und entsprechend anpassen. Dazu klicken wir die Tabelle 1 mit der rechten Maustaste an und wählen dann „Entwurfsansicht" aus dem Kontextmenü. Im nächsten Dialogfenster soll die entsprechende Tabelle benannt werden. Als Name sollte ein möglichst aussagekräftiger Titel gewählt werden. In diesem Beispiel werden wir eine Tabelle mit Kundendaten erstellen, daher verwenden wir als Name „Kunden".
- Wir können auch eine komplett neue Tabelle erstellen. Dazu klicken wir im Register auf **Erstellen**. Dort wählen wir **Tabellenentwurf** aus.

Im nächsten Schritt legen wir die Grundstruktur der Tabelle fest. Wir geben an, welche Werte zukünftig an welcher Stelle hinterlegt werden. Der **Feldname** gibt die entsprechende Spaltenbezeichnung in der fertigen Tabelle an. Der **Felddatentyp** legt fest, welche Werte in den entsprechenden Spalten hinterlegt werden können. Die **Beschreibung** ist optional. Hier können zusätzliche Informationen zu den einzelnen Feldern angegeben werden. Dies ist besonders nützlich, wenn mehrere Leute mit einer Datenbank arbeiten und so bestimmte Inhalte näher erläutert werden können.

Mit Rechtsklick auf den entsprechenden Feldnamen lässt sich ein Feld als Primärschlüssel festlegen. Dieser wird anschließend als Schlüssel links daneben dargestellt.

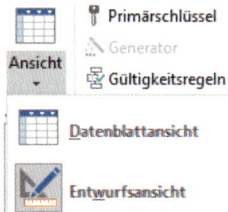

Bei dem Felddatentyp stehen verschiedene Möglichkeiten zur Auswahl:

- Kurzer Text: In diesem Feld kann ein Text mit max. 255 Zeichen eingeben werden.
- Langer Text: In diesem Feld kann ein Text mit max. 32 000 Zeichen eingeben werden.
- Zahl: In diesem Feld werden numerische Werte in einem Wert zwischen -2^{31} bis $2^{31}-1$ gespeichert.

- Große Ganzzahl: In diesem Feld werden numerische Werte in einem Wert zwischen -2^{63} bis $2^{63}-1$ gespeichert.
- Datum/Uhrzeit: In diesem Feld werden Datum- und Uhrzeitangaben gespeichert.
- Währung: Dieser Datentyp enthält eine numerische Angabe von Geldbeträgen. Dabei kann der Betrag auf bis zu vier Dezimalstellen genau gespeichert werden.
- Autowert: Ein Wert, der automatisch beim Erstellen eines neuen Datensatzes von Access festgelegt wird. Er dient der automatischen Nummerierung und vergibt keine Nummer doppelt, sodass er meist für Primärschlüssel verwendet wird.
- Ja/Nein: In diesem Feld können nur Wahrheitswerte gespeichert werden.
- OLE-Objekt: Hier können Bilder, Diagramme oder ähnliche Objekte aus anderen Windows-Anwendungen eingefügt werden.
- Link: In diesem Feld wird eine Verknüpfung zu einer Adresse im Internet angegeben. Zum Beispiel kann so die Firmenwebseite eines Lieferanten hinterlegt werden.
- Anlage: Hier können zusätzliche Daten bis max. 2 GB angefügt werden.
- Berechnet: Dieses Feld dient zur Darstellung eines Rechenergebnisses. Das Feld muss dabei in Bezug zu zumindest einem weiteren Feld der Tabelle stehen.
- Nachschlage-Assistent: Mit dem Nachschlage-Assistenten lässt sich ein Nachschlagefeld mit Drop-Down-Menü erstellen.

Unter **Ansicht** wechseln wir nun zurück in die Datenblattansicht. Wurde die Tabelle noch nicht benannt, öffnet sich ein Dialogfeld, in dem eine Benennung gefordert wird. Zeitgleich wird die Tabelle abgespeichert. Sollten wir zu einem späteren Zeitpunkt weitere Veränderungen vornehmen müssen, so kann jederzeit wieder in die Entwurfsansicht gewechselt werden. Nun kann die Tabelle mit den entsprechenden Datensätzen gefüllt werden.

Kundennum ▾	Nachname ▾	Vorname ▾	Anrede ▾	Straße ▾	Hausnumm ▾	Ort ▾	Postleitzahl ▾	Telefon ▾
1 Muster	Frank	Herr	Musterstraße	4	99999	Musterhausen	01111/123456
2 Beispiel	Anja	Frau	Beispielstraße	9	99999	Musterhausen	01111/654789
3 Meier	Manfred	Herr	Musterweg	1	99999	Musterhausen	01111/56789
4 Kwasny	Agathe	Frau	Wiesenweg	23	99999	Musterhausen	01111/23456
5 Tacdin	Akay	Herr	Beispielweh	15	99999	Musterhause	01111/512489

Um nun entsprechende Beziehungen zwischen verschiedenen Tabellen anzulegen, richten wir noch eine Tabelle mit den Artikeln und eine Tabelle für Bestellungen ein. Zur Vereinfachung gehen wir hier von einer 1:1-Beziehung aus. In der Praxis ist es empfehlenswert, die bestellten Artikel in einer separaten Tabelle abzubilden, statt sie direkt bei der Bestellung zu erfassen, um damit eine m:n-Beziehung zu ermöglichen.

Artikelnumi	Artikelbeze	Warengrupp	Artikelbescl	Einzelpreis	Umsatzsteu	Lagerbestar
1 Kaffeetasse	Küchenbedarf	Schöne Kaffee	11,99 €	19	10
2 Küchenschürze	Küchenbedarf	Designer Schü	14,99 €	19	20
3 Backformen	Küchenbedarf	Backformen in	6,90 €	19	15
4 Ofenhandschu	Küchenbedarf	Ofenhandschu	8,99 €	19	8
5 Schwammset	Küchenbedarf	5x Schwämme	1,99 €	19	35
6 Gewürzregal	Küchenbedarf	Set aus typisch	29,99 €	19	12
7 Küchenwaage	Küchenbedarf	Küchenwage n	31,99 €	19	40

Bestellnumi	Bestelldatui	Kundennun	Artikelnumi	Anzahl	Lieferausgai
1	10.10.2018	3	5	3	☑
2	18.10.2018	1	2	5	☑
3	22.10.2018	1	4	1	☐
4	23.10.2018	4	1	3	☐
5	24.10.2018	2	3	2	☐

Um Tabellen in Access miteinander zu verknüpfen, müssen entsprechende Beziehungen zwischen diesen angelegt werden. Dazu werden die Primär- und Sekundärschlüssel verwendet. Wenn wir uns die Tabelle mit den Bestellungen ansehen, so sind jeweils die Kundennummer und die Artikelnummer Sekundärschlüssel, da sie auf entsprechende Primärschlüssel der jeweils anderen Tabellen verweisen (z. B. stellt die Kundennummer in der Kundentabelle den Primärschlüssel dar).

Unter den Datenbanktools befindet sich die Schaltfläche „Beziehungen".

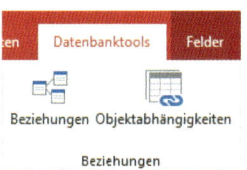

Wenn wir diese anklicken, öffnet sich ein Dialogfenster, in dem wir die Tabellen auswählen können, die wir in Beziehung setzen wollen. Da wir die Bestellungen sowohl mit den Artikeln als auch mit den Kunden verknüpfen wollen, wählen wir alle drei entsprechenden Tabellen aus (Strg und Linksklick auf die Tabellen). Danach schließen wir das Fenster, indem wir auf **Hinzufügen** klicken.

Die Datenfelder der einzelnen Tabellen werden uns nun nebeneinander angezeigt. Der jeweilige Primärschlüssel ist dabei mit einem Schlüsselsymbol versehen. Eine Beziehung zwischen den Tabellen erstellen wir, wenn wir mit der linken Maustaste unter „Bestellungen" die Kundennummer anklicken und mit gedrückter Maustaste auf die Kundennummer unter „Kunden" ziehen.

Daraufhin öffnet sich ein neues Dialogfenster.

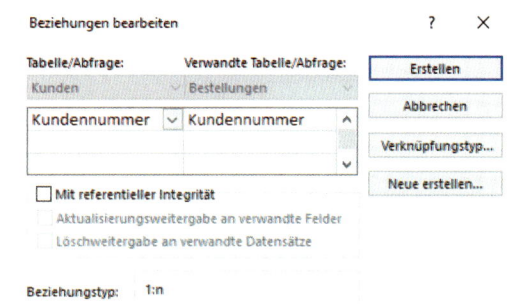

Hier wird noch einmal die Verknüpfung angezeigt. Mit einem Klick auf „Erstellen" wird die entsprechende Beziehung angelegt. Dasselbe wiederholen wir mit der Artikelnummer. Die angelegten Beziehungen werden innerhalb Access über eine schwarze Verbindung zwischen den Tabellen angezeigt.

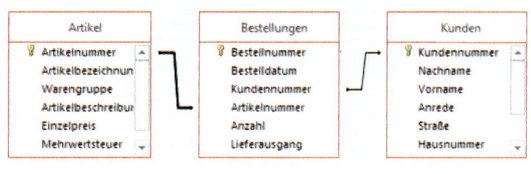

Über die Verknüpfung der Tabellen können wir mit Access nun z. B. Abfragen durchführen. Abfragen sind nützlich, wenn man sich z. B. alle Bestellungen eines Kunden ansehen oder auch speziell Bestellungen herausfiltern will, die noch nicht versandt wurden. Dazu gehen wir unter **Erstellen** auf den **Abfrageentwurf**.

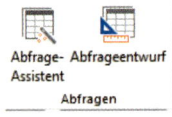

Abfrage-Assistent   Abfrageentwurf

Abfragen

Als Erstes werden wir wieder aufgefordert, die nötigen Tabellen auszuwählen. Wir wählen in diesem Fall wieder die drei Tabellen *Kunden, Bestellungen* und *Artikel* aus.

Im oberen Teil der rechten Arbeitsfläche werden nun wieder die Beziehungen zwischen den einzelnen Tabellen angezeigt. Wurden diese bisher nicht angelegt, können sie auch hier noch erstellt werden.

Im unteren Teil der Arbeitsfläche können wir nun festlegen, welche Daten wir abfragen wollen und welche Daten uns davon angezeigt werden sollen. Dazu klicken wir auf die leere Fläche neben „Feld" und wählen die entsprechenden Datenfelder aus. Die Tabelle, aus welcher die Daten stammen, wird dabei von Access automatisch ergänzt. Über die Sortierung können wir festlegen, in

welcher Reihenfolge uns später die jeweiligen Daten innerhalb der Abfrage angezeigt werden. Standardmäßig verwendet Access hier die aufsteigende Sortierung, d. h. es werden die Datensätze beginnend mit der kleinsten Nummer angezeigt. Wird der Haken bei „Anzeigen:" entfernt, so wird das Feld zwar ausgelesen, aber nicht bei den Ergebnissen mit angezeigt.

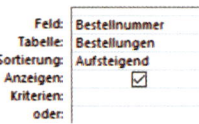

Bei Kriterien können wir ein Suchkriterium eingeben, um die Ergebnisse zu filtern. Wenn wir bei der Kundennummer z. B. die 1 eintragen, so werden nur Bestellungen angezeigt, die vom Kunden mit der Nummer 1 getätigt wurden. Neben der Bestellnummer ist es auch sinnvoll, sich Daten wie den Namen des Kunden, den bestellten Artikel, die Anzahl, das Bestelldatum und den Lieferausgang anzeigen zu lassen.

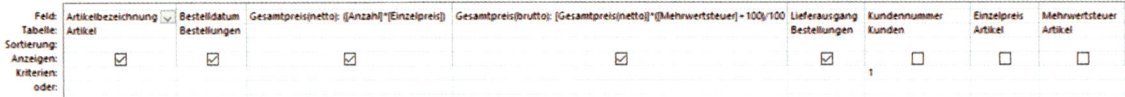

Access kann in einer Abfrage auch Berechnungen anstellen. So kann anhand der Artikeldaten der Gesamtpreis einer Bestellung ausgerechnet werden, indem man die Anzahl der bestellten Artikel mit dem Einzelpreis multipliziert. Wichtig ist dabei, dass der entsprechende Feld-

name (hier Anzahl und Einzelpreis) in eckige Klammern gesetzt wird, damit Access ihn als solchen identifizieren kann. Berücksichtigt man nun noch die Umsatzsteuer, so lässt sich auch der Nettopreis ausrechnen.

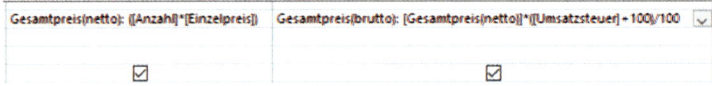

Wenn wir alle nötigen Felder ausgewählt und die entsprechenden Berechnungen eingegeben haben, können

wir mit der Schaltfläche **Ausführen** die Abfrage ausführen lassen.

Ausführen

In diesem Fall werden uns nun alle Bestellungen von der Kundennummer 1 angezeigt.

Bestellnum...	Vorname	Nachname	Anzahl	Artikelbezeich...	Bestelldatu...	Gesamtpreis(netto)	Gesamtpreis(brutto)	Lieferausga...
2	Frank	Muster	5	Küchenschürze	18.10.2018	74,95 €	89,19 €	☑
3	Frank	Muster	1	Ofenhandschuh	22.10.2018	8,99 €	10,70 €	☐

SQL

So wie es Programmiersprachen gibt, gibt es auch Datenbanksprachen. Für Datenbankmanagementsysteme gehört **SQL** (**S**tructured **Q**uery **L**anguage) zu den wichtigsten und weit verbreiteten. Die Sprache wird unter anderem für MS Access oder MySQL genutzt und dient dazu, mit der Datenbank zu kommunizieren (z. B. Tabellen

anlegen, Inhalte einfügen, Abfragen durchführen). Ein Verständnis von SQL ist also von Vorteil, wenn mit Datenbanken gearbeitet wird. Besonders in der Verknüpfung von PHP und MySQL ist es ratsam, die wesentlichen SQL-Befehle zu kennen.

In MS Access kann, während man in der Entwurfsansicht einer Abfrage ist, auf die SQL-Ansicht gewechselt werden.

Auf der rechten Seite wird nun die Abfrage als SQL-Befehl dargestellt.

Bestellungsabfrage   ×

SELECT Bestellungen.Bestellnummer, Kunden.Vorname, Kunden.Nachname, Artikel.Einzelpreis,
Bestellungen.Bestelldatum, ([Anzahl]*[Einzelpreis]) AS [Gesamtpreis(netto)],
[Gesamtpreis(netto)]*([Umsatzsteuer] + 100)/100 AS [Gesamtpreis(brutto)],
Bestellungen.Lieferausgang
FROM Kunden INNER JOIN (Artikel INNER JOIN Bestellungen ON Artikel.Artikelnummer =
Bestellungen.Artikelnummer) ON Kunden.Kundennummer = Bestellungen.Kundennummer
WHERE (((Kunden.Kundennummer)= 1))
ORDER BY Bestellungen.Bestellnummer;

Auch wenn der Befehl im ersten Blick kompliziert aussieht: Er wird einfach zu verstehen, wenn wir seine einzelnen Bestandteile näher betrachten.

- Der Befehl beginnt mit **SELECT** (engl. auswählen). Es ist der Befehl, bestimmte Inhalte aus der Datenbank auszuwählen.
- Danach folgen die Datenfelder, die in der Abfrage ausgewählt und abgerufen werden sollen. Dabei wird **Tabelle.Datenfeldname** eingegeben, d. h. zuerst folgt der Name der jeweiligen Tabelle, dann ein Punkt und anschließend der Datenfeldname, z. B. **Kunden.Kundennummer**. Getrennt werden die einzelnen Datenfelder über ein Komma. Stammen alle Datenfelder aus einer Tabelle, reicht es auch, nur den Datenfeldnamen anzugeben. Sollen alle Datenfelder einer oder mehrerer Tabellen ausgewählt werden, braucht man diese nicht aufzuzählen, er reicht in diesem Fall, * zu schreiben. Das * signalisiert, dass alles abgerufen werden soll.
- In einer SQL-Abfrage lassen sich auch Daten berechnen. (**[Anzahl]*[Einzelpreis]**) AS **[Gesamtpreis(netto)** berechnet den Gesamtpreis (netto), wie wir es bereits aus der Anfrage von MS Access kennen. Die Besonderheit bei dem SQL-Befehl ist, dass die Berechnung in Klammern geschrieben wird und dann der Befehl „AS

[Gesamtpreis(netto)“ folgt. Das **AS** bedeutet, dass die neue Berechnung als neues Datenfeld mit dem Namen „Gesamtpreis(netto)“ ausgegeben wird. Hier wird also die Anweisung gegeben, unter welchen Datenfeldnamen das Ergebnis der Berechnung ausgegeben werden soll.

- Der nächste Befehl ist **FROM** und gibt an, aus welchen Tabellen die Datensätze ausgelesen werden sollen. Der Befehl „FROM Kunden“ bedeutet nichts weiter als: „Wähle die vorher genannten Datenfelder aus der Tabelle Kunden aus.“
- Natürlich müssen in diesem Fall mehrere Tabellen ausgewählt werden, und dazu müssen die Beziehungen berücksichtigt werden. Das heißt um Bestellungen pro Kunde richtig anzeigen zu können, muss hier wieder eine Beziehung zwischen der Kundennummer in der Bestellungstabelle und der Kundennummer in der Kundentabelle erstellt werden. Die geschieht über den Befehl **INNER JOIN**, der bedeutet, dass Daten aus zwei Tabellen ausgegeben werden sollen, wenn bestimmte Kriterien in beiden Tabellen identisch sind. „INNER JOIN (Artikel INNER JOIN Bestellungen ON Artikel.Artikelnummer = Bestellungen.Artikelnummer) ON Kunden.Kundennummer = Bestellungen.Kundennummer“ bedeutet also übersetzt: „Lies die Daten dort aus den Tabellen *Artikel* und *Bestellung* aus, wo die Artikelnummer identisch ist, und lies die Daten dort aus den Tabellen *Kunden* und *Bestellungen* aus, wo die Kundennummer identisch ist.“
- Über **WHERE** wird schließlich die Frage nach gezielten Datensätzen anhand bestimmter Kriterien ausgewertet. „WHERE Kunden.Kundennummer=1“ bedeutet dementsprechend: „Lies nur jene Datensätze aus, bei denen die Kundennummer 1 ist.“
- Der letzte verwendete Befehl ist **ORDER BY**, übersetzt: „Sortiere den Datensatz nach ...“ Der Befehl „ORDER BY Bestellungen.Bestellnummer“ bedeutet, dass die Ausgabe nach der Bestellnummer geordnet werden soll. Dabei wird standardmäßig nach **ASC** (von Ascending = aufsteigend) sortiert, d. h. es wird mit dem kleinsten Wert begonnen. Möchte man mit der höchsten Nummer, in diesem Fall der letzten Bestellung, anfangen, so muss man am Ende des Befehls **DESC** (von Descending = absteigend) verwenden. Dann wird die Reihenfolge umgekehrt.

Neben der Möglichkeit, Datensätze mit **SELECT** abzufragen, gibt es noch weitere Befehle in SQL. Einige der wichtigsten werden in der folgenden Übersicht erklärt.

Befehl in SQL	Erklärung
ALTER TABLE	Eine bereits bestehende Tabelle wird verändert. Es werden z. B. neue Datenfelder eingefügt oder gelöscht.
CREATE TABLE	Eine neue Tabelle wird angelegt.
DELETE	Bestimmte Datensätze werden aus einer Tabelle gelöscht.
DROP TABLE	Eine Tabelle wird komplett mit allen Datensätzen gelöscht.
INSERT INTO	Ein neuer Datensatz wird in eine Tabelle eingepflegt.
SELECT	Auswählen eines oder mehrerer Datensätze aus einer oder mehreren Tabellen.
UPDATE	Ändern eines oder mehrerer vorhandener Datensätze.

MySQL und PHP

MySQL ist eine weit verbreitete relationale Datenbank, die bei der Erstellung von Datenbanken im Onlinebereich verwendet wird. MySQL-Datenbanken lassen sich z. B. mit dem Tool **phpMyAdmin** erstellen und bearbeiten. MySQL basiert, wie der Name schon vermuten lässt, auf SQL, daher sind die Befehle überwiegend identisch. Mit phpMyAdmin lassen sich Datenbanken benutzerfreundlich anlegen. **Xampp** verfügt ebenfalls standardmäßig über dieses Tool, so lassen sich auch MySQL-Datenbanken auf einen Offlinerechner erstellen und austesten.

Das Anlegen einer neuen Datenbank kann je nach verwendeter Serversoftware und den Einstellungen des Anbieters variieren. Beachtet werden sollte aber, dass bei der Erstellung von Datenbanken ein Benutzer mit zugehörigem Passwort angelegen werden muss. Würde kein Passwort gesetzt werden, so könnte jeder auf die Datenbank zugreifen und Daten eingeben, verändern und auslesen. Mithilfe eines Passworts wird festgelegt, wer auf die Datenbank zugreifen kann. Zudem können weiter verschiedene Rechte für einen Benutzer eingerichtet werden.

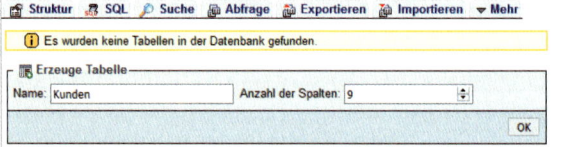

Das Anlegen einer Tabelle in der Datenbank ist ähnlich dem Anlegen einer Tabelle in MS Access. Wenn keine Tabelle in der Datenbank vorhanden ist, fordert das Tool automatisch dazu auf, eine entsprechende zu erstellen. Sollten bereits Tabellen vorhanden sein, so kann über die Schaltfläche ⬚ Neu eine weitere Tabelle angelegt werden. Im ersten Schritt legen wir den Namen der Datenbank fest. Hier sollte wieder ein möglichst aussagekräftiger Name gewählt werden. Anders als bei MS Access müssen wir die Anzahl der Spalten vorab angeben. Jede Spalte ist dabei gleichbedeutend mit einem Datenfeld aus MS Access.

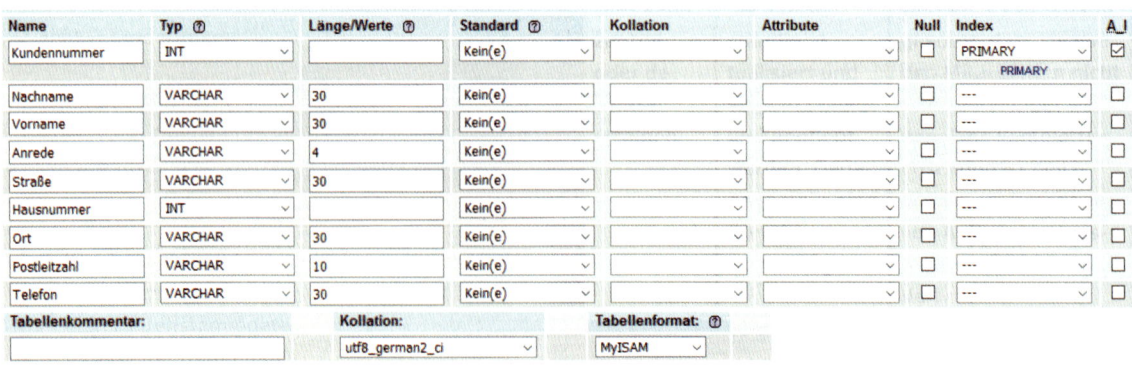

In der nächsten Übersicht legen wir anschließend die Datenfelder der neuen Tabelle fest. Der Punkt „Typ" ist dabei gleichbedeutend mit dem Felddatentyp aus MS Access. Hier wird festgelegt, welche Art von Daten in der jeweiligen Spalte abgelegt werden können. Anders als bei Excel haben wir hier jedoch eine weitaus größere Auswahl an verschiedenen Typen. Die wichtigsten Typen sind hier einmal kurz zusammengefasst.

Typ	Erklärung
INT	Dient der Speicherung von Zahlen zwischen -2147483648 und 2147483647.
DECIMAL / DOUBLE / FLOAT	Dienen alle der Abspeicherung von Kommazahlen.
VARCHAR / TEXT / LONGTEXT	Dienen der Speicherung von Texten und unterscheiden sich je nach der Länge der maximalen Zeichen.
DATE	Dient der Abspeicherung eines Datums.
TIME	Dient der Abspeicherung einer Uhrzeit.
DATESTAMP / TIMESTAMP	Speichern sowohl Uhrzeit als auch Datum.

Die Bedeutung der einzelnen Spalten wird hier kurz erläutert:

Spalte	Erklärung
Länge/Werte	Es wird festgelegt, wie viele Zeichen max. in einem Datenfeld eingegeben werden können. Eine Länge von 30 beim Datenfeld „Nachname" bedeutet, dass jeder Nachname nicht mehr als 30 Buchstaben und Leerzeichen enthalten darf.
Standard	Es kann für jedes Feld ein Standardwert festgelegt werden, mit dem dieses gefüllt wird, wenn es beim Eintragen der Werte keine anderen Vorgaben gibt.
Kollation	Die Kollation legt den verwendeten Zeichensatz fest. Mit dem Zeichensatz „uft8_german2_ci" lassen sich auch die deutschen Umlaute verwenden. Dies muss aber nicht für jedes Datenfeld einzeln festgelegt werden. Wenn überall der gleiche Zeichensatz verwendet werden soll, kann dies unten neben dem Tabellenkommentar für die gesamte Tabelle festgelegt werden.
Attribute	Über das Feld „Attribute" lassen sich zusätzliche Eigenschaften festlegen. Wird z.B. bei einer INT-Spalte das Attribut „unsigned" gewählt, kann dieses Feld keine negativen Werte annehmen.
Null	Wird hier ein Haken gesetzt, sind in diesem Datenfeld auch leere Einträge erlaubt.
Index	Über die Wahl „PRIMARY" wird der Primärschlüssel gesetzt.
A_I	A_I steht für „auto increment" und entspricht dem Autowert von MS Access. Bei jedem Eintrag wird der Wert automatisch hochgezählt.
Kommentar	Hier lässt sich ein Kommentar zum jeweiligen Datenfeld eingeben.

Abschließend wird die Tabelle über die Schaltfläche „Speichern" gespeichert und angelegt. Nun können über den Menüpunkt „Einfügen" Daten eingefügt werden.

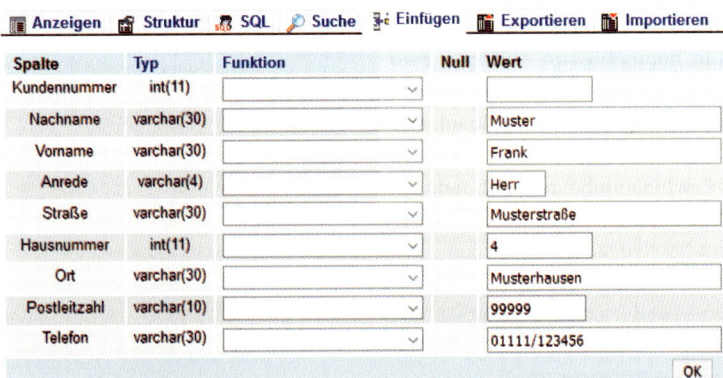

Der entsprechende SQL-Befehl ist: INSERT INTO `Kunden` (`Kundennummer`, `Nachname`, `Vorname`, `Anrede`, `Straße`, `Hausnummer`, `Ort`, `Postleitzahl`, `Telefon`) VALUES (NULL, 'Muster', 'Frank', 'Herr', 'Musterstraße', '4', 'Musterhausen', '99999', '01111/123456');

Über „Anzeigen" kann man sich anschließend alle Inhalte der aktuellen Tabelle anzeigen lassen.

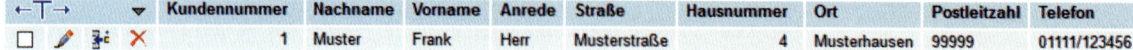

←T→		Kundennummer	Nachname	Vorname	Anrede	Straße	Hausnummer	Ort	Postleitzahl	Telefon
☐ 🖉 ¾ ✕		1	Muster	Frank	Herr	Musterstraße	4	Musterhausen	99999	01111/123456

Wenn alle Tabellen in der Datenbank angelegt sind, können die Daten über die PHP-Programmierung auch auf der Webseite oder dem Onlineshop genutzt werden. Dazu muss im ersten Schritt eine Verbindung zu der Datenbank erzeugt werden. Um eine Verbindung zu erstellen, werden der Name der Datenbank, der Benutzername und das Passwort benötigt.

```
01  <?php
02  $verbindung = mysqli_connect              //Über eine Variable wird mit dem Befehl
03    ("localhost", "Benutzername", "Passwort", //mysqli_connect eine Verbindung zur Datenbank
      "Datenbankname");                        //erstellt
04
05  if (!$verbindung) {                        //Über eine if-Klammer lässt sich
06                                             //überprüfen, ob die Verbindung erstellt wurde.
07    die("Konnte keine Verbindung zur Datenbank //Wurde sie nicht hergestellt, wird der Prozess
      erstellen.");                            //über den Befehl die abgebrochen.
08  }
09
10  mysqli_close($verbindung);                 //Dieser Befehl schließt die Verbindung wieder.
11  ?>
```

Nachdem die Verbindung erstellt wurde, kann nun mit dem Daten aus der Datenbank gearbeitet werden. Um dabei mit der Datenbank zu kommunizieren, werden die SQL-Befehle verwendet, die bereits vorgestellt wurden. Eine Besonderheit ergibt sich dabei beim Auslesen der Daten, denn bevor diese angezeigt werden können, müssen sie zuerst in Variablen umgewandelt werden, mit denen PHP arbeiten kann.

```
01  <?php
02  $verbindung = mysqli_connect("localhost",
      "Benutzername", "Passwort", "Datenbankname");
03  if (!$verbindung) {
04    die("Konnte keine Verbindung zur Datenbank
      erstellen.");
05    }
06  $sql = "SELECT * FROM Kunden";             //In dieser Variable steht der SQL-Befehl für die
07                                             //Abfrage
08
09  $abfrage= mysqli_query($verbindung, $sql); //mysqli_query dient der Kommunikation mit der
10                                             //Datenbank und der Durchführung
11                                             //des SQL-Befehls
12
13  while($ergebnis=mysqli_fetch_array($abfrage){ //mysqli_fetch_array liefert so lange einen Wert
14                                             //zurück, bis alle Daten der Abfrage
15                                             //ausgelesen wurden.
16
17    echo "Kundennummer:".$ergebnis[Kundennummer]. //Über $ergebnis[Datenfeldname] lassen sich die
18    " Name:".$ergebnis[Vorname]."          //Inhalte der einzelnen Datenfelder bzw.
      ".$ergebnis[Nachname].                   //der Tabellenspalten einzeln ansprechen.
```

```
19      "Wohnort:".$ergebnis[Postleitzahl]."
        ".$ergebnis[Ort].
20      "Telefon:".$ergebnis[Telefon]."<br/>";
21    }
22    mysqli_close($verbindung);          //Am Ende wird die Verbindung wieder geschlossen.
23    ?>
```

XML-Datenbanken

Alternativ zu den Datenbanken, die auf SQL basieren, gibt es heutzutage auch immer mehr Datenbanken, die mit XML (EXtensible Markup Language) arbeiten. Sie unterscheiden sich vor allem dadurch, dass die Datensätze nicht in einzelnen Tabellen, sondern in verschiedenen Dokumenten gespeichert werden. Sie finden im Webbereich immer mehr Anwendung und sind daher mittlerweile eine Alternative zu den SQL-basierten Systemen.

```
<Kunden>
<Kunde Nummer="1">
    <Name>
        <Anrede>Herr</Anrede>
        <Vorname>Frank</Vorname>
        <Nachname>Muster</Nachname>
    </Name>
    <Anschrift>
        <Straße>Musterstraße</Straße>
        <Hausnr.>4</Hausnr.>
        <PLZ>99999</PLZ>
        <Ort>Musterhausen</Ort>
        <Telefon>01111/123456</Telefon>
    </Anschrift>
</Kunde>
...
</Kunden>
```

Kunden.xml

Innerhalb der XML-Datenbanken wird zwischen den nativen und relationalen XML-Datenbanken unterschieden. Die nativen XML-Datenbanken verzichten auf Tabellen und speichern die Daten direkt als Dokumente ab. Innerhalb des Dokuments sind die Daten in hierarchischer Form aufgebaut. Die relationale XML-Datenbank ist eine spezielle Sonderform, die die Inhalte eines XML-Dokuments wieder aufgeteilt in verschiedene Tabellen speichert und somit sozusagen einen Zwischenpunkt zwischen XML und SQL bildet.

Die Abfrage von Daten und Informationen findet bei einer XML-Datenbank über ein X-Query statt. Dabei müs-

sen zuerst die entsprechenden XML-Dokumente als Teil der Datenbank festgehalten werden. Dazu wird der Befehl "create" verwendet.

```
db:create("Kunden", "./Kunden.xml")
         Name              Speicherort
```

Einzelne Inhalte lassen sich wie folgt auslesen:

```
doc("Kunden")/Kunden/Kunde[@Nummer="1"]
```

Übersetzen wir den Befehl in unsere Sprache, so bedeutet er in etwa: „Suche in der Datenbank *Kunden* unter Kunden (<Kunden>) im Bereich Kunde nach dem Suchkriterium *Nummer=1* (<Kunde Nummer="1">)." Natürlich kann nicht nur nach Kundennummern, sondern auch nach anderen Kriterien gesucht werden. Eine Suche nach Kunden aus Musterhausen sieht so aus:

```
doc("Kunden")/Kunden/Kunde[Anschrift/
Ort="Musterhausen"]
```

Über die Befehle „insert", "replace" und "delete" werden Daten in das Dokument eingetragen, verändert (bzw. ersetzt) und gelöscht.

Die Vorteile einer XML-Datenbank sind, dass Informationen als ganze zusammenhängende Dokumente gespeichert werden, deren Struktur sich dem Nutzer relativ einfach erschließt. Die Daten müssen zudem nicht extra in Tabellenform umgewandelt werden. So gehen auch keine Daten und Zusammenhänge bei einer Umwandlung verloren. Um bestimmte Daten abzurufen, muss die Dokumentenstruktur nicht zwangsläufig bekannt sein. Zudem gibt es mittlerweile zahlreiche Open-Source-Produkte, die im Bereich XML verwendet werden können. Einige relationale Datenbanksysteme aus dem SQL-Bereich können auch meistens mit den relationalen XML-Datenbanken arbeiten.

Allerdings sind XML-Datenbanken noch relativ jung und daher in manchen Bereichen noch nicht so ausgereift wie andere Datenbanksysteme. Zumindest die nativen XML-Datenbanken sind nicht so leistungsstark und benötigen bei großen Datenmengen entsprechend mehr Bearbeitungszeit.

AUFGABEN

1. Nennen Sie die beiden Teile, aus denen sich eine Datenbank zusammensetzt, und geben Sie an, wodurch sich diese unterscheiden.

2. Erläutern Sie, was relationale Datenbanken sind und welche Anforderungen diese Datenbanken erfüllen müssen.

3. Erläutern Sie das Entity-Relationship-Modell (ERM).

4. Geben Sie an, ob es sich bei den folgenden Tabellen um eine 1:1-, 1:n- oder m:n-Beziehung handelt.
   a) Die Bestellungen werden mit den Kundendaten und den Produktdaten verknüpft.
   b) In der Lieferdatenbank liefern verschiedene Lieferanten verschiedene Produkte. Viele Produkte werden dabei auch aus mehreren Quellen bezogen.
   c) In der Tabelle mit den Produktdaten wird jedem Produkt einmalig ein Präsentationsbild zugeordnet. Der Speicherort jedes der Bilder ist dabei in einer zweiten Tabelle hinterlegt.

5. Erläutern Sie, welchen Vorteil der Felddatentyp „AutoWert" bei MS Access hat.

6. Für Ihren Ausbildungsbetrieb sollen Sie eine Datenbank mit den angebotenen Produkten und den dazugehörigen Lieferanten erstellen.
   a) Erstellen Sie eine Übersicht mit den Datenfeldern, die Sie für die beiden Tabellen benötigen.
   b) Legen Sie die entsprechende Datenbank mit MS Access an.
   c) Erstellen Sie eine Abfrage, in der Sie sich sämtliche Artikel anzeigen lassen, die von einem Lieferanten Ihrer Wahl angeliefert werden.

7. Erläutern Sie, warum Datenbanksprachen wie SQL benötigt werden.

8. Nennen und beschreiben Sie typische Befehle, die mit der Datenbanksprache SQL durchgeführt werden können.

9. Erklären Sie, wozu ein Primär- und ein Sekundärschlüssel verwendet werden.

10. Erklären Sie, wodurch sich native XML-Datenbanken von MS-Access-Datenbanken unterscheiden.

11. Erklären Sie, was phpMyAdmin ist und wozu es verwendet wird.

12. Eine der großen Stärken moderner Datenbanken liegt in der Verknüpfung zusammengehöriger Daten aus verschiedenen Tabellen. Dabei gibt es unterschiedliche Arten von Beziehungen.

Ronja Bunko ist Mitglied in einem Fitnessstudio. Dieses bietet mehrere Kurse an und hat eine Vielzahl von Personen unterschiedlicher Altersgruppen als Mitglieder. Jedes Mitglied besitzt einen Mitgliedsausweis, der zur Teilnahme an den unterschiedlichen Kursen und Leistungen berechtigt.

Welche Beziehung liegt in den folgenden Beispielen vor?

   a) Mehrere Personen sind genau einer Altersstufe zugeordnet. Eine Altersstufe gehören mehrere Mitglieder an.
   b) Ein Mitglied kann an mehreren Angeboten teilnehmen. Ein Kurs wird von mehreren Personen besucht.
   c) Ein Mitglied besitzt genau einen Mitgliedsausweis. Ein Mitgliedsausweis ist genau einer Person zugeordnet.

13. Eine relationale Datenbank setzt sich aus Dateien zusammen, die über Schlüsselfelder verknüpft werden. Die Dateien sind in Tabellenform auf dem Datenträger gespeichert.

Erstellen Sie eine Mindmap, die über die Anforderungen an eine relationale Datenbank informiert.

14. Welcher Felddatentyp liegt vor?
   a) Hier werden Geldwerte eingegeben. Das verhindert eine Abrundung bei Berechnungen.
   b) Numerische Daten, die zu mathematischen Berechnungen benutzt werden (allerdings keine Berechnung, die sich auf Geldwerte beziehen).

15. Ordnen Sie die folgenden Datenbankinhalte den entsprechenden Felddatentypen zu:
   a) 21.07.1955
   b) 75,24 €
   c) wichtiger Kunde!

ZUSAMMENFASSUNG

Datenbank

Eine Datenbank besteht aus zwei Teilen: organisierte Daten zu einem bestimmten Thema und das zugehörige Datenbankmanagementsystem

Relationale (tabellenbasierte) Datenbanken

Dokumentenbasierte Datenbanken

Datenbanksprache SQL

MS Access	MySQL	XML
• Datenbankmanagementsystem aus dem Office-Paket • Lokale Verwendung • Erstellen von relationalen Datenbanken mit der Möglichkeit, Abfragen und Berichte anzufertigen	• Kann z. B. über phpMyAdmin verwendet werden. • Erstellt Datenbanken für den Onlinebereich. • Über den Befehl mysqli_connect("localhost", "Benutzername", "Passwort", "Datenbankname") kann auf eine Datenbank über PHP zugegriffen werden.	• Native XML-Datenbanken sind dokumentbasiert. • Sie gelten als einfacher nachvollzuziehen als relationale Datenbanken. • Innerhalb der Dokumente sind die Daten hierarchisch aufgebaut. • Anwendung im Offline- und Onlinebereich • Relativ junger Datenbanktyp • Relationale XML-Datenbanken lassen sich auch von einigen Systemen aus dem SQL-Bereich verwenden.

9.15   Programmierung von Onlineshops

Einstieg

Ronja Bunko und Tacdin Akay werden von Herrn Fritz in die Software des Onlineshops eingeführt.

Tacdin Akay:
„Die Programmiersprache, die im Internet verwendet wird, wird doch HTML genannt, oder? Dann ist der gesamte Onlineshop doch auch mit HTML programmiert?"

Herr Fritz:
„Ganz so einfach ist das nicht. Zwar ist HTML noch immer das Grundgerüst der Webprogrammierung, aber alleine mit dieser Programmiersprache lässt sich ein Webshop nicht aufbauen. Es werden stattdessen verschiedene Programmiersprachen kombiniert."

Ronja Bunko:
„Davon habe ich schon gehört. Es gibt auch noch Programmiersprachen wie PHP oder Javascript, nicht wahr?"

Tacdin Akay:
„Das klingt ganz schön kompliziert. Zum Glück müssen wir so etwas nicht selbst programmieren. Mich würde aber schon interessieren, warum man nicht einfach nur HTML benutzt, wenn es doch die Grundstruktur ist."

Begründen Sie, warum HTML alleine nicht ausreicht, um einen Webshop zu erstellen.

INFORMATIONEN

Bei Webseiten lässt sich sehr allgemein zwischen statischen und dynamischen Seiten unterscheiden. **Statische Seiten** dienen der einfachen Präsentation von Daten. Ihre Funktionen sind sehr beschränkt und lassen keine Interaktion seitens der Nutzer zu. **Dynamische Seiten** bieten den Nutzern jedoch Schnittstellen, um mit den Seiteninhalten zu interagieren. Beispiele für dynamische Webseiten sind Foren, Onlineformulare und auch Webshops.

Um einen Webshop oder generell jede Webseite zu programmieren und zu gestalten, stehen dem Programmierer verschiedene Programmiersprachen zur Verfügung, sofern er nicht auf eine vorgefertigte Software zurückgreift. Da die Programmierung sehr aufwendig ist und meist längere Zeit in Anspruch nimmt, ist es für viele Unternehmen praktischer, die Lizenz für bereits vorhandene Portale, Foren oder Webshops zu kaufen und zu nutzen.

Um ein besseres Verständnis davon zu erlangen, wie ein Webshop arbeitet, soll im Folgenden auf einige der Grundlagen der Programmierung eingegangen werden.

Ein Shop wird programmiert

Programmiersprachen

Ob eine Webseite dynamisch ist oder nicht, hängt in erster Linie von der verwendeten Programmiersprache ab. Dabei seien hier kurz einige der geläufigsten Programmiersprachen vorgestellt.

HTML

HTML steht für **H**yper**t**ext **M**arkup **L**anguage und stellt sozusagen die Grundstruktur jeder Webseite dar. Sie wird auch als „Auszeichnungssprache" bezeichnet und teilt dem Internetbrowser mit, wie er eine Webseite anzeigen soll. HTML-Elemente sind statisch, d.h. sie dienen rein dem Anzeigen von Daten. Dennoch sind HTML-Kenntnisse auch für die Programmierung von dynamischen Seiten essenziell.

Im HTML-Teil einer Webseite werden verschiedene **sichtbare und unsichtbare Daten** übermittelt. Zu den unsichtbaren Daten gehören z.B. die **Metadaten** wie Suchbegriffe, damit die Seite in den geläufigsten Suchmaschinen zu finden ist, oder eine kurze Beschreibung. Im sichtbaren Teil werden natürlich Inhalte wie Texte, Bilder oder Links zu anderen Seiten übermittelt.

Eine sehr simple HTML-Programmierung sieht z.B. so aus:

```
01    <html>
02    <head>
03    <titel>Seitentitel</title>
04    <meta name="author" content="Seitenautor">
05    <meta name="description" content="Das ist eine Beispielseite">
06    <meta name="keywords" content="Test, Beispiel, Muster">
07    </head>
08    <body>
09    Das ist eine Webseite <br/>
10    <img src="test.jpg" alt="Testbild"><br/>
11    <a href="index.html">Zurück zur Startseite</a>
12    </body>
      </html>
```

Einfache HTML-Programmierung

Die HTML-Programmierung wird mit **<html>** eingeleitet und mit **</html>** wieder geschlossen. Alles was dazwischen steht, ist der **HTML-Code**:

- Als Erstes folgte der **<head>-Bereich**. Hier werden der Seitentitel und die Metadaten übermittelt, die nicht direkt bei der Anzeige im Browser sichtbar sind. Dazu gehören Daten wie z.B. der Autor oder Suchwörter für Suchmaschinen.
- Im **<body>**, dem Hauptbereich der Seite, folgen schließlich die Daten, die im Browserfenster auf dem Monitor des Nutzers angezeigt werden sollen. Zu unterscheiden sind im <body> zwischen Inhalten, die eins zu eins wiedergeben werden – im obigen Fall der Text „Das ist eine Webseite" – und solchen Inhalten, die Anweisungen bzw. Befehle sind. Die Anweisungen werden als Tags bezeichnet.
  - Der **<img>-Tag** (<img src="test.jpg" alt="Testbild">) teilt dem Browser mit, dass er ein Bild anzeigen soll. Die Anweisung ‚alt=' legt zudem fest, welcher Text angezeigt werden soll, wenn das Bild nicht geladen werden konnte.
  - Mit **<a href>**, hier: ‚<a href="index.html">Zurück zur Startseite</a>', wird ein Link, d.h. eine Verknüpfung zu einer anderen Webseite eingebaut. Klickt man im Anzeigefenster des Browsers auf ‚Zurück zur Startseite' wird man zu der hinterlegten Adresse weitergeleitet.

- **
** teilt dem Browser mit, an welcher Stelle ein Zeilenumbruch eingefügt werden soll.

Die Webseite zur obigen HTML-Programmierung sieht so aus:

Einfache HTML-Webseite

Ruft ein Nutzer die erstellte Webseite auf einem Server auf, wird der gesamte HTML-Code übermittelt und erst im Browser des Nutzers in die obige Anzeige übersetzt. Das Script wird also erst auf dem Computer des Nutzers ausgeführt.

Damit die Webseite richtig angezeigt wird, ist theoretisch gar kein Server nötig. Wenn die oben programmierte Webseite z.B. als Datei auf dem Desktop eines normalen Computers abgelegt wird, dann lässt sie sich von dort mit einem Webbrowser fehlerfrei öffnen und anzeigen. Natürlich wird noch immer ein Server gebraucht, wenn man sie auch anderen Nutzern im Internet zugänglich machen will, aber rein für die Funktionalität der Seite ist dies nicht notwendig. Bei anderen Programmiersprachen sieht dies anderes aus.

Javascript

Eine andere Programmiersprache ist Javascript. Im Gegensatz zu HTML lassen sich mit ihr interaktive Elemente gestalten, d.h. Elemente, die auf die Eingabe des Nutzers reagieren. Die Ausführung dieser Scripts findet wieder im Browser des Nutzers statt, d.h. der Code wird vom Server an den Internetbrowser des Nutzers geschickt und erst dort ausgeführt und in eine Anzeige übersetzt.

Der Javascript-Code wird direkt in den HTML-Code der Webseite eingefügt. So wird an den Stellen, an denen die HTML-Seite interaktive Elemente hat, der entsprechende Javascript-Code eingefügt. Dabei steht er als **eigenes <script>-Element** innerhalb des HTML-Codes.

```
01   <html>
02   <head>
03           <title>Seitentitel</title>
04           <meta name="description" content="Das ist eine Beispielseite">
05           <meta name="keywords" content="Test, Beispiel, Muster">
06   </head>
07   <body>
08           <button onclick="Textanzeigen()">Text anzeigen</button>      //Einfügen der Schaltfläche
09           <p id="mein_text"></p>
10
11           <img src="test.jpg" alt="Testbild"><br/>
12           <a href="index.html">Zurück zur Startseite</a>
13
14           <script>
15                   function Textanzeigen() {                              //Erstellen der Javascript-Funktion
16                           document.getElementById("mein_text").innerHTML="Dies ist eine Webseite";
17                   }
18           </script>
19   </body>
20   </html>
```

Javascript im <body>-Tag

Im <script>-Element wird mit Javascript eine Funktion formuliert, die, wenn ein bestimmtes Event (= Ereignis) eintritt, ausgeführt werden soll. In diesem Fall soll dann der Text „Dies ist eine Webseite" ausgegeben werden. Weiter oben wurde ein Button (= Schaltfläche) eingefügt. Wenn diese Schaltfläche angeklickt wird („onclick"), wird der in der Funktion angegebene Text ausgegeben (<p id="mein_text"></p>).

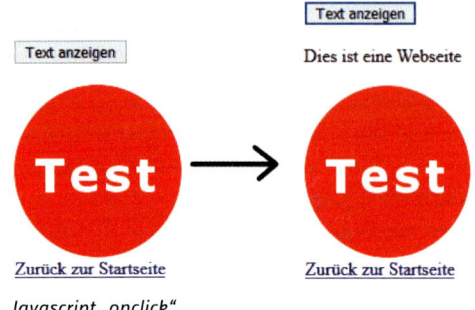

Javascript „onclick"

Vorteile von Javascript

Der große Vorteil von Javascript ist, dass die Funktionen ausgeführt werden, ohne dass die Seite neu geladen werden muss. Ein typisches Beispiel wäre z.B. eine Uhr in der oberen Seite der Webseite, die selbstständig Sekunden, Minuten und Stunden weiterzählt und anzeigt, ohne dass die Seite neu geladen werden muss. Die Uhr wäre damit ein Script, das automatisch ausgeführt wird, sobald die Seite das erste Mal aufgerufen wird.

Daneben gibt es noch Scripte, die sich erst aktivieren, wenn vom Nutzer eine bestimmte Eingabe getätigt wird. Zum Beispiel lassen sich auf diese Weise Formulareingaben überprüfen. Wenn eine Webseite z.B. beim Benutzernamen nur bestimmte Zeichen erlaubt, so kann mittels Javascript überprüft werden, ob sich der Nutzer bereits beim Ausfüllen des Formulars daranhält. So kann eine Warnmeldung angezeigt werden, bevor der Nutzer das Formular abschickt, und der Nutzer kann seine Eingabe korrigieren, bevor die Seite neu geladen werden und das Formular ggf. noch einmal komplett neu ausgefüllt werden muss.

Aber Javascript kann auch weitaus komplexere Befehle ausführen. So nutzten viele Onlinespiele, sogenannte Browsergames, Javascript, um z.B. ein Raumschiff feuern zu lassen oder eine Spielfigur über ein virtuelles Spielbrett zu bewegen. Daneben arbeiten auch viele Werbeanzeigen mit Javascript.

Nachteil von Javascript

Eine wesentliche Schwachstelle von Javascript ist, dass es als Code vom Server an den Browser übermittelt wird. So lässt sich z.B. in Mozilla Firefox über Rechtsklick der Seitenquellcode, sprich der HTML- und auch der Javascript-Code, anzeigen. Der Nutzer erhält somit direkten Einblick in die Programmierung der Seite. Problematisch ist dies, wenn im Code sensible Daten, z.B. Benutzerdaten oder interne Daten über den Onlineshop, enthalten sind.

PHP

Sowohl HTML als auch Javascript werden beide erst im Browser des Nutzers ausgeführt. Anders sieht es bei PHP (PHP: Hypertext Preprocessor) aus. PHP wird serverseitig, auf dem Server ausgeführt, das Ergebnis in einen HTML-Code umgewandelt und dieser dann an den Browser des Nutzers übermittelt. Der Vorteil ist, dass der Nutzer keinen Einblick in die ursprüngliche Programmie-

rung hat. Im Gegensatz zu Javascript muss jedoch die Seite jedes Mal neu geladen werden, wenn eine Aktion ausgeführt wird.

Die häufigste Anwendung von PHP ist die Verarbeitung von Formularen. Jeder, der schon einmal im Internet unterwegs gewesen ist, kennt Registrierungs- und Anmeldeformulare, in denen Benutzerdaten eingetragen werden. Der Nutzer gibt entsprechende Daten in das Formular ein und schickt sie über eine Bestätigungsschaltfläche an den Server. Gleichzeitig fordert der Nutzer damit das Laden einer neuen Webseite an, auf der der Code für die Verarbeitung der jeweiligen Daten steht.

Für die Übermittlung stehen PHP zwei Wege zur Verfügung, **GET** und **POST**, auf die später noch eingegangen wird.

Die Verarbeitung der eingegebenen Daten findet dann auf dem Server statt. So werden z.B. neue Nutzerdaten in die Datenbank eingetragen, ein Benutzerkonto erstellt oder Nutzername und Passwort überprüft. Bevor die Seite aufgerufen wird, wird das PHP-Script abgearbeitet. Was dabei genau abläuft, bekommt der Benutzer gar nicht mit.

Wenn alle Daten verarbeitet sind, wird der Teil der Website, die dem User angezeigt werden soll, in HTML ausgegeben und an den Browser des Nutzers geschickt. Dort wird der HTML-Code dann wie gewohnt in eine Bildschirmanzeige übersetzt. Daten, die alleine für die Verarbeitung von Nutzen sind, werden also nicht an den Nutzer weitergeschickt.

Programmierung	Ergebnis
01 <form method="post">	Öffnet den <form>-Tag, der alle Inhalte des Formulars enthält.
02 Radiobutton: 03 <input type="radio" name="option" value="1. Option" 04 checked="checked"/> 1. Option 05 <input type="radio" name="option" value="2. Option"/> 06 2. Option 07 <input type="radio" name="option" value="3. Option"/> 08 3. Option	Radiobutton: ⦿ 1. Option ○ 2. Option ○ 3. Option Fügt Radiobuttons ein, aus denen ein Nutzer einen auswählen kann.
09 Textfeld: 11<input type="text" name="text" size="20" maxlength="50" />	Textfeld: [ ] Fügt ein Textfeld ein, in dem der Nutzer seine Antwort eintippen kann.

12 Auswahlliste: 13 <select name="liste"> 14 <option value="1.auswahl">1.Auswahl</option> 15 <option value="2.auswahl">2.Auswahl</option> 16 <option value="3.auswahl">3.Auswahl</option> 17 </select>	**Auswahlliste:** 1.Auswahl ⌄ **1.Auswahl** 2.Auswahl 3.Auswahl Fügt eine Dropdown-Liste mit verschiedenen Auswahlmöglichkeiten ein.
18 Checkboxen: 19 <input type="checkbox" name="wahl[ ]" value="Erstens" /> 20 Erstens 21 <input type="checkbox" name="wahl[ ]" value="Zweitens" /> 22 Zweitens 23 <input type="checkbox" name="wahl[ ]" value="Drittens" /> 24 Drittens	Checkboxen: ☐ Erstens ☐ Zweitens ☐ Dritt Fügt Checkboxen ein, aus denen der Nutzer mehrere auswählen kann.
25 <input type="submit" value="Fertig" />	Fertig Fügt eine Schaltfläche ein, über die das Formular gesendet werden kann.
26 </form>	Schließt den <form>-Tag.

Verschiedene Formulartypen

GET und POST

Wie schon angesprochen, gibt es zwei Möglichkeiten zur Übermittlung von eingegebenen Daten zwischen zwei Webseiten. Beim Erstellen eines Formulars wird im Code die Übermittlungsform festgelegt: <form method="get"> oder <form method="post">

Bei **GET** werden die Daten in der Adresszeile des Browsers übermittelt. Sie stehen hinter der Internetadresse der Website.

Bei **POST** werden die Daten unsichtbar an den Server übergeben. Dies sollte bei jeder Art von Daten angewandt werden, die nicht öffentlich sichtbar sein sollen. So sollten z. B. niemals Benutzernamen und Passwörter per GET übermittelt werden.

Die Entscheidung für POST und GET ist vom Sinn des jeweiligen Scripts abhängig. Sollen wichtige Daten übermittelt werden, die geschützt werden müssen, so sollte auf jeden Fall POST benutzt werden. Auch sollte bei vielen Formulareingaben auf GET verzichtet werden, da dies zu einer sehr langen, unübersichtlichen Adresszeile führt.

GET bietet sich bei Suchen ein. Über die Suchleiste eines Onlineshops gibt ein Nutzer ein Stichwort für einen gesuchten Artikel ein und lässt sich darauf eine Liste mit den jeweiligen Ergebnissen anzeigen. Wenn die Suchinformationen dabei in der Adresszeile angegeben werden, kann der Nutzer diese als Lesezeichen speichern, um sich später noch einmal direkt dieses Ergebnis anzeigen zu lassen.

Nach der Übermittlung lassen sich die Daten dann über die Variablen $_POST["name"] bzw. $_GET[„name"] aufrufen. Dazu können natürlich in PHP auch noch eigene Variablen vorgegeben werden (z. B. ein Berechnungsfaktor). Diese Variablen beginnen immer mit dem $ und dürfen keine Leerzeichen enthalten oder mit einer Zahl beginnen.

```
01    <?php                                    //php-tag wird geöffnet
02    $variable = "Das hier ist eine Varibale.";   //der Text wird als Variable gespeichert
03
04    echo $variable;                          //hier wird die Variable als Text ausgegeben
05                                             //bei Variablen muss auf Groß- und Kleinschreibung
06                                             //geachtet werden
07    ?>
```

if-Klammer

Im Rahmen der Datenverarbeitung wird auch mit der sogenannten **if-Klammer** gearbeitet. Mit if (deutsch: wenn) können Daten und Eingaben kontrolliert und entsprechende Befehle eingepflegt werden. Eine if-Klammer baut sich wie folgt auf:

```
if (Bedingung){
(= Befehl, der bei der erfüllten Bedingung ausgeführt
wird)
}
else{
(= Befehl, der ausgeführt wird, wenn die Bedingung
nicht erfüllt ist)

}
```

- Die Klammer wird mit if eingeleitet, dann erfolgt in (-Klammern die Bedingung, die erfüllt sein muss. So kann z. B. überprüft werden, ob ein Formular vollständig ausgefüllt wurde oder ob übermittelte Daten korrekt sind.
- Dann folgt in {}-Klammern der Befehl oder die Befehle, die bei erfüllter Bedingung ausgeführt werden sollen. Wurde z. B. überprüft, ob ein Formular vollständig ausgefüllt wurde, dann kann hier der Befehl erfolgen, sie noch einmal anzuzeigen oder in eine Datenbank zu übernehmen.
- Optional kann nach der if-Klammer noch eine else-Klammer erfolgen. Hier wird festgelegt, welche Befehle ausgeführt werden sollen, falls die Bedingung nicht erfüllt wurde. Zum Beispiel lässt sich ein Link zurück zum Formular anbringen mit dem Hinweis, dass nicht alle nötigen Felder ausgefüllt worden sind.
- Soll kein Befehl ausgeführt werden, wenn die Bedingung nicht erfüllt wurde, kann die else-Klammer auch weggelassen werden.

```
01   <?php                                      //php-tag wird geöffnet
02   if (isset($_POST["text"])) {               //if-Klammer; isset() prüft ob ein Wert gesetzt wurde
03                                               //wurde im Formular mit get gearbeitet, muss POST
04                                               //entsprechend mit $_GET ersetzt werden
05           echo "Textfeld wurde ausgefüllt";   //echo"" ist der php-Befehl zur Testangabe
06        }                                      //else-Klammer
07   else {
08           echo "Textfeld wurde nicht ausgefüllt";
09        }
10   ?>
```

if-Klammer

Webserver

Zum Betreiben eines Onlineshops oder auch nur einer einfachen Webseite wird zuerst immer ein Webserver benötigt. Der Webserver enthält die benötigte Hardware wie z. B. den Prozessor, die Netzwerkzugänge und die Festplatte. Dabei stehen einem Unternehmen generell die beiden Möglichkeiten zur Verfügung, einen eigenen Server zu betreiben oder sich einen Serverplatz bzw. einen virtuellen Server zu mieten.

Eigener Webserver

Die Entscheidung, ob ein eigener Server angeschafft wird oder ein entsprechender Serverplatz gemietet wird, hängt von verschiedenen Überlegungen ab. Zum einen werden bei einem eigenen Server nur die einmaligen Anschaffungskosten für die Hardware fällig. Dafür muss das Unternehmen die Wartung, Aktualisierung und die komplette Administration des Serverbereichs selber übernehmen. Hierzu müssen ggf. neue Arbeitskräfte eingestellt werden. Auch muss die Firma die notwendige PHP-Version, die Software sowie sämtliche notwendigen Backend-Systeme selbst einrichten.

Gemieteter Webserver

Wird ein Serverplatz gemietet, so fallen in regelmäßigen Abständen Mietgebühren an. Allerdings stellen die Anbieter von Serverplätzen oder virtuellen Servern bereits vollständig konfigurierte Server zur Verfügung, die gleich in Betrieb genommen werden können. Auch die Aktualisierung und die technische Wartung werden je nach Vertrag vom Anbieter übernommen. Teilweise bieten solche Anbieter auch bereits vorinstallierte Software z. B. für eine Firmenpräsentation oder eben einen Onlineshop an.

Neben der Wahl des Servers spielt auch die Wahl des Scripts eine entsprechende Rolle. Hier lassen sich ebenfalls Lizenzen für bereits vorgefertigte Software erwerben. Im Regelfall ist es für ein Unternehmen, das einen Onlineshop für den Vertrieb eigener Produkte nutzen will, sinnvoll, eine entsprechende Nutzungslizenz zu erwerben und keine zusätzlichen Ressourcen auf die Entwicklung der entsprechenden Scripts zu verwenden. Neben dem Ressourcenverbrauch ist die Entwicklung eines so umfangreichen Scripte auch immer mit einem hohen Zeitaufwand verbunden, sodass ein Onlineshop erst nach der Entwicklungs- und Testphase zur Verfügung steht.

Software zum Programmieren

Soll nun selbst eine Webseite mit den bekannten Programmiersprachen entwickelt werden, so sind verschiedene Dinge nötig. Wenn mit PHP gearbeitet wird, braucht man bereits in der Entwicklung einen Server, da PHP serverseitig ausgeführt wird und sich ohne Server die Programmierung nicht testen lässt. Man kann also bereits während der Entwicklung einen Serverplatz anmieten oder man greift auf Programme zurück, die einen Server auf dem eigenen PC simulieren. Eine solche Software ist z. B. die Open Source Software **XAMPP**.

Neben der Serverumgebung ist zudem noch ein geeignetes Programm vonnöten, das es erlaubt, entsprechende HTML- oder PHP-Dateien zu erstellen. Da die Programmierung textbasiert stattfindet, eignete sich hierzu jeder Editor. Um wirklich sinnvoll genutzt werden zu können, sollte der Editor allerdings mindestens über eine Zeilennummerierung verfügen. Treten Fehler in der Programmierung auf, so erhält man über den Browser eine entsprechende Fehlermeldung mit der entsprechenden Zeile im Script. Ist das Script entsprechend lang, erleichtert eine Nummerierung das Finden des Fehlers enorm.

AUFGABEN

1. Erklären Sie den Unterschied zwischen statischen und dynamischen Webseiten.

2. Erklären Sie, welche Bedeutung HTML für die Webprogrammierung hat.

3. Erstellen Sie einen Flyer für Ihren Ausbildungsbetrieb und präsentieren Sie ihn auf einer HTML-Webseite.

4. Nennen Sie Inhalte, die unsichtbar von einer HTML-Seite übermittelt werden können.

5. Erklären Sie, warum es sinnvoll ist, dass eine HTML-Seite unsichtbare Daten im <head>-Tag übermittelt.

6. Nennen Sie den Unterschied bei der HTML-Programmierung zwischen <head> und <body>.

7. Entscheiden Sie von welcher Programmiersprache in den folgenden Fällen die Rede ist:
   a) Diese Programmiersprache wird für dynamische Webseiten verwendet. Sie wird im Browser des Nutzers ausgeführt.
   b) Mit dieser Programmiersprache lassen sich keine dynamischen Webseiten erzeugen.
   c) Diese Programmiersprache wird für dynamische Webseiten verwendet. Sie wird auf dem Server ausgeführt und das Ergebnis dann an den Nutzer übermittelt.

8. Erklären Sie, was Datenbankmanagementsysteme sind.

9. Erklären Sie den Unterschied zwischen POST und GET.

10. Stellen Sie ausgehend von Ihrem Ausbildungsbetrieb dar, ob es lohnenswerter ist, einen eigenen Server zu betreiben oder sich einen entsprechenden Platz zu mieten.

11. Geben Sie an, um welche der drei Sprachen HTML, Javascript, PHP es sich bei den folgenden Beispielen handelt.

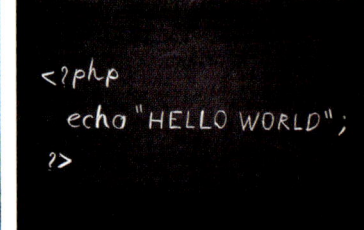

a) Eine Computersprache, mit der Webserver gesteuert werden

b) Für das World Wide Web ist sie die wichtigste Grundlage, da dort in einem gemeinsamen Netz jegliche Hard- und Software vertreten ist und sich gegenseitig auch verstehen muss. Heute ist sie die Standardsprache und Grund für den großen Erfolg des Internets.

c) Eine textbasierte Auszeichnungssprache, um Inhalte wie Texte, Bilder und Hyperlinks strukturiert in einem Dokument darstellen und teilen zu können.

d) Wenn man Inhalte aus einer Datenbank abrufen will, bietet es sich an, diese Sprache einzusetzen. Soll beispielsweise eine Nachrichten-Website programmiert werden, können die Texte in einer Datenbank abgespeichert und dann mit dieser Sprache an den gewünschten Stellen im HTML-Code ausgegeben werden. Es muss also nicht für jeden Artikel eine einzelne HTML-Datei erstellt werden. Änderungen können deutlich schneller umgesetzt werden.

e) Sie wird in Internetseiten eingebunden und vom Browser des Anwenders ausgeführt. Mit ihr können einfache Rechenaufgaben gelöst oder komplexe dynamische Anwendungen umgesetzt werden.

f) Sie ist der grundlegendste Baustein des Webs. Sie beschreibt und definiert den Inhalt einer Webseite zusammen mit dem grundlegenden Layout der Webseite.

ZUSAMMENFASSUNG

Programmierung von Onlineshops

erfolgt mit den Sprachen

HTML

- Auszeichnungsprache
- dient zur Programmierung des Grundgerüsts jeder Webseite
- erzeugt statische Inhalte
- Die Ausführung der Programmierung findet im Browser des Nutzers statt. Sie wird direkt an diesen übermittelt.

Javascript

- Programmierung von interaktiven Elementen
- erzeugt dynamische Inhalte
- Die Ausführung der Programmierung findet im Browser des Nutzers statt. Sie wird direkt an diesen übermittelt.
- Die Elemente werden ohne erneutes Laden der Seite ausgeführt.
- Die Programmierung lässt sich im Seitenquellcode einsehen.

PHP

- Programmierung von interaktiven Elementen
- erzeugt dynamische Inhalte
- Die Ausführung der Programmierung findet auf dem Server statt. Sie wird nicht an den Nutzer übermittelt.
- Um Daten zu verarbeiten, muss die Seite neu geladen werden.
- Wird häufig bei Formularen angewendet.
- Daten können mit POST und GET übermittelt werden.
- Die Programmierung wird nicht im Seitenquellcode angezeigt.

9.16   Datenfeeds und Produktdatenoptimierung

Einstieg

Andreas Seeger trifft Ronja Bunko war in der Mittagspause

Andreas Seeger:
„Hallo Ronja, wo warst du denn heute Vormittag? Ich hab dich bisher noch gar nicht gesehen ...“

Ronja Bunko:
„Mal was Neues: Ich war in der Abteilungsleiterrunde. Frau Wulff hat mich mitgenommen. Sie ist wohl mit dem Protokollschreiben dran, hat sich aber beim Sport ihre Hand verletzt. Da musste ich mit hin und mitschreiben.“

Andreas Seeger:
„Und, war es interessant?“

Ronja Bunko:
„Ja, anscheinend sind unsere Zahlen im Hinblick auf die Konversationsrate neuerdings nicht mehr so optimal!“

Andreas Seeger:
„Ach?“

Ronja Bunko:
„Und dann wurden mögliche Ursachen diskutiert ... Ein Grund für die negativen Zahlen wird in der schlechten

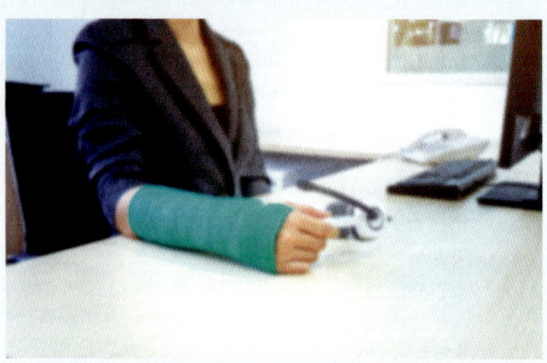

Qualität der Produktdaten gesehen. Demnächst soll daher eine Normalisierung und ein Matching dieser Daten vorgenommen werden.“

Andreas Seeger:
„Was ist das denn?“

Ronja Bunko:
„Das hat was mit Produktdatenoptimierung zu tun.“

Andreas Seeger:
„Erklär das mal etwas genauer!“

Erläutern Sie,

a) was man unter Produktdatenoptimierung versteht,

b) warum in Webshops öfter eine Normalisierung oder ein Matching von Produktdaten vorgenommen werden soll.

INFORMATIONEN

Die Bedeutung der Datenqualität

In den meisten Unternehmen wächst gegenwärtig die anfallende Datenmenge in gewaltigem Ausmaß. Drei Entwicklungen zwingen sie dabei, die vorliegenden Bestände an Stammdaten möglichst effizient zu nutzen:

- die voranschreitende Digitalisierung
- der steigende Wettbewerbsdruck
- die zunehmende Automatisierung von Abläufen

Die Mitarbeiter müssen sicher sein, dass die Datengrundlage, die ihnen zur Verfügung steht, korrekt und zuverlässig ist.

Den meisten Unternehmen ist bewusst, dass die Qualität ihrer Daten maßgebliche Auswirkungen auf ihren Erfolg hat. Werden Datenbestände korrekt ausgewertet, ist dies die Voraussetzung für erfolgreiche Entscheidungen.

BEISPIELE

In der Exclusiva GmbH kommt es vermehrt zu Störungen in den Geschäftsprozessen, die alle Datenfehler als Ursache haben:

- Ein Kunde schickt einen Artikel zurück, den er nicht bestellt hat.
- Die Exclusiva GmbH verschickt im Rahmen ihrer After-Sales-Services regelmäßig Newsletter. Sie bekommt nun eine Abmahnung, weil ein Kunde sich vor einiger Zeit vom Verteiler schon abgemeldet hatte, den Newsletter aber trotzdem immer noch bekommt.
- Ein Mitarbeiter der Verkaufsabteilung ruft beim Kunden an, obwohl ein Kollege dies vor Kurzem

ebenfalls einen Geschäftsfall abschließend gemacht hat.

- Eine Rechnung an einen Kunden wird falsch gestellt.
- Eine Ware wird zu spät ausgeliefert.

Diese Vorfälle können negative Auswirkungen in Form von Umsatzeinbußen oder Imageschäden haben:

- Kunden beschweren sich direkt bei der Exclusiva GmbH.
- Einige Kunden erwähnen diese Vorfälle bei Gesprächen mit anderen Unternehmen.
- Auch in Internetforen werden die Vorfälle erläutert.
- Einige Kunden wandern zu Mitbewerbern ab.

Entlang der Lieferketten werden sehr viele erfolgskritische Entscheidungen getroffen. Dort kann sich ein Unternehmen Wettbewerbsvorteile verschaffen. Eine unzureichende Stammdatenqualität hat dagegen deutlich spürbare negative Auswirkungen auf die Geschäftsprozesse entlang der Wertschöpfungskette.

Mithilfe des Stammdatenmanagements werden kritische Datenkonstellationen auf einen Blick erkannt.

Wurden Stammdaten einmal im EDV-System erfasst, stehen die verwendeten Programmpakete i.d.R. allen Abteilungen unternehmensweit zur Verfügung. Sogar ein kleiner Datenfehler kann sich dann eventuell auf das gesamte Unternehmen auswirken: Es entstehen Folgefehler, und Fehlentscheidungen werden hervorgerufen.

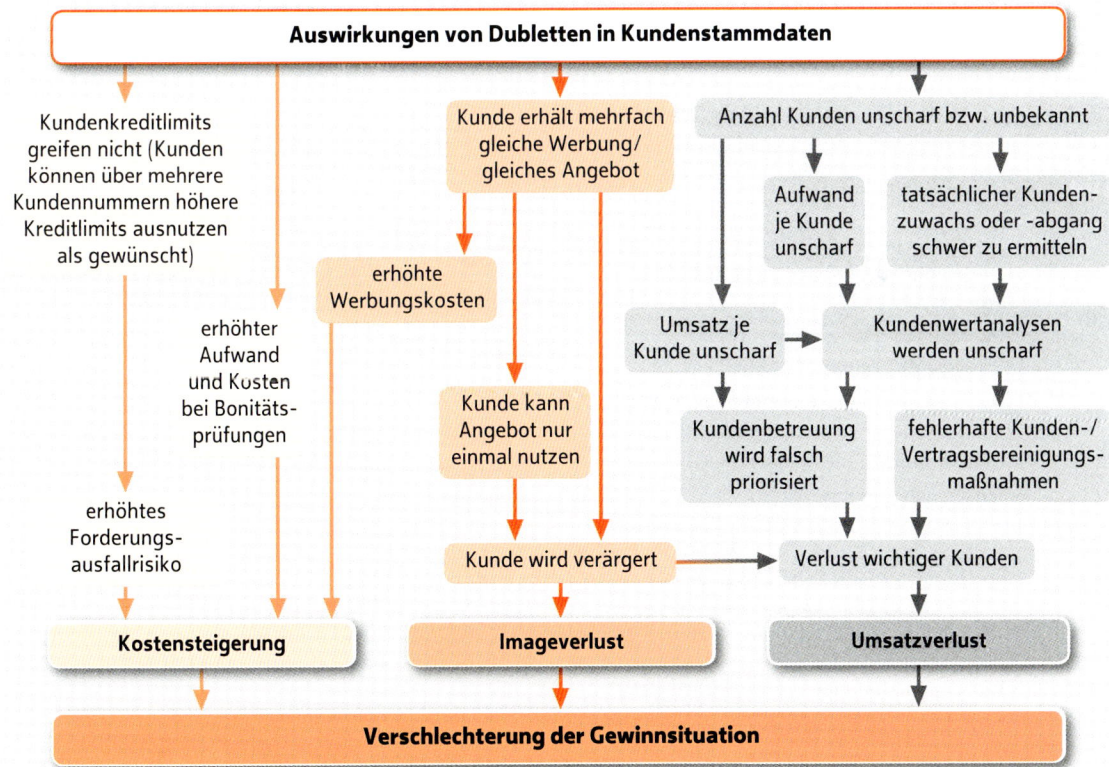

Nur wenigen Mitarbeitern sind die tatsächlichen Kosten, die Dubletten verursachen, bewusst.

BEISPIEL

Bei einem ausländischen Kunden der Exclusiva GmbH ist in den Stammdaten eine falsche Adresse hinterlegt. An diesen soll nun ein Artikel ausgeliefert werden. Der Adressfehler wird erst am Bestimmungsort erkannt, der Artikel wird zurückgeschickt. Schließlich wird der Artikel dann – mit der richtigen Adresse versehen – noch einmal verschickt. Es geht wertvolle Zeit verloren, weswegen der Kunde unzufrieden ist. Zusätzlich entsteht in verschiedenen Abteilungen ein zusätzlicher logistischer Aufwand.

Vor dem Hintergrund der rasant wachsenden Datenmenge durch die zunehmende Digitalisierung werden die Qualität, Aktualität und Fehlerfreiheit der Stammdaten für den Erfolg der Unternehmen also immer bedeutender.

Daten gelten dann als qualitativ hochwertig, wenn sie geeignet sind, einem bestimmten Zweck des Unternehmens zu dienen.

Stammdaten und Stammdatenmanagement

Stammdaten

Die in einem Unternehmen verwendeten Daten lassen sich nach der Häufigkeit ihrer Änderung unterscheiden in:

- Stammdaten:
  Diese Daten bleiben über einen längeren Zeitraum unverändert. Sie ändern sich selten oder nie.

  BEISPIELE

  - Die Anschrift, die Telefonnummer und die Kundennummer eines Kunden gehören zu den Kundenstammdaten.
  - Die Artikelnummer und die Artikelbezeichnungen sind Artikelstammdaten.
  In beiden Fällen gibt es keine (oder nur extrem selten) Veränderungen.

Stammdaten sind die grundlegenden Unternehmensdaten, die für den laufenden Betrieb in den verschiedenen Unternehmensbereichen erforderlich sind.

BEISPIELE

- Kundenstammdaten
- Artikelstammdaten
- Lieferantenstammdaten
- Mitarbeiterstammdaten

- Bewegungsdaten:
  Darunter versteht man alle Daten, die häufiger Veränderungen unterliegen.

  BEISPIELE

  - Artikelzu- und abgänge
  - Zahlungsein- und -ausgänge auf den Konten

Stammdaten legen die Grundlage für eigentlich jeden Geschäftsprozess. Man benötigt sie in allen Lieferkettenprozessen, von der Beschaffung über die Lagerung und den Verkauf bis hin zur Auslieferung.

Sowohl qualitativ hochwertige Stammdaten als auch fehlerhafte haben große Auswirkungen auf alle wichtigen Abläufe in Unternehmen.

BEISPIEL

In einem Webshop werden Stammdaten zu verschiedensten Zwecken von unterschiedlichen Mitarbeitern verwendet. Wenn neue Mitarbeiter hinzukommen oder neue Stammdaten angelegt werden, steigt die Wahrscheinlichkeit, dass es zu einer schlechteren Datenqualität und Fehlern kommt. Greifen verschiedene Programmpakete auf ein und dieselben Stammdaten zu, kann es sehr schnell zu einer Verbreitung dieser Fehler in den verschiedenen Bereichen des gesamten Unternehmens kommen.

Der zeitliche Verlauf der Entwicklung von Stammdaten in einem Unternehmen kann in drei Schritte unterteilt werden:

1. Erfassung der Stammdaten	2. Nutzung der Stammdaten	3. Archivierung der Stammdaten
Die Stammdaten werden angelegt. Dies kann zentral oder dezentral erfolgen.	Das Unternehmen verwendet die Stammdaten. Sie müssen ständig aktualisiert und vervollständigt und gepflegt werden. Gegebenenfalls sind Korrekturen notwendig.	Werden Stammdaten nicht mehr benötigt oder sind sie veraltet, sollten sie archiviert werden. Es wird dafür gesorgt, dass sie von den Mitarbeitern nicht mehr verwendet werden. Eine komplette Löschung ist (auch wegen der Beachtung von Aufbewahrungsfristen) nicht erforderlich.

Stammdatenmanagement

Das Stammdatenmanagement sollte ein permanenter Prozess im Unternehmen sein. Beim Stammdatenmanagement geht es um die Verwaltung der Stammdaten. Dabei wird besonders darauf geachtet, deren Qualität möglichst zu optimieren.

Aufgabe des Stammdatenmanagements ist es, die
- Einheitlichkeit,
- Genauigkeit,
- Verwaltung,
- Konsistenz
- und Verantwortlichkeit

der gemeinsam genutzten Stammdaten eines Großhandelsunternehmens zu gewährleisten.

> **DEFINITION**
>
> Die **Datenkonsistenz** ist einer der Qualitätsansprüche für Daten. Die Konsistenz ist als die Korrektheit von Daten innerhalb eines auf Datenbanken beruhenden EDV-Systems zu verstehen.

Die Bedeutung des Stammdatenmanagements steigt mit der zunehmenden Anzahl
- der Bestände an Stammdaten,
- der im Unternehmen genutzten unterschiedlichen Softwarepakete,
- der Abteilungen,
- der Mitarbeiter.

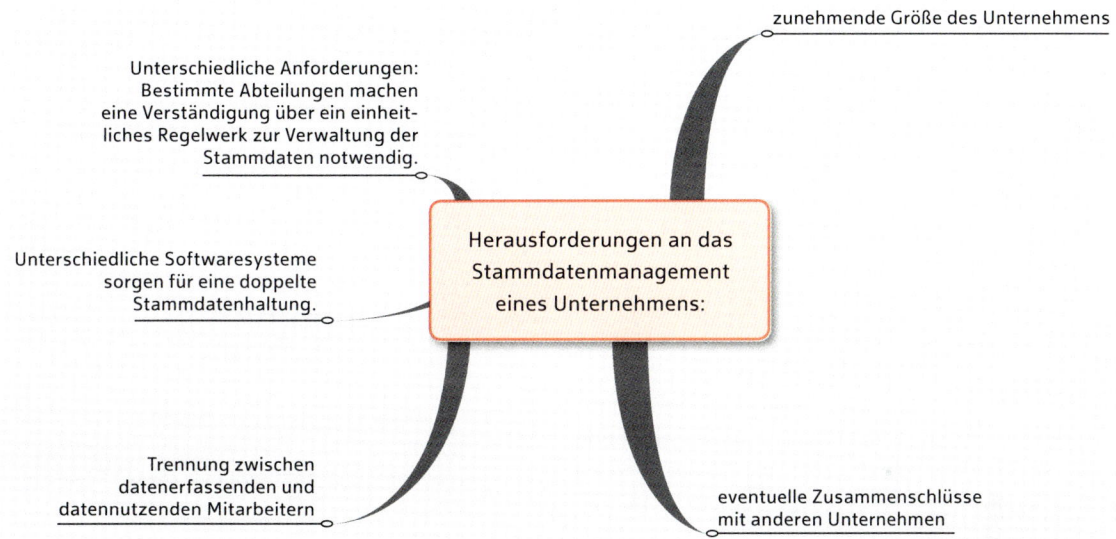

Das Stammdatenmanagement gewinnt auch durch die zunehmend unternehmensübergreifende Standardisierung von Stammdaten an Bedeutung.

Wird das Stammdatenmanagement professionell betrieben, wissen die Mitarbeiter, wie die im Unternehmen anfallenden Daten
- erfasst,
- beschrieben,
- formatiert,
- gespeichert und
- abgerufen

werden. Ihnen ist ebenfalls klar, dass die Stammdaten systematisch und regelmäßig überprüft und aktualisiert werden müssen.

Zahlreiche unterschiedliche Daten werden in einem Unternehmen von verschiedenen Abteilungen und Mitarbeitern gepflegt. Dabei entstehen unzählige Sichten und Eingabefelder. Werden Stammdaten unterschiedlich definiert, erzeugt und verwendet, hat dies negative Auswirkungen auf die Datenqualität. Um die Stammdatenqualität zu sichern, müssen unterschiedliche Abteilungen durch ein gemeinsames Stammdatenmanagement ein einheitliches Verständnis über die Stammdaten entwickeln.

Mit einem angemessenen Stammdatenmanagement kann ein Unternehmen die Qualität seiner Daten verbessern: Dadurch kommt es gleichzeitig zu einem besseren

Datenaustausch zwischen einzelnen Mitarbeitern und den Abteilungen.

Stammdatenmanagement kann nur dann zielgerichtet betrieben werden, wenn genau festgelegt wird, was „gute" Stammdaten sind. Dazu muss der zuständige Mitarbeiter im Unternehmen die Qualität der Stammdaten messen. Deswegen wird oft auch ein Kennzahlensystem für die Stammdatenqualität aufgebaut. Darauf basierend wird das Stammdatenmanagement systematisch vorgenommen.

Vorgehen im Rahmen des Stammdatenmanagements

Möchte ein Unternehmen die Qualität seiner Daten verbessern, wird es in mehreren Schritten vorgehen:

• Grundlage für eine Datenbereinigung ist es, sich über alle Stammdaten hinweg systematisch klarzumachen, welche Daten wichtig sind und wie ein korrekter und vollständiger Datensatz jeweils auszusehen hat. Im Unternehmen muss also ein **Regelwerk** vorliegen, das klare Vorgaben zu den Dateninhalten macht. Es muss also klar definiert sein, was gute Stammdaten sind.

BEISPIEL

In der Exclusiva GmbH wird gerade diskutiert:

• Gilt bei der Aufnahme von Kundendaten ein Datensatz schon mit der Telefonnummer als vollständig?
• Ist in jedem Fall die E-Mail-Adresse des Kunden erforderlich oder muss sie nur optional eingegeben werden?

Das Regelwerk sollte insbesondere folgende Fragestellungen beantworten:						
Wann sind die Stammdaten zu erfassen?	Wann müssen Stammdaten aktualisiert werden?	In welchen Softwaresystemen sind die Stammdaten zu erfassen?	Welche Prüfungen müssen bei der Neuanlage von Daten durchgeführt werden?	Welche Felder eines Datensatzes müssen mindestens ausgefüllt werden?	Welcher Inhalt soll in den jeweiligen Feldern erfasst werden?	Welche Schreibweisen sollen in den Feldern gelten?

• Das Regelwerk muss verbindliche Vorgaben zur Datenverwendung machen. Namen von Kunden, Artikeln, Lieferanten usw. sowie die jeweils beschreibenden **Merkmale und Bezeichnungen müssen eindeutig sein**. Je genauer diese Vorgaben sind, desto höher ist die Chance auf saubere Daten

BEISPIEL

Ein Unternehmen aus dem Eisenwarenbedarf verwendet in seinem EDV-System bei der Eingabe von Stammdaten die Bezeichnung „SK". Weil darunter bei Schrauben sowohl „Sechskantkopf" als auch „Senkkopf" verstanden werden kann, führt die Verwendung dieser Abkürzung nicht zu einer Eindeutigkeit. Deshalb besteht hier die Gefahr von Dubletten.

• Wird ein Stammdatenmanagement eingeführt, werden die Stammdaten **regelmäßig bereinigt** und im Hinblick auf die Qualität überprüft.

BEISPIEL

Die Exclusiva GmbH hat für ihre Stammdaten einen regelmäßigen Prüfungs- und Bereinigungsprozess eingeführt. Sie spürt dadurch unvollständig gepflegte Daten auf und bereinigt diese. Auch Dubletten von Datensätzen werden entfernt.

• Im Rahmen des Stammdatenmanagements wird auch schon bei der **Eingabe neuer Stammdatensätze** dafür gesorgt, dass mögliche Fehler überhaupt erst nicht entstehen.

BEISPIEL

Bei der Auswahl der von der Exclusiva GmbH verwendeten Softwarepakete wurde darauf geachtet, dass alle die folgenden Bedingungen erfüllen:

• Für eine korrekte Datenerfassung sorgen auf die Mitarbeiter zugeschnittene Eingabemasken.
• Eine hohe Datenqualität wird auch durch eine leicht zu bedienende Benutzeroberfläche des jeweiligen Programmpakets geschaffen.

- Für eine fehlerfreie Eingabe in die jeweilige Software sorgen Plausibilitätskontrollen und Kontrollen auf die Vollständigkeit der Daten: Als Liefertermin zum Beispiel den 32. zu nennen, wird hier sofort entdeckt und durch Warnsignale vermieden.

Software für Stammdatenmanagement
EDV-Programme zum Stammdatenmanagement ermöglichen einen Großteil der erforderlichen Arbeiten zur Pflege und zur Verbesserung der Daten: Diese Softwarepakete ermöglichen ein effizientes Anlegen, Pflegen und Verwalten der Stammdaten, wodurch sich die Datenqualität erheblich verbessert.

DEFINITION

Unter **Datenqualität** versteht man die Eignung der Daten zur Nutzung in einem bestimmten Verwendungszusammenhang. So werden die Geschäftsprozesse beschleunigt. Gleichzeitig werden Schwachstellen identifiziert.

Stammdatenmanagementsoftware bereinigt fehlerhafte Stammdatenbestände. Diese Programmpakete erkennen:
- redundante Stammdaten,
- unvollständige Datensätze,
- fehlerhaft erfasste Daten,
- Widersprüche zwischen Datenbeständen.

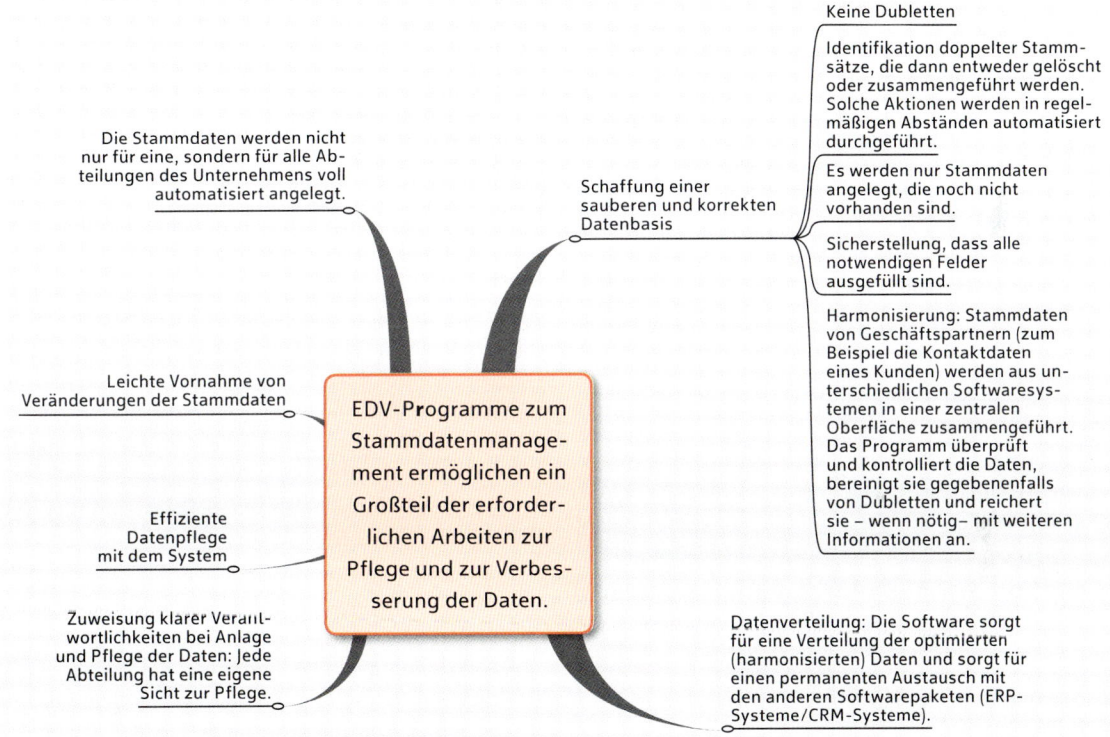

Programme für das Stammdatenmanagement gibt es als eigenständige Versionen. Oft sind sie aber auch in anderen Softwarepaketen (z. B. in ERP-Systemen) integriert.

Die Software für das Stammdatenmanagement sorgt für ein unternehmensweit einheitliches Verständnis und eine einheitliche Verwendung der Stammdaten.

BEISPIEL

Das in der Exclusiva GmbH verwendete Programmpaket sorgt schon bei der Datenerfassung für eine hohe Datenqualität:

- Das Programm weist den Mitarbeiter bei der Dateneingabe darauf hin, wenn er gegen Regeln im Hinblick auf die Schreibweise verstößt.
- Es enthält auch Plausibilitätskontrollen bei der Datenerfassung. So wird kontrolliert, ob ein ähnlicher Eintrag bereits vorhanden ist. Der Mitarbeiter wird dann darauf hingewiesen.

Durch solche und weitere Maßnahmen ließ sich die Anzahl der Dubletten deutlich verringern.

Die EDV-Systeme, die das Stammdatenmanagement unterstützen, ermöglichen oft eine Automatisierung der Datenerfassung in Teilen bzw. komplett: Dadurch werden die Mitarbeiter entlastet.

BEISPIEL

Artikelstammdaten werden automatisch angelegt auf der Grundlage von Daten, die die Lieferanten zur Verfügung stellen. Sehr viele Felder werden automatisch bereits ausgefüllt. Der Mitarbeiter des Unternehmens muss nur noch kontrollieren, ob der Stammdatensatz tatsächlich angelegt wurde.

Im Idealfall sollten die Stammdaten möglichst nur in einem Programmpaket vorgehalten werden. Verfügt ein Unternehmen z. B. über ein umfassendes ERP-System, werden alle Bereiche des Unternehmens abgedeckt: Alle Abteilungen teilen sich dann die Stammdaten. Obwohl jede Abteilung eventuell eine andere Sichtweise auf die Stammdatensätze hat, wird durch das Stammdatenmanagement dennoch sichergestellt, dass alle Mitarbeiter aufgrund einheitlicher Informationen handeln.

Das Stammdatenmanagement im Bereich der Kundendaten

Neben Artikeldaten stellen Kundendaten für ein Unternehmen im E-Commerce eine große Herausforderung dar.

BEISPIEL

Da verschiedene Abteilungen der Exclusiva GmbH Zugang zu den Kundenstammdaten haben, entstehen vermehrt Datensätze, die unterschiedlich in der Struktur aufgebaut sind. Grund dafür kann ein unterschiedlicher Blick der einzelnen Abteilungen auf den Kunden sein. Dadurch kommt es zu fehlerhaften Datensätzen. Datensätze sind zum Teil unvollständig oder sie liegen als Dubletten vor.

Eine professionelle Durchführung eines Stammdatenmanagements im Bereich der Kundendaten wird daher als immer wichtiger angesehen.

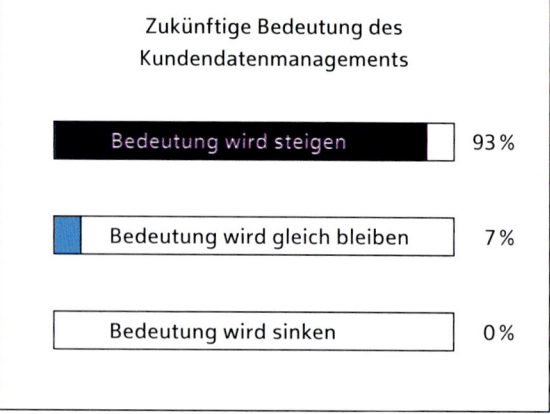

Quelle: Reick, Jeannette: Kundendaten: der „Rohstoff" des 21. Jahrhunderts für jedes Unternehmen. In: uniserv.com. 17.05.2016. https://www.uniserv.com/unternehmen/blog/detail/article/kundendaten-der-rohstoff-des-21-jahrhunderts-fuer-jedes-unternehmen/[14.11.2021].

Experten sprechen im Zusammenhang von Kundendaten von dem Rohstoff des 21. Jahrhunderts für Unternehmen.

Ein besonderes Augenmerk muss dabei auf die Gewinnung der Kundendaten gelegt werden:

- Fallen bei einem Geschäftsvorfall mit Bestandskunden neue Informationen über diesen an, müssen diese sofort in das EDV-System eingegeben werden.
- Große Anstrengungen werden in Unternehmen gemacht, um Neukunden zu gewinnen. Quellen, um an Informationen über potenzielle Kunden zu kommen, sind
  - das sogenannte Telefonmarketing: Darunter versteht man den Telefonverkauf.
  - persönlich adressierte E-Mails: Bei einer eventuellen Reaktion des möglichen Kunden fallen Informationen an.
  - Kundenkontakt in Verkaufs- und Beratungsgesprächen
  - gezielte Recherche in Suchmaschinen
  - Auch der Kauf von Adressen möglicher Kunden ist möglich.
  - Auch die Daten eventueller Neukunden werden sofort erfasst.

Gerade bei Kundenstammdaten müssen Anforderungen des Datenschutzes sowie der Datensicherung bei der Anlage beachtet werden.

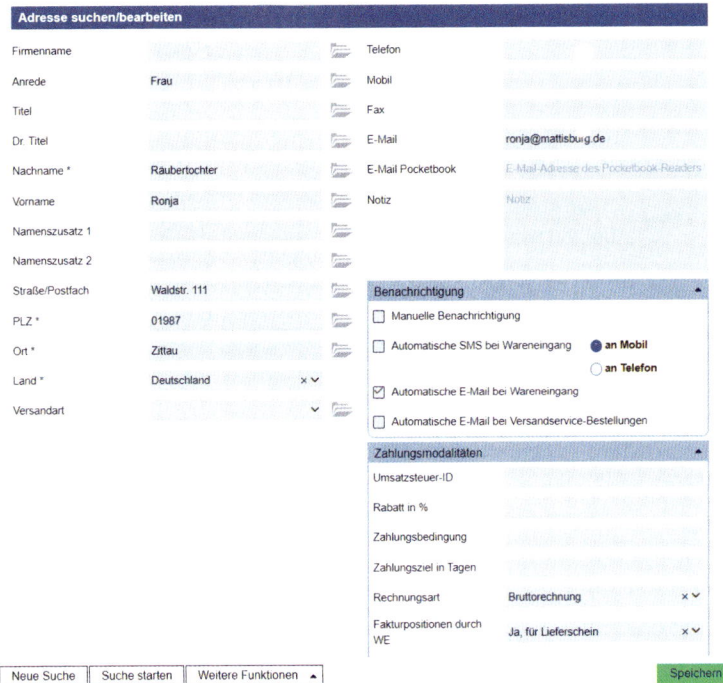

Eine Eingabemaske für die Erfassung von Kundendaten

Quelle: Montag, Torsten: Adressen kaufen: Wo und zu welchen Preisen? In: www.gruenderlexikon.de. https://www.gruenderle-xikon.de/checkliste/fuehren/kunden-akquirieren/adressen-kau-fen/ [14.11.2021].

Datenfeeds

Um mehr Aufmerksamkeit auf das eigene Sortiment zu richten, können Datenfeeds verwendet werden.

BEISPIEL

Die Exclusiva GmbH stellt verschiedenen Preissuch-maschinen, Suchmaschinen, Teilnehmern an Affiliate-Programmen und weiteren Partnern Produktdaten zur Verfügung. Das Shopsystem der Exclusiva GmbH bietet einen Export der Produkte an. Lediglich die Formatvor-lage muss auf den Vertriebspartner abgestimmt werden.

Ein Datenfeed ist eine Tabelle, die alle notwendigen Pro-duktdaten enthält. Dazu gehören auch Attribute, die eine Gruppierung der Artikel erlauben. Mit Attributen können die Produkte genau gekennzeichnet und beschrieben werden. Die am häufigsten verwendeten Formate für Datenfeeds sind CSV, XML und TXT.

Der große Vorteil von Datenfeeds ist die Erleichterung der Übertragung von sehr großen Datenbeständen (in der Regel Produktdaten), die kaum noch manuell zu be-wältigen ist. Ein Datenfeed ist ein Instrument, das es Da-tenbanken ermöglicht, auf sich ständig aktualisierende Daten zurückzugreifen: Diese werden von einem Server zu einem Client übertragen. Dort sind sie leicht und ohne größeren Aufwand zu lesen, weil die Daten in einer Ta-belle codiert sind. Ein weiterer wichtiger Vorteil eines Datenfeeds ist die Sicherstellung von Aktualität: Ältere Daten beim Client werden immer dann überschrieben, wenn er einen Datenfeed erhält.

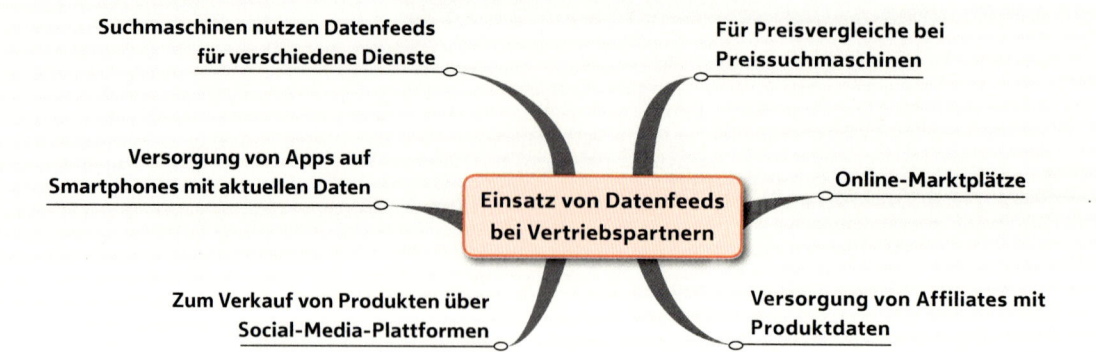

Ist der Upload eines Datenfeeds erfolgreich gewesen, werden aufgrund der übermittelten Produktdaten die Produkte beim Vertriebspartner dargestellt.

Die Artikel im Datenfeed werden durch verschiedene Attribute beschrieben. Attribute sind z. B. der Titel oder der Preis des Produktes. Damit die Produktanzeigen beim Partner (Client) dargestellt werden, müssen die Attribute bestimmte Anforderungen erfüllen.

BEISPIELE

Als unbedingt erforderliche Attribute schlägt Google in seinen Datenfeedspezifikationen vor:

- ID
- Titel
- Beschreibung
- Link
- Bildlink
- Zustand
- Verfügbarkeit
- Preis
- Kennzeichnung existiert

Produktdatenoptimierung

Qualitativ hochwertige Produktdaten sind entscheidend für den Erfolg im E-Commerce. Deshalb müssen einerseits für den Verkauf benötigte Angaben, die in den von Lieferanten bereitgestellten Produktdaten (Artikelstammdaten) fehlen, vor ihrer optimalen Verwendung diesen hinzugefügt werden. Andererseits muss sichergestellt sein, dass die hinterlegten Produktinformationen optimal den Anforderungen an die Gestaltung der Produktdaten angepasst sind.

Ziel der Produktdatenoptimierung ist es, durch gezielte Optimierung und Strukturierung von Produktdaten die Sichtbarkeit von Artikeln zu erhöhen.

BEISPIELE

Mangelhafte Produktdaten wirken sich negativ aus:

- Fehlen bei der Beschreibung eines Artikels Produktmerkmale, kann der Suchalgorithmus einer Suchmaschine potenziellen Käufern weniger Informationen zur Verfügung stellen.
- Auch die Suchfunktion eines Webshops liefert schlechte Ergebnisse.
- Die Vergleichbarkeit von Produkten ist nicht gegeben.
- Enthalten die Produktdaten bei Attributen keine unterschiedlichen Schreibvarianten bzw. Synonyme, werden die eigenen Produkte bei bestimmten Suchanfragen der Kunden nicht gefunden.
- Da zum Beispiel Google oder Amazon ihre Anforderungen an die Gestaltung von Produktdaten in jedem Jahr mehrfach verändern, kann es sein, dass man im Ranking nach hinten fällt.
- Die Sichtbarkeit auf Marktplätzen kann sinken.

Eine Produktdatenoptimierung erhöht die Konversationsrate und sorgt damit für mehr Umsätze. Anhand von Attributen wie zum Beispiel

- Titel,
- Produktmerkmale,
- Produktbeschreibung,
- Produktkategorien

können die einzelnen Artikel von den Algorithmen der Suchmaschinen im Internet einerseits und andererseits von der Suchfunktion des Webshops bewertet und entsprechend gerankt werden.

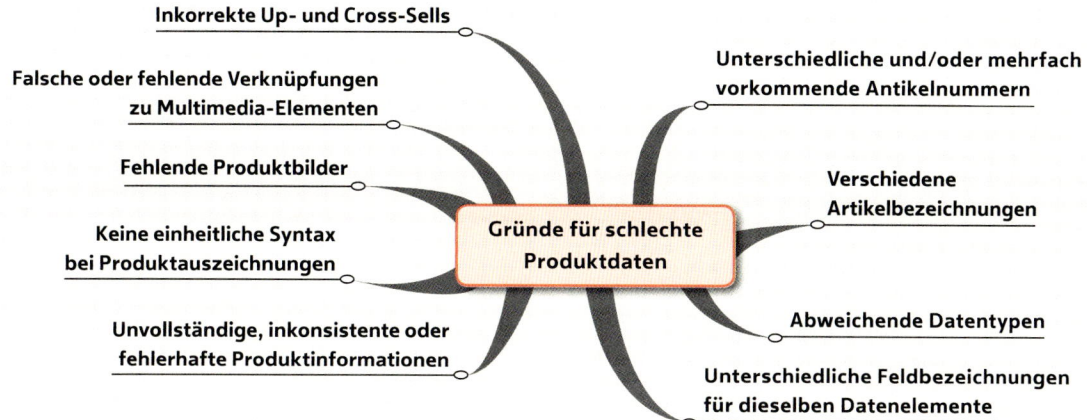

Grundregeln der Produktdatenoptimierung sind:

- Damit der Kunde Produkte nach bestimmten Eigenschaften filtern kann, sollten für jeden Artikel kaufrelevante Attribute festgelegt werden.

  BEISPIELE

  - Kaufrelevante Attribute bei Pullovern können unter anderem Farbe, Größe, Form sein.
  - Bei Waschmaschinen bieten sich unter anderem Art (Frontlader oder Toplader), Größe, Gewicht, Energieeffizienzklasse an.

- Bei der Formulierung der Attribute ist es wichtig, sich in die Zielgruppe der interessierten Käufer zu versetzen.

  BEISPIEL

  Wenn vielen Kunden ein Fachbegriff unbekannt ist, wird nach diesem nicht gesucht. Verwendet werden sollten also Begriffe, die ein möglichst hohes Suchvolumen haben.

Fachausdruck für die Formulierung der Attribute ist das **Tagging**: Beim Tagging werden Tags (englisch: Schildchen/Etikett) verwendet, um Inhalte mit zusätzlichen Informationen (etwa bestimmten Schlagwörtern) zu versehen. Tagging dient vor allem dazu, Informationen besser auffindbar zu machen. Im Zusammenhang mit dem Tagging der Produktdaten gilt, dass die Verschlagwortung aus der Sicht eines potenziellen Kunden die Sichtbarkeit eines Produkts im Internet erheblich erhöht. Deshalb sollte immer gefragt werden:

- Wie suchen potenzielle Kunden?
- Wonach erfolgt die Suche des Kunden?
- Welche speziellen Begrifflichkeiten verwendet ein potenzieller Kunde?

Für jeden Artikel sollten alternative Suchwörter definiert werden.

BEISPIELE

Kunden kennen oft den speziellen Produktnamen oder den besonderen Fachausdruck für eine besondere Eigenschaft eines Artikels nicht. Oft führen sie auch Suchen mit fehlerhaften Schreibweisen für den Produktnamen bzw. für Produkteigenschaften durch. Bedacht werden sollte daher bei der Formulierung von Suchwörtern:

- Synonyme des Attributs
- (eventuell verwendete) fremdsprachliche Bezeichnungen

Unterschiedliche Schreibvarianten	Synonyme	Fehlerhafte Schreibweisen
Winterschuhe	Winterschuhe	Winteschuhe
Winter Schuhe	Schneeschuhe	Winterschue
Schuhe für den Winter	Winterstiefel	Winterstifel
usw.	usw.	usw.

- Produkte sollten verschiedenen Produktgruppen zugeordnet werden. Es empfiehlt sich auch, Artikel virtuellen Produktkategorien zuzuordnen. Dies können bestimmte Anlässe und Themenwelten sein.

  BEISPIEL

  Der Pullover „Elle" der Firma „Hoss" wird warenwirtschaftlich der Kategorie Damenpullover zugeordnet. Es kann aber gleichzeitig eine verkaufsfördernde Zuordnung zu virtuellen Produktkategorien erfolgen:

- Neu im Angebot
- Ausverkauf
- Sale
- Weihnachten
- Winterurlaub usw.

Klassifizierung als wichtiger Bestandteil der Produktdatenoptimierung

Im Rahmen der Produktdatenoptimierung kommt der Klassifizierung eine immer größer werdende Rolle zu. Unter der **Klassifizierung** versteht man eine Klassifikation: Dies ist eine Produktbeschreibung durch Merkmale, die hilft, dass Produkte gefunden werden. Wird die Klassifizierung zusätzlich noch mit Merkmallisten ergänzt, ist darüber hinaus eine Beschreibung der Produkte mithilfe von Produktdaten möglich.

Eine Klassifikation ist also ein Ordnungssystem zur Einteilung von Objekten wie

- Produkten
- Materialien
- Dienstleistungen

in Klassen mit einer hierarchischen Ordnung. Unter einer **Klasse** wird eine Objektmenge verstanden, die meist aufgrund gemeinsamer Merkmale zu einer Gruppe zusammengefasst wird. Für eine genauere Beschreibung der Objekte können dann in den Klassen Merkmale und zugehörige Werte noch explizit aufgeführt werden.

In einem Klassifizierungssystem wird eine Hierarchie von Begriffen vorgenommen:
Klassifizierung → Merkmalsliste → Merkmale → Werteliste

Für jedes Produkt gibt es eine bestimmte Anzahl von Merkmalen, die in einer Merkmalliste zusammengefasst werden. Die möglichen Ausprägungen eines Merkmals werden dann in einer Werteliste erfasst.

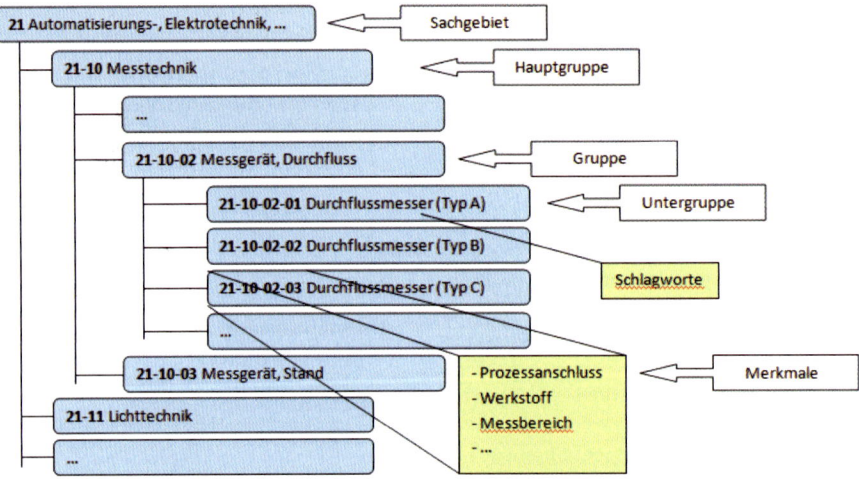

Ein Beispiel für die Klassifikation von Produkten in der Elektronikindustrie: Zur genauen Beschreibung von Produkten können in den Klassen Klassenmerkmale und zugehörige Werte explizit geführt werden.

Folgende Ziele werden mit einer optimalen Produktdatenbeschreibung im Rahmen einer Produktklassifikation für Produktivitätssteigerungen und für eine Erleichterung des elektronischen Geschäftsverkehrs angestrebt:

- Vereinheitlichen der Begrifflichkeiten im Hinblick auf die Produktdaten
- Ermöglichen einer systematischen und automatisierbaren Suche bzw. Vergleichbarkeit von Produktinformationen
- Sicherstellen eines Austauschs von Produktdaten mit externen Vertriebspartnern (aber auch internen Geschäftseinheiten) über das Internet oder über elektronischen Datenaustausch
- Schaffung durchgängiger Prozessketten

BEISPIEL

Ein Großhändler bedient im B2B-Bereich mithilfe klassifizierter, elektronischer Daten sämtliche Vertriebskanäle (Print-Kataloge, elektronische Kataloge für Shops, Marktplätze und interne Kundensysteme). Diese Daten sind die Basis für sämtliche hierüber angestoßenen Transaktionen. Der Vertrieb kann beispielsweise so optimal auf Anfragen bezüglich Produktspektrum, Lieferbarkeit, Preis oder Produktdetails reagieren.

Situation:
Die Exklusiva GmbH möchte ihre Artikel und Dienstleistungen über einen Katalog anbieten, der auf standardisierten Merkmalen respektive standardisierten Objekt-Klassifizierungssystemen aufbaut. Das Angebot wird von dem Käufer Elko AG genutzt.

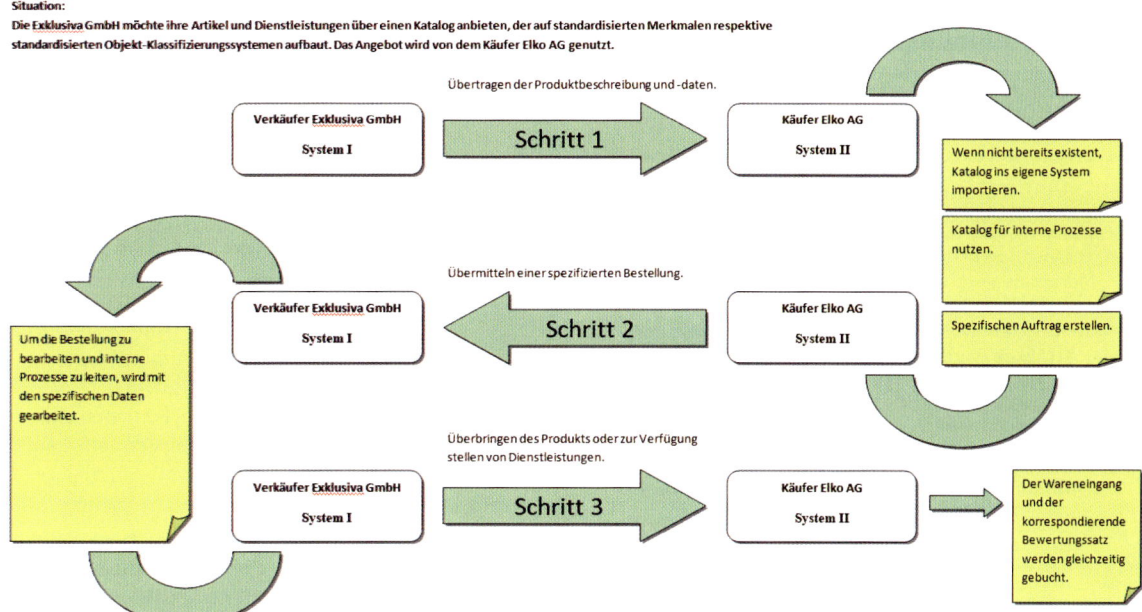

Um einen perfekten, effizienten und vollständigen Datenaustausch von Produktdaten zwischen einer Vielzahl von Unternehmen zu ermöglichen, sind Standards dafür notwendig. Kostenvorteile und Transparenz können aber nur erreicht werden, wenn möglichst viele Unternehmen denselben Standard verwenden. Es gibt momentan eine Vielzahl von Klassifikationssystemen.

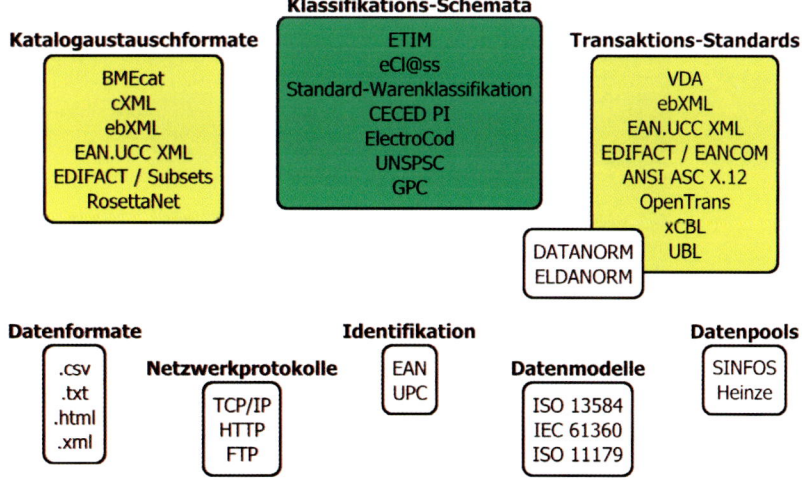

Beispiele für die Vielzahl von Klassifikationssystemen

Weitere wichtige Tätigkeiten der Produktdatenoptimierung

In Webshops (oder auf Marktplätzen) fallen häufig riesige Mengen an Produktdaten an. Um eine gute Datenqualität zu erzielen, werden im Rahmen der Produktdatenoptimierung unterschiedliche Tätigkeiten durchgeführt. Dies kann zwar theoretisch manuell geschehen, angesichts der großen Datenmengen wird dies jedoch in der Regel mit Programmen automatisiert durchgeführt.

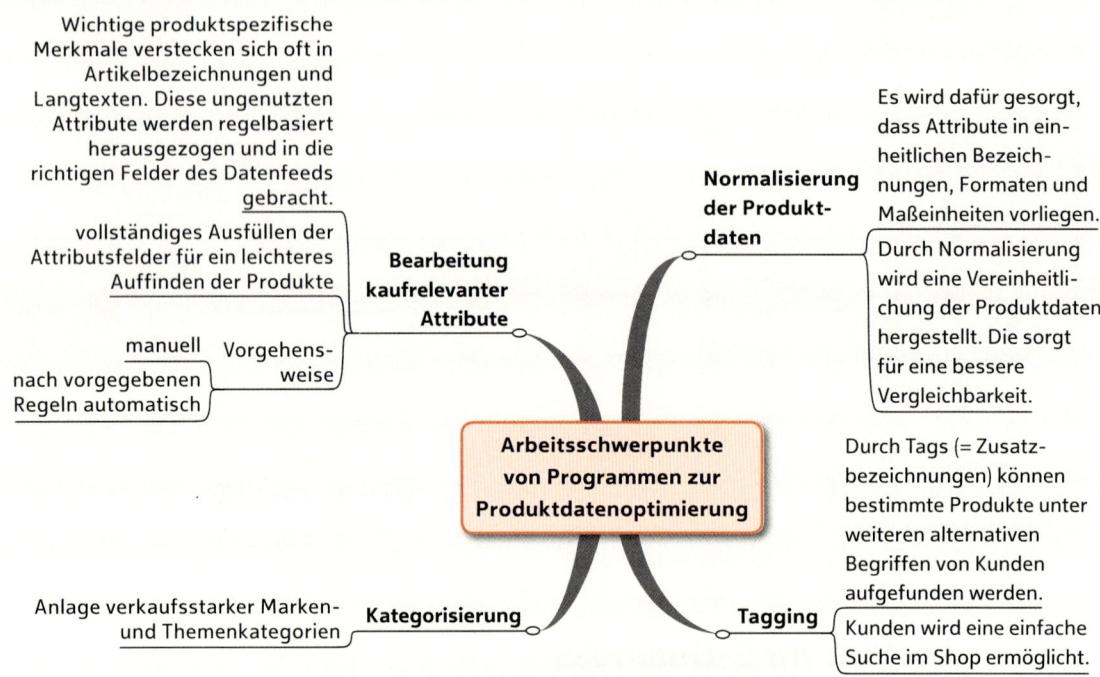

Arbeitsschwerpunkte von Programmen zur Produktdatenoptimierung

Bearbeitung kaufrelevanter Attribute

- Wichtige produktspezifische Merkmale verstecken sich oft in Artikelbezeichnungen und Langtexten. Diese ungenutzten Attribute werden regelbasiert herausgezogen und in die richtigen Felder des Datenfeeds gebracht.
- vollständiges Ausfüllen der Attributsfelder für ein leichteres Auffinden der Produkte

Vorgehensweise
- manuell
- nach vorgegebenen Regeln automatisch

Normalisierung der Produktdaten
- Es wird dafür gesorgt, dass Attribute in einheitlichen Bezeichnungen, Formaten und Maßeinheiten vorliegen.
- Durch Normalisierung wird eine Vereinheitlichung der Produktdaten hergestellt. Die sorgt für eine bessere Vergleichbarkeit.

Kategorisierung
- Anlage verkaufsstarker Marken- und Themenkategorien

Tagging
- Durch Tags (= Zusatzbezeichnungen) können bestimmte Produkte unter weiteren alternativen Begriffen von Kunden aufgefunden werden.
- Kunden wird eine einfache Suche im Shop ermöglicht.

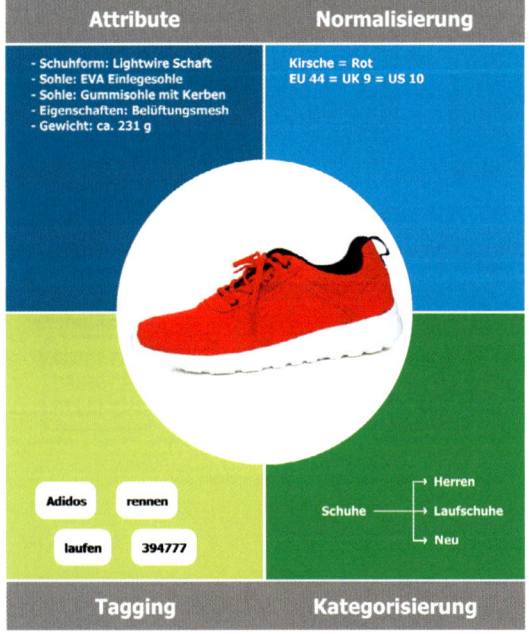

Programme sorgen heute durch eine Optimierung von Produktdaten für eine verbesserte Sichtbarkeit der eigenen Artikel in allen Verkaufskanälen. Sie schaffen vollständige Attributsfelder, normalisierte Bezeichnungen, hilfreiche Schlagworte und eine logische Kategorisierung.

Beispiele für Tätigkeiten im Rahmen der Produktdatenoptimierung	
Anreichern der Daten mit kaufrelevanten Attributen	Kunden lassen gern auf der Suche nach einem Artikel nach Attributen wie Farbe, Größe oder Material filtern. Produktspezifische Merkmale sind oft in Fließtexten, Artikelbezeichnungen und anderen oft bruchstückhaften Textinformationen verborgen. Diese müssen extrahiert werden. Da dies manuell sehr aufwendig ist, kann man spezielle Programme und/oder Dienstleister zur Hilfe nehmen. Diese ermitteln je nach Produkt, welche Merkmale jeweils relevant für Kunden sind.
Anlegen virtueller Produktkategorien	Neben den schon feststehenden eigentlichen Warengruppen können auch frei definierte Produktbereiche angelegt werden. Damit bekommen Webshops Möglichkeiten, auf kurzfristige Aktionen oder aktuelle Produkte hinzuweisen. So lassen sich beispielsweise ereignisspezifische Produkte (etwa für Weihnachten, Sommerferien, Ostern, Halloween, Valentinstag usw.) in Themenwelten zusammenfassen.
Schaffen von Konsistenz	Bessere Suchergebnisse gibt es, wenn zum Beispiel bestimmte Maß- und Größeneinheiten bei allen Produkten einheitlich und widerspruchsfrei verwendet werden.
Verwenden alternativer Suchbegriffe	Ergänzt man die Produktdaten mit Zusatzbezeichnungen, sind sie später häufiger und besser auffindbar. Diesen Vorgang nennt man **Tagging**: Es gibt Software, die dafür sorgt, dass neue Produkte die passenden Zusatzmerkmale automatisch erhalten.
Normalisierung	Oft stammen Produktdaten, die von Webshops genutzt werden, aus unterschiedlichen Quellen (Warenwirtschaftssystem/ERP-System oder Content Management-System) oder von verschiedenen Lieferanten. Die Daten sind z. T. unterschiedlich dargestellt.
	Vor diesem Hintergrund müssen die Produktdaten auf eine vorbestimmte Darstellungsweise vereinheitlicht werden. Diesen Prozess nennt man **Normalisierung**.
	So ist es ist oft nicht sinnvoll, jede einzelne Ausprägung einer Farbe zum Filtern zur Verfügung zu stellen. Aus den Ausprägungen Weinrot, Bordeaux oder Knallrot wird die Farbe Rot.
	Durch die Normalisierung wird die Mehrdeutigkeit der produktbeschreibenden Merkmale reduziert, wodurch die Suchfilterfunktion verbessert wird.
Matching	Ein häufig vorkommendes Problem sind mehrfach vorhandene Produktdaten. Diese werden oft auch **Duplikate** oder **Dubletten** genannt: Hier liegen oft uneinheitliche Produktbeschreibungen vor bzw. es fehlen einheitliche Nummern zu eindeutigen Produktidentifizierung (GTIN).
	Dies kann dazu führen, dass ein und dasselbe Produkt mit verschiedenen Titeln und Beschreibungen im Sortiment vorhanden ist, wenn es beispielsweise von unterschiedlichen Lieferanten bezogen wird. Solche heterogenen Produktbeschreibungen können entstehen durch:
	• Synonyme: Ein Pullover mit Kapuze kann im Textilbereich auch mit Kapuzenpullover oder Hoodie angegeben sein.
	• uneinheitliche Schreibweisen von Modellbezeichnungen: XRZ673ZB oder XRZ 673 ZB oder XRZ-673 ZB
	• uneinheitliche Bezeichnungen für Stück Angaben oder Größen: 150 Stück oder 3×50 Stück

Beispiele für Tätigkeiten im Rahmen der Produktdatenoptimierung
• uneinheitliche Bedeutung von Abkürzungen: HP kann unterschiedliche Bedeutungen haben: Hewlett Packard (Hersteller), Horse Power (Pferdestärke), High Pressure (Hochdruck), Hartpapier, Halbpension

Mehrfach vorhandene Produktdaten verhindert man durch das sogenannte **Matching**. Darunter versteht man den Prozess der automatisierten Identifizierung ähnlicher oder gleicher Datensätze. Mithilfe spezialisierter Programme werden die einzelnen Datensätze miteinander verglichen. Dies geschieht in der Regel anhand des Vergleichs ihrer Attribute.

AUFGABEN

1. Aus welchen Gründen steigen die Datenmengen in Unternehmen an?

2. Welche Datenfehler können zu Störungen in Geschäftsprozessen führen?

3. Welche Folgen können Datenfehler haben?

4. Wodurch unterscheiden sich Stamm- und Bewegungsdaten?

5. Führen Sie Beispiele für in Unternehmen verwendete Stammdaten auf.

6. Wie entwickeln sich Stammdaten im zeitlichen Ablauf?

7. Was versteht man unter dem Stammdatenmanagement?

8. Führen Sie Herausforderungen des Stammdatenmanagements auf.

9. Geben Sie Vorteile eines professionell betriebenen Stammdatenmanagements an.

10. Welche Fragestellungen müssen im Unternehmen im Rahmen des Stammdatenmanagements beantwortet und anschließend in ein Regelwerk umgesetzt werden?

11. Ein Ziel des Stammdatenmanagements ist es, für eindeutige Daten zu sorgen. Was versteht man darunter?

12. Welche Fehler erkennen Stammdatenmanagementprogramme?

13. Auf welche Weise können Kundenstammdaten gewonnen werden?

14. Fehler in den Stammdaten wirken sich auf Prozesse im Unternehmen aus und „vererben sich" z.B. vom Angebot bis zur Rechnungsstellung. In dem Video mit der Internetadresse *https://youtu.be/piE8haahTz4* kann man sehr schön sehen, wie man mithilfe einer Kundendaten-Managementsoftware am Beispiel von

Adressdaten unvollständige Einträge für Straßennamen mit Hausnummern finden kann.
Beschreiben Sie in maximal sechs Sätzen, wie dies im Beispiel geschieht.

15. Was ist ein Datenfeed?

16. Führen Sie zwei Vorteile bei der Verwendung von Datenfeeds auf.

17. Wo werden Datenfeeds eingesetzt?

18. Geben Sie mögliche Attribute eines Datenfeeds an.

19. Was versteht man unter der Produktdatenanalyse?

20. Erläutern Sie die Folgen einer schlechten Qualität von Produktdaten.

21. Was bedeutet Tagging?

22. Was sollte bei der Verwendung alternativer Suchwörter beachtet werden?

23. Führen Sie Beispiele für virtuelle Produktkategorien auf.

24. Was versteht man unter der Klassifizierung von Daten?

25. Welche Ziele werden mit der Klassifizierung von Produktdaten verfolgt?

26. Erläutern Sie die Begriffe
    a) Normalisierung
    b) Matching

27. Heterogene Produktbeschreibungen bereiten Webshops häufig Probleme.
    a) Wodurch können uneinheitliche Produktbeschreibungen entstehen?
    b) Bringen Sie jeweils ein zum Sortiment Ihres Ausbildungsunternehmen passendes Beispiel.

28. Welche Tätigkeit im Rahmen der Produktdatenoptimierung nimmt Ronja Bunko hier vor?

dunkelbraun	>	braun
1025 MB	>	1 GB
127 cm	>	50"
4 Stunden	>	4 h
Alu	>	Aluminium

29. Welche Begriffe verbergen sich hinter den folgenden Erläuterungen?

a) When product data used by online shops
originates from different suppliers, it is often
displayed differently. Therefore, the product
data must be standardized to a predetermined
presentation.

b) Supplementing product data with additional
designations so that they can later be found
more often and more easily.

c) The aim is to achieve the best improvement
and structuring of product data to increase the
visibility of the products.
The core lies in working out the unique selling
points of products, prioritizing them and presen-
ting them to the customer in the most appealing
and unobtrusive way.
This increases the conversation rate. This leads
to more sales.

d) A file of a list of products which uses groupings
of attributes that define each product in a unique
way.

e) This is the process of automated identification of
similar or identical data sets.

ZUSAMMENFASSUNG

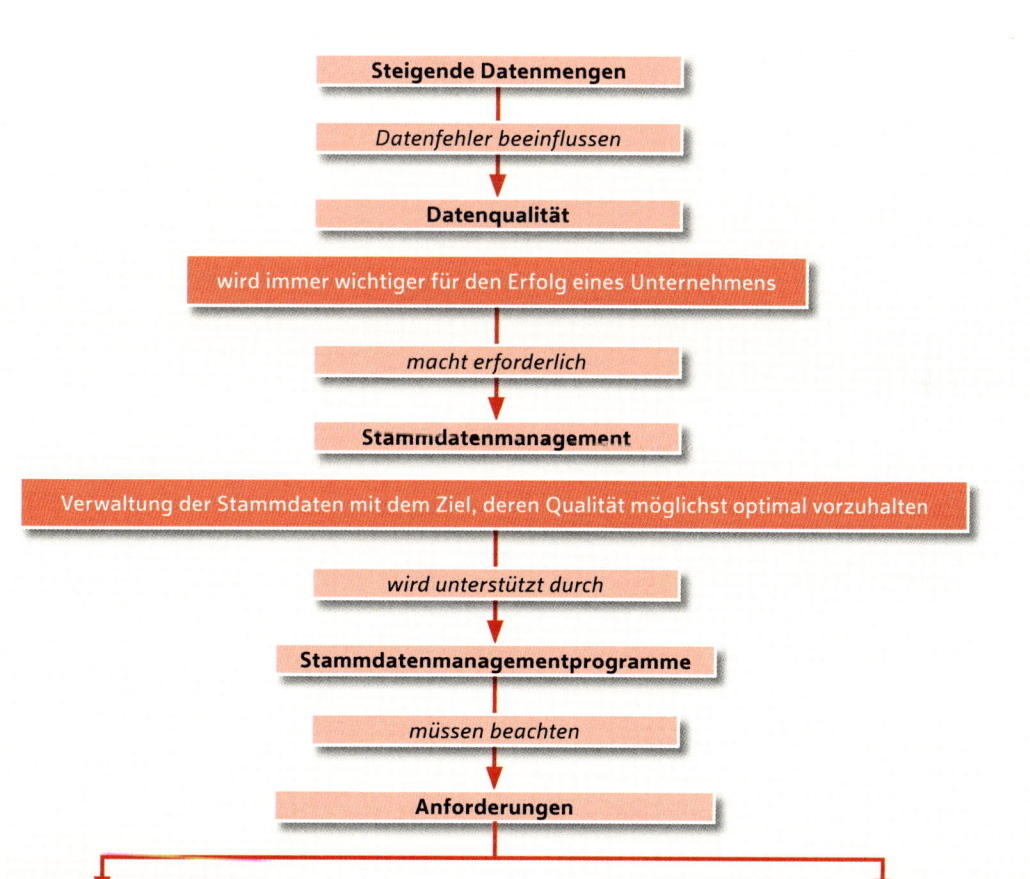

Steigende Datenmengen

Datenfehler beeinflussen

Datenqualität

wird immer wichtiger für den Erfolg eines Unternehmens

macht erforderlich

Stammdatenmanagement

Verwaltung der Stammdaten mit dem Ziel, deren Qualität möglichst optimal vorzuhalten

wird unterstützt durch

Stammdatenmanagementprogramme

müssen beachten

Anforderungen

des Datenschutzes

der Datensicherheit

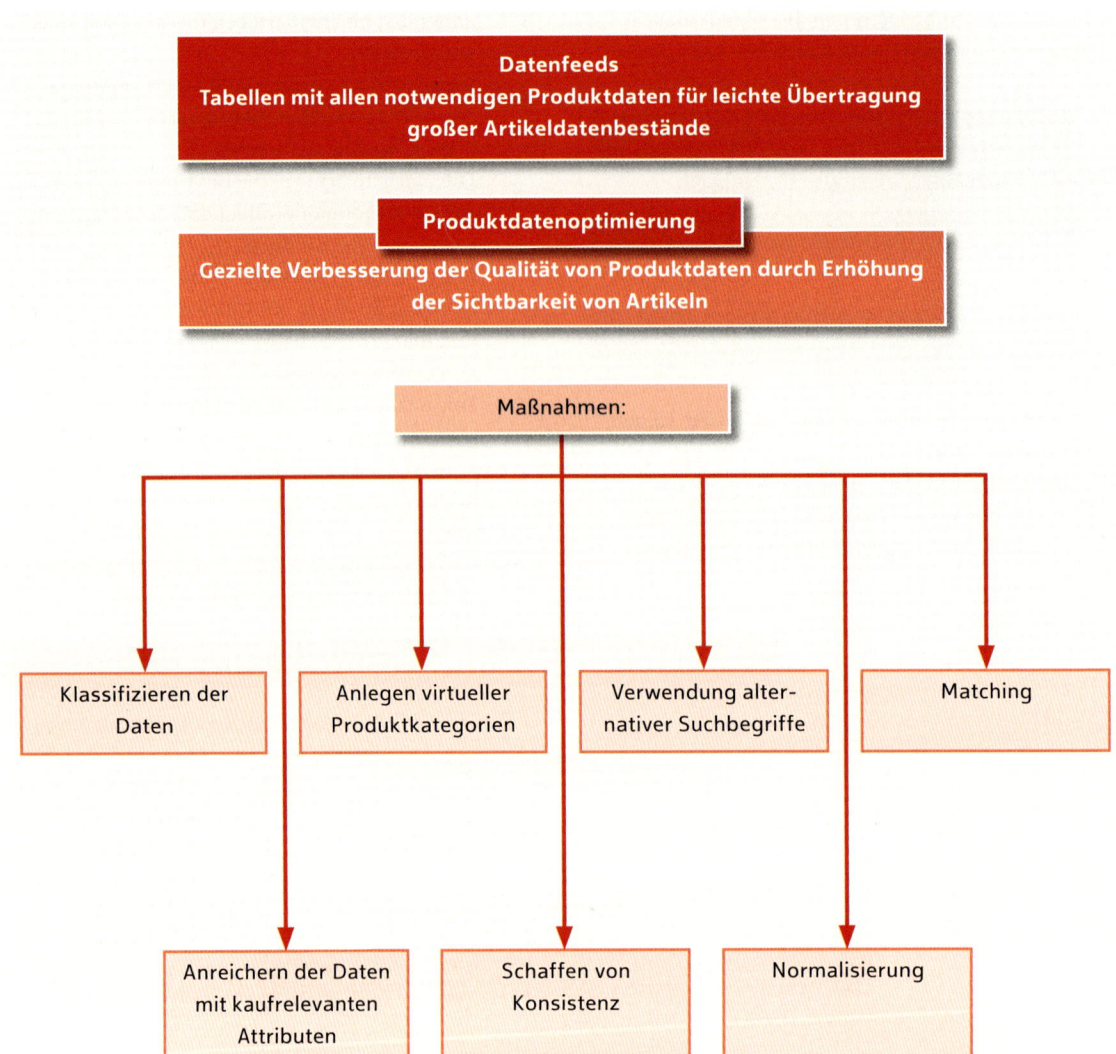

Datenfeeds
Tabellen mit allen notwendigen Produktdaten für leichte Übertragung großer Artikeldatenbestände

Produktdatenoptimierung
Gezielte Verbesserung der Qualität von Produktdaten durch Erhöhung der Sichtbarkeit von Artikeln

Maßnahmen:

Klassifizieren der Daten

Anlegen virtueller Produktkategorien

Verwendung alternativer Suchbegriffe

Matching

Anreichern der Daten mit kaufrelevanten Attributen

Schaffen von Konsistenz

Normalisierung

9.17   E-Commerce und die Digitalisierung in der Diskussion

Einstieg

Ronja Bunko ist auf dem Weg zur Arbeit. Interessiert liest sie in der Straßenbahn einen Zeitungsartikel zur Digitalisierung:

> Wie jeder grundsätzliche Strukturwandel ist auch der Übergang zur Informationsgesellschaft nicht vollkommen sozialverträglich zu gestalten. Chancen und Risiken bestehen nebeneinander, für jeden Einzelnen kommt es darauf an, sich intensiv mit den neuen Entwicklungen auseinanderzusetzen.

1. Erläutern Sie die Bedeutung des Begriffs Digitalisierung.

2. Geben Sie an, wie Sie zu der im Zeitungsartikel geäußerten Meinung stehen. Begründen Sie dies gegebenenfalls.

INFORMATIONEN

Neue Informationstechnologien und das Internet in der Diskussion

Neue Informationstechnologien und das Internet beeinflussen als Schlüsseltechnologien alle Bereiche der Arbeitswelt und der Freizeit, der Wirtschaft und Gesellschaft. Davon ist jeder Einzelne betroffen.

BEISPIEL

Neue Informationstechnologien und das Internet sind überall: Beim Einkaufen im Supermarkt, in der Schule, am Arbeitsplatz, in der Bank, sogar neuerdings im Auto begegnen sie uns. Häufig nutzen wir sie, ohne sie bewusst wahrzunehmen.

Die Bedeutung der neuen Informationstechnologien und des Internets ist darauf zurückzuführen, dass

- diese es ermöglichen, geistige Arbeit – in einem bisher nicht gekannten Ausmaß – durch Maschinen zu ersetzen,
- sie alte, bisher nicht verbundenen Techniken miteinander verbinden.

BEISPIEL

In vielen Bereichen wachsen der Datenverarbeitungs- und der Kommunikationsbereich zusammen: Ein Kunde der Exclusiva GmbH bestellt mithilfe seines Smartphones über das Internet im Webshop verschiedene Artikel. Automatisch werden durch diese Bestellung auf dem Webserver der Exclusiva GmbH verschiedene Prozesse in den EDV-Systemen ausgelöst.

Der Einsatz der neuen Informationstechnologien und des Internets hat Veränderungen bewirkt – Veränderungen in dem, was Menschen tun, und Veränderungen in der Denkweise der Menschen. Mit der Anwendung der neuen Informationstechnologien und des Internets verbinden sich Hoffnungen und Befürchtungen. Befragungen zeigen, dass die meisten Menschen zugleich positive und negative Auswirkungen des Computereinsatzes erwarten. Die neuen Technologien stehen im Mittelpunkt vieler Diskussionen.

Befürworter begrüßen diese Innovationen als einen Weg,

- um die Produktivität unserer Wirtschaft zu erhöhen, unsere Wettbewerbsfähigkeit und damit Arbeitsplätze zu erhalten,
- um die Arbeitnehmer von lästiger Routinetätigkeit zu befreien,
- um in industriellen Prozessen oder auch im privaten Verbrauch Energie und Rohstoffe zu sparen,
- um viele andere Vorteile wie Sicherheit und Benutzerfreundlichkeit technischer Geräte zu erlangen.

Skeptiker und Gegner der neuen Informationstechnologien und des Internets fürchten, dass

- die Computertechnologie Arbeitsplätze vernichtet,
- erworbene Fähigkeiten überflüssig macht und
- die Menschen in eine Technikabhängigkeit treibt, die dazu führt, dass die Maschine den Menschen und nicht mehr der Mensch die Maschine beherrscht.

Durch

- die rasante Verbreitung des Internets,
- die Entwicklung einer extremen Anzahl von Internet-
anwendungen mit den unterschiedlichsten Funktionen, die vor einigen Jahren überhaupt nicht denkbar
und vorstellbar waren,
- drastische Preissenkungen bei allen Arten von Hardware und Kommunikationsgeräten,
- eine sehr stark gestiegene Leistungsfähigkeit der
Prozessoren, die zu einer gewaltigen Steigerung der
Funktionsfähigkeit von Geräten führt,
- sowie einer Miniaturisierung (= Verkleinerung) der
elektronischen Bauteile

haben sich die Datenverarbeitung und die Kommunikationstechnik in den letzten Jahren sehr schnell entwickelt. Es wird erwartet, dass dieser Trend auch in Zukunft
mit gleicher Dynamik anhalten wird. Deshalb sind die
durch den Einsatz dieser Technologien hervorgerufenen Entwicklungstendenzen teilweise nur in Umrissen
erkennbar.

Die Digitalisierung

Die ständige, immer schneller laufende Weiterentwicklung des Internets, von Hardware und Software wird
unter dem Begriff Digitalisierung zusammengefasst. Sie
sorgt für einen tief greifenden Wandel in jedem Lebens-
bereich.

Digitalisierung im engeren, ursprünglichen Sinn bedeutet das Umwandeln von analog vorliegenden Informationen in digitale Formate: herkömmliche Medien
wie Dokumente, Fotografien, Tonaufnahmen oder Filme
werden umgewandelt in Dateien, die aus Bits und Bytes
bestehen.

BEISPIEL

Die Informationen eines in Papierform vorliegenden
Sachbuchs werden umgewandelt in eine E-Book-
Datei.

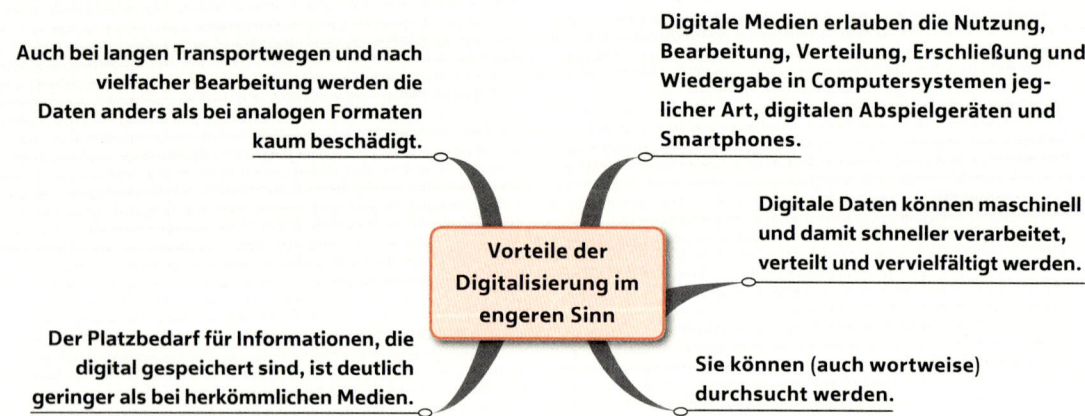

Auch bei langen Transportwegen und nach vielfacher Bearbeitung werden die Daten anders als bei analogen Formaten kaum beschädigt.

Digitale Medien erlauben die Nutzung, Bearbeitung, Verteilung, Erschließung und Wiedergabe in Computersystemen jeglicher Art, digitalen Abspielgeräten und Smartphones.

Vorteile der Digitalisierung im engeren Sinn

Digitale Daten können maschinell und damit schneller verarbeitet, verteilt und vervielfältigt werden.

Der Platzbedarf für Informationen, die digital gespeichert sind, ist deutlich geringer als bei herkömmlichen Medien.

Sie können (auch wortweise) durchsucht werden.

Wird in der gesellschaftlichen Diskussion von **Digitalisierung** gesprochen, ist **im weiteren Sinn** des Begrif-
fes damit der digitale Wandel gemeint. Digitalisierung
bedeutet in diesem Zusammenhang die (letztlich durch
das Umwandeln von analogen Informationen in digitale Formate ausgelösten) Veränderungsprozesse in allen
Bereichen der Gesellschaft. Dieser Prozess der stetigen
Weiterentwicklung digitaler Technologien, die unsere
Wirtschaft und Gesellschaft nachhaltig prägen, wird oft
auch als **digitale Revolution** oder **digitale Transformation** bezeichnet.

BEISPIELE

Immer mehr wird das Leben nicht nur begleitet, sondern auch beeinflusst durch unter anderem

- Künstliche Intelligenz,
- Social Media,
- Big Data,
- Internet der Dinge,
- Blockchain,
- Cloud Services usw.

Durch die Digitalisierung entstehen neue Gewohnheiten
und Bedürfnisse sowohl im Geschäftsleben als auch im
Privatleben. Im Zuge dieses Prozesses ändern sich einerseits die Erwartungen der Konsumenten. Unternehmen

sind andererseits gezwungen, bestehende traditionelle Prozesse entweder digital anzupassen oder durch wesentlich effizientere, digitale Prozesse abzulösen.

Durch die Digitalisierung kommt es auf vielen Märkten zu einer **Disruption**. Darunter versteht man die komplette Zerschlagung bzw. Umstrukturierung eines auf einem Markt bestehenden Geschäftsmodells durch eine Innovation.

BEISPIELE

In der Regel wird ein Markt durch eine Innovation nicht grundlegend verändert, sondern nur weiterentwickelt:

- Gab es früher für Musikliebhaber nur Schallplatten zu kaufen, nahmen Händler mit der Erfindung der CDs auch diese in ihr Sortiment auf. Hier wurde im Prinzip ein Produkt lediglich weiterentwickelt. An den bestehenden Geschäftsmodellen änderte sich nichts Wesentliches.
- Früher gaben Verlage wie Brockhaus Lexika heraus, die in über 20 Bänden das wesentliche Wissen des Menschen zusammenfassten.

Im Rahmen der Disruption werden alte Strukturen durch komplett neue – meist deutlich einfachere oder bequemere – ersetzt:

- Zu disruptiven Prozessen kam es durch das Aufkommen digitaler Musikvertriebe (Spotify, iTunes usw.). Kunden können Musikstücke nun online erwerben, die Interpreten brauchen keine Firmen, die die CDs vertreiben. Auch Presswerke sind nicht mehr nötig. Der Markt ändert sich radikal.
- Mehrbändige Lexika in Papierform werden nicht mehr herausgegeben, seit es Wikipedia gibt.

Disruption bedeutet also, dass auf einem Markt bestehende alte Strukturen, Geschäftsmodelle und Unternehmen stark herausgefordert werden und bei Erfolg vom Markt verdrängt bzw. ersetzt werden.

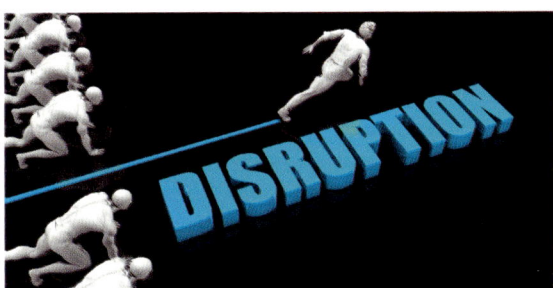

Disruption: Veränderung der Spielregeln auf dem Markt durch Innovation. Disruption ist oft das Ergebnis neuer Geschäftsmodelle.

Auswirkungen auf Arbeitnehmer

Für Arbeitnehmer hat der Einsatz der neuen Technologien und des Internets unterschiedliche Auswirkungen. Durch Einführung der rasant auftretenden Innovation verändert sich die Arbeitsplatzstruktur. Wenn nahezu jeder Arbeitsplatz EDV-gestützt und mit dem Internet verbunden ist, tritt der Sachbearbeiter von seinem Arbeitsplatz aus nur noch in einen Dialog mit dem Computer (Mensch-Maschine-Kommunikation). Unterlagen werden nun nicht mehr aus dem Aktenschrank oder auf dem Dienstweg aus anderen Abteilungen (Mensch-Mensch-Kommunikation) geholt, sondern durch Abruf auf dem Bildschirm sichtbar gemacht.

Es kommt zu einer veränderten Arbeitsorganisation, andere Arbeitsinhalte treten in den Vordergrund. EDV-Anlagen übernehmen einen größeren Anteil der Tätigkeiten, die bisher vom Menschen ausgeführt wurden. Dem Anwender bleiben oft lediglich Aufgaben der Dateneingabe, des Programmaufrufs und der Weiterverwendung der Ergebnisse für Folgetätigkeiten. Hierdurch ergeben sich sowohl Chancen als auch Risiken für die Arbeitnehmer:

- Die Arbeitszufriedenheit kann steigen, wenn durch Befreiung von Routinetätigkeiten die Arbeit erleichtert wird und der Anteil an anspruchsvollen Tätigkeiten zunimmt.
- Wird die Arbeit durch den Einsatz der EDV monotoner, wirkt sich dies negativ auf den Arbeitnehmer aus.

Feststellbar ist, dass in vielen Fällen Computer, Programme und Internetanwendungen eintönigere Routinearbeiten übernehmen und dadurch die Belastungen bei der Arbeit verringern. Durch den EDV-Einsatz können jedoch auch neue Beanspruchungen entstehen. Die ununterbrochene Arbeit an Bildschirmgeräten kann zu Gesundheitsschäden führen. Arbeitstempo und -methoden werden dem Menschen häufig vorgeschrieben.

Daher wird es mit der zunehmenden Durchdringung des beruflichen Lebens mit Computern und Anwendungen immer wichtiger, die Handhabung dieser Geräte so leicht wie möglich zu machen. Die Wissenschaft der Ergonomie gibt viele Hinweise zur optimalen Anpassung der Computer an die geistigen und physischen Eigenschaften des Menschen.

Diskutiert wird heute über die **elektronische Heimarbeit**.

Homeoffice: berufliche Arbeit im privaten Umfeld

Die heute in Büros übliche Arbeit lässt sich in die private Wohnung an den privaten Computer verlegen. Die Auslagerung von Arbeiten aus den Arbeitsräumen von Unternehmen in die Homeoffices nimmt stark zu.

In allen Bereichen werden neben den betrieblichen Abläufen auch die Arbeitsinhalte der betroffenen Beschäftigten durch Anwendung der Datenverarbeitung verändert. Dadurch werden neue Anforderungen an die Mitarbeiter gestellt. Für fast alle Arbeitsplätze werden Internet- und Datenverarbeitungskenntnisse zwingend notwendig sein. Die Datenverarbeitung hat sich in den nächsten Jahren auch in Kleinbetrieben komplett durchgesetzt. Der Computer wird also überall als selbstverständliches Werkzeug zur Problemlösung genutzt werden.

Unter Umständen kann eine evtle. Aufspaltung (Polarisierung) der Anforderungen in anspruchsvolle Arbeiten für einen Teil der Beschäftigten eine Eingruppierung in eine niedrigere Gehaltsgruppe zur Folge haben.

Befürchtet wird oft ein Arbeitsplatzabbau durch die Anwendung der Datenverarbeitung. Die durch den Computereinsatz hervorgerufenen Produktivitätssteigerungen können menschliche Arbeitskraft freisetzen.

Auswirkungen auf die Betriebe

In allen Bereichen eines Unternehmens erhöht sich durch den Internet- und Computereinsatz die Produktivität: Dieselbe Zahl von Produkten oder Dienstleistungen kann mit einem geringeren Einsatz menschlicher Arbeitskraft hergestellt bzw. angeboten werden. Damit steigen die Wettbewerbsfähigkeit und gleichzeitig auch die Gewinnchancen des einzelnen Unternehmens. Darüber hinaus wird das Unternehmen unabhängiger vom Personal.

Der Einsatz der Informationstechnologien und des Internets kann traditionsreiche Strukturen in Industrie-,

Handels- und Dienstleistungsunternehmen zerbrechen bzw. umstrukturieren und uralte Berufsbilder zerstören.

BEISPIEL

Der Computer verändert bekannte Berufe, schafft neue, und einige lässt er verschwinden. Experten schätzen, dass über 2,5 Millionen Arbeitsplätze in der nächsten Zeit davon betroffen sind. Das beste Beispiel dafür ist der Kaufmann/die Kauffrau für E-Commerce: Dieser neue Beruf ersetzt in bestimmten Bereichen von Einzelhandelsunternehmen, aber auch in Unternehmen anderer Branchen und Wirtschaftsstufen (Industrie, Großhandel, Banken, Versicherungen, Dienstleistungsunternehmen usw.), in Teilen bisher dort ausgebildete Berufe.

Sämtliche betriebliche Tätigkeiten – von der Planung bis hin zur Personalpolitik und Verwaltung – sind von der Anwendung der neuen Informationstechnologien und des Internets betroffen. Es verändern sich:

- Denkweisen,
- Firmenstrukturen,
- Organisationsprinzipien,
- ökonomische Wertvorstellungen.

Es entwickeln sich in den Unternehmen absolut neue Systeme und Arbeitsmittel wie z. B.

- neue Kommunikationsformen,
- die elektronische papierlose Aktenablage,
- automatische Fertigungsroboter in Teilen der Produktion,
- elektronische Geldüberweisungssysteme.

Die sich durch den Einsatz der innovativen Technologien ergebenden Rationalisierungen vernichten jedoch nicht nur Arbeitsplätze, in sehr vielen Fällen erhalten sie sie auch. Die unter Wettbewerbsdruck stehenden Unternehmen können durch die gestiegene Produktivität höhere Kosten und Löhne auffangen. Zudem entstehen durch Einbeziehung der neuen Technologien, Kommunikationstechniken und Anwendungen neue Wirtschaftszweige, Geschäftsmodelle, Fertigungsmethoden und Produktideen.

BEISPIEL

Der Einsatz der Innovationen hat in den letzten Jahren zu vielfältigen neuen Geschäftsmodellen unterschiedlichster Art im Bereich des E-Commerce geführt. Es gibt eine gewaltige Menge neuer oder verbesserter Geräte und Systeme, die, oft in Kombination mit dem Internet, in allen Bereichen der Wirtschaft zu gewaltigen Veränderungen führen.

BEISPIELE

- Industrie 4.0 im Bereich der Industrie
- der digitale Handel im Bereich des stationären Handels
- Onlinebanking im Bereich des Kreditwesens

Auch in so gegensätzlichen Bereichen wie

- Nachrichtentechnik,
- Bürotechnik,
- Medizin,
- Verkehrslenkung,
- Autoelektronik,
- Freizeitelektronik,
- Bildung

ergeben sich vollkommen neue Anwendungsmöglichkeiten und damit Chancen für viele Unternehmen, neue Produkte und Leistungen anzubieten.

Auswirkungen auf die Konsumenten

Für den Konsumenten bringt die Datenverarbeitung häufig Bequemlichkeitsvorteile. Ein Großteil der Alltagserledigungen kann zu Hause am Computer abgewickelt werden.

BEISPIEL

Immer mehr setzt sich das Electronic Banking durch: Alle wichtigen Bankgeschäfte wie Kontostandsabfragen, Überweisungen oder Daueraufträge können zu jeder Tageszeit von zu Haus erledigt werden. Benötigt wird dazu lediglich ein Smartphone oder ein Computer.

Electronic Banking: Bequemlichkeitsvorteile durch Digitalisierung

Da die Datenerfassung dadurch, dass sie vom Konsumenten vorgenommen wird, in vielen Fällen für die Unternehmen entfällt, bekommt der Verbraucher einen Teil der Kostenersparnis.

BEISPIEL

Eine Überweisung per Onlinebanking ist für einen Bankkunden erheblich preiswerter als eine normale Überweisung in einer Filiale.

Auch das Freizeitverhalten ändert sich. Der Computer hat Einzug in die Privathaushalte gehalten. Zum Teil schon im Kindergartenalter werden Computerspiele gespielt. Personal Computer, Tablets und Smartphones werden immer öfter bewusst zur Vorbereitung von Schule und Beruf eingesetzt.

Die Verbreitung von Personal Computern kann so weit gehen, dass auch der Arbeitsplatz zu Hause steht. Dadurch könnte die menschliche Kommunikation behindert werden: Der direkte soziale Kontakt wird möglicherweise durch den Dialog mit dem Computer ersetzt.

Auswirkungen auf die Volkswirtschaft

Im beginnenden Zeitalter der Informationsgesellschaft wird Information zum wichtigsten Produktionsfaktor. Immer mehr entscheidet das Vorhandensein von Daten über den Erfolg von Unternehmen. Führt ein Unternehmen daher in einer Branche eine neue EDV-Technologie ein, sind andere Betriebe gezwungen, dies ebenfalls zu tun.

Die Computertechnologie verbessert einerseits die bestehenden Informations- und Kommunikationssysteme, andererseits erweitert sie mit neuen Nachrichtensystemen die Möglichkeiten, Sprache, Schrift, Bilder und Daten auszutauschen.

Der Sorge, dass eines Tages die Anwender durch die Informationsfülle völlig überschwemmt werden, muss durch bessere Auswahlverfahren begegnet werden. Aber auch dabei hilft die Datenverarbeitung. Ein entscheidender Punkt ist, dass die Gesellschaft lernt, mit den neuen Informationsmedien richtig umzugehen.

Für Industrie und Handel ist der Einsatz der EDV und des Internets auch wichtig, um über fortschreitende Rationalisierung und Produktivitätssteigerungen in allen Bereichen die internationale Wettbewerbsfähigkeit zu erhalten. Sowohl Arbeitgebervertreter als auch Gewerkschaften argumentieren, dass es für ein rohstoffarmes Industrieland wie die Bundesrepublik keine Alternative zur Digitalisierung gibt. Mit dem Verlust der Wettbewerbsfähigkeit würde ein Verlust an Absatzmärkten einhergehen, was ein größeres Arbeitsmarktrisiko darstellt als eine noch kalkulierbare Einsparung von Arbeitsplätzen durch Rationalisierungen.

Die Schwierigkeiten, die eine Umstellung von Wirtschaft und Gesellschaft auf die Digitalisierung mit sich bringt, zu meistern, ist eine besondere Herausforderung. Sie kann nur durch Übereinstimmung aller beteiligten Gruppen gelöst werden. Diese Aufgabe wirkt bis in unser Bildungswesen hinein. Schüler müssen die Techniken, denen sie im späteren Berufs- und Privatleben begegnen, in ihren Grundzügen kennenlernen.

Die Digitalisierung führt nur dann zu neuen Produkten oder Verfahren, wenn die Menschen diese neuen Güter, Abläufe und Arbeitsmittel auch annehmen. Voraussetzung für die Akzeptanz sind

- die rechtzeitige Einbeziehung der Benutzer in die Planung;
- eine stärker dem Menschen angepasste Gestaltung von Technik und Funktionen – Hardware und Software müssen also ergonomisch gestaltet werden;
- eine solche Organisation der Arbeit, dass der Anwender die Möglichkeiten des Einflusses auf Entscheidungen erkennt, ein Gefühl der Mitverantwortung bekommt und sein Arbeitsergebnis sieht.

Chancen und Probleme der Digitalisierung

Die Digitalisierung treibt Veränderungen in Wirtschaft und Gesellschaft voran. Viele sehen sie überwiegend als Chance, andere teilweise aber auch als Bedrohung an.

Vor- und Nachteile der Digitalisierung

■ meistgenannte Vorteile ■ meistgenannte Nachteile

Item in Prozent „Bitte sagen Sie uns, ob Sie in den folgenden Beispielen für sich persönlich eher einen Vorteil oder einen Nachteil sehen?"		Nachteil	Weder noch	Vorteil	Thema nicht bekannt	k.A.
Speicherung von persönlichen Gesundheitsdaten (z.B. auf der Gesundheitskarte)	Ü60	26	23	45	4	2
	Gesamt*	27	26	41	3	3
Speicherung von Telekommunikationsverbindungsdaten zur Verhütung/Verfolgung schwerer Straftaten	Ü60	30	23	38	6	3
	Gesamt*	32	25	35	5	3
Digitale Vernetzung des Straßenverkehrs	Ü60	17	27	39	10	7
	Gesamt*	15	28	45	7	5
Sammlung und Nutzung von Telekommunikationsverbindungsdaten durch deutsche Geheimdienste	Ü60	50	19	21	5	5
	Gesamt*	51	21	20	4	4
Sammlung und Nutzung von Telekommunikationsverbindungsdaten durch ausländische Geheimdienste	Ü60	59	17	14	5	5
	Gesamt*	61	17	14	5	3
Speicherung des eigenen Surfverhaltens (z.B. durch Cookies)	Ü60	39	24	16	13	8
	Gesamt*	45	26	17	7	5
Sammlung und Nutzung von persönlichen Daten durch Unternehmen (z.B. Google, Amazon)	Ü60	50	18	14	10	8
	Gesamt*	54	20	18	4	4

Basis: 1.091 Fälle (alle Befragten Ü60)   *Basis: 2.683 Fälle (alle Befragten Gesamtbevölkerung)

☑ **DIVSI**

Klar ist nur, dass die Digitalisierung die Wirtschaft, die Gesellschaft und das Privatleben in jedem Fall umfassend verändern wird.

„Die Netzagentur hat vor Kurzem mitgeteilt, dass es viele Beschwerden wegen Problemen mit digitalen Plattformen gäbe. Beanstandet wird von vielen Unternehmen die Art des Umgangs mit Kundenbewertungen und mit Reklamationen durch diese Portale. Große Kritik gab es auch an dem Verhalten dieser Internetunternehmen. Sie stellen zunächst einmal eine Plattform für andere Händler zur Verfügung. Oft treten sie aber auch gleichzeitig als Händler auf, die Kunden direkt Waren anbieten. Von vielen Mitbewerbern wird die Gefahr gesehen, dass Plattformanbieter für einen Markt, in dem sie gleichzeitig in Konkurrenz zu anderen Webshops Artikel in einem eigenen Onlineshop anbieten, dort die Regeln bestimmen und ihre Verhandlungsmacht ausnutzen."

Vortrag eines E-Commerce-Experten

Digitalisierung

Chancen

- Wegfall langweiliger Tätigkeiten am Arbeitsplatz oder im Haushalt
- Bessere Erfüllung von Kundenwünschen
- Erhebliche Reduktion von Produktionskosten
- Mehr Zeit für sich selbst, für die Familie oder für andere Zwecke
- Viele neue bzw. neuartige Berufe (zum Beispiel auch der E-Commerce-Kaufmann) entstehen
- Jeder kann im Internet ohne großen Aufwand Inhalte weltweit verbreiten
- Im Marketingbereich können Maßnahme deutlich zielführender bzw. personalisiert eingesetzt werden
- Trend von der Massenproduktion hin zu individualisierten Produkten
- Im Internet abrufbare gebührenfreie Kommunikationsprogramme verdrängten in den letzten Jahren teure, zumindest auf internationaler Ebene für viele Menschen kaum leistbare Telefongebühren
  - Private Informationen jeder Art können in Form von Videos, Filmen oder Bildern über Plattformen wie Youtube oder Tumblr ausgetauscht werden.
- Schnelle und günstige Kommunikation weltweit.
- Es entstehen neue Geschäftsmodelle, neue Wirtschaftszweige und neu gegründete Unternehmen (zum Beispiel Start-ups)
- Schnellerer Informationsaustausch
- Es können mehr Informationen erzeugt, gespeichert und verarbeitet werden als jemals zuvor
- Schnellere Informationsbeschaffung
- Einsparung von Laufwegen und Zeit
- Smarte Haushalte
- E-Commerce: Einkauf von Artikeln
  - Onlinebanking
  - Tracking von Paketsendungen

Probleme

- Kein Bewusstsein für Datenschutz
  - Preisgabe persönlicher Daten
- Mangelnde Anonymität
  - der „gläserne Bürger"
  - Da nicht nur Profis, sondern auch Anfänger und Laien Inhalte leicht verbreiten können, gibt es eine wesentliche Zunahme qualitativ schlechter Inhalte
  - Unterzweig
- Internetsucht/Abhängigkeit von sozialen Medien
  - Gefühl, ständig erreichbar sein zu müssen
- Negative soziale Auswirkungen
- Vergiftung des öffentlichen Klimas durch Hasspostings
  - Shitstorms
  - Cybermobbing
- Viele Unternehmen, zum Teil auch ganze Branchen, werden durch Disruption vom Markt verdrängt
- Trend zur sozialen Spaltung
  - Wenige sehr gut bezahlte Experten oder Gründer
- Kaum noch Mittelklassejobs
  - Zahlreiche schlecht bezahlte Logistikarbeiter
- Besonders Berufe mit Hilfstätigkeiten können durch Hardware (Roboter) bzw. Software ersetzt werden
- Arbeitsplatzverlust
  - Gefährdet sind Berufe mit häufig auftretenden Routinearbeiten
- Es können bewusst falsche Meldungen (fake news) zur Manipulation von Personengruppen eingesetzt werden
- Abhängigkeit von Hardware und Software
- Zunehmende Cyberkriminalität
- Die massenhafte Sammlung, Speicherung und Übertragung digitaler Daten durch staatliche und wirtschaftliche Institutionen schafft (wenn dies nicht durch rechtliche Regelungen eingeschränkt wird) Möglichkeiten der Überwachung, wie sie in der Geschichte der Menschheit zuvor unbekannt waren

Vorteile und Nachteile von E-Commerce

Beim E-Commerce wird das Internet als Plattform für den Verkauf von Waren und Dienstleistungen genutzt. Neben vielen Vorteilen kann dies eventuell aber auch Nachteile für die Händler und die Kunden mit sich bringen.

Unternehmen, die im E-Commerce-Bereich auftreten, können im Gegensatz zum Beispiel zu stationären Betriebsformen unabhängig von geografischen Aspekten handeln: Sie können die von ihnen vertriebenen Waren theoretisch weltweit einkaufen, aber ebenfalls auch weltweit verkaufen. Kosten können erheblich verringert werden durch den Wegfall von zum Beispiel Miete für ein Ladengeschäft oder die Einsparung von Personalkosten im Falle von Dropshipping. Da mit den Kunden elektronisch Daten ausgetauscht werden, kann das verkaufende Unternehmen eine gezielte Marktforschung betreiben. Damit ist es in der Lage, besser auf die Bedürfnisse und Erwartungen der Kunden einzugehen.

Ein Merkmal des E-Commerce ist die Verkürzung herkömmlicher Lieferketten: Waren können direkt vom Hersteller zum Kunden gebracht werden. Dabei werden traditionelle Zwischenstationen wie Groß- und Einzelhändler umgangen. Dies ergibt durch eine verbesserte Kalkulation einerseits Verkaufschancen. Die nicht mehr in der Lieferkette einbezogenen Unternehmen haben jedoch Umsatzverluste zu verzeichnen.

Der Hauptvorteil für Kunden im Bereich des E-Commerce liegt in der verbesserten Qualität der Dienstleistung: Zu jeder Tages- und Nachtzeit können Waren bequem bestellt werden, ohne dass ein stationäres Geschäft besucht werden muss. Es spielt überhaupt keine Rolle, wo das anbietende Unternehmen seinen Geschäftssitz hat. Da es weltweit für den gewünschten Artikel in der Regel eine Vielzahl von Anbietern gibt, profitieren Kunden vom hohen Wettbewerbsdruck hinsichtlich des Preises. Eine der Hauptursachen für Entscheidung von Kunden zum Kauf in stationären Geschäften ist mehreren Untersuchungen zufolge die Angst vor missbräuchlicher Verwendung von Kundendaten.

BEISPIELE

Kunden fürchten unter anderem

- Identitätsdiebstähle,
- Diebstähle von Bank- und Kreditkartendaten,
- Ausspähen persönlicher Daten.

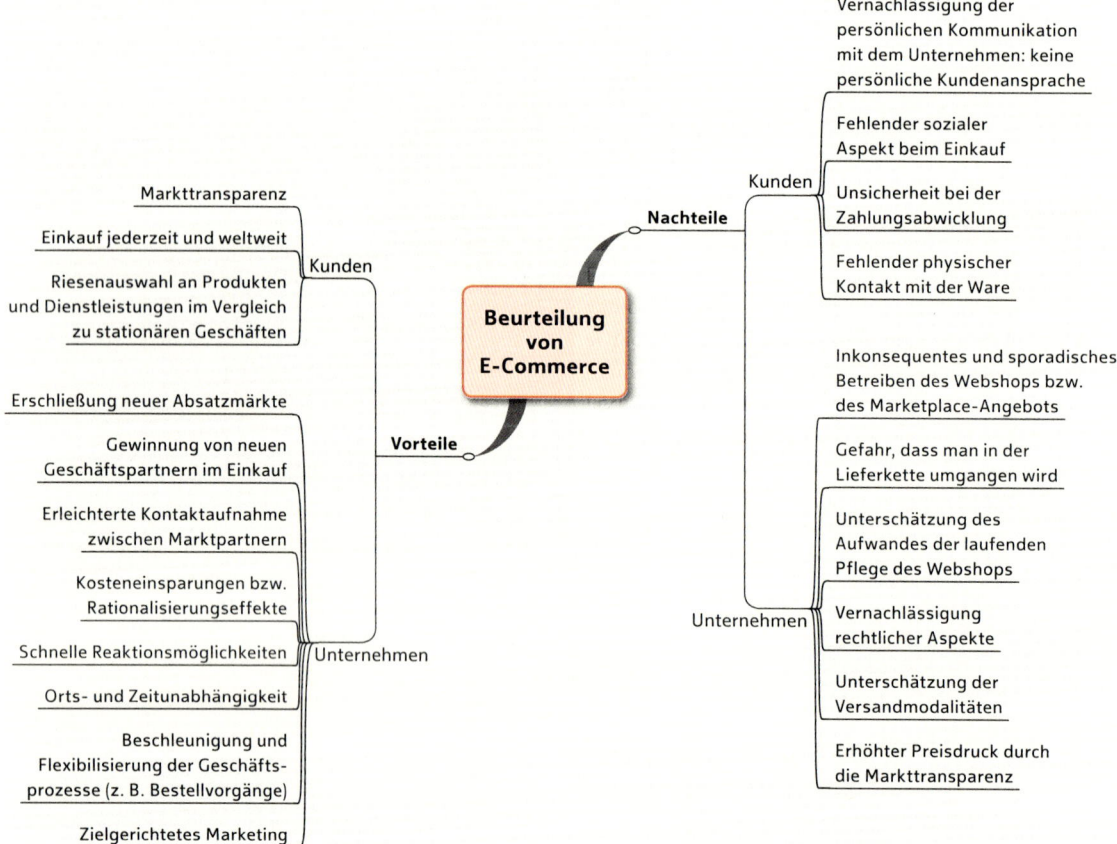

AUFGABEN

1. Warum spricht man im Zusammenhang mit der Digitalisierung von der Schlüsseltechnologie des nächsten Jahrzehnts?

2. Welche Ursachen führten zu der rasanten Entwicklung des Internets und der Computertechnologie in den letzten Jahren?

3. Wie verändert sich die Arbeitsplatzstruktur durch die Digitalisierung?

4. Welche Folgen hat die Rationalisierung durch Einsatz der EDV auf die Unternehmen?

5. Wie wirken sich die Internetnutzung und der vermehrte Einsatz der EDV auf die Konsumenten aus?

6. Mit der Teleheimarbeit wird eine Möglichkeit gesehen, Arbeitsplätze außerhalb der Betriebe zu schaffen.
   a) Was versteht man unter Teleheimarbeit?
   b) Welche Vorteile haben Arbeitnehmer bzw. Arbeitgeber?
   c) Welche Nachteile haben Arbeitnehmer bzw. Arbeitgeber?
   d) Welche Hardware muss dafür vorhanden sein?

7. Aus einem Zeitungsartikel über die Veränderung des Arbeitsmarktes:
   „Mag man sich heute darüber streiten, ob die kleinen Mikroprozessoren Jobkiller oder Jobknüller sind – eines sind sie in jedem Fall: Jobveränderer." Beurteilen Sie diese Aussage.

8. Führen Sie Beispiele für die vielfältige Anwendung der Digitalisierung auf in
   a) Ihrem Ausbildungsbetrieb,
   b) Ihrem Freizeitbereich.

9. Erläutern Sie das Zusammenwachsen von Datenverarbeitung, Kommunikationstechnik und Büroorganisation.

10. Beurteilen Sie die folgenden Meinungen. Wo stimmen Sie zu? Wo sind Sie anderer Meinung? Begründen Sie und diskutieren Sie in Ihrer Klasse.

    a) „[...] Würde man die Generation bis 50 fragen, ob sie ohne Google leben könnte, so wird sie vermutlich antworten: ,Ein Leben ohne Google ist möglich, aber nutzlos. Die Suchmaschine macht Alltag und Arbeit einfacher und reichhaltiger.' Google zu vermeiden wäre für sie gleichbedeutend mit dem Gang ins ,digitale Kloster'.[...]"

    Quelle: Rolf, Arno: Ist die Welt eine Google? In: Hamburger Abendblatt. 15.1 2016. www.abendblatt.de/meinung/article206926353/Ist-die-Welt-eine-Google.html [16.11.2021].

    b) Diese großen Plattformen „[...] haben sich zu zentralen Kristallisationspunkten entwickelt. Beinahe die gesamte vernetzte Welt wird inzwischen von einigen dominanten Playern beherrscht. Das Vordringen von Google in unterschiedlichste Bereiche wie Betriebssysteme, Browser, Messenger, Karten, Logistik oder Smart Metering veranschaulicht diesen Trend eindrucksvoll. [...] Deshalb sind diese Plattform-Konzerne nicht nur in der Lage, langfristig ihre Wettbewerbsposition im Markt zu festigen, sondern auch exklusive Datenmonopole zu schaffen. Ein einziger Log-in in ihre Welt, gepaart mit der Nutzereinwilligung zur Datenverarbeitung, ermöglicht ihnen die Erstellung der weltweit aussagekräftigsten Kundenprofile, weil Daten aus allen Produkt- und Leistungssparten der Plattformen zentral zusammengeführt werden können. [...]"

    Quelle: Pflüger, Friedbert: Die eigentlichen Gewinner der DSGVO sind Google, Amazon und Facebook. In: Handelsblatt. 20.6 2018. www.handelsblatt.com/meinung/gastbeitraege/gastbeitrag-die-eigentlichen-gewinner-der-dsgvo-sind-google-amazon-und-facebook/22709224.html?ticket=ST-427972-iQukqCVN17udN6uMTyWO-ap4 [16.11.2021].

    c) „[...] Vorteile sind unter anderem, dass man immer auf dem neusten Stand gehalten wird und beispielsweise über Kanäle wie YouTube berühmt werden kann. Außerdem gibt es direkte und schnelle Kommunikation mit Freunden oder Followern sowie schnelles Feedback für geteilte Inhalte. Die Kommunikation ist weltweit 24 Stunden rund um die Uhr möglich und die Anmeldung ist meistens kostenlos. [...]"

    Quelle: Lisken, Sophie, Klasse 8c, Marienschule Xanten: Die Vorteile und Gefahren sozialer Netze. In: WAZ online. 15.7 2016. www.waz.de/mediacampus/best-of/die-vorteile-und-gefahren-sozialer-netze-id12005068.html [16.11.2021].

    d) „[...] Im Gegensatz dazu gibt es für die Tech-Riesen aus dem Silicon Valley heute keinerlei Regulierung. Hier gilt einzig und allein das Prinzip, dass der Gewinner alles erhält. So haben ein paar Unternehmen eine Monopolstellung erreicht, die ihnen unvergleichliche Dominanz verschafft.

Google als Suchmaschine, Amazon im E-Commerce, Facebook unter den sozialen Netzwerken – und jeder, der von Wettbewerbsrecht spricht, wird ausgelacht. […]"

Quelle: Ferguson, Niall, im Interview mit John F. Jungclaussen: Facebook zerstört die Demokratie. In: Zeit Online. 19.12 2017. www.zeit.de/2017/53/soziale-netzwerke-facebook-macht-niall-ferguson-historiker [16.11.2021].

e) „[…] Während die Nutzer den Giganten die als alternativlos empfundene Zustimmung zur Datennutzung geben, wächst in gleichem Maße der Wunsch, bei den kleineren und mittleren europäischen Unternehmen das Prinzip der Datensparsamkeit anzuwenden und eine Nutzung der Daten zu verweigern. Das Ergebnis ist offenkundig: Die Giganten aus den USA und Asien werden (daten-)reicher, die europäischen Konkurrenten, nicht zuletzt die kleinen und mittleren Unternehmen, werden (daten-)ärmer. So droht die europäische Wirtschaft den Zugang zum zentralen Stoff moderner Gesellschaften und Volkswirtschaften zu verlieren – den digitalen Daten. […]"

Quelle: Pflüger, Friedbert: Die eigentlichen Gewinner der DSGVO sind Google, Amazon und Facebook. In: Handelsblatt. 20.6 2018. www.handelsblatt.com/meinung/gastbeitraege/gastbeitrag-die-eigentlichen-gewinner-der-dsgvo-sind-google-amazon-und-facebook/22709224.html?ticket=ST-427972-iQukqCVN17udN6uMTyWO-ap4 [16.11.2021].

f) „[…] Die Mehrheit der Käufer erlebt sich im Internet als ‚empowered consumer'. Zwei Drittel der Online-Shopper halten sich für besser informiert über Angebote und Preise als früher, nutzen gerne Bewertungen anderer Kunden und meinen, dass Konsumenten heute durch Kommentarfunktion und Empfehlungen beim Online-Kauf viel mehr Einflussmöglichkeiten haben. […]"

Quelle: Eisert, Rebecca und Hohensee, Matthias: Bezos Vision – Für Amazon hat die Schlacht erst begonnen. In: WirtschaftsWoche, Geballte Power für mein Wissen. 20.2 2013. www.wiwo.de/unternehmen/handel/bezos-vision-amazon-ist-dorn-im-auge-der-konkurrenz/7805132-2.html [16.11.2021].

g) […] „Aus heutiger Sicht wäre das der Weg zurück in die Steinzeit", lautete eine Antwort auf diese Frage. E-Commerce hat sich fest in den Alltag der meisten Menschen integriert. Die Deutschen sind insgesamt besonders positiv eingestellt. 61 Prozent der Deutschen Online-Shopper möchten auf diese bequeme Art des Einkaufs nicht mehr verzichten." […]

Quelle: Eisert, Rebecca und Hohensee, Matthias: Bezos Vision – Für Amazon hat die Schlacht erst begonnen. In: WirtschaftsWoche, Geballte Power für mein Wissen.

20.2 2013. www.wiwo.de/unternehmen/handel/bezos-vision-amazon-ist-dorn-im-auge-der-konkurrenz/7805132-2.html [16.11.2021].

h) Jana und Mike radikalisieren sich immer mehr. Sie lesen keine Zeitung mehr, schauen selten Fernsehen. Sie leben im Internet in ihrer Echokammer und sind Mitglieder verschiedener sozialer Netzwerke, wo sie auf Gleichgesinnte treffen. In ihrer „Filterblase" werden nur Inhalte verbreitet, mit denen alle übereinstimmen. Inhalte, die der in der Gruppe vorherrschenden Meinung widersprechen, werden herausgefiltert. Es wird sehr oft gehetzt und geschimpft. Den Mitgliedern der sozialen Medien werden in ihren Gruppen durch die Algorithmen nur Inhalte gezeigt, die die politischen Meinungen der Mitglieder bestätigen. Durch diese Dynamik kann es zu gesellschaftlichen Spaltungstendenzen kommen.

Ein Experte

i) Die heutige Internetwirtschaft „[…] beansprucht einseitig menschliche Erfahrung als Rohstoff zur Umwandlung in Verhaltensdaten. Ein Teil dieser Daten dient der Verbesserung von Produkten und Diensten, den Rest erklärt man zu […] Verhaltensüberschuss, aus dem man mithilfe fortgeschrittener Fabrikationsprozesse, die wir unter der Bezeichnung […] Künstliche Intelligenz zusammenfassen, Vorhersageprodukte fertigt, die erahnen, was Sie jetzt, in Kürze oder irgendwann tun. Und schließlich werden diese Vorhersageprodukte auf einer neuen Art von Marktplatz für Verhaltensvorhersagen gehandelt […]"
Die Wettbewerbsdynamik zwingt „zum Erwerb immer aussagekräftiger Quellen für Verhaltensüberschuss, wie sie etwa unsere Stimmen, Persönlichkeiten und Emotionen darstellen. Und schließlich sind sie dahintergekommen, dass man die aussagekräftigsten Verhaltensdaten überhaupt durch den aktiven Eingriff in den Stand der Dinge bekommt, mit anderen Worten, in dem man Verhalten anstößt, herauskitzelt und in der Herde in Richtung profitabler Ergebnisse treibt. Motor dieser Entwicklung ist der Wettbewerbsdruck; Ergebnis dieses Wandels ist, dass automatisierte Maschinenprozesse unser Verhalten nicht nur kennen, sondern auch in einer wirtschaftlichen Größenordnung auszuformen vermögen. Angesichts dieser Abwendung von großem Wissen hin zur Machtausübung genügt es nicht mehr, den Fluss der Informationen über

uns zu automatisieren. Das neue Ziel besteht darin, uns selbst zu automatisieren. [...]"

Quelle: Zuboff, Shoshana. Das Zeitalter des Überwachungskapitalismus. Frankfurt/New York, Campus 2018, Seite 22–23.

j) Amazon: „Bei Amazon stehen die Kunden im Mittelpunkt. Ziel ist es, ihr Leben zu vereinfachen und zu ihrem Erfolg beizutragen. Dafür bietet Amazon Services an, die viele bereits nutzen: Kunden, die bei Amazon einkaufen; Unternehmer, die ihre Produkte und Erfindungen Millionen Nutzern anbieten; Autoren, die ohne Verlag Bücher veröffentlichen; Filmemacher, die ihre Zuschauer erreichen, oder Entwickler, die ihre Ideen durch Amazon verwirklichen. Die Partner von Amazon können sich auf das Wesentliche konzentrieren: auf ihre Produkte, ihre Inhalte, ihre Innovationen."

Quelle: Was ist Amazon? In: www.aboutamazon.de. www.aboutamazon.de/%C3%BCber-amazon/was-ist-amazon [16.11.2021].

k) „Ein Nachrichtenmagazin berichtete vor Kurzem über das vermehrte Auftreten von Billigportalen.

Marktplätze und Onlineshops aus Asien betreiben eine aggressive Preispolitik: Zum Teil wird mit Rabatten von mehr als 90 % gearbeitet. Viele sehen das problematisch. Oft stellt sich die Ware als minderwertig heraus. Manchmal sehen Experten sogar Gesundheitsgefahren. In vielen Fällen erfolgen gar keine Lieferungen. Gesetzliche Kontrollen gibt es hier nicht."

Aus dem Vortrag eines E-Commerce-Experten

l) „Plattformen bringen Menschen viele Erleichterungen, man denke nur an Portale wie booking.com, die verschiedenen Lieferdienste oder Fahrdienste wie Uber. Im Bereich der sozialen Medien haben Anbieter wie Meta (facebook) oder Twitter die Kommunikation entscheidend verändert. Diesen Verbesserungen für Kunden stehen Verschlechterungen in den schnelleren Wirtschaftszweigen gegenüber. Diese sogenannte Destruktion bedroht die Geschäftsmodelle traditioneller Branchen."

Meinung eines Managers in einer Diskussion zur Rolle von Plattformen

ZUSAMMENFASSUNG

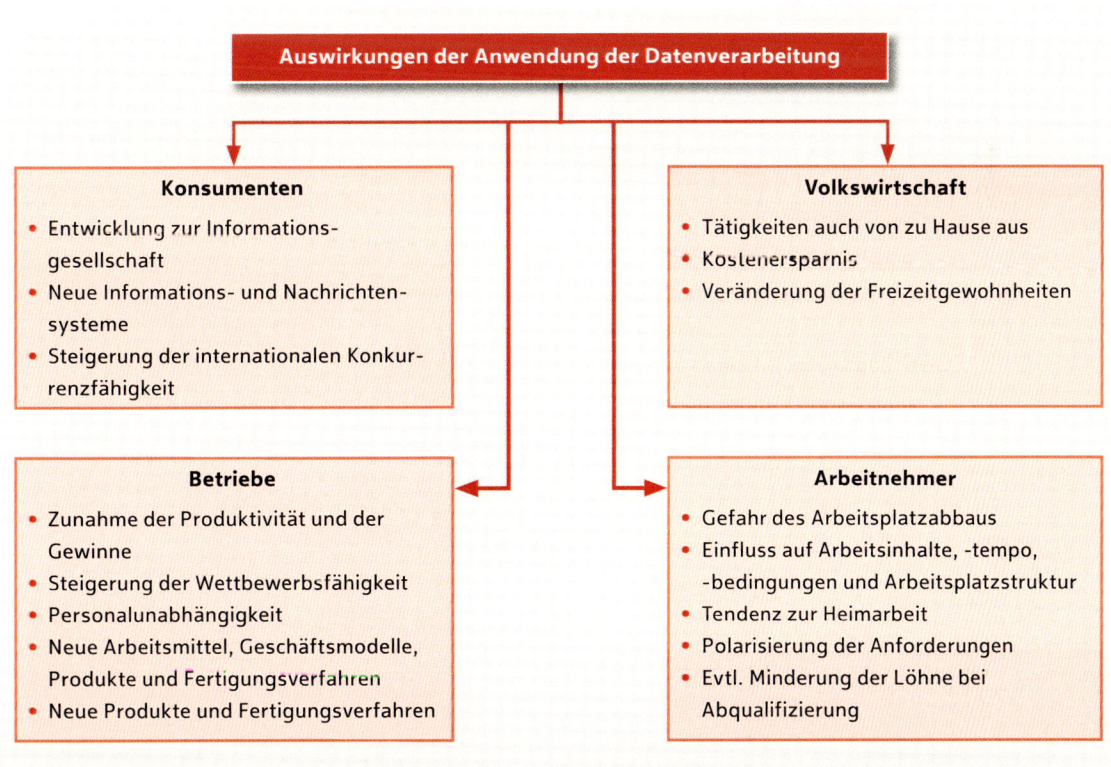

Auswirkungen der Anwendung der Datenverarbeitung

Konsumenten
- Entwicklung zur Informationsgesellschaft
- Neue Informations- und Nachrichtensysteme
- Steigerung der internationalen Konkurrenzfähigkeit

Volkswirtschaft
- Tätigkeiten auch von zu Hause aus
- Kostenersparnis
- Veränderung der Freizeitgewohnheiten

Betriebe
- Zunahme der Produktivität und der Gewinne
- Steigerung der Wettbewerbsfähigkeit
- Personalunabhängigkeit
- Neue Arbeitsmittel, Geschäftsmodelle, Produkte und Fertigungsverfahren
- Neue Produkte und Fertigungsverfahren

Arbeitnehmer
- Gefahr des Arbeitsplatzabbaus
- Einfluss auf Arbeitsinhalte, -tempo, -bedingungen und Arbeitsplatzstruktur
- Tendenz zur Heimarbeit
- Polarisierung der Anforderungen
- Evtl. Minderung der Löhne bei Abqualifizierung

Balanced Scorecard

Customer Journey

Hidden Champions

Likes

CPO

Rentabilität

Return Rate

Cashflow

ROAS

Follower

Produktivität

Conversion-Rate

Look-to-book-Ratio

Average time on site

Umsatzanalyse

Average Order Value

Open Rate

CPL

Click-Through-Rate

Impressions

Verweildauer

KPIs

KUR

Session

CPC

Webanalyse

Exit-Rate

Bounce Rate

Visitors

Lernfeld 10

Den Onlinevertrieb kennzahlengestützt optimieren

10.1 Allgemeine Kennzahlen

Einstieg

Der Geschichte der Exclusiva GmbH lässt sich entnehmen, dass das Unternehmen stets auf Neuerungen des Marktes reagiert hat. So haben die verantwortlichen Personen u. a. den Onlinevertrieb in die Wege geleitet. Eine externe Marktforschungsstudie hatte seinerzeit ergeben, dass sich die potenziellen Kunden genau jenen Onlinevertrieb wünschen. Wäre die Exclusiva GmbH diesem Wunsch nicht nachgekommen, wäre die Kundschaft ziemlich sicher zu der Konkurrenz abgewandert.

Mittlerweile läuft der Onlinevertrieb, und die Verkaufszahlen sehen vielversprechend aus. Also kein Grund, etwas zu verändern? Herr Brand, Abteilungsleiter des Onlinevertriebs, hat im Gespräch mit Azubi Andreas Seeger dazu eine ganz spezielle Meinung.

Andreas Seeger:
„Herr Brand, das waren ja super Verkaufszahlen im letzten Quartal. Dass wir erneut unseren Onlineumsatz im Bekleidungsbereich um 10 % steigern konnten, zeigt ja, dass nicht nur der Onlinehandel im Allgemeinen boomt, sondern im Speziellen auch die Exclusiva GmbH."

Herr Brand:
„Das stimmt. Zumindest stimmt es auf den ersten Blick. Wir können zufrieden sein, dürfen uns aber nicht ausruhen. Die Konkurrenz schläft nicht. Außerdem reicht die Aussage ‚Guter Umsatz' nicht aus, um unseren Erfolg ausreichend zu messen. Was sind 10 % mehr Umsatz wert, wenn der gesamte Markt aber um 15 % angewachsen ist? Genauso könnten wir uns fragen, weshalb es nur 10 % mehr Umsatz gewesen sind. Sind da nicht ein paar Konsumenten kurz vor dem Kauf noch abgesprungen?"

Andreas Seeger:
„Das klingt ja etwas ernüchternd."

Herr Brand:
„Es sagt nur aus, dass wir wettbewerbsfähig bleiben müssen und wollen. Dazu müssen wir uns immer hinterfragen und kontinuierlich in jedem Bereich verbessern."

Andreas Seeger:
„Und wie erkennen wir, in welchem Bereich wir uns verbessern sollten?"

Herr Brand:
„Über allem stehen erst mal die Fragen: Wo stehen wir, wo wollen wir hin und wie können wir uns dahingehend verbessern? Permanent gilt es den nächsten Schritt der Weiterentwicklung zu vollziehen. Dabei helfen uns Kennzahlen. In diesem Bereich wollen wir uns immer weiter professionalisieren. Dazu müssen wir z. B. die betriebswirtschaftlichen Kennzahlen reflektieren. Spätestens seit unserem Start im Onlinevertrieb müssen wir unseren Blick aber auch viel spezieller ausrichten. Dazu wollen wir aussagekräftige Kennzahlenkonzepte entwickeln, die neben der betriebswirtschaftlichen Sichtweise auch die relevanten Bereiche aus dem E-Commerce abdecken."

Andreas Seeger:
„Das hört sich ziemlich spannend und wichtig an. Ich habe mich ja bereits im 1. Ausbildungsjahr mit verschiedenen Zahlen – z. B. der Eigenkapital- und Umsatzrentabilität – auseinandergesetzt."

Herr Brand:
„Ich schlage vor, Sie informieren sich nun noch etwas spezieller, damit Sie uns in der Abteilung bei der umfangreichen Konzeption und der stetigen Weiterentwicklung eines Kennzahlensystems zukünftig unterstützen können."

Andreas Seeger:
„Das hört sich sehr gut an."

Unterstützen Sie Andreas Seeger bei seinem Vorhaben, indem Sie sich selbstständig alle nötigen Kompetenzen im Umgang mit dem Thema Kennzahlen aneignen.

a) Führen Sie in Ihrer Klasse ein Brainstorming durch, indem Sie die Frage diskutieren: Was könnte Herr Brand damit meinen, wenn er sagt, dass die Exclusiva GmbH mit Beginn des Onlinevertriebs den Blick nun viel spezieller ausrichten müsse?

b) Weshalb sieht Herr Brand eine Diskrepanz zwischen der eigentlich positiv gestiegenen Umsatzzahl und dem möglicherweise gleichzeitig gestiegenen Marktvolumen?

c) Beschreiben Sie die Situation, die Herr Brand mit der Frage „Sind da nicht ein paar Konsumenten vor dem Kauf noch abgesprungen?" verdeutlichen möchte. Welche Erkenntnisse wären für die Exclusiva GmbH nützlich?

INFORMATIONEN

Allgemeiner Einstieg in die Kennzahlen

„Jede Initiative braucht eine konkrete Zahl als Vorgabe."
Quelle: Jeffrey R. Immelt, US-amerikanischer Wirtschaftsmanager und ehemaliger CEO von General Electric.
In: *https://www.wirtschaftszitate.de/?s=Jeffrey+R.+Immelt* [16.11.2021].

Grundsätzlich könnte dem Zitat mit einem Sprichwort widersprochen werden: „Wer nicht wagt, der nicht gewinnt." Gerade bei unternehmerischen Entscheidungen kann das Eingehen von Risiken beträchtliche Erfolge hervorbringen. Ist ein Unternehmen allerdings bereits im Geschäft, möchte es sich weiterentwickeln und in ganz bestimmten Bereichen verbessern. Dabei können ganz konkrete Zahlen helfen, um an bestimmten Stellschrauben drehen zu können. Im Ergebnis kann bzw. sollte anhand der gewonnenen Erkenntnisse eine Optimierung der Geschäftsprozesse vorgenommen werden.

> **DEFINITION**
>
> **Kennzahlen** sind quantifizierbare Zahlen. D. h. sie drücken für das Unternehmen wertvolle Informationen in Zahlen aus. Sie sind ein notwendiges Hilfsmittel für das Unternehmen, um kurzfristige, mittelfristige und langfristige Entscheidungen zu treffen bzw. um Änderungen in bestimmten Geschäftsprozessen vornehmen zu können.

Wird die Einstiegssituation betrachtet, zeigt sich, dass Kennzahlen u. a. die Funktion haben, bestimmte **Informationen** zu **liefern**: *Im letzten Quartal hat die Exclusiva GmbH im Bekleidungsbereich 10 % mehr Umsatz generiert.* Aufgrund der zeitlichen Gegenüberstellung lassen sich bestimmte Aussagen treffen. Wird die Abbildung zur Umsatzsteigerung im Onlinevertrieb näher betrachtet, lässt sich etwa ableiten, dass eine positive Tendenz der Umsatzsteigerung auch für die Zukunft zu erwarten

ist. Für das vorliegende Beispiel und die Bewertung ist der zeitliche Zusammenhang elementar.

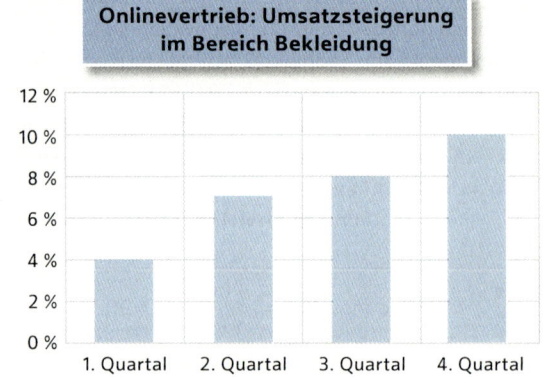

Umsatzsteigerung in den letzten Quartalen

Gleichzeitig kann auch eine **Kontrollfunktion** ausgeübt werden, indem ein Soll-Ist-Vergleich vorgenommen wird. So könnte die Annahme getroffen werden, dass die Exclusiva GmbH zu Jahresbeginn das Ziel ausgegeben hatte, im 4. Quartal mindestens eine Umsatzsteigerung von 8 % zu erzielen. Die Soll-Zielsetzung (8 %) wäre in diesem Fall übertroffen worden (10 % Ist-Stand).

Parallel lässt sich auch eine **Anreiz- bzw. Entscheidungsfunktion** ausmachen, indem von Unternehmensseite hinterfragt wird, ob aufgrund der erreichten Zahl neue Entscheidungen getroffen werden sollten. Beispielhaft: *Wir haben unser Ziel bereits erreicht, also sollten wir es anpassen und nach oben hin korrigieren.*

Neben einer möglichen (offensiveren) Korrektur der künftigen Zielsetzungen sollte sich die Exclusiva GmbH gleichzeitig aber auch fragen:

- Weshalb ist dieser Erfolg im Bereich Kleidung tatsächlich eingetreten? Haben möglicherweise die (erfolgreichen) Onlinemarketing-Maßnahmen dazu beigetragen? Lag es in erster Linie an der von den Kunden als benutzerfreundlich bewerteten Bestelloberfläche im Vergleich zu der Konkurrenz?

- Weshalb konnte nicht noch mehr Umsatz generiert werden, wenn doch in Relation dazu die Besucherzahlen im Webshop noch deutlicher gestiegen sind? Welchen Einfluss hat das Onlineverhalten unserer Kunden – z.B. speziell im Bestellprozess – auf den Entscheidungsprozess (Kauf vs. Nichtkauf)?

Durch die zuvor exemplarisch dargelegten Fragestellungen – deren Ergebnisse sich wiederum in verschiedenen Kennzahlen des E-Commerce wiederfinden können – wird deutlich, dass eine Kennzahl nicht nur **alleinstehende** Erkenntnisse liefern kann, sondern durch die parallele Betrachtung weiterer Kennzahlen auch eine relationale **Betrachtungsweise** ermöglicht werden kann, aus welcher sodann weitere Erkenntnisse abgeleitet werden. Die folgende Abbildung verdeutlicht dies auf vereinfachte Art und Weise.

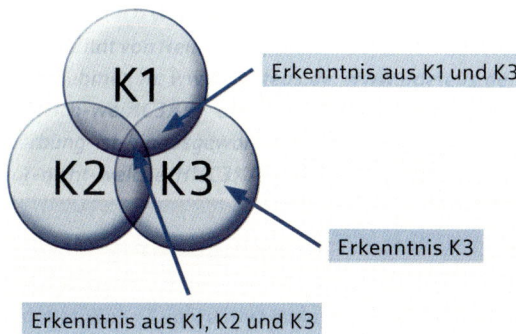

Kennzahlenerkenntnisse

- K1 = Mitarbeiterzahl im Kundenkontakt (Webshop und E-Mail-Feedback) an Tag X
- K2 = Umsatz an Tag X
- K3 = Lagerkosten an Tag X

Exemplarische Erkenntnisse: K1 sagt vereinfacht aus, dass die Exclusiva GmbH an Tag X eine bestimmte Anzahl an Mitarbeitern eingesetzt hat. Eine Erkenntnis, die für das Unternehmen z.B. aus statistischen Gründen interessant sein kann. Wird nun aber K1 mit K2 und K3 in Beziehung gesetzt, lassen sich weitere Erkenntnisse daraus ableiten. So können Beziehungen hergestellt werden, die aussagen, wie viele Mitarbeiter (K1) am Umsatz (K2) beteiligt waren. Zusätzlich können Relationen zu den Lagerkosten aufgestellt werden.

Eine Kennzahl lässt sich demzufolge erst richtig interpretieren, wenn sie mit weiteren Kennzahlen in Relation gesetzt wird. Natürlich ist auch die für sich stehende

Information (Umsatz an Tag X) für das Unternehmen relevant und bedeutsam. Unternehmerische Entscheidungen werden i.d.R. aber erst durch die Verbindung mit weiteren Kennenzahlen herbeigeführt: So könnte z.B. aufgrund der Erkenntnisse die Entscheidung getroffen werden, dass mehr bzw. weniger Mitarbeiter an bestimmten Tagen eingesetzt werden müssen, um den anvisierten Umsatz zu erreichen.

Kennzahlen kategorisieren

Es lässt sich schlussfolgern, dass Kennzahlen nicht nur fachspezifisch, sondern auch ganz unterschiedlich auf allgemeine Weise kategorisiert werden können. So ergeben sich einerseits absolute Zahlen und andererseits Verhältniszahlen.

> **DEFINITION**
>
> **Absolute Kennzahlen** drücken für sich stehende Informationen aus. Es wird eine isolierte Mengen-/Anzahlangabe dargestellt, z.B. der Umsatz im Monat Juli.
>
> **Verhältniszahlen** drücken mehrere Zahlen in Beziehung zueinander aus. Es erfolgt eine Verzahnung, z.B. Umsatz/je Mitarbeiter im Monat Juli.

Ferner lassen sich Kennzahlen grundsätzlich in zwei Arten klassifizieren: Kennzahlen, die sich messen lassen, und Kennzahlen, die sich nicht (eindeutig) messen lassen.

BEISPIELE

**Quantitative Kennzahlen
sind messbar**

- Mitarbeiterzahl im E-Mail-Kundenkontakt im Monat Juli
- Gesamtkosten der Hashtag-Marketingkampagne (#Exclusiva)
- Marktanteil im Bereich Bekleidung im Jahr 2022
- Umsatzentwicklung im letzten Quartal
- (...)

**Qualitative Kennzahlen
sind nicht eindeutig messbar bzw. nur mithilfe von Indikatoren**

- Kundenzufriedenheit
- Servicequalität
- Produktqualität nach Ansicht der Kunden
- Wahrnehmung als Onlinevertrieb
- (...)

Qualitative Kennzahlen sind jedoch nicht weniger bedeutsam für das Unternehmen als quantitative Kennzahlen. Sie lassen sich zwar nicht eindeutig erfassen, aber Erkenntnisse können trotzdem gesammelt und ausgewertet werden. So lässt sich etwa in Hinblick auf die Kundenzufriedenheit eine Analyse der öffentlichen Kundenkommunikation auf Social-Media-Kanälen vornehmen. Beispielhaft könnten kritische Posts von Kunden/Kundinnen und die sich einer daran anschließenden Kommunikation (Dialog der User untereinander bzw. auch durch ein Mitagieren des Unternehmens) analysiert werden.

Kennzahlen im Gesamtkontext

Die ersten Informationen haben bereits die Erkenntnis geliefert, dass es eine enorme Menge an Kennzahlen in einem Unternehmen geben kann. Neben allgemeintypischen Kennzahlen (z.B. Umsatz) gibt es auch speziell auf das Unternehmen bezogene Kennzahlen (z.B. je nachdem, welche Abteilungen in einem Unternehmen vorherrschen, etwa der Onlineumsatz). Daraus folgt, dass ein Unternehmen die Kennzahlen in ein System bringen sollte, damit Erkenntnisse immer direkt eingesehen werden können, und dies vor allem permanent. Dazu kann das Unternehmen auf anerkannte Kennzahlensysteme zurückgreifen oder eigene, individuelle Systeme selbst konzipieren.

> **DEFINITION** ————
>
> Ein **Kennzahlensystem** stellt verschiedene Kennzahlen systematisch in Beziehung dar. Es unterstützt das Unternehmen im Entscheidungsprozess, indem aus einer Fülle von bestehenden Informationen wichtige Erkenntnisse abgeleitet werden können. Dabei lassen sich eindimensionale und mehrdimensionale Systeme unterscheiden.

Je nach Unternehmen kann es sinnvoll sein, auf allgemein anerkannte Kennzahlensysteme zurückzugreifen. Der größte Vorteil ist dabei sicherlich, dass kein eigenes System entwickelt werden muss. Allerdings sollte zuvor genau betrachtet werden, ob die anvisierte Analyse mit jenem System auf das eigene Unternehmen übertragen werden kann bzw. die erwünschten Erkenntnisse dadurch abgeleitet werden können. In Bezug auf den E-Commerce-Bereich ist es auch denkbar, traditionelle Kennzahlensysteme mit E-Commerce-Kennzahlen anzupassen.

Bekannte Kennzahlensysteme sind:

- Du-Pont-System
- Balanced Scorecard
- Target Costing
- Benchmarking
- ZVEI
- Reichmann-Lachnit-System
- (...)

Das **Du-Pont-System** gilt dabei als Vorreiter vieler weiterer Kennzahlensysteme. Dies zeigt allein schon das Entstehungsjahr: 1919. In diesem Jahr hat der amerikanische Konzern Du Pont ein **rechnerisches System** entwickelt, d.h. ein System, das durch mathematische Beziehungen miteinander verknüpft ist und im Ergebnis eine Spitzenkennzahl – den ROI (Return on Investment) – liefert. Es handelt sich um ein **eindimensionales System**.

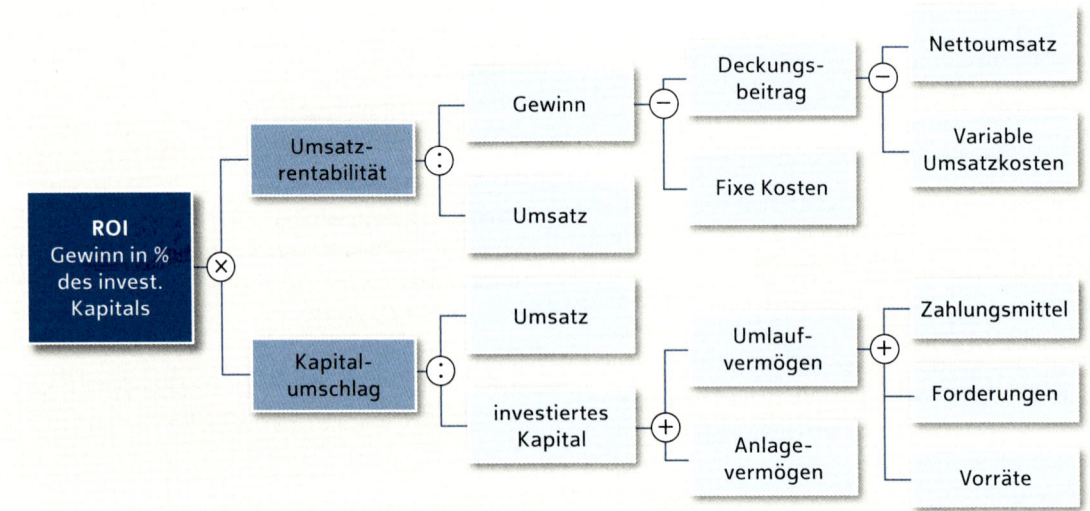

Quelle: Wöhe, Günter: Einführung in die Allgemeine Betriebswirtschaftslehre. 25. Auflage. München: Verlag Franz Vahlen 2013, S. 203.

Das Du-Pont-Kennzahlensystem

Dem Du-Pont-System ist zu entnehmen, dass auf der Grundlage verschiedener Kennzahlen eine rechnerische Größe ermittelt wird. Der letztlich ermittelte Return on Investment sagt vereinfacht die Beziehung zwischen dem eingesetzten Kapital und dem erreichten Gewinn in Prozent aus. Durch die Pyramide mit den aufgeteilten Unterkennzahlen wird deutlich, welche Größen wie mit dem ROI zusammenhängen.

Im Gegensatz dazu ist die **Balanced Scorecard** ein sog. **Ordnungssystem**, in dem versucht wird, eine inhaltliche Kausalität zwischen den Kennzahlen herzustellen. So enthält jenes System nicht nur die reine Aufbereitung finanzieller Kennzahlen, sondern auch die Betrachtung nicht-monetärer Größen. Es lässt sich daher auch als **mehrdimensionales System** bezeichnen.

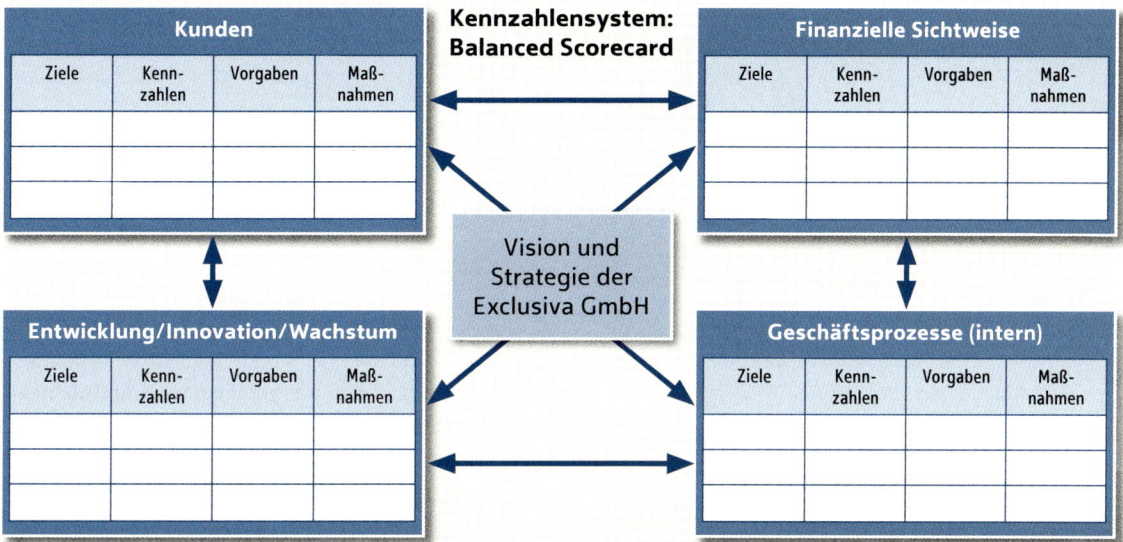

Quelle: Wöhe, Günter: Einführung in die Allgemeine Betriebswirtschaftslehre. 25. Auflage. München: Verlag Franz Vahlen 2013, S. 204, verändert.

Balanced Scorecard

Die vier abgebildeten Sichtweisen sollen anhand der ermittelten Kennzahlen Aufschluss über ganz unterschiedliche Bereiche geben, die aber miteinander zusammenhängen. Wird beispielhaft das Puzzleteil „Kunden" herausgegriffen, so sollte sich das Unternehmen fragen, inwieweit – d. h. mit welchen Maßnahmen – die Kaufbereitschaft erhöht werden kann. Die erforderlichen Maßnahmen haben ihren Ursprung sodann von der ermittelten Kennzahl.

Wenn sich ein neues Unternehmen – wie etwa die Exclusiva GmbH – jedoch dazu entscheidet, nicht auf ein traditionelles System zurückzugreifen, sollte es sich dennoch Gedanken darüber machen, in welcher Form die Kennzahlen aufbereitet werden. Ein schneller, unkomplizierter Überblick ist elementar, um auch kurzfristig bestimmte Entscheidungen treffen zu können. Für kleinere Unternehmen bietet sich daher auch eine einfache Auf-

bereitung in einem Tabellenkalkulationsprogramm an, die Soll- und Istwerte einer Kennzahl gegenüberstellt.

Modern aufgestellte Unternehmen lassen sich die wichtigsten Kennzahlen in einem Dashboard bzw. einem sog. Management Cockpit anzeigen (siehe Abbildung), um daraus positive und negative Tendenzen direkt und permanent auf Knopfdruck ablesen zu können. Sofern das Unternehmen keinen kostspieligen Anbieter für ein Dashboard abonnieren möchte, bietet auch für diese Darstellung ein Tabellenkalkulationsprogramm entsprechende Abhilfe.

DEFINITION

In einem **Dashboard** werden die wichtigsten Kennzahlen des Unternehmens interaktiv auf einen Blick visualisiert.

Beispiel eines Dashboards

AUFGABEN

1. Definieren Sie in eigenen Worten, was unter einer Kennzahl zu verstehen ist und welche Funktionen eine Kennzahl ausüben kann.

2. Erklären Sie den Unterschied zwischen absoluten Kennzahlen und Verhältnis-Kennzahlen sowie quantitativen und qualitativen Kennzahlen. Geben Sie dazu auch Beispiele an.

3. Welche Erkenntnis kann eine Kennzahl liefern?

4. Welchen Nutzen stiftet ein Kennzahlensystem?

5. Wie können Kennzahlensysteme grundsätzlich aufgebaut sein, wenn die traditionellen Systeme näher betrachtet werden?

6. Stellen Sie mögliche Vor- und Nachteile der im Informationstext genannten Kennzahlensysteme gegenüber, indem Sie mithilfe Ihres Smartphones/Tablets dazu im Internet recherchieren.

7. Die Exclusiva GmbH möchte (noch) nicht auf alt bewährte Kennzahlensysteme zurückgreifen. Erstellen Sie handschriftlich oder mithilfe eines Tabellenkalkulationsprogramms (z. B. Microsoft Excel) eine kleine, kompakte Übersicht, um Kennzahlen beurteilen zu können. **Hinweis:** Sie müssen keine Kennzahlen nennen und auch sonst keine Zahlen angeben.

8. Beschreiben Sie die unten abgebildete Grafik, indem Sie u. a. auch auf die Funktionen von Kennzahlen eingehen.

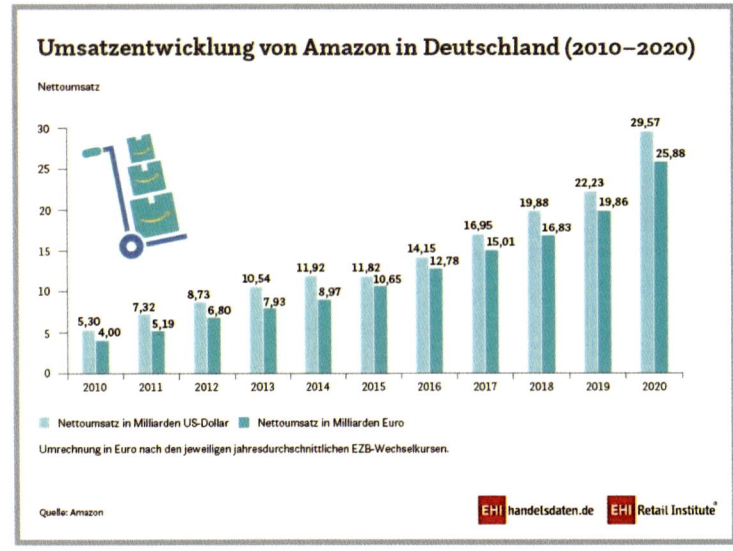

Umsatzentwicklung von Amazon.de

9. Lesen Sie sich den Auszug des Interviews mit Andreas Kunze (CEO bei KONUX) durch.

   a) Weshalb könnte es bedeutsam sein, dass sich gerade Start-ups früh mit Kennzahlen auseinandersetzen?

   b) Der CEO erwähnt, dass für ihn eigentlich nur zwei bis drei Kennzahlen pro Bereich wichtig sind. Weshalb sind die anderen Kennzahlen dennoch bedeutsam?

Auszug aus einem Interview

[...] Gibt es bei KONUX ein Kennzahlenreporting und inwieweit fließt es in das klassische Reporting, sofern vorhanden, mit ein?

Andreas Kunze: Ja, das gibt es selbstverständlich. Wir berichten wöchentlich, monatlich und quartalsweise. Der Quartalsbericht umfasst alle relevanten Größen der GuV und der Bilanz und stellt ein ganz klassisches Kennzahlensystem dar. Entschließt man sich dazu, ein Unternehmen aufzubauen, das man vielleicht zu einem späteren Zeitpunkt für Investoren öffnen oder sogar an die Börse bringen will, rate ich dazu, sich frühzeitig mit relevanten Kennzahlen zu beschäftigen, die als Basis zur anschließenden Evaluation herangezogen werden können. Denn dafür sind das Kennzahlensystem und alle Daten, die dort einfließen, entscheidend.

Nutzen Sie ein bestimmtes Kennzahlensystem, wie beispielsweise die Balanced Scorecard?

Andreas Kunze: Nein. Ich glaube, dass man durch Anwendung einzelner Kennzahlen schon viel erreichen kann.

Warum nutzen Sie kein Kennzahlensystem?

Andreas Kunze: Ein Kennzahlensystem muss so aufgebaut sein, dass es möglichst gut funktioniert und motiviert, aber nicht blockiert. Außerdem sollen möglichst viele Mitarbeiter möglichst einfach damit arbeiten können. Zudem dauert die Entwicklung und Etablierung eines Kennzahlensystems einfach eine gewisse Zeit. Wenn Sie mich in 2 Jahren noch einmal dazu fragen, dann gebe ich Ihnen vielleicht eine andere Antwort.

Wie viele Kennzahlen ermitteln Sie im Unternehmen ungefähr?

Andreas Kunze: Wir ermitteln rund 50 Kennzahlen, d. h. in jedem unserer Bereiche gibt es somit ca. 10 KPIs. Aus meiner Perspektive als CEO sind aber nur 2 bis 3 KPIs pro Bereich wirklich relevant. Allerdings liegt darunter jeweils auch wieder eine Ebene mit weiteren Kennzahlen. [...]

Quelle: Schlecht, Laura; Dr. Munck, Jan Christoph: Kennzahlen zur internen Steuerung von Start-ups. In: www.haufe.de. 20.08.2018. www.haufe.de/controlling/controllerpraxis/ kennzahlen-zur-internen-steuerung-von-start-ups_112_ 462868.html [16.11.2021].

ZUSAMMENFASSUNG

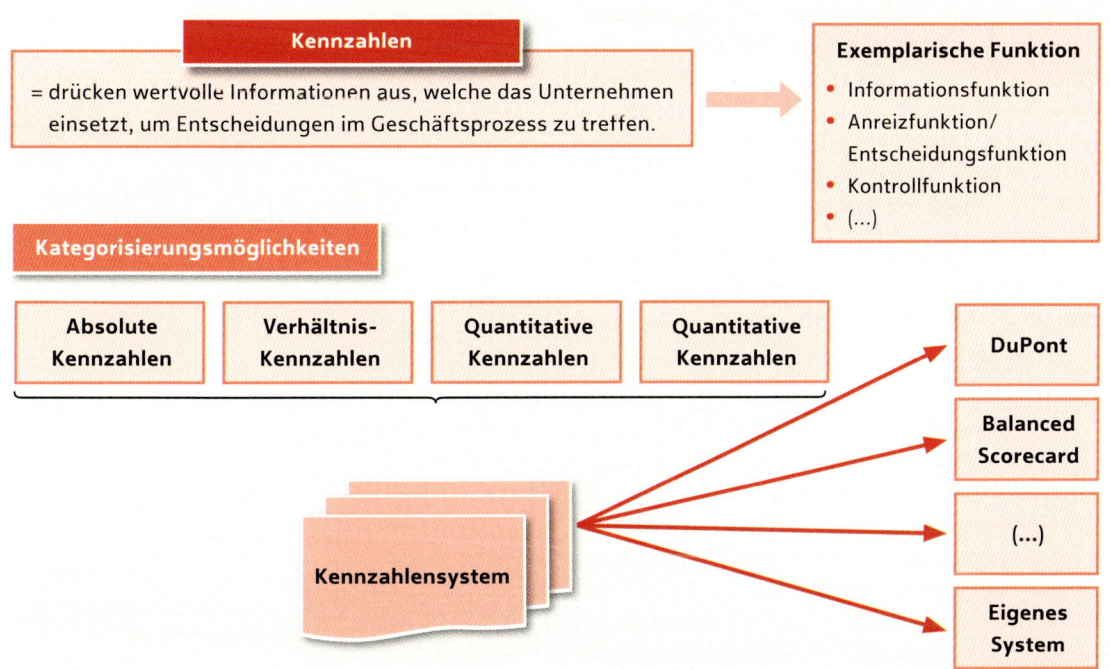

Kennzahlen

= drücken wertvolle Informationen aus, welche das Unternehmen einsetzt, um Entscheidungen im Geschäftsprozess zu treffen.

Exemplarische Funktion
- Informationsfunktion
- Anreizfunktion/ Entscheidungsfunktion
- Kontrollfunktion
- (…)

Kategorisierungsmöglichkeiten

| Absolute Kennzahlen | Verhältnis-Kennzahlen | Quantitative Kennzahlen | Quantitative Kennzahlen |

Kennzahlensystem

- DuPont
- Balanced Scorecard
- (…)
- Eigenes System

10.2 Betriebswirtschaftliche Kennzahlen für den Onlinevertrieb

Einstieg

Die Controllingabteilung der Exclusiva GmbH trifft sich nächste Woche zu einem Quartalsmeeting. Andreas Seeger darf im Rahmen seines Ausbildungsabschnitts daran teilnehmen. In einer E-Mail wurde angekündigt, dass der Schwerpunkt auf die Vorstellung der aktuellen Finanzperspektive des Webshops der Exclusiva GmbH gelegt wird. Da sich Andreas bereits einen ersten theoretischen Überblick über Kennzahlen im Allgemeinen erarbeitet hat, möchte er sich nun im Speziellen auf das Meeting vorbereiten. Dazu testet er zunächst sein bestehendes Wissen, um dieses anknüpfend auszubauen.

1. Sie haben bereits Kennzahlensysteme kennengelernt. In welchem könnte die finanzielle Sichtweise eine Rolle spielen?

2. Der Finanzperspektive werden die sog. betriebswirtschaftlichen Kennzahlen zugeordnet. In welchem Lernfeld aus dem 1. Ausbildungsjahr haben Sie bereits betriebswirtschaftliche Zahlen kennengelernt, welche waren das und welche Erkenntnisse haben diese geliefert?

INFORMATIONEN

Betriebswirtschaftliche Kennzahlen

Nachdem der erste theoretische Überblick vorgenommen wurde, gilt es nun, inhaltlich mehr in die Tiefe zu gehen. Jedes Unternehmen – ob stationärer Einzelhandel oder moderner E-Commerce-Akteur – kontrolliert den Erfolg seiner Maßnahmen u.a. auch anhand von betriebswirtschaftlichen Kennzahlen. Sie geben Auskunft darüber, wie erfolgreich das Unternehmen grundsätzlich gearbeitet hat. Somit bilden die betriebswirtschaftlichen Kennzahlen auch in einem Onlinevertrieb eine wichtige Grundlage, um ein Controllingsystem aufzubauen.

Die ermittelten Einzelkennzahlen können sodann in einem Kennzahlensystem – beispielsweise in einer Balanced Scorecard – dargestellt werden.

Möchte die Exclusiva GmbH den Erfolg ihres Onlinevertriebs betriebswirtschaftlich bewerten, so lassen sich dafür eine ganze Reihe von betriebswirtschaftlichen Kennzahlen näher betrachten. Eine solche **betriebswirtschaftliche Betrachtung** ist demnach keine spezielle E-Commerce-Analyse. Vielmehr ist es eine Analyse, die von jedem wirtschaftlich orientierten Unternehmen permanent durchgeführt werden sollte, um den Erfolg stets im Blick zu haben. Permanent bedeutet dabei, dass bestimmte Kennzahlen i.d.R. monatlich, mindestens jedoch zu jedem Quartal präsentiert werden sollten. Größere Unternehmen können bzw. sollten auch auf Knopfdruck in der Lage sein – mittels der Unterstützung geeigneter Software (Dashboard) –, kontinuierlich entsprechende Zahlen einzusehen, um strategische Änderungen einzuleiten.

Betriebswirtschaftliche Kennzahlen lassen sich unterschiedlich gliedern, z.B. in Rentabilitäts-, Erfolgs-, Schulden- und Bilanzkennzahlen, usw. Somit ergibt sich eine Vielzahl untergeordneter Kennzahlen.[1]

Durch die Menge an unterschiedlichen betriebswirtschaftlichen Kennzahlen sollte jedes Unternehmen für sein Kennzahlensystem individuell entscheiden, welche Erkenntnisse geliefert werden sollten. Einige Kennzahlen werden jedoch benötigt, um relevante unternehmerische Fragen beantworten zu können.

---

1 Anmerkung: In diesem Lehrbuch werden nur einige betriebswirtschaftliche Kennzahlen exemplarisch aufgezeigt. Die Auflistung gilt somit nicht als abschließend.

Exemplarische betriebswirtschaftliche Fragen

- Rentiert sich der Onlinevertrieb der Exclusiva GmbH überhaupt?
- Wie ist es um die Finanzlage der Exclusiva GmbH bestellt?
- Wie ist es um die Vermögenslage der Exclusiva GmbH bestellt?

Rentabilität

Mithilfe der Rentabilitätskennzahlen lässt sich auswerten, inwieweit das Unternehmen überhaupt rentabel – d.h. gewinnbringend – arbeitet bzw. gearbeitet hat. Grundsätzlich werden drei Rentabilitätskennzahlen unterschieden, die mit der Gewinn- und Verlustrechnung (Lernfeld 4) ermittelt werden können. Grundlegend sind dabei der **Gewinn bzw. der Erfolg** des Unternehmens, der jedoch isoliert betrachtet nicht immer die Erkenntnisse liefert, die ein Unternehmen haben möchte. Daher wird dieser mithilfe des **Kapitals** bzw. der **Umsatzerlöse** in eine Beziehung gesetzt.

Rentabilitätskennzahl	Formel, Erklärung, Beispiel und Interpretation
Eigenkapitalrentabilität (engl. Return on Equity = ROE)	**FORMEL** $$EKR = \frac{\text{Gewinn bzw. Erfolg}}{\text{Eigenkapital}} \cdot 100\,\%$$ • Die Eigenkapitalrentabilität gibt Aufschluss darüber, in welchem Verhältnis der Gewinn/Erfolg zum eingesetzten Eigenkapital steht. • Grundsatz: Je höher die Eigenkapitalrendite ist, desto besser ist es für das Unternehmen. Eine positive Tendenz lässt sich erkennen, wenn die EKR jährlich zunimmt. **BEISPIEL** • Die Exclusiva GmbH hat für den Onlinevertrieb im abgelaufenen Geschäftsjahr ein Eigenkapital von 100.000,00 € eingesetzt. • Für das abgelaufene Geschäftsjahr wurde ein Gewinn im Onlinevertrieb von 5.000,00 € aus der Gewinn- und Verlustrechnung abgelesen. **FORMEL** $$EKR = \frac{5.000,00\ €}{100.000,00\ €} \cdot 100\,\% = 5\,\%$$ **Interpretation** Die Exclusiva GmbH hat im abgelaufenen Geschäftsjahr ein Eigenkapital in Höhe von 100.000,00 € im Onlinevertrieb eingesetzt und eine Eigenkapitalrendite in Höhe von 5 % ermittelt. Auf das eingesetzte Eigenkapital in Höhe von 100.000,00 € hat die Exclusiva GmbH einen Gewinn von 5.000,00 € erzielt. Oder anders ausgedrückt: Auf jede 100,00 € eingesetztes Eigenkapital entfallen 5,00 € Gewinn.
Gesamtkapitalrentabilität (GKR)	**FORMEL** $$GKR = \frac{\text{Gewinn bzw. Erfolg} + \text{Zinsaufwand}}{\text{Gesamtkapital}} \cdot 100\,\%$$ • Die Gesamtkapitalrentabilität gibt Aufschluss darüber, in welchem Verhältnis der Gewinn/Erfolg zum eingesetzten Gesamtkapital steht. Da im Gesamtkapital auch Fremdkapital enthalten ist, muss der entsprechende Zinsaufwand (= Fremdkapitalzinsen) für jenes Kapital berücksichtigt werden. Der Unterschied zur Eigenkapitalrentabilität ist also, dass das gesamte eingesetzte Kapital im Unternehmen berücksichtigt wird.

Rentabilitätskennzahl	Formel, Erklärung, Beispiel und Interpretation
	• Grundsatz: Je höher die Gesamtkapitalrentabilität, desto besser ist es für das Unternehmen.

- Die Gesamtkapitalrentabilität ist – neben weiteren Kennzahlen – eine wichtige Größe, um Investoren für ein mögliches Investment zu überzeugen.

BEISPIEL

- Die Exclusiva GmbH hat für den Onlinevertrieb im abgelaufenen Geschäftsjahr ein Eigenkapital von 80.000,00 € und ein Fremdkapital von 20.000,00 € eingesetzt. Es ergibt sich ein Gesamtkapital in Höhe von 100.000,00 €.
- Es ergaben sich dadurch Zinsaufwendungen in Höhe von 1.500,00 €.
- Für das abgelaufene Geschäftsjahr wurde ein Gewinn im Onlinevertrieb von 9 000,00 aus der Gewinn- und Verlustrechnung abgelesen.

FORMEL

$$GKR = \frac{9.000,00 \text{ €} + 1.500,00 \text{ €}}{100.000,00 \text{ €}} \cdot 100 \% = 10,5 \%$$

Interpretation

Die Exclusiva GmbH hat im abgelaufenen Geschäftsjahr ein Gesamtkapital in Höhe von 100.000,00 € im Onlinevertrieb eingesetzt und eine Gesamtkapitalrendite in Höhe von 10,5 % ermittelt. Oder anders ausgedrückt: Auf jede 100,00 € eingesetztes Gesamtkapital im Onlinevertrieb entfallen 10,50 € Gewinn im Onlinevertrieb.

Umsatzrentabilität
(engl. Return on Sales = ROS)

FORMEL

$$UR = \frac{\text{Gewinn bzw. Erfolg}}{\text{Umsatzerlöse}} \cdot 100 \%$$

- Die Umsatzrentabilität gibt Aufschluss darüber, in welchem Verhältnis der Gewinn/Erfolg zu den erzielten Umsätzen steht. Sie zeigt demnach an, wie viel Prozent vom Umsatz letztlich als Gewinn verbleibt.
- Grundsatz: Je höher die Umsatzrentabilität ist, desto besser ist es für das Unternehmen.

BEISPIEL

- Die Exclusiva GmbH hat mit dem Onlinevertrieb im abgelaufenen Geschäftsjahr Umsatzerlöse für Waren in Höhe von 77.000,00 € erzielt.
- Für das abgelaufene Geschäftsjahr wurde ein Gewinn im Onlinevertrieb von 12.000,00 € aus der Gewinn- und Verlustrechnung abgelesen.

FORMEL

$$UR = \frac{12.000,00 \text{ €}}{77.000,00 \text{ €}} \cdot 100 \% = 15,58 \%$$

Interpretation

Die Exclusiva GmbH hat im abgelaufenen Geschäftsjahr mit dem Onlinevertrieb Umsatzerlöse für Waren in Höhe von 77.000,00 € erwirtschaftet und eine Umsatzrentabilität von 15,58 % ermittelt. Oder anders ausgedrückt: Auf jede 100,00 € Umsatz im Onlinevertrieb hat die Exclusiva GmbH demnach 15,58 € Gewinn erzielt.

Cashflow

Neben den Rentabilitätskennzahlen lässt sich ferner mithilfe der Cashflow-Rate aufzeigen, welchen Anteil von den Umsatzerlösen das Unternehmen aufwenden kann, um beispielhaft neue Investitionen zu tätigen. Eine andere Möglichkeit wäre es, eine Tilgung von Schulden vorzunehmen oder den eigenen Liquiditätsgrad zu erhöhen.

> **DEFINITION**
>
> Die **Cashflow-Rate** zeigt den %-Anteil des Umsatzes an, welcher im Unternehmen verbleiben kann, um entsprechend frei darüber zu verfügen.

Vereinfachte Berechnung der Cashflow-Rate

Schritt 1:
Cashflow = Jahresüberschuss (Gewinn) + Abschreibungen

Schritt 2:

> **FORMEL**
>
> $$\text{Cashflow-Rate} = \frac{\text{Cashflow}}{\text{Umsatzerlöse}} \cdot 100\ \%$$

BEISPIEL

- Die Exclusiva GmbH hat mit dem Onlinevertrieb im abgelaufenen Geschäftsjahr einen Gewinn von 90.000,00 € erwirtschaftet und im selben Zeitraum Abschreibungen (z. B. auf die IT-Anlagen) in Höhe von 19.000,00 € vorgenommen.
- Zudem wurden mit dem Onlinevertrieb im abgelaufenen Geschäftsjahr Umsatzerlöse für Waren in Höhe von 770.000,00 € erzielt.

Schritt 1:
Cashflow = 90.000,00 € + 19.000,00 € = 109.000,00 €

Schritt 2:

> **FORMEL**
>
> $$\text{Cashflow-Rate} = \frac{109.000,00\ €}{770.000,00\ €} \cdot 100\ \% = 14,16\ \%$$

Interpretation

Die Exclusiva GmbH hat im abgelaufenen Geschäftsjahr eine Cashflow-Rate in Höhe von 14,16 % ermittelt. Grundsätzlich bedeutet das, dass der Exclusiva GmbH 14,16 % der Umsatzerlöse frei zur Verfügung stehen. Diese können beispielsweise für die Tilgung von Schulden verwendet werden.

Wirtschaftlichkeit und Produktivität

Zu den relevanten betriebswirtschaftlichen Kennzahlen zählen ferner die Wirtschaftlichkeit und die Produktivität.

> **DEFINITION**
>
> Die **Wirtschaftlichkeit** misst das Verhältnis zwischen Ertrag und Aufwand. Das Ergebnis drückt die ökonomische Zugkraft des Unternehmens aus. Das Unternehmen arbeitet ökonomisch effizient, sofern die Kennzahl größer als 1 ist.

Berechnung der Wirtschaftlichkeit

> **FORMEL**
>
> $$\text{Wirtschaftlichkeit} = \frac{\text{Ertrag}}{\text{Aufwand}}$$

BEISPIEL

- Die Exclusiva GmbH hat mit dem Onlinevertrieb im abgelaufenen Geschäftsjahr Umsatzerlöse für Waren (= Erträge) in Höhe von 120.000,00 € erzielt.
- Für den Onlinevertrieb wurden anteilig Aufwendungen (z. B. Mitarbeiteraufwand) in Höhe von 80.000,00 € ermittelt.

Berechnung der Wirtschaftlichkeit:

> **FORMEL**
>
> $$\text{Wirtschaftlichkeit} = \frac{120.000,00\ €}{80.000,00\ €} = 1,5$$

Interpretation

Die Wirtschaftlichkeit des Onlinevertriebs ist > 1 Der Onlinevertrieb der Exclusiva GmbH arbeitet somit „wirtschaftlich". Anders ausgedrückt: Für 1,00 € Kosten hat die Exclusiva GmbH einen Leistungswert von 1,50 € generiert.

Bezogen auf das Beispiel liefert die Wirtschaftlichkeit dem Unternehmen demnach die Erkenntnis, ob in dem Geschäftsjahr wirtschaftlich gearbeitet wurde. Neben dieser isolierten Betrachtung ist es sinnvoll, die Wirtschaftlichkeit mit vergangenen und zukünftigen Geschäftsjahren zu vergleichen, um daraus Rückschlüsse für die Unternehmensprozesse gewinnen zu können. Die Interpretation dieser Kennzahl wird zudem umfassender, wenn daneben ein Vergleich mit konkurrierenden Unternehmen vorgenommen wird. So lässt sich auch die eigene Stellung in der Branche reflektieren.

Berechnung der Produktivität

FORMEL

$$\text{Produktivität} = \frac{\text{Ausbringungsmenge}}{\text{Einsatz}}$$

Produktivitätskennzahlen werden genutzt, um eine bestimmte Ausbringungsmenge und den Einsatz in ein Verhältnis zu setzen.

DEFINITION

Die **Produktivität** misst das Verhältnis zwischen einer Ausbringungsmenge (z.B. Umsatz) mit dem dazugehörigen Einsatz (z.B. Personal oder Kapital).

BEISPIEL

- Die Exclusiva GmbH hat mit dem Onlinevertrieb im Monat August Umsatzerlöse für Waren in Höhe von 20.000,00 € erzielt.
- Im Monat August waren 27 Mitarbeiter im Onlinevertrieb beschäftigt.
- Hier: Ermittlung der Umsatzproduktivität.

Berechnung der Umsatzproduktivität:

FORMEL

$$\text{Umsatz-produktivität} = \frac{20.000,00 \, €}{27 \text{ Mitarbeiter}} = \frac{740,74 \, € \text{ Umsatz/}}{\text{je Mitarbeiter}}$$

Interpretation

Für den Monat August beträgt die Umsatzproduktivität im Onlinevertrieb 740,74 € Umsatz/je Mitarbeiter.

Bezogen auf das Beispiel liefert die Produktivität dem Unternehmen demnach die Erkenntnis, wie produktiv in diesem Monat in Bezug auf den Umsatz gearbeitet wurde. Auch bei dieser Kennzahl lohnt ein Blick zu vorherigen Kennzahlen, um Prognosen abzuleiten bzw. strategische Änderungen einzuleiten. Ebenfalls ist auch hier der Blick zu der Konkurrenz gewinnbringend. Ist die Umsatzproduktivität beispielhaft bei einem ähnlich agierenden Onlinevertrieb deutlich höher, müsste die Exclusiva GmbH analysieren, an welchen Gründen dies liegen könnte.

Hinsichtlich der Wirtschaftlichkeit und der Produktivität wird abermals deutlich, dass eine isolierte Betrachtung dieser Kennzahlen zu einer fehlerhaften Strategieausrichtung führen kann. Denn: Selbst wenn die oben beschriebene Umsatzproduktivität (Umsatz/je Mitarbeiter) kontinuierlich in den nächsten Monaten steigt, so kann im Unternehmen dennoch eine abfallende Wirtschaftlichkeit ermittelt werden. Beispielsweise könnten die Kosten für die Mitarbeiter steigen. Im Ergebnis könnte dies zu einer abfallenden Wirtschaftlichkeit führen.

Die hier dargestellten betriebswirtschaftlichen Kennzahlen sollten als notwendige, aber keinesfalls abschließende Aufzählung aufgenommen werden. Einige Kennzahlen wurden wiederholend dargestellt (siehe Lernfeld 4 im Lehrbuch für das 1. Ausbildungsjahr), um sie in den Kontext der kennzahlengestützten Optimierung des Onlinevertriebs einzubetten. Dagegen wurde auf die erneute Betrachtung anderer Kennzahlen verzichtet (u. a. auf Liquiditätsgrade).

AUFGABEN

1. Weshalb sollte ein E-Commerce-Unternehmen grundsätzlich betriebswirtschaftliche Analysen durchführen?

2. Erklären Sie die folgenden Begrifflichkeiten:
   - Eigenkapitalrentabilität
   - Gesamtkapitalrentabilität
   - Umsatzrentabilität
   - Cashflow-Rate
   - Wirtschaftlichkeit
   - Produktivität

3. Welche Informationen können aus der Grafik zu den Rentabilitätskennzahlen von Apple abgeleitet werden? Hinweis: Die Dividendenrendite muss nicht berücksichtigt werden.

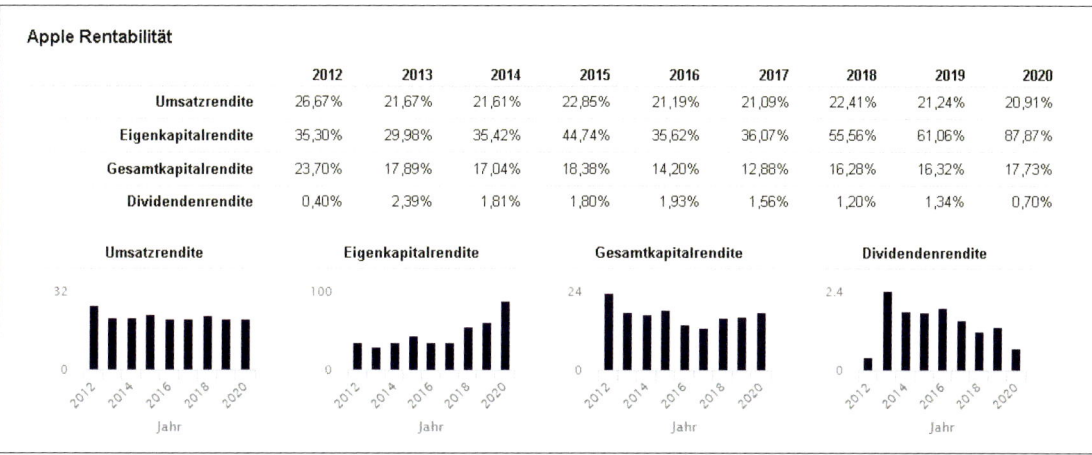

Apple Rentabilität

	2012	2013	2014	2015	2016	2017	2018	2019	2020
Umsatzrendite	26,67%	21,67%	21,61%	22,85%	21,19%	21,09%	22,41%	21,24%	20,91%
Eigenkapitalrendite	35,30%	29,98%	35,42%	44,74%	35,62%	36,07%	55,56%	61,06%	87,87%
Gesamtkapitalrendite	23,70%	17,89%	17,04%	18,38%	14,20%	12,88%	16,28%	16,32%	17,73%
Dividendenrendite	0,40%	2,39%	1,81%	1,80%	1,93%	1,56%	1,20%	1,34%	0,70%

Rentabilitätskennzahlen von Apple im Jahresvergleich

4. Der Exclusiva GmbH liegen für den Onlinevertrieb im aktuellen Monat folgende Zahlen vor:
   - Reingewinn: ?
   - Eigenkapital: 1.500.00,00 €
   - Fremdkapital: 500.000,00 €
   - Zinsaufwendungen: 15.000,00 €
   - Umsatzerlöse: 250.000,00 €
   - Sonstige Erträge: 0,00 €
   - Sonstige Aufwendungen: 100.000,00 €
   - Anteilige Abschreibung für die IT-Anlage: 10.000,00 €

   a) Ermitteln Sie aufgrund der vorliegenden Zahlen betriebswirtschaftliche Kennzahlen und erklären Sie, welche Informationen die Exclusiva GmbH daraus (isoliert betrachtet) ableiten kann.

   b) Im vorangegangenen Monat betrug die Wirtschaftlichkeit im Onlinevertrieb 1,1. Vergleichen Sie den Wert mit dem Ergebnis aus a) und erklären Sie den Unterschied. Weshalb hat sich der Wert verändert?

5. Im Monat August haben fünf Mitarbeiter der Exclusiva GmbH 300 Kundenanfragen über die Social-Media-Kanäle des Unternehmens bearbeitet. Der Konkurrenzanbieter *Trendversand* hat im selben Zeitraum ebenfalls 300 Kundenanfragen mit vier Mitarbeitern bearbeitet. Interpretieren Sie fachbegrifflich die Zahlen miteinander.

6. Über den Tellerrand
   a) Lesen Sie den Artikel auf der folgenden Seite zur Produktivität.
   b) Welche Aspekte sollte die Exclusiva GmbH bei der Bewertung der Produktivität (betrachten Sie hierzu nochmal Ihr Ergebnis aus Aufgabe 5) ebenfalls analysieren?

Verzicht auf Pausen steigert nicht die Produktivität

Hamburg (dpa/tmn) – Ist die To-do-Liste lang und die Arbeitsbelastung hoch, neigen einige Berufstätige dazu, die Pausen auszulassen. Denn dann schafft man schließlich mehr, oder? Nein, erklärt Psychologin Sabine Gregersen von der Berufsgenossenschaft Gesundheit und Wohlfahrtspflege (BGW). Die Dauerbelastung mache müde. Beschäftigte machen schneller Fehler, die Ergebnisse werden schlechter – und auch die Gefahr für Unfälle steigt.

Die Pause ist aber nur erholsam, wenn sie eine echte Auszeit darstellt, so die Expertin. Das heißt: Nicht am Arbeitsplatz bleiben oder auf die Schnelle den Wocheneinkauf erledigen. Besser: In Ruhe etwas essen oder Zeit mit Kollegen verbringen – ohne zu viel über die Arbeit zu sprechen.

Kurzpausen helfen ebenfalls, den Tag über produktiv zu bleiben. Wer viel am Schreibtisch sitzt, steht immer mal wieder auf und bewegt sich. Alle, die dagegen im Job viel auf den Beinen sind, sollten zwischendurch besser kurz die Füße hochlegen, so Gregersen.

Quelle: © dpa, 07.06.2019

ZUSAMMENFASSUNG

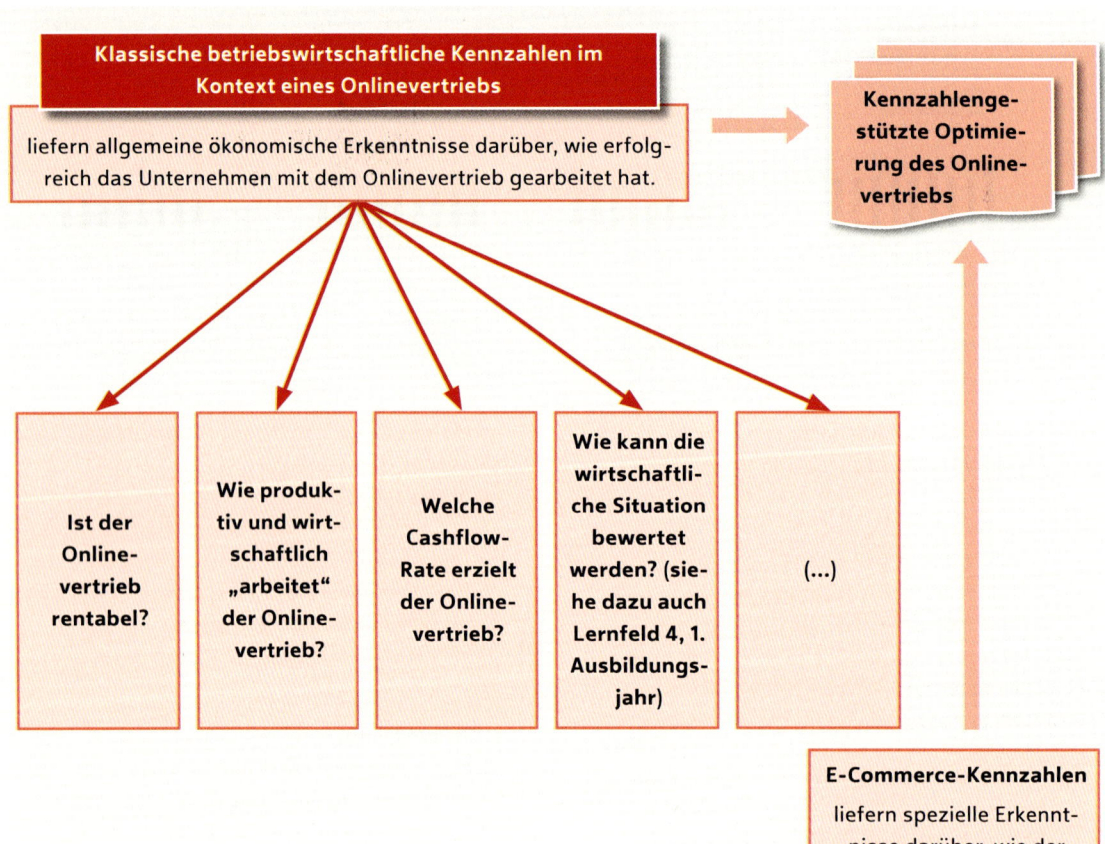

10.3   Die Bewertung der Wirksamkeit der Onlinemarketing-Maßnahmen

Einstieg

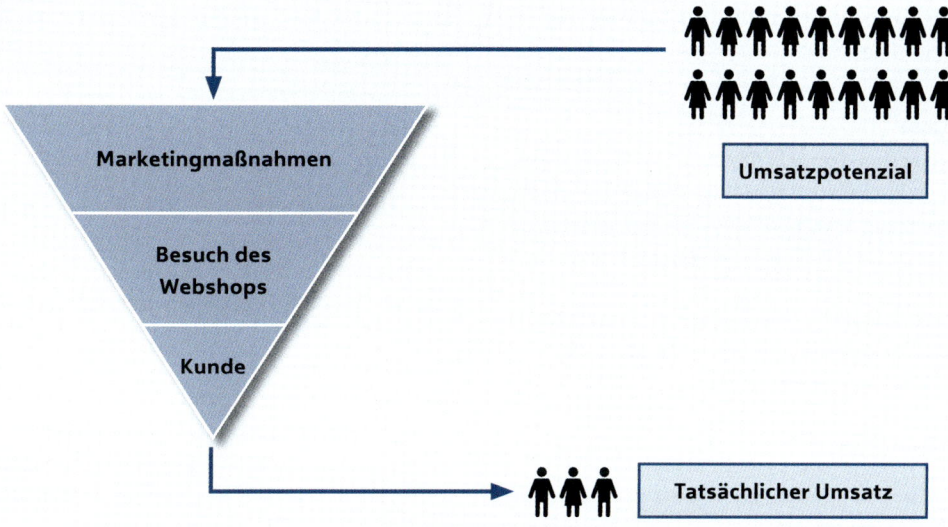

Funnel der Exclusiva GmbH

1. Beschreiben und diskutieren Sie die Grafik in Ihrer Klasse.

2. Leiten Sie einen Zusammenhang zu der Thematik der Kennzahlen her.

INFORMATIONEN

Allgemeine Kennzahlen des Onlinemarketings

Der Funnel (engl. für „Trichter") zeigt auf vereinfachte Art und Weise, dass auf dem Weg zum tatsächlichen Umsatz eine Menge Umsatzpotenzial verloren geht. Die Teilaspekte des Funnels lassen sich als Teilabschnitte begreifen, die der potenzielle Kunde durchläuft, damit er schließlich zum tatsächlichen Kunden wird.

Das Controlling analysiert dabei jeden Teilabschnitt, der wiederum in kleinere Einzelteile zerlegt werden kann. Aus den kleinen Einzelteilen werden sodann wertvolle Informationen gesammelt und in Kennzahlen – den sog. **KPIs** (Key Performance Indicators) – transferiert. So lassen sich im Idealfall Veränderungen einleiten, um zukünftig sehr viel weniger Besucher im Weg des Trichters zu verlieren. Ebenfalls kann der entsprechende Kostenaufwand genauer beziffert werden. Im Resultat ergeben sich allgemeine – das heißt auf jeden Kanal anwendbare – und mitunter etwas speziellere Kennzahlen des Onlinemarketings. Das Onlinemarketing ist der erste und damit vielleicht auch der bedeutendste Schritt, der vom Unternehmen eingeleitet wird, um das Gesamtziel – die

Kundengewinnung – zu erreichen. Daher sind die Strategien des Onlinemarketings mit Kennzahlen hinsichtlich ihrer Zweckerfüllung zu reflektieren.

BEISPIEL

Beispielhafte Onlinemarketing-Kennzahlen (allgemein)

In diesem Kapitel werden behandelt:

- Conversion-Rate / Conversions
- CPO
- CPC
- CPI
- CPL
- KUR
- ROAS
- RR

Einige Kennzahlen können durch sog. **Trackingtools/ Programme** automatisiert gesammelt werden. Es handelt sich um Analyseprogramme, die bestimmte Werte direkt auswerten und visualisieren (z. B. Google Analytics).

DEFINITION

Unter dem Begriff **Key Performance Indicator (KPI)** werden allgemein in der Betriebswirtschaftslehre und in der Analyse von E-Commerce-Prozessen Kennzahlen verstanden, die für die Optimierung der Geschäftsprozesse genutzt werden.

DEFINITION

Der **Conversion-Funnel** (deutsch: Konversationstrichter) – mitunter auch als Sales Funnel bezeichnet – symbolisiert aus Unternehmenssicht den abnehmenden Weg vom potenziellen zum tatsächlichen Kunden.

Sofern ein E-Commerce-Händler auf mehreren Absatzkanälen agiert, wird statt des Webshops der externe Absatzkanal (z. B. Amazon.de) benannt.

Conversion-Rate

Ist die Conversion erfolgt, kann die sog. Conversion-Rate ermittelt werden. Sie ist im E-Commerce eine der bedeutsamsten Kennzahlen und lässt sich nahezu für jeden Bereich bestimmen. Die Kennzahl taucht daher auch in diesem Lehrbuch an verschiedenen Stellen auf.

DEFINITION

Eine **Conversion** ist eine vom Unternehmen intendierte Handlung des Visitors/Besuchers (z. B. Produktkauf).

Die **Conversion-Rate** (deutsch: Konversationsrate) zeigt den prozentualen Anteil der Besucher (z. B. eines Webshops), die eine vom Unternehmen intendierte Aktion ausführen (z. B. Produktkauf).

Eine Conversion muss dabei nicht immer zwingend als der Kauf eines Produktes verstanden werden. Vielmehr gibt es eine Reihe von Conversions, die aufgezählt werden können. Die Conversion ist demnach die erwünschte Handlung, die vom Unternehmen durch bestimmte Faktoren (z. B. einfache Handhabung des Webshops = Animierung, den Kaufprozess vorzunehmen) weiter initiiert und vom Besucher durchgeführt wird.

BEISPIELE

Beispielhafte Arten von Conversions (Reaktionen)

- Produktkauf
- Anmeldung für den Newsletter
- Downloads
- Kontaktaufnahme (z. B. Chat auf der Website)
- (...)

Für die Berechnung der Conversion-Rate ist demzufolge der Visitor/der Besucher maßgebend. Bei der Berechnung wird zwischen dem Visitor und dem Unique Visitor unterschieden. Die hier allgemein dargestellte Berechnung lässt sich auf alle Bereiche/Kanäle übertragen.

DEFINITION

Der **Visitor** einer Website oder eines Webshops ist derjenige Nutzer, der mit Blick auf einen bestimmten Zeitraum stets neu mitgezählt wird.

Der **Unique Visitor** einer Website oder eines Webshops ist derjenige Nutzer, der mit Blick auf einen bestimmten Zeitraum – mithilfe von Cookies (gespeicherte Textdatei) – nicht wieder neu mitgezählt wird.

Das Unternehmen ermittelt mit der Angabe der Unique Visitors bei der Berechnung der Conversion-Rate demzufolge eine genauere Aussagekraft. Bedacht werden sollte jedoch, dass der Besucher im selben Zeitraum mit unterschiedlichen Devices (Laptop, Tablet, Smartphone) von unterschiedlichen Orten (Privatwohnung, Arbeitgeber, öffentliches WLAN-Netz) auf die Website zugreifen kann und sodann als „neuer" Visitor gezählt werden würde.

Berechnung Conversion-Rate

FORMEL

$$\text{Conversion-Rate} = \frac{\text{Anzahl der Conversions (Reaktionen)}}{\text{Anzahl Besucher (Visitors)}} \cdot 100\,\%$$

Genauere Berechnung der Conversion-Rate:

FORMEL

$$\text{Conversion-Rate} = \frac{\text{Anzahl der Conversions (Reaktionen)}}{\text{Anzahl Besucher (Unique Vistors)}} \cdot 100\,\%$$

Umsatz- und Kostenverteilung pro Kanal

Jede erzielte Conversion – z. B. in Form einer Bestellung – ist für das Unternehmen bedeutsam. So lässt sich beispielhaft der gesamte Umsatz pro Monat ermitteln. Von Bedeutung ist für das E-Commerce-Unternehmen jedoch, wo der Traffic für die Bestellung genau generiert wurde. Dadurch kann die Frage beantwortet werden, ob der jeweilige Kanal, über den gerade Marketing betrieben wird, überhaupt bzw. in welcher Höhe am Umsatz beteiligt ist.

Umsatzverteilung der Exclusiva GmbH pro Marketing-Kanal

Umsatzverteilung pro Marketing-Kanal

Kostenverteilung der Exclusiva GmbH je Marketing-Kanal

Kostenverteilung je Marketing-Kanal

Aus der vorliegenden Statistik lässt sich etwa ableiten, dass die meisten Umsätze über die Social-Media-Kanäle sowie über das E-Mail-Marketing generiert worden sind. Aus Unternehmenssicht sollten monatliche Vergleiche vorgenommen werden, um etwaige Auf- und Abschwünge in den jeweiligen Kanälen zu identifizieren (mitunter explizit auch nach entsprechenden Marketingaktionen).

Gleichwohl liefert die Umsatzverteilung pro Marketing-Kanal auch die wichtige Information, ob sich der Aufwand eines Kanals lohnt. Sinken beispielsweise die Umsätze, die durch das Suchmaschinenmarketing generiert werden, sollte dies ein Gedankenanstoß sein, das Suchmaschinenmarketing entweder generell zu überdenken oder es zu optimieren. Je nach Werbebudget und Personaleinsatz wäre es überlegenswert, sich auf erfolgreiche Kanäle zu beschränken, um die Effektivität von effektiven Kanälen noch weiter auszubauen.

In der Analyse ist es ferner konsequent, auch die Kosten je Kanal zu betrachten (siehe Abb. oben rechts).

Im Gesamtkontext wird deutlich, dass die Kosten für Social Media zwar am höchsten sind, gleichwohl erzielen sie aber auch die höchsten Umsätze. Die Kosten für das E-Mail-Marketing liegen dagegen gerade so bei 10 % (vom gesamten Werbebudget). Je nach Umsatzgröße ist es demnach auch denkbar, den eher wenig am Umsatz beteiligten Suchmaschinenmarketing-Kanal dennoch weiter zu betreiben, da dieser wenige Kosten verursacht und trotzdem einen gewissen Umsatz generiert. So könnte ein Unternehmen die Kosten auch in Kauf nehmen, um die Kunden nicht zur Konkurrenz abwandern zu lassen.

CPO

CPO-Kennzahlen kommen in verschiedenen Ausprägungen sowie in unterschiedlichen Bereichen des Onlinemarketings vor. Das Ergebnis ist bedeutsam, um hinterfragen zu können, ob sich die jeweilige Marketingmaßnahme lohnt.

DEFINITION

Die **CPO-Kennzahl** (**C**ost **p**er **O**rder) gibt Aufschluss darüber, wie viel Kosten pro Conversion (i. d. R. Produktkauf) aufgewendet werden müssen.

Berechnung CPO (allgemein)

FORMEL

$$CPO = \frac{\text{Gesamtkosten Marketingaktion}}{\text{Anzahl der Conversions}}$$

Wenn ein Unternehmen beispielsweise auf mehreren Werbekanälen agiert, entstehen in der Regel Kosten dafür. In diesem Fall sollte das Unternehmen den CPO pro Kanal ermitteln. Ein uneffektiver Kanal wird grundsätzlich durch einen hohen CPO identifiziert. Dieser sollte jedoch mit den Umsatzzahlen in Beziehung gesetzt werden, da ein hoher CPO nicht zwangsläufig bedeutet, dass keine Rendite erwirtschaftet wird.

BEISPIEL

Die Exclusiva GmbH hat den neuen Webshop über die Social-Media-Kanäle in den letzten drei Monaten beworben. Kostenpunkt: 10.000,00 €.

Im selben Zeitraum sind über die Social-Media-Kanäle 344 Bestellungen (Conversions) eingegangen.

FORMEL

$$CPO = \frac{10.000,00\ €}{344} = 29,07\ €$$

Im Durchschnitt hat eine Bestellung 29,07 € Werbekosten verursacht.

Isoliert betrachtet, liefert das Ergebnis einen interessanten statistischen Wert. Ein wirklicher Mehrwert wird jedoch erst erlangt, wenn der CPO in den **Gesamtkontext** eingebettet und in **Relation zu anderen Werten** gesetzt wird. Exemplarisch seien z. B. der Warenkorbwert (siehe Kap. 10.5) der Bestellung (nach Abzug der Retourenquote) sowie sonstige Kosten, wie etwa Personal-, Lager- oder technische Kosten, genannt. Im Ergebnis lässt sich die **KUR (Kosten-Umsatz-Relation)** ermitteln (siehe S. 224).

Die sog. CPO-Vergütung (der Anteil, den der Werbetreibende an den Werbenden zahlen muss) wird häufig an den Warenkorbwert gekoppelt.

Berechnung CPO-Vergütung

FORMEL

CPO-Vergütung = festgelegter Prozentsatz · Warenkorbwert

oder

FORMEL

CPO-Vergütung = festgelegter Provisionsbetrag (unabhängig vom Warenkorbwert)

BEISPIEL

Die Exclusiva GmbH hat im Rahmen des Affiliate-Marketings einen Vertrag mit dem Model Elisa Lex abgeschlossen. Lex bewirbt auf ihrem Lifestyle-Blog den Webshop der Exclusiva GmbH. Pro Conversion erhält sie 5 % des jeweiligen Warenkorbwertes.

Die ersten drei Bestellungen hatten einen Warenkorbwert in Höhe von 200,00 €, 150,00 € und 96,00 €.

- CPO-Vergütung (Conversion 1)
  = 5 % · 200,00 € = 10,00 €
- CPO-Vergütung (Conversion 2)
  = 5 % · 150,00 € = 7,50 €
- CPO-Vergütung (Conversion 3)
  = 5 % · 96,00 € = 4,80 €

Die Exclusiva GmbH muss Elisa Lex in Summe eine CPO-Vergütung in Höhe von 22,30 € für die drei Conversions zahlen.

CPC

Ähnlich wie die CPO verhält sich die CPC, nur dass hierbei keine Conversion auf der Website bzw. dem Webshop durch den Visitor erfolgen muss, sondern lediglich ein Klick auf die entsprechende Anzeige.

DEFINITION

Die **CPC-Kennzahl** (**C**ost **p**er **C**lick) gibt Aufschluss darüber, wie viel Kosten pro Klick (z. B. auf ein Werbebanner) vom Unternehmen aufgewendet werden müssen.

Berechnung CPC

FORMEL

$$CPC = \frac{Gesamtkosten}{Anzahl\ der\ Klicks}$$

BEISPIEL

Ein bekanntes Online-Sportnachrichtenmagazin wirbt auf seiner Website für den Webshop der Exclusiva GmbH im Monat Dezember mit einem klassischen Werbebanner auf seiner Startseite (Display Advertising). Dafür erhält das Sportnachrichtenmagazin 150,00 € als fixen Betrag. Im Monat Dezember zählt die Exclusiva GmbH insgesamt 700 Klicks, die über das Werbebanner erfolgt sind.

FORMEL

$$CPC = \frac{150,00\ €}{700\ Klicks} = 0,21\ Cent\ pro\ Klick$$

Pro Klick – der der Exclusiva GmbH bis zu diesem Zeitpunkt noch keinen Umsatz erbracht hat – sind Kosten in Höhe von 0,21 Cent entstanden.

Die Gefahr von CPC liegt in ihrem Missbrauch: So könnte z. B. durch den Einsatz von Bots die Klickrate künstlich nach oben manipuliert werden.

CPI

Bildlich gesprochen wird bei der CPI-Kennzahl noch ein Schritt von der eigentlich erwünschten Conversion zurückgegangen. Hierbei zahlt das Unternehmen bereits für die sog. **Page Impression.**

DEFINITION

Unter einer **Page Impression** (Synonym zu Page View = Seitenaufruf) wird der Aufruf einer Website verstanden.

Die **CPI**-Kennzahl (**C**ost **p**er **I**mpression) gibt Aufschluss darüber, wie viel Kosten pro Impression/ Websiteaufruf vom Unternehmen aufgewendet werden müssen, ohne dass der Besucher tatsächlich auf die Anzeige klicken muss.

Berechnung CPI

FORMEL

$$CPI = \frac{\text{Gesamtkosten Page Impression}}{\text{Seitenaufrufe}}$$

In der Regel werden zwischen dem Werbetreibenden und dem Werbenden ein fester Betrag, ein Zeitraum und entsprechende Seitenaufrufe festgelegt. Die Wirksamkeit einer Onlinemarketing-Maßnahme lässt sich in dieser Richtung nur schwierig messen. Die Frage für das Unternehmen liegt darin, ob der Besucher die Anzeige tatsächlich auch wahrgenommen hat. Es verhält sich demnach ähnlich wie mit Bandenwerbung im Stadion. Je nach Größe und Werbebudget des Unternehmens muss demzufolge genau geplant bzw. spekuliert werden, ob sich die Kosten gewinnbringend auswirken können. Derartige Spekulationen sind jedoch kein Novum, das nicht nur explizit der E-Commerce-Branche zugerechnet werden kann. Auch Henry Ford wusste bereits um diese Spekulation.

„Ich weiß, die Hälfte meiner Werbung ist hinausgeworfenes Geld. Ich weiß nur nicht, welche Hälfte."
Quelle: Zitat von Henry Ford, war ein US-amerikanischer Unternehmer. In: www.poeteus.de. www.poeteus.de/zitat/Ich-wei%C3%9F-die-H%C3%A4lfte-meiner-Werbung-ist-hinausgeworfenes-Geld-Ich-wei%C3%9F-nur-nicht-welche-H%C3%A4lfte/95 [16.11.2021].

BEISPIEL

Die Exclusiva GmbH schließt mit dem bekannten Blogbetreiber TomCreative einen Werbevertrag.

Kernpunkte:

TomCreative blendet den Webshop mit Hinweis auf eine Sale-Aktion auf seiner Start- und allen untergeordneten Seiten ein. Dafür erhält er für das 1. Quartal des Jahres einen fixen Betrag von 250,00 € für insgesamt 15 000 Page Impressions.

FORMEL

$$CPI = \frac{250,00 \text{ €}}{15\,000 \text{ Page Impressions}} = \frac{0,02 \text{ Cent}}{\text{Impression}}$$

Pro Impression – die der Exclusiva GmbH bis zu diesem Zeitpunkt noch keinen Umsatz erbracht hat – entstehen Kosten von 0,02 Cent.

CPL

Bei der CPL-Kennzahl wird ermittelt, welche Kosten für die Neugenerierung eines Leads entstehen. Die Leadgenerierung ist zwar für jedes E-Commerce-Unternehmen interessant, jedoch ist diese Kennzahl speziell für Branchen nützlich, die nicht direkt einen Produktkauf auslösen möchten. Die Kosten können dabei je nach Nutzerverhalten variieren. So könnte der Nutzer beispielsweise lediglich seine E-Mail-Adresse angeben oder zusätzlich seine private Anschrift sowie seine Telefonnummer. Daten sind mittlerweile wie eine Währung zu betrachten und haben daher für ein Unternehmen einen kostbaren Wert.

Beim CPL-Verfahren zahlt das Unternehmen erst, wenn es Zugriff auf die Nutzerdaten erhält. So z. B., wenn der Nutzer seine Daten in ein Formular eingibt – das sich nach dem Klick auf den entsprechenden Link öffnet – und dieses per Bestätigung abschickt. Für das Unternehmen entstehen nur Kosten, wenn auch ein potenzieller Kunde generiert wird, der im Idealfall zukünftig immer wieder Umsätze auslöst.

DEFINITION

Die **CPL**-Kennzahl (**C**ost **p**er **L**ead) gibt Aufschluss darüber, wie viel Kosten pro Lead (z. B. Anmeldung für einen Newsletter) vom Unternehmen aufgewendet werden müssen.

Berechnung CPL

FORMEL

$$CPL = \frac{\text{Gesamtkosten der Werbeaktion}}{\text{Anzahl der generierten Leads}}$$

BEISPIEL

Um neue Leads für den Newsletter zu gewinnen, baut die Exclusiva GmbH ihre Werbeaktion aus. Testweise werden Werbeanzeigen in einem Online-Newspaper und in einem Fitnessblog geschaltet.

Die Werbekosten für das Online-Newspaper betragen 500,00 €. Es werden 97 neue Anmeldungen (= Leads) registriert. Der Fitnessblog beschert der Exclusiva GmbH 390 Leads bei einem Kostenpunkt von 400,00 €.

FORMEL

$$\textbf{CPL Onlinenewspaper} = \frac{500,00 \text{ €}}{97 \text{ Leads}} = 5,15 \text{ € pro Lead}$$

$$\textbf{CPL Fitnessblog} = \frac{400,00 \text{ €}}{390 \text{ Leads}} = 1,03 \text{ € pro Lead}$$

Im Vergleich sind die Kosten pro Lead bei dem Online-Newspaper deutlich zu hoch, wenn bedacht wird, dass der Lead noch kein endgültiger Kunde ist. Außerdem wurden eher wenige Leads generell akquiriert.

Der Fitnessblog generiert hingegen knapp vierfach mehr Leads, sodass jeder neu angemeldete Nutzer 1,03 € kostet. Hierbei könnte die Exclusiva GmbH analysieren, inwieweit damit ein unmittelbar signifikanter Anstieg an

Bestellungen (= Conversions) verbunden sein könnte, um den Erfolg der Maßnahme in Relation zum Umsatz zu hinterfragen.

Ferner könnte die Exclusiva GmbH auf die Zukunft spekulieren. So könnten sich die 390 Leads auch erst mittel- oder langfristig auf den Erfolg auswirken. Dies kann beispielsweise durch ein erfolgreiches E-Mail-Marketing angestoßen werden, das mit den neuen Leads nun eingeleitet werden kann.

Interessant können auch zeitliche Vergleiche sein, wenn die Leadgewinnung für eine Aktion über längere Zeiträume erfolgt. So kann beispielsweise der CPL für den Social-Media-Bereich zu Beginn relativ gering und damit kostengünstig sein. Im weiteren Zeitverlauf könnte der Kanal in Bezug auf die Kosten pro Leadgewinnung immer weiter steigen, da sich die (meisten) Follower bereits beim Newsletter angemeldet haben.

KUR

Im Rahmen des Onlinemarketing-Controllings ist die KUR-Kennzahl für ein E-Commerce-Unternehmen von tragender Bedeutung. Es werden die Kosten und der Umsatz in Relation zueinander gestellt. Dabei kann die gesamte Marketingkampagne reflektiert werden, aber auch die isolierte Betrachtung einzelner Kanäle (z. B. Social Media; Blog).

> **DEFINITION**
>
> Die **KUR**-Kennzahl (**K**osten-**U**msatz-**R**elation) gibt Aufschluss darüber, ob die eingesetzten Kosten in einem adäquaten Verhältnis zum erzielten Umsatz stehen.

Berechnung KUR

> **FORMEL**
>
> $$KUR = \frac{\text{gesamte CPO} \cdot 100\ \%}{\text{gesamter Umsatz vor/nach Retouren}}$$

Bedeutsam für die Ermittlung der Kosten-Umsatz-Relation ist der Zeitpunkt. Hat das Unternehmen beispielsweise eine Marketingkampagne auf eine Dauer von zwei Monaten angesetzt, so ist die Ermittlung der KUR auch erst nach Ablauf dieser Zeitspanne interessant, um den Erfolg der Maßnahme zu hinterfragen. Nicht jeder Kunde wird direkt in den ersten Tagen auf die entsprechende Maßnahme aufmerksam gemacht. Je kleiner die KUR ist, desto wirtschaftlicher/effektiver hat die Onlinemarketing-Maßnahme gewirkt.

Beachten sollte das Unternehmen, dass bei einer kurzfristigen KUR-Betrachtung lediglich die Kosten der Mar-

ketingkampagne inkludiert sind. Daher sollten in einer langfristigen Analyse auch sonstige Kostenpunkte (z. B. Personalkosten; IT-Kosten) miteinbezogen werden, um eine umfassendere Aussage ableiten zu können.

Fortgeführtes CPO-BEISPIEL a)

Erinnerung: Die Exclusiva GmbH hat den neuen Webshop in den letzten drei Monaten über die Social-Media-Kanäle beworben. Kostenpunkt: 10.000,00 €. Ermittelt wurde eine CPO in Höhe von 29,07 €, d. h. eine Conversion (hier: Bestellung) hat im Durchschnitt 29,07 € Werbekosten verursacht. Insgesamt sind 344 Conversions gezählt worden.

Folgende Daten sind ebenfalls bekannt:

- Durchschnittlicher Warenkorbwert je Bestellung: 100,00 €
- Durchschnittliche sonstige Kosten je Bestellung: 10,00 €
- Umsatz = 100,00 € · 344 Bestellungen = 34.400,00 €
- Sonstige Kosten gesamt = 10,00 € · 344 Bestellungen = 3.440,00 €

Langfristige KUR-Berechnung:

> **FORMEL**
>
> $$KUR = \frac{\text{Total CPO + sonstige Kosten} \cdot 100\ \%}{\text{gesamter Umsatz}}$$
>
> $$KUR = \frac{10.000,00\ \text{€} + 3.440,00\ \text{€} \cdot 100\ \%}{34.400,00\ \text{€}} = 39,07\ \%$$

Aussage 1:

Die Exclusiva GmbH hat demzufolge pro 1,00 € Umsatz – der infolge der Marketingmaßnahme entstanden ist – eine Werbeausgabe in Höhe 0,39 € aufgewendet.

Aussage 2:

34.400,00 € – 13.440,00 € = 20.960,00 € (verbleibender Gewinn)

Die Werbekosten pro durchschnittlicher Bestellung (29,07 € CPO) haben sich gelohnt, da der verbleibende Gewinn höher ist als der Werbekosteneinsatz mit den sonstigen Kosten: 20.960,00 € > 13.440,00 €.

Fortgeführtes CPO-BEISPIEL b)

Folgende Daten sind ebenfalls bekannt (Abwandlung):

- Durchschnittliche Warenkorbwert je Bestellung: 25,00 €
- Durchschnittliche sonstige Kosten je Bestellung: 10,00 €
- Umsatz = 25,00 € · 344 Bestellungen = 8.600,00 €
- Sonstige Kosten gesamt = 10,00 € · 344 Bestellungen = 3.440,00 €

Langfristige KUR-Berechnung:

FORMEL

$$KUR = \frac{\text{Total CPO + sonstige Kosten} \cdot 100\,\%}{\text{gesamter Umsatz}}$$

$$KUR = \frac{10.000,00\,\text{€} + 3.440,00\,\text{€} \cdot 100\,\%}{8.600,00\,\text{€}} = 156,28\,\%$$

Aussage 1:

Die Exclusiva GmbH hat demzufolge pro 1,00 € Umsatz – der infolge der Marketingmaßnahme entstanden ist – eine Werbeausgabe in Höhe von 1,56 € aufgewendet. Die Exclusiva GmbH müsste also zuzahlen.

Aussage 2:

8.600,00 € – 13.440,00 € = –4.840,00 € (verbleibender Verlust)

Die Werbekosten pro durchschnittlicher Bestellung (29,07 € CPO) haben sich nicht gelohnt, da der entstandene Verlust den Werbekosteneinsatz und die sonstigen Kosten nicht decken kann:

–4.480,00 € < 13.440,00 €

ROAS

Die ROAS-Kennzahl beschreibt das Verhältnis zwischen dem erzielten Gewinn und dem Aufwand an Werbekosten. Grundsätzlich sollte die ROAS-Kennzahl somit einen hohen Wert aufweisen, woraus abgeleitet werden könnte, dass die Werbekosten den Gewinn nur durch einen geringen Anteil schmälern.

DEFINITION

Die **ROAS**-Kennzahl (**R**eturn **o**n **A**dvertising **S**pend) setzt den erzielten Gewinn in ein Verhältnis zu den aufgewendeten Werbekosten. Die ROAS-Kennzahl gibt Aufschluss darüber, wie erfolgreich eine Werbemaßnahme ist.

Berechnung ROAS

FORMEL

$$ROAS = \frac{\text{Gewinn} \cdot 100\,\%}{\text{Kosten der Marketingmaßnahme}}$$

BEISPIEL

Die Exclusiva GmbH hat mit einer Werbebannerkampagne einen Gewinn in Höhe von 24.220,00 € erzielt. Die Kosten der Marketingmaßnahme betrugen 7.900,00 €.

FORMEL

$$ROAS = \frac{24.220,00\,\text{€} \cdot 100\,\%}{7.900,00\,\text{€}} = 306,58\,\%$$

Die Werbebannerkampagne ist erfolgreich, da der ROAS deutlich im positiven Bereich liegt.

Retourenquote (Return-Rate)

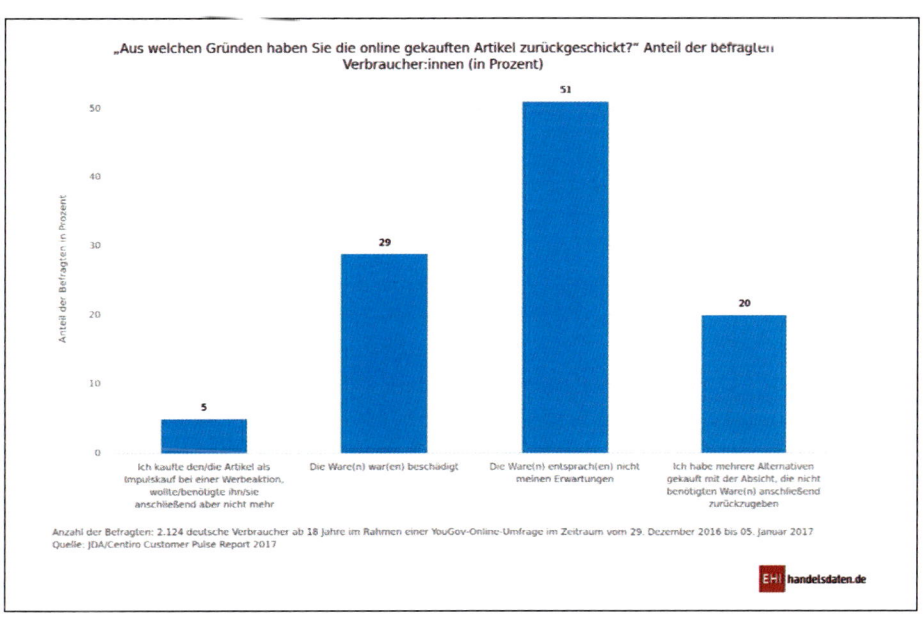

„Aus welchen Gründen haben Sie die online gekauften Artikel zurückgeschickt?" Anteil der befragten Verbraucher:innen (in Prozent)

Anzahl der Befragten: 2.124 deutsche Verbraucher ab 18 Jahre im Rahmen einer YouGov-Online-Umfrage im Zeitraum vom 29. Dezember 2016 bis 05. Januar 2017
Quelle: JDA/Centiro Customer Pulse Report 2017

EHI handelsdaten.de

Viele E-Commerce-Unternehmen – insbesondere im Bekleidungssegment – werben damit, dass Produkte kostenlos retourniert werden können. Mitunter ein Grund, der in den letzten Jahren dazu geführt hat, dass generell ein exorbitanter Anstieg der Auftragslage in der Zustellerbranche erfolgt ist. Kostenlose Retouren animieren den potenziellen Käufer eher zum Kauf, sie bewegen aber gleichzeitig auch zu einer schnelleren Rücksendung.

Dass die Retourenquote oder Return-Rate auf den ersten Blick eigentlich nichts mit den Onlinemarketing-Maßnahmen gemein hat, erscheint schlüssig. Wenn die neue Jeans beispielsweise nicht passt, hat das wenig mit der Marketingstrategie des Unternehmens zu tun. Werden die Maßnahmen jedoch genauer analysiert und dabei auch die bisher beschriebenen Beispiele zu den verschiedenen Kennzahlen näher betrachtet, wird deutlich, dass die Retourenquote einen Einfluss auf die Aussagekraft selbiger nehmen kann.

Wird dazu die obige Statistik betrachtet, wird deutlich, dass der Hauptgrund für Rücksendungen in den nicht erfüllten Erwartungen der Kunden liegt. Den Kunden wird jedoch – neben den Produktbeschreibungen im Webshop – bereits bei Betrachtung der Onlinemarketing-Maßnahme etwas offeriert, das mit der Bestellung erfüllt werden soll. Daher sollte die RR-Kennzahl auch in den Optimierungsprozess von Onlinemarketing-Maßnahmen einbezogen werden. Ferner gewinnen Kennzahlen wie die CPO erst durch die Hinzunahme der Return-Rate (RR) an Aussagekraft.

DEFINITION

Die **RR**-Kennzahl (**Return-Rate**) gibt den prozentualen oder mengenmäßigen Anteil der zurückgesendeten zu der verkauften Ware an. Die Return-Rate kann sich auf einzelne Waren, Warengruppen oder das gesamte Sortiment beziehen.

Berechnung RR

FORMEL

$$RR = \frac{\text{Anzahl der Retouren in Geldeinheiten}}{\text{Anzahl der Gesamtverkäufe in Geldeinheiten}} \cdot 100\ \%$$

$$RR = \frac{\text{Anzahl der Retouren (Menge)}}{\text{Anzahl der verkauften Artikel}} \cdot 100\ \%$$

BEISPIEL

Die Exclusiva GmbH verzeichnet in der Warengruppe der Geschenkartikel im Monat Januar eine Anzahl an Retouren, die im Dezember bestellt wurden, in Höhe von 1 600 (durchschnittlicher Gesamtwert: 80,00 €). Im Dezember wurden insgesamt 10 000 Artikel (durchschnittlicher Gesamtwert: 80,00 €) verkauft.

FORMEL

$$RR\ \text{Dez/Jan} = \frac{(1\,600\ \text{Retouren} \cdot 80,00\ €)}{(10\,000 \cdot 80,00\ €)} \cdot 100\ \% = 16\ \%$$

$$RR\ \text{Dez/Jan} = \frac{(1\,600\ \text{Retouren} \cdot 80,00\ €)}{10\,000\ \text{verkaufte Artikel}} \cdot 100\ \% = 16\ \%$$

Grundsätzlich gilt, dass die RR nur einen kleinen Anteil ausmachen sollte, da sie sich gewinnschmälernd auf den Umsatz auswirkt. Ein Unternehmen wird deshalb aber auch nicht sofort in Panik verfallen, da Retouren zum Geschäft dazugehören. In dem Beispiel könnte die Exclusiva GmbH jedoch analysieren, ob die zuvor in einer Marketingkampagne offerierten Geschenkartikel möglicherweise nicht zu hohe Erwartungen beim Kunden ausgelöst haben.

Veränderung der CPO durch RR

Erhält ein Unternehmen Rücksendungen, wirken sich diese unmittelbar auf die CPO aus. Die CPO bzw. die durchschnittlichen Kosten je Conversion erhöhen sich.

Berechnung der bereinigten CPO:

FORMEL

$$\text{CPO bereinigt} = \frac{\text{Gesamtkosten Marketingaktion}}{\text{Anzahl der Conversions} \cdot (1 - RR)}$$

Einfluss der Return-Rate auf Marketingaktionen

Da sich die Return-Rate unmittelbar auf den Umsatz auswirkt, muss sie auch in der Gesamtstrategie berücksichtigt werden. Eine hohe Retourenquote ist gleichbedeutend mit höheren Kosten. Werden diese Kosten bereits im Vorfeld einer Marketingaktion einkalkuliert, sollten diese auch bei der finanziellen Planung eingerechnet werden. Die Retourenquote wird sozusagen vorfinanziert, indem etwa eine geringere CPO anvisiert wird.

BEISPIEL

Die Exclusiva GmbH hat in den letzten drei Monaten den neuen Webshop über die Social-Media-Kanäle (siehe Beispiel auf S. 210) beworben. Kostenpunkt: 10.000,00 €. Es wurden 344 Bestellungen (Conversions) gezählt und eine CPO in Höhe von 29,07 € ermittelt.

Nach Ablauf der gesetzlichen sowie aus Kulanzgründen eingeräumten Rückgabefrist ermittelte das Retourenmanagement nun eine RR von 10 %.

FORMEL

$$\text{CPO bereinigt} = \frac{10\,000}{344 \cdot (1 - 0,10)} = 32,30\ € \text{ CPO}$$

Nach Einberechnung der Return-Rate hat eine Bestellung 32,30 € Werbekosten verursacht.

Im Durchschnitt wirken sich demnach die Retouren negativ mit einem Wert in Höhe von 3,23 € pro Conversion aus. Die Kosten pro Conversion sind im Nachhinein gestiegen.

Spezielle Kennzahlen des Onlinemarketings

Wird der Conversion-Funnel aus der Einstiegssituation betrachtet, wird deutlich, dass der potenzielle Kunde zunächst mit der Hilfe von (Online-)Marketingmaßnahmen auf den Webshop aufmerksam gemacht wird. Das Onlinemarketing ist demnach einer der wichtigsten Faktoren, damit überhaupt Kunden generiert werden. Jedes Unternehmen (vgl. Lernfeld 7 im 2. Ausbildungsjahr) ist in der Regel durch eine individuell formulierte Onlinemarketing-Strategie am Markt positioniert. Somit ergeben sich je nach Unternehmen auch eine ganze Reihe an unterschiedlichen Kennzahlenbereichen, die die Controlling-Abteilung betrachten und auswerten könnte. Aus jedem dieser Bereiche entstehen im Idealfall in der Folge die Conversions.

Exemplarische Bereiche des Onlinemarketings

- E-Mail-Marketing
- Social-Media-Marketing
- Suchmaschinenmarketing

Die einzelnen Bereiche können dabei als Bausteine verstanden werden, die kontinuierlich auf Erfolg – positiv wie negativ – überprüft werden sollten.

Wird beispielsweise festgestellt, dass die Newsletter im E-Mail-Marketing nur zu sehr wenigen Conversions führen, sollte sich das Unternehmen überlegen, welche Änderungen (z. B. Design und Aufmachung) vorgenommen werden müssen oder ob die vorhandenen Ressourcen (etwa das Personal) möglicherweise nicht komplett auf andere Bereiche (z. B. Social-Media) übertragen werden sollten, um so einen höheren Nutzen im Gesamtkontext zu erreichen.

Kennzahlen im E-Mail-Marketing

(vgl. gleichnamiges Kapitel im Lehrbuch für das 2. Ausbildungsjahr)

Wird das E-Mail-Marketing genau reflektiert, lassen sich wertvolle Kennzahlen für das Unternehmen ermitteln, um letztlich strategische Entscheidungen treffen zu können. Die folgende Abbildung zeigt zunächst vereinfacht, welche grundlegenden Kennzahlen durch einen einzigen E-Mail-Vorgang anhand des Nutzerverhaltens ermittelt werden können.

Um die ermittelten Zahlen richtig interpretieren zu können, bietet es sich an, diese mit Branchenzahlen zu vergleichen. Dieses Vorgehen wird auch als Benchmarking bezeichnet.

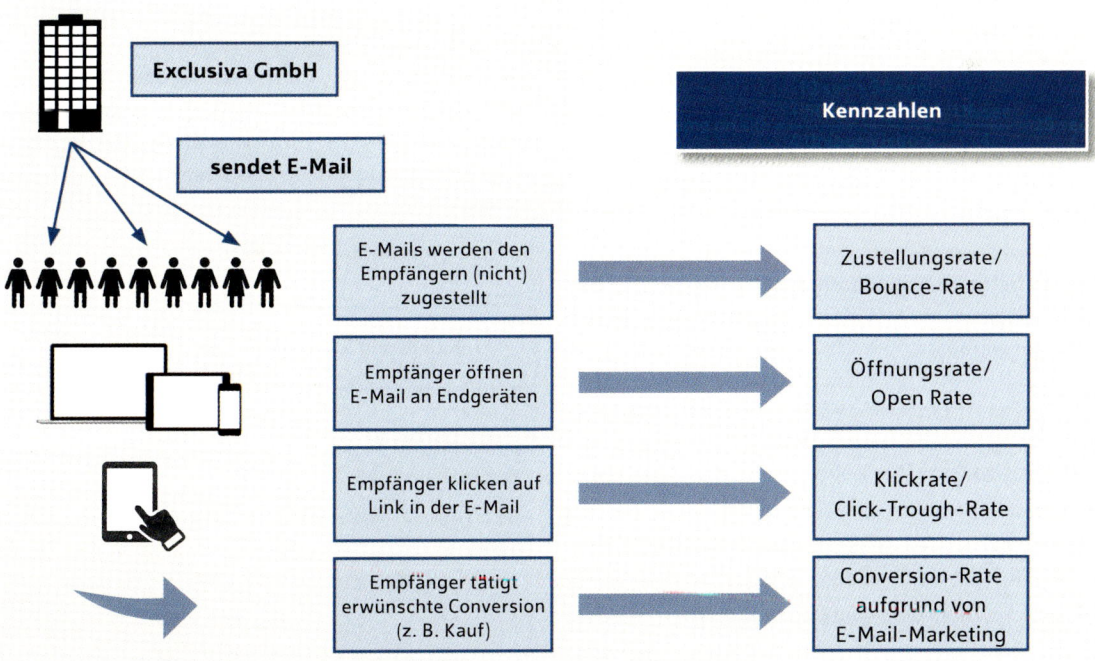

Ermittlung von Kennzahlen im E-Mail-Marketing durch Nutzerverhalten

DEFINITION

Benchmarking ist ein permanenter Abgleich von Daten, Prozessen, Leistungen o. Ä., um z. B. Unterschiede zur Konkurrenz aufzuzeigen.

Die Inxmail GmbH[1] hat **2021** eine Studie über die verschiedenen Klickraten im E-Mail-Marketing veröffentlicht. Dabei wurden branchenspezifische Durchschnittswerte festgestellt.

E-Mail-Marketing-Benchmark 2021: Kennzahlen nach Branchen auf einen Blick (Auszug)					
Branche (1/2)	Versandrate	Öffnungsrate	Klickrate	Effektive Klickrate	Bounce Rate
Baby & Kind	14	19,2 %	2,1 %	12,2 %	0,1 %
Banken & Finanzdienstleist.	4	23,2 %	1,4 %	5,9 %	0,4 %
Bauwirtschaft	3	36,8 %	5,0 %	14,8 %	0,7 %
Beauty & Drogerie	6	17,9 %	1,3 %	8,2 %	0,4 %
Beratung & Dienstleistung	3	22,8 %	2,4 %	11,9 %	0,8 %

Quelle: E-Mail-Marketing-Benchmark 2021. Kennzahlen nach Branchen auf einen Blick. In: www.inxmail.de. 2021. https://newsletter.inxmail.de/e-mail-marketing-benchmark.jsp [15.11.2021].

E-Mail-Bounce-Rate

DEFINITION

Die **Bounce-Rate** gibt Aufschluss darüber, wie viele E-Mail-Zustellungen fehlgeschlagen sind. Eine nicht zugestellte E-Mail wird demzufolge als Bounce bezeichnet.

Ein solcher Bounce kann unterschiedliche Gründe haben. Der Nutzer könnte sich z. B. bewusst oder unbewusst mit einer fehlerhaften E-Mail-Adresse angemeldet haben (sog. Hard Bounces) oder die E-Mail ist im Spamfilter gelandet bzw. ist z. B. aufgrund eines zu geringeren Speicherplatzes nicht beim Empfänger angekommen (sog. Soft Bounces).

Berechnung Bounce-Rate

FORMEL

$$\text{E-Mail-Bounce-Rate} = \frac{\text{Bounces} \cdot 100\,\%}{\text{angemeldete Abonnenten}}$$

Um neben einem Branchenvergleich auch eine interne Aussage treffen zu können, sollten die Bounces in Relation zu der gesamten Anzahl an Newsletter-Abonnenten betrachtet werden.

BEISPIEL

Newsletterabonnenten der Exclusiva GmbH

Die Exclusiva GmbH hat 2 000 angemeldete Abonnenten.

Sie verschickt eine E-Mail mit dem Hinweis auf Sale-Angebote nach Weihnachten.

1923 Abonnenten wird die E-Mail zugestellt.

Bounce-Rate:

Bounces = 2 000 − 1 923 = 77
Es liegen 77 Bounces vor.

FORMEL

$$\text{Bounce-Rate} = \frac{77 \cdot 100\,\%}{2000} = 3{,}85\,\%$$

Die Exclusiva GmbH könnte die ermittelte Bounce-Rate nun mit der branchenspezifischen Kennzahl vergleichen, um Einordnungen vorzunehmen und Schlussfolgerungen für das weitere Handeln in die Wege zu leiten.

(Unique) Open Rate

Die Open Rate gibt Aufschluss darüber, wie viele E-Mails – die zugestellt worden sind – auch tatsächlich geöffnet werden. Es wird demzufolge das Verhältnis zwischen den zugestellten und den geöffneten E-Mails dargestellt.

Berechnung Unique Open Rate

FORMEL

$$\text{Unique Open Rate} = \frac{\text{geöffnete E-Mails} \cdot 100\,\%}{\text{zugestellte E-Mails}}$$

Fortgeführtes BEISPIEL

Zugestellte E-Mails: 1 923

Geöffnete E-Mails: 496 Abonnenten haben die E-Mail geöffnet.

---

1 https://web.inxmail.com/Inxmail_Kommunikation/e-mail-marketing-benchmark.jsp

Unique Open Rate

FORMEL

$$\text{Unique Open Rate} = \frac{496 \cdot 100\ \%}{1923} = 25{,}79\ \%$$

Die Zahlen zeigen der Exclusiva GmbH, dass sie sowohl branchenübergreifend als auch im direkten Vergleich über den Durchschnittswerten liegt.

Click-Through-Rate (CTR)

DEFINITION

Die **CTR** (**C**lick-**T**hrough-**R**ate) gibt Aufschluss darüber, wie viele Empfänger – die die E-Mail geöffnet haben – auch auf den entscheidenden Link innerhalb der Mail geklickt haben.

Durch die Ermittlung der CTR kann es demnach dazu kommen, dass die Marketingabteilung ihr Handeln hinterfragen muss. Beispielsweise, ob die Aufmachung/das Design der E-Mail einen wichtigen Beitrag geleistet hat, damit der Empfänger auf den Link klickt oder nicht.

Um die CTR zu ermitteln, werden von den zugestellten E-Mails lediglich die geöffneten E-Mails herangezogen. Die CTR gilt als die relevanteste Kennzahl im E-Mail-Bereich. Dies liegt auch daran, dass ihre Aussagekraft höher zu werten ist als beispielsweise die Open Rate. So kann der Nutzer beispielsweise in seinem E-Mail-Programm eingestellt haben, dass jede E-Mail automatisch als „gelesen" markiert wird, während ein Klick innerhalb der E-Mail wirklich nur von dem Nutzer selbst vorgenommen werden kann.

Berechnung CTR

FORMEL

$$\text{CTR} = \frac{\text{Anzahl Klicks} \cdot 100\ \%}{\text{Anzahl der geöffneten E-Mails}}$$

Fortgeführtes BEISPIEL

Geöffnete E-Mails: 496 Abonnenten haben die E-Mail geöffnet.

Angeklickter Link in der E-Mail: 101 Abonnenten haben auf den Link geklickt.

Click-Through-Rate

FORMEL

$$\text{Click-Through-Rate} = \frac{101 \cdot 100\ \%}{494} = 20{,}36\ \%$$

Im Vergleich zu den branchenübergreifenden Werten hat die Exclusiva GmbH einen positiv zu bewertenden Wert

erreicht. Zu unterscheiden ist, dass in einer E-Mail auch verschiedene Links offeriert werden, die sodann unterschiedlich analysiert werden können.

E-Mail-Conversion-Rate

Aus Unternehmenssicht ist nun entscheidend, ob der Nutzer durch den angeklickten Link auch die gewünschte Conversion vornimmt. Anhand dieser Kennzahl kann somit abgelesen werden, ob das E-Mail-Marketing letztlich erfolgreich war oder nicht.

Fortgeführtes BEISPIEL

Ausgelöste Conversion (z. B. Kauf eines Produkts)

Von den 101 Abonnenten, die auf den Link geklickt haben, haben am Ende 32 ein Produkt aus dem Webshop erworben.

Conversion-Rate E-Mail

FORMEL

$$\text{Conversion-Rate} = \frac{\text{Anzahl Conversions} \cdot 100\ \%}{\text{Link-Klicks}}$$

$$\text{Conversion-Rate} = \frac{32 \cdot 100\ \%}{101} = 31{,}68\ \%$$

Der in der Einstiegssituation beschriebene Conversion-Funnel lässt sich demzufolge auch isoliert auf eine E-Mail-Marketingaktion beziehen. Durch das fortgeführte Beispiel ist deutlich geworden, dass von den 2 000 angemeldeten Abonnenten letztlich 32 Empfänger der Exclusiva GmbH einen Umsatz beschert haben.

Weitere Kennzahlen im E-Mailbereich

Die bisher beschriebenen Kennzahlen haben alle gleichermaßen Erkenntnisse über die direkte Interaktion durch den E-Mail-Versand geliefert. Daneben gibt es weitere Kennzahlen aus dem E-Mail-Bereich, die nicht weniger interessant für das Unternehmen sein können. Dazu zählen die **Kosten je Abonnent/Lead** und **die Abstellrate des E-Mail-Empfangs/Newsletter-Empfangs**.

Die Kennzahl für das Abbestellen eines Newsletters (**Unsubscribe Rate**) ist für das Unternehmen besonders interessant, wenn diese verhältnismäßig hoch ausfällt. Im untenstehenden Beispiel ist die Abmelderate mit 3,4 % aus Unternehmenssicht negativ zu bewerten. Der normale Bereich liegt etwa zwischen 0,2 und 0,5 %. Die Exclusiva GmbH sollte in diesem Fall analysieren, weshalb die Abmelderate zu hoch ausgefallen ist. Helfen kann dabei eine direkte Abfrage beim Nutzer während des Abmeldeprozesses.

Fortgeführtes BEISPIEL

Geöffnete E-Mails: 496 Abonnenten haben die E-Mail geöffnet.

Abmeldungen aufgrund dieser E-Mail: 17

Abmelderate

FORMEL

$$\text{Abmelderate} = \frac{\text{Abmeldungen} \cdot 100\,\%}{\text{geöffnete E-Mails}}$$

$$\text{Abmelderate} = \frac{17 \cdot 100\,\%}{496} = 3{,}4\,\%$$

Die Abmelderate lässt sich auch im Verhältnis zu den zugestellten E-Mails ermitteln. Dann sollten die Bounces jedoch subtrahiert werden.

FORMEL

$$\text{Abstellrate} = \frac{\text{Abmeldungen}}{(\text{zugestellte E-Mails} - \text{Bounces}) \cdot 100}$$

Kennzahlen im Messenger-Marketing

Die Kennzahlen für das Messenger-Marketing (z.B. WhatsApp; Telegram) ermitteln sich ähnlich wie die des E-Mail-Marketings. WhatsBroadcast (ein führendes Unternehmen von Messenger-Services) benennt u.a. folgende Kennzahlen als bedeutsam:

- Öffnungsraten
- Engagement
- Beantwortete Chats
- Anmelde-/Abmelderate
- Klickraten

Quelle: Mehner, Matthias: 8 Kennzahlen, auf die Du im Messenger Marketing achten solltest! In: MessengerPeople. Messenger Newsletter vom 23.3.2018. www.whatsbroadcast.com/de/content/8-kennzahlen-auf-die-du-im-messenger-marketing-achten-solltest/ [16.11.2021].

Die Klickraten bei Messengern sind um ein Vielfaches höher als im E-Mail-Marketing. Das E-Commerce-Unternehmen *Urlaubspiraten* berichtet von Klickraten, die sich um den Wert von 60 % bewegen (*www.whatsbroadcast.com/de/content/7-fragen-an-urlaubspiraten-whatsapp/*).

Kennzahlen im Social-Media-Marketing

(vgl. entsprechendes Kapitel im Lehrbuch zum 2. Ausbildungsjahr)

Da sich das Social-Media-Marketing auf ganz unterschiedliche Kanäle aufteilen kann, können konsequenterweise ebenfalls unterschiedliche Kennzahlen ausgewertet werden, die jedoch im Kern gleich sind.

Exemplarisch hier behandelte Social-Media-Kennzahlen

- Follower je Kanal (Facebook, Instagram, Twitter, Xing, ...)
- Interaktionen je Content (Likes, Kommentare, Teilungsrate)
- Externe Posts (z.B. Nutzung des Firmenhashtags #Exclusiva)
- Zeitraten bei Dialogen mit Nutzern
- Seitenaufrufe und Verweildauer der Nutzer je Kanal

Follower je Kanal

Mit der Kennzahl der Follower wird dem Unternehmen die Reichweite offeriert, die von dem jeweiligen Social-Media-Kanal ausgeht. Je höher die Fangemeinschaft ist, desto höher ist die Reichweite, die mit einem Post erreicht werden kann, und umso mehr Umsatzpotenzial wird für den Conversion-Funnel generiert. Durch die Betrachtung der Kennzahl im Zeitverlauf wird deutlich, ob die Marke des Unternehmens weiterwächst, stagniert oder an Popularität verliert.

BEISPIEL

Interpretation des Followerwachstums

Die Exclusiva GmbH hat im letzten Quartal eine Onlinemarketing-Maßnahme in Form einer Imagekampagne für den Webshop betrieben. Der Erfolg dieser Kampagne lässt sich u.a. mittels eines Vergleichs der Follower reflektieren.

Facebook-Fans vor der Kampagne: 1 423 Personen
Facebook-Fans nach der Kampagne: 2 596 Personen.

Durch die Imagekampagne für den Webshop hat das Unternehmen ein Wachstum seiner Facebookseite in Höhe von rund 82 % erreicht.

Follower können allerdings auch inaktiv sein. Somit reicht die Kennzahl isoliert nicht immer aus, weshalb unisono die Interaktionen interpretiert werden sollten.

Interaktionen je Content (Engagement-Rate)

Jeder Like, jeder Kommentar, jeder View, jedes Teilen des produzierten Contents, jeder verborgene Inhalt usw. durch den Nutzer/Visitor/Kunden liefert dem Unternehmen eine Rückmeldung in Bezug auf die Wirksamkeit der Marketingmaßnahme. Durch positive Interaktionen wird der Content verbreitet, sodass sich anhand der Interaktionen eine Weiterempfehlungsrate ermitteln ließe. Grundsätzlich gilt: Je höher die Interaktionsrate, desto besser.

Je nach erwünschtem Ergebnis lassen sich allgemeine oder spezielle Interaktionsraten ermitteln. Diese können sich z.B. auf einen Monat beziehen oder auch nur auf einen einzelnen Post.

Beispielrechnungen von Interaktionsraten (nicht abschließend)

FORMEL

$$\text{Interaktionsrate (allgemein)} = \frac{\text{Interaktionen pro Post, Monat oder Tag usw.}}{\text{Posts pro Monat}}$$

$$\text{Interaktionsrate (allgemein)} = \frac{\text{Interaktionen pro Post, Monat oder Tag usw.} \cdot 100\ \%}{\text{gesamte Follower}}$$

$$\text{Interaktionsrate (speziell)} = \frac{\text{Likes pro Monat}}{\text{Posts pro Monat}}$$

$$\text{Interaktionsrate (speziell)} = \frac{\text{Likes pro Monat} \cdot 100\ \%}{\text{gesamte Follower}}$$

BEISPIEL

Im Monat August wurde der Onlinevertrieb (speziell der Webshop) über den Instagram-Account beworben.

Die Exclusiva GmbH hat im Monat August 210 Follower auf ihrem Instagram-Account.

Die Exclusiva GmbH hat im Monat August 15 Posts über Instagram kommuniziert.

Es wurden insgesamt 127 Interaktionen (66 Likes, 30 Kommentare sowie 31 Teilungen) gezählt.

Interaktionsrate Instagram (allgemein pro Monat)

FORMEL

$$\text{Interaktionsrate} = \frac{\text{Interaktionen}}{\text{Posts}}$$

$$\text{Interaktionsrate} = \frac{127}{15} = 8{,}45$$

Im Monat August gab es im Durchschnitt 8,45 Interaktionen pro Post der Exclusiva GmbH.

Interaktionsrate Instagram (allgemein pro Monat mit Berücksichtigung der Follower)

FORMEL

$$\text{Interaktionsrate} = \frac{\text{Interaktionen pro Monat} \cdot 100\ \%}{\text{Follower}}$$

$$\text{Interaktionsrate} = \frac{127 \cdot 100\ \%}{210} = 60{,}48\ \%$$

Im Monat August lag die Interaktionsrate – bezogen auf alle Interaktionen – bei 60,48 %

Interaktionsrate Instagram (speziell nur Likes pro Monat)

FORMEL

$$\text{Interaktionsrate Likes} = \frac{\text{Likes pro Monat}}{\text{Posts pro Monat}}$$

$$\text{Interaktionsrate Likes} = \frac{44}{15} = 4{,}4$$

Im Monat August hat ein Post über den Webshop im Durchschnitt vier Likes generiert.

Interaktionsrate Instagram (speziell nur Likes pro Monat mit Berücksichtigung der Follower)

FORMEL

$$\text{Interaktionsrate} = \frac{\text{Likes pro Monat} \cdot 100\ \%}{\text{Follower}}$$

$$\text{Interaktionsrate} = \frac{66 \cdot 100\ \%}{210} = 31{,}43\ \%$$

Im Monat August lag die Interaktionsrate – bezogen auf die Likes – bei 31,43 %.

Anmerkung: Es könnten weitere, spezielle Interaktionsraten ermittelt werden.

Interaktionsraten können ferner dabei helfen, den Mehrwert einer Marketingmaßnahme je Kanal zu bewerten (siehe Abbildung auf folgender Seite).

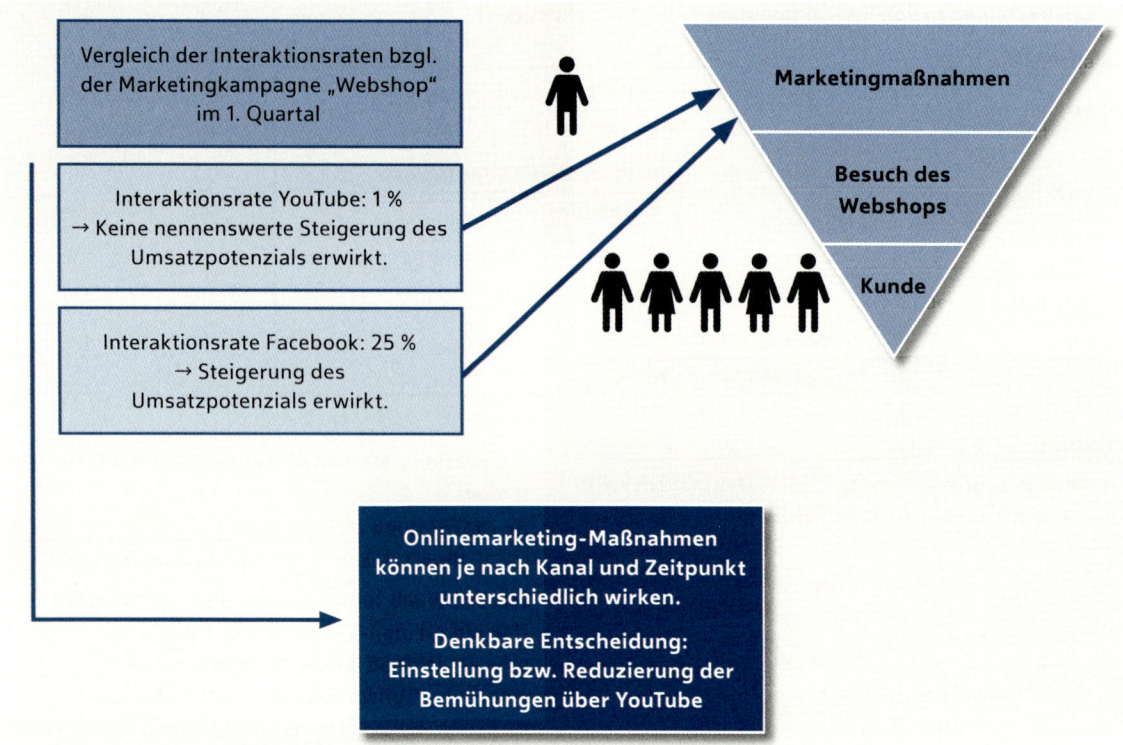

Beispielhafter Vergleich von Interaktionsraten

Externe Posts/Social Media Awareness

Externe Posts kosten das Unternehmen kein Geld, sofern diese nicht von Werbepartnern verfasst werden. Hat das Unternehmen beispielsweise einen firmeneigenen Hashtag für den Webshop (#Exclusivashoppen) entwickelt, der fortan von Nutzern selbst verwendet wird, kann ermittelt werden, wie erfolgreich eine solche Werbekampagne extern verbreitet wird. Ferner können externe Nutzer respektive Fans des Unternehmens diesen in ihren Content integrieren (sog. **Mentions**). Die Gesamtzahl wird unter der Kennzahl **Social Media Awareness** zusammengefasst.

Zeitraten bei Dialogen mit Nutzern

Mit Zeitraten in der Kundenkommunikation kann transparent aufgezeigt werden, wie schnell auf Anfragen oder Diskussionen bzgl. des Onlinevertriebs reagiert wird (Schnelligkeit spricht z. B. für eine hohe Kundenorientiertheit). Neben dem eigenen Nutzen (z. B. Analyse der Mitarbeiterressourcen) liefert die Kennzahl auf einigen Kanälen auch einen (werbewirksamen) Nutzen für den Kunden. Bei Facebook wird diese Information bereits auf der Startseite der Unternehmensseite öffentlich. Auf der rechten Seite (innerhalb der Unternehmensseite) wird in der Toolbar angezeigt, wie schnell das Unternehmen antwortet.

Seitenaufrufe und Verweildauer der Nutzer je Kanal

Seitenaufrufe (Page Views/Visits) und auch die Verweildauer (Time on Site) geben den Unternehmen Rückschlüsse darüber, wie häufig die Seite a) besucht und b) zeitlich genutzt wird. Verweilt ein Nutzer z. B. nur sehr kurz auf der Facebookseite, muss dies kein negativer Indikator sein. Vielmehr kann eine hohe Bounce-Rate in diesem Fall auch positiv sein: Der Nutzer hat auf den entscheidenden Link zum Webshop geklickt. Daher sollten die Zahlen immer auch in Relation zu der Conversion-Rate betrachtet werden.

Auswertung Social Media KPIs

Ein großer Vorteil von Kennzahlen im Social-Media-Bereich ist, dass diese (häufig) durch bereitgestellte Tools vom jeweiligen Anbieter automatisiert ausgewertet und in einem Dashboard visualisiert werden. Die großen Anbieter liefern beim Betreiben einer eigenen Fanseite bzw. eines Accounts eine ganze Reihe an abrufbaren Informationen. Auf Seite 210 wurde bereits eine beispielhafte Aufmachung eines Dashboards gezeigt. Beispielsweise bietet Instagram mit Instagram Insights (siehe hierzu den exemplarischen Screenshot auf der nächsten Seite) eine Funktion an, über die der Anwender (bzw. das Unternehmen, das den Account betreibt) bedeutsame Kennzahlen automatisiert erhält. Anhand der Erkenntnisse lassen sich sodann Optimierungen in den Marketing-Maßnahmen vornehmen. So lassen sich beispielsweise Daten abrufen, aus welchen Städten/Ländern die Follower kommen, welcher Altersgruppe sie angehören, welches Geschlecht sie aufweisen und zu welchen Zeiten sie auf der Instagram-Seite waren.

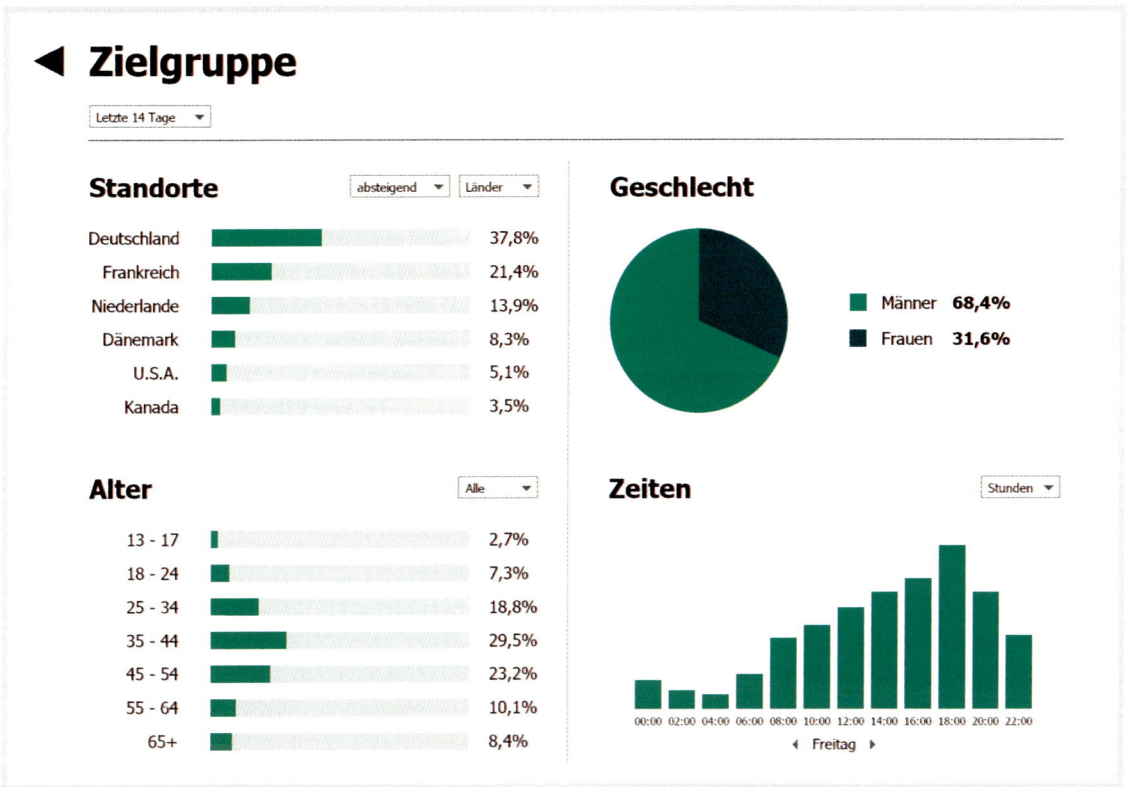

Dashboard Instagram Insights

Kennzahlen im Suchmaschinenmarketing

(vgl. das entsprechende Kapitel im Lehrbuch für das 2. Ausbildungsjahr)

Durch das Suchmaschinenmarketing soll primär – wie bei nahezu jedem Puzzleteil der Onlinemarketing-Strategie – Traffic für die Website bzw. den Webshop generiert werden. Daher ist es für das Unternehmen vordergründig interessant, über welche Keywords der Nutzer auf den Webshop aufmerksam gemacht wird und im Idealfall zum Käufer wird (Ziel: Conversion).

Um letztlich auch die Kosten für das Suchmaschinenmarketing in Relation zu den Umsätzen – um damit über Sinn und Zweck zu entscheiden – messen zu können, sollten Kennzahlen zwischen der organischen Suche (**Search Engine Optimization, kurz SEO**) und der bezahlten Suche (**Search Engine Advertising, kurz SEA**) unterschieden werden. Eine wertvolle Quelle dieser Informationen kann mit **Google Analytics** bzw. **Google AdWords** gewonnen werden.

BEISPIEL

SEA-Bemühungen aktuell

Die Exclusiva GmbH betreibt SEA u. a. für die Wörter „Bekleidung kostenlose Retoure" und „Kurze Versandzeit Bekleidung" und fragt sich, wie viele Kunden über diese Wörter in den Suchmaschinen zu Käufern wurden.

Quartalsauswertung der SEO-Ergebnisse

Eine hohe Conversion-Rate wurde über die organische Suche anhand der Wörter „Kurze Versandzeit Bekleidung" erzielt.

Aufgrund der Ergebnisse beschließt die Exclusiva GmbH (probeweise) die SEA-Bemühungen für die Wörter „Kurze Versandzeit Bekleidung" nicht mehr in Anspruch zu nehmen.

Grund: Die (kostenlose) organische Suche reicht aus, um die anvisierten Conversions zu erzielen.

AUFGABEN

1. Beschreiben Sie kurz und kompakt den Weg des potenziellen Kunden zum tatsächlichen Kunden und erklären Sie, weshalb die Marketingaktivitäten eines E-Commerce-Unternehmens dabei wichtige Rollen einnehmen.

2. Wie wird der unter Frage (1) beschriebene Weg im Fachjargon bezeichnet?

3. Erstellen Sie eine Mindmap zu bedeutsamen Kennzahlen des Onlinemarketings. Neben eigenen Kurzerklärungen notieren Sie auch – sofern vorhanden – die jeweilige Berechnungsformel.

   Hinweis: Sie können die Mindmap handschriftlich oder digital (z. B. über die Website *www.coggle.it/*) erstellen.

4. Die Exclusiva GmbH möchte die Conversion-Rate (hier: Produktkauf) ermitteln.
   a) Welchen Fehler sollten die Mitarbeiter vermeiden, wenn eine möglichst hohe Aussagekraft durch die CR abgeleitet werden soll?
   b) Welche Gesichtspunkte sollten bei der Interpretation des ermittelten Wertes – trotz Fehlervermeidung – bedacht werden?

5. In der ersten Juliwoche hat die Exclusiva GmbH die folgenden Werte für den Webshop gezählt:
   - Visitors (Mobil: Smartphone): 701
   - Visitors (PC): 1277
   - Unique Visitors (Mobil: Smartphone): 403
   - Unique Visitors (PC): 684
   - Produktkäufe (Mobil: Smartphone): 87
   - Produktkäufe (PC): 201

   a) Ermitteln Sie eine möglichst genaue Conversion-Rate für die erste Juliwoche. Das Gesamtergebnis soll im Vordergrund stehen.
   b) Ermitteln Sie eine möglichst genaue Conversion-Rate, je nach digitaler Betrachtungsmöglichkeit.
   c) Ermitteln Sie für a) und b) jeweils diejenigen Ergebnisse, wenn „ungenauer" gerechnet werden würde. Was fällt auf?

6. Die Controlling-Abteilung der Exclusiva GmbH hat festgestellt, dass ein Social-Media-Kanal nur für einen kleinen Umsatzbeitrag verantwortlich ist. Aus dem zur Verfügung stehenden Gesamtbudget „verschlingt" dieser Kanal ebenfalls nur einen kleinen Betrag. Der Abteilungsleiter möchte den Kanal „einstampfen", um das dann zur Verfügung stehende Geld in andere Maßnahmen zu investieren. Die Mit-

arbeiterin Frau Heintzen argumentiert: „Wir sollten gesamtstrategisch denken und den Kanal behalten." Welchen Gedanken wird Frau Heintzen dabei verfolgen?

7. Die Exclusvia GmbH hat im Sommer eine groß angelegte Onlinemarketing-Aktion betrieben. Die „Summer Week" (Sale-Aktionen) wurde vier Wochen lang über verschiedene Wege beworben. Es sind Gesamtkosten in Höhe von 8.350,00 € entstanden. Folgende Daten liegen ferner vor:
   - Über die Netzwerke Facebook und Instagram sind 102 Bestellungen eingegangen.
   - Über den E-Mail-Newsletter sind 70 Bestellungen eingegangen.
   - Über Twitter sind 9 Bestellungen eingegangen.

   a) Ermitteln Sie die CPO für die gesamte Marketingaktion.
   b) Interpretieren Sie das Ergebnis.
   c) Welche Daten benötigen Sie, um das Ergebnis genauer interpretieren zu können?

8. Die Marketingkosten (siehe Aufgabe 7) wurden wie folgt eingesetzt:
   - Facebook und Instagram: 6.100,00 €
   - E-Mail-Newsletter: 1.350,00 €
   - Twitter: 900,00 €

   Insgesamt wurde ein Umsatz in Höhe von 21.745,95 € (nach Abzug von Retouren) erzielt. Über Facebook und Instagram wurde ein Umsatz von 14.200,95 € erzielt, über den E-Mail-Newsletter 6.800,00 € und über Twitter 744,05 €.
   a) Ermitteln Sie je Marketingkanal den CPO.
   b) Interpretieren Sie die Ergebnisse mit Blick auf die erzielten Umsätze.

9. Der erfolgreiche Instagram-Blogger „Duke" hat mit der Exclusiva GmbH einen Kooperationsvertrag nach dem CPO-Vergütungsmodell (3 % je Warenkorbwert) geschlossen. Über seinen Account bewirbt er Artikel des Webshops. Folgende Daten liegen für den Monat August vor:
   - Kunde 1 erwirbt ein T-Shirt (25,95 €), eine Sporttasche (59,95 €) und ein Notizblock (4,80 €).
   - Kundin 2 erwirbt eine Tablethülle (31,50 €) und eine Sommerjacke (169,95 €).
   - Kunde 3 erwirbt Geschenkartikel im Wert von 103,45 €. Davon wurden Artikel im Wert von 43,77 € per Retoure zurückgesendet.

a) Ermitteln Sie die Vergütung, die „Duke" von der Exclusiva GmbH für den Monat August für die ersten drei Kunden erhält.

b) „Duke" ist mit der Vergütung nicht zufrieden. Er wünscht sich ein anderes Vergütungsmodell. Welche Möglichkeit bestünde grundsätzlich? Bewerten Sie diese Möglichkeit aus Sicht der Exclusiva GmbH.

10. „Duke" möchte sich fortan nicht mehr auf die tatsächlichen Produktkäufe seiner Fans verlassen. Vielmehr möchte er pro Monat einen feststehenden Betrag dafür erhalten, dass er seine Fans durch einen entsprechenden Link immer wieder auf die Startseite des Webshops der Exclusiva GmbH leitet.

a) Welche Kennzahl lässt sich aus Sicht der Exclusiva GmbH nach diesem Verfahren ermitteln?

b) Formulieren Sie ein eigenes Beispiel.

11. „Duke" ist mittlerweile zu einem sehr erfolgreichen Instagram-Blogger aufgestiegen. Seine eigene Markenbekanntheit steigt kontinuierlich. Dukes Management schlägt der Exclusiva GmbH eine Exklusivpartnerschaft vor. Das Management garantiert für das 1. Quartal 30 000 Page Impressions. Dafür soll die Exclusiva GmbH 700,00 € zahlen.

a) Welche Kennzahl lässt sich aus Sicht der Exclusiva GmbH nach diesem Verfahren ermitteln?

b) Ermitteln Sie den Wert dieser Kennzahl und hinterfragen Sie den Nutzen.

12. Die Exclusiva GmbH hat mit einer Werbeaktion neue Leads generiert. Für Werbekanal A wurden 7,16 €/Lead (= CPL) ermittelt, für den Werbekanal B 4,30 €. Werbekanal A hat Kosten in Höhe von 650,00 € verursacht, der Werbekanal B hingegen 490,70 €. Ermitteln Sie die Lead-Anzahl je Werbekanal.

13. Mit einer aufwendig geführten Marketingaktion hat die Exclusiva GmbH den neu geschalteten „Premiummitgliederbereich" im 1. und 2. Quartal beworben. Folgende Zahlen liegen Ihnen vor:

1. Quartal
- CPO: 10,52 €
- „Premium"-Bestellungen: 802 (davon wurden 56 retourniert)
- Im Durchschnitt betrug der Warenkorbwert 48,50 €.
- Sonstige Kosten je Bestellung: 8,33 €

2.Quartal
- CPO: 9,70 €
- „Premium"-Bestellungen: 621 (davon wurden 97 retourniert)

- Im Durchschnitt betrug der Warenkorbwert 42,50 €.
- Sonstige Kosten je Bestellung: 8,33 €

Ermitteln und interpretieren Sie die langfristige Kosten-Umsatz-Relation (KUR) für das 1. und für das 2. Quartal.

14. Im 3. Quartal (siehe Aufgabe 13) hat die Exclusiva GmbH eine KUR von 137,77 % ermittelt. Interpretieren Sie diesen Wert.

15. Ermitteln Sie den Return on Advertising Spend (ROAS) für das 1. und 2. Quartal (siehe Aufgabe 13). Der Gewinn lag im 1. Quartal bei 18.777,20 € und im 2. Quartal bei 5.389,35 €.

16. Welche Bedeutung hat die Return-Rate für die Bewertung von Onlinemarketing-Maßnahmen?

17. Die Exclusiva GmbH sendet ihren Newsletter-Abonnenten im Weihnachtsgeschäft eine E-Mail mit einer besonderen Rabattaktion. Die Rabattaktion soll bzgl. ihres Erfolges ausgewertet werden. Skizzieren Sie mithilfe eines Zeitstrahls, welche Erkenntnisse im Verlauf ermittelt werden können.

18. Welche Gründe könnte es geben, weshalb ein Unternehmen eine hohe Abmelderate in Bezug auf seinen E-Mail-Newsletter aufweist?

19. Ein hochrangiger Mitarbeiter der Controlling-Abteilung der Exclusiva GmbH kritisiert in einer Teambesprechung, dass *„nur jeder zweite unsere E-Mails öffnet, das ist ein sehr schlechter Wert für uns!"*. Wie würden Sie reagieren?

20. Der Controllingabteilung liegen folgende Daten nach einer E-Mail-Marketingaktion im Sommer vor:
- Newsletter-Abonnenten bei Beginn der Aktion (2 667);
- Newsletter-Abonnenten bei Ende der Aktion (2 391);
- zugestellte E-Mails (2 101);
- geöffnete E-Mails (395);
- Abonnenten, die auf den Link geklickt haben (82);
- Produktkäufe aufgrund des E-Mail-Links (31). Ermitteln Sie alle möglichen Kennzahlen aus dem E-Mail-Marketing und interpretieren Sie die Ergebnisse.

21. *„Öffnungsraten mit einem Wert von über 50 % sind weder beim E-Mail-Marketing noch bei anderen Diensten unrealistisch!"* Beurteilen Sie diese Aussage.

22. Formulieren Sie ein eigenes Beispiel für eine positive und eine weniger positive Öffnungsrate im Messenger-Marketing.

23. a) Vergleichen Sie mithilfe Ihres Smartphones/Tablets/Laptops die Followeranzahl verschiedener E-Commerce-Unternehmen auf den Social-Media-Kanälen (z. B. Facebook, Twitter, Instagram o. Ä.) miteinander. Ermitteln Sie zudem – wenn möglich – die Follower ihres eigenen Ausbildungsbetriebes.

    b) Begründen Sie, weshalb eine hohe Followeranzahl entscheidenden Einfluss auf den Unternehmenserfolg nehmen kann.

24. Analysieren Sie Ihren eigenen Twitter-Account (sofern vorhanden), indem Sie die automatisch generierten Kennzahlen interpretieren. Rufen Sie dazu die folgende Internetseite auf und melden Sie sich mit Ihrem Account an: *https://analytics.twitter.com/about*. **Hinweis:** Sie müssen zuvor mit Ihrem Twitter-Account angemeldet sein.

25. a) Ermitteln Sie auf Grundlage der vorliegenden Tabellendaten unterschiedliche Interaktionsraten der verschiedenen Onlinemarketing-Kanäle für die Monate September, Oktober und November.

    b) Erstellen Sie (je Marketing-Kanal) für mindestens zwei Interaktionsraten eine (digitale/handschriftliche) grafische Übersicht (z. B. mit einem Diagramm) der Daten.

    c) Stellen Sie sich in der Klasse Ihre erstellten Grafiken gegenseitig vor. Vergleichen und interpretieren Sie dabei die unterschiedlichen Werte miteinander.

Facebook	Erstellte Posts	Follower	Interaktionen
September	20	350	121 (77 Likes; 32 Kommentare; 12 Teilungen)
Oktober	18	349	99 (63 Likes; 23 Kommentare; 13 Teilungen)

Instagram	Erstellte Posts	Follower	Interaktionen
November	19	330	71 (49 Likes; 13 Kommentare; 9 Teilungen)
September	21	403	135 (101 Likes; 25 Kommentare; 9 Teilungen)
Oktober	18	450	149 (120 Likes; 26 Kommentare; 3 Teilungen)
November	23	479	201 (161 Likes; 30 Kommentare; 10 Teilungen)

26. Erklären Sie anhand der Grafik „Beispielhafter Vergleich von Interaktionsraten" (s. Seite 232), weshalb die Ermittlung von Interaktionsraten für ein Unternehmen sinnvoll sein kann.

27. Erklären Sie die Kennzahl „Social Media Awareness".

28. Wozu dient – z. B. bei Dialogen mit Kundinnen und Kunden im Social-Media-Bereich – die Ermittlung der Zeitrate?

29. Nehmen Sie Stellung zu der Aussage: „Eine niedrige Verweildauer ist stets negativ zu bewerten."

30. Skizzieren Sie ein Beispiel, dass die Kennzahlen im Suchmaschinenmarketing beinhaltet.

31. Welche Kennzahlen aus diesem Kapitel werden in Ihrem Ausbildungsbetrieb verwendet?

ZUSAMMENFASSUNG

Ausgewählte Leistungskennzahlen zur Bewertung der Wirksamkeit von Onlinemarketing-Maßnahmen

Spezielle Kennzahlen des Onlinemarketings
werden analysiert, sofern das Marketinginstrument eingesetzt wurde

E-Mail-Marketing bzw. Messengermarketing

Bounce-Rate = fehlgeschlagene E-Mail-Zustellungen

$$\text{Unique Open Rate} = \frac{\text{geöffnete E-Mails}}{\text{zugestellte E-Mails}} \cdot 100\,\%$$

$$\text{CTR} = \frac{\text{Anzahl Klicks}}{\text{Anzahl der geöffneten E-Mails}} \cdot 100\,\%$$

Kosten je Lead

Unsubscribe Rate = Abmelderate

(...)

Social-Media-Marketing

Follower

Interaktionen je Content

Zeitraten bei Dialogen mit Nutzern

Page Views = Seitenaufrufe

Verweildauer

(...)

Suchmaschinen-marketing

SEA

SEO

Jeweiliger Anteil der Besucher des Web-shops/der Website

(...)

Unternehmen wählt Kennzahlen individuell aus

Allgemeine Kennzahlen des Onlinemarketings
werden für verschiedene Kanäle gleichermaßen analysiert

$$\text{Conversion-Rate} = \frac{\text{Anzahl der Conversions}}{\text{Anzahl der Besucher}} \cdot 100\,\%$$

$$\text{CPO} = \frac{\text{Gesamtkosten Marketingaktion}}{\text{Anzahl der Conversions}}$$

$$\text{CPC} = \frac{\text{Gesamtkosten}}{\text{Anzahl der Klicks}}$$

$$\text{CPI} = \frac{\text{Gesamtkosten Page Impressions}}{\text{Seitenaufrufe}}$$

$$\text{CPL} = \frac{\text{Gesamtkosten der Werbeaktion}}{\text{Anzahl der generierten Leads}}$$

(...)

CPO = Vergütung = festgelegter Prozentsatz · Warenkortwert
oder
CPO = Vergütung = festgelegter Provisionsbeitrag

$$\text{KUR} = \frac{\text{Gesamte CPO}}{\text{gesamter Umsatz vor bzw. nach Retouren}} \cdot 100\,\%$$

$$\text{ROAS} = \frac{\text{Gewinn}}{\text{Kosten der Marketing-maßnahme}} \cdot 100\,\%$$

$$\text{RR} = \frac{\text{Anzahl der Retouren in Geldeinheiten oder Mengeneinheiten}}{\text{Anzahl der Gesamtverkäufe in Geldeinheiten}} \cdot 100\,\%$$

237

10.4   Kennzahlen in Bezug auf die Nutzerfreundlichkeit des Kaufprozesses

Einstieg

Die Exclusiva GmbH hat mit der Inbetriebnahme des Onlinevertriebs einen neuen, zeitgemäßen Weg eingeschlagen. Mit einer repräsentativen Umfrage zur Nutzerfreundlichkeit hat die Exclusiva GmbH ein erstes Feedback ihrer Onlinekunden mit Blick auf die Nutzerfreundlichkeit des Webshops erhalten. Die Umfrage wurde zum Ende des ersten Quartals durchgeführt. Die Kundinnen und Kunden wurden nach jedem Kaufprozess – auf freiwilliger Basis – gebeten, an dieser Umfrage teilzunehmen. Außerdem wurde die Umfrage auch über die Social-Media-Kanäle bekannt gemacht, sodass insgesamt 7 245 Kundinnen und Kunden an der Umfrage teilgenommen haben. Der Abteilungsleiter des Onlinevertriebs hat in internen Gesprächsrunden die Anzahl der Teilnehmer der Umfrage als durchaus repräsentativ bezeichnet. In diesem Kontext sollte dabei vor allem die erst kürzliche Inbetriebnahme des Webshops bedacht werden.

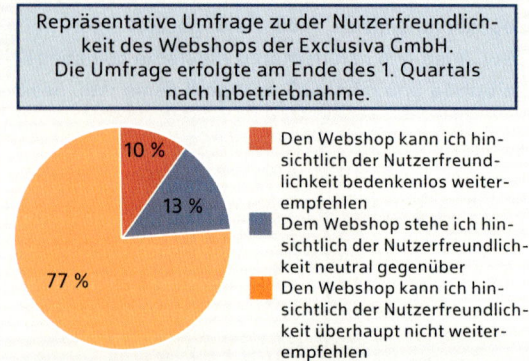

Repräsentative Umfrage zu der Nutzerfreundlichkeit des Webshops der Exclusiva GmbH. Die Umfrage erfolgte am Ende des 1. Quartals nach Inbetriebnahme.

- **10 %** Den Webshop kann ich hinsichtlich der Nutzerfreundlichkeit bedenkenlos weiterempfehlen
- **13 %** Dem Webshop stehe ich hinsichtlich der Nutzerfreundlichkeit neutral gegenüber
- **77 %** Den Webshop kann ich hinsichtlich der Nutzerfreundlichkeit überhaupt nicht weiterempfehlen

In der Gesprächsrunde ging es zwischen den Mitarbeiterinnen und Mitarbeitern jedoch auch „hoch her“: Der Tenor am Ende der Gesprächsrunde war, dass auf eine solche Statistik reagiert werden muss.

1. Interpretieren und diskutieren Sie die abgebildete Statistik der Exclusiva GmbH in Ihrer Klasse bezogen auf die Aussagekraft.

2. Stellen Sie fest, welche genauen Informationen Sie in Bezug auf die Nutzerfreundlichkeit eines Webshops aus speziellen Kennzahlen ableiten können, um zukünftig andere Ergebnisse bei derartigen Umfragen zu erzielen.

INFORMATIONEN

Die Reise des Kunden im Webshop als Kennzahlenquelle

Durch erfolgreiche Marketingmaßnahmen wird das bestehende Umsatzpotenzial (vereinfacht: die Internetuser) einen Schritt näher zum Hauptziel (der Umsatzgenerierung) des E-Commerce-Unternehmens geleitet. In Bezug auf den Conversion-Funnel (siehe Grafik in Kapitel 10.3) ist der erste Schritt vollzogen: Ein potenzieller Kunde ist durch eine Marketingmaßnahme auf den Webshop aufmerksam geworden.

Der entsprechende Link wurde angeklickt und der User verweilt nun auf der Website des Unternehmens. Vereinfacht: Die Reise des potenziellen Kunden (die **Customer Journey**) hat begonnen. Jetzt entscheidet sich, ob sich die (teure) Marketingmaßnahme auch wirklich auszahlt. Daher ist es von großer Bedeutung, auch die Reise des Kunden innerhalb des Kaufprozesses kritisch zu hinterfragen. Ein wenig harmonisch gestalteter Webshop

kann eine gesamte Marketingkampagne überflüssig erscheinen lassen, wenn der potenzielle Kunde letztlich doch keine Conversion auslöst. In englischer Sprache wird dann – bezogen auf den Webshop – von fehlender Usability (deutsch: Benutzerfreundlichkeit) gesprochen.

> **DEFINITION**
>
> Die **Customer Journey** (dt.: die Reise des Kunden) bezeichnet den Weg des Kunden von der ersten Kontaktaufnahme (Schaffung eines Bewusstseins für den Webshop) bis hin zu einer Conversion (z. B. dem Kauf eines Produkts).

Ein Beispiel für einen idealen Verlauf einer Customer Journey könnte sich in der Form abspielen, wie sie sich in den folgenden Abbildungen widerspiegelt.

BEISPIELE

Customer Journey am Beispiel des Webshops von Zalando

Schritt 1:

Der potenzielle Kunde ist auf der Suche nach neuen Schuhen und recherchiert in einer Suchmaschine mit den Keywords „Sneaker Herren". Er klickt bewusst auf einen der ausgegebenen Links, z. B. von Zalando, da ihm das Angebot bzw. die Beschreibung dazu zusagt. Der Webshop hat ein erfolgreiches Suchmaschinenmarketing betrieben. (Erinnerung: Kennzahlen des Onlinemarketings siehe Kap. 10.3).

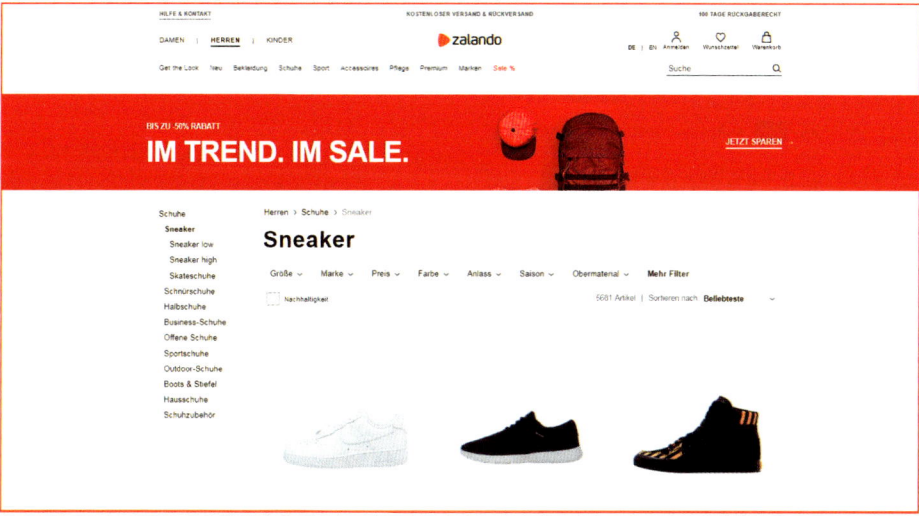

Schritt 2:

Der potenzielle Kunde „reist" auf die erste Seite des Webshops, die in diesem Fall nicht die Startseite ist, sondern direkt diejenigen Angebote offeriert, für die sich der User primär interessiert (hier: Sneaker). Es werden verschiedene Möglichkeiten initiiert, wie der Kaufprozess weitergeführt werden kann (z. B. Detailsuche; die Suche nach Saleprodukten usw.). Daher lassen sich z. B. für das Unternehmen die unterschiedlichsten Page Impressions auswerten, je nachdem, welchen Weg der Kunde letztlich einschlägt. Jetzt wird der Kennzahlenbereich der Nutzerfreundlichkeit im Kaufprozess in den Blick genommen.

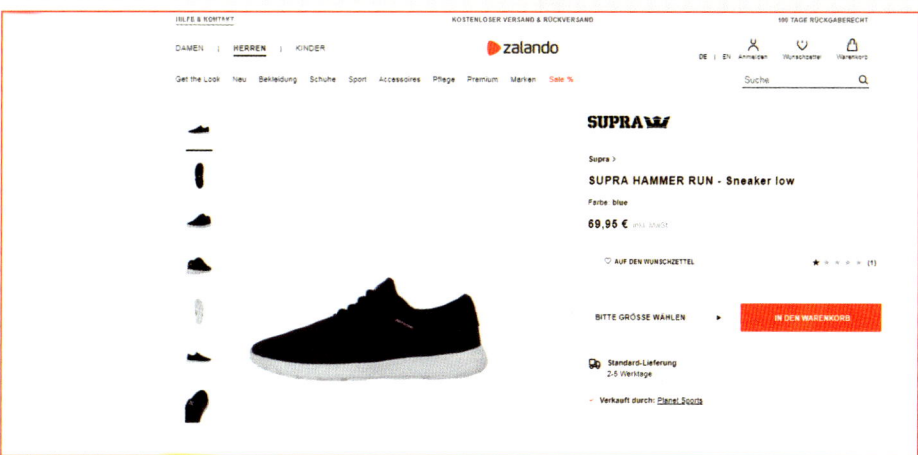

Schritt 3:

In diesem Beispiel ist der potenzielle Kunde in der Mehrbildansicht (Schritt 2) auf bestimmte Sneakers aufmerksam geworden. Er wechselt anknüpfend durch den entsprechenden Klick in die Detailansicht des Produkts (Kennzahlenbereich Nutzerfreundlichkeit im Kaufprozess).

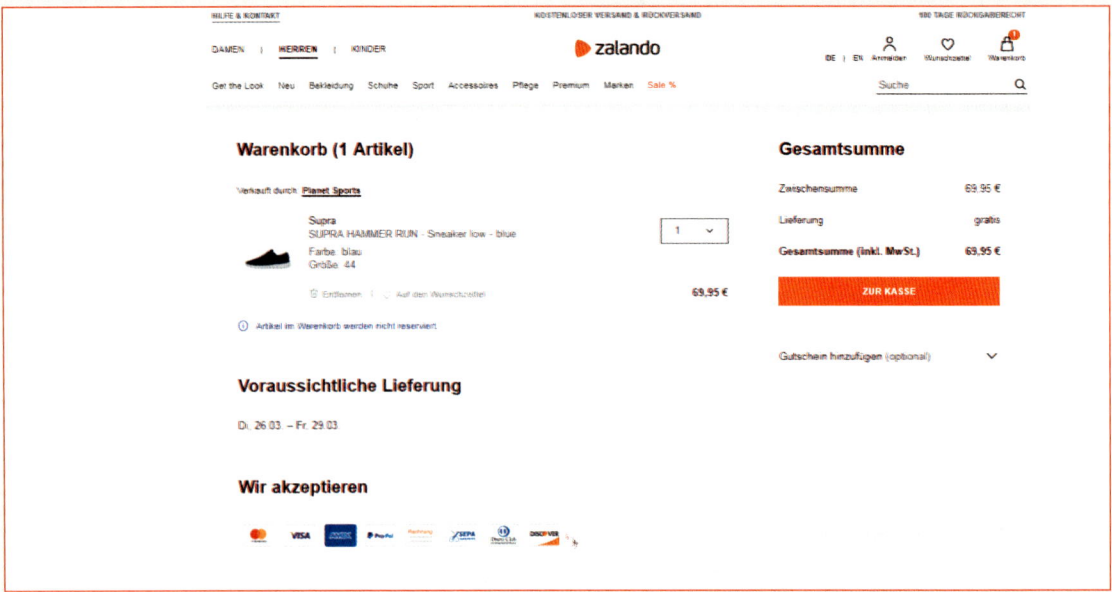

Schritt 4:

Der potenzielle Kunde hat sich dazu entschieden, die Sneakers zu erwerben, und fügt diese seinem Warenkorb hinzu. Möglicherweise springt er jedoch in diesem Moment noch ab (Kennzahl „Absprungrate"), da z. B. seine bevorzugte Zahlungsart nicht verfügbar ist oder ihm das Lieferdatum nicht zusagt (Kennzahlenbereich Nutzerfreundlichkeit im Kaufprozess).

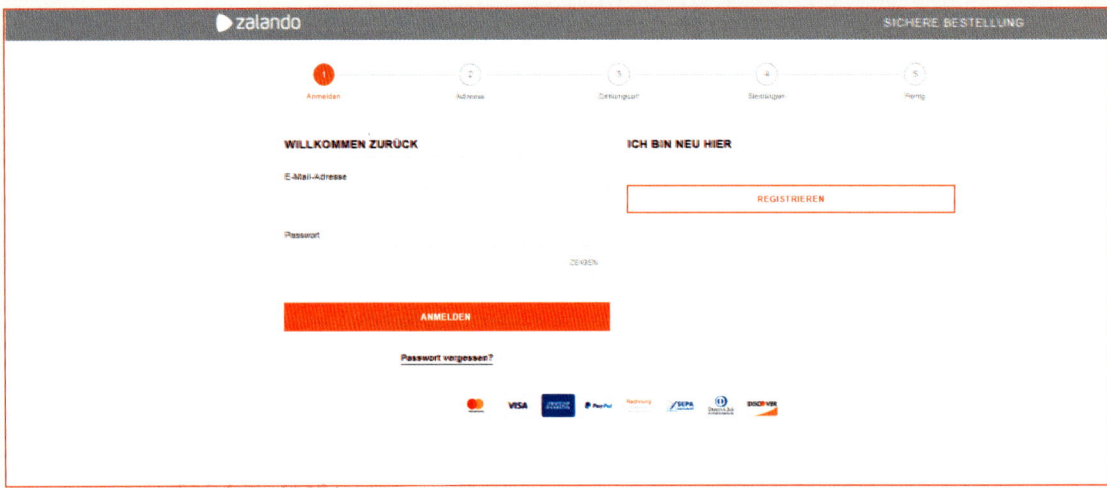

Schritt 5:

Der potenzielle Kunde möchte die Sneakers erwerben und hat in Schritt 4 auf „Zur Kasse" geklickt. In der Customer Journey wird er nun aufgefordert, sich ein Kundenkonto anzulegen, sofern er keines besitzt. Ein möglicher Grund für einen Absprung des potenziellen Kunden könnte sein, dass dieser sich kein Kundenkonto anlegen möchte. Viele E-Commerce-Unternehmen bieten daher auch sog. Gast-Konten an (Kennzahlenbereich Nutzerfreundlichkeit im Kaufprozess).

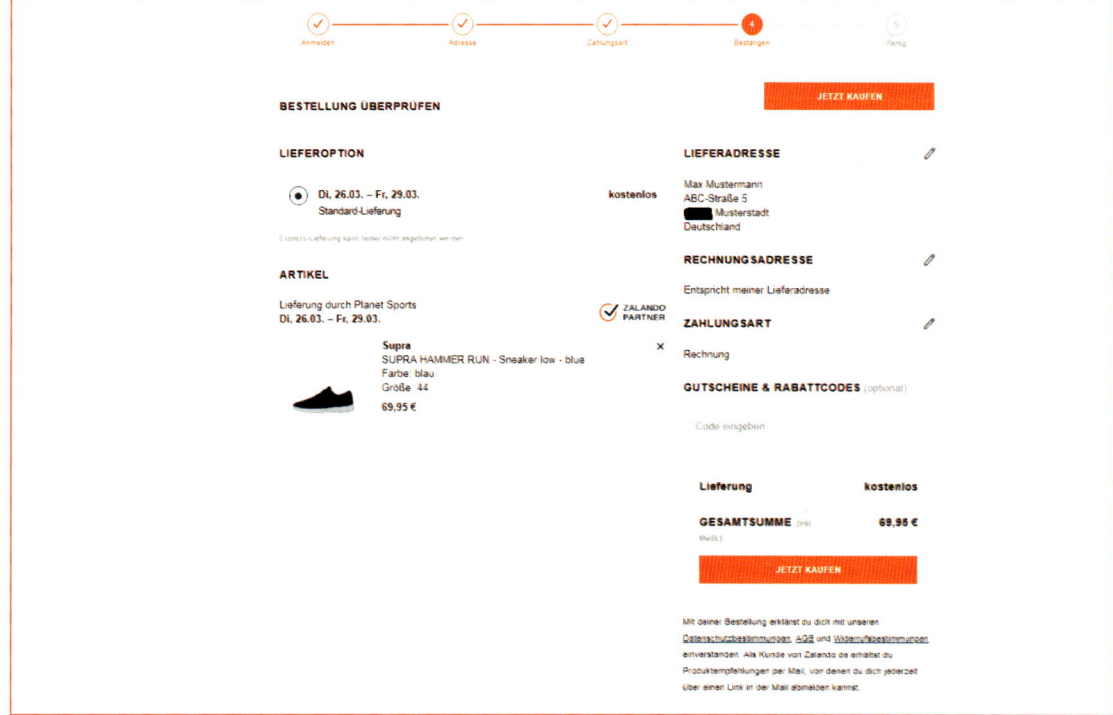

Schritt 6:

Der potenzielle Kunde hat sich dazu entschieden, ein Kundenkonto anzulegen. Er hat seine gewünschte Zahlungsart für alle Kaufprozesse in diesem Webshop gespeichert, sodass dieser Zwischenschritt in diesem Beispiel nicht angezeigt wird. Alle wichtigen Details werden dem potenziellen Kunden nochmals angezeigt. Der Kunde könnte also z. B. abspringen, weil ihm an dieser Stelle die Sicherheit fehlt im Sinne von „Habe ich die richtige Größe gewählt?". Mit Klick auf „Jetzt Kaufen" wird der potenzielle zum tatsächlichen Kunden. Im nächsten Schritt (hier nicht dargelegt) wird ihm eine Bestellbestätigung angezeigt (Kennzahlenbereich Nutzerfreundlichkeit im Kaufprozess).

Innerhalb der Customer Journey lassen sich mithilfe von Kennzahlen wertvolle Informationen für das Unternehmen generieren, um den Kaufprozess zukünftig (noch) kundenfreundlicher zu gestalten. So kann das Unternehmen beispielsweise herausfiltern, an welcher Stelle der Customer Journey der potenzielle Kunde seine „Reise" abbricht oder auf welchen Seiten er besonders kurz oder lang verweilt.

Visitors, Sessions, Page Impressions und Verweildauer

Wie in Kapitel 10.3 bereits erläutert, lassen sich die sog. **Visitors** eines Webshops unterschiedlich zählen. Für ein E-Commerce-Unternehmen kann dabei die Sammlung aller Kennzahlen von Bedeutung sein, dies ist jedoch individuell von der Zielsetzung des Unternehmens und dessen gewünschter Statistik-Sammlung abhängig. Ganz allgemein lässt sich wie bei einer Facebookseite zunächst die Kennzahl der Visits betrachten.

Visitors

Die Visits des Webshops – mitunter auch als „Webshop Traffic" bezeichnet – geben dem Unternehmen Aufschluss darüber, wie viele potenzielle Kunden den Webshop ganz generell angewählt haben. Wie beim Onlinemarketing wird zwischen den **einfachen Visitors** (jeder Besuch wird gezählt) und den **Unique Visitors** (nicht jeder Besuch wird neu gezählt, z. B. aufgrund derselben IP-Adresse) unterschieden.

Die Frage ist, welchen Mehrwert ein Unternehmen durch derartige „einfache" Kennzahlen hat. Die Antwort ist relativ simpel: Zunächst ist ein Unternehmen – wie die Exclusiva GmbH – daran interessiert, ob der Webshop überhaupt besucht wird. Ohne Traffic kann kein Kunde generiert werden. Durch entsprechende Tools (z. B. Google Analytics) lässt sich zudem ermitteln, in welchen Monaten, zu welcher Tageszeit oder an welchen Wochentagen der Traffic besonders hoch ist – eine Kennzahl, die dazu dienen kann, bestimmte Aktivitäten (z. B. Servicebetreuung) an jenen Tagen zu erhöhen bzw. zu reduzieren.

BEISPIEL

Die Exclusiva GmbH wertet die **Unique Visitors** der letzten drei Monate aus:

Oktober: 1 223 Unique Visits
November: 2 427 Unique Visits
Dezember: 4 698 Unique Visits

Beispielhafte Schlussfolgerungen

In diesem Beispiel kann die relativ simple Schlussfolgerung gezogen werden, dass in einem generell umsatzstarken Monat (Dezember = Weihnachtsgeschäft) auch der Traffic im eigenen Webshop zunimmt.

→ Erkenntnis: Die Nutzer ziehen den Webshop der Exclusiva GmbH (zumindest) in Betracht, um mögliche Käufe vorzunehmen.

- Die monatlichen Zahlen können in einem Jahresvergleich miteinander verglichen werden. Nehmen die (einfachen) Besucher im kommenden Jahr im Monat Dezember zu, könnte dies als Indikator dafür gewertet werden, dass der Webshop an Beliebtheit bzw. an Bekanntheit dazugewonnen hat.

- Die höhere Anzahl an Visits im Monat November könnte mit einer Marketingkampagne im selben Zeitraum zusammenhängen.

→ Erkenntnis: Die Marketingkampagne hat – isoliert betrachtet (ohne Einbezug der Conversion-Rate) – für einen höheren Traffic gesorgt.

Könnte demnach die Aussage getroffen werden, dass mehr Besucher auch einen größeren Erfolg für den Webshop bedeuten? Auch wenn eine hohe Visitor-Anzahl durchaus eine positive Bewertung erfahren darf, sagt diese Zahl noch längst nichts über den gewinnorientierten Erfolg eines Webshops aus.

Returning Visitors

Mit der Kennzahl der Returning Visitors (dt.: wiederkehrende Besucher) wird der Erfolg eines Webshops etwas weiter eingrenzt. Als Returning Visitors werden diejenigen Besucher bezeichnet, die immer wieder zu dem Webshop zurückkommen – ab einer bestimmten Anzahl könnten derartige Rückkehrer (unisono zum stationären Einzelhandel) als „Stammkunden" bezeichnet werden – sofern sie auch eine Conversion auslösen.

BEISPIEL

Die Exclusiva GmbH wertet die Zahlen in Bezug auf die **Returning Visitors** aus:

1. Quartal: 840 Returning Visitors
2. Quartal: 1 121 Returning Visitors
3. Quartal: 1 450 Returning Visitors
4. Quartal: 17 77 Returning Visitors

Beispielhafte Schlussfolgerungen

Aus den Zahlen lässt sich eine klare Tendenz ablesen: Mit jedem Quartal hat sich die Rückkehr von bestimmten Visitors erhöht. Die potenzielle Stammkundenzahl der Exclusiva GmbH ist gewachsen. Die Returning Visitors sind (scheinbar) mit dem Aufbau und der Bedienbarkeit des Webshops und/oder mit der Produktauswahl zufrieden.

Abgesehen von der steigenden Tendenz der Rückkehrer ist zu hinterfragen, ob es sich bei ihnen um eine hohe oder eine niedrige Zahl handelt. Daher sollten u. a. zu Jahresbeginn Ziele gesetzt werden, um derartige Vergleiche anstellen zu können.

Ferner handelt es sich in der isolierten Betrachtung lediglich um einfache Zahlen. Weitaus interessanter wäre beispielsweise in diesem Zusammenhang die Conversion-Rate durch die Returning Visitors, um die tatsächliche Stammkundenzahl zu ermitteln (siehe nächstes Beispiel).

Berechnung der Conversion-Rate in Bezug auf die Returning Visitors

FORMEL

$$\text{Conversion-Rate} = \frac{\text{Anzahl der Conversions (hier: Produktkauf)} \cdot 100\,\%}{\text{Anzahl Returning Visitors (Unique Vistors)}}$$

BEISPIEL

Die Exclusiva GmbH hat im 4. Quartal 1777 Returning Visitors verzeichnet. Im selben Zeitraum haben die wiederkehrenden Besucher 467 Käufe getätigt.

FORMEL

$$\text{Conversion-Rate} = \frac{467 \cdot 100\,\%}{1\,777} = 26{,}28\,\%$$

Im 4. Quartal hat rund ein Viertel der Returning Visitors einen Kauf getätigt (26,28 %).

Momentaufnahme: Rund ein Viertel der Returning Visitors können als Wiederkäufer bzw. tatsächliche Kunden bezeichnet werden.

Die Conversion-Rate in Bezug auf die Returning Visitors kann demnach aufzeigen, inwieweit bereits erfolgreiche Beziehungen zwischen Kunden und Unternehmen bestehen.

Sessions

Mit dem Klick auf den entsprechenden Link (Erinnerung: Customer Journey am Beispiel von Zalando: Schritt 1) und dem anknüpfenden Besuch des Webshops beginnt die sog. Session des Visitors zu laufen.

> **DEFINITION**
>
> Unter einer **Session** (deutsch: Sitzung) wird der Besuch durch einen Visitor innerhalb des gesamten Webshops bzw. innerhalb einer Website verstanden.

Ein Visitor kann demzufolge pro Monat oder auch pro Tag mehrere Sessions durchlaufen. Interessant ist demnach, ob z. B. ein Returning Visitor mehrmals pro Tag, pro Woche oder pro Monat eine Session startet. Daraus lassen sich Erkenntnisse ableiten, ob Kunden beispielsweise schnelle oder zurückhaltende Kaufentscheidungen treffen. Wird die Customer Journey oben mit den Schritten 1 bis 6 betrachtet, lässt sich festhalten, dass die Session ab Schritt 2 beginnt und mit Schritt 6 zu Ende geht. Würde der Nutzer in dem Beispiel etwa noch weitere Unterseiten besuchen – wie z. B. die ein oder andere Schuhkategorien –, dann würden diese Klicks ebenfalls zu dieser Session gezählt werden.

Page Impressions

Anders wird nun die Kennzahl der Page Impression gewertet. Jeder Seitenaufruf zählt als eine Page Impression. In dem Beispiel der Customer Journey würden also von Schritt 2 bis Schritt 6 insgesamt fünf Page Impressions gezählt. Wären es noch mehr, könnte dies durchaus als Indikator dafür gewertet werden, dass der potenzielle Kunde sich gerne die Seiten anschaut oder durch geschickte Linkverteilung („Das könnte Sie auch noch interessieren; „Kunden, die diesen Artikel gekauft haben, haben auch gekauft …") vom Webshop-Betreiber gewissermaßen in seinem Verhalten gelenkt wird. So lässt sich aus Unternehmenssicht reflektieren, ob derartige Verlinkungen erfolgreich oder weniger erfolgreich funktionieren.

Verweildauer

Von der Session ist die Verweildauer abzugrenzen.

> **DEFINITION**
>
> Unter der **Verweildauer** wird diejenige Zeit verstanden, die der Visitor tatsächlich innerhalb einer Session auf den entsprechenden Seiten verbringt.

Neben der Gesamtzeit, die ein Nutzer innerhalb des Webshops verbringt, ist hierbei vor allem die Verweildauer auf ganz bestimmten Seiten für die Auswertung und damit für die Optimierung des Webshops interessant. Man kann sich hier eine unsichtbare Stoppuhr vorstellen, die mit dem ersten Klick auf den Webshop zu laufen beginnt und mit dem Verlassen wieder stoppt. Genauso kann die Verweildauer für einzelne Seiten (z. B. eine Produktseite oder die Seite des Bezahlvorgangs) erfasst werden. Da einzelne, individuelle Verweildauern kein objektives Ergebnis liefern können, spielt bei der Auswertung vor allem die sog. **durchschnittliche Verweildauer** eine bedeutsame Rolle.

> **DEFINITION**
>
> Die **Average time on site** (dt.: durchschnittliche Verweildauer) gibt die durchschnittliche Verweildauer aller Besucher auf einer Website wieder.

Berechnung der Average time on site

> **FORMEL**
>
> $$\text{Average time on site} = \frac{\text{Summe der Verweildauer aller Visitors}}{\text{Anzahl Visitors}}$$

BEISPIEL

Die Exclusiva GmbH hat für den 10. Dezember dieses Jahres folgende Werte für die Verweildauer auf der Startseite des Webshops ermittelt:

Unique Visitor 1: 10 Sekunden
Unique Visitor 2: 34 Sekunden
Unique Visitor 3: 50 Sekunden
Unique Visitor 4: 22 Sekunden

> **FORMEL**
>
> $$\text{Average time on site} = \frac{10 \text{ sec} + 34 \text{ sec} + 50 \text{ sec} + 22 \text{ sec}}{4 \text{ Unique Visitors}} = \frac{116 \text{ sec}}{4} = 29 \text{ sec}$$

Die durchschnittliche Verweildauer der Unique Visitors betrug auf der Startseite des Webshops 29 Sekunden.

Fraglich ist nun, was ein Unternehmen wie die Exclusiva GmbH mit solch einem Wert anfängt. Grundsätzlich lässt sich sagen, dass eine kurze Verweildauer eher negativ zu werten ist. So könnte mitunter die Schlussfolgerung gezogen werden, dass die Average time on site auf der Startseite nur wenige Sekunden aufweist, da die Seite möglicherweise zu wenig Informationen offeriert oder die Menüführung nicht das gewünschte Interesse wecken konnte, um die Kunden auf der Seite verweilen zu lassen.

Eine längere Verweildauer deutet hingegen darauf hin, dass der potenzielle Kunde sich mit den Inhalten gerne auseinandersetzt und er mit dem Angebot der Website bzw. des Webshops grundsätzlich zufrieden ist.

Wie bei den allermeisten Kennzahlen ist jedoch auch bei der durchschnittlichen Verweildauer die Aussagekraft höher, wenn sie mit anderen Kennzahlen in Relation gesetzt wird (siehe Abschnitt „Bounce-Rate" und „Exit-Rate"). Grund: Ein Unique Visitor, der schnell zum tatsächlichen Kunden aufsteigt – da er etwa mit dem klaren Ziel den Webshop besucht, das T-Shirt „Tree" in Grün zu erwerben – wird den Kennzahlenwert der Average time on site durch sein Verhalten nach unten drücken. Er klickt sich von Seite zu Seite, um den Kauf schnellst-

möglich abzuschließen. In diesem Fall wäre sein Verhalten positiv, da eine gewünschte Conversion (hier der Produktkauf) erfolgt ist. Aus diesem Grund sollten vor allem Tendenzen über einen längeren Zeitraum beobachtet werden.

Für die Bewertung der durchschnittlichen Verweildauer sollten Vergleichswerte herangezogen werden. Zum Vergleich lässt sich die folgende Statistik betrachten.

Rangfolge (Ranking) von Online-Shops in Deutschland
nach Verweildauer von Juli bis Dezember im Jahr 2017

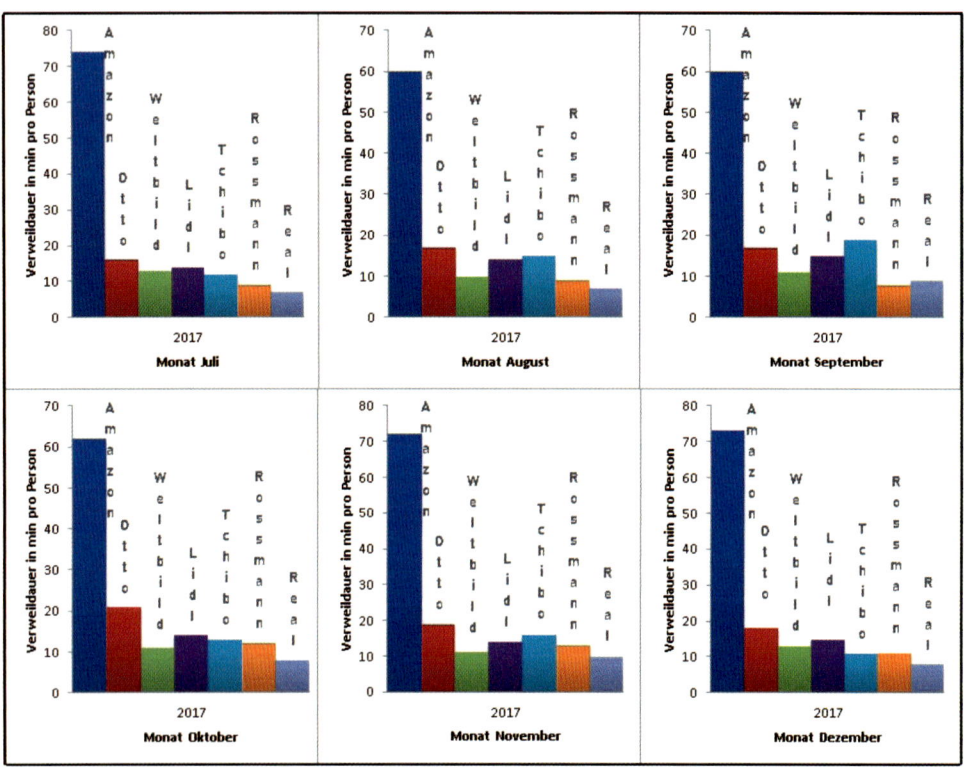

Verweildauer im E-Commerce im zweiten Halbjahr 2017

Ein Webshop kann sich anhand solcher Statistiken mit vergleichbaren Webshops messen und daraus ableiten, ob die durchschnittliche Verweildauer seiner Visitors in die richtige Richtung tendiert.

Dass ein Vergleich innerhalb derselben Branchen logisch erscheint, wird durch den Blick auf eine Statistik aus einem anderen Bereich deutlich (siehe Artikel auf folgender Seite). So wird ein Visitor beispielhaft auf einem

sozialen Netzwerk wie Facebook oder Instagram per se länger verweilen als in einem Webshop oder einer Website, die aufgrund einer Begriffserklärung angewählt worden ist. Im Bereich Social Media ist grundsätzlich von einer deutlich höheren Verweildauer (hier allerdings pro Tag) auszugehen, da ein weitaus höheres Interaktionsangebot offeriert wird als in einem klassischen Webshop.

Die durchschnittliche Verweildauer der User auf Sozialen Netzwerken

Neben den Visits und Page Impressions spielt die durchschnittliche Verweildauer bei der Bewertung von Werbeträgern eine zunehmend wichtigere Rolle in der Mediaplanung. [...]

42 Minuten Lebenszeit verbringt jeder Nutzer täglich bei Facebook – fast 5 Stunden pro Woche. Laut Search Engine Journal liegt das soziale Netzwerk mit dem blauen Daumen damit vor tumblr mit 34 Minuten, den dritten Platz der Zeitfresser teilen sich Pinterest und Instagram mit jeweils 21 Minuten am Tag.

Nutzer, die sich per Social Media um ihre Karriere kümmern, verbringen damit zehn Minuten täglich auf LinkedIn. Schlusslicht des Vergleichs ist mit nur sieben Minuten Google+ [...].

Quelle: Onpulson Redaktion: Die durchschnittliche Verweildauer der User auf Sozialen Netzwerken. In: onpulson. Wissen für Unternehmer und Führungskräfte. 23.3.2016. www.onpulson.de/16140/die-durchschnittliche-verweildauer-der-user-auf-sozialen-netzwerken/ [16.11.2021].

Grundsätzliches zur Verweildauer auf Websites/ Webshops:

- Eine niedrige Verweildauer ist ein Indikator dafür, dass die Website oder der Webshop Optimierungspotenzial besitzt (sofern keine Conversion erzielt wurde).
- Eine hohe Verweildauer ist ein Indikator dafür, dass die Website oder der Webshop positiv angenommen wird und z. B. ein Interesse für die Produktauswahl besteht.

Thesen:

- Je länger ein potenzieller Kunde im stationären Einzelhandel verweilt, dieser mitunter z. B. in ein Verkaufsgespräch verwickelt wird, desto höher ist auch die Chance, dass ein Produktkauf zustande kommt.
- Je länger ein potenzieller Kunde im Webshop verweilt, mitunter deshalb, weil ihm auf den Produktseiten viele Produktbilder, ein übersichtliches Design und eine nutzerfreundliche Menüführung offeriert wird, desto höher ist auch die Chance, dass eine Conversion (hier: Produktkauf) zustande kommt.

Verweildauer im Kontext der Tageszeit

Die Verweildauer lässt sich nicht nur auf die Session an sich beziehen, sondern mit den entsprechenden Analysetools (z. B. Google Analytics) kann auch die genaue Uhrzeit erfasst werden. Warum sollte diese Kennzahl von Bedeutung sein? Wird ermittelt, dass die potenziellen Kunden vor allem in den Abendstunden auf den Seiten des Webshops interagieren, könnte eine Folge für das Onlinemarketing sein, aufgrund dieser Kennzahl entsprechende Maßnahmen genau zu jener Zeit einzuleiten,

um den Einstieg in den Conversion-Funnel verstärkt zu animieren.

BEISPIEL

Die Exclusiva GmbH hat sich mithilfe eines Analyseprogramms auswerten lassen, dass die Average time on site bezogen auf die Startseite des Webshops generell montags bis donnerstags in der Zeit von 18:00 bis 19:50 Uhr besonders hoch ist sowie sonntags von 16:00 bis 19:00 Uhr.

Denkbare Konsequenz für das Onlinemarketing: In der o. a. Zeit werden z. B. automatisierte Nachrichten über einen Messenger (vgl. „Messenger Marketing" im zweiten Schülerband) versendet, der auf Sonderangebote hinweist.

Bounce- und Exit-Rate

Um weitere Erkenntnisse – u. a. auch mit Blick auf die bereits beschriebene Verweildauer – ableiten zu können, bedarf es eines fokussierten Blicks auf die Kennzahlen der **Bounce-Rate** (deutsch: Absprungrate) und der **Exit-Rate** (deutsch: Ausstiegsrate). Beide sind wichtige Gradmesser zur Beurteilung der Usability. Die E-Mail-Bounce-Rate wurde bereits in Kapitel 10.3 thematisiert.

Wichtig ist, dass diese Kennzahlen voneinander abgegrenzt werden. Häufig findet sich in Erklärungen eine synonyme Verwendung. Beide Kennzahlen sind für das E-Commerce-Unternehmen als sehr relevant einzustufen.

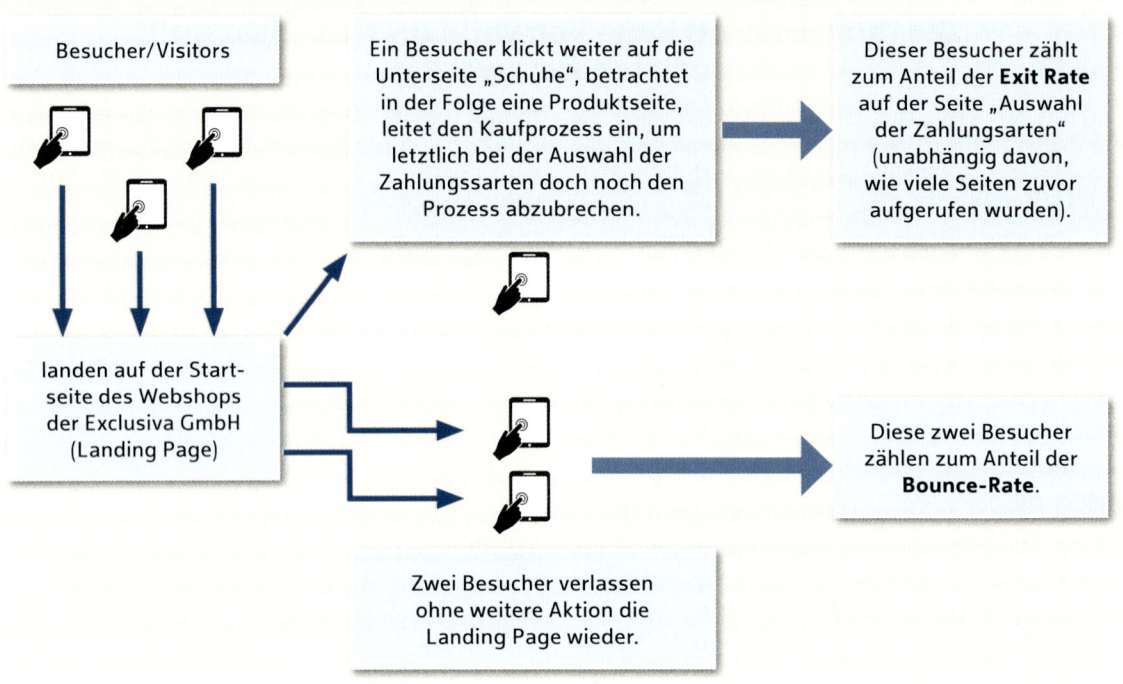

DEFINITION

Die **Bounce-Rate** (Absprungrate) zeigt den prozentualen Anteil an Besuchern an, die eine Landing Page ohne weitere Aktionen/Klicks wieder verlässt.

Die **Exit-Rate** zeigt den prozentualen Anteil an Besuchern an, die eine Seite (z. B. innerhalb des Kaufprozesses) wieder verlassen.

Grundsätzlich sollte der Erkenntnisgewinn bei Betrachtung der Bounce-Rate und der Exit-Rate sein, zu hinterfragen, weshalb die Besucher die Landing Page bzw. die Ausstiegsseite wieder verlassen haben. Oft spielt der Optimierungsbedarf in der Usability eine nicht zu unterschätzende Rolle. Es lohnt sich für E-Commerce-Unternehmen daher, beide Kennzahlen einmal näher zu betrachten.

Bounce-Rate

Berechnung der Bounce-Rate

FORMEL

$$\text{Bounce-Rate in \%} = \frac{\text{Visits der Landing Page ohne weitere Aktion} \cdot 100\,\%}{\text{Anzahl aller Visits}}$$

BEISPIEL

Die Exclusiva GmbH hat im 1. Quartal 7 000 Visits/Besucher verzeichnet. Von diesen 7 000 Besuchern haben 2 000 Besucher die Landing Page (in diesem Fall die Startseite des Webshops) ohne einen weiteren Klick wieder verlassen.

FORMEL

$$\text{Bounce-Rate} = \frac{2\,000 \cdot 100\,\%}{7\,000} = 28,57\,\%$$

Die Bounce-Rate für die Startseite des Webshops beträgt im 1. Quartal 28,57 %. Rund ein ¼ der Besucher haben die Startseite ohne weitere Aktion wieder verlassen.

Zu hinterfragen:

- Wollten diese Besucher die Startseite lediglich aus Interesse betrachten?
- Haben die Besucher die gewünschten Unterseiten nicht sofort gefunden? Ein mögliches Stichwort könnte hierbei z. B. die fehlende Usability in der Menüführung sein. Erwartet ein potenzieller Kunde beispielhaft, dass er auf der Startseite sofort in eine Unterkategorie „Schuhe" wechseln kann, diese aber nicht umgehend findet, könnte er unter Umständen die Seite sofort wieder verlassen – und mit ihm der potenzielle Umsatz.
- Grundsätzlich sagt die Bounce-Rate in diesem Beispiel im Umkehrschluss aber auch aus, dass rund ¾ tendenziell bzw. grundsätzlich mit dem Aufbau der Startseite zufrieden waren.

- Von den 50 Besuchern auf der Unterseite „Schuhe" klicken 45 (der Rest verlässt den Webshop an dieser Stelle) auf die Produktseite „Winterboots for men", welche 8 Besucher direkt wieder verlassen.
- Von den 55 Besuchern auf der Unterseite „Sportartikel" klicken 20 (der Rest verlässt den Webshop an dieser Stelle) auf die Produktseite „Sporttasche XL", welche 15 direkt wieder verlassen.
- Von den 24 Besuchern auf der Unterseite „Geschenkartikel" klicken 19 (der Rest verlässt den Webshop an dieser Stelle) auf die Produktseite „Scherzartikel-Paket", die 9 direkt wieder verlassen.

b) Ermitteln Sie aus den vorliegenden Daten die Bounce-Rate und die möglichen Exit-Rates. Formulieren Sie jeweils einen Aussagesatz zu den ermittelten Ergebnissen.

13. Der Exclusiva GmbH liegen Daten vor, die die Bounce-Rate der Startseite des Webshops beschreiben, sowie Daten der Bounce-Rate der Startseite des firmeneigenen Blogs. Interpretieren Sie die Ergebnisse im Vergleich.

Bounce-Rate der Startseite des Webshops der Exclusiva GmbH	
Tag 1	84 %
Tag 2	82 %
Tag 3	90 %

Bounce-Rate der Startseite des firmeneigenen Blogs der Exclusiva GmbH	
Tag 1	85 %
Tag 2	84 %
Tag 3	92 %

14. Welche Faktoren können der Auslöser für eine hohe Bounce-Rate – bezogen auf die Startseite eines Webshops – sein?

15. Recherchieren Sie im Internet die aktuell gängigen Bounce-Rates für die Branche Ihres Ausbildungsbetriebes. Vergleichen Sie bei der Besprechung der Aufgaben die Werte miteinander und diskutieren Sie die Unterschiede.

16. Weshalb ist eine hohe Exit-Rate für ein Unternehmen besonders ärgerlich?

17. Welche Faktoren können der Auslöser für eine hohe Exit-Rate auf bestimmten Unterseiten sein?

18. Durch die Ermittlung der Exit-Rate kann festgestellt werden, auf welchen Unterseiten ein Besucher die Website bzw. den Webshop wieder verlässt. Welche weitere Kennzahl lässt sich in die Gesamtbetrachtung einbeziehen, um weitere Schlussfolgerungen ziehen zu können und weshalb?

19. Welche Kennzahlen aus diesem Kapitel werden in Ihrem Ausbildungsbetrieb verwendet?

20. a) Stellen Sie einen Zusammenhang zwischen dem vorliegenden Bild und dem Kapitel zur Nutzerfreundlichkeit (usability) her.

b) Halten Sie stichwortartig Ihre positiven sowie negativen Erfahrungen im Bezug auf die Nutzerfreundlichkeit im E-Commerce fest. Tauschen Sie sich innerhalb der Klasse dazu aus.

ZUSAMMENFASSUNG

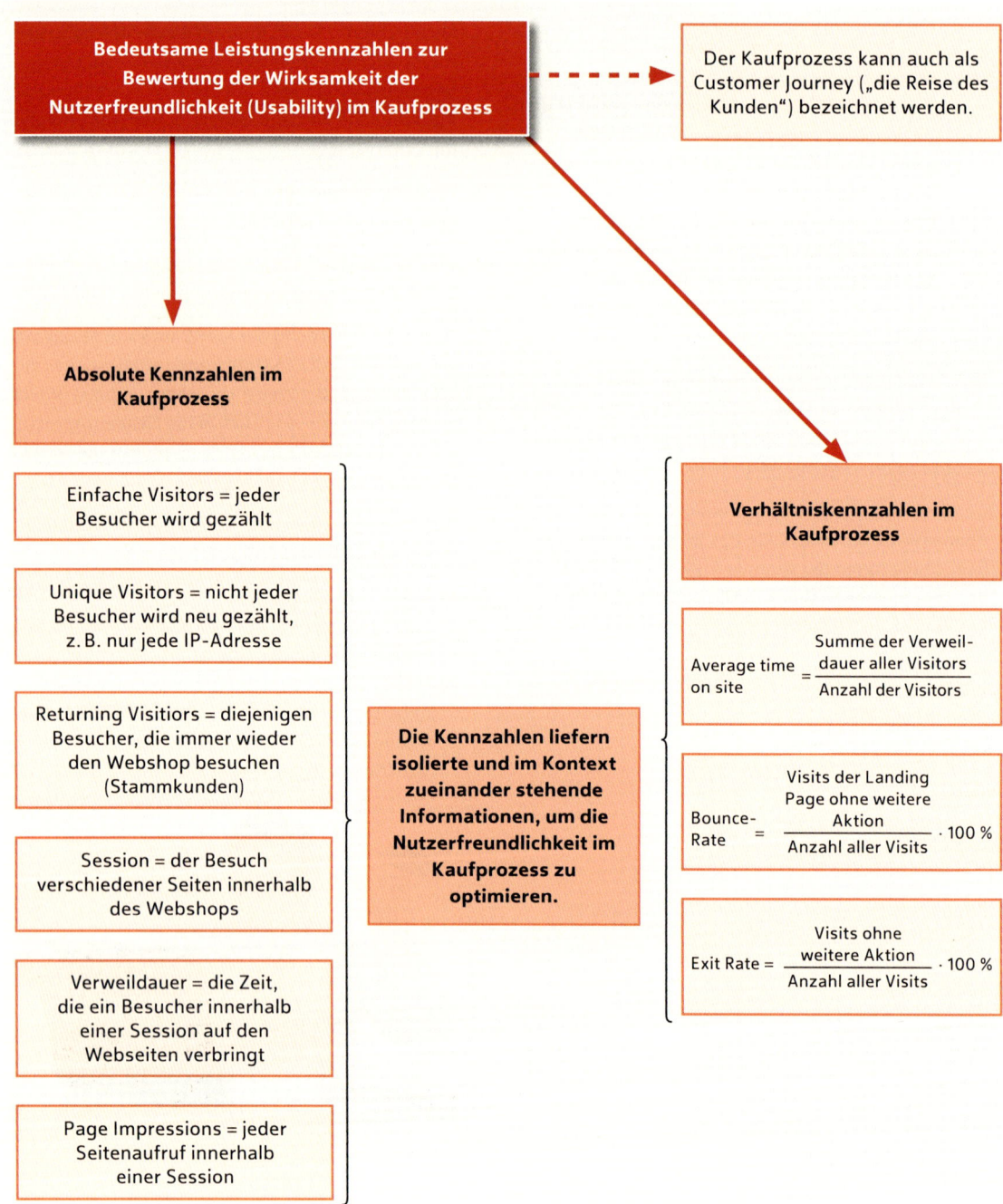

Bedeutsame Leistungskennzahlen zur Bewertung der Wirksamkeit der Nutzerfreundlichkeit (Usability) im Kaufprozess

Der Kaufprozess kann auch als Customer Journey („die Reise des Kunden") bezeichnet werden.

Absolute Kennzahlen im Kaufprozess

Einfache Visitors = jeder Besucher wird gezählt

Unique Visitors = nicht jeder Besucher wird neu gezählt, z. B. nur jede IP-Adresse

Returning Visitiors = diejenigen Besucher, die immer wieder den Webshop besuchen (Stammkunden)

Session = der Besuch verschiedener Seiten innerhalb des Webshops

Verweildauer = die Zeit, die ein Besucher innerhalb einer Session auf den Webseiten verbringt

Page Impressions = jeder Seitenaufruf innerhalb einer Session

Die Kennzahlen liefern isolierte und im Kontext zueinander stehende Informationen, um die Nutzerfreundlichkeit im Kaufprozess zu optimieren.

Verhältniskennzahlen im Kaufprozess

$$\text{Average time on site} = \frac{\text{Summe der Verweildauer aller Visitors}}{\text{Anzahl der Visitors}}$$

$$\text{Bounce-Rate} = \frac{\text{Visits der Landing Page ohne weitere Aktion}}{\text{Anzahl aller Visits}} \cdot 100\%$$

$$\text{Exit Rate} = \frac{\text{Visits ohne weitere Aktion}}{\text{Anzahl aller Visits}} \cdot 100\%$$

10.5 Kennzahlen in Bezug auf das Sortiment

Einstieg

Das Sortiment der Exclusiva GmbH wurde seit der Firmengründung durch Carl Hertien im Jahr 1969 stetig erweitert. In den 90er-Jahren ist etwa – aufgrund eines Zusammenschlusses mit einem großen Sportartikelgroßhändler – das Sortiment um die Produktgruppe „Sportartikel" erweitert worden. Mitte des Jahres 2000 entschlossen sich die verantwortlichen Personen dazu, auch Produktgruppen aus den Bereichen „Lebensmittel" sowie „Schmuck und Accessoires" in das Sortiment mit aufzunehmen. Mit der Verlagerung des Geschäfts in den Onlinevertrieb sind weitere Produktgruppen dazugekommen. Die Abbildung hängt im Eingangsbereich der Firmenzentrale in Hildesheim.

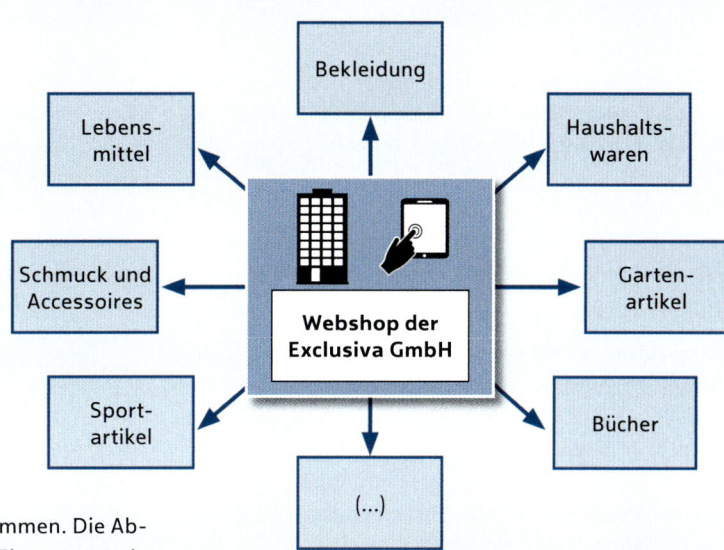

Vor Arbeitsbeginn laufen sich Ronja Bunko und Tacdin Akay im Eingangsbereich über den Weg. Vor dem Schaubild kommen sie ins Gespräch.

Ronja Bunko:
„Schon erstaunlich, wie sich das Sortiment in den letzten Jahren bei uns erweitert hat."

Tacdin Akay:
„Das stimmt! Ich frage mich allerdings, ob es immer so sinnvoll ist, so viele Produktgruppen in seinem Sortiment anzubieten. Das kostet doch auch eine Menge Geld. Nicht jeder Kunde möchte gleichzeitig Sportartikel und dazu ein Buch erwerben. Wenn ich dann noch an meine Freundin denke, die in ihrem Bestellwahn auch gerne mal ein und dieselbe Hose in verschiedenen Größen bestellt ... Die nicht passenden Hosen kann sie meistens kostenlos retournieren. Wonach entscheidet die Exclusiva GmbH eigentlich, wie das Sortiment geplant wird?"

Ronja Bunko:
„Ich glaube, dass wir auf bestimmte Trends saisonal reagieren. Alles Weitere wird permanent kritisch hinterfragt. Unsere Controllingabteilung leistet da ganze Arbeit. Schau dir mal das Dashboard zum Sortiment in deren Abteilung an. Du wirst staunen, mit welchen Instrumenten und Zahlen dort gearbeitet wird."

Stellen Sie fest, mit welchen Kennzahlen die Controllingabteilung der Exclusiva GmbH das Sortiment optimal steuern kann.

INFORMATIONEN

Der Nutzen von sortimentsbezogenen Kennzahlen

„Dem Geld darf man nicht nachlaufen. Man muss ihm entgegengehen."

Quelle: Zitat von Aristoteles Onassis (1906 – † 1975), griechischer Reeder.
*www.gutzitiert.de/zitat_autor_aristoteles_onassis_*
thema_geld_zitat_9153.html [16.11.2021].

Das Zitat des griechischen Reeders, der seinerzeit über 900 Schiffe in Umlauf brachte, stammt aus einer Zeit, in der Electronic Commerce und alles, was damit zusammenhängt, wie aus einem Sciencefictionfilm geklungen haben dürfte. Andersherum kann jedoch in der heutigen Zeit ein Zusammenhang zwischen der Quintessenz des Zitats und E-Commerce-Aktivitäten gezogen werden.

Um Geld zu erwirtschaften, ist es demnach notwendig, diesem entgegenzugehen. Wie kann ein Onlinehändler aber einem Onlineuser entgegengehen, damit dieser erst zum potenziellen Kunden wird und dann tatsächlichen Umsatz (Geld) generiert? Einige Möglichkeiten wurde in den vorangegangenen Kapiteln dieser Lehrbuchreihe thematisiert (exemplarisch sei auf alle Marketing-Aktivitäten in Band 2 verwiesen). Aber auch in einem bestehenden Onlinevertrieb – wie etwa dem Webshop der Exclusiva GmbH – ist es möglich, dem potentiellen Kunden durch entsprechende Stellschrauben innerhalb der **Sortimentssteuerung** ein Stück weit entgegenzugehen.

Grundsätzliche **Ziele der Sortimentspolitik** sind u. a. die Steigerung von Gewinn und Umsatz oder auch die generelle Verminderung von Kosten. Beide Bereiche haben mit dem im Zitat angesprochenen „Geld" zu tun. Um innerhalb dieser Bereiche eine Optimierung einzuleiten, ist es notwendig, sich mit einer Reihe von Fragen rund um das eigene Sortiment auseinanderzusetzen.

Denkbare Fragen innerhalb der Sortimentssteuerung

- Welche Produkte verkaufen sich weniger gut/gut/sehr gut?
- Welche Produktgruppe verkauft sich weniger gut/gut/sehr gut?
- Welche Produkte/Produktgruppen werden besonders häufig retourniert und damit zu einem Kostenfaktor?
- Welche Produktkategorien werden häufig, welche weniger häufig angeklickt?
- (...)

Erhält ein Unternehmen Antworten auf diese Fragen, ist es möglich, den potenziellen Kunden (und ihrem Geld) entgegenzugehen. Dazu ist es notwendig, sortimentsbezogene Kennzahlen zu erheben, auszuwerten und in der Folge die notwendigen Schlüsse daraus abzuleiten.

Es gilt anzumerken, dass bereits beschriebene Kennzahlen aus Kapitel 10.4. in die Betrachtung der Sortimentssteuerung einbezogen werden können. So spielt z. B. die Anzahl der **Visits** einer Produktseite eine bedeutsame Rolle bei der Bewertung von ganzen Produktkategorien.

Darüber hinaus wären als ein weiteres Beispiel die **Returning Visitors** zu benennen, die mitunter nicht nur aufgrund der gelungenen Aufmachung bzw. des Designs in den Webshop der Exclusiva GmbH zurückkehren, sondern im Idealfall auch aufgrund der Tatsache, das Produkt XY zu einer Produktkategorie bzw. einer Marke gehört, die die Kunden favorisieren und daher wiederholt nachfragen.

Grundsätzlich gilt: Es gibt eine enorme Bandbreite an Zahlen, welche – bezogen auf das Sortiment – ermittelt werden können. Einige grundlegende Kennzahlen werden in diesem Lehrbuch thematisiert.

Eine hohe Aussagekraft über sortimentsbezogene Kennzahlen erhält ein Unternehmen erst dann, wenn diese über einen **längeren Zeitraum** und **periodisch** erhoben werden. Im Ergebnis lassen sich Trends bestimmen und Vorhersagen treffen. Dazu müssen verschiedene Kennzahlen betrachtet werden. Eine einzelne Kennzahl lässt zwar eine Interpretation zu, wird sie jedoch immer isoliert analysiert – d. h. ohne die Betrachtung weiterer Kennzahlen –, dann entsteht die Gefahr fehlerhafter Schlussfolgerungen.

Sortimentsbezogene Kennzahlen: Umsatzanalysen

Während im Kapitel zu den betriebswirtschaftlichen Kennzahlen (vgl. Kap. 10.2) lediglich übergeordnete Zahlen (z. B. die Analyse des gesamten Umsatzes) betrachtet wurden, wird bei einer sortimentsbezogenen Analyse detailliert hinterfragt. Dadurch lassen sich Erkenntnisse für die Optimierung des Sortiments ableiten.

Ein E-Commerce-Unternehmen – wie die Exclusiva GmbH – hat ein sehr **breites Sortiment mit vielen, verschiedenen Produktgruppen, in denen viele, verschiedene Produkte von vielen, verschiedenen Marken** angeboten werden.

Zu hinterfragen ist demnach, ob das einzelne Produkt, die einzelne Marke oder eine gesamte Produktgruppe einen wertvollen Beitrag zum Gesamtumsatz erzielt oder diesen möglicherweise sogar negativ nach unten drückt.

Neben dem Gesamtumsatz lassen sich daher detaillierte Umsatzanalysen durchführen, um beispielhaft umsatzstarke von umsatzschwachen Produkten/Produktgruppen usw. zu trennen. Es kann z. B. ermittelt werden:

- der Umsatz je Produkt
- der Umsatz je Produktkategorie
- der Umsatz je Produktgruppe
- der Umsatz je Marke/Brand/Hersteller
- der Umsatz je Lieferant
- (...)

Umsatz je Produkt

FORMEL ——————————————————————

Umsatz Produkt = Preis · Leistungseinheit

BEISPIEL

Die Exclusiva GmbH hat im 1. Quartal das T-Shirt „Hangover" in allen Größen zum Preis von 19,95 € angeboten. Insgesamt wurde das T-Shirt 34-mal von Kundinnen und Kunden erworben.

> **FORMEL**
>
> Umsatz T-Shirt „Hangover" = 19,95 € · 110 = 2.194,50 €

Das T-Shirt „Hangover" (in allen Größen) hat im 1. Quartal einen Umsatz von 678,30 € generiert.

Umsatz je Produktgruppe

> **FORMEL**
>
> Umsatz Produktgruppe = Umsatz Produkt 1 + Umsatz Produkt 2 + Umsatz Produkt 3 + (...)

BEISPIEL

Die Exclusiva GmbH hat im 1. Quartal in der Produktgruppe „T-Shirt" fünf verschiedene Produkte in verschiedenen Größen im Webshop angeboten, die jeweils einen bestimmten Umsatz generiert haben:

- T-Shirt „Hangover" = 2.194,50 € (19,95 € · 110 Verkäufe in allen Größen)
- T-Shirt „Limmer" = 585,00 € (22,50 € · 26 Verkäufe in allen Größen)
- T-Shirt „Barne" = 1.008,99 € (9,99 € · 101 Verkäufe in allen Größen)
- T-Shirt „Pata" = 688,85 € (29,95 € · 23 Verkäufe in allen Größen)
- T-Shirt „Grüner Baum Fair" = 647,82 € (35,99 € · 18 Verkäufe in allen Größen)

> **FORMEL**
>
> Umsatz Produktgruppe „T-Shirt" = 2.194,50 € + 585,00 € +1.008,99 € + 688,85 € + 647,82 € = 5.125,16 €

Die Produktgruppe „T-Shirt" hat mit unterschiedlichen Größen im 1. Quartal einen Umsatz von 5.125,16 € generiert.

Umsatz je Marke/Brand/Hersteller (gesamt oder individuell nach Produktgruppe)

> **FORMEL**
>
> Umsatz Marke **gesamt** = Umsatz innerhalb der Produktgruppe 1 + Umsatz innerhalb der Produktgruppe 2 + (...)

BEISPIEL

Die Exclusiva GmbH hat im 1. Quartal die Marke „Fever" lediglich in der Produktgruppe „T-Shirt" angeboten. Zu der Marke „Fever" gehören:

- T-Shirt „Hangover" = 2.194,50 € (19,95 € · 110 Verkäufe in allen Größen)
- T-Shirt „Limmer" = 585,00 € (22,50 € · 26 Verkäufe in allen Größen)

> **FORMEL**
>
> Umsatz Marke „Fever" gesamt = 2.194,95 € + 585,00 € = 2.779,95 €

Die Marke „Fever" hat der Exclusiva GmbH im 1. Quartal einen Umsatz von 2.779,95 € beschert.

Anhand der Daten lassen sich Erkenntnisse ableiten, wie stark ein Produkt, eine Produktgruppe oder eine Marke tatsächlich ist. Erkennbar wird dies, wenn die Werte anschaulich im Kontext zu anderen Daten (z. B. Gesamtumsatz oder Umsatz anderer Marken) visualisiert werden.

Annahme: Die Exclusiva GmbH hat im 1. Quartal einen Gesamtumsatz von 77.000,00 € mit dem Webshop erwirtschaftet.

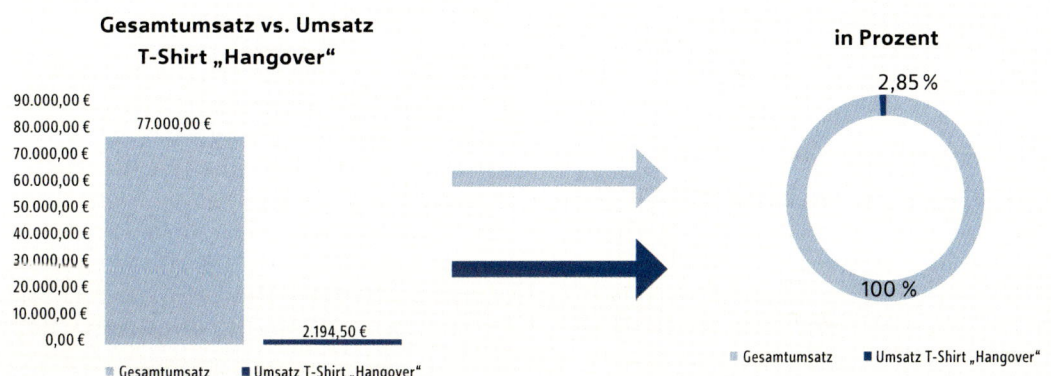

Gesamtumsatz vs. Umsatz T-Shirt „Hangover"

in Prozent

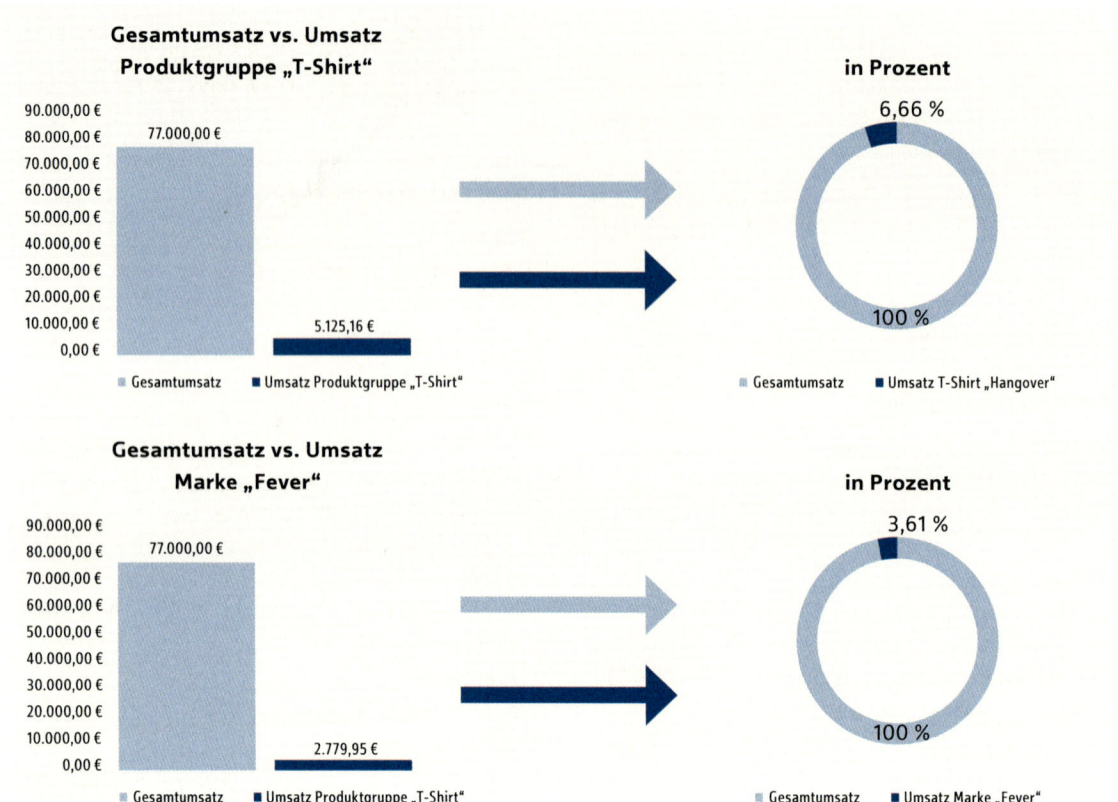

Umsatzanalysen visualisiert

Aussagen

- Das T-Shirt „Hangover" (der Marke „Fever") generiert – gemessen am Gesamtumsatz – einen Anteil von 2,85 %.
- Die Produktgruppe „T-Shirt" (alle Marken) generiert – gemessen am Gesamtumsatz – einen Anteil von 6,66 %.
- Die Marke „Fever" (alle Produkte in allen Produktgruppen) generiert – gemessen am Gesamtumsatz – einen Anteil von 3,61 %.
- Annahme: Es gibt noch fünf weitere Produktgruppen.

Die Bedeutung der Ermittlung solcher Zahlen liegt darin begründet, dass anhand dessen entsprechenden Maßnahmen geplant werden können bzw. sollten.

Umsatzanalysen und die denkbaren Folgen

- **Die Produktgruppe oder eine bestimmte Marke erzielt einen eher niedrigen Umsatz am Gesamtumsatz**
  - Szenario I: Die Produktgruppe / die Marke wird evtl. noch über einen weiteren Zeitraum „beobachtet". Sollten sich abermals niedrige Zahlen einstellen, ist zu überlegen, ob die Produktgruppe/die Marke zukünftig aus dem Sortiment gestrichen wird.

- Szenario II: Die Produktgruppe/die Marke wird gesteigert in den Marketingkanälen beworben, um so einen höheren Umsatz zu erzielen.
- Szenario III: Die vier anderen Produktgruppen/die anderen Marken liefern jeweils einen weitaus höheren Anteil am Gesamtumsatz. Daher werden die Marketingaktivitäten für diese Produktgruppen/Marke erhöht – durch Einsparung bei der der Produktgruppe/der Marke mit dem niedrigen Umsatz (Annahme: Die Produkte werden scheinbar auch ohne Marketingaktivitäten im geringen Maße verkauft).
- (…)

- **Innerhalb einer Produktgruppe bzw. innerhalb einer bestimmten Marke erzielt lediglich ein bestimmtes Produkt nur einen sehr geringen Umsatz.**
  - Szenario I: Es finden Rabattaktionen zu genau diesem Produkt statt. Nach dem Abverkauf wird jenes Produkt jedoch nicht wieder neu in das Sortiment aufgenommen.
  - Szenario II: Die Marke könnte im Gesamtbild – ohne jenes Produkt – erfolgreicher dargestellt werden.
  - (…)

Hinweis: In den hier dargestellten Beispielen wurden lediglich die Umsatzzahlen isoliert als Anker der Analyse betrachtet. In die Gesamtanalyse können jedoch auch unterschiedliche fixe und variable Kosten sowie sonstige Einflussfaktoren einbezogen werden.

BEISPIELE

- Produktgruppe 1 verursacht hohe Lagerkosten, während Produktgruppe 2 in einem Just-in-time-Verfahren so gut wie keine Kosten verursacht (vgl. „Lagerkennziffern" in Band 1, Kap. 2.27).
- Marke 1 verursacht hohe Marketingkosten, während Marke 2 primär durch (kostenlose) Weiterverbreitung der eigenen Nutzerschaft Aufmerksamkeit erhält (vgl. 10.3 in diesem Band).
- Das Produkt (z. B. das T-Shirt mit dem Rang 343) taucht in der Sortimentsliste als letztes T-Shirt in der Produktgruppe auf und wird dementsprechend nicht so oft angeklickt wie das T-Shirt, das zuerst angezeigt wird. Für die Generierung von Umsatz hat dieses T-Shirt demnach ganz andere Voraussetzungen (siehe dazu auch „Renner- und Pennerprodukte" im nächsten Abschnitt).

Renner- und Penner-Analysen

Die umgesetzten Waren lassen sich in sog. Renner- und Pennerprodukte kategorisieren. Daneben werden Produkte angezeigt, die als heimliche Sieger bewertet werden, und solche, die als gepushte Produkte trotzdem wenig verkauft werden. Im Grunde gehört die Renner-Penner-Analyse damit ebenfalls zu den Umsatzanalysen.

DEFINITION

Renner- und Penner-Analysen helfen dem Unternehmen, Produkte/Produktgruppen/Marken in Tops und Flops zu kategorisieren. Zudem werden diejenigen Produkte/Produktgruppen/Marken angezeigt, in die es sich lohnt weniger bzw. mehr zu investieren.

Es kann demnach sein, dass ein umsatzstarker Webshop absolut gewinnbringend arbeitet, ohne dass das Unternehmen die Flops (bzw. die Geldvernichter) identifiziert. Folge: Das Unternehmen verpasst einen weitaus besseren Gesamterfolg.

Denkbar ist allerdings auch, dass ein Flop-Bereich positive Wirkungen auf den Top-Bereich hat. Beispielsweise könnte eine geldvernichtende Produktgruppe Anlass gewesen sein, weshalb ein Nutzer sich überhaupt für den Webshop entschieden hat.

RENNER = sind die Topseller, sehr oft angeklickt, sehr oft gekauft	**HIDDEN CHAMPIONS** = haben Chancen, Topseller zu werden, oft gekauft, aber kaum angeklickt
HYPE-ARTIKEL = werden oft angeklickt, aber kaum gekauft	**PENNER** = sind die **Geldvernichter**, kaum angeklickt, kaum verkauft

Kategorisierung	Erklärung
Hidden Champion **= heimliche Sieger**	Die heimlichen Sieger werden von den Besuchern des Webshops wenig angeklickt (d. h. wenig gesehen), aber oft gekauft (Conversion).
	BEISPIEL
	Sie sind auf der Suche nach der Jeans „Blue Color". Diese Jeans taucht im Exclusiva Shop in der Produktkategorie „Jeans" nicht auf den ersten Seiten auf, sondern erst auf der letzten fünften Seite. Was tun Sie? Sie geben genau diese Schlagwörter in die Suchmaske des Webshops ein, um sodann eine Conversion (Produktkauf) auszulösen. Die „Blue Color" auf der fünften Seite wird demnach nicht so oft angeklickt wie z. B. die „Used Jeans" auf der ersten Seite.

Kategorisierung	Erklärung
Hidden Champion = heimliche Sieger *(Fortsetzung)*	Bei den heimlichen Siegern handelt es sich um diejenigen Produkte, die z. B. nicht sehr stark beworben werden oder auch in den Sortimentslisten eher „hinten" gelistet sind.
	Das E-Commerce-Unternehmen sollte überlegen, inwieweit diese Produkte besser vermarktet werden können, damit auch Nutzer aufmerksam werden, die nicht gezielt nach solch einem Produkt suchen. Sie sollten also in der Marketingstrategie einen höheren Stellenwert bekommen, als z. B. aktuell gehypte Produkte, die wenig gekauft werden. Daher ist es auch bedeutsam, die gehypten Produkte zu identifizieren.
Renner = Tops	Die Renner (Tops) werden von den Besuchern des Webshops häufig angeklickt (d. h. häufig gesehen) und auch häufig gekauft (Conversion).
	BEISPIEL
	Das T-Shirt „Hangover" wird auf der Startseite des Webshops der Exclusiva GmbH mit einem Werbebanner eingeblendet und darüber hinaus wird es auch in der Produktkategorie „T-Shirts" als erstes Angebot platziert.
	An den Rennerprodukten sollte zunächst nichts weiter verändert werden. Sie laufen gut und garantieren einen hohen Umsatzanteil.
	Wichtig ist die permanente oder zumindest periodische Betrachtung.
Penner = Flops	Die Penner (Flops) werden von den Besuchern des Webshops wenig angeklickt (d. h. wenig gesehen) und auch wenig gekauft.
	BEISPIEL
	Die lange Unterhose „Norwegian" wird in der Produktkategorie „Winterbekleidung" nicht vordergründig platziert und auch darüber hinaus wird dem Produkt nicht allzu viel Aufmerksamkeit geschenkt.
	Pennerprodukte sollten eher nicht gepusht/beworben werden, da diese Produkte nur wenig gekauft werden. Das wertvolle Marketingbudget sollte eher in die Hidden Champions investiert werden.
	Achtung Balanceakt: Sollten die Kosten für die Pennerprodukte gering sein, könnte es sich für das Unternehmen lohnen, diese noch etwas im Sortiment zu halten. Die Besucher könnten möglicherweise ein breites Sortiment als abwechslungsreich empfinden („Hier finde ich ja alles").
	Sollten die Lagerkosten jedoch sehr hoch sein, sollte mit verkaufsfördernden Maßnahmen (z. B. Rabatten) der Abverkauf beschleunigt werden.
Hype-Artikel = künstlich gepushte Produkte	Die gehypten Produkte werden von den Besuchern des Webshops häufig angeklickt (d. h. häufig gesehen), aber nur wenig gekauft.
	Derartige Produkte werden gerne von den Besuchern betrachtet. Es kann sich z. B. um besondere Marken handeln, die für den normalen Nutzer in der Folge aber letztlich zu teuer sind, um doch eine Conversion auszulösen.
	Ebenso kann es sich um Produkte handeln, die z. B. in extremer Form beworben werden (z. B. über Social-Media-Kanäle).
	Solche Produkte sollten zukünftig weniger beworben werden, damit die Hidden Champions diese Werbeplätze einnehmen können.

Für alle Kategorien gilt: Eine permanente bzw. mindestens periodische Einteilung der Produkte/Produktgruppen/Marken in diese Kategorien ist sinnvoll, um dynamisch auf Veränderungen reagieren zu können und um so den optimalen Umsatz zu erzielen.

Die Renner-Penner-Analyse ist immer in den gesamtzeitlichen Kontext einzuordnen. So kann ein absoluter Renner (Badeshorts im Sommer) nach der Sommersaison schnell zum Ladenhüter (Penner) werden. Durch die permanente bzw. periodische Betrachtung kann die Verkaufsabteilung z.B. erkennen, ob die Topseller bis zum Ende der Saison verkauft werden oder ob sie mit der Marketingabteilung „sprechen" muss, um eine angepasste Verkaufsförderung oder Rabattaktionen in die Wege zu leiten.

Die **entscheidende Frage** ist, nach welchem **Verfahren das Unternehmen seine Produkte/Produktgruppen/ Marken nun sortieren muss**, um eine entsprechende Kategorisierung vornehmen zu können.

Orientieren kann sich ein Unternehmen innerhalb der Renner-Penner-Auswertung u.a. an den folgenden Kennzahlen:

- Anzahl der Klicks je Produkt / Produkt „gesehen"
- Anzahl der Käufe
- Look-to-book-Ratio
- Warenwert pro Kauf
- (...)

> **DEFINITION**
>
> Die **Look-to-book-Ratio** liefert dem Unternehmen eine Erkenntnis darüber, in welchem Verhältnis das Betrachten (look) zu den tatsächlichen Produktkäufen (book) liegt.

Berechnung Look-to-book-Ratio

> **FORMEL**
>
> $$\text{Look-to-book-Ratio} = \frac{\text{Buchungen} \cdot 100\ \%}{\text{Besuche der Produktseite}}$$

BEISPIEL

Die Exclusiva GmbH hat im 1. Quartal das T-Shirt „Hangover" in allen Größen zum Preis von 19,95 € angeboten. Insgesamt wurde das T-Shirt 34-mal von Kundinnen und Kunden erworben. Im selben Zeitraum wurde die Produktseite 100-mal angeklickt.

> **FORMEL**
>
> $$\text{Look-to-book-Ratio „T-Shirt Hangover"} = \frac{34 \cdot 100\ \%}{100} = 34\ \%$$

Im Schnitt entfallen auf 100 Besuche der Produktseite „T-Shirt Hangover" 34 Produktkäufe.

Für die nähere Betrachtung der Renner-Penner-Analyse werden die oben genannten Kennzahlen in der nachstehenden Matrix für die Produktkategorie „T-Shirt" der Exclusiva GmbH für das 2. Quartal gegenübergestellt.

Exclusiva GmbH – Renner-Penner-Analyse in der Produktkategorie „T-Shirt" für das 2. Quartal						

Je höher, desto besser.

$$\text{Look-to-book-Ratio „Hangover"} = \frac{101}{311} \cdot 100\ \% = 32,48\ \%$$

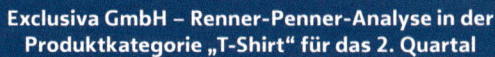

Artikel-nummer	Produkt-name	„Gesehen"/ angeklickt	(Produktkauf (Conversion)	Look-to-book-Ratio	Warenwert	Warenwert pro Kauf
777823	Hangover	311	101	32,48 %	2.014,95 €	19,95 €
777824	Limmer	290	11	3,79 %	274,45 €	24,95 €
777825	Barne	89	25	28,09 %	473,75 €	18,95 €
777826	Pata	18	1	5,56 %	29,95 €	29,95 €

Unternehmens-entscheidungen

T-Shirt „Hangover" = Renner

T-Shirt „Limmer" = Hype

T-Shirt „Barne" = Hidden Champion

T-Shirt „Pata" = Penner

Entscheidung 1: Da die Hidden Champions (T-Shirt „Barne") langfristig einen höheren Umsatz einbringen, werden die Marketingaktivitäten bei dem gepushten Produkt (T-Shirt „Limmer") zurückgefahren und stattdessen in die Werbeaktivitäten rund um das T-Shirt „Barne" umgeschichtet.

Entscheidung 2: Das T-Shirt „Pata" wird für das 3. Quartal reduziert.

Entscheidung 3: Die aktuellen Maßnahmen bezogen auf das T-Shirt „Hangover" (z.B. priorisierte Anzeige in der Produktliste) bleiben für das nächste Qartal unverändert.

Renner-Penner-Analyse der Exclusiva GmbH

Die vorgenommene Kategorisierung in dem Beispiel bezieht sich auf einzelne Produkte. Es ist aber darüber hinaus möglich, derartige Kategorisierungen und Gegenüberstellungen für Produktgruppen oder Marken vorzunehmen – mit denselben denkbaren Folgeentscheidungen.

Die Conversion-Rate und das Sortiment

Die CR-Kennzahl wurde bereits in anderen Kapiteln ausführlich thematisiert (vgl. exemplarisch 10.3). Es wird deutlich, dass bestimmte Kennzahlen – je nach Betrachtungswinkel und Schwerpunktsetzung – verschiedene Erkenntnisse liefern können.

Die Conversion-Rate kann bezogen auf das Sortiment mit einem unterschiedlichen Blickwinkel ermittelt werden:

- je Produkt
- je Produktkategorie
- je Produktgruppe
- je Marke
- (...)

Zur Erinnerung: Berechnung der Conversion-Rate (CR)

FORMEL

$$\text{Conversion-Rate} = \frac{\text{Anzahl der Conversions (Reaktionen)} \cdot 100\,\%}{\text{Anzahl Besucher (Unique Vistors)}}$$

BEISPIEL

Die Exclusiva GmbH hat in den Produktkategorien „T-Shirt", „Pullover" und „Hemden" die folgenden CR (hier: Produktkauf) für das 1. Quartal ermittelt:

- CR Produktkategorie „T-Shirt" $= \dfrac{20 \cdot 100\,\%}{300} = 6{,}66\,\%$

- CR Produktkategorie „Pullover" $= \dfrac{5 \cdot 100\,\%}{250} = 2\,\%$

- CR Produktkategorie „Hemden" $= \dfrac{10 \cdot 100\,\%}{420} = 2{,}38\,\%$

Die Produktkategorie „T-Shirt" ist gemessen an der Conversion-Rate die erfolgreichste im Sektor „Bekleidung" (Annahme: Es gibt nur die drei genannten Produktkategorien).

Die allgemeine Conversion-Rate in der E-Commerce-Branche „Mode Gesamt" liegt laut „Statista" im 1. Quartal 2018 bei 2 %. Damit liegen alle Produktgruppen der Exclusiva GmbH über dem Durchschnitt. Ein Vergleich mit Mitbewerbern ist aber nicht immer sinnvoll (siehe Artikel weiter unten).

Denkbare Schlussfolgerungen:

Alle Produktkategorien arbeiten sehr erfolgreich, wobei sich die Produktkategorie „T-Shirt" deutlich abhebt. Würden rein die Visits (Besucher) betrachtet werden, fällt auf, dass die Produktkategorie „Hemden" mit 420 Besuchern das größte Interesse hervorruft, jenes Interesse wird aber nicht in Produktkäufe umgewandelt. Für strategische Entscheidungen wäre es daher sinnvoll, weitere Kennzahlen zum Vergleich heranzuziehen (z. B. Renner-Penner-Analyse in den jeweiligen Produktkategorien), um innerhalb der Produktkategorien genauere Analysen vornehmen zu können.

Was ist eine gute Conversion-Rate für Online Shops und Co.

In meinem Berateralltag werden zum Thema Conversion immer wieder dieselben Fragen gestellt: Ist die eigene Conversion-Rate eigentlich gut? Was ist überhaupt eine gute Conversion-Rate? Und wie hoch ist eine durchschnittliche Conversion-Rate? [...]

Die Conversion-Rate als zentrale Kennzahl im Onlinemarketing

Um Kennzahlen miteinander zu vergleichen, muss erst einmal eine gemeinsame Grundlage geschaffen werden. Denn die Conversion-Rate als Kennzahl ist an sich noch keine definierte Kennzahl, sondern wird je nach Kontext unterschiedlich berechnet bzw. unterschiedlich gebraucht. Daher ist es grundsätzlich schwierig, unterschiedliche Arten von Konversionsraten direkt miteinander zu vergleichen. [...]

Aber was ist nun eine gute Conversion-Rate?

Die einzig ehrliche Antwort als Conversion-Berater muss lauten: „Es kommt darauf an..." Und in der Tat ist es grundsätzlich so, dass keine Konversionsrate per se gut oder schlecht ist. Als einzige Grundregel gilt unter Optimierern: Man darf nie aufhören, besser zu werden. Denn ganz gleich, wie hoch eine Conversion-Rate auch sein mag, sie bietet immer Potenzial zur Verbesserung. Es kommt also mal wieder auf den Kontext an: Je nach Branche und Geschäftsmodell kann eine Konversionsrate von 2 Prozent schon ziemlich ordentlich sein, wohingegen in manchen Branchen eine Rate von 12 Prozent doch noch deutliches Potenzial nach oben hat.

Wer sich seinen eigenen Onlineshop oder seine Webseite einmal genauer anschaut, wird schnell feststellen, dass sich je nach Herkunft der Besucher durchaus sehr unterschiedliche Konversionsraten messen lassen. Nehmen wir einmal an, Sie verkaufen Drucker über das Internet und sind mit dem Keyword „Drucker" auf der ersten Seite bei den Google-Ergebnisseiten. Erst einmal herzlichen Glückwunsch! Nun messen Sie die Besucher und Ihre Conversion-Rate über das Keyword „Drucker" in der organischen Google-Suche – und stellen vermutlich schnell fest, dass die CR über die organische Suche deutlich niedriger ist als beispielsweise die CR des Traffics, der über eine Preissuchmaschine auf Ihre Seite kommt. Der Grund: Der Besucher, der über das Keyword „Drucker" in der organischen Suche auf Ihre Seite findet, den müssen Sie erst noch online beraten und vom Kauf überzeugen. Ein Besucher, der über eine Preissuchmaschine zu Ihnen kommt, hat sich im Gegensatz dazu bereits entschieden, welchen Drucker er in Ihrem Shop kaufen möchte. Nur ein paar Klicks und aus dem Interessenten wird schnell auch ein Käufer.

Es kommt also immer darauf an, welche Produkte über welche Kanäle und mit welcher Marketingstrategie verkauft werden. Grundsätzlich gilt: Preiswerte Anbieter werden über Preissuchmaschinen und Shoppingportale tendenziell immer eine höhere Konversionsrate erzielen als Premiumanbieter – mal abgesehen davon, dass letztere das Produkt und die Services rund um das Produkt erst noch erklären müssen. Branchenübergreifend ist eine Vergleichbarkeit von Kennzahlen also nur sehr begrenzt möglich. Und selbst wenn der Wettbewerber eine höhere Konversionsrate hat als Sie, sagt das im Zweifelsfall wenig aus, denn eine isolierte Betrachtung der Conversion-Rate hat in der Regel wenig Aussagekraft.

Nehmen wir weiter an, Sie und Ihr Wettbewerber verkaufen Drucker. Beide haben einen durchschnittlichen Warenkorb-Wert von 500 Euro. In unserem Beispiel haben Sie eine Conversion-Rate von 2,5 Pro-

zent, Ihr Wettbewerber dagegen eine Conversion-Rate von 3,5 Prozent. Grundsätzliche stellt sich da die Frage: Machen Sie deswegen einen schlechteren Job? Die Antwort: Nein, nicht unbedingt. Denn letztendlich zählt immer der Umsatz und vielleicht haben Sie zwar „nur" eine CR von 2,5 Prozent, dafür aber beachtliche 1 000 Besucher am Tag. Ihr Wettbewerber dagegen hat vielleicht nur 500 Besucher am Tag. Und wie sieht dann die Rechnung aus? Richtig:

Wettbewerber:

500 Besucher x 0,035 CR x 500 € = 8 750 € Umsatz

Sie:

1 000 Besucher x 0,025 CR x 500 € = 12 500 € Umsatz

Wenn wir jetzt noch davon ausgehen, dass Sie vielleicht mit einem vergleichbaren Marketingbudget arbeiten, dann gehen Sie eindeutig als Sieger hervor.

[...]

Fazit

Machen Sie nicht den Fehler und vergleichen Ihre Conversion-Rate mit Ihren Wettbewerbern. Das ist wenig sinnvoll und hat so gut wie keine Aussagekraft. Betrachten Sie immer die eigene Entwicklung dieser Kennzahl. Optimieren Sie lieber kontinuierlich Ihre Webseite bzw. Ihren Onlineshop und vergleichen Sie unterschiedliche Zeiträume miteinander, z.B. die Conversion-Rate im Vorjahr und heute. Oder analysieren Sie Ihre Konversionsrate durch die Segmentierung unterschiedlicher Kanäle im Marketing bzw. unterschiedlicher Zielgruppen. Und plötzlich sind Sie mittendrin im Webcontrolling – und finden mit Sicherheit zahlreiche Möglichkeiten, Ihre Conversion-Rate zu optimieren.

Quelle: Ponitz, Stefan: Was ist eine gute Conversion-Rate für Online Shops und Co. In: eMBIS – Der Blog für Online Marketer. 26.7.2018. www.blog.embis.de/conversion-rate-berechnen/ [16.11.2021].

Weitere Beispiele der CR mit dem Fokus Sortiment

BEISPIEL

Die Exclusiva GmbH hat festgestellt, dass die Conversion-Rate in bestimmten Produktkategorien auffällig hoch ist, wenn Sale-Produkte zuerst aufgelistet werden.

Denkbare Schlussfolgerung:

Der Großteil der Besucher des Webshops versteht sich als „Schnäppchenjäger". Das Unternehmen könnte zukünftig generell Sale-Produkte in den Produktkategorien priorisiert auflisten.

Gegenbeispiel: Hochpreisige Webshops ziehen häufig auch kaufkraftstarke Besucher an. Eine derartige Strategie könnte sodann kontraproduktiv wirken. Die potenzielle Käufergruppe „erwartet" hochpreisige Produkte und keinen „Ramsch". Daher wäre in diesem Fall eine niedrige Conversion-Rate nicht zwingend negativ.

BEISPIEL

Die Exclusiva GmbH agiert mit dem Webshop saisonal, d. h. zu bestimmten Zeiten wird ein ganz bestimmtes zusätzliches Sortiment angeboten. Da das Sortiment außerdem sehr breit gefächert ist (siehe Schaubild in der Einstiegssituation), ist davon auszugehen, dass vor allem im Weihnachtsgeschäft eine höhere Conversion-Rate erzielt wird als im restlichen Jahr.

Derartige „Hochs" und „Tiefs" müssen in der Interpretation der Ergebnisse beachtet werden, da sonst fehlerhafte Schlussfolgerungen gezogen werden können.

BEISPIEL

Die Exclusiva GmbH hat mithilfe der Renner-Penner-Analyse festgestellt, dass das Produkt „blue Jeans" derzeit ein absoluter „Renner" ist. Die Conversion-Rate soll mithilfe des Produkts weiterwachsen. Der Renner (hier: „blue Jeans") wird daraufhin innerhalb des Webshops (Teaser auf der Startseite und hoher Rangplatz in der Sortimentsliste innerhalb der jeweiligen Produktkategorie) entsprechend platziert.

Die Bounce-Rate (BR) und das Sortiment

Auch die BR-Kennzahl ist bereits an anderen Stellen des E-Commerce (z. B. E-Mail-Marketing, vgl. Kap. 10.3) ein wichtiger Bestandteil der Gesamtanalyse gewesen. Bezogen auf das Sortiment lässt sich mit der Bounce-Rate schlussfolgern, ob in bestimmten Produktkategorien der Absprung höher ist als in anderen.

Neben sortimentsfernen Gründen (Usability, lange Ladezeiten, zu wenig Produktbilder, Desinteresse) spricht eine hohe Bounce-Rate in einer Produktkategorie u. U. dafür, dass die Sortiments-Erwartungen der Kundinnen und Kunden an die Kategorie nicht erfüllt wurden.

BEISPIEL

Die Exclusiva GmbH hat festgestellt, dass die Bounce-Rate in der Produktkategorie „Schuhe" im Vergleich zum Durchschnitt deutlich höher ist. Die Produktkategorie ist jedoch vom Design und der Aufmachung genau wie der restliche Webshop aufgebaut. Ebenso ist die gleiche Anzahl an Produktbildern usw. vorhanden.

Denkbare Analysen:

Die Produkterwartungen der Kundinnen und Kunden wurden nicht erfüllt, da

- eine aktuell sehr beliebte Marke innerhalb der Produktkategorie „T-Shirt" nicht angeboten wird. Ein Trend sollte daher nicht „verschlafen" werden. Im Negativfall ist der Benutzer beim nächsten Mal direkt beim Konkurrenten.
- die Preise im Vergleich zu der Konkurrenz sehr viel höher sind.
- (...)

Die Retourenquote und das Sortiment

Mithilfe der Retourenquote/Return-Rate (vgl. für weiterführende Erklärungen Kap. 10.3) lässt sich z. B. ermitteln, welche Produktkategorien besonders häufig von Retouren betroffen sind. Retouren sind ein großer Kostenfaktor im E-Commerce.

Zur Erinnerung: Berechnung RR

FORMEL

$$RR = \frac{\text{Anzahl der Retouren in Geldeinheiten} \cdot 100\,\%}{\text{Anzahl der Gesamtverkäufe in Geldeinheiten}}$$

$$RR = \frac{\text{Anzahl der Retouren (Menge)} \cdot 100\,\%}{\text{Anzahl der verkauften Artikel}}$$

Die Return-Rate kann bezogen auf das Sortiment mit einem unterschiedlichen Blickwinkel ermittelt werden:

- je Produkt
- je Produktkategorie
- je Produktgruppe
- (...)

BEISPIEL

Eine Produktkategorie des Webshops der Exclusiva GmbH nennt sich „Bekleidung".

Darin enthalten sind die Produktgruppen „T-Shirt", „Pullover" und „Hemden".

Die Exclusiva GmbH verzeichnet in der Produktgruppe „T-Shirt" im Monat Januar 2 500 Retouren, die alle im Dezember bestellt wurden. In der Produktgruppe „Pullover" wurden 1 000 Retouren gezählt und in der Produktgruppe „Hemden" 1 500.

Insgesamt wurden im Dezember in der Produktkategorie „Bekleidung" mit den drei genannten Produktgruppen 6 000 Artikel verkauft.

Retouren sind für die Kundinnen und Kunden des Webshops kostenlos.

- **RR „T-Shirt"** $= \dfrac{2\,500 \text{ Retouren} \cdot 100\,\%}{6\,000 \text{ verkaufte Artikel}} = 41{,}66\,\%$

- **RR „Pullover"** $= \dfrac{1\,000 \text{ Retouren} \cdot 100\,\%}{6\,000 \text{ verkaufte Artikel}} = 16{,}66\,\%$

- **RR „Hemden"** $= \dfrac{1\,500 \text{ Retouren} \cdot 100\,\%}{6\,000 \text{ verkaufte Artikel}} = 25\,\%$

Gemessen an den verkauften Artikeln in dieser Produktkategorie (6 000) fällt auf, dass fast jedes zweite T-Shirt (= Produktgruppe) zurückgeschickt wird. Es werden demnach hohe Kosten verursacht (u. a. Personalkosten für die Bearbeitung der Retouren, Retourenkosten an sich, da diese kostenlos für die Kundinnen und Kunden sind). Darüber hinaus ist es denkbar – je nach Zielsetzung –, dass nicht der gewünschte Umsatz erzielt wurde.

Denkbare Folge:

Die Exclusiva GmbH wird Ursachenforschung betreiben. Dazu ist das Feedback der Kundinnen und Kunden sehr wertvoll, das bei den Retouren mitangegeben wird. Häuft sich beispielsweise ein Grund wie „Das Produkt weicht von den Abbildungen ab", so ist dies ein Indikator dafür, dass die T-Shirts zukünftig anders präsentiert werden sollten.

Interpretation der Retourenquote/Return-Rate

Bei der Betrachtung der Return-Rate sollte auch der jeweilige Warenwert berücksichtigt werden. In Bezug auf das oben genannte Beispiel kann es beispielsweise sein, dass die Produkte in der Produktgruppe „T-Shirt", die nicht zurückgeschickt wurden (immerhin: 100 % − 41,66 % = 58,34 %), einen hohen Warenwert aufweisen und damit einen hohen Umsatz erzielt haben.

Der durchschnittliche Warenkorb und das Sortiment

Der durchschnittliche Warenkorb ist für jedes E-Commerce-Unternehmen eine wertvolle Kennzahl. Mit der richtigen Interpretation dieser Kennzahl lassen sich z. B. bestimmte Marketingentscheidungen für eine Produktkategorie o. Ä. treffen. Es gilt jedoch nach wie vor die Devise, dass jede Kennzahl nur ein Puzzleteil im Gesamtüberblick darstellt. Der durchschnittliche Warenkorbwert wird als **Average Order Value** bezeichnet.

> **DEFINITION**
>
> Der **Average Order Value (AOV)** (deutsch: durchschnittlicher Warenkorbwert) ermittelt – bezogen auf einen bestimmten Zeitraum – den Warenkorbwert, den die Kundinnen und Kunden im Durchschnitt bezahlen.

Berechnung Average Order Value

> **FORMEL**
>
> $$AOV = \frac{Revenue}{Number\ of\ Orders}$$
>
> $$Durchschnittlicher\ Warenkorbwert = \frac{Umsatz}{Anzahl\ der\ Bestellungen}$$

Der AOV kann bezogen auf das Sortiment aus unterschiedlichen Blickwinkeln ermittelt werden:

- je Produktkategorie
- je Produktgruppe
- (…)

Im Monat August wurden in der Produktgruppe „Hemden" insgesamt 57 Bestellungen aufgegeben. Dabei wurde ein Umsatz von 2.350,00 € generiert. Die Exclusiva GmbH verkauft in dieser Produktgruppe vier verschiedene Produkte:

- Hemd „Summer" der Edelmarke „Burb" zum Preis von 70,00 €
- Hemd „Green Casual" der Marke „Fever" zum Preis von 50,00 €
- Hemd „Basic" der Hausmarke „Exclusiva" zum Preis von 35,00 €

$$AOV\ Produktgruppe\ „Hemden" = \frac{2.350,00\ €}{57\ Bestellungen} = 41,23\ €$$

Schlussfolgerungen

Im Durchschnitt beträgt der Warenkorbwert in der Produktgruppe „Hemden" 41,23 €.

Erkenntnis I: Das Hemd der Hausmarke wird am häufigsten erworben.

Erkenntnis II: Da der AOV nicht mindestens den doppelten Wert des günstigsten Produktes aufweist, kann die Schlussfolgerung gezogen werden, dass die Kundinnen und Kunden grundsätzlich nur ein Hemd pro Bestellung erwerben.

Erkenntnis III: Das Hemd der Hausmarke bedarf grundsätzlich keiner weiteren Marketinganstrengungen.

Erkenntnis IV: Das hochpreisige Hemd „Burb" sollte mehr beworben werden, da dieses Produkt (grundsätzlich) höhere Umsätze einbringen könnte. Eine Schlussfolgerung könnte aber auch sein, dass die Kundinnen und Kunden grundsätzlich nicht bereit sind, derartige Preise zu bezahlen. Folge: Preisanpassung.

Der AOV lässt sich ferner mit kleineren Tricks erhöhen. Im stationären Einzelhandel werden kurz vor der Kasse nochmals gesondert Produkte angeboten, um Impulskäufe anzuregen. Dies wird im E-Commerce im Bestellprozess ebenfalls praktiziert.

Den AOV optimieren

- Gratisversand ab einem bestimmten Einkaufswert
- Cross-Selling (Anzeige von Produkten im Kaufprozess; „Kundinnen und Kunden die dieses Produkt erworben haben, kauften auch …")
- Gutschein- und Rabattaktionen
- (…)

Bei der Interpretation des AOV sollte jedoch bedacht werden, dass bei der Berechnung die Anzahl der Bestellungen ausschlaggebend ist, nicht etwa die Zahl der Kundinnen und Kunden. Wenn beispielsweise ein Kunde in dem zu betrachtenden Zeitraum mehrmals eine Bestellung aufgibt, so nimmt dieser jedes Mal Einfluss auf den AOV.

Die Kundinnen und Kunden

Wird jedoch nur der Kunde oder die Kundin betrachtet, lässt sich die Kennzahl CLV (Customer Lifetime Value) ermitteln. Der Customer Lifetime Value bezieht sich auf den Zeitraum, in dem der Kunde im Webshop einkauft. Diese Kennzahl ist mit vielen weiteren denkbaren Kennzahlen Teil der Kundenanalyse.

> **DEFINITION**
>
> Mit der **CLV (Customer Lifetime Value)** wird der Deckungsbeitrag ermittelt, den der individuelle Kunde bzw. eine bestimmte Kundengruppe durch Produktkäufe dem Unternehmen in einer gegebenen Zeit eingebracht hat bzw. vermutlich einbringen wird.

Berechnung des Customer Lifetime Value

> **FORMEL**
>
> CLV = [jährliche Käufe (Einzahlungen des Kunden) · Kundenjahre] – kundenspezifische Kosten
>
> bzw.
>
> $$CLV = \frac{\text{Gesamtkäufe (gesamte Einzahlungen des Kunden) – kundenspezifische Kosten}}{(1 + \text{Kalkulationszinssatz}) \cdot \text{Kundenjahre}}$$

BEISPIEL

Die Exclusiva GmbH hat eine Kundin mit folgenden Daten:

- Die Kundin ist für rund 800,00 € Einzahlungen (bezogen auf drei Jahre) verantwortlich.
- Über drei Kundenjahre sind 300,00 € an Kosten (u. a. für Kundenbindung) angefallen.

CLV = (800,00 € * 3 Jahre) – 300,00 € = 2.100,00 €

Der Customer Lifetime Value der Kundin beträgt 2.100,00 €.

Es sind auch weitere Berechnungen denkbar, in denen Prognosen mit aufgenommen werden, z. B., wenn davon ausgegangen werden kann, dass ein Kunde die nächsten Jahre weiter regelmäßig jährliche Käufe vornehmen wird. Dann müsste die Formel entsprechend um einen Kalkulationszinssatz erweitert werden.

BEISPIEL

Die Exclusiva GmbH hat einen Kunden mit folgenden Daten:

- Annahme: Der Kunde wird für 6.400,00 € Einzahlungen (auf acht Jahre) verantwortlich sein.
- Über acht Kundenjahre, Abzinsungsfaktor 10 %, entstehen Kosten (u. a. Kundenbindung) in Höhe von 100,00 € pro Jahr bzw. 800,00 € für acht Jahre.

$$\text{CLV/Jahr} = \frac{6.400,00 € - 800,00 €}{(1 + 0,1) * 8} = 636,36 €$$

Der Customer Lifetime Value des Kunden beträgt 636,36 € für ein Jahr bzw. 5.090,88 € für acht Jahre.

Für weitreichende Entscheidungen können/werden die CLV-Kennzahlen z. B. für verschiedene Gruppen von Kunden und Kundinnen ermittelt, um daraus anknüpfende Maßnahmen für das unternehmerische Handeln abzuleiten (etwa verstärkte oder verminderte Marketingaktionen).

Exemplarische Kennzahlen bezogen auf die Kundenstruktur

- Customer Lifetime Value
- Anzahl der Kunden eines Unternehmens
- Umsatz je Kunde
- Umsatz je Kundengruppe (z. B. männlich/weiblich/jung/alt)
- Kundenzufriedenheit
- Anzahl der Stammkunden
- (…)

AUFGABEN

1. Wie lässt sich ein Sortiment eines E-Commerce-Webshops grundsätzlich gliedern und was kann die Controlling-Abteilung daraus ableiten?

2. Ein E-Commerce-Unternehmen muss genauso wie der stationäre Einzelhandel sein Sortiment stets im Auge haben. Welche Fragen sollten sich beide Branchen bezogen auf ihr Sortiment grundsätzlich stellen und weshalb?

3. Welcher Aspekt ist in Bezug auf die Aussagekraft von sortimentsbezogenen Kennzahlen zu beachten?

4. Folgende Daten liegen vor:
   - In der Produktgruppe „Sportartikel" wurden am 25. Juli die „Sporttasche XL" der Marke „Sporty GmbH" 22-mal (Einzelpreis: 59,95 €), die Badeshorts „Hawaii for men" der Marke „Sporty GmbH" 11-mal (22,95 €) und der Cricketschläger

der Hausmarke „Exclusiv" 9-mal (139,95 €) verkauft.

- In der Produktgruppe „Lebensmittel" wurden am 25. Juli die Kaffeesorte „Arabica Peru
250 g" der Marke „GesundEssen+Leben" 19-
mal (7,49 €), die Limonade „OrangeBlue 1 l" der
Marke „GesundEssen+Leben" 40-mal (1,99 €)
und die Schokolade „FairCacao 100 g" der Marke
„GesundEssen+Leben" 45-mal (0,99 €) verkauft.
- In der Produktgruppe „Haushaltswaren" wurde
am 25. Juli der „Mixer-Power" der Marke „Kitchen-
Things" 12-mal (29,90 €), der Kühlschrank „Cool-
Max" der Hausmarke „Exclusiv" 2-mal (109,99 €)
und die Brotmaschine „Schneidewunder" der
Marke „KitchenThings" 8-mal (22,95 €) verkauft.

a) Führen Sie alle denkbaren Umsatzanalysen
durch.

b) Erstellen Sie für mindestens drei Umsatzanalysen grafische Übersichten (z. B. mit einem digitalen Kalkulationsprogramm wie Excel: Kreis-/Bal-
kendiagramme) anhand der ermittelten Daten.

c) Wie hoch ist der Anteil
- der Marke „KitchenThings" am Gesamtumsatz?
- der „Sporttasche XL" am Gesamtumsatz?
- des Produkts „Cricketschläger" am Umsatz
der dazugehörigen Produktgruppe?

5. Wie beurteilen Sie den Anteil des Produkts „Cricketschläger" aus Aufgabe 4c), gemessen an dem Umsatz der dazugehörigen Produktgruppe?

6. a) Weshalb sind Umsatzanalysen von Bedeutung
für E-Commerce-Unternehmen?

b) Skizzieren Sie eigene Beispiele (z. B. Umsatzan-
teil eines Produkts/einer Produktgruppe am Gesamtumsatz für einen bestimmten Zeitraum) und
die daraus resultierenden Entscheidungen eines
Unternehmens.

7. Ein E-Commerce-Unternehmen möchte Umsatzanalysen durchführen. Welche zeitlichen Betrachtungen
kommen infrage?

8. Weshalb können zwei Produkte aus der Produktgruppe „Hemden" innerhalb eines Webshops
ganz unterschiedliche Voraussetzungen besitzen,
um entsprechenden Umsatz zu generieren?

9. Erklären und beschreiben Sie die folgenden Begrifflichkeiten im Rahmen der Renner-Penner-Analyse:
Hidden Champion, Renner, Penner, Hype.

10. Skizzieren Sie eine Renner-Penner-Analyse mit
selbst gewählten Produkten aus Ihrem Ausbildungsbetrieb bzw. einem Betrieb Ihrer Wahl.

11. *„Die permanente bzw. periodische Einteilung der Produkte innerhalb einer Renner-Penner-Matrix ist wenig
sinnvoll."* Nehmen Sie kurz Stellung zu dieser Aussage.

12. *„Einmal Renner, immer Renner."* Nehmen Sie kurz
Stellung zu dieser Aussage.

13. Welche Werte/Kennzahlen sind grundsätzlich maßgebend, um eine Renner-Penner-Kategorisierung
vornehmen zu können?

14. Ermitteln Sie die Look-to-book-Ratio für das Produkt „Handball Gr. 3": Preis: 12,95 €, Produktkäufe:
47, Klicks der Produktseite: 231

15. a) Nehmen Sie anhand der folgenden Daten eine
Renner-Penner-Analyse vor.

b) Welche Entscheidungen würden Sie aufgrund der
Ergebnisse treffen?

Produkt-name	„Gese-hen"/an-geklickt	Produkt-kauf (Con-version)	Waren-wert pro Kauf
BlueJeans	401	78	69,95
Vintage	358	25	99,95
Basic	102	11	49,95
Cord	55	3	69,95

16. *„Die Conversion-Rate lässt sich mit Blick auf das
Sortiment eines Unternehmens aus verschiedenen
Blickwinkeln ermitteln."*
Ist diese Aussage richtig oder falsch?

17. Folgende Daten liegen vor:
- **Produktgruppe „Bücher":** Im 1. Quartal wurden
in der Produktkategorie „Roman" insgesamt 107
Bücher verkauft. Die Produktkategorie wurde
von insgesamt 902 Unique Visitors betrachtet.
Ferner kauften Kunden 33 Sachbücher (698
Unique Visitors) und 44 Biografien (691 Unique
Visitors).
- **Produktgruppe „Gartenartikel":** Im 1. Quartal
wurden in der Produktkategorie „Rasenmäher"
insgesamt 6 Modelle verkauft (insgesamt 1722
Unique Visitors). Ferner kauften Kunden 30
„Kleinartikel" (996 Unique Visitors).

a) Ermitteln Sie die CR für die jeweiligen Produktgruppen und für die Produktkategorien.

b) Beurteilen Sie die Ergebnisse der Produktgruppen im Branchenvergleich.

18. Folgende Daten liegen für das 2., 3. und 4. Quartal vor (ergänzend zu Aufgabe 17):

Produktgruppe Bücher:
- 2. Quartal Conversion-Rate 3,05 %
- 3. Quartal Conversion-Rate 7,09 %
- 4. Quartal Conversion-Rate 8,77 %

Produktgruppe Gartenartikel:
- 2. Quartal Conversion-Rate 1,2 %
- 3. Quartal Conversion-Rate 0,5 %
- 4. Quartal Conversion-Rate 0,4 %

a) Stellen Sie den Verlauf (inkl. des 1. Quartals) mithilfe eines geeigneten Diagramms grafisch dar.

b) Welche Erkenntnisse lassen sich aus den Daten ableiten?

19. Beschreiben Sie eigene Beispiele (z. B. aus Ihrem Ausbildungsbetrieb), die den Zusammenhang zwischen dem Sortiment eines E-Commerce-Unternehmens und der Conversions-Rate darstellen.

20. Weshalb ist die Ermittlung der Bounce-Rate innerhalb der Sortimentssteuerung erkenntnisliefernd?

21. Folgende Daten liegen für die Produktkategorie „Lebensmittel" vor:
- **1. Quartal**
  Produktgruppe „Weingummi": Produkt 1 (Verkäufe: 24; Retouren: 6), Produkt 2 (Verkäufe: 36; Retouren: 3), Produkt 3 (Verkäufe: 47; Retouren: 21).
- **2. Quartal**
  Produktgruppe „Weingummi": Produkt 1 (Verkäufe: 29; Retouren: 10), Produkt 2 (Verkäufe: 33; Retouren: 5), Produkt 3 (Verkäufe: 58; Retouren: 9).
- **3. Quartal**
  Produktgruppe „Weingummi": Produkt 1 (Verkäufe: 32; Retouren: 10), Produkt 2 (Verkäufe: 39; Retouren: 6), Produkt 3 (Verkäufe: 65; Retouren: 5).
- **4. Quartal**
  Produktgruppe „Weingummi": Produkt 1 (Verkäufe: 29; Retouren: 8), Produkt 2: (Verkäufe: 45; Retouren: 6), Produkt 3 (Verkäufe: 69; Retouren: 7)

a) Ermitteln Sie pro Quartal die RR je Produktgruppe.

b) Stellen Sie den Verlauf der Werte der Produktgruppe Weingummi mithilfe eines geeigneten Diagramms grafisch dar.

c) Welche Erkenntnis lässt sich aus Ihrem Diagramm ableiten?

d) Ermitteln Sie pro Quartal die RR je Produkt.

e) Welche Erkenntnisse lassen sich aus den neuen Ergebnissen mit denen aus Ihrem Diagramm ableiten?

22. Welcher weitere Wert ist für eine aussagekräftigere Interpretation der Return-Rate bedeutsam?

23. Folgende Daten liegen vor:
An drei aufeinanderfolgenden Tagen (Mittwoch, Donnerstag, Freitag) wurde mit der Produktgruppe „Sweatshirts" ein gewisser Umsatz generiert. Dabei wurden insgesamt 34 Bestellungen aufgegeben.
- Mittwoch: Sweatshirt „greenTree" (Preis: 49,95 €; Verkäufe: 5), Sweatshirt „blueWater" (Preis: 35,95 €, Verkäufe: 8).
- Donnerstag: Sweatshirt „greenTree" (Preis: 49,95 €; Verkäufe 7), Sweatshirt „blueWater" (Preis: 35,95 €; Verkäufe: 10).
- Freitag: Sweatshirt „greenTree" (Preis: 49,95 €; Verkäufe 11), Sweatshirt „blueWater" (Preis: 35,95 €; Verkäufe: 15).

a) Ermitteln Sie den gesamten AOV jeweils für Mittwoch, Donnerstag und Freitag für die Produktgruppe „Sweatshirts" sowie für den gesamten Zeitraum.

b) Was sagen die Ergebnisse aus?

24. Welche Möglichkeiten hat ein E-Commerce-Unternehmen, um den AOV zu optimieren?

25. Erklären Sie die Kennzahl CLV.

26. Weshalb könnte es von Bedeutung sein, Kennzahlen in Bezug auf die Kundenstruktur zu ermitteln?

27. Welche Kennzahlen aus diesem Kapitel werden in Ihrem Ausbildungsbetrieb verwendet?

28. Über den Tellerrand
a) Lesen Sie den folgenden Textauszug.
b) Welches Sortiment bietet Check24 grundsätzlich an und welches wird aufgebaut/entwickelt?
c) Der Geschäftsführer spricht von einem Vollsortiment. Was ist darunter zu verstehen und welche Chancen und Risiken – mit Blick auf die Renner-Penner-Analyse – sind damit verbunden?
d) Das Unternehmen listet „Millionen von Produkten in tausenden Kategorien". Welche Bedeutung hat diese Aussage für die Organisation der Sortimentskennzahlen?

„E-Commerce darf nicht fehlen"

Check24 rückt sein Marktplatz-Geschäft stärker in den Fokus

Veröffentlicht: 11.06.2019 | Autor: Michael Pohlgeers | Letzte Aktualisierung: 11.06.2019

Check24 wurde als Vergleichsportal mit schrillen Werbespots bekannt. Was vielen Kunden – und auch Händlern – nicht bekannt sein dürfte: Seit 2012 betreibt das Unternehmen einen klassischen Marktplatz unter dem Namen Check24 Shopping. Nun will das Unternehmen das Marktplatz-Geschäft stärker forcieren. Wir haben mit Toni Schmidt, Geschäftsführer von Check24, über die bisherige Erfahrung mit dem Marktplatz und die Pläne für die Zukunft gesprochen.

Onlinehändler News: Check24 ist als Vergleichsportal groß geworden und will nun das Marktplatz-Geschäft stärker forcieren. Wieso haben Sie sich dafür entschieden, den Marktplatz weiter auszubauen?

Toni Schmidt: Check24 ist das große Vergleichsportal in Deutschland mit einer breiten Angebotspalette von Versicherungen über Finanzen bis hin zu Reisen und vielem mehr. E-Commerce als riesiger Vergleichsmarkt darf da nicht fehlen. Deshalb haben wir 2012 angefangen, unter dem Namen Check24 Shopping einen Marktplatz aufzubauen, und arbeiten seither stetig an dessen Erweiterung.

Onlinehändler News: Wie genau sieht die bisherige und künftige Strategie von Check24 hinsichtlich des Marktplatz-Geschäfts aus?

Toni Schmidt: Die ersten Jahre haben wir ausschließlich in unser Produkt investiert, d. h. in den Aufbau einer leistungsfähigen Plattform, in die Anlage von hochwertigem Content und die Akquise von Handelspartnern. Erst in 2015 haben wir begonnen, den Marktplatz aktiver zu promoten. Mittlerweile haben wir mehrere Millionen Marktplatznutzer. Auch im Sortiment hat sich viel getan: Begonnen hat alles mit Elektronik- und Haushaltsprodukten. In der Zwischenzeit haben wir unser Sortiment dramatisch erweitert und listen Millionen von Produkten in tausenden Kategorien. Wir sind also klar auf dem Weg in Richtung Vollsortiment.

[...]

Quelle: Pohlgeers, Michael: „E-Commerce darf nicht fehlen" – Check 24 rückt sein Marktplatz-Geschäft stärker in den Fokus. In: Onlinehändler News. 11.06.2019. www.onlinehaendler-news.de/online-handel/marktplaetze/131142-check24-marktplatz-geschaeft-staerker-fokus [16.11.2021].

ZUSAMMENFASSUNG

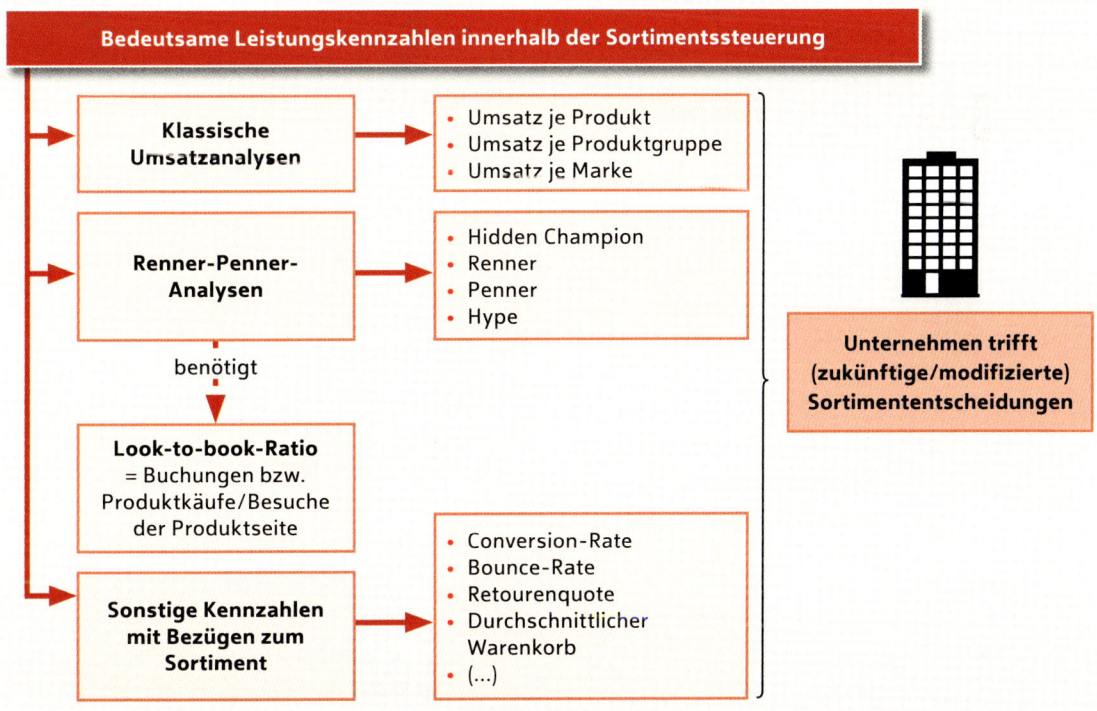

10.6 Webanalyse mit Kennzahlen

Einstieg

Auf der Betriebsversammlung im ersten Quartal dieses Jahres spricht Frau Zeitz, die Abteilungsleiterin Verkauf:

„Sehr geehrte Mitarbeiterinnen und Mitarbeiter, der Umsatz der Exclusiva GmbH ist im letzten Jahr insgesamt um 5,3 % gestiegen. Einen Großteil dieses Umsatzwachstums haben wir neben unseren Filialen vor allem unserem erfolgreichen Onlinehandel zu verdanken. Wir sind froh, dass unser Webshop für uns ein erfolgreicher neuer Absatzkanal ist. Und wir sind überzeugt, dass auch in Zukunft die Menschen immer mehr online kaufen werden. Dennoch wissen wir aktuell fast nichts über das Nutzerverhalten unserer Webseitenbesucher. Wir

wollen deshalb das Nutzerverhalten unserer Webseitenbesucher besser verstehen, um

1. unsere Webseite zu optimieren
2. unsere Zielgruppe besser anzusprechen und
3. unseren Onlineumsatz deutlich zu steigern."

Wie kann die Exklusiva GmbH herausfinden, wie sie ihre Zielgruppe online besser ansprechen kann?

INFORMATIONEN

DEFINITION

In der **Webanalyse** werden Daten zum Nutzerverhalten auf einer Webseite erfasst, gesammelt, analysiert und daraus Maßnahmen zur Optimierung entwickelt.

Die Webanalyse ist keine einmalige Aufgabe, sondern ein **kontinuierlicher und langfristiger Prozess aus Messen, Analysieren und Optimieren**.

Mit entsprechenden Tools lässt sich das Nutzerverhalten zu jeder Zeit automatisch aufzeichnen. Diese Daten müssen dann analysiert werden und daraus Maßnahmen zur Optimierung entwickelt werden. Wurden diese Maßnahmen umgesetzt, gilt es, die Auswirkungen dieser Änderungen zu analysieren. Damit beginnt ein neuer Optimierungszyklus. Mit jedem Optimierungszyklus wird die Webseite Schritt für Schritt verbessert, um so die Zielgruppe besser anzusprechen und den Onlineumsatz zu steigern.

Die umfangreichen Auswertungs- und Optimierungsmöglichkeiten machen die Webanalyse damit zu einem unverzichtbaren Instrument des Onlinemarketings.

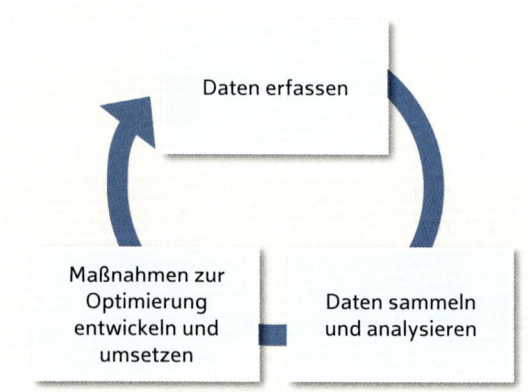

Webanalyse als fortlaufender Prozess mit dem Ziel der Webseitenoptimierung

Ziel der Webanalyse

Die Webanalyse dient der langfristigen Erfolgskontrolle von Webseiten. Aus den erfassten Nutzerdaten können Kennzahlen (**KPIs, englisch: Key Performance Indicator**) berechnet werden.

Mögliche KPIs können sein:

- durchschnittliche Aufenthaltsdauer auf einer Unterseite
- durchschnittliche Anzahl aufgerufener Unterseiten
- Anteil der Besucher, die nur eine Unterseite aufgerufen haben

- durchschnittlicher Bestellwert
- Conversion-Rate

Zur Verbesserung dieser KPIs können entsprechende Maßnahmen entwickelt werden. Diese Maßnahmen werden dann umgesetzt und ihr Erfolg mittels Webanalyse überprüft.

Mögliche Ziele der Webanalyse könnten sein:

- Besucherzahlen steigern
- Besucher möglichst lange auf der Webseite halten
- Conversion steigern, z.B. mehr Bestellungen oder Kontaktanfragen generieren
- Umsatzsteigerung
- Besucher sollen bestimmte Inhalte (z.B. Videos oder Blogartikel) konsumieren und damit über Produkte informiert werden
- Erfolgskontrolle von Werbeinvestitionen
- Erfolgskontrolle von Social Media Marketing
- …

Zielgruppe mit Webanalyse verstehen

Ein Unternehmen, das offline erfolgreich ist, muss nicht zwangsläufig online erfolgreich sein – und umgekehrt. Oft unterscheidet sich die Zielgruppe, die offline kauft, von der Online-Zielgruppe. Und unterschiedliche Zielgruppen haben unterschiedliche Bedürfnisse und Interessen und müssen demnach unterschiedlich angesprochen werden.

Durch Webanalysen kann sehr gut festgestellt werden, wie unterschiedliche Zielgruppen auf ein Angebot reagieren. Beispielsweise können bestimmte KPIs nach unterschiedlichen Merkmalen „segmentiert" werden.

So kann zum Beispiel nachvollzogen werden, wie sich die Seitenaufenthaltsdauer, die Conversion-Rate, der durchschnittliche Bestellwert usw. in Abhängigkeit vom Geschlecht, Alter oder der Sprache des Webseitenbesuchers verändert.

BEISPIEL

Die Exclusiva GmbH verkauft Brettspiele und möchte nachvollziehen, welche Zielgruppe vorwiegend Brettspiele kauft, um diese gezielter anzusprechen. In den Daten aus dem Webanalyse-Tool der Exclusiva GmbH werden die letzten 1 000 verkauften Brettspiele analysiert.

Merkmal Geschlecht:

- 730 Brettspiele wurden an Männer und nur 270 an Frauen verkauft.
- Männer besuchten im Durchschnitt 8 Unterseiten, Frauen nur 5.
- Männer kauften im Durchschnitt für 45,30 € ein, Frauen für 37,82 €.

Merkmal Alter:

- Von den 730 Männern waren 80 % zwischen 35–45 Jahre alt.

Merkmal Sprache:

- 90 % der Bestellungen wurden von deutschsprachigen Besuchern, 8 % von englischsprachigen getätigt.

Dies sind nur wenige Beispiele für Segmentierungsmöglichkeiten. Mit einem Webanalyse-Tool könnten die Webseitenbesucher nach folgenden zusätzlichen Kriterien analysiert werden:

Kriterium	Mögliche Fragestellung
Standort des Besuchers	Deutschland im Vergleich zu Österreich und der Schweiz oder Berlin im Vergleich zu Hamburg
Browsersprache des Besuchers	Deutsch im Vergleich zu Englisch
Neuer vs. wiederkehrender Besucher	Wie groß ist der Anteil von neuen Besuchern im Vergleich zu wiederkehrenden und wie unterscheidet sich deren Verhalten?
Browser und Betriebssystem des Besuchers	Google-Chrome-Nutzer im Vergleich zu Safari- oder Firefox-Nutzern
Internetanbieter des Besuchers	Telekom- im Vergleich zu Vodafone-Nutzern
Gerätetyp des Besuchers	Vergleich von Laptop- zu Tablet- und Smartphone-Nutzern oder ein Vergleich von iPhone- zu Android-Nutzern
Interessen des Besuchers	Wie verhalten sich Menschen, die sich für Essen interessieren, im Vergleich zu Menschen, die sich für Beauty & Wellness interessieren?
Herkunftskanal des Besuchers	Wie verhalten sich Menschen, die von Facebook und Instagram kommen, im Vergleich zu Menschen von Google-Werbeanzeigen?

u. v. m.

Möglichkeiten und Grenzen von Webanalysen

Das ist möglich:	Das ist nicht möglich:
Die Webanalyse liefert anonymisierte Daten über das Verhalten der Webseitenbesucher. Es werden die Daten einer Masse an Menschen erfasst.	Es dürfen keine Rückschlüsse auf Einzelpersonen möglich sein. Der Name oder die IP-Adresse des Besuchers wird demnach nicht erfasst.
Webanalyse-Tools sammeln Daten und stellen Möglichkeiten zur Visualisierung und Auswertung zur Verfügung.	Webanalyse-Tools interpretieren Daten nicht, sondern helfen nur bei der Interpretation der Daten und der Entwicklung von Optimierungsmaßnahmen.

Rechtliches

Die Erhebung dieser Daten darf nur entsprechend der aktuellen Datenschutzrichtlinien erfolgen. Die Datenschutzrichtlinien können je nach Branche, Art der Daten oder Erhebungsort variieren. Eine rechtliche Beratung ist hier im Einzelfall immer zu empfehlen.

Dennoch gibt es einige Grundregeln, die stets zu beachten sind:

- **Regel 1:** Webseitenbesucher müssen in der Datenschutzerklärung darüber informiert werden, in welchem Umfang und mit welchen Tools Daten erfasst werden.
- Datenschützer fordern, dass Webseitenbesucher nur erfasst werden, wenn sie sich aktiv dazu bereiterklären. Die Rechtsprechung ist sich hier noch nicht eindeutig.
- **Regel 2:** In Europa muss die erfasste IP-Adresse anonymisiert werden, in dem die letzte der vier Ziffern auf

"0" gesetzt wird. Die Datenschutzerklärung muss auf jeder Seite erreichbar sein.
- **Regel 3:** Ein Hinweis auf das Widerrufsrecht muss in der Datenschutzerklärung enthalten sein.
- **Regel 4:** Werden Cookies eingesetzt, muss der Besucher darüber informiert werden.
- **Regel 5:** Im Einzelfall immer einen Fachmann befragen.

Installation von Webanalyse-Tools

Zur Installation des Webanalyse-Tools muss ein bestimmtes Stück Code auf jede Unterseite der Webseite eingefügt werden. Dies kann nur vom Webseitenbetreiber selbst vorgenommen werden. Viele Content-Management-Systeme bieten hier vorgefertigte Lösungen, um in wenigen Minuten dieses sogenannte „Website Tag" oder „Tracking-Pixel" auf jeder Unterseite zu platzieren.

```
<script async src="https://www.googletagmanager.com/gtag/js?id=UA-12345678-1"></script>
<script>
window.dataLayer = window.dataLayer || [];
function gtag(){dataLayer.push(arguments);}
gtag('js', new Date());
gtag('config', 'UA-12345678-1');
</script>
```

Beispiel für ein Website-Tag von Google Analytics. UA-12345678-1 ist die individuelle Nummer des Webseitenbetreibers.

Dieses Stück Code enthält in der Regel eine individuelle Nummer, die zum Account des Webseitenbetreibers gehört. So wird sichergestellt, dass jeder Webseitenbetreiber nur seine eigenen Webseiten-Daten sehen kann.

Arten von Webanalyse-Tools

Marktführer mit schätzungsweise 80 % Marktanteil ist das kostenfreie Tool Google Analytics. **Google Analytics** überzeugt durch eine Einrichtung in wenigen Minuten

und umfassende Auswertungsmöglichkeiten. Zudem ist die Integration zu anderen Google Tools, wie Google Ads, der Google Seach Console mit wenigen Klicks machbar.

Eine kostenfreie Alternative zu Google Analytics ist das Open-Source Tool **Piwik**.

Populäre kostenpflichtige Analysetools sind **eTracker**, **Adobe Analytics** oder **Econda**. Econda positioniert sich vor allem als Webanalyse-Tool für Onlineshops.

AUFGABEN

1. Definieren Sie „Webanalyse" in Ihren eigenen Worten.

2. Warum ist Webanalyse ein kontinuierlicher und langfristiger Prozess?

3. Was sind die Vorteile einer Webanalyse?

4. Was ist mit der Webanalyse nicht möglich bzw. nicht erlaubt?

5. Erklären Sie, wie Webanalyse-Tools auf Ihrer Webseite installiert werden und wie dadurch sichergestellt wird, dass jeder Webseitenbetreiber nur seine eigenen Daten sehen kann.

6. Im Beispiel im Abschnitt „Zielgruppe verstehen" wurden Informationen über die letzten 1000 Brettspielkäufe der Exklusiva GmbH aufgelistet. In diesem Beispiel wurden die meisten Brettspiele von Männern im Alter zwischen 35–45 Jahren gekauft.
   a) Überlegen Sie Maßnahmen, mit denen Sie den Brettspielumsatz mit dieser Zielgruppe noch weiter erhöhen können.
   b) Die Abteilungsleiterin aus dem Verkauf beschließt, dass im nächsten Jahr mindestens 100 zusätzliche Brettspiele an Frauen verkauft werden sollen. Wie könnte dies erreicht werden und wie könnte Webanalyse hier helfen?

7. Registrieren Sie sich für einen kostenlosen Demo-Account von Google Analytics. Geben Sie dazu bei Google „Demo-Account Google Analytics" ein oder folgen Sie diesem Link: *https://analytics.google.com/analytics/web/demoAccount*
   Sie haben nun Zugriff auf die realen Daten des Google Merchandise Stores.
   Ermitteln Sie folgende Daten:
   a) Wie viele Nutzer waren vom 01.01.2017 – 31.12.2017 auf der Webseite?
      ca. 52 000, ca. 178 000 oder ca. 745 000?
   b) Wie hoch war die Conversion-Rate im Jahr 2017?
      ca. 1,9 %, ca. 2,6 %, ca. 3,5 %?
   c) Klicken Sie in der Navigation auf: Zielgruppe → Geografie → Standort und ermitteln Sie, aus welchem Land die meisten Webseitenbesucher kommen: aus den USA, Deutschland oder Großbritannien?
   d) Wo finden Sie Informationen zu demografischen Merkmalen wie dem Geschlecht? Können Sie ermitteln, wie hoch der Umsatz von Männern im Vergleich zu Frauen im Jahr 2017 war?
      • Männer: 2,65 Millionen $ Umsatz, Frauen deutlich weniger
      • Männer: 1,47 Millionen $ Umsatz, Frauen ähnlich viel
      • Männer: 1,89 Millionen $ Umsatz, Frauen deutlich mehr

ZUSAMMENFASSUNG

Webanalyse

= Daten zum Nutzerverhalten auf einer Webseite werden erfasst, gesammelt, analysiert und daraus Maßnahmen zur Optimierung entwickelt. Webanalyse ist ein kontinuierlicher und langfristiger Prozess.

Ziele	Das ist nicht möglich	Rechtliches
= langfristige Erfolgskontrolle von Webseiten • Aus den erfassten Nutzerdaten werden KPIs berechnet. • Maßnahmen werden durchgeführt, um KPIs zu verbessern. • Webanalyse ermöglicht Erfolgskontrolle jedes Optimierungsschrittes.	• Keine Rückschlüsse auf Einzelpersonen möglich, da Daten nur anonymisiert erfasst werden. • Webanalyse-Tools interpretieren Daten nicht, sondern helfen nur bei der Interpretation der Daten und der Entwicklung von Optimierungsmaßnahmen.	• 5 Grundregeln beachten • Datenschutzrichtlinien können je nach Branche, Art der Daten oder Erhebungsort variieren. Im Einzelfall immer Fachmann fragen.

10.7 Mit Webanalyse den Erfolg der Webseite maximieren

Einstieg

Um weiter den Umsatz über den Webshop zu steigern, trifft sich Frau Zeitz, die Abteilungsleiterin Verkauf, mit Herrn Kleim von der Onlinemarketing-Agentur „AB Performance".

Frau Zeitz:

„Unser Webshop wird aktuell von rund 20 000 Menschen im Monat besucht. 1,5 % aller Besucher kaufen bei uns verschiedenste Artikel. D. h. wir generieren rund 300 Bestellungen im Monat."

Herr Kleim:

„Glückwunsch, das sind doch für den Anfang schon gute Zahlen."

Frau Zeitz:

„Ja, aber wir wollen mehr! Mehr Bestellungen und mehr Umsatz! Wie können Sie uns dabei helfen?"

Herr Kleim:

„Sie benötigen mehr Traffic, also kaufinteressierte Besucher, auf Ihrer Webseite. Sie könnten beispielsweise Werbeanzeigen auf bestimmte Suchbegriffe bei Google schalten."

Frau Zeitz:

„Aber, das kostet doch mit Sicherheit eine Menge Geld?"

Herr Kleim:

„Es ist eine Investition in Werbung. Genauso, wie Sie Geld für den Druck eines Katalogs, für eine Zeitungsanzeige oder für einen Messeauftritt investieren, können Sie auch online Werbung schalten.

Wichtig ist, dass Sie messen, wie viele Kunden und wie viel Umsatz Sie aus Ihrem Werbebudget generieren! Denn wenn Sie wissen würden, dass Sie aus 1.000,00 € Werbeinvestment 10.000,00 € Umsatz generieren, würden Sie es dann machen?"

Frau Zeitz:

„Wahrscheinlich, aber wie soll das funktionieren?"

Herr Kleim:

„Mit Webanalyse!"

Frau Zeitz:

„Also angenommen, wir zahlen für 1000 Webseitenbesucher 500,00 €. Woher weiß ich dann, wie viele kaufen und wie viel Umsatz ich generiert habe?"

Herr Kleim:

„Sie können das ganz genau und ganz einfach messen. Bei einer Conversion-Rate von 1,5 % würden von 1000 Webseitenbesuchern 15 kaufen. Sie müssen jetzt nur wissen, wie viel Umsatz diese 15 Kunden generiert haben. Aber auch den Umsatz können Sie einfach messen – über den Warenkorbwert jedes Kunden."

Frau Zeitz:

„Das ist ja genial! Das sollten wir ausprobieren!"

Herr Kleim:

„Mit welchen Produkten wollen Sie starten?"

Frau Zeitz:

„Der Frühling fängt gerade an. Lassen Sie uns unsere Laufschuh-Kollektion online bewerben. Wenn es funktioniert, können wir es auf die anderen Produktsparten ausweiten."

Herr Kleim empfiehlt, mehr Kunden durch die Steigerung der Zahl der Webseitenbesucher zu gewinnen. Welche Kennzahl könnte man zusätzlich durch eine Webseiten-Optimierung steigern und damit noch mehr Kunden gewinnen?

INFORMATIONEN

Eine Webseite, die Kundenanfragen oder direkt Umsatz generiert, kann als eigenständiger Vertriebskanal fungieren. Damit dieser Vertriebskanal Ertrag bringt, braucht es zwei Dinge:

1. **Traffic:** kaufinteressierte Besucher auf der Webseite
2. **Conversion:** Die Besucher führen die gewünschte Handlung durch, z.B. die Eintragung in ein Kontaktformular oder der Kauf in einem Onlineshop.

Traffic und Conversion sind die wichtigsten Säulen zum Erfolg. Mehr Traffic bedeutet, dass mehr potenzielle Kunden auf der Webseite sind. Bei einer höheren Conversion-Rate werden mehr der potenziellen Kunden zu wirklichen Kunden.

Nur wenn beide Säulen bestehen, funktioniert der Vertriebskanal. Denn ohne Traffic befinden sich keine Menschen auf der Webseite. Eine hohe Conversion-Rate bei nur einer Handvoll Besucher wird keinen Ertrag bringen. Ebenso macht es kein Unternehmen erfolgreich, wenn es 100 000 Webseitenbesucher hat, davon aber niemand kauft oder eine Kontaktanfrage stellt.

Doch wie kann man den Erfolg beider Säulen optimieren? Durch Webanalyse.

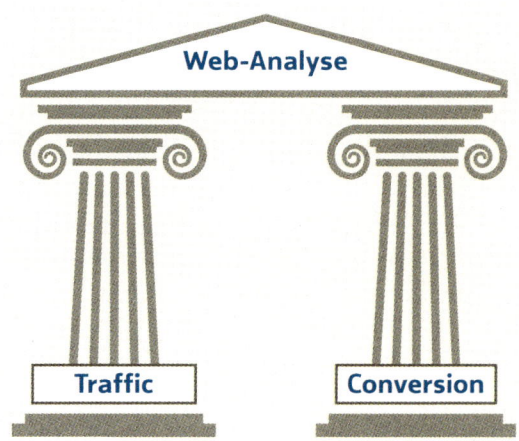

Webanalyse ermöglicht die Optimierung von Traffic und Conversion und maximiert damit den Onlineerfolg.

Optimierung des Traffics mithilfe der Webanalyse

Traffic, also die Webseitenbesucher, kann aus verschiedenen Quellen kommen. Hier sind einige mögliche Quellen aufgelistet:

Traffic-Quelle	Beispiel
Organische Suche	Menschen, die bei Suchmaschinen, wie Google oder Bing, etwas gesucht haben und dann auf den Eintrag der Webseite geklickt haben. Um in den organischen Suchergebnissen mit einem Eintrag gelistet zu sein, ist eine Suchmaschinenoptimierung (SEO) der Webseite erforderlich.
Bezahlte Suchmaschinenwerbung	Werbetreibende können zu bestimmten Suchbegriffen, wie z.B. „Laufschuh kaufen", Werbeanzeigen in den Suchmaschinen schalten. Damit haben sie die Möglichkeit, sofort und auch ohne SEO in der Suchanfrage gelistet zu werden und dadurch Besucher zu generieren.
Social-Media-Traffic	Besucher, die durch Beiträge in den sozialen Netzwerken, wie beispielsweise Facebook, Instagram, Twitter, Snapchat oder LinkedIn, auf die Webseite gelangen.
Verweiszugriffe	Besucher, die durch Links auf externen Seiten auf die Webseite gelangen.
Werbebanner	Besucher, die durch Klick auf einen Werbebanner auf externen Seiten auf die Webseite gelangen.
...	

273

Fakt ist: Keine Traffic-Quelle ist umsonst. Sie kostet entweder Zeit oder Geld oder beides. Die Zeit wird zum Erstellen von Beiträgen benötigt und das Geld zum Erstellen von Grafiken oder zum Einkaufen des Werbeplatzes.

Die Kernfrage ist also: Wie viele Kunden können für einen bestimmten Aufwand generiert werden?

Herr Kleim von der Agentur AB Performance aus unserer Einstiegssituation hat Frau Zeitz von der Exclusiva GmbH empfohlen, Werbeanzeigen bei Google zu schalten, also sogenannte „Google Ads" zu nutzen. Die Exclusiva GmbH möchte damit den Verkauf ihrer Laufschuh-Kollektion fördern. Wie Webanalyse helfen kann, den Werbeerfolg zu messen und zu optimieren, soll das folgende Beispiel zeigen.

FALLBEISPIEL: Google Ads für die Laufschuh-Kollektion der Exclusiva GmbH

Traffic-Quelle: Bezahlte Suchmaschinenwerbung, Google Ads
Budget: 5.000,00 € (4.000,00 € Werbebudget, 1.000,00 € gehen an Herrn Kleim als Dienstleister)
Zeitinvestment: vernachlässigbar, da Herr Kleim als Dienstleister die Arbeit übernimmt
Zeitraum: 4 Monate (März – Juni)
Ziel: Mehr Laufschuhe verkaufen und max. 30,00 €/Kunde bezahlen

Ziel: Traffic-Optimierung

Für folgende Suchbegriffe wird die Exklusiva GmbH in den Monaten März bis Juni mit einer Werbeanzeige erscheinen:

„Laufschuh Herren", „Laufschuh Damen", „Marathon Laufschuh", „Laufschuh kaufen"

Nach dem ersten Monat (März) liefert Herr Kleim folgende Statistik

Suchbegriff	Anzahl generierter Besucher	Werbekosten für alle Besucher	Conversion-Rate	Anzahl generierter Kunden	Investment pro Kunde	Durchschn. Umsatz pro Kunde
Laufschuh Herren	800	500 €	1,38 %	11	45,46 €	221,40 €
Laufschuh Damen	600	300 €	1,17 %	7	42,86 €	240,50 €
Marathon Laufschuh	400	120 €	0,75 %	3	40,00 €	230,10 €
Laufschuh kaufen	200	80 €	3,50 %	7	11,43 €	180,00 €

Frau Zeitz:

„Ich bin sehr zufrieden mit dem ersten Ergebnis. Besonders freut mich, dass viele Kunden noch weitere zusätzliche Artikel aus dem Shopsortiment bestellen. Somit liegt der durchschnittliche Umsatz pro Bestellung deutlich über dem Preis eines einzigen Laufschuhs. Wenn dann noch diese Kunden wiederholt kaufen, könnten die bezahlten Werbeanzeigen eine sehr attraktive Traffic-Quelle für die Exklusiva GmbH sein. Gerne würden wir jedoch nur 30,00 € pro Bestellung an Werbung investieren."

Herr Kleim:

„Ich schlage deshalb folgende Optimierungsmaßnahmen für den Monat April vor:

1. Wir werden das Budget für die Begriffe ‚Laufschuh Herren', ‚Laufschuh Damen' und ‚Marathon Laufschuh' reduzieren, weil hier das Investment pro Kunde recht hoch ist.
2. Wir werden zwei neue Begriffe: ‚Joggingschuh Herren' und ‚Joggingschuh Damen' hinzufügen. Bei diesen Begriffen besteht weniger Konkurrenz und somit könnten für diese Suchbegriffe günstiger Webseitenbesucher eingekauft werden."

Frau Zeitz:

„So machen wir das. Ich freue mich am Ende des nächsten Monats auf Ihren Bericht."

Am Ende des 2. Monats fasst Herr Kleim die Analyse-Daten aus dem Monat April zusammen:

Suchbegriff	Anzahl generierter Besucher	Werbekosten für alle Besucher	Conversion-Rate	Anzahl generierter Kunden	Investment pro Kunde	Durchschn. Umsatz pro Kunde
Laufschuh Herren	650	400 €	1,69 %	11	36,36 €	200,10 €
Laufschuh Damen	450	210 €	1,33 %	6	35,00 €	210,00 €
Marathon Laufschuh	420	125 €	0,95 %	4	31,25 €	266,50 €
Laufschuh kaufen	210	82 €	3,81 %	8	10,25 €	198,10 €
Joggingschuh Herren	250	101 €	1,60 %	4	25,25 €	192,50 €
Joggingschuh Damen	200	82 €	2,00 %	4	20,50 €	233,00 €

Frau Zeitz:

„Warum ist das Investment pro neu gewonnenem Kunden für die Begriffe ‚Laufschuh Herren‘, ‚Laufschuh Damen‘ und ‚Marathon Laufschuh‘ gesunken? Was haben Sie geändert?"

Herr Kleim:

„Ich habe gar nichts geändert. Das sind einfach Schwankungen. Ein generierter Kunde mehr oder weniger kann die Zahlen bei diesem Datensatz deutlich verändern. Dieser recht kleine Datensatz ist also mit Vorsicht zu genießen."

Frau Zeitz:

„Okay, verstehe. Aber der Begriff ‚Laufschuh kaufen‘ scheint gut zu funktionieren. Über 3 % Conversion-Rate zeigt, dass die Besucher das passende Angebot bei uns finden."

Herr Kleim:

„Ja, da haben wir eine Suchanfrage gefunden, die sehr gut für uns funktioniert."

Frau Zeitz:

„Super! Und die neuen Begriffe ‚Joggingschuh Herren‘ und ‚Joggingschuh Damen‘ scheinen im ersten Test ja auch gut zu funktionieren. Aber klar, der Datensatz ist noch zu klein, um eine sichere Aussage zu treffen."

Herr Kleim:

„Ja, richtig. Aber schon einmal ein guter Start."

Frau Zeitz:

„Meinen Sie, wir sollten die Begriffe ‚Laufschuh Herren‘ und ‚Laufschuh Damen‘ streichen und für diese keine Anzeigen mehr schalten?"

Herr Kleim:

„Auf keinen Fall. Das wäre viel zu früh. Erst einmal werden diese Begriffe relativ häufig gesucht und sie funktionieren ja schon einigermaßen gut. Und wir haben uns noch nicht mit der Conversion-Optimierung Ihrer Webseite befasst."

Frau Zeitz:

„Verstehe. Dann sollten wir gleich mit der Conversion-Optimierung starten. Was sollten wir zuerst testen?"

Conversion-Optimierung

Um die Conversion zu optimieren, sollten drei zusätzliche KPIs für die einzelnen Suchbegriffe betrachtet werden:

1. die durchschnittliche Aufenthaltsdauer auf der Webseite

2. die durchschnittliche Anzahl besuchter Unterseiten

3. die Absprungrate

Dies berücksichtigt auch Herr Kleim von der „AB Performance"-Agentur:

Fortsetzung FALLBEISPIEL

Suchbegriff	Conversion-Rate	Investment pro Kunde	Durchschn. Umsatz pro Kunde	Durch- schnittliche Aufenthalts- dauer	Durch- schnittliche Anzahl besuchter Unterseiten	Absprung- rate
Laufschuh Herren	1,69 %	36,36 €	200,10 €	00:01:10	2,4	77 %
Laufschuh Damen	1,33 %	35,00 €	210,00 €	00:01:05	2,3	80 %
Marathon Laufschuh	0,95 %	31,25 €	266,50 €	00:00:32	1,5	85 %
Laufschuh kaufen	3,81 %	10,25 €	198,10 €	00:03:52	6,5	45 %
Jogging- schuh Herren	1,60 %	25,25 €	192,50 €	00:01:26	3,8	66 %
Jogging- schuh Damen	2,00 %	20,50 €	233,00 €	00:01:33	4,6	62 %

Es fällt auf, dass gerade bei den ersten drei Suchbegriffen die Besucher mit einer Rate > 77 % wieder abspringen und vergleichsweise kurz auf der Seite bleiben und wenig Unterseiten besuchen.

Der Fehler könnte sein, dass aktuell jeder nach Klick auf die Werbeanzeige auf eine Übersichtsseite mit verschiedenen Laufschuhen geleitet wird. Dabei sind sowohl Herren- als auch Damenschuhe auf der gleichen Seite gelistet. Herr Kleim vermutet, dass die Landingpage nicht zur Suchanfrage passt. Der Suchende könnte deshalb irritiert sein und die Seite der Exclusiva GmbH wieder verlassen.

Er erstellt deshalb drei neue Landingpages:

Nr.	Inhalt der Landingpage	Für die Suchbegriffe
1	Enthält eine Sammlung von Herrenlaufschuhen	Laufschuh Herren, Joggingschuh Herren
2	Enthält eine Sammlung von Damenlaufschuhen	Laufschuh Damen, Joggingschuh Damen
3	Enthält eine Sammlung von Laufschuhen mit verstärkter Dämpfung, die gerade für Marathonläufer interessant sind.	Marathon Laufschuh

Nach einem weiteren Monat sehen die Performance-Daten der Werbeanzeigen folgendermaßen aus:

Suchbegriff	Anzahl generierter Besucher	Werbekos-ten für alle Besucher	Conversion-Rate	Anzahl generierter Kunden	Investment pro Kunde	Durchschn. Umsatz pro Kunde
Laufschuh Herren	645	390 €	2,33 %	15	26,00 €	215,63 €
Laufschuh Damen	437	210 €	2,06 %	9	23,33 €	200,66 €
Marathon Laufschuh	430	128 €	1,63 %	7	18,29 €	255,10 €
Laufschuh kaufen	208	88 €	3,37 %	7	12,57 €	188,93 €
Jogging-schuh Herren	245	105 €	1,22 %	3	35,00 €	198,35 €
Jogging-schuh Damen	200	79 €	2,00 %	4	19,75 €	201,12 €

Frau Zeitz:

„Wow, Herr Kleim. Ich bin beeindruckt. Sie haben es geschafft, bereits nach drei Monaten die Werbeanzeigen so zu optimieren, dass wir fast immer für weniger als 30,00 € einen Kauf erzielen. Sie haben aus 1.000,00 € Werbebudget 45 Käufe erzielt. Das sind gut 22,00 € pro Kauf!"

Herr Kleim:

„Ja, die Tendenz sieht sehr gut aus. Aber behalten Sie im Hinterkopf, dass die Daten zwar eine Tendenz geben, aber noch nicht ganz aussagekräftig sind. Einen Kauf mehr oder weniger für den Begriff ‚Joggingschuh Herren', und das Investment pro Kunde sieht bereits ganz anders aus."

Frau Zeitz:

„Das verstehe ich! Aber die Entwicklung überzeugt. Ich bin gespannt auf die Ergebnisse aus dem nächsten Monat!"

Das Beispiel hat gezeigt, dass Webanalyse und die damit einhergehende Optimierung ein langfristiger Prozess ist. In diesem Beispiel konnten Kunden für gut 22,00 € Investment gewonnen werden.

Wenn man das Honorar von Herrn Kleim mit einberechnet (1.000,00 € für vier Monate, d.h. 250,00 €/Monat), resultiert ein Investment pro Kunde von 27,78 €. 27,78 € pro neu gewonnenem Kunden praktisch ohne Zeitaufwand ist für die Exclusiva GmbH ein gutes Ergebnis.

AB-Tests zur Conversion-Optimierung

Herr Kleim hat in dem Beispiel drei neue Landingpages erstellt, um die Besucher aus den Google-Werbeanzeigen gezielter anzusprechen. Mithilfe von **AB-Tests**, auch **Splittests** genannt, könnte man weiterhin die Conversion-Rate steigern.

DEFINITION

Bei einem **AB-Test** werden zwei Varianten einer Webseite erzeugt: die Variante A und B. Nun werden die Besucher in zwei Ströme aufgeteilt. Ein Teil der Besucher sieht nur die Variante A und der andere Teil sieht nur die Variante B. Nach einem gewählten Zeitraum werden die resultierenden KPIs vergleichen.

Die Variante mit den besseren KPIs, z. B. mit der höheren Conversion-Rate, wird übernommen. Die schlechtere Variante wird verworfen.

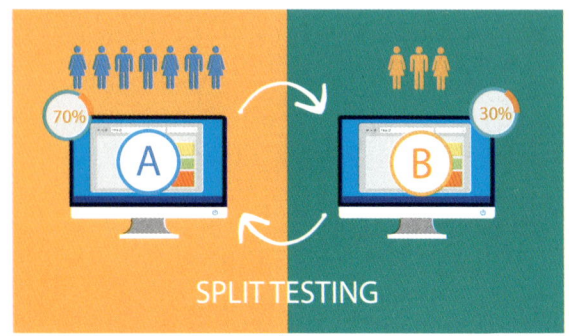

SPLIT TESTING

AUFGABEN

1. Definieren Sie die Begriffe „Traffic" und „Conversion" bezogen auf einen Onlineshop.

2. Erklären Sie, warum eine erfolgreiche Webseite sowohl Traffic als auch eine gute Conversion-Rate braucht.

3. Ihre Unternehmenswebseite:
   a) Listen Sie auf, aus welchen Quellen Ihre Unternehmenswebseite Webseitenbesucher generiert.
   b) Was sind Ihrer Einschätzung nach die drei Traffic-Quellen, die Ihrer Unternehmenswebseite die meisten Webseitenbesucher bringen?

4. Inwiefern hilft Webanalyse, die richtige Traffic-Quelle zu finden?

5. Was versteht man unter einem AB-Test und wie kann Webanalyse bei der Auswertung eines solchen Tests helfen?

6. Versetzen Sie sich in die Rolle von Herrn Kleim. Was würden Sie in den nächsten Monaten testen, um die Kosten pro erzieltem Kunden noch weiter zu senken?

7. Georg hat einen neuen Onlineshop und möchte Gartengeräte verkaufen. Er schaltet Suchmaschinenwerbung für den Suchbegriff „elektrischer Rasenmäher". Für 100,00 € erzielt er 150 Webseitenbesucher und generiert damit einem Neukunden. Dieser generiert einen Umsatz von 90,00 €.
   Georg ist frustriert und sagt: „Nie wieder schalte ich Onlinewerbung. Das funktioniert nicht!" Wie überzeugen Sie ihn, dass er geduldiger sein sollte? Und wie kann Webanalyse ihm zum Erfolg verhelfen?

8. Lesen Sie den unten stehenden Text.
   a) Klären Sie Ihnen unbekannte Begriffe.
   b) Fassen Sie den Inhalt auf Englisch schlagwortartig in maximal fünf Sätzen zusammen.

A/B testing (also known as split testing) is a method of comparing two versions of a web page or app to find out which version performs better. Such targeted testing puts an end to the guesswork of optimizing online shops. Instead, data-driven decisions can be made.

Previously, the company could only make assumptions about how visitors could react to for example new design elements. A/B testing now allows the merchant to present his customers two versions of the same page (the original version A and version B with different design elements) and compare their reactions. He can then measure the effect of each version by the conversion-rate and thus determine which version he should apply.

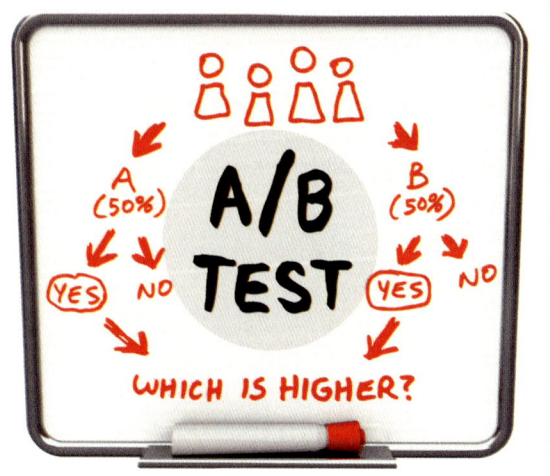

Example:

An online shop is not satisfied with its sales figures. The company decides to carry out an A/B test.

- First a target is defined: The annual turnover in a certain product group must be increased.
- The pages that are important to reach this goal are determined, for example the product pages on which the articles are presented.
- The product page is examined. The first striking thing about the page: the "buy" button is too small and doesn't attract attention.
- A better design of this button – for example in red – could lead to significantly more clicks and therefore to more sales.
- A product page with a red "buy" button is created.

- The A/B test is carried out. During the test, the visitors of the online shop are assigned to one of the two versions (either to the page with the "old" button or to the page with the striking red button). To get an objective result the new page has as many visitors as the original page.
- After enough customers have visited both pages, the merchant evaluates the test: 6 % of the visitors clicked the red button and only 1 % the button in the original version. This means that the red "buy" button has significantly increased the conversion-rate.

Continuous testing and optimization of webpages can increase sales, leads, registrations, downloads, etc. The company gains valuable insights into the behavior of its consumers.

ZUSAMMENFASSUNG

**Mit Webanalyse
den Erfolg der Webseite maximieren**

**Webanalyse
liefert Daten und KPIs**

Vergleich verschiedener Traffic-Quellen hinsichtlich ihrer Profitabilität

Steigerung der Conversion-Rate durch Webseitenoptimierung und AB-Tests

Traffic

= Anzahl Besucher auf der Webseite

- Traffic-Generierung ist niemals kostenlos. Es kostet immer Zeit oder Geld oder beides.

- Es gibt viele Traffic-Quellen
  - organische Suche
  - bezahlte Suchmaschinenwerbung
  - Social Media Traffic
  - Verweiszugriffe
  - Bannerwerbung
  - u.v.m.

Conversion

= gewünschte ausgeführte Handlungen, z. B. Kauf oder Kontaktanfrage

- Steigerung der Conversion-Rate ist oft Ziel der Webseiten-Optimierung

Zölle

Soziale Marktwirtschaft

Produktionsfaktor

GATT

Minimalprinzip

Wirtschaftskreislauf

Bedürfnisse

Faszilitäten

Konjunktur

Zentralverwaltungswirtschaft

Wirtschaftsordnung Geldpolitik

Fiskalpolitik EZB Kaufkraft

Stabilitätsgesetz

Lernfeld 11

Gesamtwirtschaftliche Einflüsse bei unternehme- rischen Entscheidungen berücksichtigen

11.1 Die Wirtschaftsordnungen

Einstieg

Auf einer von Geschäftsführer Hertien besuchten Unternehmertagung wird heftig darüber diskutiert, wie sozial die Wirtschaftsordnung der Bundesrepublik Deutschland ausgestaltet sein soll.

Soziale Marktwirtschaft

Industrie und Handwerk

Banken Versicherungen

Handel

ANGEBOT · NACHFRAGE
Verträge
MARKT
Verträge
· PREISBILDUNG

Landwirtschaft

Verkehr

Arbeitskräfte

Einkommen Verbrauch

Haushalte

Staat
Wirtschaftspolitik
Sozialpolitik
Steuerpolitik
Wirtschaftsförderung
Wettbewerbsordnung
Wirtschafts- und Gewerbekontrolle

Unternehmerische Planung und Entscheidung
Ergebniskontrolle

ZAHLENBILDER
200 250

© Bergmoser + Höller Verlag AG

Stellen Sie fest, wodurch sich die im Schaubild dargestellte soziale Marktwirtschaft der Bundesrepublik von der idealtypischen Wirtschaftsordnung der freien Marktwirtschaft unterscheidet.

INFORMATIONEN

Wirtschaftsordnungen

Eine moderne Volkswirtschaft ist durch Arbeitsteilung gekennzeichnet. Die spezialisierten Leistungen vieler Berufe, die Güterproduktion von einer großen Zahl unterschiedlicher Unternehmen sowie die vielfältige Nachfrage der Haushalte müssen jedoch auf irgendeine Weise aufeinander abgestimmt werden. Damit die arbeitsteilige Wirtschaft funktioniert, bedarf es also der Koordination (Abstimmung), anderenfalls wäre ein Chaos die Folge. Eine Wirtschaft muss also nach bestimmten Merkmalen organisiert sein.

DEFINITION
Unter einer **Wirtschaftsordnung** versteht man die Erscheinungsform einer Volkswirtschaft. Sie stellt die Summe aller Regeln dar, die für die Wirtschaft gelten.

Eine Wirtschaftsordnung umschreibt somit, auf welche Weise und durch welche Regelungen die am Wirtschaftsprozess Beteiligten (z. B. Unternehmen, Haushalte, Staat) zusammenwirken.

Es werden zwei große Gruppen von Wirtschaftsordnungen unterschieden:

- idealtypische Wirtschaftsordnungen
- realtypische Wirtschaftsordnungen

Idealtypische Wirtschaftsordnungen sind von der Wirklichkeit weitgehend losgelöste **theoretische Modelle.** Sie bestehen nur als Ideen. In der Praxis sind sie daher nicht in „reiner" Form anzutreffen. Mithilfe der idealtypischen Wirtschaftsordnungen können jedoch wesentliche wirtschaftliche Erkenntnisse gewonnen werden.

Zwei Denkmodelle stehen sich als absolute Gegensätze gegenüber:

- die freie Marktwirtschaft und
- die Zentralverwaltungswirtschaft.

Die Wirtschaftsordnungen verschiedener Staaten (wie z. B. die soziale Marktwirtschaft der Bundesrepublik oder die Wirtschaftsordnungen der USA oder der ehemaligen DDR) sind keine „reinen" Ordnungsformen, sondern „Mischformen" der beiden idealtypischen Modelle.

Unter **realtypischen Wirtschaftsordnungen** versteht man also die **tatsächlich in der Praxis bestehenden**

Wirtschaftsordnungen. In ihnen sind in unterschiedlichem Ausmaß Tatbestände der idealtypischen freien Marktwirtschaft und der Zentralverwaltungswirtschaft miteinander verschmolzen.

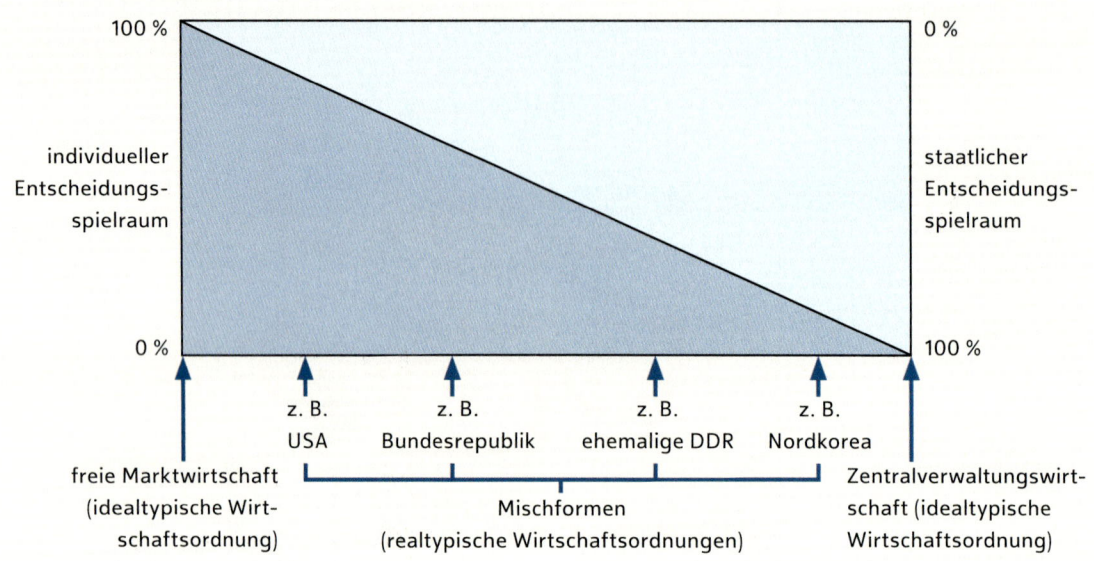

Idealtypische Wirtschaftsordnungen

Der entscheidende Unterschied zwischen der freien Marktwirtschaft und der Zentralverwaltungswirtschaft liegt in der Planung der Aktivitäten der Wirtschaftsteilnehmer:

Die **freie Marktwirtschaft** ist eine Wirtschaftsordnung, in der in ihrer Handlungsfreiheit unbeeinträchtigte Unternehmen und Haushalte für sich einzelne Wirtschaftspläne aufstellen und durchführen.

Bei der **Zentralverwaltungswirtschaft** wird alles Wirtschaften zentral, also durch einen Plan einer Zentralstelle, gelenkt.

BEISPIEL

In der freien Marktwirtschaft entscheidet jedes Unternehmen für sich, welche Güter es produzieren möchte und zu welchen Preisen es sie anbietet.

Freie Marktwirtschaft

Die freie Marktwirtschaft überlässt die Planung, was produziert bzw. verbraucht werden soll, den einzelnen Wirtschaftsteilnehmern. Die Koordination (Abstimmung) übernehmen dabei die Märkte, auf denen sich die Einzelpläne aller Beteiligten in Form von Angebot und Nachfrage treffen und über die Preisbildung zum Ausgleich kommen. Der Staat greift in die Wirtschaft nicht ein.

Die Betriebe in der freien Marktwirtschaft orientieren sich an den Marktgegebenheiten und den Preisen. Sie entscheiden selbst über Investitionen und streben nach Rentabilität. Die Dynamik der Märkte bietet die Chance des Gewinns, es droht aber auch ein Verlustrisiko. Es besteht eine freie Wahl von Beruf, Arbeitsplatz, Ausbildungsstätte, außerdem Niederlassungs- und Gewerbefreiheit.

Die freie Entscheidung und die freie Entfaltung der Wirtschaftsteilnehmer bewirken theoretisch
• eine optimale Herstellung,
• eine optimale Verteilung und
• einen optimalen Verbrauch der Güter.

Als **Nachteile** der freien Marktwirtschaft werden angesehen:

• Störungen durch die unternehmerische Freiheit
• Belästigung für die Bevölkerung, z. B. durch die freie Standortwahl
• Störung des ökologischen Haushalts
• Verschwendung von Rohstoffen
• Machtballungen entweder durch ungehemmten Wettbewerb oder durch Kartellbildungen
• Benachteiligung der wirtschaftlich Schwachen
• keine soziale Absicherung
• starke Abhängigkeit der Arbeitnehmer
• starke konjunkturelle Bewegungen

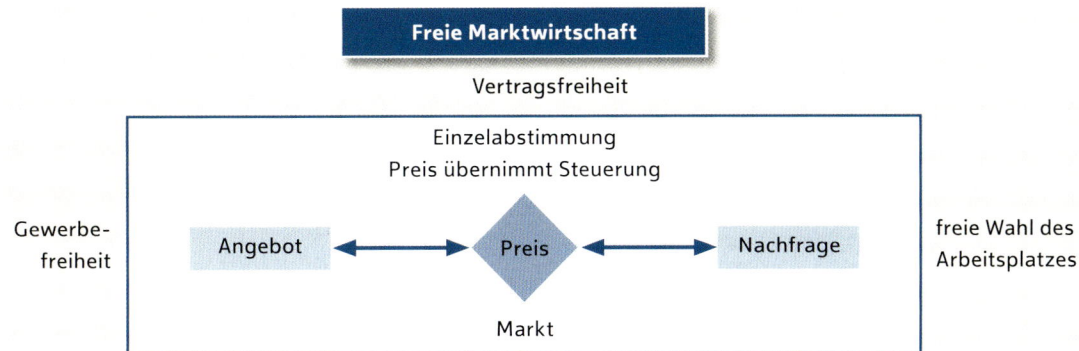

Zentralverwaltungswirtschaft

In der Zentralverwaltungswirtschaft sind die Wirtschaftsteilnehmer in ihren Dispositionen (= Entscheidungsfreiheit) beschränkt. Es erfolgt eine zentrale Planung, Lenkung und Kontrolle des gesamten Wirtschaftsgeschehens durch eine staatliche Behörde. Es besteht Staatseigentum an den Produktionsmitteln. Höhe und Art der Investitionen werden durch den staatlichen Plan festgelegt.

Die Preise bilden sich nicht am Markt, sondern werden administrativ (durch die Wirtschaftsverwaltung) vorgegeben. Oberstes Ziel allen wirtschaftlichen Handelns ist die Planerfüllung. Betriebe und Haushalte haben keine individuelle Entscheidungsfreiheit. Sie müssen sich den Planzielen unterordnen.

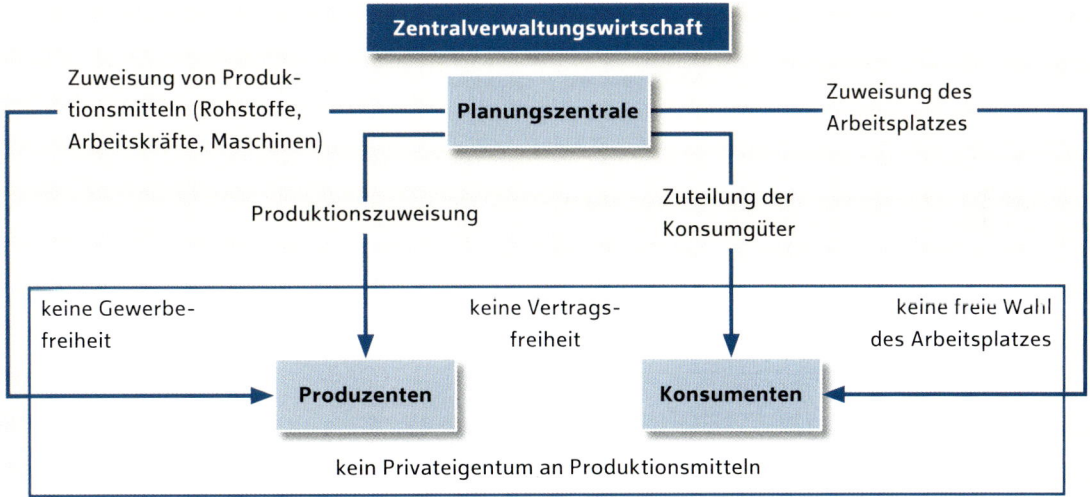

Zentralverwaltungswirtschaft	
Vorteile	**Nachteile**
• **keine Benachteiligung der wirtschaftlich Schwachen** Produktion und Konsum sind durch die staatlichen Planvorgaben am Gemeinwohl orientiert. • **keine konjunkturellen Schwankungen** Die wirtschaftliche Entwicklung kann durch die zentrale Planbehörde langfristig und krisenfrei geplant werden. • **kein Konkurrenzkampf** Die Betriebe müssen zur Planerfüllung zusammenarbeiten. • **Vollbeschäftigung** Jedem Arbeitnehmer wird ein Arbeitsplatz zugeteilt, um eine maximale Güterproduktion zur Bedarfsdeckung zu erreichen.	• **Eine genaue Planung ist unrealistisch.** Angesichts von ca. 20 Millionen Güterarten in der Volkswirtschaft ist es äußerst schwierig, einen genauen Überblick über die Bedürfnisse aller Haushalte und die Möglichkeiten aller Betriebe zu bekommen. • **große Auswirkungen von Planungsfehlern** Liegt auch nur ein Planungsfehler vor, wird das ganze Plansystem, dessen Daten zusammenhängen und voneinander abhängig sind, in Mitleidenschaft gezogen. • **schwerfällige Anpassung an Datenveränderungen** Die durch die Pläne starr festgelegte Produktion verhindert eine rasche Anpassung an veränderte Verhältnisse. • **mangelnder Einsatzwille** Infolge der Fremdbestimmung durch den Zentralplan wird die Eigeninitiative nicht gefördert.

Die Soziale Marktwirtschaft als realtypische Wirtschaftsordnung

Die soziale Marktwirtschaft ist eine realtypische Wirtschaftsordnung. Sie beruht auf dynamischem Wettbewerb und sozialem Fortschritt. Auch die wirtschaftlich Schwachen, seien es nun kleine Unternehmen, Bauern oder Arbeiter, müssen die Chance erhalten, sich wirtschaftlich zu behaupten.

> **DEFINITION**
>
> Ziel der **sozialen Marktwirtschaft** ist es, das Prinzip der Freiheit auf dem Markt, wo die Wirtschaftsteilnehmer ihre eigenen Pläne aufstellen, zu verbinden mit dem Prinzip des sozialen Ausgleichs, für das der Staat sorgt.

Dem Staat fällt die Aufgabe zu, für entsprechende Rahmenbedingungen zu sorgen. Somit geht die Wirtschaftsordnung der Bundesrepublik über das Modell der freien Marktwirtschaft weit hinaus. Zwar ist deren Grundelement – die Individualplanung der Wirtschaftsteilnehmer auf dem Markt – weitgehend verwirklicht. In bestimmten Bereichen beeinflusst bzw. lenkt der Staat jedoch das Wirtschaftsgeschehen, um für soziale Gerechtigkeit und Sicherheit zu sorgen. Der Staat ergänzt also durch aktive Eingriffe das marktwirtschaftliche Geschehen dort, wo es versagt oder zu unerwünschten gesellschaftlichen und sozialen Ergebnissen führt.

Staatliche Wettbewerbspolitik

Zu den volkswirtschaftlichen Grundlagen der freien Marktwirtschaft gehört der Wettbewerbsgedanke. Die Erfahrung zeigt aber, dass die Beibehaltung des Wettbewerbs in einer freien Marktwirtschaft nicht zwangsläufig ist.

Zur Aufrechterhaltung und institutionellen Sicherung des Leistungswettbewerbs werden im Rahmen der staatlichen Wettbewerbspolitik verschiedene Gesetze erlassen. Daher sind Kartellverbote, Fusionskontrollen und Missbrauchsaufsicht Eckpfeiler der sozialen Marktwirtschaft.

Sozialpolitik

In der freien Marktwirtschaft erfolgt die Aufteilung bzw. die Umverteilung des Sozialprodukts nur auf der Grundlage von Leistungen, die der Einzelne erbracht hat. In der sozialen Marktwirtschaft der Bundesrepublik werden zusätzlich individuelle Lebensverhältnisse wie Alter, Familienstand, Gesundheit usw. berücksichtigt. Noch nicht oder nicht im Produktionsprozess Stehende (Heranwachsende, Rentner) haben ebenfalls am Sozialprodukt teil.

Der Staat definiert nämlich im Rahmen der Sozialpolitik soziale Schutzrechte und den Rahmen für Sicherungssysteme (z. B. Kranken-, Arbeitslosen- oder Rentenversicherung), die dem Einzelnen den Lebensunterhalt auch in den Lebensphasen sichern sollen, in denen er nicht in der Lage ist, für sich selbst zu sorgen.

Das Sozialstaatsprinzip (Art. 20 Grundgesetz: „Die Bundesrepublik Deutschland ist ein demokratischer und sozialer Bundesstaat") findet seinen Niederschlag in einer Reihe gesetzgeberischer Maßnahmen, wie z. B. im Berufsbildungsgesetz, im Entgeltfortzahlungsgesetz, im Mutterschutzgesetz usw.

Verteilungspolitik

Im Rahmen der Verteilungspolitik greift der Staat in die auf dem Markt erzielte primäre Einkommensverteilung ein. Er verändert also Marktergebnisse. Dahinter steht eine auf Ausgleich ausgerichtete Gerechtigkeitsvorstellung. Der Lebensstandard der Menschen soll nicht allein von ihren am Markt erzielten Einkommen abhängen.

Das wichtigste Umverteilungsinstrument ist die progressive Einkommensteuer. Die Markteinkommen von Beziehern hoher Einkommen werden prozentual stärker besteuert als diejenigen von Beziehern niedriger Einkommen. Ein weiteres Instrument der Umverteilung sind Geldtransfers (Übertragung finanzieller Leistungen des Staates an andere Wirtschaftsteilnehmer ohne direkte Gegenleistung).

BEISPIEL

- Arbeitslosengeld II (auch Hartz IV)
- Wohngeld
- Kindergeld

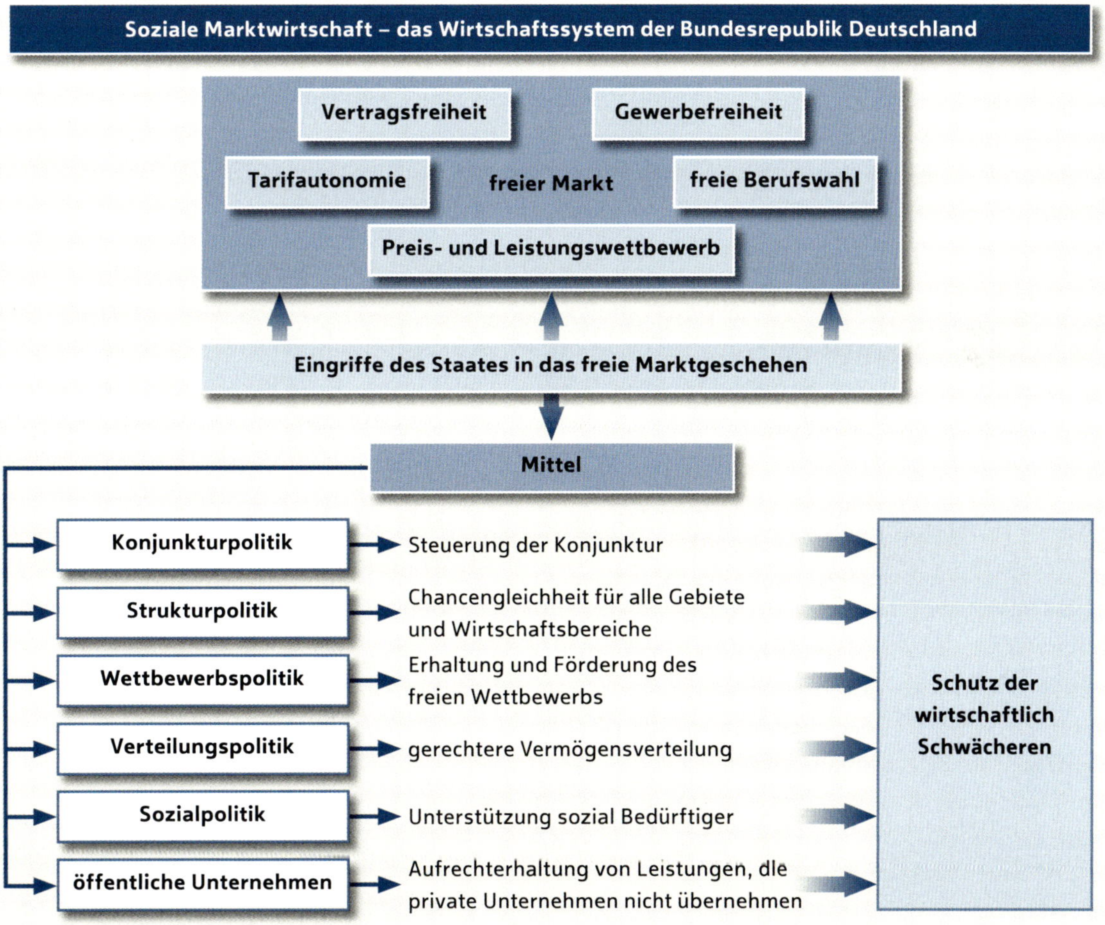

Soziale Marktwirtschaft – das Wirtschaftssystem der Bundesrepublik Deutschland

Vertragsfreiheit		Gewerbefreiheit
Tarifautonomie	freier Markt	freie Berufswahl
	Preis- und Leistungswettbewerb	

Eingriffe des Staates in das freie Marktgeschehen

Mittel

Konjunkturpolitik	Steuerung der Konjunktur	
Strukturpolitik	Chancengleichheit für alle Gebiete und Wirtschaftsbereiche	
Wettbewerbspolitik	Erhaltung und Förderung des freien Wettbewerbs	Schutz der wirtschaftlich Schwächeren
Verteilungspolitik	gerechtere Vermögensverteilung	
Sozialpolitik	Unterstützung sozial Bedürftiger	
öffentliche Unternehmen	Aufrechterhaltung von Leistungen, die private Unternehmen nicht übernehmen	

Konjunkturpolitik

Bei krisenhaften Zuspitzungen kann der Staat im Rahmen der Konjunkturpolitik mit fiskalpolitischen Maßnahmen[1] einen nachhaltigen Einfluss auf das Wirtschaftsgeschehen ausüben.

Strukturpolitik

Freie Marktwirtschaften sind dynamisch. Ständig entstehen neue Märkte und damit Einkommensquellen, gleichzeitig gehen aber andere verloren. Ständig werden Besitzstände durch den Wettbewerb infrage gestellt.

In der sozialen Marktwirtschaft akzeptiert der Staat diesen Strukturwandel aus sozialen, ausgleichs- und arbeitsmarktpolitischen Gründen nicht. Er betreibt Strukturpolitik. Durch Interventionen (Eingriffe) in Märkte versucht er, Tempo und Richtung des Strukturwandels zu beeinflussen. Dies geschieht entweder dadurch, dass Wirtschaftszweige gestützt werden, die ohne diese Hilfe stärker schrumpfen würden, oder indem gezielt Zukunftsbranchen oder -technologien gefördert werden.

Öffentliche Unternehmen

Durch öffentliche Unternehmen übernimmt der Staat einzelne Wirtschaftsaufgaben. Teilbereiche der Wirtschaft werden somit aus sozialen und historischen Gründen aus dem Wettbewerb herausgehalten oder innerhalb des Wettbewerbs begünstigt. Der Staat besitzt und betreibt die verschiedensten Arten von Unternehmen.

BEISPIEL: Nahverkehrsbetriebe

Die öffentliche Versorgung könnte gefährdet sein, wenn Nahverkehrsbetriebe nur Privatunternehmen wären. Diese würden dann nur Strecken betreiben, die Gewinne abwerfen. Öffentliche Unternehmen hingegen decken auch den Bedarf der Bevölkerung in Orten oder Ortsteilen an unrentablen Strecken.

Bedeutung der sozialen Marktwirtschaft

Die Wirtschaftsordnung der sozialen Marktwirtschaft hat sich in der Vergangenheit als überaus erfolgreich erwiesen. Die Produktivkräfte, die nach dem 2. Weltkrieg freigesetzt wurden, haben zu einer historisch einmaligen Steigerung der Wirtschaft des Landes und des Wohlstands bei breiten Bevölkerungsschichten geführt („Wirtschaftswunder"). Das durchschnittliche Einkommen der Haushalte hat sich beispielsweise seit 1950 real um das Dreifache erhöht. Die Bundesrepublik ist zu einem der größten Exporteure auf den Weltmärkten geworden.

Vergleich der „freien Marktwirtschaft" mit der „sozialen Marktwirtschaft"	
freie Marktwirtschaft	**soziale Marktwirtschaft**
keine Staatseingriffe in die Wirtschaft	staatliches Eingreifen zur Gewährleistung sozialer Sicherheit und Gerechtigkeit
größtmögliche Freiheit des Einzelnen	Einschränkung der persönlichen Freiheit bei Gefährdung der Freiheit anderer
völlige Entscheidungsfreiheit der Unternehmer	Aufhebung der Entscheidungsfreiheit bei Gefährdung der Bevölkerung (z. B. keine Produktion von Sprengstoffen in dicht besiedelten Gebieten)
absolute Vertragsfreiheit	gesetzliche Regelungen zum Schutz des schwächeren Vertragspartners (z. B. Kündigungsschutz, AGB-Bestimmungen)
freie Konsumwahl	staatliches Eingreifen bei gesundheitsschädlichen Gütern (Verbot von Rauschgift)
nur Privateigentum an Produktionsmitteln	Auch Staatseigentum ist möglich (Nahverkehrsbetriebe usw.).
Geld hat reinen Zahlungsmittelcharakter.	Geld wird auch als konjunkturpolitisches Steuerungsmittel verwendet.
freier Außenhandel	staatliche Beeinflussung des Außenhandels durch Währungs- und Zollpolitik

---

1 siehe Kap. 11.10

AUFGABEN

1. Was sind Wirtschaftsordnungen?

2. Wodurch unterscheiden sich die idealtypischen von den realtypischen Wirtschaftsordnungen?

3. Welche Freiheiten haben Arbeitnehmer und Unternehmer in der freien Marktwirtschaft?

4. In der freien Marktwirtschaft hat der Staat lediglich die Funktion eines „Nachtwächters". Was versteht man darunter?

5. Welcher grundsätzliche Unterschied besteht zwischen der freien Marktwirtschaft und der Zentralverwaltungswirtschaft?

6. In Fantasien, einem Land mit realisierter Zentralverwaltungswirtschaft, plant der Staat den Bau einer Mähdrescherfabrik.
   a) Welche grundsätzlichen Daten muss die Planungszentrale für diesen Produktionsprozess in Erfahrung bringen, um den Bau planen zu können?
   b) Warum kann der Fall eintreten, dass sich die erhobenen Daten nicht miteinander vereinbaren lassen?
   c) Nachdem die fantas(t)ische Mähdrescherfabrik den Produktionsprozess aufgenommen hatte, stellte sich heraus, dass die Plandaten für den Zuliefererbetrieb von Luftfiltern für Mähdreschermotoren nicht entsprechend geändert wurden. Welche Folgen (bis hin zu den Haushalten) kann diese Fehlplanung auf die Wirtschaftsentwicklung der Zentralverwaltungswirtschaft haben?

7. Warum greift der Staat in der sozialen Marktwirtschaft der Bundesrepublik in das Wirtschaftsgeschehen ein?

8. Erläutern Sie, wo der Staat eine aktive Rolle in der sozialen Marktwirtschaft spielt.

9. Aufgrund einer Naturkatastrophe sind in Schlaraffien die bis dahin geltenden paradiesischen Zustände zu Ende gegangen: Es muss nun gewirtschaftet werden. Momentan ist Wahlkampf in Schlaraffien. Die beiden großen Parteien „Die Zentralen" und „Die Freien" streiten heftig um die zukünftige Wirtschaftsordnung.
   a) Bilden Sie in Ihrer Klasse mehrere Gruppen.
   b) Bearbeiten Sie in den Gruppen den jeweiligen Arbeitsauftrag. Bearbeitungszeit 30 Minuten.

Arbeitsauftrag Gruppe 1, 3, 5 usw.:
Erstellen Sie mithilfe Ihres Buchs ein Werbeplakat für die Partei „Die Zentralen", die die Zentralverwaltungswirtschaft bevorzugen. Wählen Sie einen Gruppensprecher aus, der Ihr Werbeplakat im Klassenplenum präsentiert.

Arbeitsauftrag Gruppe 2, 4, 6 usw.:
Erstellen Sie mithilfe Ihres Buchs ein Werbeplakat für die Partei „Die Freien", die eine freie Marktwirtschaft anstreben.

Regeln zur Beschriftung des Plakats
- Schrift in angemessener Größe
- Farbe funktional statt bunt
- Überschrift, Titel angeben

c) Wählen Sie einen Gruppensprecher aus, der Ihr Werbeplakat im Klassenplenum präsentiert.

Regeln für Präsentationen
- Blickkontakt zu den Teilnehmern
- laut und deutlich sprechen
- frei sprechen
- Pausen machen
- nicht zur Tafel/Wand sprechen
- nicht im Bild stehen

10. In Schlaraffien haben inzwischen die Wahlen stattgefunden, in deren Mittelpunkt die Auseinandersetzung um die zu wählende Wirtschaftsordnung stand. „Die Freien" (für die freie Marktwirtschaft) gewannen 48 % der Wählerstimmen, „die Zentralen" (für die Zentralverwaltungswirtschaft) erhielten 47 %. Der Rest der Stimmen ging an die unbedeutende Partei „Die Auswanderer", die keine wirtschaftspolitischen Vorstellungen hat und auch keine der beiden anderen Parteien unterstützen will.

Durch die Umstände gezwungen gehen „Die Freien" und „Die Zentralen" eine große Koalition ein. Nach zähen Verhandlungen einigen sich beide Parteien auf eine Mischform zwischen Zentralverwaltungswirtschaft und freier Marktwirtschaft, die sie „Soziale Marktwirtschaft" nennen.

   a) Bilden Sie in Ihrer Klasse Gruppen, die jeweils „Die Freien" oder „Die Zentralen" repräsentieren.
   b) Erstellen Sie in Gruppenarbeit eine Folie, mit der Sie Ihren Parteianhängern das mit der anderen Partei vereinbarte Modell der sozialen Marktwirtschaft erläutern.

Die Folie soll Auskunft geben über die folgenden Merkmale:

- Eigentumsverhältnisse
- Konsumfreiheit
- Berufs- und Arbeitsplatzwahl
- Preisbildung
- staatliche Eingriffe in das Wirtschaftsgeschehen
- Vertragsfreiheit
- Einkommensverteilung

c) Bereiten Sie sich auf eine Präsentation vor. Gehen Sie während der Präsentation auch auf die Vorteile der sozialen Marktwirtschaft gegenüber der bisher von Ihrer Partei vertretenen Wirtschaftsordnung ein.

ZUSAMMENFASSUNG

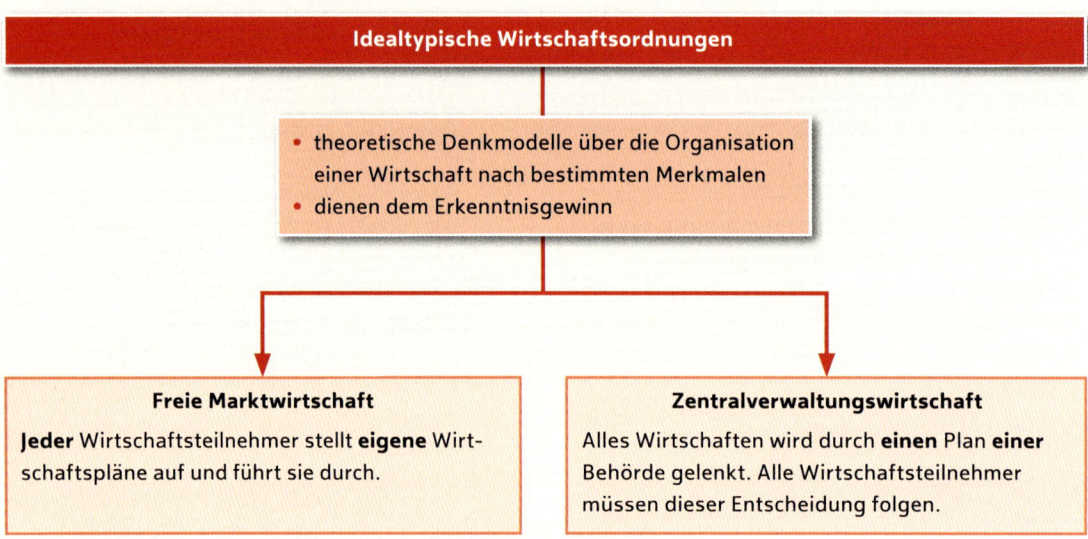

Idealtypische Wirtschaftsordnungen

- theoretische Denkmodelle über die Organisation einer Wirtschaft nach bestimmten Merkmalen
- dienen dem Erkenntnisgewinn

Freie Marktwirtschaft

Jeder Wirtschaftsteilnehmer stellt **eigene** Wirtschaftspläne auf und führt sie durch.

Zentralverwaltungswirtschaft

Alles Wirtschaften wird durch **einen** Plan **einer** Behörde gelenkt. Alle Wirtschaftsteilnehmer müssen dieser Entscheidung folgen.

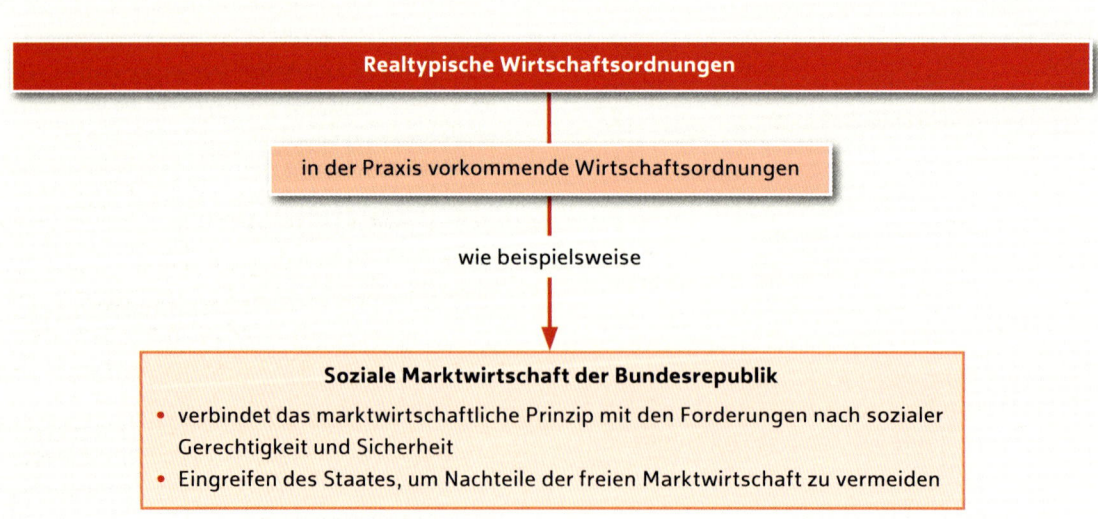

Realtypische Wirtschaftsordnungen

in der Praxis vorkommende Wirtschaftsordnungen

wie beispielsweise

Soziale Marktwirtschaft der Bundesrepublik

- verbindet das marktwirtschaftliche Prinzip mit den Forderungen nach sozialer Gerechtigkeit und Sicherheit
- Eingreifen des Staates, um Nachteile der freien Marktwirtschaft zu vermeiden

11.2 Bedürfnisse

Einstieg

Agathe Kwasny und Andreas Seeger sind im Rahmen ihrer Ausbildung in der Abteilung Verkauf bei der Exclusiva GmbH eingesetzt. Sie haben ein Gespräch mit der Abteilungsleiterin Frau Zeitz.

Frau Zeitz
„Guten Morgen Frau Kwasny, guten Morgen Herr Seeger."

Agathe Kwasny, Andreas Seeger:
„Guten Morgen, Frau Zeitz."

Frau Zeitz:
„Ich hoffe, dass Sie sich gut in der Abteilung integrieren werden. Zunächst einmal ist es wichtig, dass wir im Verkauf die Bedürfnisse unserer Kunden kennen. Nur so kann der Bedarf entsprechend gedeckt werden."

Agathe Kwasny:
„Bedürfnisse – Bedarf ... ist das nicht das Gleiche?"

Frau Zeitz:
„Nein, das ist nicht das Gleiche."

1. Diskutieren Sie mit einem Mitschüler oder einer Mitschülerin, was Frau Zeitz damit gemeint haben könnte.

2. Welche Auswirkungen ergeben sich aus diesen Überlegungen für unsere Marktwirtschaft?

3. Nennen Sie fünf Ihrer persönlichen Bedürfnisse und sortieren Sie diese nach Wichtigkeit.

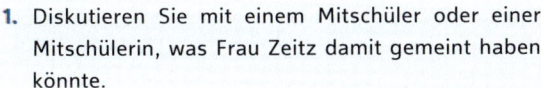

INFORMATIONEN

Bedürfnisse als Grundlage wirtschaftlichen Handelns

Bedürfnisse sind persönliche Mangelempfindungen mit dem Wunsch, den Mangel zu beseitigen. Jeder kennt sie, jeder hat bestimmte Bedürfnisse. Wünsche werden in der Volkswirtschaftstheorie den Bedürfnissen gleichgesetzt. Es gibt verschiedene Einteilungsmöglichkeiten der Bedürfnisse, eine ist die nach **Dringlichkeit:**

* **Existenzbedürfnisse**
  Sie sind zur Lebenserhaltung notwendig (z. B. Hunger, Durst, Schlafen).

* **Kulturbedürfnisse**
  Sie sind nicht lebensnotwendig.
  Sie entsprechen dem heutigen Lebensstil/der Lebensweise einer Kulturgesellschaft (z. B. Bildung, Theater, Bildungsreisen, Telefon, Fernsehen).

* **Luxusbedürfnisse**
  Sie übersteigen die Existenz- und Kulturbedürfnisse und sind gekennzeichnet von einem exklusiven Lebensstil (z. B. teure Autos, besonderer Schmuck).

Die Grenzen bei dieser Einteilung sind fließend. Die Dringlichkeit ist abhängig vom subjektiven Empfinden des Einzelnen. So sind die Bedürfnisse in verschiedenen Kulturen unterschiedlich. In China sind andere Schwerpunkte festzustellen als in Europa. Auch die Existenzbedürfnisse unterscheiden sich je nach Lebensstandard. Während in Deutschland schon ein Fernseher zur Existenzgrundlage zählt, ist das in einigen Entwicklungsländern ein Luxusbedürfnis.

Eine weitere Einteilung der Bedürfnisse kann nach **Art bzw. Träger** erfolgen. Es wird danach gefragt: „Wer hat das Bedürfnis?"

- **der Einzelne (Individualbedürfnis)**
  Jede Person für sich hat eigene Bedürfnisse (z. B. Konsumgüter).

- **die Gemeinschaft (Kollektiv-/Gemeinschaftsbedürfnis)**
  Bedürfnisse, die von der Gemeinschaft für mehrere Menschen befriedigt werden (z. B. Schulen, Sicherheit [Polizei], Straßen).

Des Weiteren kann auch nach der **Fassbarkeit** eines Bedürfnisses unterschieden werden.

- **materielle Bedürfnisse**
  Diese Bedürfnisse sind gegenständlich, d. h. greifbar (z. B. Auto, Nahrung).

- **immaterielle Bedürfnisse**
  Diese Bedürfnisse sind nicht gegenständlich, sondern geistig (z. B. Religion, Gesundheit, Sicherheit).

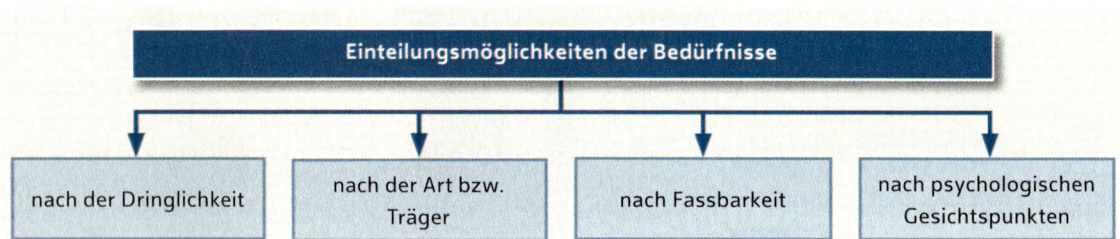

Nach **psychologischen Gesichtspunkten** wurde von Abraham Maslow ein Modell[1] entwickelt, das die Bedürfnisse als Rangfolge verschiedener Stufen sieht. Diese fünf Schichten sind als Pyramide dargestellt.

Der Mensch will zu Beginn seine Grundbedürfnisse, also die niedrigste Bedürfnisstufe, befriedigen, dann geht er in die nächsthöhere Bedürfniskategorie, um diese zu befriedigen, usw.

Bedürfnisse – Bedarf – Nachfrage

Sobald ein Bedürfnis befriedigt ist, entsteht ein neues. Theoretisch betrachtet sind die Bedürfnisse eines Menschen also unbegrenzt. Nur: Ist der Bedarf eines Menschen auch unbegrenzt?

Der Mensch kann seinen Bedarf nicht unbegrenzt decken, weil ihm die finanziellen Mittel dafür fehlen. Nur

die Bedürfnisse, für die der Mensch auch die Kaufkraft hat, werden als Bedarf bezeichnet.

Der Bedarf ist wiederum noch nicht die Nachfrage, denn es ist noch nicht sicher, dass der Mensch sein ganzes Einkommen auch wirklich dazu nutzt, um Güter nachzufragen. Beispielsweise wird vielfach ein Teil des Einkommens gespart.

---

1   Das Modell wird von einigen Experten kritisiert, weil es von einer westlich-industrialisierten Gesellschaft ausgeht, die nicht auf alle Kulturen dieser Welt übertragen werden kann. Dennoch verdeutlicht es grundsätzlich unterschiedliche Bedürfnisebenen eines Menschen.

BEISPIEL

Die 18-jährige Agathe Kwasny hat das Bedürfnis, sich ein Fahrzeug zu kaufen, weil sie dadurch die Fahrzeit zu ihrer Ausbildungsstelle deutlich verkürzen kann. Am liebsten würde sie sich einen Fiat 500 kaufen. Dieser kostet aber mit einigen Sonderausstattungen über 11.000,00 €. Das kann sie sich nicht leisten und erkundigt sich daher bei mehreren Händlern nach einem gebrauchten Ford Ka. Sie kauft dann letztlich einen acht Jahre alten Ford Ka für 3.200,00 €.

Die Bedürfnisse von Agathe Kwasny

Bedürfnis (unendliche Wünsche)

„Ich würde gern einen Fiat 500 fahren, den kann ich mir aber nicht leisten."

Bedarf (erfüllbare Wünsche)

„Ein gebrauchter Ford Ka ist günstiger, den kann ich mir leisten."

Nachfrage (erfüllte Wünsche)

„Den Ford Ka habe ich beim Autohaus Müller in Hannover gekauft."

AUFGABEN

1. Nennen Sie jeweils drei persönliche Existenz-, Kultur- und Luxusbedürfnisse, die Sie in den letzten drei Monaten hatten.

2. Finden Sie (gemeinsam mit Ihrem Banknachbarn) zwei Beispiele, bei denen die Abgrenzung nach Dringlichkeit nicht eindeutig zu bestimmen ist.

3. Erklären Sie mit eigenen Worten, worin der Unterschied zwischen Individual- und Kollektivbedürfnissen liegt.

4. Suchen Sie in Ihrem Ausbildungsbetrieb für jeden Rang der Bedürfnispyramide nach Maslow ein Beispiel. Dies kann sowohl Ihre eigenen Bedürfnisse im Betrieb beinhalten als auch die Ihrer Kollegen.

5. Warum kann nicht jedes Bedürfnis befriedigt werden?

6. Worin liegt der Unterschied zwischen einem erfüllbaren Wunsch und einem erfüllten Wunsch? Stellen Sie dies an einem Beispiel dar.

7. Herr Hertien von der Exclusiva GmbH möchte von Agathe und Andreas wissen, was sie unter „Bedarf" verstehen. Helfen Sie ihnen und entscheiden Sie, welche Antworten richtig sind.
   a) Bedürfnisse, die sich nach den individuellen Ansprüchen richten.
   b) Bedürfnisse, denen ein Angebot gegenübersteht.
   c) Bedürfnisse, für deren Befriedigung Sachgüter oder Dienstleistungen zur Verfügung stehen.
   d) Bedürfnisse, für deren Befriedigung Kaufkraft vorhanden ist.
   e) Bedürfnisse, die durch Werbung entstehen.

8. Agathe und Andreas haben von den Kollegen verschiedene Aussagen zu Bedürfnissen gehört. Welche Aussagen sind richtig?
   a) Die Kulturbedürfnisse sind bei allen Menschen gleich.
   b) Die Bedürfnisse der Menschen sind persönliche Mangelempfindungen.
   c) Die Bedürfnisbefriedigung eines Menschen ist nur mit materiellen Gütern möglich.
   d) Die Summe aller Bedürfnisse entspricht der volkswirtschaftlichen Nachfrage.
   e) Die Summe aller Existenzbedürfnisse eines Menschen wird als sein Bedarf bezeichnet.

9. Es gibt verschiedene Einteilungsmöglichkeiten der Bedürfnisse: nach der Dringlichkeit, nach Art bzw. Träger des Bedürfnisses und nach der Fassbarkeit.
Übertragen Sie nachfolgende Tabelle in Ihr Arbeitsheft und erklären Sie die einzelnen Bedürfnisse mit eigenen Worten. Nennen Sie zu allen Einteilungsmöglichkeiten mindestens drei Beispiele.

Einteilung der Bedürfnisse		
a) nach der Dringlichkeit		
Existenzbedürfnisse	**Kulturbedürfnisse**	**Luxusbedürfnisse**
	Ihre Erklärung	
	Ihre Beispiele	

b) nach Art bzw. Träger	
Individualbedürfnisse	**Kollektivbedürfnisse**
	Ihre Erklärung
	Ihre Beispiele

MUSTER

c) nach der Fassbarkeit

materielle Bedürfnisse   **immaterielle Bedürfnisse**

Ihre Erklärung

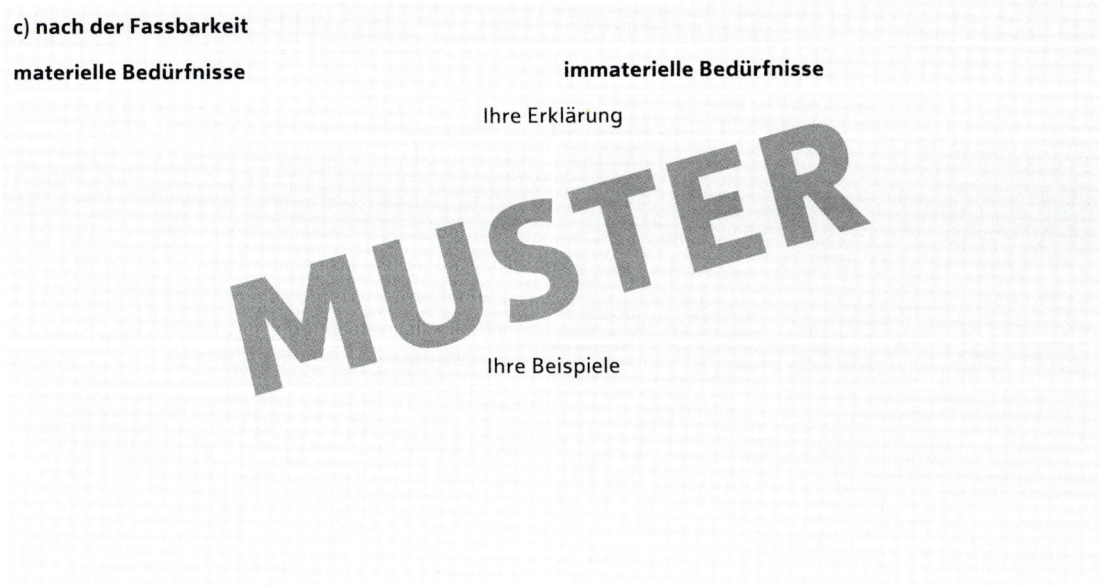

Ihre Beispiele

10. Ermitteln Sie in Ihrem Ausbildungsbetrieb, welche Güter bzw. Dienstleistungen von den Kunden nachgefragt werden.

ZUSAMMENFASSUNG

Bedürfnisse

= persönliches Mangelempfinden (kann unendlich sein)
Einteilung nach der Dringlichkeit, Art bzw. Träger, Fassbarkeit oder psychologischen Gesichtspunkten

Bedarf

= mit Kaufkraft ausgestattete Bedürfnisse (erfüllbare Bedürfnisse)

Nachfrage

= Bedarf, der am Markt durch Kaufentscheidung wirksam wird (erfülltes Bedürfnis)

11.3   Güter und Dienstleistungen

Einstieg

Die Auszubildenden Ronja Bunko und Andreas Seeger bewundern das neue Auto von Agathe Kwasny, einen gebrauchten Ford Ka.

Andreas Seeger

„Hallo Agathe. Nicht schlecht, das neue Auto. Ist zwar nicht unbedingt mein Lieblingsmodell, aber immerhin hast du ein Fahrzeug."

Agathe Kwasny:

„Du hast doch auch einen Führerschein. Warum kaufst du dir nicht auch einen Wagen?"

Andreas Seeger:

„Ich hätte gern einen, weil mein Arbeitsweg so weit ist. Leider fehlt mir das Geld dazu. Ich bin vor zwei Jahren bei meinen Eltern ausgezogen und habe eine eigene Wohnung. Die ist so teuer, dass ich mir kein Auto leisten kann."

Ronja Bunko:

„Ich könnte mir vielleicht auch ein Auto leisten, aber ich brauche keines. Zur Arbeit komme ich gut mit öffentlichen Verkehrsmitteln und im Sommer mit dem Rad."

1. Worin unterscheiden sich die Bedürfnisse der Auszubildenden Andreas Seeger und Ronja Bunko?

2. Für welche Güter bzw. Dienstleistungen geben Sie Ihr Einkommen aus?

INFORMATIONEN

Freie und knappe Güter

Zur Bedürfnisbefriedigung nutzt der Mensch in der Regel Güter, weil diese Güter ihm einen Nutzen stiften. In einer Volkswirtschaft wird zwischen freien und knappen Gütern unterschieden. Wahrgenommen werden häufig nur die knappen Güter, da sie etwas kosten und dementsprechend eine höhere Wertschätzung erfahren. Dabei konsumieren wir mindestens genauso häufig freie Güter. Zu diesen kostenlosen Gütern, die unbegrenzt zur Verfügung stehen, zählen beispielsweise die Luft, die wir atmen, oder das Meerwasser, das wir zum Schwimmen bzw. zum Schiffstransport nutzen.

Jedes **knappe (auch wirtschaftliche) Gut** ist dadurch gekennzeichnet, dass es einen Preis hat. In der Tendenz lässt sich sagen, je knapper ein Gut ist, desto höher liegt der Preis. Außerdem müssen knappe Güter in der Regel noch weiterverarbeitet werden, das heißt, sie sind meistens noch nicht konsumreif.

BEISPIEL

Während Meerwasser bis heute zu den freien Gütern zählt, hat sich beim Trinkwasser ein Wandel vollzogen.

Früher war es in den Flüssen unendlich vorhanden und jeder konnte es unentgeltlich nutzen. Heute muss das Trinkwasser in der Regel aufbereitet werden, ist knapp und wird direkt ins Haus geliefert. Somit hat Trinkwasser bei uns heute einen Preis.

Arten knapper (wirtschaftlicher) Güter

In der Literatur werden die verschiedenen Güterarten unterschiedlich klassifiziert. So wird zwischen materiellen und immateriellen Gütern unterschieden.

Materielle Güter oder auch Sachgüter sind körperlicher Natur, das heißt, man kann sie anfassen. Hierzu zählen die Produktionsgüter, die der Herstellung wirtschaftlicher Güter dienen, und die Konsumgüter, die zur direkten Bedürfnisbefriedigung verwendet werden. Sowohl die Produktions- als auch die Konsumgüter werden in Verbrauchs- und Gebrauchsgüter unterschieden. Ein Verbrauchsgut ist dadurch gekennzeichnet, dass es beim Konsum direkt vernichtet, das heißt „verbraucht" wird (z. B. Schmieröle in der Produktion). Ein Gebrauchsgut wird über einen längeren Zeitraum häufiger genutzt (z. B. Werkzeuge in der Produktion).

Die **immateriellen Güter** sind nicht greifbar, das heißt, sie lassen sich nicht anfassen. Hierzu zählen Dienstleistungen (meist menschliche Leistungen zur Bedürfnisbefriedigung) und Rechte (z. B. Patente). Gerade der Dienstleistungssektor (Tertiärsektor[1]) gewinnt in unserer Gesellschaft immer mehr an Bedeutung. So arbeiten mittlerweile über 70 % der Arbeitnehmer in Deutschland in diesem Bereich, 1991 waren dies lediglich 60 %.

Nachfrage nach Gütern in Deutschland

In Deutschland hat sich die Nachfrage der privaten Haushalte nach (knappen) Gütern in den letzten 28 Jahren stark verändert. Die Konsumausgaben (hier mit der Güternachfrage gleichzusetzen) sind zwischen 1991 und 2019 kontinuierlich um 852 Mrd. Euro gestiegen. Das entspricht fast einer Verdoppelung. Den stärksten Anteil an den Konsumsteigerungen zwischen den Jahren 1991 und 2019 haben die Ausgaben für Wohnung, Wasser, Heizung und Strom.

BEISPIEL

Wenn sich Andreas Seeger über die hohen Wohnkosten beschwert, liegt er damit eigentlich nur „im Trend". Für Wohnkosten haben die privaten Haushalte in Deutschland 2019 fast ein Viertel ihrer Konsumausgaben (23,6 %) aufgewendet. Hierbei sind vor allem die Wohnnebenkosten in den letzten Jahren enorm gestiegen.

Was wir fürs Wohnen zahlen

So viel Prozent vom Nettoeinkommen geben Haushalte in Deutschland im Schnitt für die **Bruttokaltmiete** aus:

Haushaltsgröße — Haushaltsnettoeinkommen 100 %

1 Person	34 %
2	27
3	24
4 und mehr	23

Haushaltsnettoeinkommen

unter 1300 €	46 %
1300 bis < 2000	32
2000 bis < 3200	26
3200 bis < 4500	20
4500 und mehr	17

Einzugsjahr

vor 1981	32 %
1981 – 1990	30
1991 – 2007	28
2008 – 2012	28
ab 2013	33

Haushaltstyp

keine Kinder	31 %
mit Kindern	25
Alleinerziehende	30

Anzahl der Räume

bis 2 Räume	31 %
3	29
4	28
5 und mehr Räume	28

dpa-29270 — Quelle: SoVD

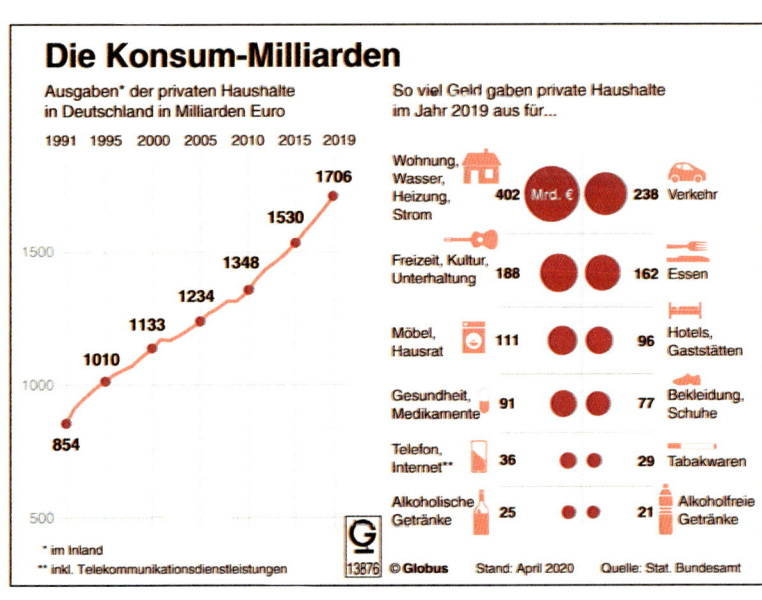

Die Konsum-Milliarden

Ausgaben* der privaten Haushalte in Deutschland in Milliarden Euro

1991 1995 2000 2005 2010 2015 2019

854 · 1010 · 1133 · 1234 · 1348 · 1530 · 1706

So viel Geld gaben private Haushalte im Jahr 2019 aus für...

Wohnung, Wasser, Heizung, Strom	402	238	Verkehr
Freizeit, Kultur, Unterhaltung	188	162	Essen
Möbel, Hausrat	111	96	Hotels, Gaststätten
Gesundheit, Medikamente	91	77	Bekleidung, Schuhe
Telefon, Internet**	36	29	Tabakwaren
Alkoholische Getränke	25	21	Alkoholfreie Getränke

* im Inland
** inkl. Telekommunikationsdienstleistungen

13876 © Globus — Stand: April 2020 — Quelle: Stat. Bundesamt

---

1 siehe Lernfeld 1 Kap. 18

AUFGABEN

1. Finden Sie jeweils mindestens fünf Verbrauchs- und Gebrauchsgüter, die von der Exclusiva GmbH für die Textil- bzw. Fahrradproduktion benötigt werden.

2. Es gibt Güter, die früher frei waren und heute knapp sind. Erläutern Sie mithilfe eines Beispiels die Ursachen für diese Entwicklung.

3. Wodurch unterscheiden sich Produktionsgüter von Dienstleistungsgütern in einem Unternehmen?

4. Die Kolleginnen und Kollegen von Agathe und Andreas haben sich zu Gütern geäußert. Welche Aussage zu Gütern im Allgemeinen ist richtig?
   a) Der Anteil der freien Güter an den Gesamtgütern erhöhte sich durch die Zunahme der Bevölkerung.
   b) Verbrauchsgüter haben eine längere Nutzungsdauer als Gebrauchsgüter.
   c) Freie Güter gehören zu den immateriellen Gütern.
   d) Konsum- und Produktionsgüter können Gebrauchs- oder Verbrauchsgüter sein.
   e) Patente und Lizenzen gehören zu den materiellen Gütern.

5. Welche Aussage zu immateriellen Gütern ist richtig?
   a) Sie können z. B. als Patent oder Lizenz bei der Produktion von Sachgütern eingesetzt werden.
   b) Sie müssen patentiert werden.
   c) Sie werden üblicherweise in Verbrauchs- und Gebrauchsgüter unterteilt.
   d) Sie sind grundsätzlich freie Güter.
   e) Sie stehen nur befristet zur Verfügung und sind deshalb Verbrauchsgüter.

6. Es gibt Umweltzertifikate, die Unternehmen zugeteilt bekommen, um ein Nutzungsrecht für Emissionsausstoß (Schadstoffausstoß) zu erwerben. Mit diesem Nutzungsrecht kann auch gehandelt werden, das heißt, das Verschmutzungsrecht kann gegen Geld von einem anderen Unternehmen abgekauft werden.
   Erklären Sie, wie dieser Emissionshandel die Verschmutzung des freien Gutes Luft verbessern kann.

7. Versuchen Sie, Ihre persönlichen Konsumausgaben entsprechend der Grafik „Die Konsum-Milliarden" auf S. 295 prozentual einzuschätzen. Vergleichen Sie Ihre Einschätzung mit der Ihres Banknachbarn.

8. Beobachten Sie Ihre Umgebung im Unternehmen oder aus Ihrem privaten Umfeld. Finden Sie hier jeweils fünf Güter zu den Güterarten
   a) Produktionsgüter: Verbrauchs- und Gebrauchsgüter,
   b) Konsumgüter: Verbrauchs- und Gebrauchsgüter,
   c) Dienstleistungen.

ZUSAMMENFASSUNG

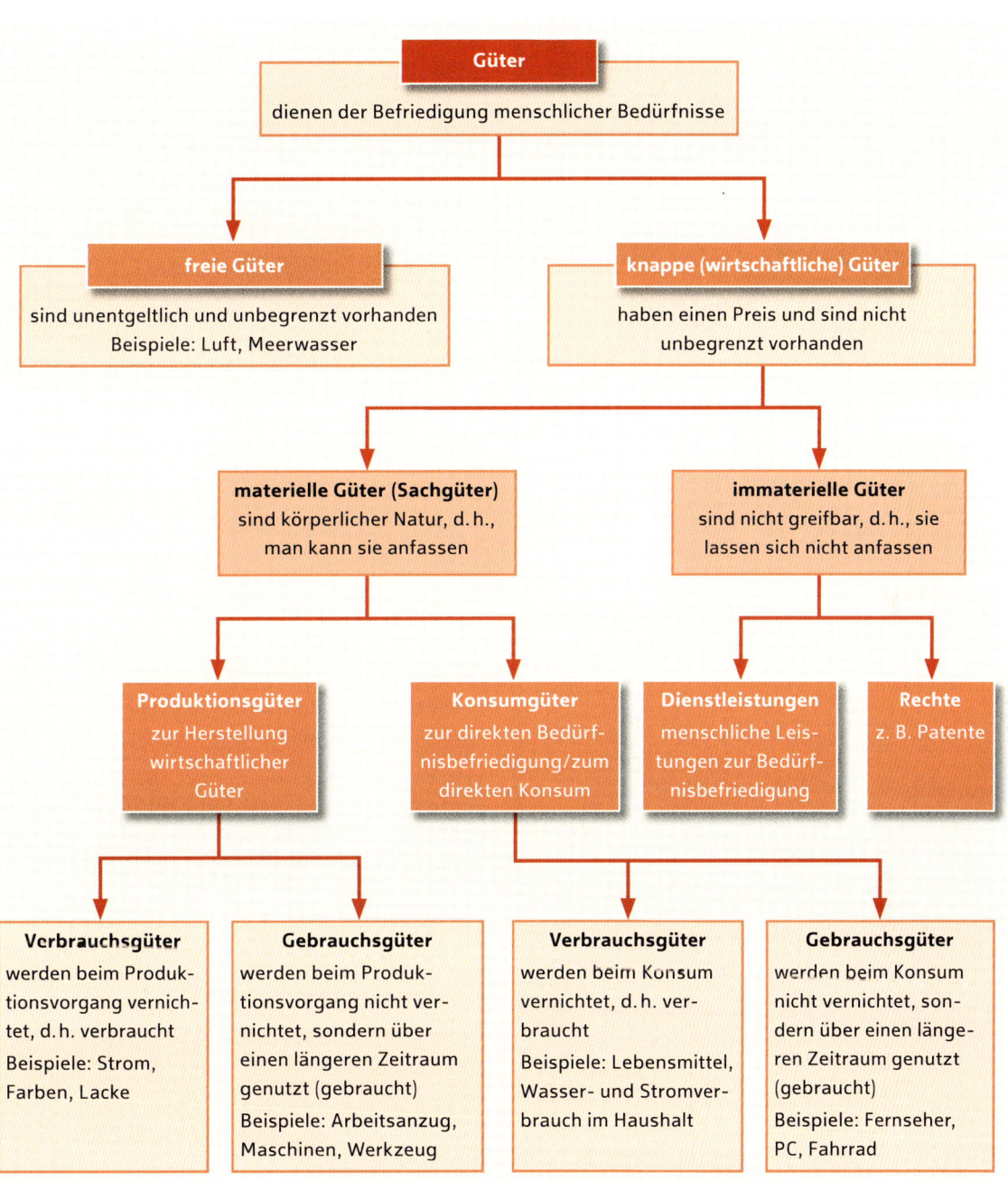

Güter

dienen der Befriedigung menschlicher Bedürfnisse

freie Güter

sind unentgeltlich und unbegrenzt vorhanden
Beispiele: Luft, Meerwasser

knappe (wirtschaftliche) Güter

haben einen Preis und sind nicht
unbegrenzt vorhanden

materielle Güter (Sachgüter)
sind körperlicher Natur, d. h.,
man kann sie anfassen

immaterielle Güter
sind nicht greifbar, d. h., sie
lassen sich nicht anfassen

Produktionsgüter
zur Herstellung
wirtschaftlicher
Güter

Konsumgüter
zur direkten Bedürf-
nisbefriedigung/zum
direkten Konsum

Dienstleistungen
menschliche Leis-
tungen zur Bedürf-
nisbefriedigung

Rechte
z. B. Patente

Verbrauchsgüter
werden beim Produk-
tionsvorgang vernich-
tet, d. h. verbraucht
Beispiele: Strom,
Farben, Lacke

Gebrauchsgüter
werden beim Produk-
tionsvorgang nicht ver-
nichtet, sondern über
einen längeren Zeitraum
genutzt (gebraucht)
Beispiele: Arbeitsanzug,
Maschinen, Werkzeug

Verbrauchsgüter
werden beim Konsum
vernichtet, d. h. ver-
braucht
Beispiele: Lebensmittel,
Wasser- und Stromver-
brauch im Haushalt

Gebrauchsgüter
werden beim Konsum
nicht vernichtet, son-
dern über einen länge-
ren Zeitraum genutzt
(gebraucht)
Beispiele: Fernseher,
PC, Fahrrad

11.4 Der Wirtschaftskreislauf

Einstieg

Der Auszubildende Andreas Seeger unterhält sich mit der Geschäftsführerin der Exclusiva GmbH, Frau Hahne, über die Finanzierung der Lagererweiterung.

Andreas Seeger:

„Frau Hahne, Sie sagten mir vor einigen Tagen, dass die Investition für die Lagererweiterung ein Volumen von etwa 500.000,00 € hat. Woher soll die Exclusiva GmbH dieses Geld nehmen?"

Frau Hahne:

„Von der Rechnungswesen-Abteilung habe ich berechnen lassen, dass unser Unternehmen für Investitionen etwa 100.000,00 € in den letzten Jahren bei den Hausbanken angespart hat."

Andreas Seeger:

„Reicht das denn aus? Woher soll das restliche Geld kommen?"

Frau Hahne:

„Da wir durch den Bau einige Arbeitsplätze schaffen, gibt es auch ca. 10 % vom Investitionsvolumen als Zuschuss vom Staat."

Andreas Seeger:

„Das ist ja sehr gut."

Frau Hahne:

„Ja, somit ist es für uns dann nicht mehr so problematisch, für die Restsumme einen Kredit bei der Bank aufzunehmen."

Andreas Seeger:

„Das klingt ja alles sehr sinnvoll. Aber wo kommt denn eigentlich das ganze Geld vom Unternehmen, vom Staat oder von der Bank her?"

Frau Hahne:

„Das ist sehr kompliziert. Kurz gesagt, es handelt sich eigentlich um zwei Kreisläufe: den Güterkreislauf und den Geldkreislauf."

Andreas Seeger:

„Das verstehe ich nicht!"

Frau Hahne:

„Dann sollten Sie sich dringend darüber informieren. Die Beziehungen zwischen Haushalten und Unternehmen ist Basiswissen eines Kaufmanns bzw. einer Kauffrau ..."

---

1. Stellen Sie grafisch dar, woher die Exclusiva GmbH das Geld für die Investition bekommen kann.

2. Ist die Investition Bestandteil des Geld- oder des Güterkreislaufs?

3. Nennen Sie fünf Beispiele dafür, wo zwischen Privatpersonen, den Unternehmen, dem Staat und den Banken Güter getauscht werden.

INFORMATIONEN

Wirtschaftskreislauf mit zwei Sektoren

In einer Volkswirtschaft stehen sich verschiedene Akteure gegenüber, die alle im Tausch von Gütern oder Dienstleistungen und Geld sind. Volkswirte versuchen mit Modellen, die Realität einfacher darzustellen. Um die Beziehungen von diesen Akteuren zu vereinfachen, wird zunächst das Modell des Wirtschaftskreislaufs mit zwei Sektoren, der sogenannte **einfache Wirtschaftskreislauf** betrachtet.

Unter den zwei Sektoren sind hier (alle) Unternehmen einer Volkswirtschaft und die privaten Haushalte zu verstehen. Weitere Sektoren wie der Staat, Banken oder das Ausland sind bei dieser Modelldarstellung nicht berücksichtigt.

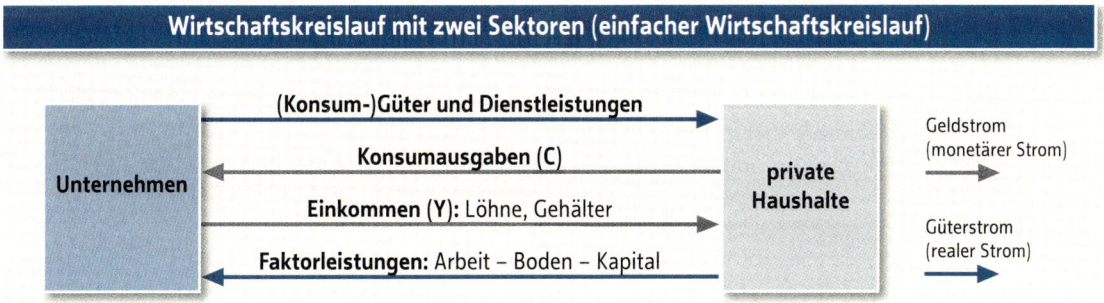

Geldstrom

Es wird zunächst der Geldstrom (monetärer Strom) betrachtet: Die privaten Haushalte erhalten von den Unternehmen Lohn, den sie für Konsumausgaben verwenden. Für die Unternehmen ist die Lohnzahlung ein Geldabfluss, während die Konsumausgaben der privaten Haushalte einen Geldzufluss für die Unternehmen darstellen.

BEISPIEL

Herr Lienhof ist Mitarbeiter im Lager der Exclusiva GmbH und erhält monatlich sein Gehalt. Für dieses Gehalt kauft er sich Lebensmittel und andere Güter. So hat er vor einiger Zeit eine Waschmaschine bei der Exclusiva GmbH für seinen Sohn gekauft.

Die privaten Haushalte geben ihr gesamtes Einkommen (Y, für engl. yields) für den Konsum aus (C, für engl. consumption). Es kann dementsprechend folgende Gleichung aufgestellt werden:

FORMEL

$$Y = C$$

Jedem Geldstrom stehen im Wirtschaftskreislauf Güterströme in gleicher Höhe gegenüber.

Güterstrom

Beim Güterstrom (realer Strom) stellen die privaten Haushalte ihre Faktorleistungen (Arbeitskraft, Grundstücke, Kapital zur Finanzierung der Produktion) den Unternehmen zur Verfügung. Dadurch sind die Unternehmen in der Lage, Güter und Dienstleistungen zu produzieren. Die produzierten Güter und Dienstleistungen werden dann von den privaten Haushalten im Tausch mit Geld konsumiert.

BEISPIEL

Herr Lienhof stellt der Exclusiva GmbH täglich seine Arbeitsleistung zur Verfügung. Durch seine Arbeitskraft werden die Waren kommissioniert und für die Auslieferung bereitgestellt. Auch seine gekaufte Waschmaschine hat er selbst aus dem Lager geholt.

Wirtschaftskreislauf mit drei Sektoren

Es ist in der Realität in der Regel nicht so, dass das gesamte Einkommen der privaten Haushalte für Konsum ausgegeben wird. Häufig wird ein Teil des Geldes gespart. Die Unternehmen produzieren nicht nur Konsumgüter, sie investieren auch in neue Produktionsgüter, um die Produktionsbedingungen zu verbessern. Der dritte Sektor, die „Vermittlungsstelle", sind dabei die Kreditinstitute.

Das Modell des Wirtschaftskreislaufs mit drei Sektoren geht davon aus, dass nur so viel Geld von den Unternehmen investiert (Investition = I) werden kann, wie von den privaten Haushalten auf der anderen Seite gespart (Sparen = S) wurde. Die entsprechende Gleichung lautet also:

FORMEL

$$I = S$$

Bei dieser Modellbetrachtung werden die gesamten Ersparnisse von den Unternehmen zur Investition verwendet. Das führt zu einer verbesserten Produktion und schließlich zu einer Erhöhung der Gütermenge im Wirtschaftskreislauf.

➔ Durch Sparen und Investieren wächst die Wirtschaft.

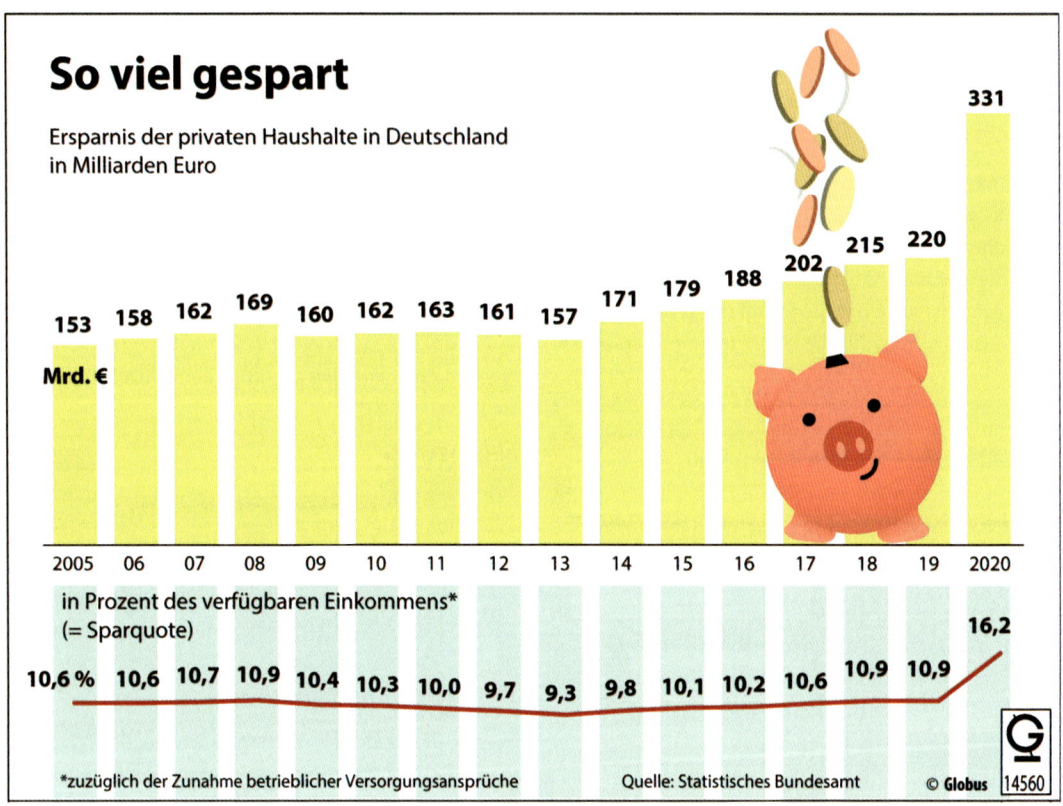

So viel gespart

Ersparnis der privaten Haushalte in Deutschland in Milliarden Euro

	2005	06	07	08	09	10	11	12	13	14	15	16	17	18	19	2020
Mrd. €	153	158	162	169	160	162	163	161	157	171	179	188	202	215	220	331

in Prozent des verfügbaren Einkommens* (= Sparquote)

10,6 %	10,6	10,7	10,9	10,4	10,3	10,0	9,7	9,3	9,8	10,1	10,2	10,6	10,9	10,9	16,2

*zuzüglich der Zunahme betrieblicher Versorgungsansprüche   Quelle: Statistisches Bundesamt   © Globus   14560

Man kann den Wirtschaftskreislauf aus Sicht der **Einkommensverwendung** betrachten. Die Gleichung ist die Antwort auf die Frage „Wie verwenden die privaten Haushalte ihr Einkommen?" ➔ Es wird von den Haushalten zum Konsum und zum Sparen verwendet.

Sicht der Einkommensverwendung $Y = C + S$

BEISPIEL

Die Haushalte haben insgesamt ein Einkommen von 1000 Geldeinheiten (GE), von denen sie 10 % sparen. Somit lautet die Gleichung
$Y = C + S$ $1000 = 900 + 100$

Die Einkommen entstehen durch die Herstellung von Konsumgütern oder Investitionsgütern. Daraus ergibt sich die Sicht der **Einkommensentstehung:**

FORMEL

Sicht der Einkommensentstehung $Y = C + I$

BEISPIEL

Die Unternehmen stellen Konsumgüter in Höhe von 900 GE her. Die „ausgefallene" Konsumgüternachfrage von 100 GE wird von den Unternehmen durch die Nachfrage von Investitionsgütern (z. B. Maschinen, Fahrzeuge) ersetzt. Die Gleichung lautet somit
$Y = C + I$ $1000 = 900 + 100$

Erweiterter Wirtschaftskreislauf

Eine große Rolle in einer Volkswirtschaft spielt der Staat. In der Bundesrepublik Deutschland wird der Sektor „Staat" repräsentiert durch den Bund, die Länder, die Gemeinden und die Sozialversicherungsträger.

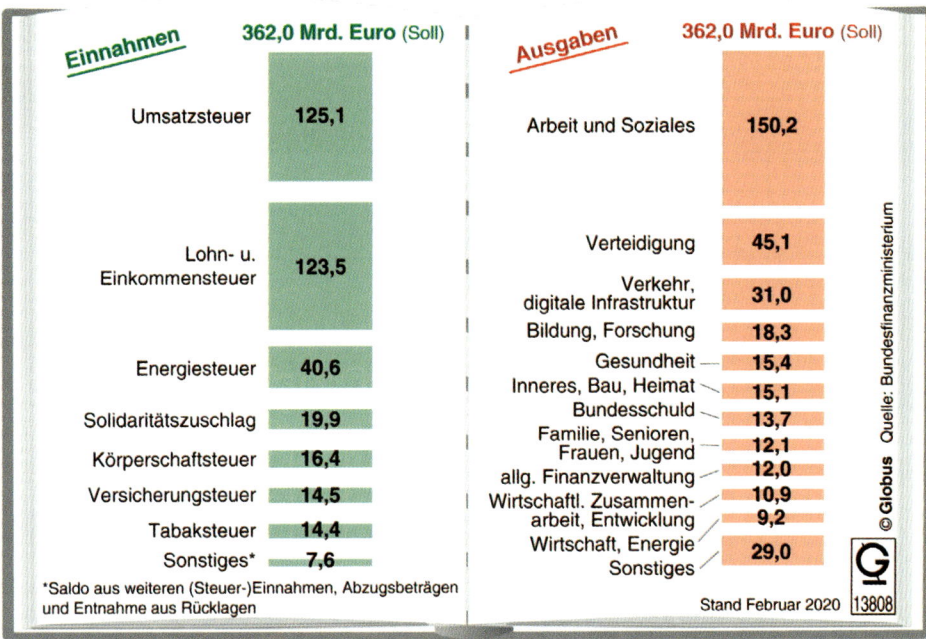

Das Haushaltsbuch des Bundes
Bundeshaushalt 2020 in Milliarden Euro

Einnahmen — 362,0 Mrd. Euro (Soll)

Umsatzsteuer	125,1
Lohn- u. Einkommensteuer	123,5
Energiesteuer	40,6
Solidaritätszuschlag	19,9
Körperschaftsteuer	16,4
Versicherungsteuer	14,5
Tabaksteuer	14,4
Sonstiges*	7,6

*Saldo aus weiteren (Steuer-)Einnahmen, Abzugsbeträgen und Entnahme aus Rücklagen

Ausgaben — 362,0 Mrd. Euro (Soll)

Arbeit und Soziales	150,2
Verteidigung	45,1
Verkehr, digitale Infrastruktur	31,0
Bildung, Forschung	18,3
Gesundheit	15,4
Inneres, Bau, Heimat	15,1
Bundesschuld	13,7
Familie, Senioren, Frauen, Jugend	12,1
allg. Finanzverwaltung	12,0
Wirtschaftl. Zusammenarbeit, Entwicklung	10,9
Wirtschaft, Energie	9,2
Sonstiges	29,0

Stand Februar 2020

© Globus   Quelle: Bundesfinanzministerium   13808

Der Staat schafft mithilfe verschiedener Instrumente erst die Rahmenbedingungen für unternehmerisches Handeln. Dazu zählen beispielsweise Steuern, Abgaben, und Gebühren, Subventionen oder auch die Sozialleistungen. Beim dem Modell mit vier Sektoren wird auch vom geschlossenen Wirtschaftkreislauf gesprochen.

Im nachfolgenden Modell jedoch ist auch das Ausland Bestandteil des erweiterten Wirtschaftskreislaufs. In der heutigen globalisierten Welt sind Außenbeziehungen und der Außenhandel zu anderen Ländern von steigender Bedeutung (Außenbeitrag einer Volkswirtschaft). Ob bestimmte Rohstoffe oder elektronische Erzeugnisse aus anderen Industrieländern, der internationale Handel hat zur Folge, dass Güter und Dienstleistungen sowie Geld zwischen verschiedenen Volkswirtschaften getauscht werden.

Der erweiterte Wirtschaftskreislauf:
- **geschlossen**
  keine Einflüsse durch das Ausland
- **offen**
  Es findet ein außenwirtschaftlicher Austausch statt.

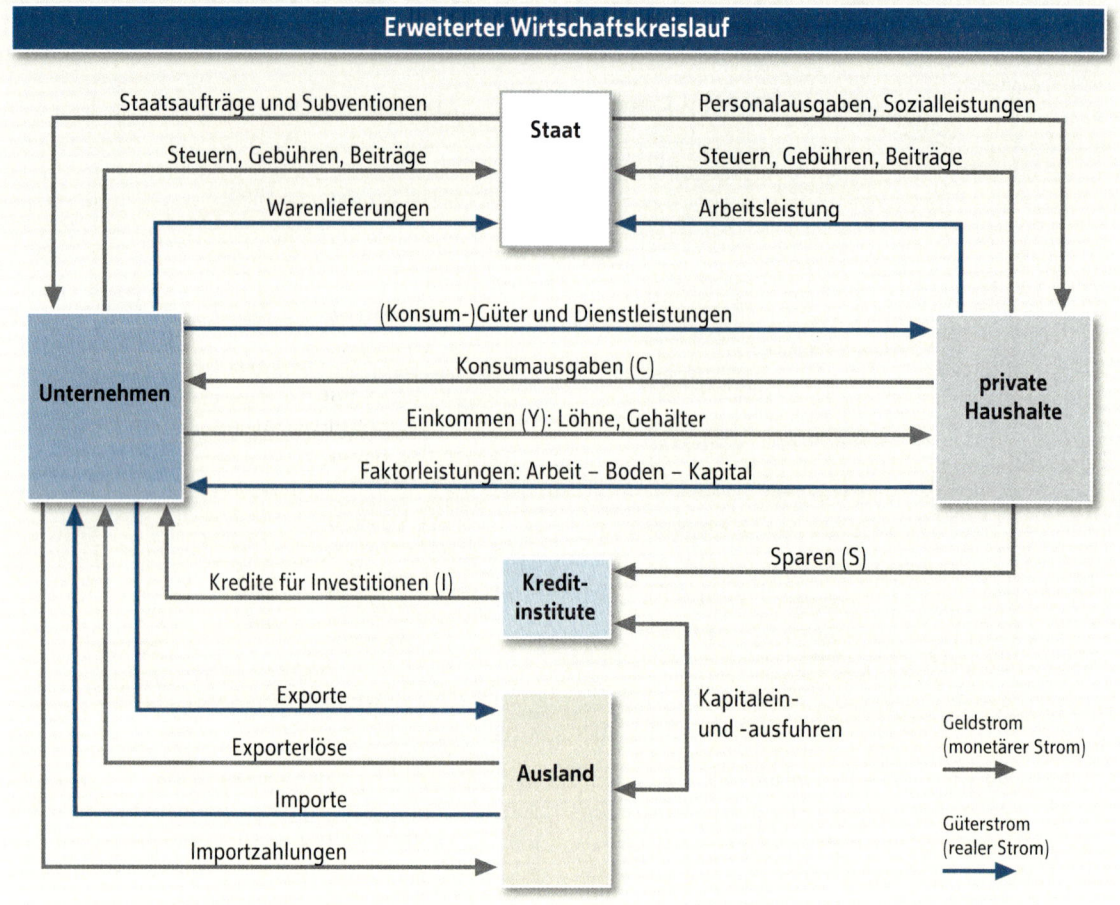

AUFGABEN

1. Das Modell des einfachen Wirtschaftskreislaufs betrachtet nicht alle Bereiche des wirtschaftlichen Lebens. Erläutern Sie, warum es auch wichtig ist, die Beziehung zum Staat und zum Ausland zu berücksichtigen. Welche Rolle spielen die Kreditinstitute?

2. Nennen Sie drei Beispiele für private Haushalte.

3. Erklären Sie die Beziehungen im einfachen Wirtschaftskreislauf, die zwischen den privaten Haushalten und den Unternehmen bestehen, mit eigenen Worten.

4. Welche Auswirkungen hätte es, wenn die Konsumausgaben der privaten Haushalte zurückgehen?

5. Worin liegen die Vorteile einer offenen Volkswirtschaft im Vergleich zur geschlossenen Volkswirtschaft?

6. Nennen Sie die Beziehungen im erweiterten Wirtschaftskreislauf zwischen:
   a) Unternehmen und Staat
   b) Unternehmen und Ausland
   c) Staat und privaten Haushalten

7. Zwischen dem Staat und den privaten Haushalten findet ein **Geldstrom** statt. Nennen Sie je zwei Beispiele für beide Richtungen.

8. Wenn mehr Güter exportiert als importiert werden, liegt ein Exportüberschuss vor. Wie wirkt sich dies auf die inländischen Einkommen aus?

9. Welche Möglichkeit steht dem Staat zur Verfügung, wenn er feststellt, dass seine Ausgaben (für Transferzahlungen, bezogene Sach- und Dienstleistungen, Gehälter für Angestellte und Beamte u. a.) seine Einnahmen (direkte und indirekte Steuern, Gebühren, Beiträge u. a.) dauerhaft übersteigen?

10. Andreas Seeger bekommt von Frau Hahne, Geschäftsführerin der Exclusiva GmbH, den Auftrag, vorgegebene Tätigkeiten den entsprechenden Sektoren zuzuordnen. Helfen Sie ihm, indem Sie jeweils eine der sieben Tätigkeiten der Wirtschaftssubjekte den Sektoren des Wirtschaftskreislaufs zuordnen.

Tätigkeiten der Wirtschaftssubjekte
1 — Steuern erheben, Einkommen umverteilen
2 — Steuern erheben, Einkommen zum privaten Konsum verwenden
3 — Sachgüter und Dienstleistungen für den Markt produzieren, Gewinn erzielen
4 — Einkommen sparen, Sachgüter und Dienstleistungen für den Markt produzieren
5 — Einkommen zum Konsum und/oder Sparen verwenden
6 — Einkommen für Konsum verwenden, Sachgüter und Dienstleistungen für den Markt produzieren
7 — Einkommen sparen, Steuern erheben

Sektoren des Wirtschaftskreislaufs
a) Unternehmen
b) Staat
c) Private Haushalte

11. Welche Aussage über den Wirtschaftskreislauf ist richtig?
- a) Geld- und Güterströme fließen im Wirtschaftskreislauf in der gleichen Richtung.
- b) Die Leistungen der Versicherungsunternehmen werden im Wirtschaftskreislauf nicht berücksichtigt.
- c) Der Staat beeinflusst weder den Güter- noch den Geldkreislauf.
- d) Der Produktionsfaktor Arbeit ist Bestandteil des Wirtschaftskreislaufs.
- e) Der Gewinn aus dem Verkauf von Erzeugnissen fließt den Unternehmen über den Güterkreislauf zu.

12. Andreas Seeger hat die nachfolgenden fünf Aufzählungen von Begriffen bekommen. Welche Zeile enthält vier Sektoren des erweiterten Wirtschaftskreislaufs?
- a) private Haushalte, Gebietskörperschaften, Staat, Ausland
- b) private Haushalte, Unternehmen, Staat, Ausland
- c) private Organisationen, Unternehmen, Inland, Ausland
- d) juristische Personen des privaten Rechts, Unternehmen, juristische Personen des öffentlichen Rechts, Ausland
- e) private Haushalte, öffentliche Haushalte, Banken, Nichtbanken

13. In einer geschlossenen Volkswirtschaft mit staatlicher Aktivität gelten folgende Angaben:
- Die Einkommen der privaten Haushalte aus erbrachten Arbeitsleistungen in den Unternehmen betragen 500 000 GE (Geldeinheiten).
- Seitens der privaten Haushalte werden 85 000 GE an Steuern gezahlt, die Unternehmen zahlen 55 000 GE Steuern.
- An Subventionen und Ausgaben des Staates für Sachgüter und Dienstleistungen werden 90 000 GE gezahlt.
- Die privaten Haushalte geben 385 000 GE für ihren Konsum aus.
- Die Sozialleistungen des Staates betragen 33 000 GE, die Personalausgaben betragen 17 000 GE.
- Das verbliebene Einkommen der privaten Haushalte wird gespart und den Unternehmen für Investitionen zur Verfügung gestellt.

Erstellen Sie ein Schaubild (Wirtschaftskreislauf), in das Sie die Beziehungen (Geldströme) mit den angegebenen Werten eintragen. Berechnen Sie dabei auch die fehlenden Werte, damit sich der Wirtschaftskreislauf auch im Gleichgewicht befindet.

ZUSAMMENFASSUNG

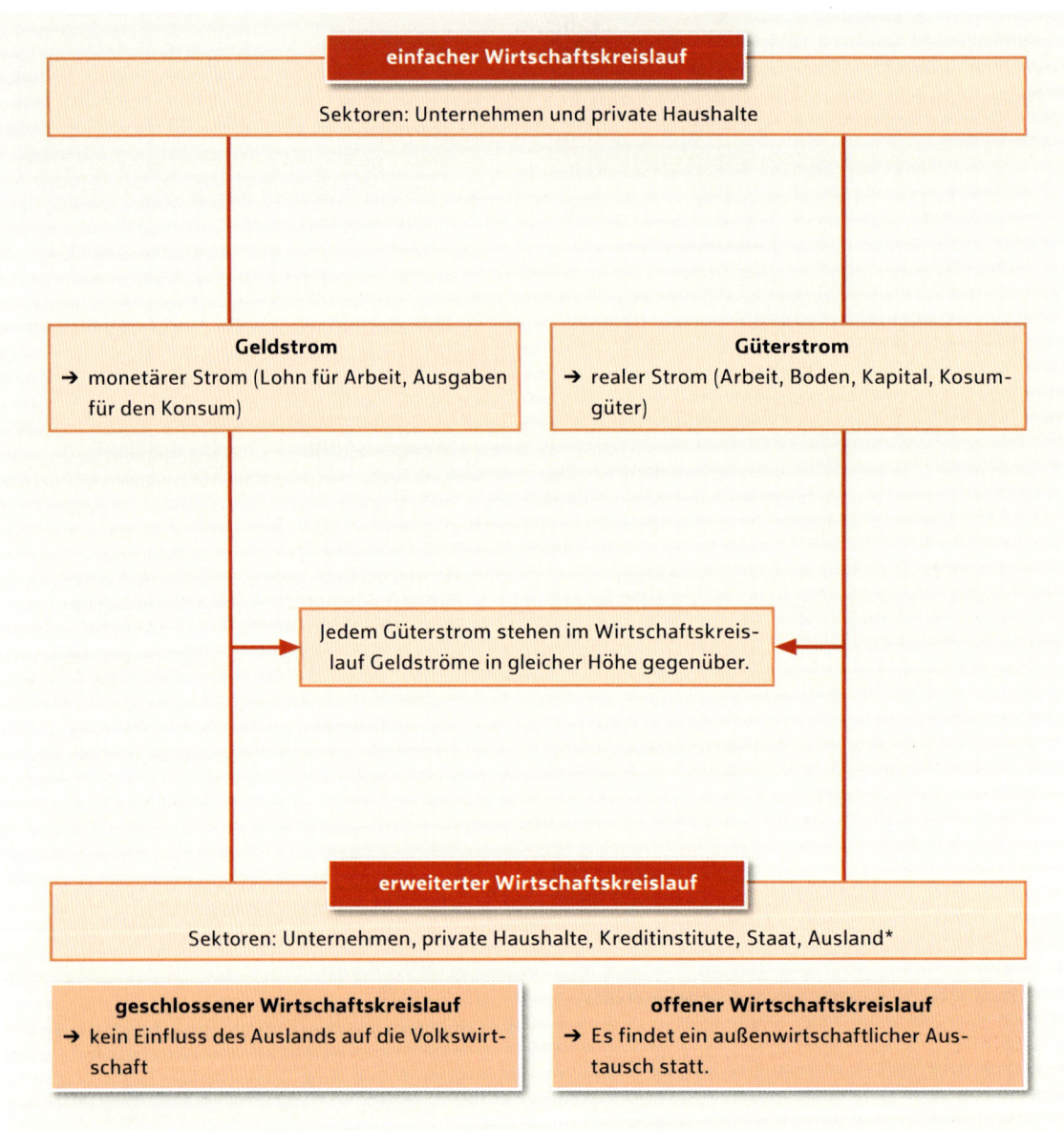

einfacher Wirtschaftskreislauf

Sektoren: Unternehmen und private Haushalte

Geldstrom

→ monetärer Strom (Lohn für Arbeit, Ausgaben für den Konsum)

Güterstrom

→ realer Strom (Arbeit, Boden, Kapital, Kosumgüter)

Jedem Güterstrom stehen im Wirtschaftskreislauf Geldströme in gleicher Höhe gegenüber.

erweiterter Wirtschaftskreislauf

Sektoren: Unternehmen, private Haushalte, Kreditinstitute, Staat, Ausland*

geschlossener Wirtschaftskreislauf

→ kein Einfluss des Auslands auf die Volkswirtschaft

offener Wirtschaftskreislauf

→ Es findet ein außenwirtschaftlicher Austausch statt.

* Der Sektor „Ausland" besteht nur bei einem offenen Wirtschaftskreislauf.

11.5 Das ökonomische Prinzip

Einstieg

Ronja Bunko ist in der Einkaufsabteilung der Exclusiva GmbH beschäftigt. Die Abteilungsleiterin, Frau Jeannette Wulff, beauftragt Ronja, für den Onlinehandel das Lager aufzufüllen und entsprechend einzukaufen.

Frau Wulff gibt zwei Aufträge:

a) Ronja soll die auf einer Liste stehenden Gebrauchsgüter für den Onlinehandel einkaufen.

b) Für insgesamt 2.000,00 € sollen möglichst viele Kaffeemaschinen gekauft werden.

1. Kann Ronja für die in a) angesprochenen Gebrauchsgüter beliebig viel Geld ausgeben?

2. Welche Gründe könnten dafür sprechen, bei einem bestimmten Lieferanten zu kaufen?

INFORMATIONEN

Wirtschaften

Die menschlichen Bedürfnisse sind, wie bereits beschrieben, grundsätzlich unbegrenzt, seien sie bewusst (offen) oder unbewusst (latent) vorhanden. Insbesondere in Werbeaktionen versuchen die Verkäufer, die potenziellen Käufer von der Notwendigkeit des Produkts, das heißt vom Bedürfnis nach diesem Gut, zu überzeugen.

→ Die Bedürfnisse des Menschen sind unbegrenzt.

Selbst wenn das gelungen ist, kann der Kauf immer noch scheitern, etwa aufgrund nur begrenzt vorhandener Mittel (z. B. Geld). Die Entscheidung darüber, ein Bedürfnis zu befriedigen, bedeutet häufig, ein anderes unbefriedigt zu lassen. Folglich müssen Wahlentscheidungen getroffen werden (planvoll), wie die knappen Mittel eingesetzt werden, welches Bedürfnis dringender zu befriedigen ist.

→ Der Mensch muss mit knappen Mitteln wirtschaften.

BEISPIEL

Frau Wulff will auch im Sinne der Exclusiva GmbH vernünftig wirtschaften. In der oben stehenden Einstiegssituation will sie das Lager unter wirtschaftlich sinnvollen Motiven wieder füllen. Auch die Exclusiva GmbH hat begrenzte (finanzielle) Mittel zur Verfügung, die zu einer möglichst hohen Bedürfnisbefriedigung führen sollen.

Die unterschiedlichen Herangehensweisen in a) und b) zeichnen sich dadurch aus, dass in

a) Ronja möglichst viele Gebrauchsgüter einkaufen soll (dadurch, dass sie möglichst wenig dafür zahlt) und in

b) einen festen Betrag zur Verfügung hat (2.000,00 €), um möglichst viele Kaffeemaschinen zu kaufen.

Diese beiden Möglichkeiten zeigen die beiden Vorgehensweisen des ökonomischen Prinzips, das nachfolgend näher beschrieben wird.

Ökonomisches (wirtschaftliches) Prinzip

Um den Konflikt zwischen knappen Gütern und begrenztem Einkommen einerseits und unbegrenzten Bedürfnissen andererseits zu lösen, werden wirtschaftliche Entscheidungen nach dem ökonomischen Prinzip getroffen. Das Ziel besteht darin, möglichst viele Bedürfnisse zu befriedigen. Dies kann auf zwei verschiedene Weisen erreicht werden.

Ist das **Ziel vorgegeben**, versucht man gemäß Minimalprinzip, dieses mit einem möglichst geringen Mitteleinsatz zu erreichen. Das heißt, ein Gut soll mit möglichst geringen Kosten hergestellt werden.

BEISPIELE

- Lisas Mitbewohner Alex gibt ihr einen Einkaufszettel mit der Bitte, den Kühlschrank wieder aufzufüllen. Er gibt ihr noch den Hinweis, sie möge auf die Kosten achten, damit das Monatsbudget nicht überschritten wird.
- In der Einstiegssituation a) soll das Lager von Ronja mit möglichst geringen Kosten, das heißt möglichst günstig, wieder aufgefüllt werden.

DEFINITION

Gemäß dem **Minimalprinzip** soll ein vorgegebenes Ziel mit möglichst geringen Mitteln erreicht werden.

Sind die **Mittel vorgegeben**, versucht man gemäß dem Maximalprinzip, mit eben diesen Mitteln möglichst viel zu erreichen.

BEISPIELE

- Lisa bekommt von ihrem Mitbewohner Alex den Auftrag, den Kühlschrank mit 20,00 € möglichst wieder zu füllen. Ziel ist es, möglichst lange mit den eingekauften Lebensmitteln auszukommen.
- In der Einstiegssituation b) soll Ronja für 2.000,00 € möglichst viele Kaffeemaschinen einkaufen. Mit anderen Worten: Sie soll mit einer vorgegebenen Geldmenge möglichst viel einkaufen.

DEFINITION

Gemäß dem **Maximalprinzip** soll mit den gegebenen Mitteln ein größtmöglicher Erfolg erzielt werden.

Spannungsfeld Ökonomie – Ökologie

Wenn produziert wird, werden Rohstoffe verbraucht, bei Transporten wird die Umwelt durch Schadstoffausstöße belastet, beim Einkauf von Lebensmitteln verursacht der Mensch Abfall, der entsorgt werden muss, usw.

Das sind verschiedene Beispiele für eine zunehmende Belastung der Umwelt. In den letzten Jahrzehnten wurde in den Industrienationen zunehmend darauf reagiert. Es haben sich Nicht-Regierungs-Organisationen (NGO) wie beispielsweise Greenpeace gebildet oder auch staatliche Institutionen. So gibt es in Deutschland das Bundesministerium für Umwelt, Naturschutz, nukleare Sicherheit und Verbraucherschutz, das für den Umweltschutz zuständig ist. Dieses Ressort ist auch dafür zuständig, weltweite Umweltschutzbemühungen mit anderen Ländern global abzustimmen und zu verhandeln.

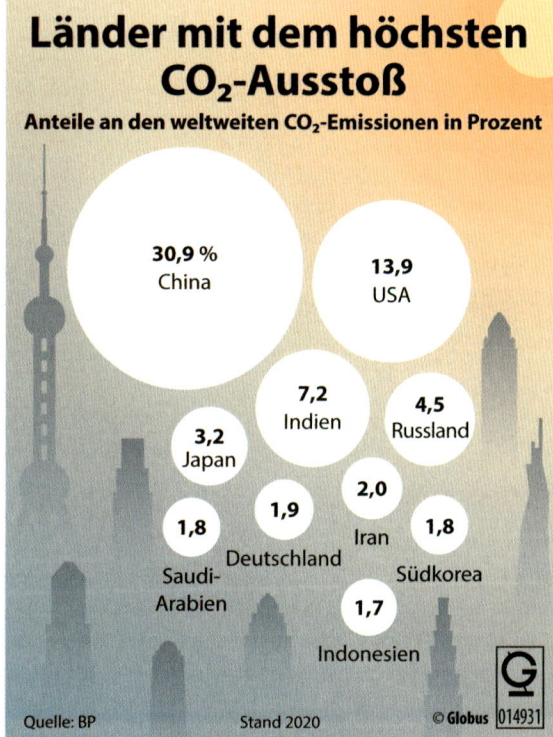

Länder mit dem höchsten CO₂-Ausstoß
Anteile an den weltweiten CO_2-Emissionen in Prozent

30,9 % China
13,9 USA
7,2 Indien
4,5 Russland
3,2 Japan
2,0 Iran
1,9 Deutschland
1,8 Saudi-Arabien
1,8 Südkorea
1,7 Indonesien

Quelle: BP   Stand 2020   © Globus 014931

Ein zunehmendes globales Problem sind die steigenden Bedürfnisse ehemaliger Entwicklungsländer wie China oder Indien. Diese beiden Länder stellen fast 40 % der Weltbevölkerung, der verbesserte Wohlstand hat einen erhöhten Bedarf nach Ressourcen (z. B. Rohstoffe) zur Folge. Außerdem erhöht sich der CO_2-Ausstoß durch die zunehmende Industrialisierung, was langfristig eine Erderwärmung und ein Abschmelzen der Pole zur Folge haben kann. In verschiedenen Konferenzen (z. B. Kyoto-Protokoll 1997, Pariser Abkommen 2016) wurde versucht, die Schadstoffemissionen weltweit zu begrenzen, indem für jedes Land Maximalwerte festgelegt werden. Das festgelegte Ziel aus Paris ist es, dass sich die Durchschnittstemperatur der Erde um nicht mehr als 1,5 Grad erhöht. Nachdem einige Länder, unter anderem die USA, aus diesem Abkommen ausgestiegen waren, sind bei der UN-Klimakonferenz 2021 in Glasgow wieder Einigungen erzielt worden, um das Ziel noch zu erreichen. Umweltorganisationen und andere Verbände kritisieren jedoch, dass die geplanten Maßnahmen nicht ausreichen.

AUFGABEN

1. Worin liegt der Unterschied zwischen bewussten (offenen) und unbewussten (latenten) Bedürfnissen?

2. Stellen Sie zwei Situationen dar, in denen Sie aufgrund von knappen Mitteln eine Wahlentscheidung zwischen unterschiedlichen Bedürfnissen treffen mussten.

3. Ein Holzveredelungsbetrieb, der über ein Lager mit Holzbrettern verfügt, erhält einen Auftrag: Er soll 100 Bilderrahmen fertigen. Nach welchem ökonomischen Prinzip wird er die Bilderrahmen fertigen?

4. Ein Einzelhandelsgeschäft vergleicht mehrere Angebote über Taschenrechner. Es wählt schließlich das Angebot mit dem günstigsten Preis. Nach welchem ökonomischen Prinzip wurde gehandelt? Begründen Sie Ihre Entscheidung.

5. Agathe Kwasny und ihr Freund möchten mit ihrem Ford Ka nach Frankreich in den Urlaub fahren. Sie wollen die Kosten für die Fahrt möglichst gering halten. Nach welchem Prinzip handeln die zwei und wie können sie dieses Prinzip verwirklichen?

6. Warum ist es notwendig, dass sich die Länder weltweit über einen geregelten Schadstoffausstoß einigen?

7. „Die steigenden Bedürfnisse ehemaliger Entwicklungsländer sind eine Ursache für das Spannungsfeld zwischen Ökonomie und Ökologie." Erläutern Sie diese Aussage. Wie könnte dieses Spannungsfeld Ihrer Meinung nach gelöst werden?

8. Warum ist Ihrer Meinung nach in der wissenschaftlichen Literatur häufig die Bildung als vierter derivativer Produktionsfaktor aufgenommen worden?

9. Bei der Exclusiva GmbH werden verschiedene Produktionsfaktoren eingesetzt, die nachfolgend dargestellt sind:

	Produktionsfaktor
1	die neue Produktionshalle
2	ein langfristig aufgenommenes Darlehen
3	Schmierstoffe für die Produktionsmaschinen
4	die Tätigkeit der Auszubildenden Ronja und Tacdin
5	das Einräumen eines Zahlungsziels für den Kunden Meyermann
6	die Tätigkeit des Verkaufsleiters
7	die Tätigkeit des Auslieferungsfahrers

Ordnen Sie zu, indem Sie 3 der insgesamt 7 Beispiele für Produktionsfaktoren den betriebswirtschaftlichen Produktionsfaktoren der Exclusiva GmbH zuordnen.

betriebswirtschaftlichen Produktionsfaktoren
a) Betriebsmittel
b) Werkstoffe
c) dispositive Arbeit

10. Agathe Kwasny soll den betriebswirtschaftlichen Produktionsfaktor „Betriebsmittel" einem der fünf vorgegebenen Produktionsfaktoren bei der Exclusiva GmbH zuordnen. Helfen Sie ihr, indem Sie den richtigen Begriff finden.
    a) Rahmen für die Fahrradherstellung
    b) Produktionsmaschinen
    c) Stoffe für den Textilgroßhandel
    d) fertige Fahrräder für den Verkauf
    e) Strom für die Fahrradherstellung

11. In welchem Fall handelt Frau Zeitz, Abteilungsleiterin Verkauf der Exclusiva GmbH, nach dem Minimalprinzip?

a) Frau Zeitz bestellt einen neuen PC beim preisgünstigsten Anbieter.

b) Frau Zeitz setzt den Preis der Ware sehr hoch an.

c) Frau Zeitz strebt in diesem Monat bei gleicher Kostenvorgabe mindestens 5 % mehr Umsatz an.

d) Frau Zeitz gewährt eine kostenlose Serviceleistung.

e) Frau Zeitz will möglichst viele Kunden gewinnen.

12. Ein Kunde eines Fahrradproduzenten bestellt 100 Fahrräder. Frau Masch als Mitarbeiterin der Abteilung Verkauf vereinbart mit dem Kunden für diesen Auftrag einen Festpreis von 50.000,00 €. Mit welcher Handlungsweise handelt der Fahrradproduzent nach dem Minimalprinzip?

a) Wenn aus 100 kg Stahl möglichst viele Fahrradrahmen hergestellt werden.

b) Wenn sich bei der Fertigung dieser 100 Fahrräder die Ausschussquote leicht erhöht.

c) Wenn durch den geringstmöglichen Maschinenstillstand möglichst viele Fahrräder hergestellt werden.

d) Wenn zur Fertigung dieser 100 Fahrräder möglichst wenig Arbeitskräfte benötigt werden.

e) Wenn durch den geringstmöglichen Stromverbrauch möglichst viele Fahrräder hergestellt werden.

13. In welchem Fall handelt der Fahrradhändler aus Aufgabe 12 nach dem ökonomischen Prinzip als Maximalprinzip?

a) Wenn er aus 100 kg Stahl möglichst viele Fahrradrahmen herstellt.

b) Wenn er zur Fertigung von 100 Fahrrädern möglichst wenig Material verbraucht.

c) Wenn er mit möglichst wenig Energie möglichst viele Fahrräder herstellt.

d) Wenn er durch eine erhebliche Preissenkung den Umsatz für Fahrräder steigert.

e) Wenn er einen maximalen Werbeerfolg mit minimalem Werbeaufwand anstrebt.

14. Erkundigen Sie sich in der Ein- und Verkaufsabteilung nach den unterschiedlichen ökonomischen Prinzipien, die in bestimmten Situationen praktiziert werden. Beschreiben Sie für Ihr Unternehmen, deren Kunden sowie deren Lieferanten jeweils ein ökonomisches Prinzip.

15. Unternehmen verstoßen seltener gegen die ökonomischen Prinzipien als die Privathaushalte. Sammeln Sie mit Ihrem Nachbarn Gründe für diesen Umstand.

ZUSAMMENFASSUNG

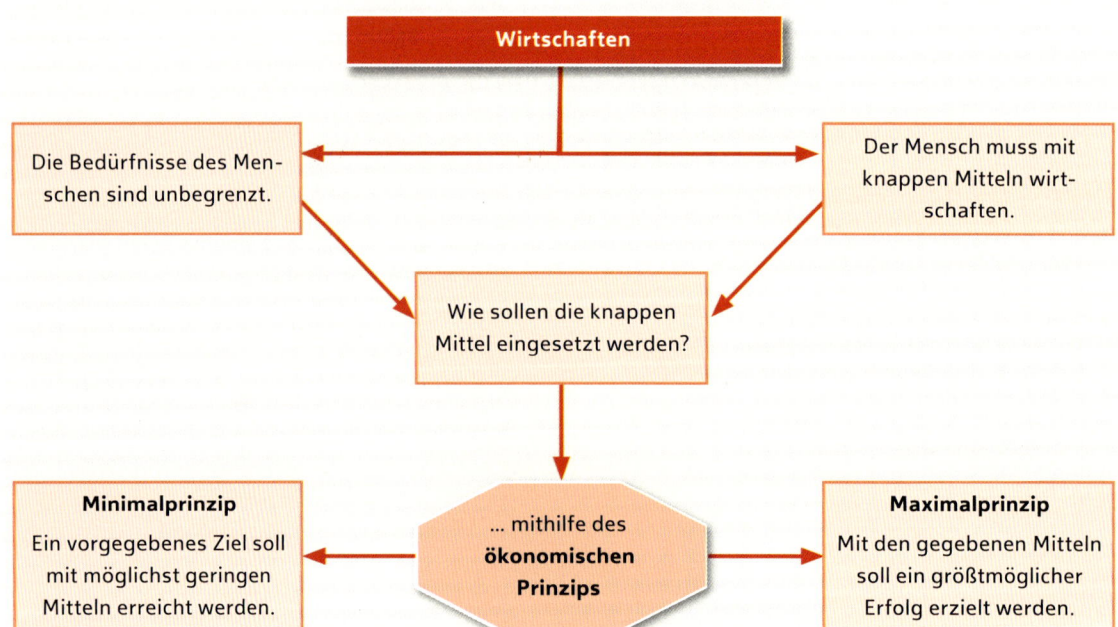

11.6   Stabilitätsgesetz 1 – „Magisches Viereck"

Einstieg

Die Wirtschaftskrise 2008/2009 ging damals auch an deutschen Unternehmen nicht spurlos vorbei. Aufgrund von starken Nachfragerückgängen z. B. in der Automobilindustrie musste die Produktion in dem Bereich gedrosselt werden. Folge war, dass die staatlich geförderte Kurzarbeit bei vielen Mitarbeitern der Autoproduktion angewendet werden musste. Falls sich die Marktlage in den folgenden Monaten nicht geändert hätte, hätten den entsprechenden Mitarbeitern Kündigungen gedroht.

1. Warum geht in einer Wirtschaftskrise die Nachfrage nach vielen Gütern zurück?

2. Wie könnte die Nachfrage angekurbelt werden?

3. Welche Gefahren sind mit den in Aufgabe 2 genannten Vorschlägen verbunden?

4. Warum fördert der Staat die Kurzarbeit?

INFORMATIONEN

Stabilitätsgesetz

Im Kapitel 11.1 wurden die Merkmale der sozialen Marktwirtschaft, wie sie in der Bundesrepublik Deutschland vorzufinden sind, näher erläutert. Es wurde also festgestellt, dass rein marktwirtschaftliche Prinzipien (alles wird durch den Markt geregelt ➔ Selbststeuerungskräfte) vom Staat an bestimmten Stellen reguliert werden müssen, um vor allem Nachteile für den Menschen zu reduzieren. Diese Regulierungen und Rahmenbedingungen werden durch verschiedene Gesetze gesteuert. Eines dieser Gesetze ist das **Gesetz zur Förderung und Stabilität des Wachstums der Wirtschaft (Stabilitätsgesetz ➔ StabG)** aus dem Jahr 1967.

In der nachfolgenden Grafik ist dargestellt, welche Zahlen zu den in § 1 StabG genannten Zielen in den Jahren 2016 bis 2020 für Deutschland festgestellt wurden.

DEFINITION

§ 1 StabG
Bund und Länder haben bei ihren wirtschafts- und finanzpolitischen Maßnahmen die Erfordernisse des gesamtwirtschaftlichen Gleichgewichts zu beachten. Die Maßnahmen sind so zu treffen, dass sie im Rahmen der marktwirtschaftlichen Ordnung gleichzeitig zur Stabilität des Preisniveaus, zu einem hohen Beschäftigungsstand und außenwirtschaftlichem Gleichgewicht bei stetigem und angemessenem Wirtschaftswachstum beitragen.

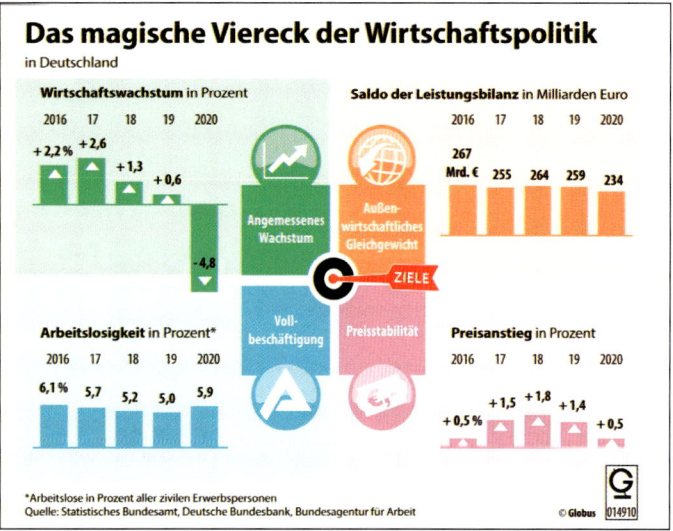

Das magische Viereck der Wirtschaftspolitik
in Deutschland

Wirtschaftswachstum in Prozent
2016 17 18 19 2020
+2,2 % +2,6 +1,3 +0,6 −4,8

Saldo der Leistungsbilanz in Milliarden Euro
2016 17 18 19 2020
267 Mrd. € 255 264 259 234

Angemessenes Wachstum — Außenwirtschaftliches Gleichgewicht

ZIELE

Vollbeschäftigung — Preisstabilität

Arbeitslosigkeit in Prozent*
2016 17 18 19 2020
6,1 % 5,7 5,2 5,0 5,9

Preisanstieg in Prozent
2016 17 18 19 2020
+0,5 % +1,5 +1,8 +1,4 +0,5

*Arbeitslose in Prozent aller zivilen Erwerbspersonen
Quelle: Statistisches Bundesamt, Deutsche Bundesbank, Bundesagentur für Arbeit
© Globus 014910

Ziel: Angemessenes Wachstum

Kennzahlen

Ein Ziel des Stabilitätsgesetzes ist ein angemessenes Wachstum. Dieses wird gemessen, indem die Wachstumsraten des Bruttoinlandsprodukts der verschiedenen Zeiträume (z. B. ein Jahr) betrachtet werden.

> **DEFINITION**
>
> Das **Bruttoinlandsprodukt** (BIP) misst die Leistung einer Volkswirtschaft während eines festgelegten Zeitraums. Es werden alle im Inland hergestellten Waren und Dienstleistungen wertmäßig erfasst, wenn diese nicht als Vorleistung für andere Produkte verwendet werden. Die Berechnung des BIP erfolgt auch bezogen auf die Leistung des einzelnen Einwohners (BIP je Einwohner). Dabei wird das BIP eines Jahres durch die Anzahl der Einwohner geteilt.

Von einem Wirtschaftswachstum wird immer dann gesprochen, wenn die Wirtschaftsleistung (das BIP) im laufenden Jahr größer ist als im Vorjahr. So ist beispielsweise in der Grafik „Die Leistung unserer Wirtschaft" ein reales Wirtschaftswachstum von −5,6 % festgestellt worden. Dies bedeutet, dass im Vergleich zu 2008 das BIP um 5,6 % gesunken ist. Somit wurde in 2009 das Ziel des angemessenen Wirtschaftswachstums (aufgrund der Wirtschaftskrise) nicht erfüllt. Auch im Jahr 2020 schrumpfte die Wirtschaft aufgrund der Coronakrise ähnlich stark real um 4,9 %.

> **FORMEL**
>
> $$\text{Wachstumsrate} = \left(\frac{\text{BIP}}{\text{BIP des Vorjahrs}} - 1 \right) \cdot 100$$

In der Bundesrepublik gab es in Zeiten des Wirtschaftswunders in den 1950er- und 1960er-Jahren Wachstumsraten von zum Teil über 10 %. Seitdem hat es immer wieder kleinere oder größere Krisen gegeben, die in manchen Jahren auch ein negatives Wachstum zur Folge hatten. Heute spricht man von einem angemessenen Wachstum bei Wachstumsraten von etwa 1,5 % − 2 %.

Auswirkungen auf die Volkswirtschaft

An den Krisen ist zu erkennen, dass eine Volkswirtschaft auf ein stetiges und angemessenes Wirtschaftswachstum angewiesen ist.

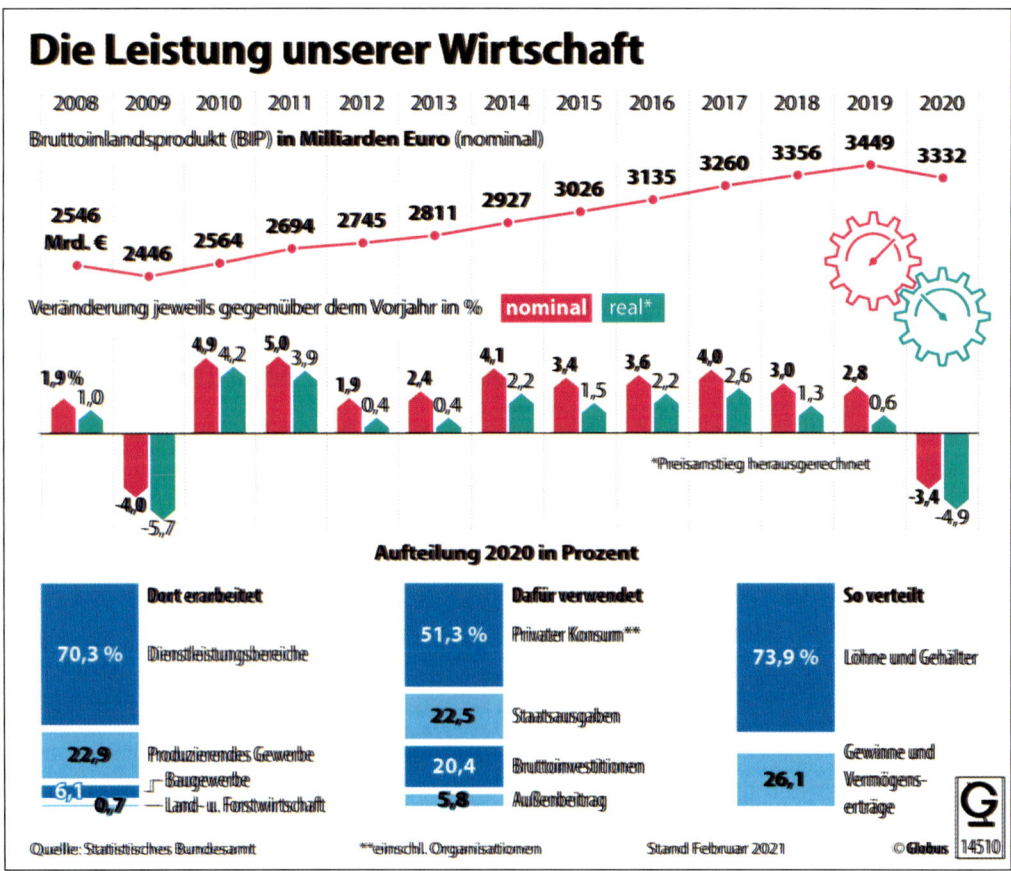

Die Leistung unserer Wirtschaft

Bruttoinlandsprodukt (BIP) in Milliarden Euro (nominal)

2008	2009	2010	2011	2012	2013	2014	2015	2016	2017	2018	2019	2020
2546	2446	2564	2694	2745	2811	2927	3026	3135	3260	3356	3449	3332

Veränderung jeweils gegenüber dem Vorjahr in % nominal real*

	nominal	real*
2008	1,9 %	1,0
2009	−4,0	−5,7
2010	4,9	4,2
2011	5,0	3,9
2012	1,9	0,4
2013	2,4	0,4
2014	4,1	2,2
2015	3,4	1,5
2016	3,6	2,2
2017	4,0	2,6
2018	3,0	1,3
2019	2,8	0,6
2020	−3,4	−4,9

*Preisanstieg herausgerechnet

Aufteilung 2020 in Prozent

Dort erarbeitet
- 70,3 % Dienstleistungsbereiche
- 22,9 Produzierendes Gewerbe
- 6,1 Baugewerbe
- 0,7 Land- u. Forstwirtschaft

Dafür verwendet
- 51,3 % Privater Konsum**
- 22,5 Staatsausgaben
- 20,4 Bruttoinvestitionen
- 5,8 Außenbeitrag

So verteilt
- 73,9 % Löhne und Gehälter
- 26,1 Gewinne und Vermögenserträge

Quelle: Statistisches Bundesamt   **einschl. Organisationen   Stand: Februar 2021   © Globus 14510

Ein angemessenes Wirtschaftswachstum hat Einfluss auf

- den Beschäftigungsstand (niedrigere Arbeitslosigkeit),
- die Sozialleistungen des Staates (höhere Steuereinnahmen, Sozialversicherungen)
- und somit auf die Lebensqualität.

Grenzen des Wachstums

Es stellt sich die Frage, ob die Wirtschaft immer weiter wachsen kann oder ob es Grenzen des Wachstums gibt. In einer 1972 vom Club of Rome veröffentlichten Studie *(The Limits to Growth)* wurden die Grenzen des Wachstums in verschiedenen Szenarien untersucht. Die Wachstumsmodelle wurden im Hinblick auf die Ziele Umweltschutz und Wirtschaftswachstum diskutiert. Das Wirtschaftswachstum wird vielerorts auf Kosten der Umwelt realisiert. Laut dieser Studie sind bei den meisten der untersuchten Szenarien die Rohstoffe im Jahr 2100 erschöpft.

Diese Studie und die Ölkrise in den 1970er-Jahren haben ein Umdenken in vielen Industrieländern in Gang gesetzt. Auch die Kohlendioxid-Emissionen und die damit verbundene Schädigung der Ozonschicht wurden später festgestellt. Seitdem wird der Umweltschutz als notwendiger Faktor für ein nachhaltiges Wirtschaften betrachtet[1]. Ob dieses Umdenken vieler Länder in Zeiten des Klimawandels (manche Umweltverbände sprechen von Klimakrise) ausreicht, wird von vielen Umweltverbänden bezweifelt.

Ziel: Preisstabilität

Kennzahlen und Warenkorb

Um die Preisstabilität festzustellen, ist es erforderlich, einen Preisindex zu definieren und zu erstellen. In Deutschland liefert der Verbraucherpreisindex die Informationen über die Preissteigerung bzw. die Teuerungsrate, bei dem alle Haushaltstypen, alle Regionen von Deutschland und sämtliche dort nachgefragten Waren und Dienstleistungen einbezogen sind.

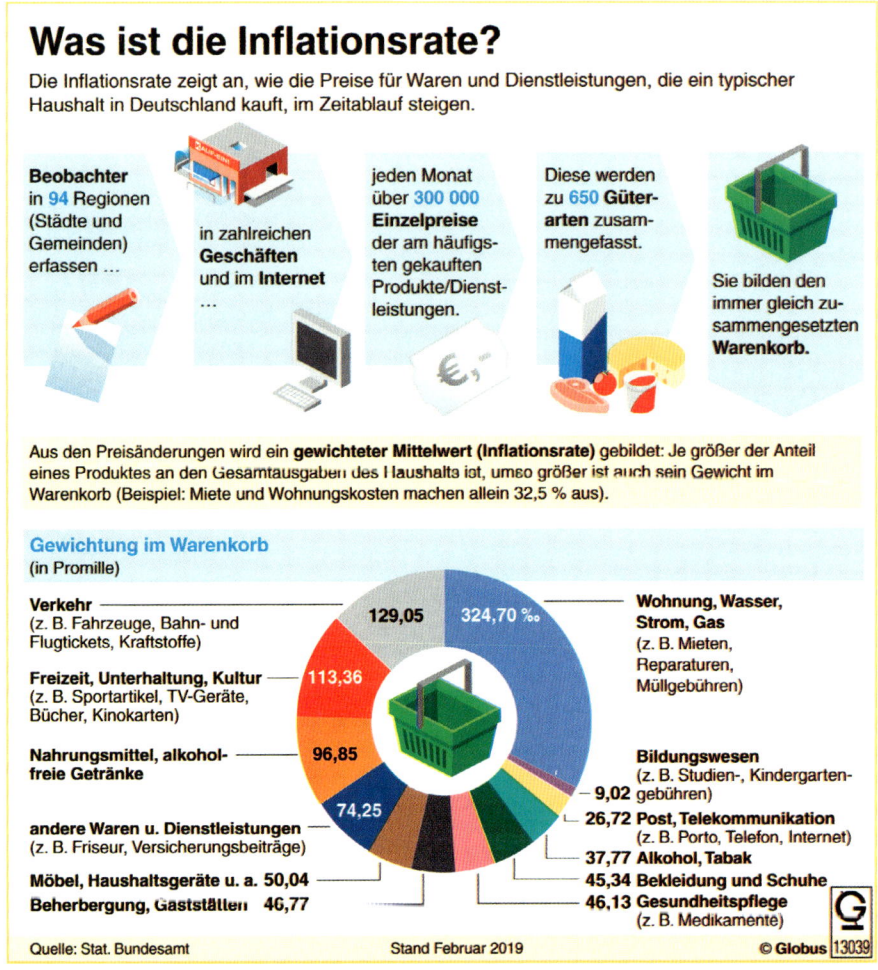

Was ist die Inflationsrate?

Die Inflationsrate zeigt an, wie die Preise für Waren und Dienstleistungen, die ein typischer Haushalt in Deutschland kauft, im Zeitablauf steigen.

Beobachter in 94 Regionen (Städte und Gemeinden) erfassen …

… in zahlreichen **Geschäften** und im **Internet** …

jeden Monat über 300 000 **Einzelpreise** der am häufigsten gekauften Produkte/Dienstleistungen.

Diese werden zu 650 **Güterarten** zusammengefasst.

Sie bilden den immer gleich zusammengesetzten **Warenkorb.**

Aus den Preisänderungen wird ein **gewichteter Mittelwert (Inflationsrate)** gebildet: Je größer der Anteil eines Produktes an den Gesamtausgaben des Haushalts ist, umso größer ist auch sein Gewicht im Warenkorb (Beispiel: Miete und Wohnungskosten machen allein 32,5 % aus).

Gewichtung im Warenkorb (in Promille)

Verkehr (z. B. Fahrzeuge, Bahn- und Flugtickets, Kraftstoffe) — 129,05

Freizeit, Unterhaltung, Kultur (z. B. Sportartikel, TV-Geräte, Bücher, Kinokarten) — 113,36

Nahrungsmittel, alkoholfreie Getränke — 96,85

andere Waren u. Dienstleistungen (z. B. Friseur, Versicherungsbeiträge) — 74,25

Möbel, Haushaltsgeräte u. a. 50,04

Beherbergung, Gaststätten 46,77

324,70 ‰ **Wohnung, Wasser, Strom, Gas** (z. B. Mieten, Reparaturen, Müllgebühren)

Bildungswesen (z. B. Studien-, Kindergartengebühren) — 9,02

26,72 **Post, Telekommunikation** (z. B. Porto, Telefon, Internet)

37,77 **Alkohol, Tabak**

45,34 **Bekleidung und Schuhe**

46,13 **Gesundheitspflege** (z. B. Medikamente)

Quelle: Stat. Bundesamt   Stand Februar 2019   © Globus 13039

---

1 siehe Kap. 11.7

DEFINITION

Der **Verbraucherpreisindex** für Deutschland misst die durchschnittliche Preisentwicklung aller Waren und Dienstleistungen, die von privaten Haushalten für Konsumzwecke gekauft werden.

Die Berechnung des Verbraucherpreisindex erfolgt auf Basis eines sogenannten Warenkorbs. Dieser Warenkorb enthält alle Waren und Dienstleistungen, die beim deutschen Konsum relevant sind. Die sich ändernden Entwicklungen im Konsum machen eine ständige Aktualisierung und Neugewichtung des Warenkorbs erforderlich, damit auch die relevanten Konsumgüter in den Index einbezogen werden. Daher wird dieser Warenkorb alle fünf Jahre angepasst.

Die Grafik auf Seite 311 zeigt den aktuellen Warenkorb, der mit dieser Gewichtung seit 2015 gilt. Die Preissteigerung wird auch als Inflationsrate bezeichnet.

In der Realität gehen in 94 Regionen in Deutschland viele Beobachter Monat für Monat in die Geschäfte und no-

tieren sich Preise der Güter dieses Warenkorbs. Mithilfe repräsentativer Stichproben und statistischer Verfahren werden die Daten monatlich vom Statistischen Bundesamt erhoben und veröffentlicht (vgl. *www.destatis.de*).

Das Statistische Bundesamt hat auf der oben genannten Internetseite auch ein Preis-Kaleidoskop aufgeführt, das interaktiv zu bedienen ist und die aktuellen Preisveränderungen vieler Produktarten des Warenkorbs im Vergleich zum Vormonat aufführt (*https://service.destatis.de/Voronoi/PreisKaleidoskop.svg*).

Die folgende Grafik zur Jahres-Teuerungsrate zeigt die Preissteigerung in Deutschland von Oktober 2020 bis Oktober 2021 gegenüber dem Vorjahresmonat. Das Ziel der Preisstabilität laut Stabilitätsgesetz ist erreicht, weil die berechneten Steigerungsraten als moderat zu bewerten sind. Dieses Ziel hat sich auch die Europäische Zentralbank (EZB) gesetzt.[1] Die höheren Inflationsraten seit etwa Juli 2021 bewertet die EZB als „temporäre Schwankung". Allerdings gab es Inflationsraten von etwa 5 % seit 1992 nicht mehr.

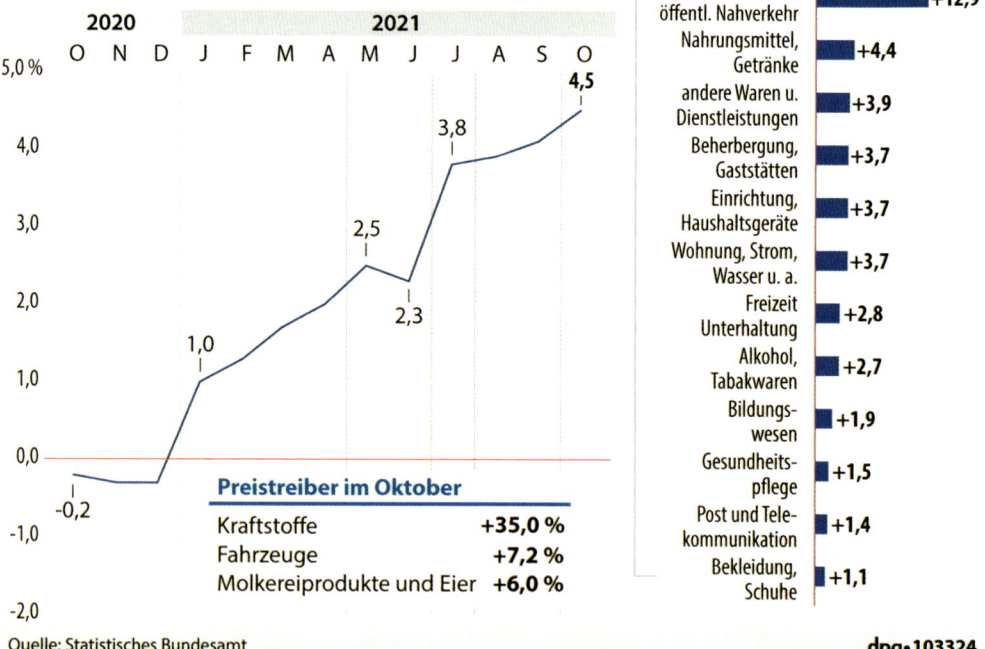

Die Entwicklung der Verbraucherpreise

Veränderungen jeweils gegenüber dem Vorjahresmonat in %

Preistreiber im Oktober

Kraftstoffe	**+35,0 %**
Fahrzeuge	**+7,2 %**
Molkereiprodukte und Eier	**+6,0 %**

Verkehr, Auto, öffentl. Nahverkehr **+12,9**
Nahrungsmittel, Getränke **+4,4**
andere Waren u. Dienstleistungen **+3,9**
Beherbergung, Gaststätten **+3,7**
Einrichtung, Haushaltsgeräte **+3,7**
Wohnung, Strom, Wasser u. a. **+3,7**
Freizeit Unterhaltung **+2,8**
Alkohol, Tabakwaren **+2,7**
Bildungswesen **+1,9**
Gesundheitspflege **+1,5**
Post und Telekommunikation **+1,4**
Bekleidung, Schuhe **+1,1**

Quelle: Statistisches Bundesamt

dpa•103324

Zur Berechnung des Preisindex legt das Statistische Bundesamt ein Basisjahr zugrunde, momentan das Basisjahr 2015 mit einem Indexwert von 100. Die Inflations-

rate. berechnet sich aus den Veränderungen des Preisindex. Die Zahl, die in der Regel veröffentlicht wird, ist die Inflationsrate.

---

1 siehe Kap. 11.9

FORMEL

$$\text{Preisindex} = \frac{\text{Wert aktueller Warenkorb}}{\text{Wert Warenkorb Basisjahr}} \cdot 100$$

$$\text{Inflationsrate} = \left(\frac{\text{Wert aktueller Warenkorb}}{\text{Wert Warenkorb Vorjahr}} - 1\right) \cdot 100$$

oder

$$\text{Inflationsrate} = \left(\frac{\text{aktueller Indexwert}}{\text{Indexwert Vorjahr}} - 1\right) \cdot 100$$

BEISPIEL

Jahr	Warenkorb	Preisindex	Inflationsrate
Basisjahr	1.600,00 €	100	–
1. Folgejahr	1.632,00 €	102	2,0 %
2. Folgejahr	1.680,00 €	105	2,9 %

Kaufkraft

Wenn in einer Volkswirtschaft die Preise steigen, ist noch nicht gesagt, dass die Kaufkraft der privaten Haushalte sinkt. Steigen beispielsweise die Preise um 1 %, die Löhne und Gehälter (also die Einkünfte der privaten Haushalte) im gleichen Zeitraum aber um 2 %, dann ist auch die Kaufkraft gestiegen. Die Kaufkraft des Geldes zeigt also an, welche Gütermenge man mit der zur Verfügung stehenden Geldmenge erwerben kann.

BEISPIEL

Andreas Seeger freut sich, dass seine Ausbildungsvergütung zum Jahresende um 1 % erhöht wurde, ihm jetzt also mehr Geld zur Verfügung steht. Abends erzählt er dies seiner Mutter. Die Mutter sagt: „Schön … aber gerade heute habe ich in der Zeitung gelesen, dass die Preissteigerung in diesem Jahr 1,8 % betragen hat. Daher hast du insgesamt weniger Geld zur Verfügung und deine Kaufkraft ist leicht gesunken."

Die oben stehende Grafik verdeutlicht die Unterschiede bei der Kaufkraft in den verschiedenen Regionen Deutschlands im Jahr 2020. Dabei erfolgte die Erhebung pro Landkreis als mittlerer monatlicher Bruttoverdienst (Medianwert) von Vollzeitbeschäftigten, wobei sich die Kaufkraft zwischen Minimum (Erzgebirgekreis, Median 2.407,00 €) und Maximum (Landkreis Wolfsburg, Median 5.067,00 €) sehr stark unterscheidet.

Die neben stehende Grafik stellt die Kaufkraft verschiedener europäischer Länder im Jahr 2021 dar. Es ist ein sehr starkes Gefälle zwischen den westlichen Ländern der EU und beispielsweise der Ukraine oder Moldawien zu erkennen. Der Indikator Kaufkraft wird also nicht nur für Regionen innerhalb einer Volkswirtschaft verwendet,

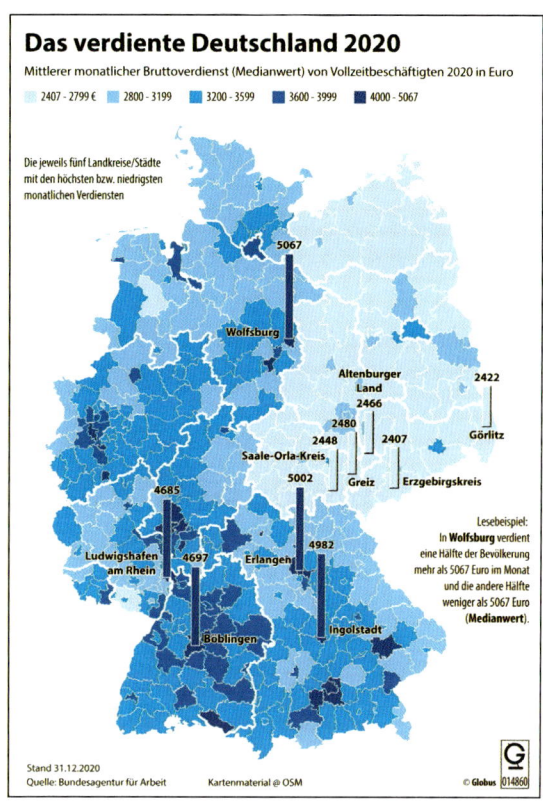

Das verdiente Deutschland 2020

Mittlerer monatlicher Bruttoverdienst (Medianwert) von Vollzeitbeschäftigten 2020 in Euro

2407 - 2799 € | 2800 - 3199 | 3200 - 3599 | 3600 - 3999 | 4000 - 5067

Die jeweils fünf Landkreise/Städte mit den höchsten bzw. niedrigsten monatlichen Verdiensten

Lesebeispiel: In Wolfsburg verdient eine Hälfte der Bevölkerung mehr als 5067 Euro im Monat und die andere Hälfte weniger als 5067 Euro (Medianwert).

Stand 31.12.2020
Quelle: Bundesagentur für Arbeit   Kartenmaterial @ OSM   © Globus 014860

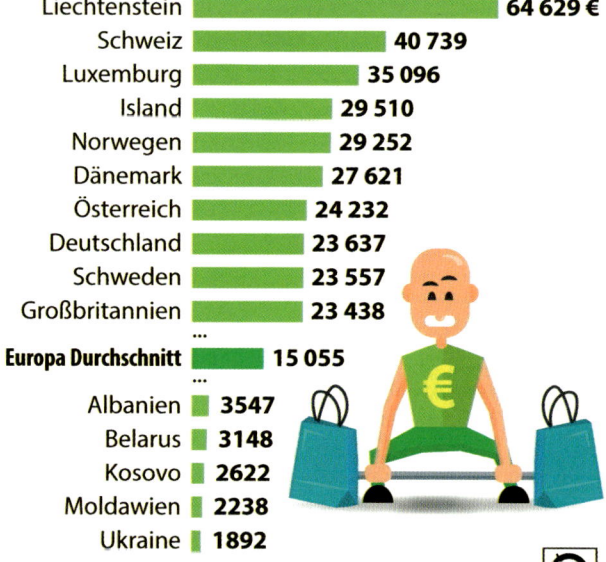

Kaufkraft in Europa

Länder mit dem höchsten und geringsten verfügbaren Nettoeinkommen* pro Einwohner im Jahr 2021 in Euro (Prognose)

Liechtenstein	64 629 €
Schweiz	40 739
Luxemburg	35 096
Island	29 510
Norwegen	29 252
Dänemark	27 621
Österreich	24 232
Deutschland	23 637
Schweden	23 557
Großbritannien	23 438
...	
Europa Durchschnitt	15 055
...	
Albanien	3547
Belarus	3148
Kosovo	2622
Moldawien	2238
Ukraine	1892

*nach Abzug von Steuern und Sozialabgaben; einschl. staatlicher Zahlungen wie Renten, Arbeitslosen- und Kindergeld
Quelle: GfK   © Globus 015019

sondern dient auch als Vergleich zwischen verschiedenen Volkswirtschaften.

Spricht man von der Kaufkraft und Lohnentwicklungen, sind folgende Begriffe von Bedeutung:

- **Bruttolohn**
  der zwischen Arbeitgeber und Arbeitnehmer vereinbarte Gesamtlohn

- **Nettolohn**
  Bruttolohn abzüglich der Sozialabgaben, Steuern (Lohnsteuer) und ggf. der privaten Vorsorge

- **Reallohn**
  entspricht der Kaufkraft. In der Regel ist dies der Nettolohn (in dem Zusammenhang auch Nominallohn genannt) unter Berücksichtigung der Preisentwicklung.

Betrachtet man die Entwicklung der Reallöhne (unter Berücksichtigung des Preisanstiegs) in Deutschland, so ist zu erkennen, dass es zwischen 1991 bis 2009 einen leichten Rückgang in diesem Bereich gegeben hat, obwohl die Brutto- und Nettolöhne der Arbeitnehmer gestiegen sind. Erst seit 2010 steigen die Reallöhne wieder leicht an.

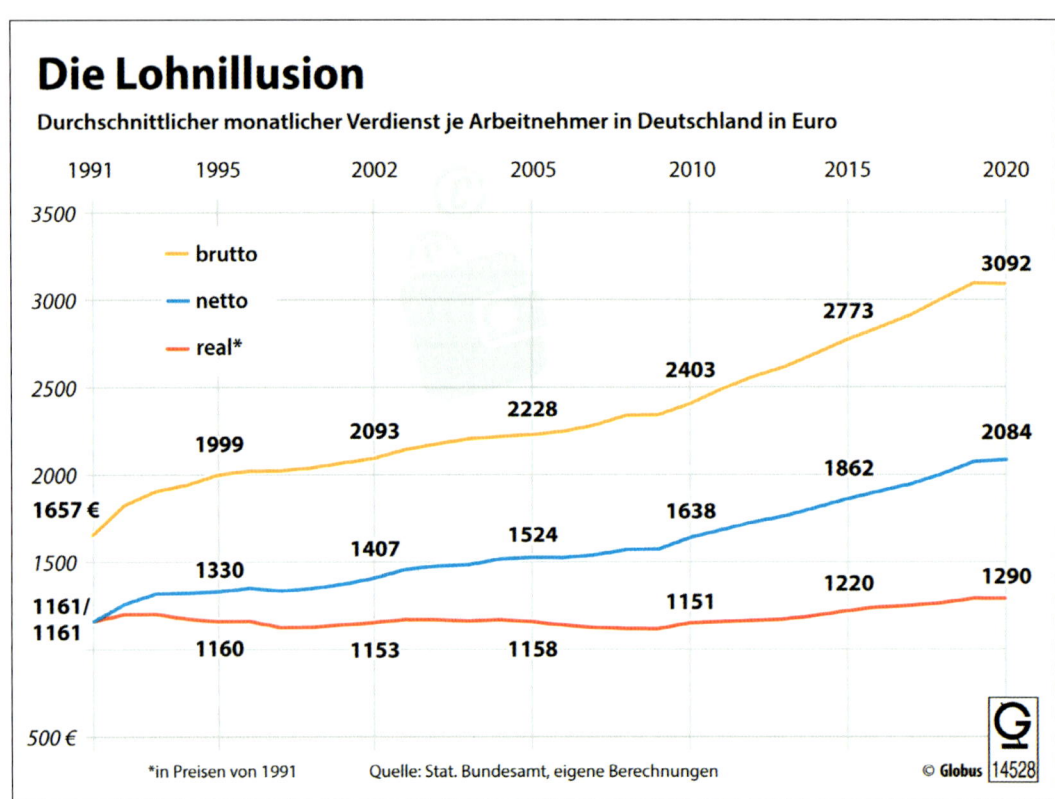

Geldwertstörungen

Eine Preisstabilität soll erreicht werden, damit es in einer Volkswirtschaft nicht zu einer Inflation oder Deflation kommt. Beide Szenarien sind sogenannte Geldwertstörungen und haben einen negativen Einfluss auf die Wirtschaft und somit auf den Wohlstand einer Gesellschaft.

Inflation

Bei der Inflation sinkt der Wert des Geldes, weil aufgrund der Preissteigerung nicht mehr so viel gekauft werden kann wie vorher. Die Inflation kann daher auch als eine Form der Geldentwertung verstanden werden.

DEFINITION

Bei einer Inflation ist mehr Geld als Sachgüter vorhanden, die **Preise** steigen. Der Anstieg des allgemeinen Preisniveaus führt zur Geldentwertung und zu Kaufkraftschwund.

Es wird von einer **nachfrageinduzierten Inflation** gesprochen, wenn die Nachfrage nach Gütern und Dienstleistungen steigt ohne eine entsprechende Ausweitung des Angebots. Durch die hohe Nachfrage steigen die Preise.

BEISPIEL

- Konsumnachfrageinflation = private Haushalte haben eine erhöhte Nachfrage nach Konsumgütern
- Investitionsnachfrageinflation = Unternehmen haben eine erhöhte Nachfrage nach Investitionsgütern
- Staatsnachfrageinflation = der Staat hat eine erhöhte Nachfrage nach Gütern und Dienstleistungen

Bei einer **angebotsinduzierten Inflation** nehmen die Anbieter Preiserhöhungen vor, weil etwa die Kosten gestiegen sind oder weil sie ihre Gewinne erhöhen möchten.

BEISPIEL

- Kostendruckinflation = Preise steigen wegen erhöhter Produktionskosten
- Rohstoffkosteninflation = Preise steigen wegen teurer werdender Rohstoffe
- Gewinninflation = Preise steigen wegen höherer Gewinnforderungen

Es wird unterschieden zwischen einer leichten und einer schweren Inflation. Eine leichte Inflation hat jährliche Preissteigerungsraten von 0 % – 5 %, die schwere Inflation hat Preissteigerungsraten über 5 %. Während die leichte Inflation, wie sie auch momentan in Deutschland herrscht, kaum drastische Auswirkungen auf wesentliche Bereiche der Wirtschaft hat, ist dies bei der schweren Inflation durchaus der Fall.

Inflation							
Auswirkung auf die Preisentwicklung					**Auswirkung auf die Kaufkraft**		

BEISPIEL

Ein Gut, das heute 10,00 € kostet, hat in der Zukunft folgende Preise:

Preisentwicklung	jährliche Inflationsrate	1 % leichte Inflation	2 %	5 % schwere Inflation	10 %	30 %
nach 1 Jahr		10,10	10,20	10,50	11,00	13,00
nach 5 Jahren		10,51	11,04	12,76	16,11	37,13
nach 10 Jahren		11,05	12,19	16,29	25,94	137,86

BEISPIEL

Das Geld, das heute noch 100 % seines Werts hat, hat in der Zukunft folgenden Prozentwert:

Kaufkraftentwicklung	jährliche Inflationsrate	1 % leichte Inflation	2 %	5 % schwere Inflation	10 %	30 %
nach 1 Jahr		99,0	98,0	95,2	90,9	76,9
nach 5 Jahren		95,1	90,6	78,4	62,1	26,9
nach 10 Jahren		90,5	82,0	61,4	38,6	7,3

Hyperinflation nach dem ersten Weltkrieg

In den 1920er-Jahren kam es zu einer schweren Inflation (Hyperinflation), weil zu Beginn der Weimarer Republik die Geldpresse in Deutschland viel Geld druckte, um die Staatsschulden (Reparationszahlungen) im Ausland zu begleichen. Außerdem kam es aufgrund des Krieges zu Güterengpässen.

→ Einer steigenden Geldmenge stand ein Rückgang der Sachgüter gegenüber.

Folgen der Hyperinflation:
- Inlandswährung fällt als Tauschmittel aus.
- Ersatz der Inlandswährung durch Auslandswährung
- Es werden nur noch Güter getauscht.

Deflation

Die Deflation ist quasi das Gegenteil der Inflation. In dieser Situation sinkt das allgemeine Preisniveau langfristig, weil beispielsweise weniger Waren und Dienstleistungen nachgefragt werden.

Es könnte der Eindruck entstehen, dass dies, zumindest für die privaten Haushalte, gut sein wird. Es besteht aber die Gefahr, dass die privaten Haushalte mit dem Kauf warten, da das Konsumgut nächste Woche eventuell noch günstiger sein wird usw. Ähnlich könnten die Unternehmen reagieren, indem sie z. B. zögern, Investitionsgüter zu erwerben. Dadurch würden die Nachfrage und der Konsum weiter sinken, als Folge sinkt dann wiederum die Produktion und die Arbeitslosigkeit steigt.

> **DEFINITION**
>
> Bei einer **Deflation** ist weniger Geld als Sachgüter vorhanden, die Preise sinken. Das Sinken des allgemeinen Preisniveaus führt zur Geldwertsteigerung und zur Kaufkraftsteigerung einer Währungseinheit.

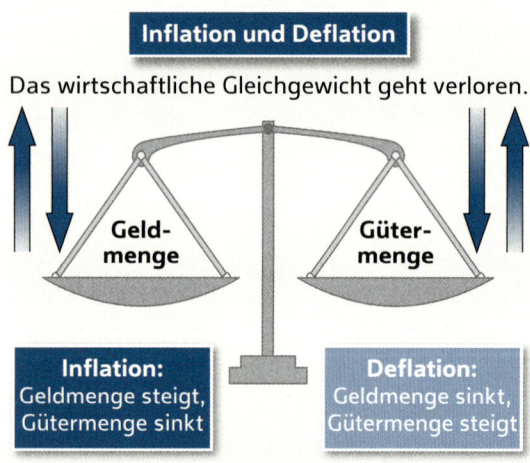

Inflation und Deflation

Das wirtschaftliche Gleichgewicht geht verloren.

Geldmenge

Gütermenge

Inflation: Geldmenge steigt, Gütermenge sinkt

Deflation: Geldmenge sinkt, Gütermenge steigt

Ziel: Außenwirtschaftliches Gleichgewicht

Gründe für den Außenhandel

Der Außenhandel ist in jeder Volkswirtschaft seit langer Zeit notwendig, um beispielsweise Güter, die nicht oder nicht im ausreichenden Maße vorhanden sind, zu importieren. Umgekehrt wird auch exportiert, um die im Ausland fehlenden Güter zu liefern.

In der heutigen globalisierten Welt sind die Motive des Außenhandels überwiegend in den Kostenstrukturen begründet (z. B. günstigere Textilproduktion in Asien) und in den guten Absatzmöglichkeiten im Ausland (z. B. Automarkt in China). Man spricht beim Außenhandel auch von einer internationalen Arbeitsteilung.

Zahlungs-, Leistungs- und Handelsbilanz

Die Gesamtheit der Außenbeziehungen nennt sich Außenwirtschaft. Alle Forderungen und Verbindlichkeiten der Außenwirtschaft werden in einer Zahlungsbilanz zusammengefasst. Die Zahlungsbilanz umfasst alle Geld- und Kapitalströme mit dem Ausland. Dabei wird diese in verschiedene Teilbilanzen unterteilt.

Nachfolgend werden nur die Zahlungsbilanz, die Leistungsbilanz und die Handelsbilanz erläutert, weil diese für den Außenhandel die größte Bedeutung darstellen.

- **Zahlungsbilanz**
  Darunter fallen alle wirtschaftlichen Wechselbeziehungen, die innerhalb eines Jahres in einer Volkswirtschaft im Inland und im Ausland stattgefunden haben.

- **Leistungsbilanz**
  Sie stellt mit ihren vier Bereichen (vgl. Schaubild) den Kernbereich der Zahlungsbilanzanalyse dar. Die Leistungsbilanz umfasst vor allem Güter- und Dienstleistungsströme zwischen In- und Ausland.

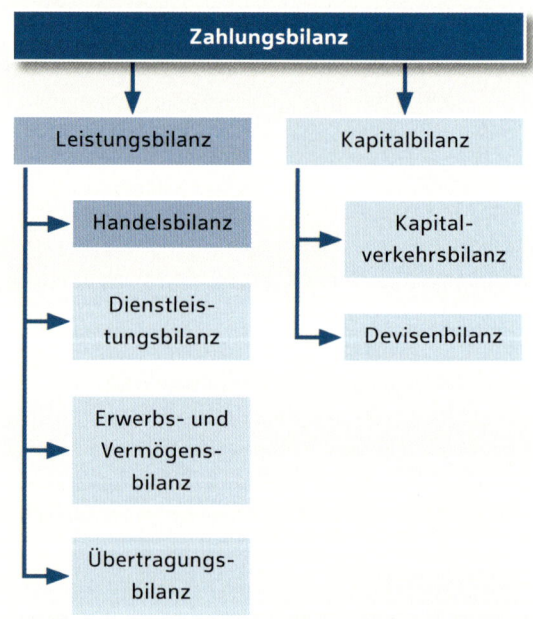

- **Handelsbilanz**
  Die Handelsbilanz stellt die größte Position bei der Leistungsbilanz dar. Hier sind die Waren- und Güterströme zwischen In- und Ausland zusammengefasst. Es erfolgt eine wertmäßige Gegenüberstellung von Importen und Exporten.

DEFINITION

Der **Außenbeitrag** der Handelsbilanz ergibt sich als Saldo (Differenz) zwischen Exporten und Importen von Waren und Dienstleistungen.

Von einem **aktiven Außenbeitrag** bzw. einem Handelsbilanz- oder Leistungsbilanzüberschuss wird gesprochen, wenn die Leistungen an das Ausland größer sind als die Leistungen vom Ausland, das heißt, die Exporte sind höher als die Importe. Umgekehrt wird von einem **passiven Außenbeitrag** gesprochen, wenn die Importleistungen die Exportleistungen übersteigen.

Positive Handelsbilanz durch Exportüberschuss	
Export	Import
	Saldo

Negative Handelsbilanz durch Importüberschuss	
Export	Import
Saldo	

In Deutschland ist der Außenbeitrag aktiv, man spricht auch von einem Außenhandelsüberschuss. Nachfolgend sind die Handelsbilanz und der Außenbeitrag Deutschlands seit 2008 abgebildet und für 2020 der Außenbeitrag zwischen einigen ausgewählten Ländern mit Deutschland.

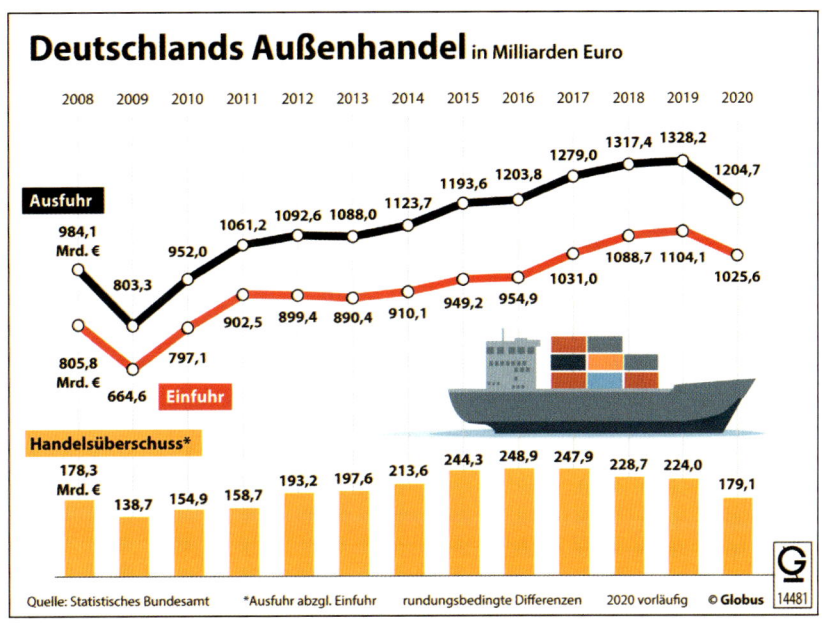

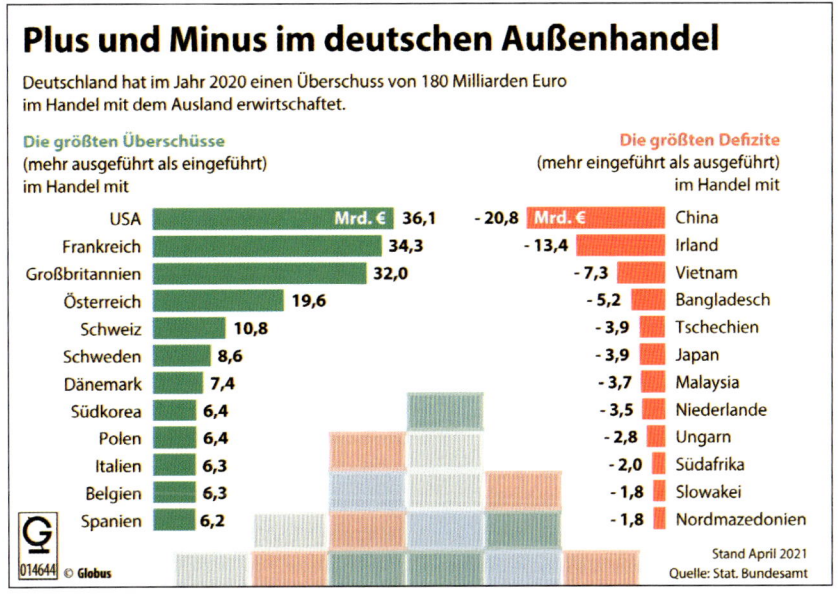

Gefahren eines außenwirtschaftlichen Ungleichgewichts

Die Leistungsbilanzen aller Volkswirtschaften weltweit ergeben in der Zusammenrechnung Null. Wenn es in einer Volkswirtschaft einen Leistungsbilanzüberschuss gibt, dann nimmt dieses Land mehr Geld aus dem Ausland ein, als es zahlen muss. Folglich muss es in einigen anderen Ländern ein Leistungsbilanzdefizit geben. Da beim Defizit mehr Geld abfließt als hinzukommt, müssen die „Defizitländer" sich das Geld bei den „Überschussländern" leihen. Damit wächst die Gefahr einer Schuldenkrise. Dies entspricht umgekehrt den Problemen, die eine Volkswirtschaft mit einem zu hohen passiven Außenbeitrag hat.

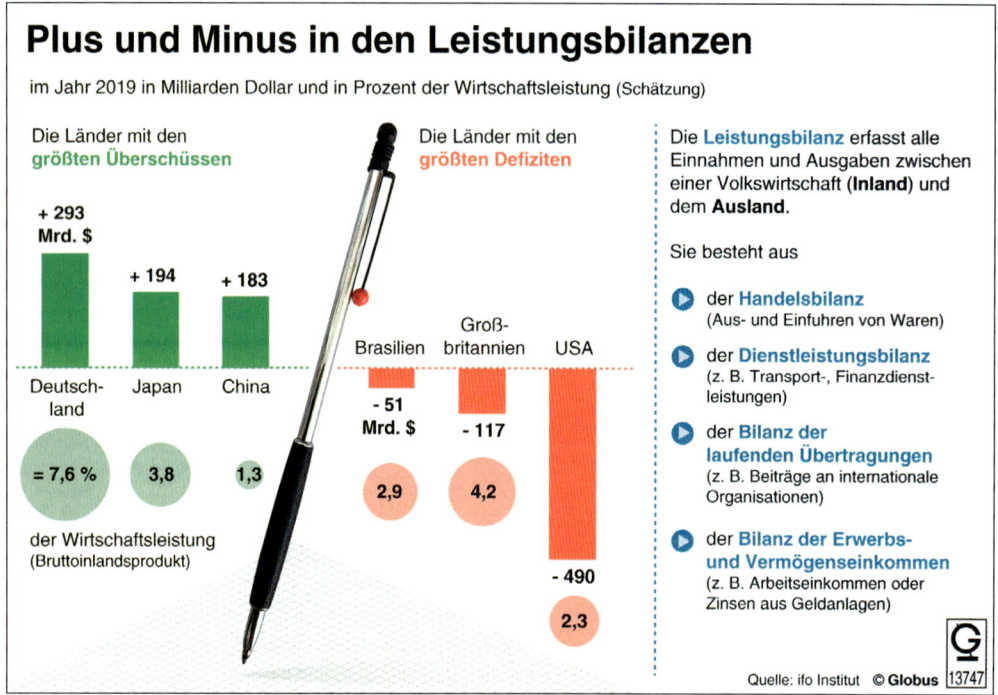

Plus und Minus in den Leistungsbilanzen

im Jahr 2019 in Milliarden Dollar und in Prozent der Wirtschaftsleistung (Schätzung)

Die Länder mit den **größten Überschüssen**

+ 293 Mrd. $
+ 194
+ 183

Deutschland | Japan | China
= 7,6 % | 3,8 | 1,3

der Wirtschaftsleistung (Bruttoinlandsprodukt)

Die Länder mit den **größten Defiziten**

Brasilien | Großbritannien | USA
- 51 Mrd. $ | - 117 |
2,9 | 4,2 |
| | - 490
| | 2,3

Die **Leistungsbilanz** erfasst alle Einnahmen und Ausgaben zwischen einer Volkswirtschaft (**Inland**) und dem **Ausland**.

Sie besteht aus

▶ der **Handelsbilanz** (Aus- und Einfuhren von Waren)

▶ der **Dienstleistungsbilanz** (z. B. Transport-, Finanzdienstleistungen)

▶ der **Bilanz der laufenden Übertragungen** (z. B. Beiträge an internationale Organisationen)

▶ der **Bilanz der Erwerbs- und Vermögenseinkommen** (z. B. Arbeitseinkommen oder Zinsen aus Geldanlagen)

Quelle: ifo Institut © Globus 13747

Neben den genannten Gefahren der Schuldenkrise ist es wichtig, die Exportabhängigkeit nicht zu hoch werden zu lassen. Wie aus der nebenstehenden Grafik zu erkennen ist, betrug in Deutschland der aktive Außenbeitrag (Saldo der Leistungsbilanz) seit 2004 stets über 4 % des BIP. Die Finanzkrise 2008/2009 und die daraus resultierende Rezession haben die Schwächen dieser Exportabhängigkeit offengelegt. Es wird daher von Experten gefordert, die Binnennachfrage zu stärken. Ansätze können hier reale Lohnzuwächse sein.

Das Ziel des Stabilitätsgesetzes ist hier gefährdet, da es nur moderate Salden von etwa +/– 2 % des BIP geben sollte. Langfristig muss die deutsche Wirtschaft dies wieder erreichen.

Ziel: Hoher Beschäftigungsstand

Vollbeschäftigung

Ein weiteres wirtschaftspolitisches Ziel ist es laut Stabilitätsgesetz, einen möglichst hohen Beschäftigungsstand zu erreichen. Nach dem Zweiten Weltkrieg gab es in Deutschland eine Vollbeschäftigung. In den 1960er-Jahren gab es sogar eine Unterbeschäftigung, das heißt, die Zahl der offenen Stellen war größer als die Zahl der Arbeitslosen. Gelöst wurde dieses Problem seinerzeit dadurch, dass Arbeitskräfte aus dem Ausland nach Deutschland kamen.

DEFINITION

Vollbeschäftigung liegt vor, wenn alle Erwerbspersonen in Beschäftigung sind.

Diese Definition wird von Politikern und Wissenschaftlern unterschiedlich interpretiert. So galt in den 1950er- bis 1980er-Jahren eine Arbeitslosenquote von 2 % als Vollbeschäftigung. Seit den 1990er-Jahren werden 4 % – 6 % als Messlatte genommen So gibt es beispielsweise Meinungen unter Experten, dass in Deutschland immer zirka eine Million Menschen arbeitslos werden, weil sie entweder auf dem Arbeitsmarkt aufgrund fehlender Qualifikationen nicht vermittelbar sind oder sich gerade auf Arbeitssuche zwischen zwei Arbeitsstellen befinden.

Arbeitsmarktkennzahlen

Die Bundesagentur für Arbeit unterscheidet im Rahmen ihrer periodischen Erhebung statistischer Daten zum Arbeitsmarkt verschiedene Personenkreise.

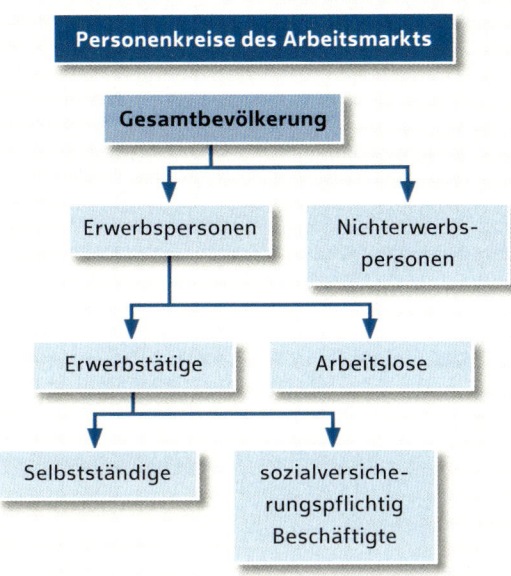

Zur Beurteilung des Beschäftigungsstands bzw. des Arbeitsmarkts sind verschiedene Kennzahlen von Bedeutung. Viele dieser Kennzahlen werden von der Bundesagentur für Arbeit und vom Statistischen Bundesamt in regelmäßigen Zeiträumen veröffentlicht. Dazu gehören:

- **Erwerbsquote**
  Als Erwerbsquote wird der prozentuale Anteil an Erwerbspersonen (= alle Personen, die sich am Erwerbsleben beteiligen wollen) bezogen auf die Gesamtbevölkerung bezeichnet.

FORMEL

$$\text{Erwerbsquote} = \frac{\text{Erwerbstätige} + \text{Arbeitslose}}{\text{Bevölkerung insgesamt}} \cdot 100$$

- **Arbeitslosenquote**
  Als Arbeitslosenquote wird der prozentuale Anteil an registrierten Arbeitslosen bezogen auf die Erwerbspersonen bezeichnet.

FORMEL

$$\text{Arbeitslosenquote} = \frac{\text{Arbeitslose}}{\text{Erwerbstätige} + \text{Arbeitslose}} \cdot 100$$

Arbeitslosigkeit

Die Arbeitslosigkeit ist ein Dauerthema in Politik und Gesellschaft. Es gibt verschiedene Gründe, weshalb diese in einer Volkswirtschaft möglichst niedrig sein sollte.

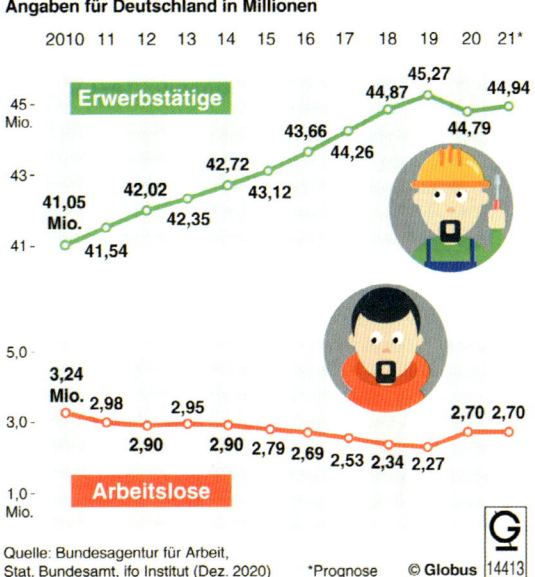

Quelle: Bundesagentur für Arbeit, Stat. Bundesamt, ifo Institut (Dez. 2020) *Prognose © Globus 14413

Formen der Arbeitslosigkeit

Um die Arbeitslosigkeit wirksam bekämpfen zu können, muss zunächst eine Analyse der Formen der Arbeitslosigkeit stattfinden.

Es gibt:

- **saisonale** Arbeitslosigkeit
  Innerhalb eines Jahres kommt es je nach Branche (z. B. Baugewerbe, Tourismus) zu saisonalen Schwankungen. Tendenziell ist die Arbeitslosenquote in Deutschland im Winter und während der Urlaubszeit (Juli, August) saisonal etwas höher.

- **konjunkturelle** Arbeitslosigkeit
  Wenn die gesamtwirtschaftliche Nachfrage nach Gütern und Dienstleistungen sinkt, fällt das Wirtschaftswachstum geringer aus. Es kann dadurch konjunkturbedingt zu einer höheren Arbeitslosigkeit kommen.

- **strukturelle, sektorale** Arbeitslosigkeit
  Wenn etwa bestimmte Industriezweige nicht mehr benötigt werden, führen diese strukturellen Veränderungen häufig zu einer erhöhten Arbeitslosigkeit (z. B. Kohleförderung). Die Wertschöpfungsprozesse werden in andere Wirtschaftssektoren verlagert.

- **regionale** Arbeitslosigkeit
  Der oben genannte Strukturwandel kann sich nur auf bestimmte Regionen beziehen. Regionale Unternehmen sind eventuell nicht mehr wettbewerbsfähig und die Arbeitslosigkeit steigt regional.

- **friktionelle** Arbeitslosigkeit
  Beim Übergang von einer Arbeitsstelle zu einer anderen kommt es zu zeitlichen Verzögerungen. In dieser relativ kurzen Übergangszeit ist ein Arbeitnehmer arbeitslos.

Es ist das Ziel der Bundesagentur für Arbeit, möglichst viele Erwerbspersonen in den ersten Arbeitsmarkt zu bringen.

> **DEFINITION** ⎯⎯⎯⎯⎯⎯⎯⎯⎯
>
> Unter dem **ersten Arbeitsmarkt** wird der reguläre Arbeitsmarkt verstanden, bei dem seitens des Staates keine Zuschüsse zu Arbeitsverhältnissen gezahlt werden. Der **zweite Arbeitsmarkt** hat als Ziel, die Betroffenen (wieder) an den ersten Arbeitsmarkt heranzuführen. Zum zweiten Arbeitsmarkt zählen alle staatlich subventionierten Arbeitsverhältnisse.

Folgen der Arbeitslosigkeit

Eine hohe Arbeitslosigkeit ist für eine Volkswirtschaft eine starke Belastung. So fehlen der Solidargemeinschaft nicht nur die Teilnehmer, die in Renten-, Kranken-, Pflege- und Arbeitslosenversicherung einzahlen, sondern es steigen auch die Aufwendungen und somit der Beitragssatz der Arbeitslosenversicherung. Durch die dann gestiegenen Lohnnebenkosten kann es zu weiteren Entlassungen und somit zu einer noch höheren Arbeitslosenquote kommen.

Für jeden persönlich ist der Zustand der Arbeitslosigkeit häufig eine wirtschaftliche Bedrohung. Folge des fehlenden Einkommens ist eine sinkende Nachfrage. Dadurch kommt es zu Umsatzeinbußen bei den Unternehmen und es kann zu weiteren Entlassungen und somit zu einer noch höheren Arbeitslosenquote kommen.

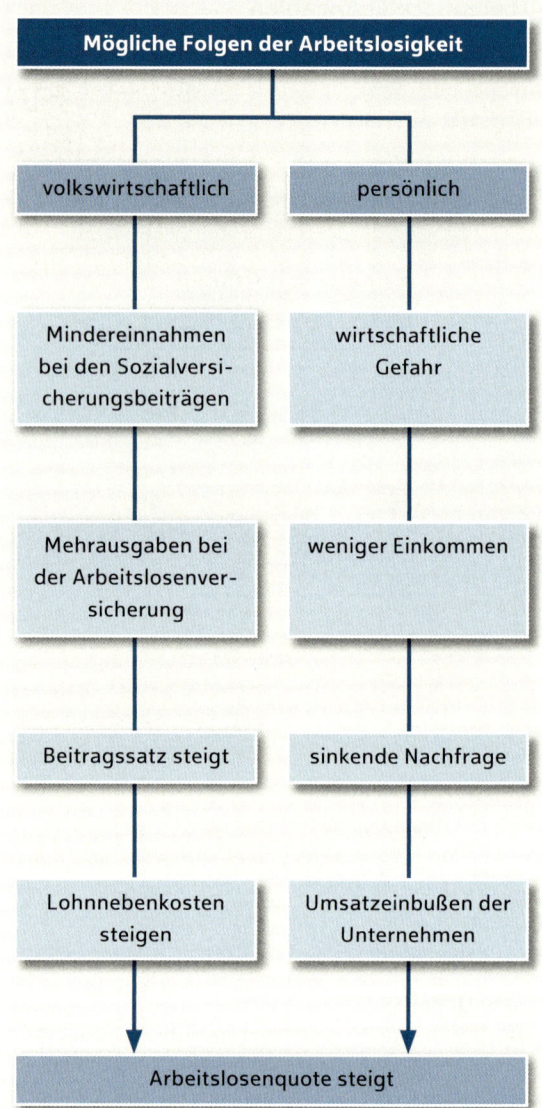

Maßnahmen zur Bekämpfung der Arbeitslosigkeit

Bei den Maßnahmen zur Bekämpfung der Arbeitslosigkeit wird zwischen den Maßnahmen der Bundesagentur für Arbeit und denen der Politik (Bundes- und Landesregierungen, Tarifparteien) unterschieden.

Die Bundesagentur für Arbeit hat eine Vielzahl von Maßnahmen im Programm, um die Arbeitslosen kurz-, mittel- oder langfristig wieder in den ersten Arbeitsmarkt zu bringen.

BEISPIEL

- Vermittlung von Arbeitsplätzen
- Bewerbungstraining
- Erstattung der Bewerbungskosten
- Umschulungsmaßnahmen
- Weiterbildungsmaßnahmen
- Beratungen

Auch die Politik sowie die Tarifparteien haben durch verschiedene Maßnahmen Einfluss auf die Höhe der Arbeitslosigkeit genommen.

Im Rahmen der Wirtschaftskrise in den Jahren 2008 und 2009 hat die Bundesregierung zwei **Konjunkturpakete** verabschiedet.

- **Konjunkturpaket I:**
  Am 5. November 2008 beschloss die Bundesregierung, Investitionen und Aufträge von Unternehmen, privaten Haushalten und Kommunen in einer Größenordnung von rund 50 Milliarden Euro in den Jahren 2009 und 2010 zu fördern. Außerdem wurden im Umfang von zirka 20 Milliarden Euro Maßnahmen zur Sicherung der Finanzierung und Liquidität bei Unternehmen die Finanzierung von Investitionen gewährt.

- **Konjunkturpaket II:**
  Im Januar 2009 legte die Regierung ein zweites Konjunkturpaket auf, das ab März 2009 galt. Dieser *Pakt für Beschäftigung und Stabilität* umfasste noch einmal verschiedene Maßnahmen im Wert von etwa 50 Milliarden Euro. Durch diese Maßnahmen sollten Impulse zur Stützung der Binnenkonjunktur und zur nachhaltigen Stärkung des Landes gegeben werden.

Auch im Rahmen der Coronakrise seit 2020 hat die Bundesregierung verschiedene Konjunkturpakete aufgelegt. So gab es steuerliche Hilfen für Unternehmen und Beschäftigte. Das umfasste beispielsweise Sonderabschreibungen für Unternehmen, aber auch für Beschäftigte bzw. für alle Bürgerinnen und Bürger.

BEISPIEL

Der Staat hat die Umsatzsteuer im zweiten Halbjahr 2020 von 19 % auf 16 % gesenkt. Dadurch sind die Produkte günstiger geworden. Das hat wiederum den Konsum gefördert und dadurch sowohl die Unternehmen als auch die Konsumenten unterstützt.

Ein weiteres Instrument gegen Entlassungen infolge der Wirtschaftskrise 2008/2009 war die **Kurzarbeit-Regelung**. Diese Kurzarbeiter-Regelung ist auch als Instrument während der Coronakrise ab dem Jahr 2020 in Deutschland angewendet worden. Dabei konnten Arbeitgeber Kurzarbeitergeld bei der Bundesagentur für Arbeit (BA) beantragen, wenn der Arbeitsausfall mindestens ein Drittel der beschäftigten Arbeitnehmer betraf und bei ihnen mindestens 10 % des monatlichen Bruttoentgelts ausfielen. Das Kurzarbeitergeld betrug 60 % bzw. 67 % des Monatsentgelts und wurde anteilig für einsatzfreie Zeiten gezahlt. Während der Coronakrise wurden teilweise auch höhere Prozentwerte vereinbart.

Während dieser Maßnahmen konnten sowohl die Beschäftigten als auch die Unternehmen konjunkturelle Engpässe, das heißt Auftragsrückgänge überbrücken. Vorteil war, dass die Arbeitslosenversicherung nicht belastet wurde und die Unternehmen ihre Mitarbeiter nicht entlassen mussten. In auftragsstarken Jahren (wie z. B. ab 2021/2022) können somit Aufträge kompetent und zuverlässig mit dem erfahrenen Personal erfüllt werden.

Bei den Tarifparteien hat die **Lohnzurückhaltung** in Deutschland nach Angaben verschiedener Wirtschaftsforschungsinstitute in den letzten Jahren die Wettbewerbsfähigkeit erhöht. Dies führte einerseits zu einer Abnahme der Arbeitslosigkeit, andererseits kam es durch die sinkenden Reallöhne zu einer schwachen Binnennachfrage. Hier ziehen Arbeitgeber und Gewerkschaften aber unterschiedliche Schlüsse.

Die Teuerungsrate könnte bis zum Jahresende auf fünf Prozent klettern. Gewerkschaften fordern kräftige Lohnerhöhungen. Warum das nach hinten losgehen kann.

Das Thema Inflation erhitzt weiter die Gemüter. Auch wenn viele Ökonomen darin noch ein vorübergehendes Phänomen sehen, zeichnet sich zumindest bis zum Jahresende ein weiterer Anstieg ab. Mit 3,8 Prozent lag die Teuerungsrate in Deutschland im Juli 2021 bereits auf einem Niveau wie zuletzt im Dezember 1993 (4,3 Prozent). Angetrieben wird sie insbesondere von Sonder- und Basiseffekten im Zusammenhang mit der Corona-Pandemie, aber auch von höheren Rohstoff- und Energiepreisen.

Mit einem weiteren Anstieg der Inflationsrate rechnen auch die im Ökonomen-Barometer von €uro am Sonntag befragten Volkswirte – mit bis zu vier Prozent bis zum Jahresende, teilweise sogar darüber hinaus. Auch im kommenden Jahr soll sie über dem Zielwert der Europäischen Zentralbank von zwei Prozent liegen. Für 90 Prozent der befragten Ökonomen steht darüber hinaus fest, dass diese Entwicklung die Reallöhne im Jahr 2021 schrumpfen lässt. Käme es so, müssten die Arbeitnehmer erstmals seit einem Jahrzehnt reale Kaufkraftverluste hinnehmen. Die Prognosen für den Tariflohnanstieg 2021 liegen bei rund 1,6 Prozent.

Die Dienstleistungsgewerkschaft Verdi will das nicht hinnehmen. „Wir brauchen gerade wegen der anziehenden Preise kräftige Lohnsteigerungen", fordern die Arbeitnehmervertreter. Kaufkraftverluste der Beschäftigten seien jedenfalls nicht akzeptabel. 55 Prozent der im Ökonomen-Barometer befragten Volkswirte halten derartige Forderungen für nicht gerechtfertigt, immerhin 39 Prozent befürworten sie.

Wie damals in den Siebzigern

Zu kräftige Lohnanstiege könnten jedenfalls eine sogenannte Lohn-Preis-Spirale in Gang setzen, also einen wechselseitigen Aufschaukelungseffekt aus Lohn- und Preiserhöhungen, der einen längeren Inflationsprozess auslöst, wie es beispielsweise in den 70er- und 80er-Jahren in der Bundesrepublik zu beobachten war. Ob es tatsächlich so kommt, darüber sind die Ökonomen geteilter Meinung. Eine leichte Mehrheit von 55 Prozent hält eine Lohn-Preis-Spirale für eher oder sehr unwahrscheinlich. Immerhin 45 Prozent halten sie für eher oder sehr wahrscheinlich.

„Auch wenn eine Lohn-Preis-Spirale aus heutiger Sicht wenig wahrscheinlich ist, das Risiko ist da", warnt beispielsweise Volker Nitsch von der TU Darmstadt. Sollte allerdings der Inflationsdruck im kommenden Jahr nachlassen, wie es viele Experten erwarten, sinkt auch das Risiko einer Lohn-Preis-Spirale.

VP-Bank-Chefökonom Thomas Gitzel verweist mit Blick auf die Tarifforderungen darauf, dass 2020 insbesondere die Energiepreise noch stark zurückgegangen waren. Davon hätten auch Arbeitnehmer profitiert. Allein wegen der aktuellen Reallohnrückgänge könne man deshalb noch keinen Inflationsausgleich fordern.

Quelle: Ehrensberger, Wolfgang: Inflation: Kommen jetzt kräftige Lohnsteigerungen? 31.08.2021. In: Börse-Online. https://www.boerse-online.de/nachrichten/aktien/inflation-kommen-jetzt-kraftige-lohnsteigerungen-1030760979 [18.12.2021].

AUFGABEN

1. Welche wirtschaftspolitischen Ziele wurden im Stabilitätsgesetz von 1967 formuliert?

2. Weshalb ist es wichtig, als Bezugsgröße für das Wachstum nicht nur das gesamte in einer Volkswirtschaft erwirtschaftete BIP, sondern auch das BIP je Einwohner zu betrachten?

3. Warum wird ein hohes Bildungsniveau als *human capital* neben Neu- und Erweiterungsinvestitionen als eine Voraussetzung für Wachstum angesehen?

4. Mit welchen Maßnahmen kann die Politik versuchen, das Wachstum anzuregen?

5. Welches Hauptziel können Sie aus der Studie des Club of Rome von 1972 ableiten?

6. Der Index des BIP in Deutschland betrug im Jahr 2008 110,39 Indexpunkte und im Jahr 2009 105,18 Indexpunkte. Wie hoch war im Jahr 2009 die Wachstumsrate?

7. Veränderungen des Preisniveaus werden unter anderem mit dem Index der Lebenshaltungskosten aller privaten Haushalte auf der Basis eines Warenkorbs angegeben.
   a) Nennen Sie ein Gut in diesem Warenkorb, das in jüngster Vergangenheit im Preis gestiegen ist, und erläutern Sie die Ursache.
   b) Nennen Sie ein Gut in diesem Warenkorb, das in jüngster Vergangenheit im Preis gefallen ist, und erläutern Sie die Ursache.

c) Welche Gründe kann es geben, Inhalt und Gewichtung des Warenkorbs von Zeit zu Zeit zu aktualisieren?

8. In der folgenden Tabelle sind die Preisindizes der Jahre 2016 bis 2020 in Deutschland angegeben. Bestimmen Sie die Inflationsraten der Jahre 2017 bis 2020.

Jahr	Index
2016	100,5
2017	102,0
2018	103,8
2019	105,3
2020	105,8

9. Es ist manchmal zu hören, dass die sogenannte Lohn-Preis-Spirale die Stabilität des Preisniveaus beeinflusst.
   a) Wer sind die „Akteure", die an der Lohn-Preis-Spirale mitwirken?
   b) Welche Gruppe ist zumeist negativ von der Lohn-Preis-Spirale betroffen? Nennen Sie Gründe.

10. Im Zeitungsartikel „Die Teuerungsrate könnte bis zum Jahresende auf fünf Prozent klettern. Gewerkschaften fordern kräftige Lohnerhöhungen. Warum das nach hinten losgehen kann." (S. 322) wird von möglichen Lohnsteigerungen infolge der erhöhten Inflation gesprochen.
    a) Warum fordern die Gewerkschaften höhere Löhne nach erhöhten Inflationsraten?
    b) Was meint Herr Gitzel mit der Aussage, dass man allein wegen der aktuellen Reallohnrückgänge deshalb noch keinen Inflationsausgleich fordern könne?

11. In einer Volkswirtschaft stehen sich Gütermenge und Geldmenge gegenüber. In welcher Situation besteht die Gefahr einer Inflation?

12. Bei einer Inflation gibt es Gewinner und Verlierer. Nennen Sie jeweils drei Beispiele.

13. Wie viel kostet ein Produkt, das heute 5,00 € kostet, in zehn Jahren bei einer durchschnittlichen Inflationsrate von jährlich 2 %?

14. Wie viel ist das Geld in acht Jahren noch „wert", wenn die Inflationsrate jährlich 2 % beträgt?

15. Nennen Sie jeweils drei typische Waren, die die Bundesrepublik Deutschland importiert und exportiert.

16. Der Außenhandel hat für eine Volkswirtschaft viele Vorteile, aber auch Nachteile. Nennen Sie jeweils drei Vorteile und drei Nachteile.

17. Warum fordern Experten mittelfristig einen Abbau des hohen deutschen Leistungsbilanzüberschusses?

18. Erläutern Sie, wie die Bundesrepublik Deutschland ihren Leistungsbilanzüberschuss reduzieren könnte.

19. In der Bundesrepublik sind mehrere namhafte Autohersteller ansässig. Die Binnennachfrage müsste angesichts dieses Angebots eigentlich zu befriedigen sein. Dennoch werden viele Fahrzeuge aus Ländern wie Frankreich, Italien, Schweden und Japan importiert. Erläutern Sie, warum dies so ist.

20. Der auf die Beschäftigung abzielende Eckpunkt im magischen Viereck lautet nicht *Vollbeschäftigung*, sondern *hoher Beschäftigungsstand*. Begründen Sie, weshalb dies der Fall ist.

21. Die klassischen Formen der Arbeitslosigkeit (saisonal, konjunkturell, strukturell, regional und friktionell) können um die technologische und die lohnkostenbedingte Arbeitslosigkeit erweitert werden. Erklären Sie, was Sie darunter verstehen.

22. Nehmen Sie zu der Aussage „Durch eine erhöhte Investitionstätigkeit der Unternehmen nimmt die Beschäftigung zu" Stellung.

23. Wie können Sie Ihren Arbeitsplatz sichern bzw. Ihre eigenen Chancen auf dem Arbeitsmarkt erhöhen?

24. Welche Folgen kann eine hohe Arbeitslosenquote für eine Volkswirtschaft haben?

25. Die Preisveränderungen werden mithilfe des Warenkorbs ermittelt. Recherchieren Sie auf der Seite *www.destatis.de/Voronoi/PreisKaleidoskop.svg*, welche Waren des Warenkorbs die höchsten Preissteigerungen verursachen und welche Waren besonders günstig geworden sind.

26. Sehen Sie sich den Film von der Europäischen Zentralbank zum Thema Preisstabilität an (siehe (*www.ecb.int/ecb/educational/pricestab/html/index.de.html*). Beantworten Sie anschließend folgende Fragen:
    a) Bis zu welchem Preisanstieg wird im Euroraum von Preisstabilität gesprochen?
    b) Warum erhöht der Brotverkäufer seine Preise?
    c) Warum ist eine zu hohe Geldmenge gefährlich für eine Volkswirtschaft?
    d) Wer ist Verlierer der Inflation?

e) Welche Maßnahmen ergreift eine Zentralbank, um die Preise stabil zu halten?

f) Warum ist Vertrauen in die Preise so wichtig für die Wirtschaft?

g) Weshalb ist auch die Deflation gefährlich für die Wirtschaft?

27. Definieren Sie mithilfe der Internetseiten des Statistischen Bundesamtes (*www.destatis.de*) sowie der Bundesarbeitsagentur (*www.arbeitsagentur.de*) nachfolgende Begriffe zum Arbeitsmarkt. Bestimmen Sie dabei gegebenenfalls auch die Formel für mögliche Berechnungen der Kennzahl.

a) Erwerbspersonen

b) Nichterwerbspersonen

c) Erwerbstätige

d) Arbeitslose

e) Erwerbslose

f) Selbstständige

g) sozialversicherungspflichtig Beschäftigte

28. Interpretieren Sie die Zahlen der nachfolgenden Grafik. Gehen Sie dabei auch auf die unterschiedlichen Zahlen zwischen Erwerbstätigkeit und sozialversicherungspflichtiger Beschäftigung ein.

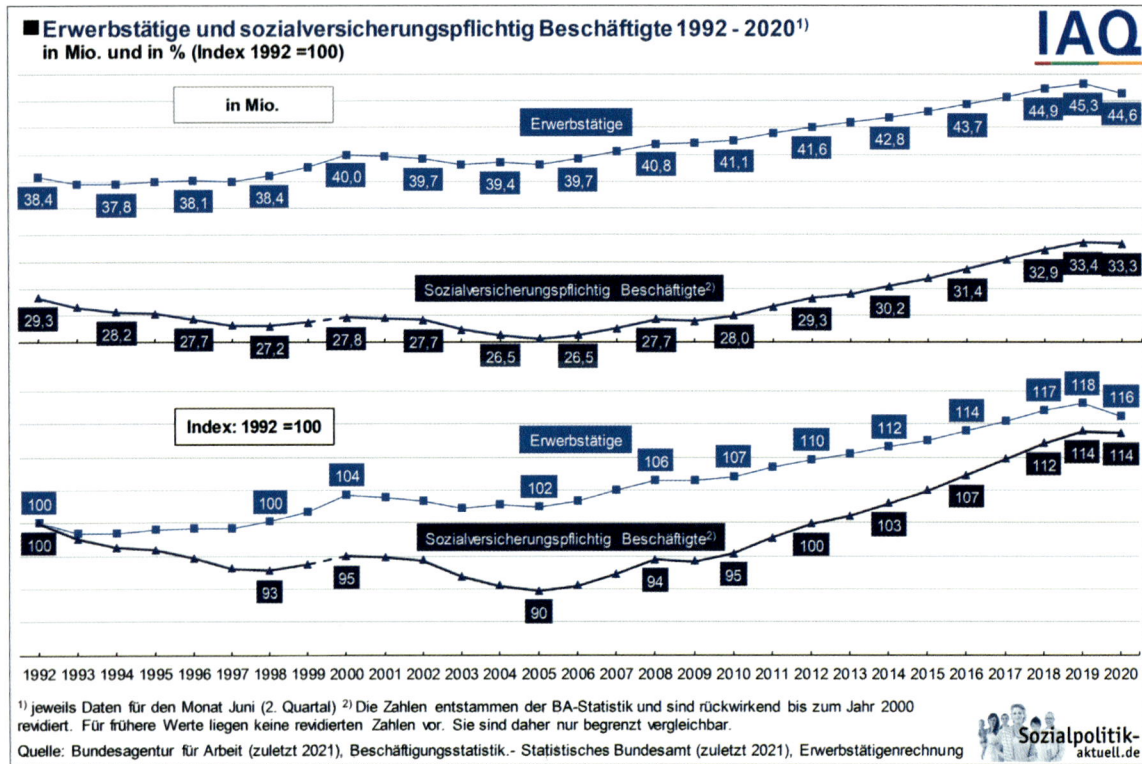

■ **Erwerbstätige und sozialversicherungspflichtig Beschäftigte 1992 - 2020[1]**
in Mio. und in % (Index 1992 =100)

IAQ

in Mio.

Erwerbstätige
38,4 37,8 38,1 38,4 40,0 39,7 39,4 39,7 40,8 41,1 41,6 42,8 43,7 44,9 45,3 44,6

Sozialversicherungspflichtig Beschäftigte[2]
29,3 28,2 27,7 27,2 27,8 27,7 26,5 26,5 27,7 28,0 29,3 30,2 31,4 32,9 33,4 33,3

Index: 1992 =100

Erwerbstätige
100 100 100 104 102 106 107 110 112 114 117 118 116

Sozialversicherungspflichtig Beschäftigte[2]
100 93 95 90 94 95 100 103 107 112 114 114

1992 1993 1994 1995 1996 1997 1998 1999 2000 2001 2002 2003 2004 2005 2006 2007 2008 2009 2010 2011 2012 2013 2014 2015 2016 2017 2018 2019 2020

[1] jeweils Daten für den Monat Juni (2. Quartal) [2] Die Zahlen entstammen der BA-Statistik und sind rückwirkend bis zum Jahr 2000 revidiert. Für frühere Werte liegen keine revidierten Zahlen vor. Sie sind daher nur begrenzt vergleichbar.

Quelle: Bundesagentur für Arbeit (zuletzt 2021), Beschäftigungsstatistik.- Statistisches Bundesamt (zuletzt 2021), Erwerbstätigenrechnung

Sozialpolitik-
aktuell.de

ZUSAMMENFASSUNG

angemessenes Wirtschaftswachstum

- Kennzahlen
  - Wachstum ergibt sich aus dem BIP

$$\text{Wachstumsrate} = \left(\frac{\text{BIP}}{\text{BIP des Vorjahrs}} - 1 \right) \cdot 100$$

- Wachstum beeinflusst:
  - Beschäftigungsstand
  - Sozialleistungen
  - Lebensqualität
- Wachstumsgrenzen
  - Studie „The Limits of Growth"
  - Rohstoffe nicht unbegrenzt verfügbar
  - Umweltschutz als notwendiger Faktor

Preisstabilität

- Kennzahlen:
  - Verbraucherpreisindex (ø Preisentwicklung auf Basis des Warenkorbs)
  - Inflationsrate (Veränderung der Preise im Zeitablauf)
- Warenkorb (enthält sämtliche Waren und Dienstleistungen, die für die Konsumwelt in Deutschland relevant sind)
- Kaufkraft (abhängig von Lohn- und Preisentwicklungen)
- Gefahren:
  - Inflation (Geldmenge größer als Gütermenge, Preise steigen)
  - Deflation (Gütermenge größer als Geldmenge, Preise sinken)

Stabilitätsgesetz (magisches Viereck)

außenwirtschaftliches Gleichgewicht

- Zahlungsbilanz, insbesondere die Teilbilanzen Leistungsbilanz und Handelsbilanz
- Außenbeitrag = Export – Import
- positive Handelsbilanz (Exportüberschuss)
- negative Handelsbilanz (Importüberschuss)
- Gefahren eines außenwirtschaftlichen Ungleichgewichts:
  - mögliche Schuldenkrise (bei negativer Handelsbilanz)
  - Exportabhängigkeit (bei positiver Handelsbilanz)

hoher Beschäftigungsstand

- Kennzahlen:
  - Erwerbsquote
  - Arbeitslosenquote
- Vollbeschäftigung: Alle Erwerbspersonen sind in Beschäftigung.
- Formen der Arbeitslosigkeit: saisonal, konjunkturell, strukturell, regional und friktionell
- Folgen der Arbeitslosigkeit
  - volkswirtschaftlich (Mindereinnahmen/ Mehrausgaben, steigende Beitragssätze und Lohnnebenkosten)
  - persönlich (weniger Einkommen, sinkende Nachfrage)
- Maßnahmen (von der Bundesagentur für Arbeit oder vom Staat)

11.7   Stabilitätsgesetz 2 – „Magisches Sechseck"

Einstieg

Agathe Kwasny und Andreas Seeger haben von Frau Schwab, Abteilungsleiterin der Verwaltung, den Auftrag bekommen, das Leitbild der Exclusiva GmbH kritisch zu betrachten. Dabei fällt ihnen eine Formulierung auf:

> **Leitbild der Exclusiva GmbH**
>
> ...
>
> Um der großen sozialen Verantwortung für diese Menschen gerecht zu werden, versuchen wir, Beschaffungsregeln einzuhalten, die die Einhaltung von Sozial- und Umweltstandards gewährleisten
>
> ...

Agathe und Andreas verstehen nicht, welchen finanziellen Nutzen die Exclusiva GmbH von der Einhaltung

von Sozial- und Umweltstandards haben könnte. Sie meinen, dass die Einhaltung dieser Standards der Exclusiva GmbH keinen Gewinn bringt und daher nichts im Leitbild zu suchen hat.

---

1. Was verstehen Sie unter Sozial- und Umweltstandards?

2. Welche Sozial- und Umweltstandards werden bei der Exclusiva GmbH relevant sein, welche in Ihrem Unternehmen?

3. Wie beurteilen Sie die Haltung von Agathe Kwasny und Andreas Seeger?

INFORMATIONEN

Magisches Sechseck

Im Kapitel 11.6 wurden die vier wirtschaftspolitischen Ziele des Stabilitätsgesetzes, das sogenannte *magische Viereck*, beschrieben:

- angemessenes Wirtschaftswachstum
- Preisstabilität
- außenwirtschaftliches Gleichgewicht
- hoher Beschäftigungsstand

Im Laufe der letzten Jahre haben in der Wirtschaftspolitik neben diesen Zielen aber noch zwei weitere Ziele sehr an Bedeutung gewonnen:

- gerechte Einkommensverteilung
- Erhaltung einer lebenswerten Umwelt

In Verbindung mit diesen sechs Zielen wird auch vom **magischen Sechseck** gesprochen. Die Herausforderung der Wirtschaft besteht darin, alle Ziele zu erfüllen. Allerdings kommt es bei der Zielerfüllung häufig zu Zielkonflikten.

Bezahlt werden die Fördermaßnahmen von den Strom-konsumenten als EEG-Umlage. 6,79 Cent mussten für jede Kilowattstunde im Jahr 2018 gezahlt werden. Für das Jahr 2019 wurde eine Reduzierung auf 6,41 Cent pro Kilowattstunde festgelegt.

Die Förderung der erneuerbaren Energien hat dazu geführt, dass die Zahl der Arbeitsplätze in Deutschland von etwa 106 700 im Jahr 2000 auf etwa 416 000 im Jahr 2011 gestiegen ist. Mittlerweile sanken die Beschäftigten-zahlen wieder auf knapp 300 000 im Jahr 2019.

Anzahl der Beschäftigten im Bereich erneuerbare Energien

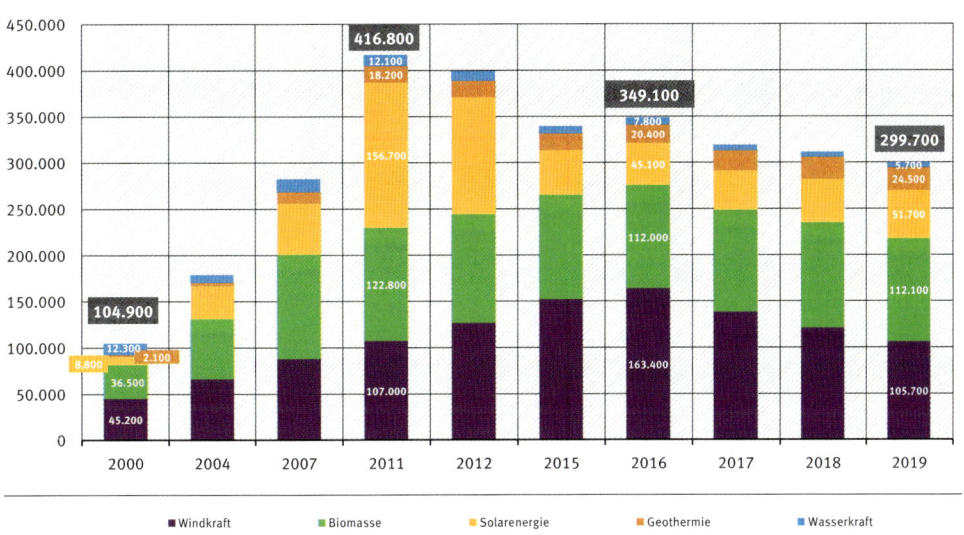

Abweichungen in der Summe durch Rundung

Quelle: https://www.erneuerbare-energien.de/EE/Redaktion/DE/Downloads/zeitreihe-der-beschaeftigungszahlen-seit-2000.html

Emissionshandel

Im Kyoto-Protokoll, einem UN-Klimaabkommen von 1997, wurde der weltweit erste völkerrechtlich verbindliche Vertrag zur Eindämmung des Klimawandels geschlossen. Es verpflichtet Industriestaaten, ihren Ausstoß von sechs klimaschädlichen Treibhausgasen im Zeitraum von 2008 bis 2012 im Durchschnitt um 5,2 % zu senken. Die EU wollte bis 2012 ihre Treibhausemissionen sogar um 8 % senken. Um dieses Ziel zu erreichen, wurde 2005 der Emissionshandel eingeführt. Der Europäische Emissionshandel (EU-ETS) schließt neben den 27 EU-Staaten auch die Länder Großbritannien, Norwegen, Schweiz und Liechtenstein ein, seit 2012 ist auch der innereuropäische Luftverkehr mit einbezogen.

Beim Emissionshandel wird eine Obergrenze festgelegt, wie viel Treibhausgas in einem bestimmten Zeitraum von einem Staat ausgestoßen werden darf. In dieser Höhe gibt der Staat Emissionsberechtigungen an verschiedene Unternehmen aus. Nur wenn ein Unternehmen die Rechte erworben hat, darf es Treibhausgas ausstoßen. Die Unternehmen können die Berechtigungen nutzen oder damit handeln (anderen Unternehmen weiterverkaufen). Wenn die Unternehmen ihre tatsächlich ausgestoßenen CO_2-Mengen nicht ausgleichen können und auch keine

Rechte von anderen Unternehmen erwerben, müssen sie mit Strafen rechnen.

Vorteile des Emissionshandels:
- verursachungsgerecht
- nur geringe Belastung der Umwelt
- Verringerung der Zuteilung schafft Anreize für einen sparsamen CO_2-Ausstoß.

Jedes Jahr werden die Emissionsrechte um einen bestimmten Prozentsatz gekürzt. Dadurch soll gewährleistet sein, dass das im Kyoto-Protokoll festgelegte Ziel auch erreicht wird.

Die Begrenzung des CO_2-Schadstoffausstoßes ist noch effizienter, wenn weltweit alle Länder dabei mitmachen. Gerade die steigenden Bedürfnisse ehemaliger Entwicklungsländer wie China oder Indien haben aber in den letzten Jahren trotz der Einsparbemühungen zu einem starken weltweiten Anstieg der CO_2-Belastung geführt, wobei der Pro-Kopf-Verbrauch dieser Länder trotzdem noch weiter unterhalb des Verbrauchs in den Industrieländern liegt. Bei weiteren Klimakonferenzen wie beispielsweise in Paris 2015 wurden zwar weltweite Einigungen zum Abbau von Emissionen erzielt, diese sind

Gesamt-Cap und Emissionen im Europäischen Emissionshandel

Millionen Tonnen Kohlendioxid-Äquivalente

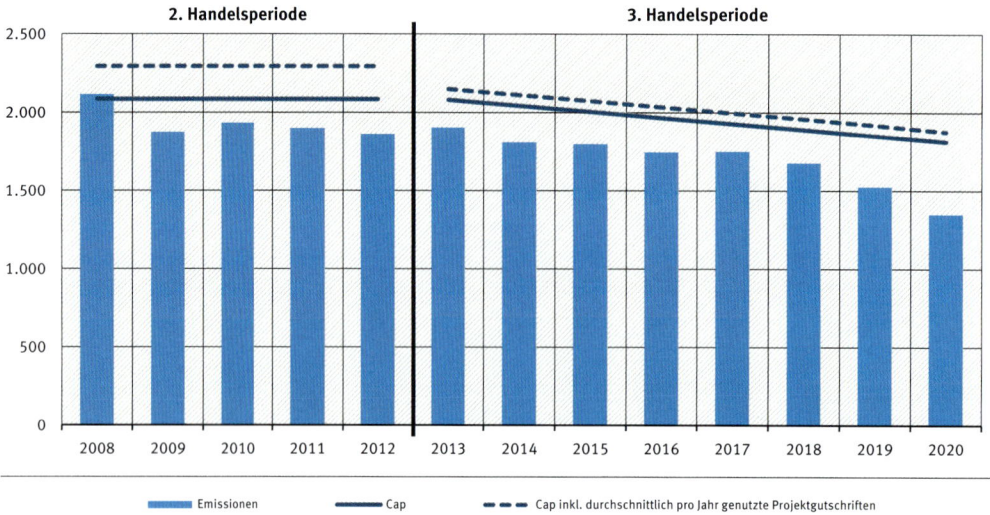

Quelle: Umweltbundesamt 2021, Deutsche Emissionshandelsstelle, eigene Berechnungen auf Basis von Daten der Europäischen Umweltagentur und der Europäischen Kommission (2013/448/EU); Stand 08.07.2021

aber im Nachhinein wieder von einigen Ländern, vor allem von den USA, gekündigt worden. Der US-amerikanische Präsident Joe Biden ist aber nach seiner Wahl 2021 dem Abkommen wieder beigetreten. Bei der Klimakonferenz 2021 in Glasgow wurden Maßnahmen aller beteiligten Länder beschlossen, durch die das sogenannte „1,5-Grad-Ziel" erreicht werden soll.

Förderung zur Sanierung von Privathäusern

Die Bundesregierung hat ein Programm der Förderung zur Sanierung von Privathäusern in Gang gebracht, das den Energieverbrauch eines Privathaushalts deutlich reduzieren soll. Fast 90 % des Energieverbrauchs eines privaten Haushalts in Deutschland werden für Heizung und Warmwasser verwendet. Bei Altbauten kann dieser Energieverbrauch um bis zu 90 % verringert werden, im Durchschnitt um 50 %. Zur Sanierung werden den Investoren zinsgünstige Kredite zur Verfügung gestellt.

Zielbeziehungen im Rahmen des magischen Sechsecks

Die wirtschaftspolitischen Ziele des magischen Sechsecks können nicht getrennt voneinander betrachtet werden, denn sie stehen unmittelbar in Beziehung zueinander.

Zielkomplementarität

Von Zielkomplementarität spricht man, wenn sich ein wirtschaftspolitisches Ziel positiv auf ein anderes wirtschaftspolitisches Ziel auswirkt.

BEISPIEL

- Ein angemessenes Wirtschaftswachstum wirkt sich positiv auf den Beschäftigungsstand aus.
- Ein stärker werdender Euro führt dazu, dass die Exportüberschüsse in Deutschland gedrosselt werden. Dadurch bleiben die Preise stabil, weil sich das Angebot im Inland erhöht.

Zielkonflikte

Häufiger als die Zielkomplementarität der wirtschaftspolitischen Ziele ist deren Zielkonflikt. Die Realisierung eines wirtschaftspolitischen Hauptziels wirkt problematisch auf ein anderes Hauptziel.

BEISPIEL

- Um die Inflation zu drosseln, fragen die öffentlichen Haushalte weniger nach. Dies führt unter Umständen zu einem Konflikt mit einem angemessenen Wirtschaftswachstum und einem hohen Beschäftigungsgrad.
- Ein stärker werdender Euro (allg.: die Aufwertung einer Währung) kann auch negative Auswirkungen haben, da dies zu einer negativen Handelsbilanz führen kann. Die fehlenden Exporte haben unter Umständen eine höhere Arbeitslosigkeit und ein Abschwächen des Wirtschaftswachstums zur Folge.

Gerade auch bei den „neuen" wirtschaftspolitischen Hauptzielen *gerechte Einkommensverteilung* und *Erhal-*

tung einer lebenswerten Umwelt kommt es oft zu Konflikten mit anderen Zielen.

BEISPIEL

- Die Förderung der erneuerbaren Energien führt zu einer Verteuerung der Strompreise. Durch die erhöhten Preise wird die Konkurrenzfähigkeit gegenüber dem Ausland geschwächt, es wird weniger Strom exportiert. Dies hat wiederum Auswirkungen auf das außenwirtschaftliche Gleichgewicht.
- Die Sozialleistungen werden durch Steuern finanziert, Steuererhöhungen sind notwendig. Dies führt zu teureren Inlandsprodukten und somit weniger Exporten.
- Ein hohes Wachstum hat einen erhöhten Verbrauch von Ressourcen zur Folge. Dies schädigt die Umwelt.
- Ein gerechtes Einkommen soll durch höhere Löhne erzielt werden. Das führt zu höheren Preisen.

Es ist in der Regel nicht möglich, eine Zielkomplementarität zwischen den sechs Hauptzielen zu erreichen. Meist wird das Ziel in den Mittelpunkt der wirtschaftspolitischen Handlung gestellt, das am meisten gefährdet ist.

AUFGABEN

1. Nennen Sie zu den vier auf Seite 327 aufgeführten Einkommensquellen der privaten Haushalte jeweils mindestens ein Beispiel.

2. Umweltzerstörung und -verschmutzung als Folgen des Wachstumsstrebens werden überwiegend der materiellen Industrieproduktion zugeschrieben. Erläutern Sie an zwei Beispielen, warum sich diese Folgen nicht nur in den entwickelten Industriestaaten niederschlagen.

3. Wie kann der Staat die Umverteilung des Einkommens beeinflussen?

4. „Um das Armutsrisiko in Deutschland zu verringern, müssen die Sätze für das Arbeitslosengeld II nur deutlich angehoben werden." Nehmen Sie zu dieser Aussage kritisch Stellung.

5. In Deutschland tragen 10 % der Bevölkerung – die Gruppe der am besten Verdienenden – über 50 % der Steuerlast. Halten Sie dies für eine gerechte Verteilung? Begründen Sie Ihre Antwort.

6. Die Einspeisevergütung bei Photovoltaikanlagen wird jedes Jahr um einen bestimmten Prozentsatz gesenkt. Erläutern Sie, warum die Bundesregierung diese Maßnahme durchführt. Welche negativen Effekte ergeben sich daraus für den Umweltschutz?

7. Erläutern Sie, wieso der Emissionshandel zu einer Reduzierung der Treibhausgase führt.

8. Erstellen Sie die folgende Tabelle und überlegen Sie, ob es sich bei dem in der Tabelle angegebenen Zielpaar um einen Zielkonflikt oder eine Zielkomplementarität handelt. Begründen Sie Ihre Entscheidung.

Zielpaar	Beziehung	Begründung
Preisniveaustabilität und hoher Beschäftigungsstand		
Preisniveaustabilität und Wirtschaftswachstum		
Preisniveaustabilität und außenwirtschaftliches Gleichgewicht		
hoher Beschäftigungsstand und Wirtschaftswachstum		
hoher Beschäftigungsstand und außenwirtschaftliches Gleichgewicht		
Wirtschaftswachstum und außenwirtschaftliches Gleichgewicht		

9. Umweltschutz und Wirtschaftswachstum müssen sich nicht ausschließen. Stellen Sie an einem Beispiel dar, wie der Umweltschutz das Wirtschaftswachstum positiv beeinflussen kann.

10. Erstellen Sie eine Kurzpräsentation in PowerPoint, in der Sie drei umweltpolitische Maßnahmen der Bundesregierung darstellen.
    Recherchieren Sie dazu auf der Internetseite des Bundesministeriums für Umwelt, Naturschutz und Reaktorsicherheit. (*www.bmu.de*)

11. In mehreren deutschen Städten ist die Feinstaubbelastung deutlich zu hoch, es drohen Fahrverbote für Dieselfahrzeuge in den Innenstädten. Der Grenzwert darf an maximal 35 Tagen im Jahr überschritten werden. Zu diesem Thema lädt ein großer Fernsehsender verschiedene Experten, die unterschiedliche Interessen vertreten, zu einer Podiumsdiskussion ein:

- Vertreter vom **Umweltverband**
  Der Vertreter fordert die Autoindustrie dazu auf, endlich etwas gegen die hohe Feinstaubbelastung zu unternehmen, indem die Technologie umweltfreundlich angepasst wird: „Die Fahrverbote müssen so lange beibehalten werden, bis sich die Schadstoffe der Fahrzeuge reduzieren. Elektroautos sind die Lösung. Die Forschung und die Produktion dieser Autos kann aufgrund hoher Gewinne der Industrie nun endlich vorangetrieben werden."

- Vertreter der **Autoindustrie**
  Der Vertreter sieht die Forderung der Umweltverbände als momentan unrealistisch an, die Technik sei noch nicht soweit und eine Umstellung oder Nachrüstung verursache hohe Kosten: „Bei solchen Ideen könnten Entlassungen die Folge sein."

- **Gewerkschaft**svertreter:
  Der Vertreter argumentiert mit den hohen Gewinnen der Autoindustrie, die auf neue Technologien umstellen sollte, dabei aber auch die Lohnzurückhaltung der Mitarbeiter erwähnt: „Jetzt sind die Mitarbeiter an der Reihe, auch von der guten Konjunktur zu profitieren."

- **Mediziner**
  Der Lungenarzt der Medizinischen Hochschule Hannover stellt die negativen Folgen einer langfristigen Feinstaubbelastung für den Menschen heraus: „Die hohe Feinstaubbelastung ist Gift für den Stadtbewohner, vor allem für die Kinder."

- Vertreter der **Bundesagentur für Arbeit**
  Dem Vertreter sind der Erhalt und der Ausbau der Arbeitsplätze wichtig. Er ist zwar für neue Technologien, sieht aber auch die Gefahren: „Die Umstellung von Verbrennungs- auf Elektromotoren benötigt nicht so viele Arbeitsplätze. Andererseits darf Deutschland den Anschluss an eine solche Technologie im internationalen Vergleich nicht verpassen."

- **Verkehrsminister**
  Der Verkehrsminister sieht eine neue Technologie nur dann als realisierbar an, wenn diese auch gefördert wird. Die Kunden werden die anfangs relativ teuren Autos ansonsten nicht kaufen: „Die Infrastruktur wie Tankstellen usw. müssen erst vom Staat vorfinanziert werden, dazu fehlen im aktuellen Haushalt die Mittel. Abgesehen davon hat die Förderung auch andere negative Effekte ..."

a) Bilden Sie sechs Gruppen.

b) Jede Gruppe wird einem der sechs Vertreter zugeordnet.

c) Versetzen Sie sich in die Rolle des ausgewählten Vertreters.

d) Überlegen Sie weitere Argumente für die dargestellte Position und wählen Sie eine/n Vertreter/Vertreterin aus Ihrer Gruppe aus, der/die die Position in der späteren Podiumsdiskussion vertritt. Die Diskussion wird von einem Moderator des Fernsehsenders (ein Schüler oder die Lehrkraft) geleitet.

e) Halten Sie alle Argumente auf Metaplankarten fest.

f) Während der Podiumsdiskussion sollen Sie Ihre Argumente schlüssig vertreten und die anderen Teilnehmer von Ihrer Position überzeugen. Seien Sie auf Gegenargumente gefasst und versuchen Sie, diese zu entkräften. Greifen Sie dazu auf die Rollenbeschreibung und Ihre Notizen (Metaplankarten) zurück.

g) Eines Ihrer Gruppenmitglieder steht Ihnen im Hintergrund als Experte zur Verfügung.

h) Die anderen Gruppenmitglieder verfolgen die Podiumsdiskussion als Beobachter und halten dort mögliche Argumente oder Ergebnisse schriftlich fest.

12. Nach der Definition der Weltbank gilt als arm, wer im Durchschnitt von weniger als 1,90 US-$ am Tag leben muss. Vergleichen Sie mithilfe des Internets die Definition der Weltbank mit der Armutsdefinition, wie sie in den Industrieländern verwendet wird. Gehen Sie dabei auch auf die Begriffe relative und absolute Armut ein.

ZUSAMMENFASSUNG

Magisches Sechseck

angemessenes Wirtschaftswachstum

Preisstabilität

Zielkomplementarität
(ein Ziel wirkt positiv auf ein anderes Ziel)

Zielkonflikt
(ein Ziel wirkt negativ auf ein anderes Ziel)

außenwirtschaftliches Gleichgewicht

hoher Beschäftigungsgrad

gerechte Einkommensverteilung

Erhaltung einer lebenswerten Umwelt

- **Wohlstandsindikator**

- **Einkommensquellen**
  - Arbeitseinkommen
  - Unternehmenseinkommen
  - Vermögenseinkommen
  - Transfereinkommen

- **Armutsrisiko**
  - Deutschland: weniger als 60 % des mittleren Einkommens
  - weltweit: weniger als 1,25 US-$ pro Tag

- **Maßnahmen/Prinzipien**
  - Leistungsprinzip
  - Gleichheitsprinzip
  - Bedarfsprinzip

- **Steuerungsinstrumente**
  - Transferleistungen
  - progressives Steuersystem

- **Grundlagen für eine Umweltpolitik**
  - Studie des Club of Rome (The Limits to Growth)
  - Reaktorkatastrophe von Tschernobyl
  - Umweltverschmutzungen (z. B. „Ozonloch")

- **umweltpolitische Maßnahmen**
  - Auflagenpolitik
  - Abgabenpolitik
  - Zertifikate

- **Beispiele**
  - Emissionshandel
  - Förderung erneuerbarer Energien
  - Förderung zur Sanierung von Privathäusern

- **internationale Probleme**
  keine grundsätzliche Einigung aller Länder beim globalen Umweltschutz

11.8 Fiskal- und Konjunkturpolitik

Einstieg

Frau Bertram, Abteilungsleiterin des Rechnungswesens, kommt ins Büro von Andreas Seeger und Agathe Kwasny mit einer Statistik zu den Umsatzzahlen für Geschenkartikel der letzten 20 Jahre.

Sie gibt den beiden den Auftrag, diese Statistik näher zu untersuchen.

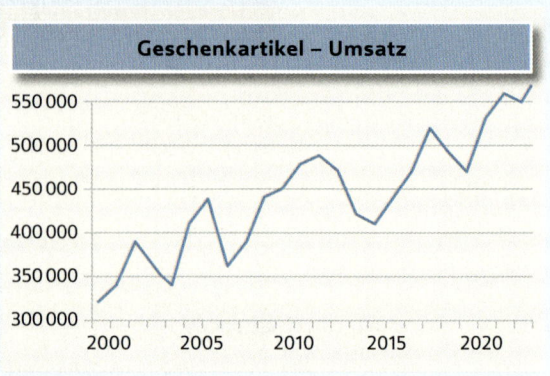

1. Was fällt Ihnen bei der oben stehenden Umsatzstatistik auf?

2. Wieso kommt es zu solchen Umsatzschwankungen im Geschenkartikelmarkt?

INFORMATIONEN

Konjunkturschwankungen

Eine Volkswirtschaft ist aufgrund von wirtschaftlichen Aktivitäten stets bestimmten Schwankungen ausgesetzt.

DEFINITION

Als **Konjunkturschwankungen** werden in einer Volkswirtschaft über einen bestimmten Zeitraum bestehende Änderungen (Auf und Ab) der wirtschaftlichen Aktivitäten bezeichnet.

Konjunkturzyklus

Die konjunkturellen Schwankungen haben in der Regel ein bestimmtes Grundmuster. Dieses Grundmuster, auch **Konjunkturzyklus** genannt, lässt sich in vier Phasen einteilen:

- Aufschwung (Expansion)
- Hochkonjunktur (Boom)
- Abschwung (Rückschlag, Rezession)
- Tiefstand (Depression)

Phase 1: Aufschwung

Im Aufschwung finden eine Erholung und/oder eine Expansion (Ausweitung) statt. Die Akteure des wirtschaftlichen Handelns (Wirtschaftssubjekte) wie Unternehmen, Konsumenten oder der Staat bekommen wieder mehr Vertrauen in zukünftige Entwicklungen. Der Konsum, die Investitionen und das Volkseinkommen steigen in dieser Phase, die Arbeitslosigkeit sinkt.

Phase 2: Hochkonjunktur

In der Hochkonjunktur sind alle Produktionsfaktoren ausgelastet, die Nachfrage ist höher als die Produktionsmenge, was zu Engpässen führt. Die Zinsen steigen, weil die Unternehmen auch mit steigendem Fremdkapital investieren, um die Kapazitäten zu erhöhen. Kosten und Löhne steigen, es kommt zu Preissteigerungen und einer höheren Inflationsgefahr. Die Konjunktur ist am Maximum angelangt, sie „boomt".

Phase 3: Abschwung

Im Abschwung kommt es zu einem Rückgang der Nachfrage und der Produktion, weil hohe Preise und hohe Zinsen die Wirtschaft „gebremst" haben. Durch schwindende Gewinne und fehlende Auslastung werden Mitarbeiter entlassen, die Arbeitslosenquote steigt. Theoretisch können in dieser Phase auch die Löhne sinken. Durch die hohe Arbeitslosenquote sinkt das Volkseinkommen und damit die Binnennachfrage.

Phase 4: Tiefstand

In der Phase des Tiefstands bzw. der Depression ist der Tiefpunkt im Konjunkturzyklus erreicht. Es herrschen Massenarbeitslosigkeit, ein niedriger Investitionswille und wenig Konsum. Weil die Unternehmen wenig verkaufen, ist hier die Auslastung der Produktion sehr gering.

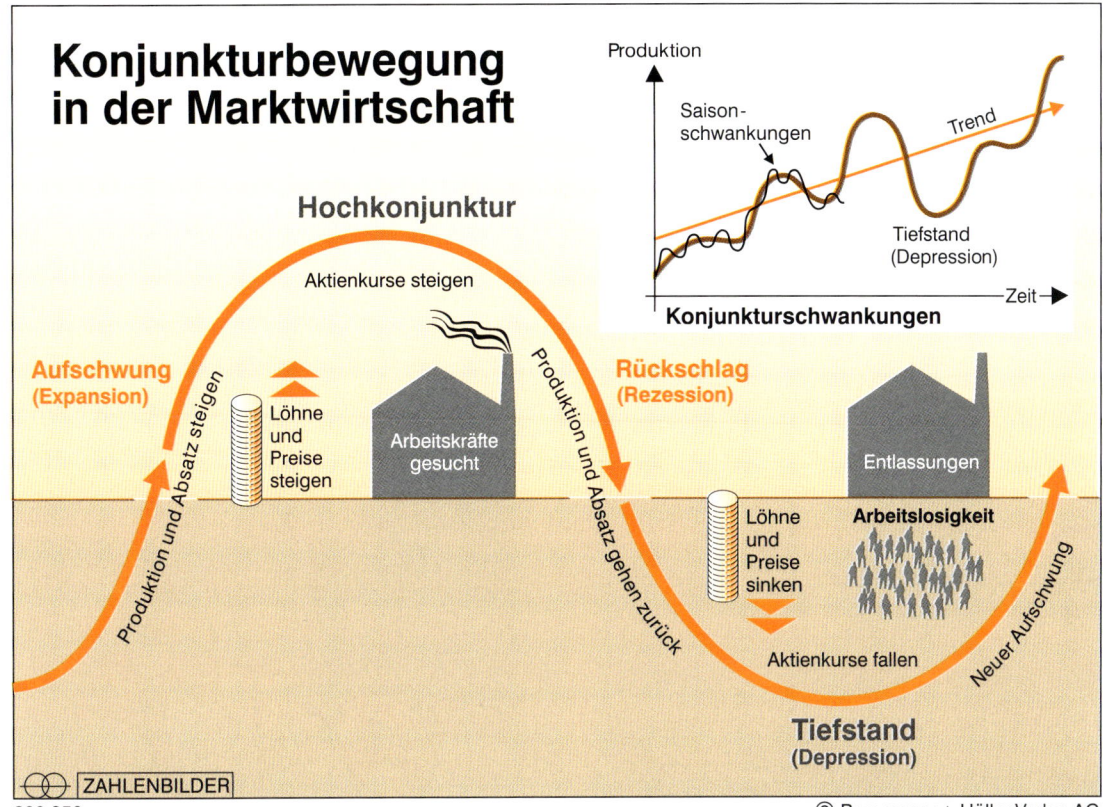

200 350

© Bergmoser + Höller Verlag AG

Saisonale Schwankungen und Trends

Neben den Konjunkturzyklen gibt es noch weitere Schwankungen der Konjunktur:

Saisonale Schwankungen sind häufig jahreszeitlich bedingt und dauern meist nur einige Wochen oder Monate. Verantwortlich für diese Schwankungen können unterschiedliche Ursachen sein: Urlaubszeit, Wetter, Feiertage usw.

Trends bezeichnen allgemein den zeitlichen Verlauf bzw. die zeitliche Entwicklung in eine Richtung.

BEISPIEL

Der Produktionsindex des Statistischen Bundesamtes stellt die Entwicklungen zwischen 2017 und 2021 dar. Bis Ende 2019 ist ein steigender Trend zu erkennen, im Jahr 2020 erfolgte aufgrund der Coronakrise ein starker Rückgang. Im Jahr 2021 stieg der Index wieder.

Saisonal ist zu erkennen, dass jährlich im Frühjahr eine Belebung der Produktion stattfindet, die Mitte des Jahres etwas zurückgeht (Urlaub). Am Jahresende geht die Produktion saisonal bedingt wieder etwas zurück. Der Produktionsindex ist ein wichtiger Indikator für die konjunkturelle Entwicklung in Deutschland.

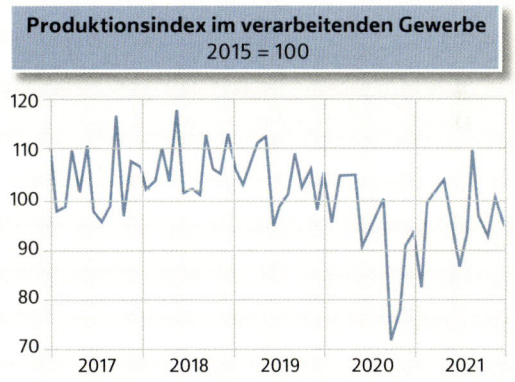

Zahlenmaterial entnommen aus: https://www.destatis.de/DE/Themen/Wirtschaft/Konjunkturindikatoren/Schluesselindikatoren/Grafik/Interaktiv/produktionsindex.html, 24.1.2022.

Konjunkturindikatoren

In Deutschland werden seitens des Statistischen Bundesamts und verschiedener Wirtschaftsforschungsinstitute mehrere Indikatoren permanent beobachtet, um daraus Rückschlüsse auf den Konjunkturverlauf bzw. die Konjunkturschwankungen ziehen zu können. Die Indikatoren können dabei in drei Gruppen unterschieden werden:

- **Frühindikatoren**

  Sie zeigen an, wie der Verlauf in absehbarer Zukunft (wenige Monate) sein könnte.

  BEISPIEL

  Auftragseingänge der Industrie, Baugenehmigungen, Aktienkurse

- **Präsensindikatoren**

  Sie zeigen und beschreiben den momentanen Stand der Konjunktur.

  BEISPIEL

  Produktion, Volkseinkommen, Umsätze im Handel

- **Spätindikatoren**

  Sie hinken dem Konjunkturzyklus hinterher und wirken erst später nach.

  BEISPIEL

  Preise, Löhne, Beschäftigung, Arbeitslosenquote

Konjunkturphasen und Indikatorenverlauf			
Indikatoren Konjunkturphasen	Früh-indikatoren	Präsens-indikatoren	Spät-indikatoren
Aufschwung	steigend	langsam steigend	konstant, langsam steigend
Hochkonjunktur	schnell steigend	steigend	schnell steigend
Abschwung	schnell fallend	fallend	langsam fallend
Tiefstand	langsam fallend	langsam fallend	langsam fallend, konstant

Vgl. Woll, Artur: Allgemeine Volkswirtschaftslehre. Verlag Vahlen, München 1990, S. 524.

Die oben stehende Tabelle zeigt eine Übersicht, wie sich Konjunkturindikatoren in den vier Phasen des Konjunkturzyklus entwickeln. Das folgende Beispiel verdeutlicht, wie die Tabelle zu interpretieren ist.

BEISPIEL: Frühindikator Baugenehmigungen

In der Aufschwungphase steigt die Zahl der Baugenehmigungen an, während der Hochkonjunktor ist das Volumen der Baugenehmigungen noch stärker. In der Abschwungphase ist ein starkes Fallen der Zahl der Baugenehmigungen zu beobachten und während der Tiefphase fällt die Zahl der Baugenehmigungen nur noch langsam.

Fiskalpolitik

Der Staat ist daran interessiert, die konjunkturellen Schwankungen möglichst gering zu halten. Es gibt eine Reihe von Maßnahmen, die der Staat im Rahmen der Konjunkturpolitik ergreifen kann, um bei Krisensituationen positiv auf die Wirtschaft einzuwirken. Eine dieser Maßnahmen ist die Fiskalpolitik.

DEFINITION

Fiskalpolitik ist ein wirtschaftspolitisches Instrument des Staates, bei dem durch Änderungen von Einnahmen und Ausgaben des Staates konjunkturelle Schwankungen ausgeglichen werden sollen.

Fiskalpolitische Grundprinzipien

In der Vergangenheit wurde in vielen Staaten eine **prozyklische** Fiskalpolitik betrieben. Hier war das vorrangige Ziel des Staates, den eigenen Haushalt auszugleichen. Ein großes Problem dieser Politik war, dass in Abschwungphasen die Steuereinnahmen zurückgingen. Deshalb verminderte der Staat seine Ausgaben und Investitionen, wodurch sich die wirtschaftliche Lage aber noch verschlimmerte.

Heute ist eine **antizyklische** Einnahmen- und Ausgabenpolitik in den meisten Staaten bei der Fiskalpolitik vorgesehen. Nach dem bedeutenden Ökonom John Maynard Keynes (1883–1946) soll der Staat antizyklisch handeln und vor allem in Zeiten der Rezession auf der Ausgabenseite, das heißt der Nachfrageseite, die Konjunktur positiv beeinflussen. Die Form der antizyklischen Konjunkturpolitik wird deshalb auch keynesianische Konjunkturpolitik genannt.

Antizyklische Politik bedeutet demnach, dass gegenläufige Maßnahmen zum eigentlichen Konjunkturverlauf ergriffen werden:

- geringe staatliche Investitionen in der Hochkonjunktur
- hohe staatliche Investitionen und staatliche Nachfrage in der Rezession und im Tiefstand

Wenn sich ein Aufschwung abzeichnet, sollte der Staat seine wirtschaftsfördernden Ausgaben wie Aufträge, Subventionen oder Investitionen möglichst schon langsam begrenzen. In der Hochkonjunktur sollten Steuererhöhungen in Betracht gezogen werden. Steuererhöhungen sind stets unpopulär in der Bevölkerung, werden aber in der Hochkonjunktur von den Wirtschaftssubjekten am besten getragen. In dieser Phase kann der Staat Gelder für Wirtschaftsfördermaßnahmen aufbauen, die er in schwächeren Zeiten wieder einsetzt.

prozyklisch
nach der aktuellen Konjunktur ausgerichtet

antizyklisch
entgegen der aktuellen Konjunktur ausgerichtet

Instrumente der Fiskalpolitik

Es wird im Rahmen einer antizyklischen Wirtschaftspolitik zwischen einer einnahmenorientierten und einer ausgabenorientierten Fiskalpolitik unterschieden. Mit beiden Instrumenten kann der Staat die Nachfrage fördern oder hemmen.

Einnahmenpolitik

Die Einnahmenpolitik kann über die Steuern die Nachfrage beeinflussen: Je höher die Steuern, desto niedriger ist die Nachfrage – und umgekehrt.

Ein weiteres Mittel der Einnahmenpolitik ist der Einfluss über die Abschreibungsregeln. Hohe Abschreibungssätze bei den Investitionsgütern fördern die Wirtschaft, weil beispielsweise dadurch Gewinne und die damit verbundenen Steuerlasten reduziert werden können. Die Unternehmen können ihrerseits neu investieren.

Ausgabenpolitik

Bei der Ausgabenpolitik wirken staatliche Investitionen nachfragefördernd, die Rücknahme von staatlichen Investitionen nachfragehemmend. Die Gestaltungsmöglichkeiten des Staates sind hier aber begrenzt, da viele Investitionstätigkeiten von den Ländern und Gemeinden getätigt werden.

Subventionen und Transferleistungen wirken bei einer Erhöhung negativ auf der Ausgabenseite des Staates, erhöhen aber das Einkommen der privaten Haushalte und somit die Binnennachfrage.

Die Investitionen des Staates könnten durch eine Kreditaufnahme finanziert werden. Wird die Kreditaufnahme aber durch Steuererhöhungen finanziert, könnte dies die positiven Effekte der Investitionserhöhung wieder aufheben.

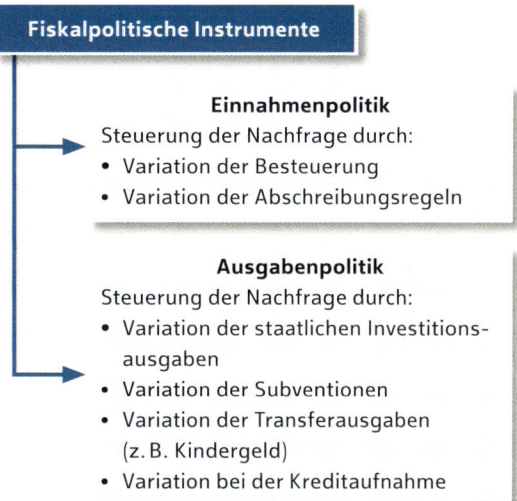

Probleme der Fiskalpolitik

Mit Steuererhöhungen im Rahmen der Einnahmenpolitik sind auch Probleme verbunden. So kann eine Steuererhöhung in einer folgenden Abschwungphase häufig nicht wieder unmittelbar rückgängig gemacht werden. Steuererhöhungen für die Industrie könnten diese auch dazu bewegen, ins steuergünstigere Ausland abzuwandern. Dadurch würde sich die Konjunktur (z.B. die Arbeitslosenquote) noch weiter verschlechtern.

Die Erhöhung der Kreditaufnahme zur Anregung der Wirtschaft (Deficitspending) im Rahmen der Ausgabenpolitik kann zu einem höheren Haushaltsdefizit führen.

Insgesamt ist der Einfluss der Politik in vielen Bereichen eher begrenzt. Grenzen staatlicher Fiskalpolitik sind etwa beim Einfluss auf die Lohnentwicklung zu erkennen. Hier lässt beispielsweise die gesetzlich vorgegebene Tarifautonomie ein Eingreifen des Staates nicht zu. Viele Experten schreiben die gute Konjunktur in Deutschland nach der Finanzkrise 2008/2009 auch einer angemessenen Wirtschaftspolitik der Bundesregierung zu. Strukturelle Veränderungen auf dem Arbeitsmarkt sowie moderate Lohnabschlüsse werden hier als Argument aufgeführt.

AUFGABEN

1. Im Alten Testament heißt es: „Siehe, sieben reiche Jahre werden kommen (...). Und nach denselben werden sieben Jahre teure Zeit kommen (...)." Erläutern Sie, was diese Aussage mit dem Konjunkturzyklus zu tun hat.

2. Zeichnen Sie einen klassischen Konjunkturzyklus und tragen Sie die vier Konjunkturphasen ein.

3. Welche Möglichkeiten haben der Staat und gegebenenfalls die Zentralbank eines Staates, um einer Depression entgegenzuwirken?

4. Können saisonale Schwankungen nachhaltigen Einfluss auf Konjunkturschwankungen nehmen? Nehmen Sie für Ihre Antwort die Grafik auf Seite 337 zur Hilfe.

5. Nennen Sie Ursachen für Konjunkturschwankungen.

6. Warum gehört die Arbeitslosenquote zu den Spätindikatoren?

7. Die Konjunktur eines Landes befindet sich im Abschwung. Woran kann man diese Entwicklung erkennen?

8. Wie kann der Staat mithilfe der Variation der Abschreibungssätze die Konjunktur fördern?

9. Was versteht man unter antizyklischer Fiskalpolitik?

10. Eine Volkswirtschaft befindet sich in einer Rezession. Beschreiben Sie ausführlich, welche fiskalpolitischen Mittel der Staat einsetzen sollte, um dieser Rezession entgegenzuwirken.

11. Ordnen Sie zu, indem Sie die sechs genannten Maßnahmen des Staates jeweils einer der vier angegebenen Auswirkungen (a–d) zuordnen.

Maßnahmen des Staates:
1. Erhöhung der Einkommenssteuer
2. Erhöhung der Abschreibungssätze für Unternehmen
3. Streichung oder Kürzung von Subventionen an Verbraucher
4. Zollabbau zur Erleichterung der Einfuhr ausländischer Waren
5. Streichung oder Kürzung von Subventionen an Produzenten
6. Gewährung von Subventionen an Verbraucher, z. B. Kinder- und Wohngeld

Auswirkungen dieser Maßnahmen:
a) Erhöhung der Nachfrage nach Gütern und Dienstleistungen
b) Erhöhung des Angebots von Gütern und Dienstleistungen
c) Verringerung des Angebots von Gütern und Dienstleistungen
d) Verringerung der Nachfrage nach Gütern und Dienstleistungen

12. In den verschiedenen Konjunkturphasen verändern sich mehrere wirtschaftliche Indikatoren. Erstellen Sie eine Tabelle wie in dem unten stehenden Beispiel. Geben Sie in diese stichwortartig an, wie sich die in der Tabelle genannten Indikatoren in den einzelnen Phasen jeweils verhalten.

Phasen / Aspekte	Aufschwung	Boom	Abschwung	Rezession
Auftragsbestände				
Arbeitslosigkeit				
Löhne, Gehälter				
Verbraucherpreise				

13. Lesen Sie den älteren Zeitungsartikel aus dem Jahr 2010, der kurz nach der weltweiten Wirtschaftskrise der Jahre 2008/09 geschrieben wurde. Beantworten Sie nachfolgende Fragen:

a) Welche Konjunkturindikatoren werden im Zeitungsartikel genannt?

b) Welcher Konjunkturindikator wird als „Motor" für den Aufschwung bezeichnet?

c) Welche Ursachen für den Aufschwung haben Herr Brüderle und die Wirtschaftsexperten erkannt?

d) Was war die „tiefste Rezession der Nachkriegsgeschichte", von der der Bundeswirtschaftsminister sprach?

e) Was empfehlen Sie der Bundesregierung, wie sie in den nächsten Monaten auf diesen Aufschwung reagieren sollte?

f) Warum wirken niedrige Zinsen positiv auf den Aufschwung?

Brüderle und der XL-Aufschwung

Erstmals seit Jahren ist in Deutschland das Inlandswachstum stärker als das Exportwachstum. Wirtschaftsminister Brüderle lobt die positive Entwicklung der deutschen Wirtschaft – und erwartet im kommenden Jahr steigende Löhne.

FRANKFURT/DÜSSELDORF/BERLIN. Bestens gelaunt hat Bundeswirtschaftsminister Rainer Brüderle (FDP) gestern die neue Wachstumsprognose präsentiert. „Die Nachrichten vom Arbeitsmarkt sind ein Grund zum Feiern", sagte er. Deutschland erlebe nach der tiefsten Rezession der Nachkriegsgeschichte in diesem Jahr „einen XL-Aufschwung wie aus dem Lehrbuch". Und erstmals seit Jahren wachse die inländische Wirtschaft stärker als die Exporte.

Nach der neuen offiziellen Regierungsprognose wächst die Wirtschaft in diesem Jahr um 3,4 Prozent, im nächsten um 1,8 Prozent. Das sind für dieses Jahr zwei Prozentpunkte mehr als die Bundesregierung noch im Frühjahr erwartet hatte. [...] „Die Binnenkonjunktur ist jetzt die entscheidende Kraft", sagte Brüderle.

[...] Die eigentliche Ursache, meint der Liberale, sei die umfassende Restrukturierung, die im letzten Jahrzehnt in den deutschen Betrieben stattgefunden hat. Die Konjunkturpakete hätten zusätzlich geholfen, während der Krise die Kapazitäten zu halten und Arbeitsplätze zu sichern. „Deshalb konnte die Produktion jetzt schnell wieder hochgefahren werden", so Brüderle. Er ist überzeugt, dass die gute Binnenkonjunktur anhalten werde – weil die Lage am Arbeitsmarkt so gut sei wie seit zwei Jahrzehnten nicht mehr. Bereits in diesem Herbst werde die Zahl der Arbeitslosen unter drei Millionen sinken. In diesem Jahr würden 110 000 Menschen zusätzlich Erwerbstätige, im nächsten Jahr weitere 140 000.

Wegen der Steuererleichterungen der alten und der neuen Regierung seien die Nettolöhne in diesem Jahr mit 3,9 Prozent stärker gestiegen als die Bruttolöhne mit 1,2 Prozent. 2011 dürften sich die Arbeitnehmer auf deutliche Lohnerhöhungen freuen, sagte Brüderle voraus. [...]

Ökonomen stützen Brüderles These. „Die deutsche Wirtschaft steht wieder auf zwei Beinen", sagt der Chefvolkswirt der Dekabank, Ulrich Kater. Vor allem zwei Fakten sprächen dafür, dass die Binnenwirtschaft im kommenden Jahr einen starken Wachstumsbeitrag leisten wird: Zum einen sei mit einer Nominallohnsteigerung von knapp drei Prozent zu rechnen. Zum anderen sei weiter von „zu niedrigen Zinsen für Deutschland" auszugehen. „Beides kurbelt den privaten Konsum an", schlussfolgert Kater. Die niedrigen Zinsen erhöhten außerdem die Investitionsanreize.

Der Volkswirt von HSBC Trinkaus, Lothar Heßler, sagt, alle drei Töpfe stünden „unter Dampf" – Exporte, Investitionen und der private Konsum. Der Aufschwung habe schneller als in früheren Konjunkturzyklen auf die Investitionen übergegriffen, nun springe auch der Konsum früher an als gedacht. Seit dem Rezessionsende sei das Bruttoinlandsprodukt in Deutschland um 3,7 Prozent gewachsen, nur 1,2 Punkte seien auf die Außenwirtschaft zurückzuführen.

Wie bedeutend der Beitrag der Binnenwirtschaft bereits 2010 ist, unterstreicht Volkswirt Kater: Er rechnet mit einem Wachstumsbeitrag von 2,2 Punkten – etwa zwei Drittel des Wachstums. 2011 dürfte der Beitrag nach seiner Einschätzung noch höher ausfallen: 1,5 Prozentpunkte. Das wären bei einem BIP-Zuwachs von zwei Prozent 75 Prozent des gesamten Wachstums.

Quelle: Heß, Dorit; Heilmann, Dirk; Riedel, Donata: Brüderle und der XL-Aufschwung. In: Handelsblatt Nr. 205 vom 22.10.2010, Seite 14. verändert

ZUSAMMENFASSUNG

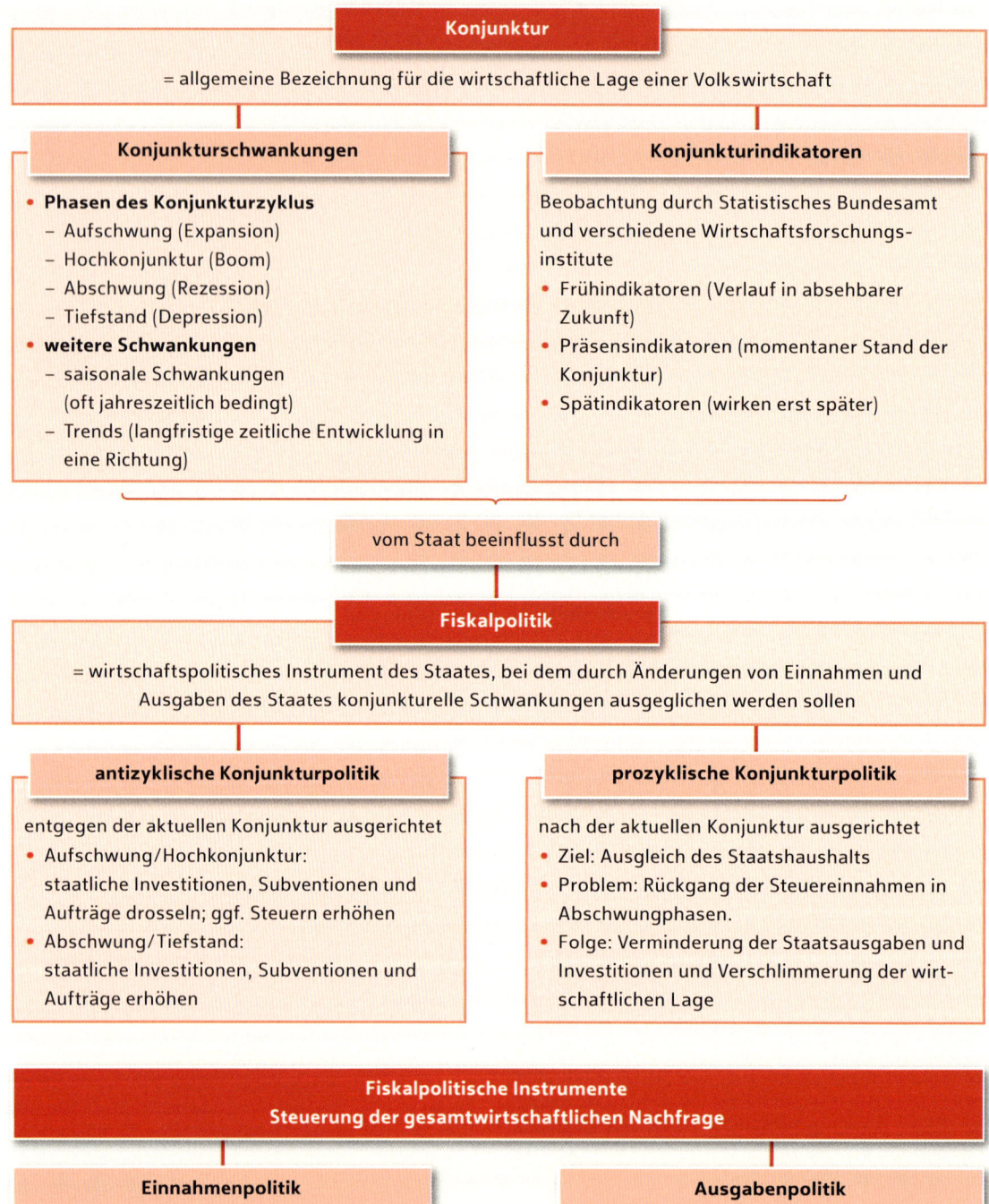

Konjunktur

= allgemeine Bezeichnung für die wirtschaftliche Lage einer Volkswirtschaft

Konjunkturschwankungen

- **Phasen des Konjunkturzyklus**
  - Aufschwung (Expansion)
  - Hochkonjunktur (Boom)
  - Abschwung (Rezession)
  - Tiefstand (Depression)
- **weitere Schwankungen**
  - saisonale Schwankungen (oft jahreszeitlich bedingt)
  - Trends (langfristige zeitliche Entwicklung in eine Richtung)

Konjunkturindikatoren

Beobachtung durch Statistisches Bundesamt und verschiedene Wirtschaftsforschungsinstitute
- Frühindikatoren (Verlauf in absehbarer Zukunft)
- Präsensindikatoren (momentaner Stand der Konjunktur)
- Spätindikatoren (wirken erst später)

vom Staat beeinflusst durch

Fiskalpolitik

= wirtschaftspolitisches Instrument des Staates, bei dem durch Änderungen von Einnahmen und Ausgaben des Staates konjunkturelle Schwankungen ausgeglichen werden sollen

antizyklische Konjunkturpolitik

entgegen der aktuellen Konjunktur ausgerichtet
- Aufschwung/Hochkonjunktur: staatliche Investitionen, Subventionen und Aufträge drosseln; ggf. Steuern erhöhen
- Abschwung/Tiefstand: staatliche Investitionen, Subventionen und Aufträge erhöhen

prozyklische Konjunkturpolitik

nach der aktuellen Konjunktur ausgerichtet
- Ziel: Ausgleich des Staatshaushalts
- Problem: Rückgang der Steuereinnahmen in Abschwungphasen.
- Folge: Verminderung der Staatsausgaben und Investitionen und Verschlimmerung der wirtschaftlichen Lage

Fiskalpolitische Instrumente
Steuerung der gesamtwirtschaftlichen Nachfrage

Einnahmenpolitik

Ausgabenpolitik

Probleme der Fiskalpolitik
- Steuererhöhung kann nicht unmittelbar rückgängig gemacht werden.
- Steuererhöhung kann zur Abwanderung ins steuergünstigere Ausland führen.
- Erhöhung der Kreditaufnahme (Deficitspending) führt evtl. zu einem höheren Haushaltsdefizit.

11.9   Geldpolitik der EZB

Einstieg

Die beiden Geschäftsführer der Exclusiva GmbH, Wolfgang Hertien und Susanne Hahne-Hertien, sitzen in der Hausbank der Exclusiva GmbH mit dem Bankberater Herrn Mutzke zusammen, um die Finanzierung einer schon länger geplanten Erweiterung einer Lagerhalle für den Onlineversand zu besprechen.

Wolfgang Hertien und Susanne Hahne-Hertien:
„Guten Morgen Herr Mutzke."

Herr Mutzke:
„Guten Morgen Frau Hahne-Hertien, guten Morgen Herr Hertien. Sie haben ja schon vor einigen Wochen eine Anfrage über einen Kredit über 400.000,00 € gestellt. Sind Sie mit der Entscheidung vorangekommen?"

Wolfgang Hertien:
„Ja, es ist eine Entscheidung gefallen: Wir müssen die Lagerhalle bauen, damit unsere Wettbewerbsfähigkeit langfristig sichergestellt ist."

Herr Mutzke:
„Da spricht bezüglich der Kreditwürdigkeit von unserer Seite aus nichts dagegen."

Susanne Hahne-Hertien:
„Das ist gut. Wir wollen die Investition bei Ihrer Bank tätigen, weil Sie die besten Konditionen haben und wir Ihnen als kompetenten Partner vertrauen."

Herr Mutzke:
„Da muss ich Ihnen leider etwas mitteilen: Der beim letzten Gespräch aktuelle Zinssatz ist etwas gestiegen. Die EZB hat die Leitzinsen um ein halbes Prozent erhöht, dementsprechend steigt auch der Zinssatz um 0,5 %."

Wolfgang Hertien:
„Das ist ja sehr bedauerlich. Da weiß ich nicht, ob wir dann noch investieren sollten ..."

1. Warum senkt oder erhöht die Europäische Zentralbank (EZB) die Zinsen?

2. Welche Entscheidung sollte die Exclusiva GmbH bezüglich der Investition oder des Investitionszeitpunkts treffen?

INFORMATIONEN

Das Europäische System der Zentralbanken

Das Europäische System der Zentralbanken (ESZB) setzt sich aus der Europäischen Zentralbank (EZB) sowie den jeweiligen nationalen Zentralbanken (NZB) der 27 EU-Mitgliedsstaaten zusammen, unabhängig davon, ob der Euro eingeführt wurde oder nicht. Sowohl die EZB (19 Mitgliedsstaaten, die den Euro eingeführt haben) als auch das ESZB wurden am 1. Juni 1998 geschaffen, wobei sich die EZB als das „Herzstück" des Eurosystems und des ESZB bezeichnet. Die EZB hat ihren Sitz in Frankfurt.

Die nationalen Zentralbanken der EU-Staaten, die nicht an der Währungsunion teilnehmen, behalten ihre währungspolitischen Befugnisse und werden nicht in die Durchführung der einheitlichen Geldpolitik der EZB einbezogen.

DEFINITION ⸻

Unter **Geldpolitik** werden alle wirtschaftspolitischen Maßnahmen verstanden, die die Zentralbank einer Volkswirtschaft ergreift, um ihre Wirtschaftsziele zu erreichen.

Beschlussorgane der EZB

Direktorium

Präsident, Vizepräsident, vier weitere Mitglieder

Das Direktorium führt die laufenden Geschäfte, führt die Geldpolitik durch und bereitet die EZB-Sitzungen vor.

EZB-Rat

Direktorium und NZB-Präsidenten der 19 EU-Staaten, die den Euro eingeführt haben

Der EZB-Rat trifft sich zweimal im Monat zur Festlegung der Geldpolitik und zur Verabschiedung von Leitlinien und Beschlüssen.

Erweiterter EZB-Rat

EZB-Rat und NZB-Präsidenten aller 27 EU-Staaten

Der erweiterte Rat übt eine beratende Funktion aus.

Euro

Am 1. Januar 1999 wurde der Euro als Zahlungsmittel der Länder der europäischen Währungsunion eingeführt. An diesem Tag wurden die Wechselkurse der einzelnen Währungen festgelegt (z.B. das Umtauschverhältnis zwischen der D-Mark und dem französischen Franc).

An diesem Tag hat außerdem die EZB die Verantwortung für die Geldpolitik von den NZB der Länder der Währungsunion übernommen. Der Euro ist seitdem offizielles Zahlungsmittel für etwa 340 Millionen Bürger.

1. Januar 1999: Einführung des Euros als Buchgeld
1. Januar 2002: Einführung der Euro-Banknoten und -Münzen

Zu den sogenannten Euroländern, also den Ländern, die den Euro als Zahlungsmittel innerhalb der EU eingeführt haben, zählen 19 Länder der EU (Stand 2022).

Es gibt auch mehrere Nicht-EU-Länder, die in ihren Ländern den Euro als Zahlungsmittel nutzen.

Nicht-EU-Länder mit dem Euro als Zahlungsmittel:
Andorra, Kosovo, Monaco, Montenegro, San Marino, Vatikan

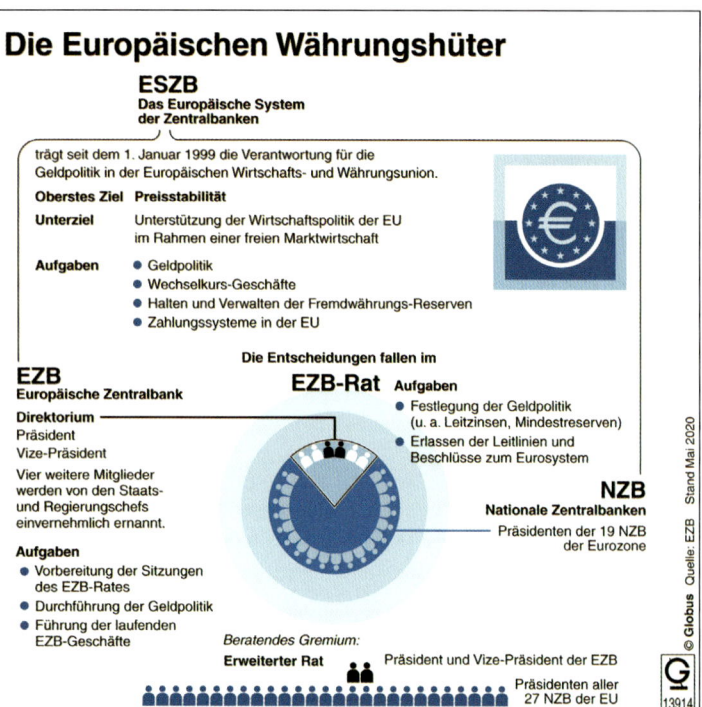

Die Europäischen Währungshüter

ESZB
Das Europäische System der Zentralbanken

trägt seit dem 1. Januar 1999 die Verantwortung für die Geldpolitik in der Europäischen Wirtschafts- und Währungsunion.

Oberstes Ziel: Preisstabilität

Unterziel: Unterstützung der Wirtschaftspolitik der EU im Rahmen einer freien Marktwirtschaft

Aufgaben:
- Geldpolitik
- Wechselkurs-Geschäfte
- Halten und Verwalten der Fremdwährungs-Reserven
- Zahlungssysteme in der EU

Die Entscheidungen fallen im

EZB
Europäische Zentralbank

Direktorium
Präsident
Vize-Präsident

Vier weitere Mitglieder werden von den Staats- und Regierungschefs einvernehmlich ernannt.

Aufgaben
- Vorbereitung der Sitzungen des EZB-Rates
- Durchführung der Geldpolitik
- Führung der laufenden EZB-Geschäfte

EZB-Rat Aufgaben
- Festlegung der Geldpolitik (u. a. Leitzinsen, Mindestreserven)
- Erlassen der Leitlinien und Beschlüsse zum Eurosystem

NZB
Nationale Zentralbanken
Präsidenten der 19 NZB der Eurozone

Beratendes Gremium:
Erweiterter Rat Präsident und Vize-Präsident der EZB
Präsidenten aller 27 NZB der EU

© Globus Quelle: EZB Stand Mai 2020 13914

Die Euroländer

EU-Mitglieder, die den Euro als offizielle Währung eingeführt haben, und das Jahr der Euro-Einführung

Belgien	1999
Deutschland	1999
Finnland	1999
Frankreich	1999
Irland	1999
Italien	1999
Luxemburg	1999
Niederlande	1999
Österreich	1999
Portugal	1999
Spanien	1999
Griechenland	2001
Slowenien	2007
Malta	2008
Zypern	2008
Slowakei	2009
Estland	2011
Lettland	2014
Litauen	2015

EU-Mitglieder, die den Euro (noch) nicht eingeführt haben, und ihre derzeit gültige Währung

Bulgarien	Lew
Dänemark	Dänische Krone
Kroatien	Kuna
Polen	Złoty
Rumänien	Leu
Schweden	Schwed. Krone
Tschechien	Tschech. Krone
Ungarn	Forint

13907 © Globus Quelle: Europäische Union Stand 2020

Im Jahre 1992 wurden im Vertrag von Maastricht Kriterien zur Erreichung des gemeinsamen Ziels, die Wirtschaft und den Euro stabil zu halten, festgelegt. Diese sogenannten **Konvergenzkriterien** (Maastricht-Kriterien) sind in Artikel 121 des EG-Vertrags festgehalten:

- **Preisentwicklung**

  Inflationsraten von nicht mehr als 1,5 % über denen der drei „besten" Euroländer

- **finanzpolitische Entwicklung**

  Das Haushaltsdefizit darf nicht höher als 3 % des BIP sein. Das Verhältnis öffentliche Schulden zum BIP darf 60 % nicht überschreiten (Ausnahme: das Verhältnis ist hinreichend rückläufig).

- **Wechselkursentwicklung (nach WKM II)**

  Wenn ein EU-Land dem Euro beitreten will, muss dessen Währung eine festgelegte Wechselkursbandbreite von 30 % einhalten (+/– 15 %). Praktisch bedeutet dies, dass seit mindestens zwei Jahren vor dem Beitritt zur Währungsunion keine Auf- oder Abwertung gegenüber dem Euro von mehr als 15 % stattgefunden hat.

- **Entwicklung der langfristigen Zinssätze**

  Artikel 121 des EG-Vertrags sieht Zinssätze von nicht mehr als 2 % über den Zinssätzen der drei „besten" Euroländer vor.

Die EZB kontrolliert diese vier Kriterien, die zur Beurteilung der wirtschaftlichen Stabilität eines Landes herangezogen werden. Alle EU-Mitgliedsstaaten, die den Euro als Zahlungsmittel einführen wollen, müssen diese Kriterien der dritten Stufe der Europäischen Währungsunion erfüllen.

Dänemark möchte nicht an der Währungsunion teilnehmen, und Schweden hat in einem Volksentscheid den Beitritt abgelehnt. Die beiden Länder erfüllen aber die Konvergenzkriterien. Andere Länder, die später der EU beigetreten sind, streben einen Beitritt an. Einige haben dies bereits geschafft, so sind beispielsweise Estland seit dem 1. Januar 2011, Lettland seit 2014 und Litauen seit 2015 Mitglieder der Europäischen Währungsunion.

Wie stark ist der Euro?

Bei der Stärke einer Währung wird zwischen Außen- und dem inneren Wert unterschieden.

Der **Außenwert** wird gemessen in fremder Währung, er drückt sich im Wechselkurs aus. Ende Dezember des Jahres 2021 bekommt der Besitzer eines Euros beim Tausch gut 1,13 US-Dollar. Bei der Einführung des Euro waren es 1,17 US-Dollar – der Euro hat sich also gut gehalten. Zwischendurch gab es allerdings starke Kursschwankungen.

Ein starker Euro ist gut für Touristen im Ausland und für die Einfuhr von Waren. Umgekehrt haben es die Exporteure schwer, wenn der Wechselkurs des Euro steigt, denn der ausländische Käufer muss mehr Geld ausgeben und kauft dann anderswo.

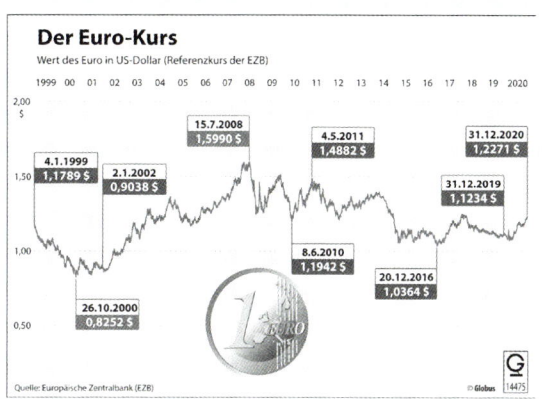

Der Euro-Kurs
Wert des Euro in US-Dollar (Referenzkurs der EZB)

4.1.1999	2.1.2002	15.7.2008	4.5.2011	31.12.2020
1,1789 $	0,9038 $	1,5990 $	1,4882 $	1,2271 $

26.10.2000 0,8252 $ · 8.6.2010 1,1942 $ · 20.12.2016 1,0364 $ · 31.12.2019 1,1234 $

Quelle: Europäische Zentralbank (EZB) © Globus 14475

Der innere Geldwert lässt sich anhand der Preissteigerungsrate messen. Wenn die Preise etwa für Strom klettern, verliert das Geld an Wert. Seit der Euro-Einführung haben die Preise in Deutschland jährlich nur um zwei Prozent zugelegt. Das spricht gegen die These vom „Teuro". Zu Zeiten der angeblich so stabilen D-Mark lag die durchschnittliche Inflationsrate bei vier Prozent.

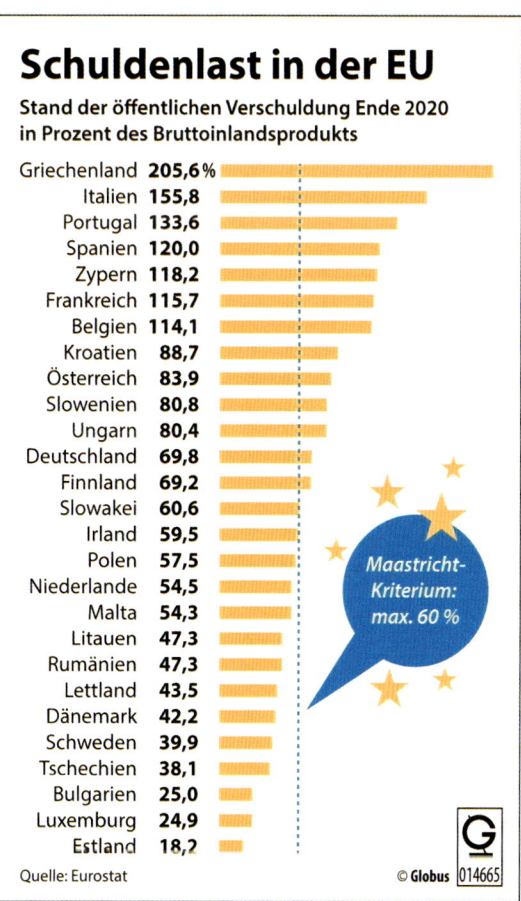

Schuldenlast in der EU

Stand der öffentlichen Verschuldung Ende 2020 in Prozent des Bruttoinlandsprodukts

Land	%
Griechenland	205,6 %
Italien	155,8
Portugal	133,6
Spanien	120,0
Zypern	118,2
Frankreich	115,7
Belgien	114,1
Kroatien	88,7
Österreich	83,9
Slowenien	80,8
Ungarn	80,4
Deutschland	69,8
Finnland	69,2
Slowakei	60,6
Irland	59,5
Polen	57,5
Niederlande	54,5
Malta	54,3
Litauen	47,3
Rumänien	47,3
Lettland	43,5
Dänemark	42,2
Schweden	39,9
Tschechien	38,1
Bulgarien	25,0
Luxemburg	24,9
Estland	18,2

Maastricht-Kriterium: max. 60 %

Quelle: Eurostat © Globus 014665

Aufgaben der EZB

Die Aufgaben der EZB bzw. der Zentralbanken der Staaten sind vielfältig.

Vorrangige Aufgabe: Gewährleistung der Preisstabilität

Die EZB strebt an, mittelfristig eine Preissteigerungsrate von unter, aber nahe 2 % beizubehalten.

Dies gelingt beispielsweise, indem Vertrauen in eine Währung geschaffen wird. Denn wenn das Vertrauen der Menschen in eine Währung hoch ist, kann eine Wertsteigerung allein dadurch erreicht werden, dass diese Währung als Tauschmittel akzeptiert wird. Also arbeitet die EZB daran, das Vertrauen in den Euro zu festigen und zu erhöhen.

Noch zu Beginn des 19. Jahrhunderts verwendeten die meisten großen Volkswirtschaften den Goldstandard. Das bedeutet, dass die im Umlauf befindlichen Banknoten einem bestimmten Anteil der Goldreserven eines Landes entsprachen. Man konnte in dieser Zeit theoretisch den Wert einer Banknote bei seiner Zentralbank in Gold eintauschen. Damals musste eine Zentralbank dafür sorgen, dass genügend Gold als Reserve vorhanden war.

Heute wird der Wert des Geldes von seiner Kaufkraft bestimmt. Die Kaufkraft gibt an, welche Güter mit einem bestimmten Geldbetrag gekauft werden können.

2. Aufgabe: richtiges Verhältnis Geldmenge und Wert der Güter

Die Kaufkraft ist nur gewährleistet, wenn die Geldmenge im richtigen Verhältnis zum Wert der Güter steht, die man damit kaufen kann ➔ der Wert der Währung kann so geschützt werden.

Weitere Aufgaben

Um das komplexe System in der Eurozone funktionsfähig zu halten, muss die EZB eine Reihe weiterer Aufgaben wahrnehmen. Die EZB

- legt die Geldpolitik in der Eurozone fest und führt sie aus;
- gibt Banknoten aus;
- führt Devisengeschäfte durch (An- und Verkauf von fremden Währungen und Verwalten der eigenen Währung);
- trägt zur Solidität (Zuverlässigkeit) und Vertrauenswürdigkeit der Kreditinstitute bei;

- trägt zur Wahrung der Stabilität des Finanzsystems bei;
- gewährleistet das reibungslose Funktionieren der Transaktionen und Zahlungen im Eurogebiet.

Zur Erfüllung all dieser Aufgaben ist es notwendig, dass die EZB mit den nationalen Zentralbanken aller Euroländer intensiv zusammenarbeitet.

Europäischer Finanzstabilisierungsmechanismus (EFSM)

Die Verordnung des EFSM (auch als „Euro-Rettungsschirm" bezeichnet) ermächtigt die Europäische Kommission, Kredite an Mitgliedsländer zu vergeben, die in finanzielle Schwierigkeiten geraten sind. Solche Kredite sind beispielsweise an Griechenland vergeben worden, das seit 2010 unter einer Staatsschuldenkrise leidet.

Geldmengenbegriffe des Eurosystems

Geldmenge M1
- Bargeldumlauf
- täglich fällige Einlagen

Geldmenge M2
- Einlagen mit vereinbarter Laufzeit bis zu zwei Jahren
- Einlagen mit vereinbarter Kündigungsfrist bis zu drei Monaten

Geldmenge M3
- Schuldverschreibungen mit vereinbarter Laufzeit bis zu zwei Jahren
- Geldmarktfondanteile
- Repogeschäfte (= Wertpapiergeschäfte)

Geldmengenbegriffe des Eurosystems

Analysen und Erhebungen des ESZB

Messung der Preisstabilität

Das vorrangige Ziel der Preisstabilität wird gemessen von Eurostat (Statistisches Amt der Europäischen Union) in Zusammenarbeit mit den statistischen Ämtern der EU-Länder (z.B. dem Statistischen Bundesamt in Deutschland). Maßgeblich ist dabei der Harmonisierte Verbraucherpreisindex (HVPI), der seit 1995 in Zeitreihen zur Verfügung steht. Der HVPI beinhaltet einen europäischen Warenkorb, der sich beispielsweise aus Nahrungsmitteln, Industrieerzeugnissen, Energie oder auch Dienstleistungen zusammensetzt. Die Zeitreihen des HVPI werden jährlich miteinander verglichen, um Inflationsmessungen durchzuführen. Die Preissteigerungen sollten dabei 2 % zum Vorjahr nicht übersteigen.

Die zwei Säulen der geldpolitischen Strategie

Bei der Entscheidungsfindung stützt sich die EZB auf eine wirtschaftliche und eine monetäre Analyse, die die zwei Säulen der geldpolitischen Strategie darstellen.

Die zwei Säulen der geldpolitischen Strategie	
Wirtschaftliche Analyse	**Monetäre Analyse**
Beurteilung und Analyse der kurz- bis mittelfristigen Bestimmungsfaktoren (Indikatoren) der Preisentwicklung	Beurteilung und Analyse langfristiger Zusammenhänge zwischen Geld- und Gütermenge sowie Preisen
<ul><li>Indikatoren<ul><li>Löhne/Gehälter</li><li>Ölpreis</li><li>Wechselkurse</li><li>langfristige Zinssätze</li><li>Messgrößen für die Wirtschaft</li><li>Umfragen zum Vertrauen</li><li>Wohnungspreise</li><li>Entwicklung an den internationalen Finanzmärkten</li></ul></li><li>Erkennen und Beurteilen von Schocks, die die Wirtschaft treffen (z. B. starker Anstieg der Ölpreise)</li><li>Abbildung maßgeblicher gesamtwirtschaftlicher Faktoren (z. B. Situation auf dem europäischen Arbeitsmarkt)</li></ul>	<ul><li>Die Geldmenge dient als mittel- bis langfristige Bezugsgröße.</li><li>langfristige Verbindung zwischen Geldmenge und Preisen in der Eurozone</li><li>Feststellung von finanziellen Ungleichgewichten bzw. Vermögenspreisblasen (wegen überhöhter Güterpreise)</li></ul>**BEISPIEL** Die Finanzkrise 2008 ist auch auf eine Vermögensblase im Bereich der Immobilienpreise in den USA zurückzuführen. Hier wurden über lange Jahre hohe Umsätze mit Immobilien erzielt, wobei die Preise den eigentlichen inneren Wert deutlich übertrafen. Als die Preise zusammenbrachen, platzte auch die Vermögensblase.

Aus den Analysen dieser zwei Säulen nimmt der EZB-Rat eine Gesamtbeurteilung der Risiken für die Preisstabilität vor und kann nun gegebenenfalls Maßnahmen ergreifen, um die zukünftige Entwicklung der Preise zu beeinflussen.

Die geldpolitischen Maßnahmen der EZB greifen in der Regel zeitverzögert, das heißt mit einer Verzögerung von ein bis drei Jahren. Somit ist der Einfluss, den die EZB auf das Preisniveau ausübt, mittel- bis langfristig zu planen. Dabei ist vorausschauendes Handeln wichtig, um im Vorfeld die richtigen Entscheidungen zu treffen.

Instrumente der Geldpolitik

Zur Regulierung der umlaufenden Geldmenge steht der EZB eine Reihe von geldpolitischen Instrumenten zur Verfügung.

Offenmarktpolitik

Offenmarktgeschäfte gehören zu den sogenannten **Refinanzierungsinstrumenten**. Allgemein kann bei Offenmarktgeschäften vom Kauf oder Verkauf von festver-

zinslichen Wertpapieren (Offenmarktpapiere) durch die Zentralbanken am **offenen Markt** gesprochen werden. Jede Geschäftsbank kann demnach von der EZB Wertpapiere kaufen oder an die EZB verkaufen. Kauft eine Geschäftsbank Offenmarktpapiere, so steht das Geld nicht mehr für Kreditvergaben zur Verfügung, die Geldmenge sinkt. Beim Verkauf von Offenmarktpapieren erhalten die Geschäftsbanken Geld und die Geldmenge steigt, weil dieses Geld für die Kreditvergabe verwendet wird.

> **DEFINITION**
> Als **Refinanzierung** wird die Aufnahme fremder (Geld-)Mittel von Kreditinstituten verstanden, die damit ihrerseits selbst Kredit vergeben.

Die Offenmarktgeschäfte des Euroraums können in vier Gruppen unterteilt werden:

- Hauptrefinanzierungsgeschäfte
- längerfristige Refinanzierungsgeschäfte
- Feinsteuerungsoperationen
- strukturelle Operationen

Die geldpolitischen Instrumente der EZB

Offenmarktpolitik

- **Hauptrefinanzierungs- geschäfte**
  (Laufzeit: eine Woche)
- **Längerfristige Refinanzie- rungsgeschäfte**
- **Feinsteuerungsoperationen**
- **Strukturelle Operationen**

Ständige Fazilitäten

- **Einlagefazilität**
  (Zinssätze im Allgemeinen unter Marktzinsniveau)
- **Spitzenrefinanzierungs- fazilität**
  (Zinssätze im Allgemeinen über Marktzinsniveau)

Mindestreservepflicht

Hauptrefinanzierungsgeschäfte (HRG)

Das wichtigste Instrument im Rahmen der Offenmarkt- geschäfte sind die Hauptrefinanzierungsgeschäfte. Hier gewährt die EZB den Geschäftsbanken Kredite mit einer einwöchigen Laufzeit. Dadurch wird dem Markt Liquidi- tät zugeführt, das heißt, der Markt erhält **flüssige Mittel**.

> **DEFINITION**
>
> Unter **Hauptrefinanzierungsgeschäft** wird ein re- gelmäßiges Offenmarktgeschäft verstanden, das in Form einer (meist auf eine Woche) befristeten Trans- aktion ausgeführt wird.

Die Zentralbanken müssen im Gegenzug für diese Kredi- te Zinsen zahlen und bei der EZB als Sicherheit angemes- sene Vermögenswerte hinterlegen. Die Kredite werden bei Fälligkeit zurückgezahlt und die Zentralbanken erhal- ten die hinterlegten Sicherheiten zurück.

Die Hauptrefinanzierungsgeschäfte weisen folgende operativen Merkmale auf:

- Diese Liquiditätszuführung ist zeitlich befristet (Lauf- zeit in der Regel eine Woche).
- Sie werden regelmäßig jede Woche durchgeführt.
- Sie werden dezentral von den nationalen Zentralban- ken durchgeführt.
- Die Durchführung läuft über sogenannte *Standard- tender* (siehe Exkurs auf der nächsten Seite).
- Die zugelassenen Geschäftspartner (z. B. in den Mit- gliedsstaaten zugelassene Kreditinstitute) können Gebote für die Hauptrefinanzierungsgeschäfte abge- ben.

- Es sind Sicherheiten von den Geschäftspartnern zur Unterlegung der Hauptrefinanzierungsgeschäfte zu- gelassen.

Längerfristige Refinanzierungsgeschäfte

Die längerfristigen Refinanzierungsgeschäfte weisen im Grunde dieselben operativen Merkmale auf wie die Hauptrefinanzierungsgeschäfte. Lediglich die Laufzeit ist unterschiedlich. Die Durchführung erfolgt monat- lich und die Laufzeit beträgt in der Regel drei Monate. Hierdurch werden dem Finanzsektor zusätzliche länger- fristige Refinanzierungsmittel zur Verfügung gestellt.

Feinsteuerungsoperationen

Feinsteuerungsoperationen werden zur Steuerung der Marktliquidität und der Zinssätze genutzt. Dadurch sol- len die Auswirkungen unerwarteter Liquiditätsschwan- kungen auf die Zinssätze ausgeglichen werden. So kann es beispielsweise zu unerwarteten Marktentwicklun- gen kommen, die ein schnelles Handeln erfordern. Dem Markt kann flexibel Liquidität zugeführt oder wegge- nommen werden.

Strukturelle Operationen

Strukturelle Operationen können regelmäßig oder unre- gelmäßig durchgeführt werden. Hier soll die strukturelle Position des Finanzsektors gegenüber dem Eurosystem beeinflusst werden. Das Eurosystem kann strukturelle Operationen über die Ausgabe (Emission) von Schuld- verschreibungen, befristete Transaktionen oder endgül- tige Käufe bzw. Verkäufe durchführen.

Tenderverfahren

Die Offenmarktgeschäfte werden in aller Regel über das sogenannte Tenderverfahren abgewickelt. Die EZB unterscheidet bezüglich der Durchführungszeit zwei verschiedene Tenderverfahren: Standardtender und Schnelltender. Dabei lassen sich beide Verfahren in sechs Schritte gliedern.

Verfahrensschritte bei Tenderverfahren:

Schritt 1: Tenderankündigung
a) Ankündigung durch die EZB über Wirtschafts- informationsdienste
b) Ankündigung durch die nationalen Zentralbanken über nationale Wirtschaftsinformationsdienste und direkt gegenüber einzelnen Geschäftspart- nern (wenn dies notwendig erscheint)

Schritt 2: Vorbereitung und Abgabe von Geboten durch die Geschäftspartner

Schritt 3: Zusammenstellung der Gebote durch das Eurosystem

Schritt 4: Tenderzuteilung und Bekanntmachung der Tenderergebnisse
a) Zuteilungsentscheidung der EZB
b) Ankündigung der Zuteilungsergebnisse über Wirtschaftsinformationsdienste und die Web- site der EZB

Schritt 5: Bestätigung der einzelnen Zuteilungser- gebnisse

Schritt 6: Abwicklung der Transaktionen

Quelle: Europäische Zentralbank: Durchführung der Geld- politik im Euro-Währungsgebiet. 14.12.2011, S. 22. www. ecb.europa.eu/pub/pdf/other/gendoc201109de.pdf?b21113b 4515f0a9fd71a78b73d268043 [16.11.2021], verändert.

Die Hauptrefinanzierungsgeschäfte, die längerfristi- gen Refinanzierungsgeschäfte und die strukturellen Operationen werden in der Regel in Form von Stan- dardtendern durchgeführt.

Normaler Zeitrahmen für die Verfahrensschritte bei Standardtendern

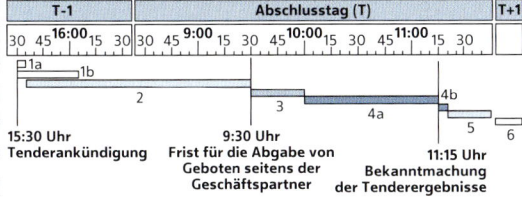

Anmerkung: Die Zahlen beziehen sich auf die oben genannten Verfahrensschritte.
Quelle: Europäische Zentralbank: Durchführung der Geldpolitik im Euro-Währungsgebiet.
1. Januar 2012, S. 23.
www.ecb.europa.eu/pub/pdf/other/gendoc201109de.pdf?b21113b4515f0a9fd71a78b7
3d268043 [16.11.2021].

Standardtender

Die EZB kann an jedem beliebigen Eurosystem-Ge- schäftstag beschließen, Feinsteuerungsoperatio- nen durchzuführen. Bei Feinsteuerungsoperationen werden **Schnelltender** verwendet. Die Schnelltender werden bereits 90 Minuten nach Tenderankündigung durchgeführt. An solchen Operationen nehmen nur nationale Zentralbanken von Mitgliedsstaaten teil.

Normaler Zeitrahmen für die Verfahrensschritte bei Schnelltendern

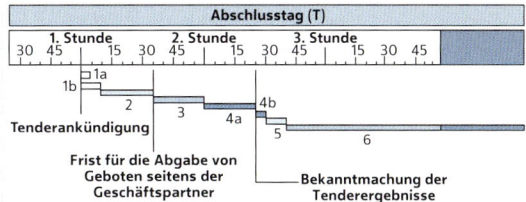

Anmerkung: Die Zahlen beziehen sich auf die links genannten Verfahrensschritte.
Quelle: Europäische Zentralbank: Durchführung der Geldpolitik im Euro-Währungsgebiet.
1. Januar 2012, S. 23.
www.ecb.europa.eu/pub/pdf/other/gendoc201109de.pdf?b21113b4515f0a9fd71a78b7
3d268043 [16.11.2021].

Schnelltender

Bei den Tenderverfahren werden zwei unterschied- liche Techniken angewendet:
• Mengentenderverfahren
• Zinstenderverfahren

Mengentenderverfahren

Beim Mengentenderverfahren wird der Zinssatz be- reits im Voraus von der EZB festgelegt. Die teilneh- menden Kreditinstitute bieten nur den Geldbetrag (die Geldmenge), mit der sie sich am Verfahren beteiligen wollen.

BEISPIEL

Die EZB will dem Markt Liquidität zuführen, indem sie die zeitliche befristete Transaktion des Mengenten- ders durchführt. Insgesamt will die EZB 100 Mio. € zuteilen.

Folgende Gebote werden von den Geschäftsbanken abgegeben:

Geschäftsbank	Gebot (in Mio. €)
Bank 1	30
Bank 2	40
Bank 3	55
Gesamt	**125**

Da insgesamt ein Übergebot existiert, muss eine re- duzierte Zuteilung erfolgen:
Überangebot in % = 100/125 = 80 %
Daher werden jeder Bank nur 80 % zugeteilt.

Geschäfts- bank	Gebot in Mio. €	Zuteilung in Mio. €
Bank 1	30	24
Bank 2	40	32
Bank 3	55	44
Gesamt	**125**	**100**

Zinstender

Beim Zinstender richtet sich die Zuteilung der Liquidi- tät nach der Höhe des abgegebenen Zinsgebots.
Es gibt hier das **holländische Verfahren,** bei dem der Zuteilungssatz für alle Gebote dem des marginalen Zinssatzes entspricht.

DEFINITION

Der **marginale Zinssatz** ist der Zinssatz, bei dem das gewünschte Zuteilungsvolumen erreicht wird. Er wird auch Hauptrefinanzierungssatz genannt.

Beim **amerikanischen Verfahren** entspricht der Zuteilungssatz dem jeweils abgegebenen individuellen Gebot.

BEISPIEL

Die EZB will dem Markt Liquidität zuführen, indem sie die zeitliche befristete Transaktion des Zinstenders durchführt. Insgesamt will die EZB 100 Mio. € zuteilen.

Beträge in Mio. €

Zins-satz	Bank 1	Bank 2	Bank 3	Gebote insg.	kumulative Gebote
3,15				0	0
3,10		10	15	25	25
3,09	5	10	15	30	55
3,08	5	10	15	30	85
3,07	10	15	20	45	130
3,06	5		15	20	150
3,05	5		10	15	165
Gesamt	**30**	**45**	**90**	**165**	

Der marginale Zinssatz beträgt hier 3,07 %. Alle Gebote oberhalb dieses Zinssatzes werden voll zugeteilt. Da das Gebot beim marginalen Zinssatz bei 45 Mio. € liegt, aber nur noch 15 Mio. € (100 – 85) zugeteilt werden können, wird dies prozentual zugeteilt: 15/45 = 33 1/3 %

Daraus ergeben sich folgende Zuteilungen:
Bank 1: 5+5+3,33[10·33,33 %]= 13,33 Mio. €
Bank 2: 10+10+10+5= 35 Mio. €
Bank 3: 15+15+15+6,67 = 51,67 Mio. €

Falls die Zuteilung nach dem holländischen Verfahren erfolgt, zahlen die Banken für das gesamte Kreditvolumen einen Zinssatz von 3,07 %.

Bei einer Zuteilung nach dem amerikanischen Verfahren erhält beispielsweise Bank 1 Kredite von 5 Mio. € zu 3,09 %, 5 Mio. zu 3,08 % und 3,33 Mio. € zu 3,07 %.

Wenn eine Geschäftsbank keine Zuteilung bekommt, muss sie sich am öffentlichen Geldmarkt nach Krediten umsehen.

Ständige Fazilitäten

Die ständigen Fazilitäten (= Kreditmöglichkeiten, die bei Bedarf in Anspruch genommen werden können) sind ein Instrument, mit deren Hilfe Kreditinstitute liquide Mittel kurzfristig bereitgestellt bekommen oder Liquidität abgeben können. Diese kurzfristigen Geschäfte werden auch als Übernachtanlagen bezeichnet.

Die Bezeichnung *ständige Fazilitäten* weist darauf hin, dass sie den Geschäftsbanken jederzeit zur Verfügung stehen.

Es gibt zwei Arten von Fazilitäten, mit denen die EZB die Geldmenge regulieren kann:

- **Einlagefazilität**
  Banken können gebildete Guthaben kurzfristig bei ihrer nationalen Zentralbank anlegen. Der Zinssatz hierfür liegt immer unter dem Hauptrefinanzierungssatz.
  Wirkung auf die Geldmenge:
  Durch die kurzfristige Anlage von Geld nimmt die Liquidität der Geschäftsbanken ab. Die Geldmenge sinkt.

- **Spitzenrefinanzierungsfazilität**
  Banken können bei ihrer nationalen Zentralbank einen kurzfristigen Kredit aufnehmen. Der Zinssatz hierfür liegt immer über dem Mindestbietungssatz.
  Wirkung auf die Geldmenge:
  Durch die Aufnahme kurzfristiger Kredite können die Geschäftsbanken ihre Liquidität erhöhen. Die Geldmenge steigt.

Der Leitzinssatz der EZB steuert die Geld- und Kapitalmärkte in der EU. Diese Zinssätze legen fest, unter welchen Bedingungen die Kreditinstitute sich Geld bei den Zentralbanken leihen können. Daher kann die EZB durch die Steuerung der Zinssätze auf wirtschaftliche Veränderungen (z. B. Inflation oder Deflation) innerhalb der EU Einfluss nehmen. Der wichtigste Zinssatz in der EU ist der Hauptrefinanzierungssatz.

Leitzinsen der EZB (ausgewählte Zeitpunkte)
- Einlagesatz:
  Nov. 2010: 0,25 %, seit September 2019: –0,50 %
- Hauptrefinanzierungssatz:
  Nov. 2010: 1 %, seit März 2016: 0,00 %
- Spitzenrefinanzierungssatz:
  Nov. 2010: 1,75 %, seit März 2016: 0,25 %

Mindestreservepflicht

Die EZB verlangt von den Geschäftsbanken, dass diese über einen bestimmten Zeitraum einen durchschnittlichen Mindestreservebetrag halten müssen, d.h., sie müssen einen bestimmten Teil der Einlagen als verzinstes Zwangsguthaben bei ihrer nationalen Zentralbank halten. Mit dieser Mindestreserve sollen die Zinssätze am Geldmarkt stabil gehalten werden. Ein weiteres Ziel der Mindestreserve ist es, einer unkontrollierten Geldmengenausweitung vorzubeugen.

> **DEFINITION**
>
> Bei der **Mindestreserve** handelt es sich um Einlagen, die Geschäftsbanken in liquider Form bei ihrer nationalen Zentralbank anlegen müssen.

Wirkung der Mindestreservepflicht auf die Geldmenge:

- Bei einer niedrigen Mindestreserve steigt die Geldmenge (Zinsen sinken). Bei einer Senkung der Mindestreservesätze spricht man daher auch von einer expansiven Politik.

HaLT! DiE MiNDESTRESERVE BLEiBT HiER!

- Bei einer hohen Mindestreserve sinkt die Geldmenge (Zinsen steigen). In diesem Zusammenhang ist von einer restriktiven (einschränkenden) Politik die Rede.

BEISPIEL

Die EZB erhöht den Mindestreservesatz von 1,5 % auf 2 %. Nun sind alle Banken verpflichtet, 2 % des Werts ihrer Einlagen und kurzfristigen Schuldverschreibungen bzw. ausgegebenen Geldpapiere bei ihrer Zentralbank zu hinterlegen. Dieses mehr zurückgelegte Geld fehlt nun den Banken, um es als Kredit weiterzugeben. Dadurch wird dem Markt quasi Geld entzogen.

Grenzen der Geldpolitik der EZB

Die Instrumente der Geldpolitik, die seitens der EZB eingesetzt werden, können aber auch ihre gewünschte Wirkung verfehlen. Hier sollen zwei Szenarien aufgezeigt werden, die diese mögliche Gefahr verdeutlichen:

SZENARIO 1: Rezession

Aufgrund der schwächelnden Wirtschaftslage will die EZB mit einer Leitzinssenkung die Rezessionsphase bekämpfen. Da momentan das Geschäftsklima sehr negativ ist und die Erwartungen der Unternehmen für die Zukunft pessimistisch sind, werden trotz der günstigen Gelder keine Kredite aufgenommen und keine neuen Investitionen getätigt.

Folge: Keine Erhöhung der Geldmenge, die Wirtschaft wird nicht gefördert.

Bei einer Zinssenkung kann auch Kapital ins Ausland transferiert werden, weil es dort höhere Zinssätze gibt. Dadurch könnte unter Umständen sogar die Geldmenge sinken.

SZENARIO 2: Hochkonjunktur

Aufgrund der starken Wirtschaftslage will die EZB mit einer Leitzinserhöhung die Geldmenge reduzieren, um einer drohenden Inflation entgegenzuwirken. Da momentan das Geschäftsklima sehr positiv ist und die Erwartungen der Unternehmen für die Zukunft optimistisch sind, werden trotz der teuren Gelder neue Kredite aufgenommen und weitere Investitionen getätigt.

Folge: Weiter andauernde Erhöhung der Geldmenge, Inflationsgefahr steigt weiter.

Eine Zinserhöhung kann ausländisches Kapital anlocken, weil hier die Zinsen höher sind. Dadurch steigen Geldmenge und Inflationsgefahr weiter.

AUFGABEN

1. Nennen Sie je drei Vorteile (Chancen) und Nachteile (Risiken), die mit der Einführung des Euros verbunden sein können.

2. Erklären Sie die folgenden Begriffe:
   - Konvergenzkriterien
   - Leitzinsen
   - Kaufkraft
   - Einlagefazilität
   - Mindestreserve

3. Warum ist das Verhältnis zwischen der Geldmenge und dem Wert der Güter so wichtig in einer Volkswirtschaft?

4. Welche Aufgabe hat der Harmonisierte Verbraucherpreisindex HVPI?

5. Warum beobachtet die EZB Indikatoren wie den Ölpreis oder die Löhne und Gehälter in der Eurozone zur Durchführung wirtschaftlicher Analysen?

6. Durch welche Maßnahme kann die EZB das Wirtschaftswachstum fördern?
   a) Sie erhöht die Inflationsrate.
   b) Sie erhöht den Mindestreservesatz.
   c) Sie verkauft Wertpapiere an die Geschäftsbanken.
   d) Sie senkt den Einlagesatz und den Spitzenrefinanzierungssatz.

7. Mit welchen Instrumenten kann die EZB einer drohenden Geldentwertung (Inflation) entgegenwirken?

8. Welche Ziele verfolgt die EZB mit der Mindestreservepolitik?

9. Stellen Sie stichwortartig dar, welche Störfaktoren die Ziele einer Leitzinsveränderung negativ beeinflussen können.

10. Recherchieren Sie auf der Internetseite der EZB (*www.ecb.europa.eu/ecb/html/index.de.html*) folgende Fragen und bereiten Sie die Antworten mithilfe einer PowerPoint-Präsentation vor.
    a) Wie heißen die aktuellen Mitglieder des EZB-Direktoriums?
    b) Welche Mitglieder zählen zum EZB-Rat?
    c) Stellen Sie die Aufgaben des EZB-Direktoriums den Aufgaben des EZB-Rats gegenüber. Welche Unterschiede stellen Sie fest?
    d) Welche Mitglieder aus Deutschland zählen zum erweiterten Rat? Welche Funktion hat/haben dieser/diese Vertreter?
    e) Die EZB muss Rechenschaft für ihr Handeln ablegen. Daher unterliegt sie klar definierten Berichtspflichten. Welche Berichtspflichten sind damit gemeint?

11. Beschreiben und interpretieren Sie die folgende Karikatur:

Aus Papier, mach Geld...
So einfach ist das!

www.cartoonexpress.ch

MARTIN GUHL

ZUSAMMENFASSUNG

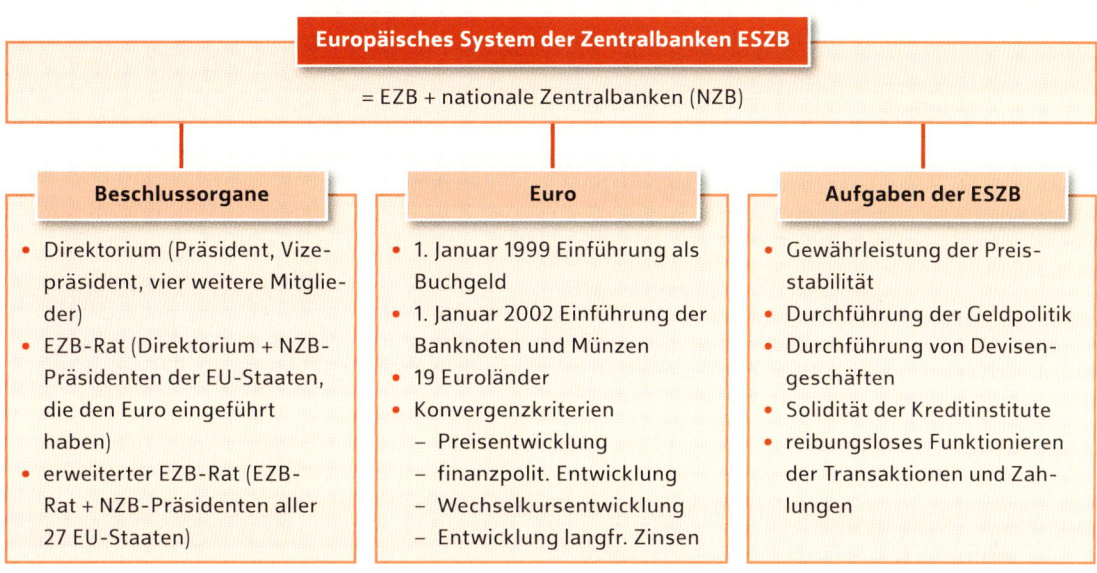

Europäisches System der Zentralbanken ESZB

= EZB + nationale Zentralbanken (NZB)

Beschlussorgane

- Direktorium (Präsident, Vizepräsident, vier weitere Mitglieder)
- EZB-Rat (Direktorium + NZB-Präsidenten der EU-Staaten, die den Euro eingeführt haben)
- erweiterter EZB-Rat (EZB-Rat + NZB-Präsidenten aller 27 EU-Staaten)

Euro

- 1. Januar 1999 Einführung als Buchgeld
- 1. Januar 2002 Einführung der Banknoten und Münzen
- 19 Euroländer
- Konvergenzkriterien
  - Preisentwicklung
  - finanzpolit. Entwicklung
  - Wechselkursentwicklung
  - Entwicklung langfr. Zinsen

Aufgaben der ESZB

- Gewährleistung der Preisstabilität
- Durchführung der Geldpolitik
- Durchführung von Devisengeschäften
- Solidität der Kreditinstitute
- reibungsloses Funktionieren der Transaktionen und Zahlungen

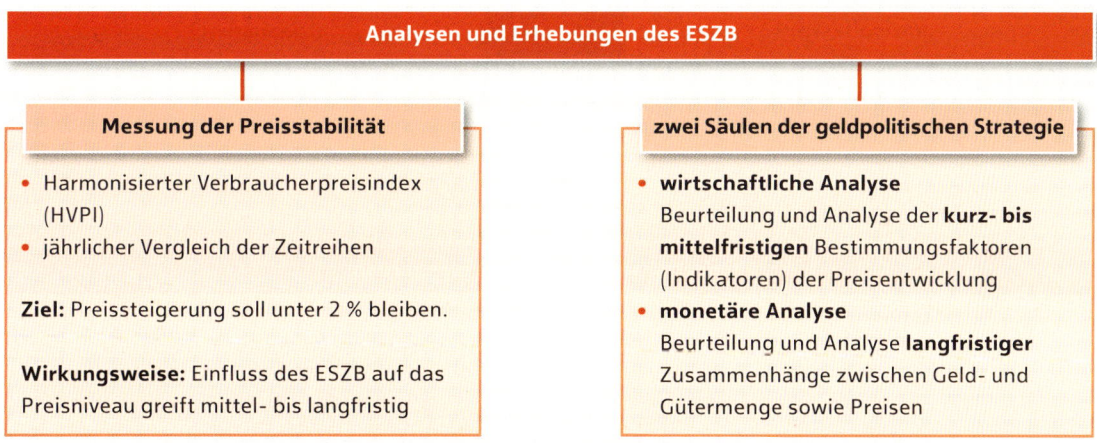

Analysen und Erhebungen des ESZB

Messung der Preisstabilität

- Harmonisierter Verbraucherpreisindex (HVPI)
- jährlicher Vergleich der Zeitreihen

Ziel: Preissteigerung soll unter 2 % bleiben.

Wirkungsweise: Einfluss des ESZB auf das Preisniveau greift mittel- bis langfristig

zwei Säulen der geldpolitischen Strategie

- **wirtschaftliche Analyse**
  Beurteilung und Analyse der **kurz- bis mittelfristigen** Bestimmungsfaktoren (Indikatoren) der Preisentwicklung
- **monetäre Analyse**
  Beurteilung und Analyse **langfristiger** Zusammenhänge zwischen Geld- und Gütermenge sowie Preisen

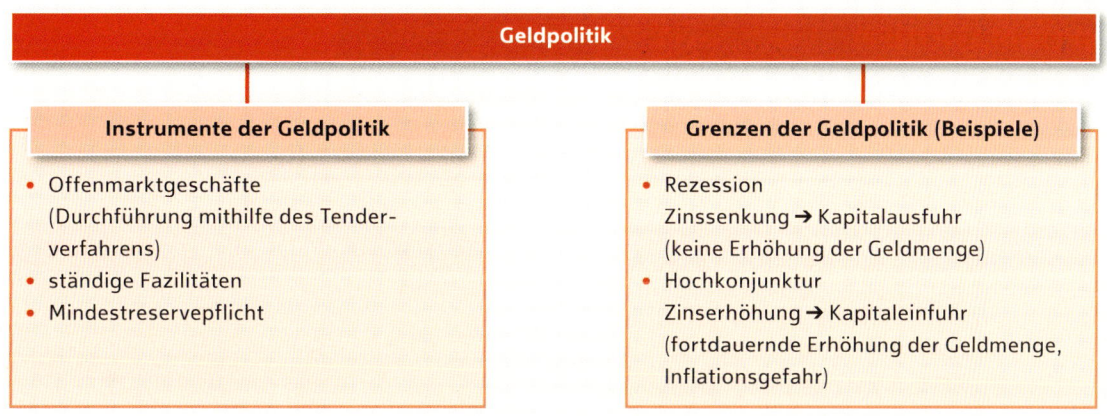

Geldpolitik

Instrumente der Geldpolitik

- Offenmarktgeschäfte (Durchführung mithilfe des Tenderverfahrens)
- ständige Fazilitäten
- Mindestreservepflicht

Grenzen der Geldpolitik (Beispiele)

- Rezession
  Zinssenkung ➜ Kapitalausfuhr (keine Erhöhung der Geldmenge)
- Hochkonjunktur
  Zinserhöhung ➜ Kapitaleinfuhr (fortdauernde Erhöhung der Geldmenge, Inflationsgefahr)

11.10   Der Außenhandel

Einstieg

Geschäftsführer Michael Hertien liest die folgenden Notizen im Wirtschaftsteil seiner Tageszeitung:

Strafzölle auf Hosen

Verbraucher müssten in der Europäischen Union weit mehr für Hosen aus Japan und Südkorea zahlen. Für einen großen Teil von Lieferungen aus diesen beiden asiatischen Ländern wurden von der Kommission der Europäischen Union jetzt provisorische Strafzölle zwischen 6,9 % und 34,2 % verhängt. Als Begründung wurde angegeben, dass diese Zölle europäische Produzenten vor Dumping-Preisen bewahren sollen. Die meisten dieser Hosen seien nämlich nach Ansicht der Kommission in Europa zu Preisen verkauft worden, die Wahrheit unter den Preisen in Europa liegen. So habe die Dumpingrate bei japanischen Jeans zwischen zwei und 46 %, bei koreanischen Jeans zwischen 20 und 24 % gelegen.

Textilstreit – Über 100 Millionen Kleidungsstücke gestrandet

Über 100 Millionen Kleidungsstücke liegen inzwischen in Häfen oder bei Zollstellen in Europa. Dabei handelt es sich um Textilien aller Art (zum Beispiel Jeans, Pullover, Damenkleider, Büstenhalter usw.). In Verhandlungen zwischen der Europäischen Union und der Volksrepublik China soll nun eine Vereinbarung getroffen werden, wie es nach dem ausschöpfen der Textilquoten weitergehen soll. „Der Spiegel" berichtet am Samstag, dass für die meisten Textilien die Lieferquoten ausgeschöpft sind. Daher gilt mittlerweile für acht von insgesamt zehn Kategorien ein Einfuhrverbot.

Erörtert werden soll bei den Konsultationen ein umschichten der Ware auf noch nicht ausgeschöpfte Quoten. Dies gilt allerdings nicht als befriedigende Lösung: es bleiben weiterhin Millionen von Kleidungsstücken in den Häfen liegen, wenn man beispielsweise die unerfüllte Quote für Handtücher mit Pullovern ausfüllt.

Innerhalb der Europäischen Union ist man sich uneinig darüber, wie es weitergehen soll. S „wurden Fehler gemacht": Mit Beginn des Jahres ist das Textilabkommen mit China daher ausgelaufen. Die Volksrepublik strebt eine Erhöhung der Einfuhrquoten an. Gibt es darüber keine Einigung könnte es wegen der Engpässe im Bereich der Textilien zu Preiserhöhungen kommen.

---

1. Führen Sie Vorteile für ein Unternehmen auf, wenn es im Außenhandel tätig ist.

2. Unterscheiden Sie die verschiedenen Arten des Außenhandels.

3. Stellen Sie fest, welche Bedeutung der Handel mit dem Ausland für die Bundesrepublik Deutschland hat.

4. Stellen Sie fest, welche außenwirtschaftspolitischen Maßnahmen von Japan und Südkorea bzw. China einerseits, der Europäischen Union andererseits in beiden Fällen angewandt wurden.

5. Führen Sie weitere protektionistische Maßnahmen auf.

6. Geben Sie Gründe dafür an, warum derartige Maßnahmen ergriffen werden.

7. Stellen Sie fest, welche Auswirkungen dies auf die Exclusiva GmbH haben könnte.

INFORMATIONEN

Der Außenhandel ist für die Bundesrepublik Deutschland von zentraler Bedeutung. Die Bundesrepublik ist stark exportabhängig. Etwa ein Drittel unseres Bruttoinlandsprodukts wird im Export verdient. Auf der anderen Seite ist unsere Volkswirtschaft auch in hohem Maße von Importen abhängig. Die Einfuhren machen einen bedeutenden Teil des Bruttoinlandsprodukts aus. Der Außenbeitrag – die Differenz zwischen Export und Import von Waren und Dienstleistungen – lag in den vergangenen Jahren immer zwischen 2 % und 6 %. Fast kein anderes Land exportierte so viel wie die Bundesrepublik; sie nahm im Welthandel immer einen der ersten drei Ränge ein.

Wesen des Außenhandels

Der Außenhandel ist der grenzüberschreitende Austausch von Waren und Dienstleistungen zwischen verschiedenen Ländern. Er ermöglicht dabei einen Ausgleich zwischen Volkswirtschaften, in denen Güter

- in großer Menge,
- zu günstigen Preisen,
- in besonderer Qualität

hergestellt werden, und Volkswirtschaften, die diese Güter zwar benötigen, aber sie nur

Deutschlands wichtigste Handelspartner

Angaben für 2020 in Milliarden Euro

Die größten **Lieferanten** (Einfuhr)

Land	Mrd. €
China	116,3 Mrd. €
Niederlande	88,5
USA	67,8
Polen	58,2
Frankreich	56,6
Italien	53,9
Schweiz	45,4
Tschechien	43,5
Österreich	40,3
Belgien	37,1
Großbritannien	34,7
Spanien	31,4
Ungarn	27,5
Russland	21,9
Japan	21,3
Irland	21,1

Die größten **Kunden** (Ausfuhr)

Mrd. €	Land
103,8 Mrd. €	USA
95,9	China
91,1	Frankreich
84,4	Niederlande
66,9	Großbritannien
64,7	Polen
60,6	Italien
59,9	Österreich
56,3	Schweiz
43,3	Belgien
39,6	Tschechien
37,5	Spanien
24,6	Ungarn
23,4	Schweden
23,1	Russland
21,3	Türkei

Quelle: Statistisches Bundesamt (Februar 2021)

© Globus 14497

- in geringer Menge,
- zu hohen Preisen,
- in schlechterer Qualität

produzieren können.

Arten des Außenhandels

Nach den **Außenhandelsgütern** lassen sich folgende Formen der internationalen Wirtschaftsbeziehungen unterscheiden:

- **Warenverkehr**
  Der Warenverkehr umfasst grundsätzlich alle beweglichen Sachen, die gehandelt werden können. Davon ausgenommen sind Wertpapiere und Zahlungsmittel. Der Warenverkehr gilt als Außenhandel im engsten Sinn.

- **Dienstleistungsverkehr**
  Darunter fallen alle wirtschaftlichen Tätigkeiten, die nicht in der Erzeugung von Sachgütern, sondern in persönlichen Leistungen bestehen.

BEISPIEL

- Erlöse aus Schiffsreparaturen an ausländischen Frachtern
- internationale Verwertung inländischer Autorenrechte
- internationale Bank- und Versicherungsleistungen
- Reisen von Inländern ins Ausland usw.

- **Kapitalverkehr**
  Der Kapitalverkehr umfasst alle zwischenstaatlichen Übertragungen von Geldkapital. Dazu zählen vor allem die Aufnahme von Krediten, die Erträge aus internationalen Kapitalanlagen, der Erwerb oder Verkauf von Vermögenstiteln sowie die Gründung von Unternehmen.

In **räumlicher Sicht** ergibt sich folgende Unterscheidung:

- **Export**
  Das ist die Ausfuhr von Waren und Dienstleistungen in das Ausland. Bei einem **direkten** Export verkauft der Hersteller die Ware selbst an den ausländischen Käufer.
  Wird die Ausfuhr für den Hersteller von einem Ausfuhrhändler vorgenommen, der sich auf das Auslandsgeschäft spezialisiert hat, liegt ein **indirektes** Exportgeschäft vor.

- **Import**
  Von Einfuhrgeschäften spricht man, wenn Waren und Dienstleistungen aus dem Ausland bezogen werden.

- **Transit**
  Beim Transit im engeren Sinn (häufig auch „Transitverkehr" oder „Durchverkehr" genannt) wird Ware durch ein Land hindurchgeleitet, ohne dort gelagert, verändert, be- oder verarbeitet zu werden. Es erfolgt also eine reine Warendurchfuhr durch das Transitland, ohne dass ein Zwischenhändler an dem Warenge-

schäft beteiligt ist. Es werden lediglich die Transportwege des Transitlandes genutzt.

Der Transit im weiteren Sinn (oft als „Transithandel" oder „Durchhandel" bezeichnet) umfasst alle geschäftlichen Transaktionen, bei denen Waren aus einem Ursprungsland durch einen Transithändler in einem dritten Land an einen Käufer in einem Einfuhrland veräußert werden.

Ursachen internationalen Handels

Ursachen für die Aufnahme außenwirtschaftlicher Beziehungen sind vor allem die ungleichmäßige Ausstattung der einzelnen Wirtschaftsräume mit natürlichen Ressourcen und unterschiedlichen klimatischen Gegebenheiten. Auch Unterschiede in der Bevölkerungszahl, dem Lebensstandard, der technologischen Entwicklung sowie den organisatorischen Fähigkeiten begünstigen internationale Wirtschaftsbeziehungen.

Die Bundesrepublik ist ein hoch entwickelter Industriestaat. Sie verfügt über keine ausreichenden Rohstoffe und auch die im eigenen Wirtschaftsgebiet erzeugten Nahrungsmittel reichen für eine Versorgung der Bevölkerung nicht aus. Die deutsche Industrie ist daher auf vielen Gebieten auf die Einfuhr ausländischer Waren angewiesen. Ohne diese käme die industrielle Produktion in der Bundesrepublik zum Erliegen. Ausländische Erzeugnisse können aber nur importiert werden, wenn die nationale Volkswirtschaft durch eigene Leistungen die zur Bezahlung der Einfuhr notwendigen Devisen verdient hat. Für die Bundesrepublik ist daher der Export – insbesondere von qualitativ hochwertigen Gütern – von lebenswichtiger Bedeutung.

BEISPIEL

Länder mit großen heimischen Märkten (z. B. USA) und entsprechend hoher Nachfrage haben Vorteile bei der Produktion bestimmter Güter.

Vorteile des Außenhandels

Der Außenhandel ermöglicht es, die Vorteile einer weltweiten Arbeitsteilung zu realisieren. Durch eine gezielte Förderung und Ausnutzung der wirtschaftlichen Unterschiede und Ungleichgewichte wird eine Spezialisierung in den verschiedensten Bereichen angestrebt. Diese ermöglicht eine Massenproduktion mit sinkenden Stückkosten.

Der durch den internationalen Handel bewirkte Ausgleich von Überschuss und Mangel an bestimmten Gütern in den verschiedenen Volkswirtschaften führt in der Regel zu einem höheren Lebensstandard. Den Käufern wird ein größeres Produktsortiment zur Auswahl angeboten. Sie können am billigsten Punkt der Welt einkaufen. Für die Produzenten ergibt sich die Möglichkeit, auch am teuersten Ort ihre Waren zu verkaufen. Darüber hinaus erhöht der internationale Handel den Wettbewerb zwischen den Produzenten und verstärkt die Neigung zu Produkt- und Prozessinnovation.

BEISPIEL

Wird ein gewinnversprechendes Produkt auf den Markt gebracht, versuchen die internationalen Mitbewerber, durch Mehrung der Produktvorteile oder durch günstigere Preise am Erfolg teilzuhaben.

Ein weiterer positiver Aspekt des Außenhandels liegt in der zunehmenden wirtschaftlichen, aber auch politischen Zusammenarbeit und Verflechtung. Dadurch kann der internationale Handel zum Teil politische Spannungen abbauen.

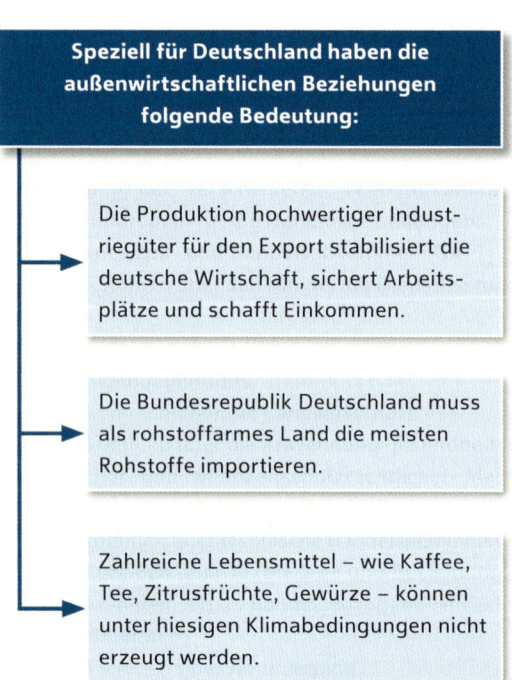

Speziell für Deutschland haben die außenwirtschaftlichen Beziehungen folgende Bedeutung:

Die Produktion hochwertiger Industriegüter für den Export stabilisiert die deutsche Wirtschaft, sichert Arbeitsplätze und schafft Einkommen.

Die Bundesrepublik Deutschland muss als rohstoffarmes Land die meisten Rohstoffe importieren.

Zahlreiche Lebensmittel – wie Kaffee, Tee, Zitrusfrüchte, Gewürze – können unter hiesigen Klimabedingungen nicht erzeugt werden.

Freihandel oder Protektionismus

Die internationale Handelspolitik kennt zwei einander entgegengesetzte Prinzipien. Im **System des Freihandels** gibt es einen völlig unbehinderten internationalen Güteraustausch. Die Ländergrenzen haben eine rein politische Bedeutung und stellen für die zwischenstaatlichen Handelsbeziehungen keine Schranke dar. Jeder kann in der ganzen Welt kaufen oder verkaufen. Dies kann sehr häufig zu besseren Konditionen geschehen als im Inland. Somit wird der größte Nutzen nicht nur für sich selbst, sondern auch für alle Übrigen erzielt. In- und Ausländer werden also gleich behandelt.

Es ist unter Volkswirten unbestritten, dass der Freihandel vorteilhaft ist: Die Gesamtproduktion der Welt wird bei gegebener Ausstattung mit Produktionsfaktoren maximiert. Es gibt jedoch einige Argumente, die das Prinzip des Freihandels kritisch beleuchten:

• Der Freihandel garantiert nicht die optimale Entwicklung der Produktionsstruktur der Länder. Aus dem Außenhandel resultierende Überschüsse werden nicht „gerecht" verteilt.

BEISPIEL

Land A hat sich auf die Produktion von Rindfleisch, Land B auf die Produktion von Stahl spezialisiert. Da durch die fortschreitende Industrialisierung der Bedarf an Stahl laufend wächst, die Nachfrage nach Rindfleisch hingegen eine natürliche Grenze erreicht, hätte diese internationale Arbeitsteilung für Land A langfristig die Folge, dass die Nachfrage nach seinem Exportgut stagniert, seine Importwünsche hingegen laufend steigen werden.

• Wie die bisherige Entwicklung des Welthandels zeigt, verlieren die Anbieter von landwirtschaftlichen Produkten gegenüber den Anbietern von Industrieprodukten. Die Nachfrage nach Industrieprodukten und deren Preise steigen weitaus schneller als die Nachfrage nach landwirtschaftlichen Gütern und Rohstoffen und deren Preise.
Weil auf die Dauer nur eine Steigerung der Arbeitsproduktivität durch Mechanisierung und Industrialisierung eine Zunahme des materiellen Wohlstandes bewirken kann, müssen alle Länder die Entwicklung einer heimischen Industrie anstreben. Dies geht aber nur, wenn gegen das Prinzip des Freihandels verstoßen wird. Solche Schutzmaßnahmen sollen vor der erdrückenden Konkurrenz der entwickelten ausländischen Industrienationen schützen.

BEISPIEL

Der Industrialisierungsprozess in Deutschland während des 19. Jahrhunderts ist entscheidend durch Schutzzölle auf Waren erleichtert worden, die den Konkurrenzkampf mit der damals führenden englischen Industrie zu bestehen halfen.

• Extreme Spezialisierung der Wirtschaftsstruktur eines Landes ist im Interesse langfristiger Stabilität zu vermeiden.

BEISPIEL

Ein Land, das nur Kakao exportiert, ist vollständig von der Entwicklung der Kakaopreise auf dem Weltmarkt abhängig.

• Bestimmte Wirtschaftszweige sollen vor Abhängigkeit geschützt werden.

BEISPIEL

Kann ein Produkt im Ausland ständig und auf lange Sicht günstiger als im Inland hergestellt werden, so besteht die Möglichkeit, dass die inländische Produktion eingestellt, die betroffenen Betriebe aufgelöst werden. Dadurch ist das Land auf den Bezug dieser Güter aus dem Ausland zunehmend angewiesen. Unter diesem Aspekt (neben Nachteilen wie Arbeitslosigkeit usw.) sind ohne staatliche Einflussnahme die wirtschaftliche Unabhängigkeit und Selbstversorgung (Autarkie) gefährdet.

Im **System des Protektionismus** wird der internationale Handel durch verschiedene Eingriffe erschwert oder begünstigt.

Der Staat gewährt inländischen Produzenten eine Vorzugsstellung. Dies kann durch Erschwerung der Einfuhr geschehen, die eine Konkurrenzbeschränkung für die inländischen Unternehmen bewirkt. Dadurch kann es jedoch zur Entstehung von Monopolen oder Kartellen kommen, was zulasten der Konsumenten geht.

Aber auch Erleichterungen der Ausfuhr können die Verbraucher z. B. durch eine Verschlechterung der Inlandsversorgung oder inflationistische Tendenzen schädigen.

Ob bzw. unter welchen Voraussetzungen eine Behinderung des freien internationalen Warenaustauschs gerechtfertigt sein kann, ist eine jahrhundertealte Streitfrage.

Protektionismus	
Tarifäre Handelshemmnisse	**Nichttarifäre Handelshemmnisse**
direkte protektionistische Maßnahmen der Außenhandelsbeschränkung	indirekte protektionistische Maßnahmen zur Beschränkung des Außenhandels
<ul><li>Zölle</li><li>mengenmäßige Beschränkungen der Einfuhren (= Kontingente)</li><li>Verbote von Im- oder Exporten</li><li>Verbrauchsteuern</li><li>Exportsubventionen</li><li>Einfuhrabgaben</li><li>Selbstbeschränkungsabkommen zwischen Staaten</li><li>Subventionen</li></ul>	<ul><li>Normen und Standards (z. B. DIN-Norm), Kennzeichnungspflicht (Made in …)</li><li>Diskriminierung bei der Zollabwicklung</li><li>Androhung von handelspolitischen Maßnahmen (z. B. Zölle)</li><li>Verwaltungsverfahren</li><li>psychologische Beeinflussung der Konsumenten zum Kauf von einheimischen Produkten</li><li>Anforderung an Qualifikation von Dienstleistungsanbietern</li></ul>

Grundsätzliche Strategien in der Außenwirtschaftspolitik

Freihandel

Verbesserung der wirtschaftlichen Situation von Konsumenten und Produzenten durch Förderung der internationalen Arbeitsteilung.
- Jedes Land beschränkt sich auf die Produktion der Güter, die es am besten und billigsten herstellen kann.
- Abbau sämtlicher Handelshemmnisse
- Die Produktionsfaktoren Arbeit und Kapital können dorthin gelangen, wo ihre Produktivität am höchsten ist.
- Die Güter können ohne Einschränkung an die Orte gelangen, wo sie für den größten Nutzen sorgen.

Protektionismus

Verbesserung der wirtschaftlichen Situation von Konsumenten und Produzenten durch Schutz der einheimischen Produktion und des eigenen Marktes.
- Schutz der inländischen Produzenten vor der ausländischen Konkurrenz
- Bekämpfung der Arbeitslosigkeit durch Bevorzugung nationaler Erzeugnisse
- umfangreiche Zölle als Mittel der staatlichen Einnahmequellen

Deutsche Außenwirtschaftspolitik

DEFINITION

Die **Außenwirtschaftspolitik** ist die Summe aller Maßnahmen zur Beeinflussung und Gestaltung der Außenwirtschaft.

In Deutschland werden die Regierungsmaßnahmen durch Maßnahmen der Bundesbank unterstützt und zunehmend durch Maßnahmen übernationaler Organisationen wie z. B. der Europäischen Union und der Europäischen Zentralbank ergänzt bzw. ersetzt.

---
1   siehe Kapitel 11.11

Grundprinzip der deutschen Außenwirtschaftspolitik ist es, möglichst wenig durch staatliche Maßnahmen in die außenwirtschaftlichen Beziehungen einzugreifen. Der internationale Handels- und Zahlungsverkehr zwischen der Bundesrepublik und dem Ausland läuft also weitgehend nach marktwirtschaftlichen Grundsätzen ab (Freihandel). Abgelehnt werden spezielle Maßnahmen, um die inländische Wirtschaft vor ausländischer Konkurrenz zu schützen (Protektionismus). Die Bundesrepublik Deutschland hält sich dabei an das Regelwerk des Allgemeinen Zoll- und Handelsabkommens GATT[1]. Dieses sieht durch Beseitigung der internationalen Handelshemmnisse und diskriminierender Handlungsweisen eine Förderung des Freihandels vor, wodurch sich der Lebensstandard erhöhen soll.

Instrumente der Außenhandelspolitik

Viele Länder versuchen, ihren Außenhandel mehr oder weniger stark zu beeinflussen. Trotz der offenkundig positiven Wirkungen internationalen Freihandels gibt es praktisch kein Land, in dem nicht irgendwelche Formen der Handelsbeschränkung (Protektion) aus bestimmten Gründen praktiziert werden.

BEISPIEL

Aus stabilitätspolitischen Gründen gewährt die Bundesregierung staatliche Beihilfen für die Werft- und die Stahlindustrie. Dadurch soll eine größere regionale Arbeitslosigkeit in den Küstenregionen oder im Ruhrgebiet verhindert werden.

Überblick über die Mittel der Außenwirtschaftspolitik

Mittel der Außenwirtschaftspolitik	expansive Wirkung (= Förderung der inländischen Wirtschaft)	restriktive Wirkung (= Belastung der inländischen Wirtschaft)
Preismaßnahmen	• Preisentlastung des Exports, z. B. Subventionen (Exportprämien), Steuerrückvergütungen, Krediterleichterungen • Preisbelastung des Imports (durch Importzölle)	• Preisbelastung des Exports (z. B. Ausfuhrzölle) • Preisentlastung des Imports
Mengenmaßnahmen	• Einfuhrverbote • Einfuhrkontingente (= Begrenzung der Einfuhrmengen bestimmter Güter) • Aufhebung von Exportverboten und Exportkontingenten	• Ausfuhrverbote • Ausfuhrkontingente (= Begrenzung der Ausfuhrmengen bestimmter Güter) • Aufhebung von Importverboten und Importkontingenten
Wechselkurspolitik	• Abwertung	• Aufwertung

Zölle

DEFINITION

Zölle sind Abgaben, die beim grenzüberschreitenden Warenverkehr vom Staat erhoben werden.

Sie sind das älteste und wahrscheinlich heute noch am häufigsten angewandte Mittel der Außenwirtschaftspolitik. Sie werden überwiegend als Importzölle erhoben. Dabei haben sie entweder das Ziel, dem Staat Einnahmen zu verschaffen (Finanzzoll) oder einen einheimischen Wirtschaftszweig vor ausländischer Konkurrenz zu schützen (Schutzzoll). Häufig lassen sich diese beiden Motive kaum trennen.

Einfuhrkontingente

Einfuhrkontingente sind die schärfsten der protektionistischen Methoden. Bei ihnen ist ein allgemeines Einfuhrverbot Voraussetzung, das Kontingent ist in Form einer Lizenz oder Einfuhrbewilligung eine Ausnahmegenehmigung. Es findet also eine mengenmäßige Beschränkung des grenzüberschreitenden Warenverkehrs statt.

Embargomaßnahmen

Bei einem Embargo ist es aus politischen Gründen verboten, mit bestimmten anderen Staaten Handel zu treiben.

Devisenbewirtschaftung

Die Devisenbewirtschaftung ist ein überaus wirksames Mittel zur Erschwerung der Einfuhr. Der Staat beschränkt die Freiheit, beliebig viele ausländische Zahlungsmittel zu kaufen, die für Importe notwendig sind.

Exportquoten

Durch internationale Vereinbarungen werden Exportquoten für verschiedene Länder festgelegt, um die Preise nicht fallen zu lassen.

BEISPIEL

Die OPEC (Organisation der Erdöl exportierenden Länder) legte für ihre Mitgliedsländer Förderquoten fest, um dadurch die Erlöse zu stabilisieren.

Handelsverträge

DEFINITION

Handelsverträge sind langfristige Vereinbarungen zwischen einzelnen Ländern, um den zwischenstaatlichen Handel zu regeln.

In einem Handelsvertrag werden die grundlegenden Handelsbeziehungen zwischen Vertragsländern umfassend geregelt, und zwar insbesondere im Hinblick auf die gegenseitige Gewährung von zollmäßigen, handelspolitischen und rechtlichen Vergünstigungen. Unter anderem können vereinbart werden:

- Art und Menge der Austauschgüter (Warenliste)
- Art der Verrechnung
- Konvertibilität der Währung
- Angleichung von Rechtsvorschriften
- Errichtung von Zweigniederlassungen
- Gewerblicher Rechtsschutz (Patente, Muster- und Markenzeichenschutz)
- Zollvergünstigungen (**Meistbegünstigung**):
  Ein Land verpflichtet sich vertraglich, dem Partnerland alle Einfuhrerleichterungen zu gewähren, die es auch Drittländern einräumt. Das Partnerland wird demnach dem meistbegünstigten Drittland gleichgestellt. Die **Meistbegünstigungsklausel** (Most Favoured Nation) bedeutet die Weitergabe von Zollsenkungen an ein Partnerland, auch dann, wenn die Begünstigten keine Gegenkonzessionen machen. Zweiseitige Handelsvorteile müssen daher automatisch für alle anderen Länder gelten. Die Meistbegünstigung fördert den internationalen Wettbewerb und kommt dem Freihandelsgrundsatz sehr nahe.

Handelsverträge bedürfen wegen ihrer grundlegenden Vereinbarungen der Ratifizierung durch das Parlament.

Man unterscheidet:

- **Zweiseitige (bilaterale) Verträge**
  Darunter sind Verträge zu verstehen, die zwischen zwei Staaten abgeschlossen werden (Vertrag zwischen der Bundesrepublik und einem Entwicklungsland).

- **Mehrseitige (multilaterale) Verträge**
  Sie bezwecken die vertragliche Regelung der wirtschaftlichen Beziehungen mehrerer Länder.

Handelsabkommen

DEFINITION

Handelsabkommen sind kurzfristige Vereinbarungen konkreter Maßnahmen zwischen einzelnen Ländern.

Handelsabkommen werden entweder im Vorfeld eines späteren Handelsvertrags abgeschlossen oder dienen der konkreten Ausfüllung eines Handelsvertrags. Sie beinhalten beispielsweise Vereinbarungen über einen zeitlich und mengenmäßig begrenzten Austausch bestimmter Waren zwischen den Partnerländern, über die Einfuhrmodalitäten (z. B. erforderliche Dokumente), über Auslandsinvestitionen sowie über Kapital- und Geldverkehr.

Dumping

DEFINITION

Dumping liegt vor, wenn ein Produkt im Ausland zu Preisen verkauft wird, die nicht die Produktionskosten decken.

Ziel des Dumpings ist die rücksichtslose Eroberung eines Absatzmarktes.

Staatliche Instanzen zur Beeinflussung der Außenwirtschaftspolitik

Staatliche Einrichtungen – aber auch internationale Organisationen – können als Verkäufer bzw. Käufer von Gütern auftreten, um Preise zu stabilisieren.

Die Europäische Union kauft zu festgelegten Mindestpreisen Überschussprodukte (vor einigen Jahren z. B. Butter) auf, lagert diese längerfristig ("Butterberg") und liefert sie zum Teil (durch Exportsubventionen) zu Vorzugsbedingungen an andere Länder (z. B. Russland).

Administrative Handelshemmnisse

Durch administrative Anforderungen kommt es zu Erschwernissen im Abfertigungs- oder Genehmigungsverfahren, es werden technische Standards vorgegeben oder Herkunftszeugnisse bzw. Gesundheitszertifikate verlangt usw. Diese von Verwaltungen vorgegebenen Methoden laufen praktisch auf eine Importsperre hinaus. Sie gewinnen zunehmend an Bedeutung.

- Leicht verderbliche Ware wird erst nach Wochen zollamtlich abgefertigt.
- Vom Einfuhrland werden zahlreiche Bescheinigungen und Untersuchungen verlangt.

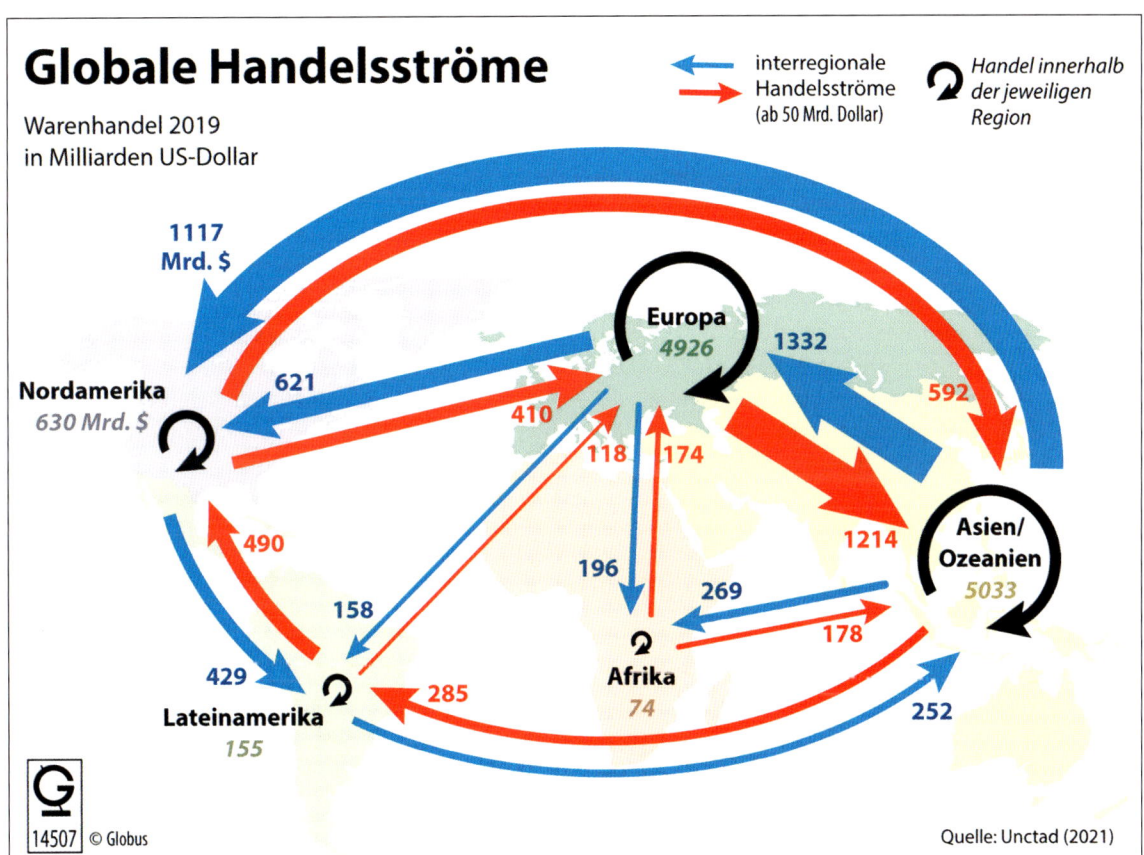

Ausfuhrverfahren

Bei der Ausfuhr von Waren in ein Land, das nicht zum EU-Binnenmarkt gehört, ist zu unterscheiden in

- genehmigungsfreie Ausfuhr und
- genehmigungsbedürftige Ausfuhr.

Das jeweilige Ausfuhrverfahren ergibt sich aus der Art der Ware und dem Einfuhrland.

Genehmigungsfreie Ausfuhr

Die Ausfuhr von Waren aus der Bundesrepublik Deutschland ist grundsätzlich genehmigungsfrei. Sie unterliegt lediglich der Ausfuhrkontrolle durch die zuständige Zollstelle.

Bei einem Warenwert über 3.000,00 € (Stand 2022) muss die Ausfuhrlieferung vor dem Überschreiten der Zollgrenze unter Vorlage einer **Ausfuhranmeldung** der zuständigen Versandzollstelle (Ausfuhrzollstelle) gestellt werden, um eine Zollbeschau zu ermöglichen.

Die zuständige Versandzollstelle ist das Hauptzollamt des Zollbezirks, in dem der Exporteur seinen Sitz hat.

Für die Ausfuhranmeldung benutzt der Ausführer die Exemplare 1, 2 und 3 des Einheitspapiers der EG.

Bei Warensendungen zwischen 1.000,00 € und 3.000,00 € ist eine Gestellung bei der Versandzollstelle nicht erforderlich. Es genügt die Gestellung an der Ausgangszollstelle.

Die Ausgangszollstelle ist die letzte Zollstelle in der EU, über die die Ausfuhr in das Drittland abgewickelt wird.

Bei Ausfuhrsendungen unter 1.000,00 € ist keine schriftliche Ausfuhranmeldung und Gestellung erforderlich.

Wenn ein Dritter im Auftrag des Ausführers (Exporteurs) die Lieferung durchführt (z. B. bei einem Streckengeschäft), kann bei der Zollabfertigung als vorläufiges Ausfuhrpapier eine **unvollständige Anmeldung** verwendet werden. Die unvollständige Anmeldung ermöglicht die Wahrung von Geschäftsgeheimnissen zwischen Ausführer (Exporteur) und Versender, da sie nicht alle Angaben der Ausfuhranmeldung, z. B. den Wert der Warensendung, enthalten muss. Der Ausführer muss jedoch innerhalb von 10 Tagen nach dem Warenversand bei der zuständigen Versandzollstelle die fehlenden Daten oder eine vollständige Ausfuhranmeldung nachreichen. Mit Genehmigung der zuständigen Versandzollstelle darf der Ausführer aber auch alle während eines Monats anfallenden unvollständigen Anmeldungen in einer Ausfuhrerklärung zusammenfassen.

Genehmigungsbedürftige Ausfuhr

Das Außenwirtschaftsgesetz (AWG) sieht in bestimmten Fällen Ausfuhrbeschränkungsmöglichkeiten vor, z. B.:

- Beschränkungen zum **Schutz der nationalen Sicherheit** (z. B. Exportverbot von Waffen in Spannungsgebiete)
- Beschränkungen zum **Schutz auswärtiger Interessen** (z. B. Exportverbot in Staaten, gegen die übernationale Organisationen ein Embargo verhängt haben)
- Beschränkungen zur **Aufrechterhaltung der Versorgung im Inland** (z. B. Verhinderung der Ausfuhr von landwirtschaftlichen Erzeugnissen bei Versorgungsengpässen)

Sämtliche Waren, die einer Ausfuhrbeschränkung unterliegen, sind in der Ausfuhrliste genannt. Die Ausfuhrliste ist der Außenwirtschaftsverordnung (AWV) als Anlage beigefügt. Sie wird im Bundesanzeiger veröffentlicht.

Bei genehmigungsbedürftiger Ausfuhr muss der Exporteur die Ausfuhrgenehmigung auf einem Formblatt beim Bundesamt für Wirtschaft und Ausfuhrkontrolle beantragen.

Einfuhrverfahren

Genehmigungsfreie Einfuhr

Ist die Einfuhr genehmigungsfrei, so muss der Importeur oder sein Bevollmächtigter die Ware unter Vorlage der erforderlichen Einfuhrpapiere dem Zoll zur Einfuhrabfertigung gestellen.

Genehmigungspflichtige Einfuhr

Unterliegt die Einfuhr einer Beschränkung nach dem Außenwirtschaftsgesetz (AWG), so muss der Einführer eine **Einfuhrgenehmigung** auf einem besonderen Vordruck bei dem für die Genehmigung zuständigen Bundesamt beantragen. Welche Waren davon betroffen sind, ist aus der Einfuhrliste zu ersehen.

Für Einfuhren, die einer Beschränkung nach EU-Recht unterliegen, muss bei dem zuständigen Bundesamt eine **Einfuhrlizenz** beantragt werden.

Die Einfuhrgenehmigung oder die Einfuhrlizenz ist der Zollstelle zur Einfuhrabfertigung zusammen mit den anderen erforderlichen Einfuhrpapieren vom Importeur oder seinem Bevollmächtigten vorzulegen.

Der Webshop auf ausländischen Märkten

Nicht nur die Onlinekäufe in Deutschland nehmen immens zu, auch der grenzüberschreitende E-Commerce (sowohl im B2C- als auch im B2B-Bereich) verzeichnet ein gewaltiges Wachstum.

Der Onlinehandel kennt im Prinzip keine Grenzen. Ein Webshop hat bei Geschäftsbeziehungen mit dem Ausland mehr Möglichkeiten auf den Märkten als bei einer Beschränkung ausschließlich auf die Bundesrepublik:

- Es ergeben sich zunächst Vorteile im Einkauf (B2B): Deutsche Webshops können zusätzlich bei ausländischen Beschaffungsplattformen Waren einkaufen.
- Vor allem aber ergeben sich Vorteile dadurch, dass deutsche Webshops auf ausländischen Märkten zusätzlich als Anbieter auftreten können (vor allem B2C).

Onlinehändler, die im Ausland Waren verkaufen möchten, haben drei grundsätzliche Möglichkeiten:

- Sie können dies über einen eigenen Webshop tun.
- Sie können mit einem anderen Onlineshop (aus dem Zielland) zusammenarbeiten.
- Sie können einen digitalen einheimischen Marktplatz nutzen. Diese Vorgehensweise empfiehlt sich vor al-

lem dann, wenn man zunächst einmal Erfahrungen auf dem ausländischen Markt gewinnen möchte.

Tritt man im Ausland als Anbieter auf, müssen jedoch viele mögliche Probleme beachtet und gelöst werden:

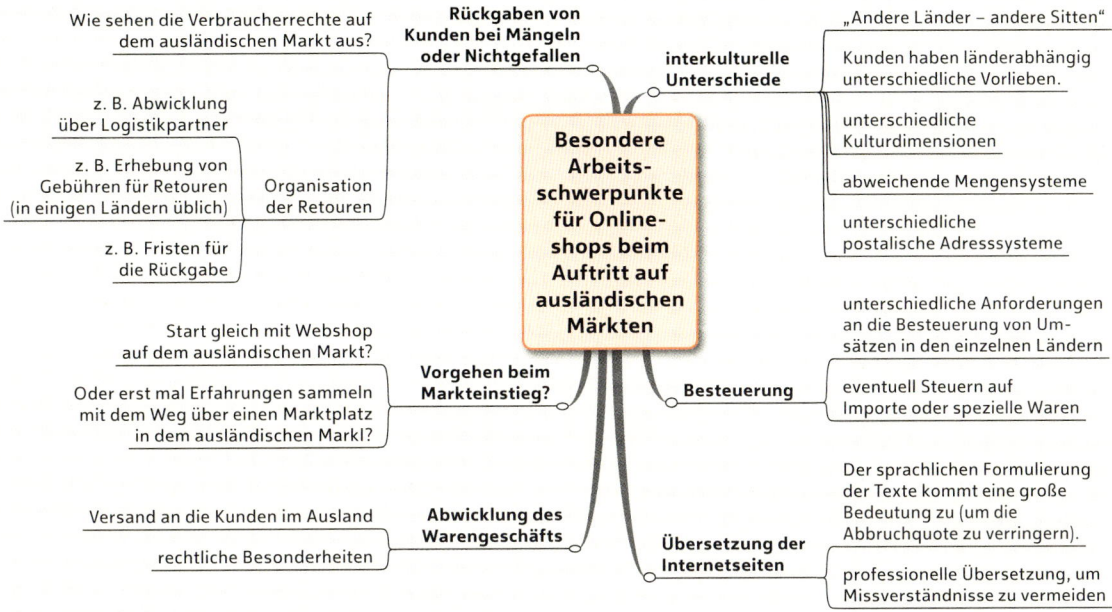

Technisch ist der Verkauf an ausländische Kunden ganz leicht. Tatsächlich ergeben sich jedoch allerhand Probleme:

1. Mit einer Marktanalyse ist zunächst einmal zu klären, ob eine Ansprache ausländischer Kunden überhaupt erfolgreich ist.

2. Es sollte dann entschieden werden, wie der Verkauf an ausländische Kunden überhaupt organisiert wird. In jedem Fall sollte nach Möglichkeit der ausländische Käufer in seiner Landessprache angesprochen werden. Grundsätzlich gibt es dann zwei Organisationsformen für die Abwicklung von Geschäften mit ausländischen Kunden:

- Der Verkauf an ausländische Kunden erfolgt über den auch für deutsche Kunden eingerichteten Shop. Dieser hat in der Regel eine Domain mit der Endung .de.
- Es werden mehrere Webshops mit der jeweils eigenen Auslands-Domain eingerichtet. Dies hat mehrere Vorteile:

  - Der für ein bestimmtes Land gedachte Webshop kann komplett auf die Erfordernisse des entsprechenden Marktes ausgerichtet werden.
  - Es können andere Schwerpunkte bei der Zusammensetzung des Sortiments gesetzt werden.
  - Texte, vor allem aber auch Fotos, können Besonderheiten des jeweiligen Landes berücksichtigen.
  - Im Hinblick auf die Anzeige des Umsatzsteuersatzes ist ebenfalls eine Trennung von Webshops nach bestimmten Ländern zu empfehlen.

- Gedanken gemacht werden muss man sich auch über die Frage, inwieweit der Webshop seine Angebote auf bestimmte Länder beschränken darf. Es geht um die Problematik, inwieweit Geoblocking zugelassen ist.

Mit **Geoblocking** können im Prinzip Webshops ausländische Käufer entweder von Angeboten ausschließen oder sie automatisch auf Seiten mit höheren Preisen weiterleiten. Es handelt sich beim Geoblocking also um eine geografische Abschottung des Internets. Diese funktioniert über die IP-Adresse eines jeden Rechners: Hier ist eine länderbezogene Kennziffer hinterlegt, sodass Kunden auf die deutsche Version eines Onlineshops weitergeleitet werden können, wenn zum Beispiel ein deutscher Kunde Produkte im Ausland sucht.

Seit 2018 gilt für Händler innerhalb der Europäischen Union die sogenannte **Geoblocking-Verordnung**. Diese verbietet es Webshops, Kunden aus dem Ausland schlechter zu behandeln als solche aus dem eigenen Land. Sie dürfen den Zugang zu ihrer Webseite potenziellen Käufern aus anderen EU-Ländern nicht mehr verwehren.

BEISPIEL

Stefan Harms möchte einen Webshop mit Sitz in Frankreich aufrufen. Verboten ist nun, dass er auf ein Angebot des französischen Webshops für Deutschland – mit teureren Preisen als in Frankreich – umgeleitet wird.

Die Webshops dürfen weiterhin verschiedene Länderversionen anbieten. Nicht mehr erlaubt ist es, dass ein Kunde, der zum Beispiel in Frankreich einkaufen möchte, nicht mehr ohne seine Zustimmung auf die deutsche Seite des Webshops umgeleitet wird. Diese Regelung gilt für Waren, für Konzerttickets und für bestimmte elektronisch erbrachte Dienstleistungen.

Die Händler haben nach wie vor das Recht zu entscheiden, ob und in welche Länder sie ihre Waren liefern wollen. Ein Kunde kann die Lieferung aber selbst organisieren, wenn ein Händler seine Ware nicht über die Grenze schicken will.

Kunden haben für das EU-weite Verbot des Geoblockings mehr Freiheiten. Für sie ist der Onlineeinkauf nun relativ risikolos: Jede Bestellung kann europaweit binnen 14 Tagen widerrufen werden. Bedacht werden muss jedoch, dass zum eventuell günstigeren Kaufpreis oft höhere Versandkosten hinzukommen können. Die Lieferzeiten können sich aufgrund der größeren Strecke verlängern. Auch aus ökologischen Gründen ist manchmal zu hinterfragen, ob eine Warensendung für eine kleine Ersparnis einmal quer durch Europa ausgeliefert werden muss.

- Klarheit muss auch darüber bestehen, welches Recht vertragsrechtlich bei Geschäften mit ausländischen Kunden Anwendung findet: Gelten die deutschen Regelungen oder die Vorschriften des anderen Landes? Prinzipiell müssen sich der ausländische Kunde und der deutsche Webshop und zusätzlich darauf einigen, welches Recht vertragsrechtlich anzuwenden ist:
  - Es kann ein also eine Einigung auf das Land des Käufers (also des ausländischen Kunden) erfolgen. Es gibt eine Ausnahme: Ausländische Kunden können sich später auf deutsches Recht berufen, wenn dieses sie besser stellt.
  - Vereinbart werden kann aber auch, dass die Regeln des Landes des Verkäufers (also des Deutschen Webshops) gelten.

BEISPIEL

Dies ist vor allem dann der Fall, wenn auf den Kaufen-Button geklickt wird. Mit der dazugehörenden Akzeptanz der AGBs ist festgelegt, dass zunächst einmal deutsches Recht anzuwenden ist.

- Aber auch für diese vertragliche Vereinbarung gibt es eine Ausnahme: Wegen des Käuferschutzes können strengere vertragsrechtliche Regelungen im Land des Käufers diese außer Kraft setzen.

BEISPIEL

Rechtsgültige deutsche AGBs können durch strengere Regeln im Land des Käufers ungültig werden.

- Beim Handel über Ländergrenzen hinweg muss auch entschieden werden, inwieweit und wo Umsatzsteuer abgeführt werden muss. Generell ist zu beachten, dass die Mehrwertsteuer nur in einem Land gezahlt werden muss. Man muss jedoch klären, welcher Staat die Steuern erhält.

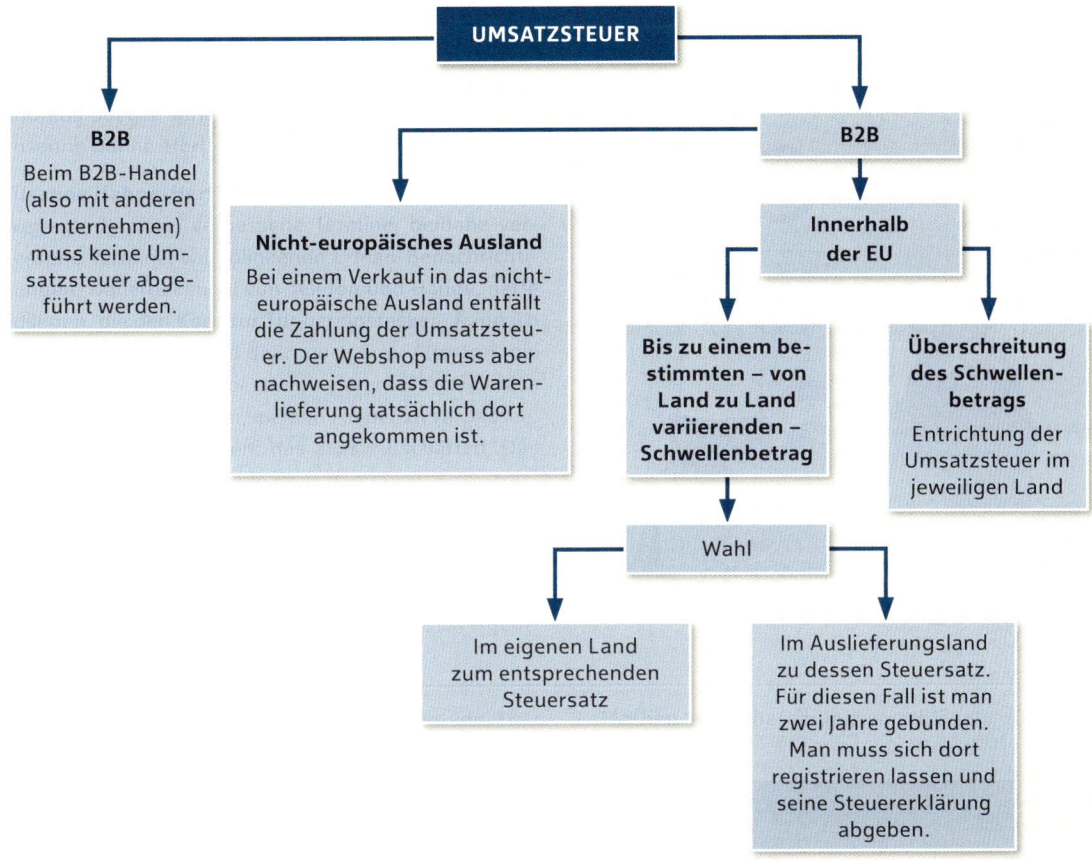

1. Erläutern Sie die Bedeutung des Außenhandels für die Bundesrepublik Deutschland.

2. Welche Ursachen führen dazu, dass Außenhandel betrieben wird?

3. Welche Arten des Außenhandels werden in räumlicher Hinsicht unterschieden?

4. Welche Vorteile bringt der Außenhandel den Teilnehmern einer Volkswirtschaft?

5. Welche Branchen sind vom Außenhandel besonders stark abhängig?

6. Was versteht man im Außenwirtschaftsverkehr unter
   a) Freihandel,
   b) Protektionismus?

7. Welche Gründe sprechen
   a) für den Freihandel,
   b) für den Protektionismus?

8. Erläutern Sie, warum eine Devisenbewirtschaftung den Import von Waren erschwert.

9. Führen Sie Beispiele für administrative Handelshemmnisse auf.

10. Wie können staatliche Instanzen und bestimmte internationale Organisationen den Außenhandel beeinflussen?

11. Welche Ursachen können Autarkiebestrebungen eines Landes haben?

12. Welche außenwirtschaftspolitischen Maßnahmen wurden in den folgenden Presseschlagzeilen angesprochen?
    a) „USA erhöhen Abgasvorschriften für Pkw"
    b) „Berlin klagt bei der EU höhere Stahlquoten ein"
    c) „Bundesregierung kritisiert überhöhte Subventionen für die Werftindustrie in anderen Ländern"

13. „Die Japaner greifen an!"
So lauteten die Schlagzeilen in der deutschen Presse, als die japanischen Autohersteller zum ersten Mal einen größeren Marktanteil in Deutschland errangen. Es wurde die Forderung erhoben, der Staat sollte Maßnahmen ergreifen. Welche Eingriffsmöglichkeiten hat der Staat in diesem Fall?

14. Unterscheiden Sie genehmigungsfreie und genehmigungsbedürftige Ausfuhr.

15. Erkunden Sie in Ihrem Ausbildungsbetrieb, welche Waren in welchem Ausmaß importiert bzw. exportiert werden.

16. Untersuchen Sie in der nachfolgenden Übersicht, woher der größte Teil der deutschen Importe kommt und wohin die meisten Ausfuhren gehen.

Importe der Bundesrepublik Deutschland nach Ländergruppen und ausgewählten Ländern

Ländergruppe, Ursprungsland	2021 Oktober	2020 Januar bis Oktober zusammen		Zu- (+) bzw. Abnahme (–) gegenüber Oktober 2020		Zu- (+) bzw. Abnahme (–) gegenüber Januar bis Oktober 2020 zusammen	
	in 1.000 Euro			in 1.000 Euro	%	in 1.000 Euro	%
Europa	72 949 548	653 418 323	561 304 318	+ 10 503 539	+ 16,8	+ 92 114 005	+ 16,4
dav.: EU-Länder	57 780 709	521 775 468	449 088 023	+ 7 542 130	+ 15,0	+ 72 687 445	+ 16,2
dav.: Eurozone	40 110 740	357 661 345	306 249 545	+ 6 557 430	+ 19,5	+ 51 411 800	+ 16,8
dav.: Belgien	4 614 064	42 177 854	30 468 046	+ 1 202 559	+ 35,3	+ 11 709 808	+ 38,4
Estland	67 931	680 901	666 538	– 614	– 0,9	+ 14 363	+ 2,2
Finnland	770 902	6 903 372	6 188 892	+ 124 323	+ 19,2	+ 714 480	+ 11,5
Frankreich	5 733 024	50 978 861	46 132 729	+ 531 222	+ 10,2	+ 4 846 132	+ 10,5
Griechenland	239 190	2 294 422	1 897 879	+ 30 785	+ 14,8	+ 396 543	+ 20,9
Irland	2 011 241	18 062 362	17 893 380	+ 384 476	+ 23,6	+ 168 982	+ 0,9
Italien	5 806 590	53 723 440	44 162 106	+ 736 527	+ 14,5	+ 9 561 334	+ 21,7
Lettland	88 498	865 186	783 758	+ 1 048	+ 1,2	+ 81 428	+ 10,4
Litauen	239 418	2 141 644	1 846 546	+ 23 523	+ 10,9	+ 295 098	+ 16,0
Luxemburg	296 513	2 805 271	2 326 948	+ 66 120	+ 28,7	+ 478 323	+ 20,6
Malta	40 997	381 784	304 129	+ 4 621	+ 12,7	+ 77 655	+ 25,5
Niederlande	10 344 240	84 849 105	72 121 289	+ 2 762 718	+ 36,4	+ 12 727 816	+ 17,6
Österreich	4 189 658	39 060 841	33 367 817	+ 499 866	+ 13,5	+ 5 693 024	+ 17,1
Portugal	625 472	5 818 712	5 395 764	– 15 883	– 2,5	+ 422 948	+ 7,8
Slowakei	1 640 694	13 833 751	12 347 181	+ 183 764	+ 12,6	+ 1 486 570	+ 12,0
Slowenien	613 664	5 469 798	4 554 348	+ 111 382	+ 22,2	+ 915 450	+ 20,1
Spanien	2 781 489	27 464 443	25 702 857	– 87 514	– 3,1	+ 1 761 586	+ 6,9
Zypern	7 155	149 598	89 338	– 1 493	– 17,3	+ 60 260	+ 67,5
dav.: Nicht-Eurozone	17 669 969	164 114 123	142 838 478	+ 984 700	+ 5,9	+ 21 275 645	+ 14,9
dav.: Europa ohne EU	15 168 839	131 642 855	112 216 295	+ 2 961 409	+ 24,3	+ 19 426 560	+ 17,3
Afrika	2 633 153	21 560 542	15 091 187	+ 1 064 799	+ 67,9	+ 6 469 355	+ 42,9
dar.: Südafrika	989 130	10 488 199	6 635 831	+ 187 598	+ 23,4	+ 3 852 368	+ 58,1
Amerika	8 363 757	83 257 166	77 965 306	– 89 122	– 1,1	+ 5 291 860	+ 6,8
dar.: NAFTA - Länder	7 077 596	70 801 640	67 114 243	– 270 794	– 3,7	+ 3 687 397	+ 5,5
dar.: Vereinigte Staaten	6 002 482	59 304 379	56 257 243	+ 225 042	+ 3,9	+ 3 047 136	+ 5,4
Brasilien	654 263	6 336 666	5 179 407	+ 177 499	+ 37,2	+ 1 157 259	+ 22,3
Asien	24 258 549	215 115 930	186 948 148	+ 4 506 453	+ 22,8	+ 28 167 782	+ 15,1
dar.: ASEAN-Länder	3 484 079	34 962 242	32 461 247	+ 141 936	+ 4,2	+ 2 500 995	+ 7,7
China	13 335 461	112 791 113	96 233 871	+ 2 957 054	+ 28,5	+ 16 557 242	+ 17,2
Indien	1 049 398	9 004 957	7 413 148	+ 207 956	+ 24,7	+ 1 591 809	+ 21,5
Japan	2 039 466	19 459 962	17 701 389	+ 99 571	+ 5,1	+ 1 758 573	+ 9,9
Australien und Ozeanien	322 253	3 308 602	3 214 815	+ 75 542	+ 30,6	+ 93 787	+ 2,9
dar.: Australien	245 715	2 517 208	2 476 756	+ 69 114	+ 39,1	+ 40 452	+ 1,6
Insgesamt	108 672 771	977 578 799	845 112 963	+ 16 129 373	+ 17,4	+ 132 465 836	+ 15,7

Zahlen entnommen aus: https://www.destatis.de/DE/Themen/Wirtschaft/Aussenhandel/Publikationen/Downloads-Aussenhandel/statistischer-bericht-aussenhandel-2070100211105.html [26.01.2022].

17. Erarbeiten Sie in der Klasse eine Ausstellung zum Thema „Chancen und Grenzen des Freihandels". Eine solche Ausstellung kann in mehreren Arbeitsgruppen vorbereitet werden:

Gruppe A: Freihandel

Sie halten schriftlich fest, was Sie unter Freihandel verstehen. Suchen Sie ein Foto aus einer Zeitung heraus, das für Sie Freihandel ausdrückt. Es ist auch möglich, den Begriff anhand von Gegenständen zu veranschaulichen. Die Ergebnisse werden auf Wandzeitungen aufgeschrieben oder aufgeklebt, die Gegenstände werden aufgestellt.

Gruppe B: Protektionismus

Sie halten schriftlich fest, was Sie unter Protektionismus verstehen. Suchen Sie ein Foto aus einer Zeitung heraus, das für Sie Protektionismus ausdrückt. Es ist auch möglich, den Begriff anhand von Gegenständen zu veranschaulichen. Die Ergebnisse werden auf Wandzeitungen aufgeschrieben oder aufgeklebt, die Gegenstände werden aufgestellt.

Gruppe C: Freihandel und Protektionismus in der Presse

Ziel ist, zu zeigen, wie in den Zeitungen über Freihandel und Protektionismus berichtet wird. Schneiden Sie Zeitungsartikel, Schaubilder usw. aus und ordnen Sie diese den verschiedenen Aspekten von Freihandel und Protektionismus zu.

Gruppe D: Freihandel im Alltag

Suchen Sie Beispiele in den Bereichen Musik, Sport, Tourismus, Kleidung usw.

18. Erstellen Sie eine Mindmap, die Vor- und Nachteile des Protektionismus enthält. Sie können dazu den folgenden Text zur Hilfe nehmen.

Jeder macht das, was er am besten kann

Professor Jürgen Heinrich erklärt die ökonomische Bedeutung des Begriffs „Freihandel"

DORTMUND. Deutschland lebt vom Handel. Allein im Monat März haben deutsche Unternehmen Waren im Wert von 65 Milliarden Euro ins Ausland verkauft. Damit profitiert die Volkswirtschaft hierzulande enorm vom Freihandel, also vom völlig unbehinderten internationalen Austausch von Gütern. Beim Freihandel gibt es keine Zölle, keine mengenmäßigen Beschränkungen und keine Grenzkontrollen. Waren können ohne besondere Genehmigung das Land verlassen oder nach Deutschland eingeführt werden. Es gibt keine Hemmnisse bei der Abfertigung und keine Hürden in Form von bürokratischen Regeln zu Gesundheit, Technik oder Verbraucherschutz.

In Europa ist Freihandel im Rahmen des europäischen Binnenmarktes weitgehend erreicht. Weltweit wird dieser Zustand durch allgemeine Zollsenkungen im Rahmen der Welthandelsorganisation WTO angestrebt und durch die Errichtung von Freihandelszonen (zum Beispiel in Nordamerika oder Asien) gefördert. Freihandel ist damit das zentrale Element und der zentrale Beweggrund der Globalisierung der Weltwirtschaft.

Freihandel nutzt die Vorteile weltweiter Arbeitsteilung. Kein Mensch produziert das alles selbst, was er braucht: Kein Bauer stellt seine Traktoren selbst her, kein Bäcker baut selbst Getreide an, kein Leser schreibt sich selbst seine Zeitung. Jeder produziert das, was er gut und billig produzieren kann, und tauscht dies dann gegen die Erzeugnisse der anderen. Dies gilt auch und gerade für Länder und über Ländergrenzen hinweg. „Wenn uns ein fremdes Land mit einer Ware wohlfeiler versehen kann, als wir sie selbst zu machen imstande sind, so ist es besser, dass wir sie ihm mit einem Teile vom Erzeugnis unseres eigenen Gewerbefleißes, in welchem wir vor dem Auslande etwas voraushaben, abkaufen", schrieb der Ökonom Adam Smith 1776.

Freihandel nutzt also die Unterschiede in den Produktionskosten zwischen Menschen, Firmen, Regionen und Ländern. Jedes Land produziert das, was es am besten und billigsten kann. Unterschiede in den Produktionskosten entstehen auf den ersten Blick dadurch, dass Rohstoffe ungleich verteilt sind oder dass das Klima dem einen Land erlaubt, günstig Kaffee anzubauen, während das andere Land besser Kartoffeln erzeugt.

Wichtiger sind aber Unterschiede in der Ausstattung mit den Produktionsfaktoren Arbeit, Boden und Kapital. Ein Land, das – wie zum Beispiel Argentinien oder Kanada – über viel und damit billigen Boden verfügt, kann relativ günstig solche Produkte erstellen, die in der Produktion viel Boden verbrauchen, also etwa Rindfleisch, Getreide oder Holz. Ein anderes Land, das über viel und damit billige Arbeitskräfte verfügt – wie zum Beispiel China oder Indien –, kann relativ günstig Produkte erstellen, die in der Produktion viel Arbeit verbrauchen, wie etwa Textilien oder Möbel. Und ein Land wie Deutschland, das über viele und hoch entwickelte Maschinen verfügt, kann relativ günstig solche Produkte erstellen, die maschinenintensiv produziert werden, wie beispielsweise Autos oder Werkzeugmaschinen.

Am wichtigsten sind aber die allgemeinen Spezialisierungsvorteile jeder Arbeitsteilung. Wenn Firmen sich auf die Produktion bestimmter Produkte spezialisieren, können sie diese Produkte in großer Serie unter Einsatz spezieller Maschinen günstiger produzieren, als wenn sie viele unterschiedliche Produkte in kleiner Serie erstellen. Sie nutzen so die Kostenvorteile der großbetrieblichen Massenproduktion. So spezialisieren sich nur wenige Firmen und Länder zum Beispiel auf die Produktion von Flugzeugen oder Lokomotiven. Sie realisieren damit Kostenvorteile und tauschen die Produkte anschließend über Ländergrenzen hinweg. In diesem Effekt liegt der entscheidende Vorteil der europäischen Integration, der entscheidende Vorteil der Osterweiterung und der entscheidende Vorteil der Globalisierung: Die Produkte werden billiger, die Preise sinken. Einer politischen Integration bedarf es dazu nicht. Freihandel ist genauso gut zwischen ganz unterschiedlichen Kulturen und politischen Systemen möglich.

Freihandel ist sogar dann für die beteiligten Länder vorteilhaft, wenn eines der Länder in der Produktion aller Güter einen Kostenvorteil hat. Wichtig ist nur, dass relative Kostenvorteile existieren. Dies hat David Ricardo (1772–1823), neben Adam Smith der führende Vertreter der englischen Klassik, in einem der berühmtesten ökonomischen Lehrsätze dargelegt. Dieses Theorem der komparativen Kostenvorteile kann an einem einfachen Beispiel (das von Paul A. Samuelson stammt) erklärt werden: Ein berühmter Rechtsanwalt sei gleichzeitig Weltmeister im Maschinenschreiben, kann also beides besser als jede andere Person. Dennoch lohnt es sich für ihn, sich auf die juristische Beratung zu spezialisieren und eine Bürokraft für Schreibarbeiten zu beschäftigen. Der Grund: In der Zeit, die er für Büroarbeiten einspart, verdient er so sehr viel mehr Geld für Rechtsberatung, dass er die Bürokraft bezahlen kann und noch einen Überschuss erzielt. Seine komparativen Vorteile, also seine vergleichsweisen Vorteile, liegen in der Rechtsanwendung. Die komparativen Vorteile der Bürokraft liegen im Schreiben.

Quelle: Heinrich, Jürgen: Jeder macht das, was er am besten kann. In: Handelsblatt, Karriere, Nachrichten. 18.5.2004. www.handelsblatt.com/karriere/nachrichten/jeder-macht-das-was-er-am-besten-kann/2331206-all.html [16.11.2021].

19. Führen Sie Vorteile für Webshops auf, die Geschäftsbeziehungen zu ausländischen Kunden unterhalten.

20. Welche Probleme muss ein Webshop beim Auftritt auf ausländischen Märkten beachten?

21. Welche Fragen sollte ein Webshop im Rahmen einer Marktanalyse ausländischer Märkte stellen?

22. Erläutern Sie die zwei grundlegenden Organisationsformen für die Abwicklung von Geschäften mit ausländischen Kunden.

23. Beim Auftritt von Webshops auf ausländischen Märkten fällt häufig das Stichwort „Geoblocking".
  a) Was versteht man darunter?
  b) Wie ist die rechtliche Regelung in der EU?

24. Gelten bei einem Kaufvertrag eines Deutschen Webshops mit einem ausländischen Kunden die deutschen Regelungen oder die Vorschriften des anderen Landes?

25. Erläutern Sie, inwieweit und wo Umsatzsteuer bei Auslandsgeschäften zu zahlen ist.

26. Lesen Sie den nebenstehenden Text.
  a) Klären Sie Ihnen unbekannte Begriffe.
  b) Fassen Sie den Inhalt schlagwortartig in maximal 5 Zeilen zusammen.

Trade barriers

Trade barriers are measures to protect domestic companies and their services from foreign competition. Such measures have a disruptive effect on the trade between two countries. Trade barriers are for example:

- Customs: If the import of a good is taxed by a customs duty, the import of foreign goods becomes unattractive as the product becomes more expensive.

- Minimum prices: The government determines a minimum price for a product. From now on, it cannot be sold below this fixed value. This is intended to achieve price stability.
- Export subsidies: The government supports the export of goods through cash payments. This allows companies to offer their goods cheaper abroad. However, this costs the government a lot of money.
- Import quota: The government determines the maximum quantity of a product that can be imported.

ZUSAMMENFASSUNG

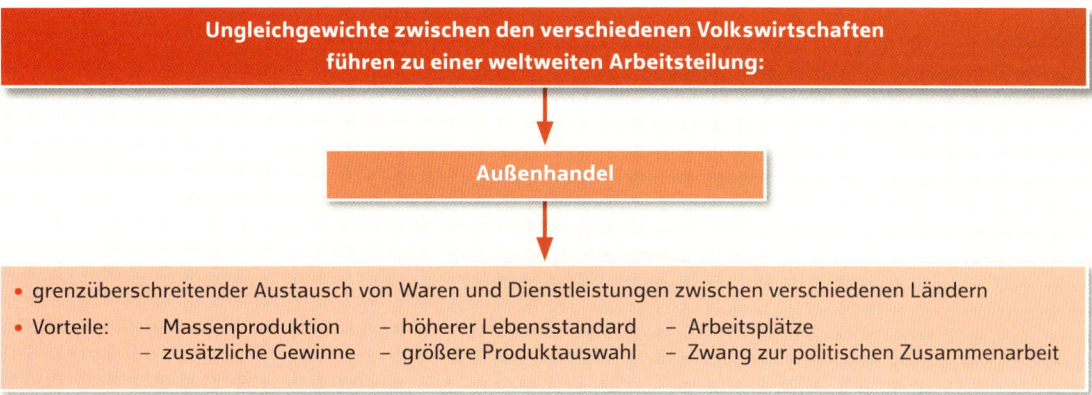

**Ungleichgewichte zwischen den verschiedenen Volkswirtschaften
führen zu einer weltweiten Arbeitsteilung:**

Außenhandel

- grenzüberschreitender Austausch von Waren und Dienstleistungen zwischen verschiedenen Ländern
- Vorteile: – Massenproduktion   – höherer Lebensstandard   – Arbeitsplätze
               – zusätzliche Gewinne   – größere Produktauswahl   – Zwang zur politischen Zusammenarbeit

Möglichkeiten der Ausgestaltung des Außenhandels

Freihandel

= völlig unbehinderter Warenaustausch

Protektionismus

= Eingriffe des Staates in den Außenhandel
Zweck: Schutz vor ausländischer Konkurrenz

Instrumente der Außenwirtschaftspolitik

- Zölle
- Einfuhrkontingente
- Embargomaßnahmen
- Devisenbewirtschaftung
- Exportquoten

- Handelsverträge und -abkommen
- Dumping
- administrative Handelshemmnisse
- staatliche Instanzen zur Beeinflussung der Außenwirtschaftspolitik

Ausfuhr- und Einfuhrverfahren

Ausfuhrverfahren

- genehmigungsfreie Ausfuhr
- genehmigungsbedürftige Ausfuhr
  ↳ Ausfuhrgenehmigung

Einfuhrverfahren

- genehmigungsfreie Einfuhr
- genehmigungsbedürftige Einfuhr
  ↳ Einfuhrgenehmigung
  ↳ Einfuhrlizenz

11.11 Internationale Handelsabkommen und Wirtschaftsorganisationen

Einstieg

An einem Mittwoch wird Agathe Kwasny – mittlerweile Auszubildende im dritten Jahr – zum Chef gerufen.

Agathe Kwasny:

„Guten Morgen, Herr Hertien!"

Herr Hertien:

„Guten Morgen, Frau Kwasny. Sie werden sich sicher gefragt haben, warum ich Sie gebeten habe, einmal bei mir vorbeizukommen. Wie Sie ja sicher schon gehört haben, wird Frau Braake demnächst heiraten und zu ihrem Mann nach München ziehen. Dadurch wird ihre Stelle in der Einkaufsabteilung frei. Sie ist dort tätig als – so heißt das in unserer Stellenbeschreibung – Sachbearbeiterin Ausland.

Ja, also diese Stelle müssen wir wieder besetzen. Ihre Ausbildungsleiterin, Frau Kehrmann, hat mir mitgeteilt, dass Ihre Noten in der Berufsschule doch sehr überzeugend sind und dass Sie in allen Abteilungen, die Sie bei uns durchlaufen haben, positiv beurteilt worden sind.

Langer Rede kurzer Sinn: Wir würden Sie gerne übernehmen und bieten Ihnen die Stelle von Frau Braake an."

Agathe Kwasny:

„Das ist toll, die Tätigkeit im Einkauf würde mir Spaß machen!"

Herr Hertien:

„Wir gehen davon aus, dass Sie nicht viel Zeit zur Einarbeitung haben werden. Für unser Unternehmen – das brauche ich Ihnen gegenüber eigentlich nicht extra zu betonen – wird das Auslandsgeschäft vor dem Hintergrund der Globalisierung immer wichtiger. Deshalb werden Sie ab jetzt Herrn Henkel zugeordnet – Ihrem zukünftigen Kollegen im Einkauf, der auch für das Ausland zuständig ist. Mit ihm ist abgesprochen, dass er Ihnen jede Unterstützung gibt. Zwei Stunden pro Tag sind Sie freigestellt, um sich auch theoretisch für den Außenhandel fit zu machen. Sie bekommen von Frau Kehrmann einen Reader zum Außenhandel mit entsprechenden Aufgaben. Da Frau Kehrmann heute aus persönlichen Gründen verhindert ist, hat Sie mich gebeten, Ihnen die erste Aufgabe gleich zu übergeben. Wie ich hier sehe, sollen Sie sich eine Abbildung zu den internationalen Wirtschaftsorganisationen anschauen."

1. Geben Sie die Mitglieder und deren Ziele der folgenden internationalen Wirtschaftsorganisationen an:
   a) OECD
   b) WTO
   c) EFTA
   d) NAFTA
   e) ASEAN

2. Stellen Sie fest, welchen Einfluss internationale Handelsabkommen und -organisationen auf den Außenhandel der Bundesrepublik haben.

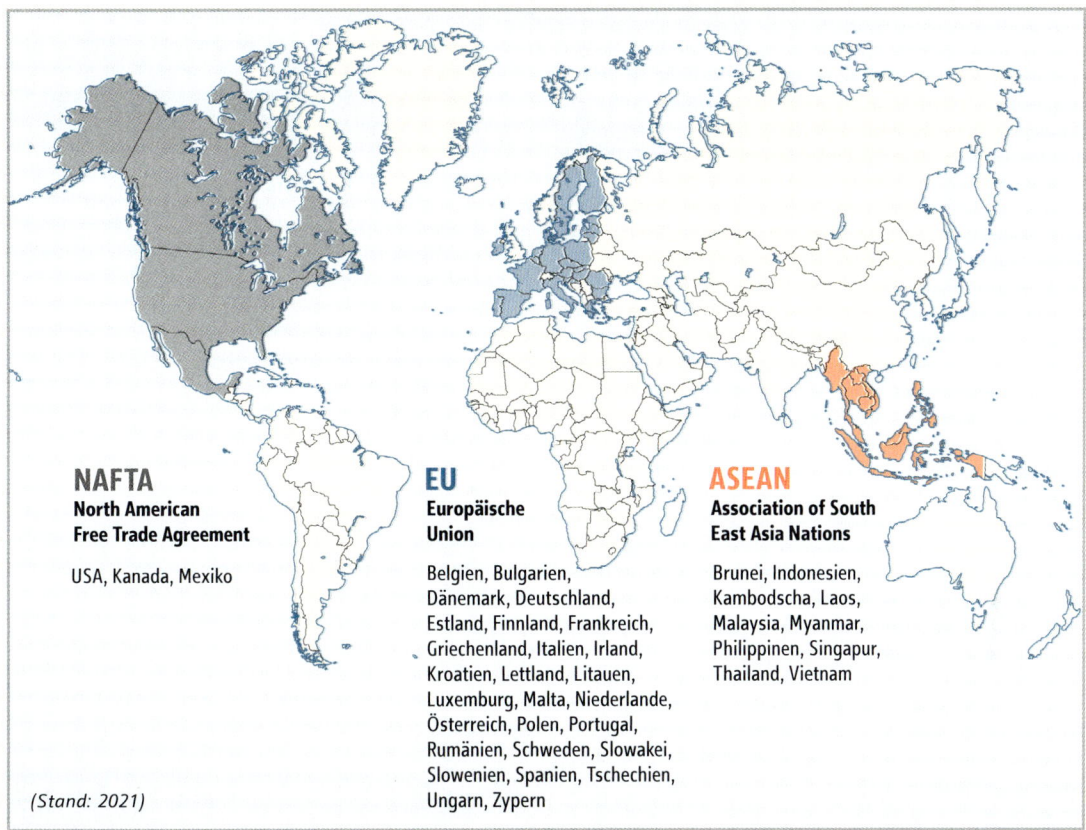

NAFTA
**North American
Free Trade Agreement**

USA, Kanada, Mexiko

EU
**Europäische
Union**

Belgien, Bulgarien,
Dänemark, Deutschland,
Estland, Finnland, Frankreich,
Griechenland, Italien, Irland,
Kroatien, Lettland, Litauen,
Luxemburg, Malta, Niederlande,
Österreich, Polen, Portugal,
Rumänien, Schweden, Slowakei,
Slowenien, Spanien, Tschechien,
Ungarn, Zypern

ASEAN
**Association of South
East Asia Nations**

Brunei, Indonesien,
Kambodscha, Laos,
Malaysia, Myanmar,
Philippinen, Singapur,
Thailand, Vietnam

(Stand: 2021)

Wichtige Wirtschaftsblöcke

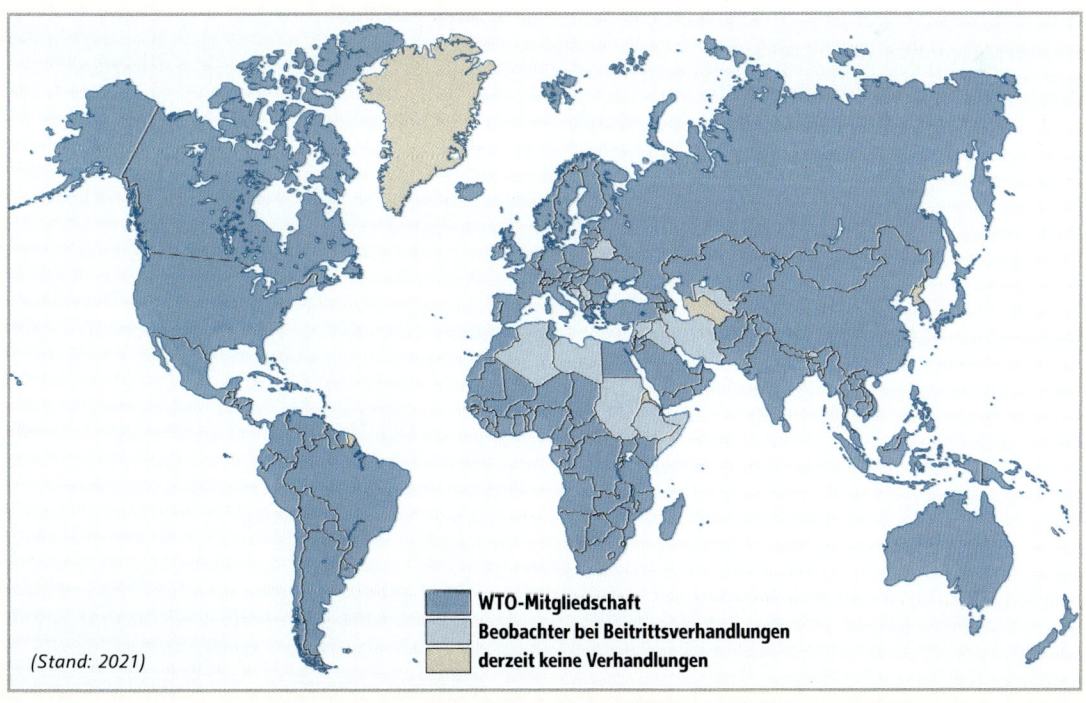

WTO-Mitgliedschaft
Beobachter bei Beitrittsverhandlungen
derzeit keine Verhandlungen

(Stand: 2021)

Mitglieder der WTO

INFORMATIONEN

Umfangreiche Vereinbarungen auf Staatenebene bilden heute die Grundlage für den deutschen Außenhandel. Die Bundesrepublik hat durch den Beitritt zu multilateralen Abkommen (z. B. GATT, EU, OECD) eine starke weltwirtschaftliche Verflechtung der einzelnen Volkswirtschaften gefördert. Für die jeweiligen Mitgliedsländer hat sich der Außenhandel dadurch sehr erleichtert, da diese Abkommen eine Verwirklichung des Freihandelsprinzips anstreben. Diese Pflege der außenwirtschaftlichen Beziehungen kommt somit dem deutschen Export zugute.

Vom GATT zur WTO

Das Allgemeine Zoll- und Handelsabkommen GATT (General Agreements on Tariffs and Trades) war zunächst als provisorisches Handelsabkommen gedacht, ist jedoch heute eine Dauereinrichtung der UNO zur Liberalisierung des internationalen Warenaustauschs. Das 1947 gegründete GATT ging in die WTO über und hat heute 164 Mitgliedstaaten (Vertragsparteien genannt), darunter die Bundesrepublik Deutschland. Sitz der WTO ist Genf in der Schweiz.

Ziele des GATT

Die Handels- und Wirtschaftsbeziehungen zwischen den Mitgliedstaaten des GATT sollen auf folgende Aufgaben gerichtet sein:

- Erhöhung des Lebensstandards
- Verwirklichung der Vollbeschäftigung
- ein hohes und ständig steigendes Niveau des Realeinkommens und der Nachfrage
- die volle Erschließung der Hilfsquellen der Welt
- die Steigerung der Produktion und des Austauschs von Waren

Um diese Ziele zu erreichen, fordert das GATT, das sich als Wächter des Welthandels versteht, den Abbau von Zöllen und Handelsschranken und die Beseitigung von Diskriminierung im internationalen Warenaustausch.

Grundsätze des GATT

Die Ziele des GATT sollen durch die folgenden Grundsätze erreicht werden:

- **Allgemeine Meistbegünstigung**
  Zoll- und Handelsvorteile, die ein Mitgliedsland einem anderen Land einräumt, sollen auch anderen Mitgliedern zugutekommen. Kein Lieferant darf also wegen seiner Nationalität gegenüber anderen Mitbewerbern bevorzugt oder benachteiligt werden.

- **Abbau von Zöllen**
  Die GATT-Mitglieder verpflichten sich, am Abbau von Zöllen mitzuwirken.

- **Grundsatz der Nichtdiskriminierung**
  Handelsbeschränkungen – sofern sie überhaupt vom GATT zugelassen sind – müssen in gleicher Weise gegenüber allen Staaten angewendet werden.

- **Beseitigung von mengenmäßigen Beschränkungen**
  Eine Vertragspartei darf bei der Ein- und Ausfuhr von Waren Verbote oder Beschränkungen (z. B. Kontingente, Ein- und Ausfuhrbewilligungen) weder einführen noch beibehalten.

WTO

Nach den GATT-Vereinbarungen von 1995 ist die GATT-Zuständigkeit deutlich ausgeweitet worden. Zum ersten Mal wird auch der Handel mit Dienstleistungen und geistigen Produkten internationalen Regeln unterworfen. Subventionierte Agrarexporte müssen eingeschränkt werden.

Das GATT, das ursprünglich lediglich als Handelssekretariat geführt wurde, wurde 1995 in eine „World Trade Organization" (WTO) umgewandelt. Die WTO als Sonderorganisation der UNO übernimmt die Ziele und Grundsätze des GATT.

Die WTO soll im Gegensatz zum GATT Mitglieder zur Einhaltung jener Regeln bewegen können, denen sie zugestimmt haben. Eine Art Gericht entscheidet über Dumpingklagen.

Aufgaben der WTO

Überwachung der verschiedenen WTO-Abkommen und der Grundregeln für die Handelsbeziehungen:
- Allgemeines Zoll- und Handelsabkommen (GATT)
- Übereinkommen über den Handel mit Dienstleistungen
- Übereinkommen über handelsbezogene Aspekte des geistigen Eigentums
- Übereinkommen über die Landwirtschaft
- Übereinkommen über die Anwendung gesundheitspolizeilicher und pflanzenschutzrechtlicher Maßnahmen
- Übereinkommen über technische Handelshemmnisse
- Übereinkommen über Textilwaren und Bekleidung
- Übereinkommen über handelsbezogene Investitionsmaßnahmen
- Übereinkommen über Antidumping

- Übereinkommen über Zollwerte
- Übereinkommen über Vorversandkontrollen
- Übereinkommen über Ursprungsregeln
- Übereinkommen über Einfuhrlizenzen
- Übereinkommen über Subventionen und Ausgleichsmaßnahmen
- Übereinkommen über Schutzmaßnahmen

Neben diesen für alle WTO-Mitglieder verbindlichen Übereinkommen gibt es im Rahmen der WTO verschiedene plurilaterale Abkommen mit begrenzter Mitgliedschaft. Dazu gehören:
- Übereinkommen über den Handel mit IT (Informationstechnologie)-Waren (ITA)
- Übereinkommen über Regierungskäufe
- Übereinkommen über den Handel mit Zivilluftfahrzeugen

Weitere Aufgaben der WTO:
- Forum für multilaterale Handelsverhandlungen
- Beilegung von Handelsstreitigkeiten
- Überwachung nationaler Handelspolitiken TPRM (Trade Policy Review Mechanism)
- Unterstützung der Entwicklungsländer durch technische Hilfe
- Zusammenarbeit mit anderen internationalen Organisationen (z. B. Weltbank, IWF)

OECD

Der Organisation für wirtschaftliche Zusammenarbeit und Entwicklung OECD (Organization for Economic Cooperation and Development) gehören 38 Staaten (Stand Ende 2021), darunter die Bundesrepublik Deutschland, an. Sitz der 1963 gegründeten Organisation ist Paris.

Ziele und Aufgaben

Die OECD hat sich zum Ziel gesetzt,

- an einer optimalen Wirtschaftsentwicklung und Beschäftigung sowie zu einem steigenden Lebensstandard in ihren Mitgliedstaaten unter Wahrung der finanziellen Stabilität beizutragen,
- in den Mitgliedsländern und den Entwicklungsländern das wirtschaftliche Wachstum zu fördern,
- eine Ausweitung des Welthandels zu begünstigen.

Ihre Aufgaben reichen von der Zusammenarbeit in der allgemeinen Wirtschafts- und Währungspolitik über die Koordinierung der Hilfe für die Entwicklungsländer sowie hilfsbedürftige OECD-Länder bis zur Erörterung handelspolitischer Fragen und zur Behandlung politischer und technischer Probleme, etwa im Energie-, Verkehrs-, Agrar- und Arbeitskräftebereich.

Europäische Union (EU)

Die Europäische Union ist ein Staatenbündnis, dem mittlerweile 27 westeuropäische Länder angehören: Belgien, Bulgarien, Dänemark, Deutschland, Estland, Finnland, Frankreich, Griechenland, Irland, Italien, Kroatien, Lettland, Litauen, Luxemburg, Malta, Niederlande, Österreich, Polen, Portugal, Rumänien, Schweden, Slowakei, Slowenien, Spanien, Tschechien, Ungarn und Zypern.[1]

Deren Ziel ist die Einigung der EG-Mitgliedstaaten auf politischem, sozialem und wirtschaftlichem Gebiet. Erreicht wurde bis heute (Stand Ende 2021) Folgendes:
- Von den 27 Mitgliedsländern bilden 19 eine **Wirtschafts- und Währungsunion**.
- 2002 wurde für diese 19 Länder eine **gemeinsame Währung**, der Euro, eingeführt.
- Die EU-Mitgliedsländer arbeiten eng in der Justiz und **Innenpolitik** zusammen.
- Das **Europäische Parlament** (mit Sitz in Straßburg) wird von allen europäischen Bürgern gewählt. Es ist gemeinsam mit dem Rat der Europäischen Union (oft „Ministerrat" genannt) gesetzgebende Komponente der EU.
- Die Exekutive (also die „Regierung") der EU ist die **Europäische Kommission** (EK) mit Sitz in Brüssel. Sie besteht aus 27 „Kommissaren", je einem aus jedem EU-Mitgliedsland. Die EK überwacht die Einhaltung des Europarechts und der gemeinsamen Verträge und kann, wenn nötig, Klage beim **Europäischen Gerichtshof** (die oberste rechtsprechende Gewalt der EU) einreichen. Außerdem setzt sie den EU-Haushalt um, ist für den EU-Außenhandel zuständig und kümmert sich um Fördermittel für europäische Mitgliedstaaten. Derzeitige Präsidentin der Europäischen Kommission ist Ursula von der Leyen (Stand 2021).

EU-Binnenmarkt

Weitreichende Konsequenzen hat der gemeinsame EU-Binnenmarkt, der am 1. Januar 1993 in Kraft trat. Sein Ziel ist es, in allen Mitgliedstaaten der EU die folgenden „Vier Freiheiten" zu verwirklichen:

- **Freier Verkehr von Personen**
Jeder Arbeitnehmer und Selbstständige hat das Recht, sich in anderen EU-Staaten niederzulassen und dort tätig zu werden.

---

1 Großbritannien ist am 31. Januar 2020 aus der EU ausgetreten.

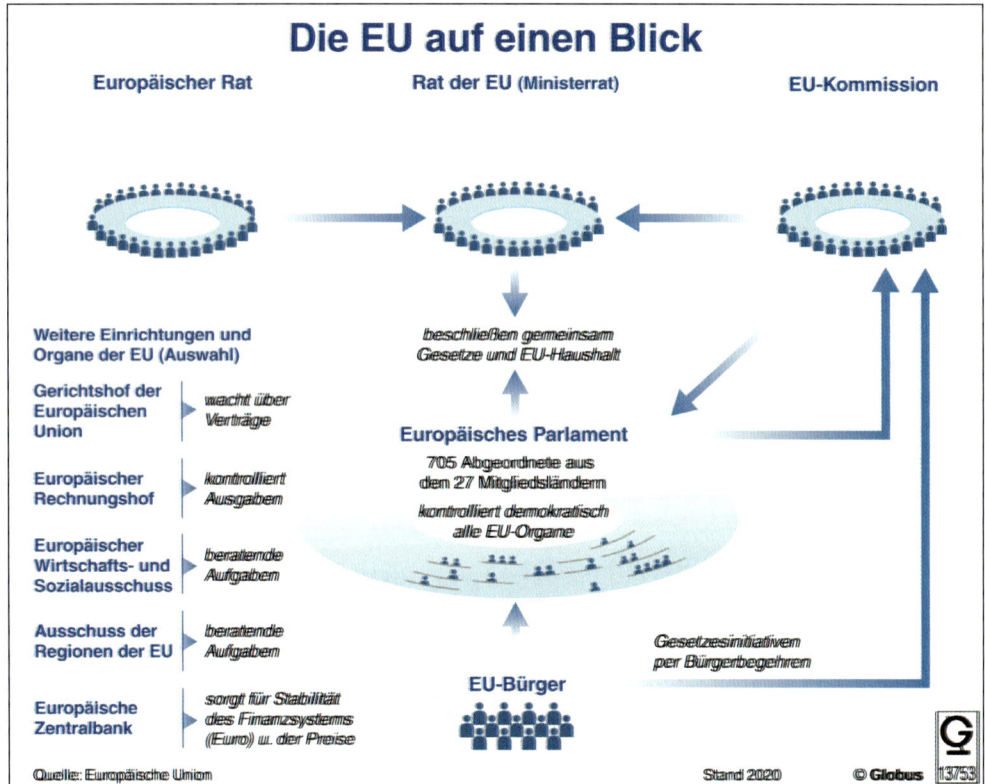

Auch nationale Bildungsabschlüsse sollen überall in der EU anerkannt werden. An den Binnengrenzen soll es für Personen nur noch stichprobenartige Kontrollen geben.

- **Freier Verkehr von Waren**
  Innerhalb der EU erfolgen keine Zollkontrollen mehr (Ausnahmen gelten selbstverständlich für Sprengstoffe, militärisch und zivil nutzbare Güter usw. Außerdem sind pflanzenschutzrechtliche Regelungen zu beachten.)

  Jeder EU-Bürger kann in jedem Mitgliedsland ohne jede Beschränkung Waren aller Art für private Zwecke einkaufen. Unterschiedliche technische Normen, die bisher als technische Hemmnisse auftreten konnten, werden anerkannt bzw. vereinheitlicht.

- **Freier Verkehr von Dienstleistungen**
  Dienstleistungsunternehmen wird freie Betätigung in der EU zuerkannt. Banken, Versicherungen, Börsenmakler und Angehörige freier Berufe (Ärzte, Rechtsanwälte usw.) können sich frei in der EU niederlassen. Öffentliche Aufträge müssen EU-weit ausgeschrieben werden.

- **Freier Verkehr von Kapital**
  Zahlungen, Geld- und Kapitalanlagen zwischen EU-Staaten unterliegen keinen Beschränkungen.

Europäische Wirtschaftsblöcke

EFTA

Die Europäische Freihandelsassoziation EFTA (European Free Trade Association) mit Sitz in Genf ist das zweitgrößte Wirtschaftsbündnis in Westeuropa nach der EU. Im Gegensatz zur EU ging es der EFTA immer nur um wirtschaftliche Zusammenarbeit, nie um eine supranationale Einrichtung oder gar um eine politische Union. Die EU-Staaten ordneten sich über die Abschaffung der Binnenzölle hinaus einer gemeinsamen Außenzollpolitik unter. Die EFTA-Staaten begnügten sich dagegen damit, ihre Wirtschaft durch die Abschaffung der untereinander bestehenden Zölle zu fördern und jedem Mitglied die Zollsouveränität gegenüber Drittländern zu belassen.

Die dynamische Entwicklung der EU in den letzten Jahren mit den Zielen Binnenmarkt und gemeinsame Währung hat der EU einen deutlichen Vorsprung verschafft und in ganz Europa eine große Sogwirkung hervorgerufen. Die immer mehr fortschreitende Integration der EU-Staaten stellt sich für die übrigen Staaten als Gefahr dar, wirtschaftlich und politisch außen vor zu bleiben. Die EFTA-Länder müssen jedoch daran interessiert sein, einen ungehinderten Zugang zum künftigen Binnenmarkt zu erhalten, da ihre Industrie sonst kaum leistungsfähig

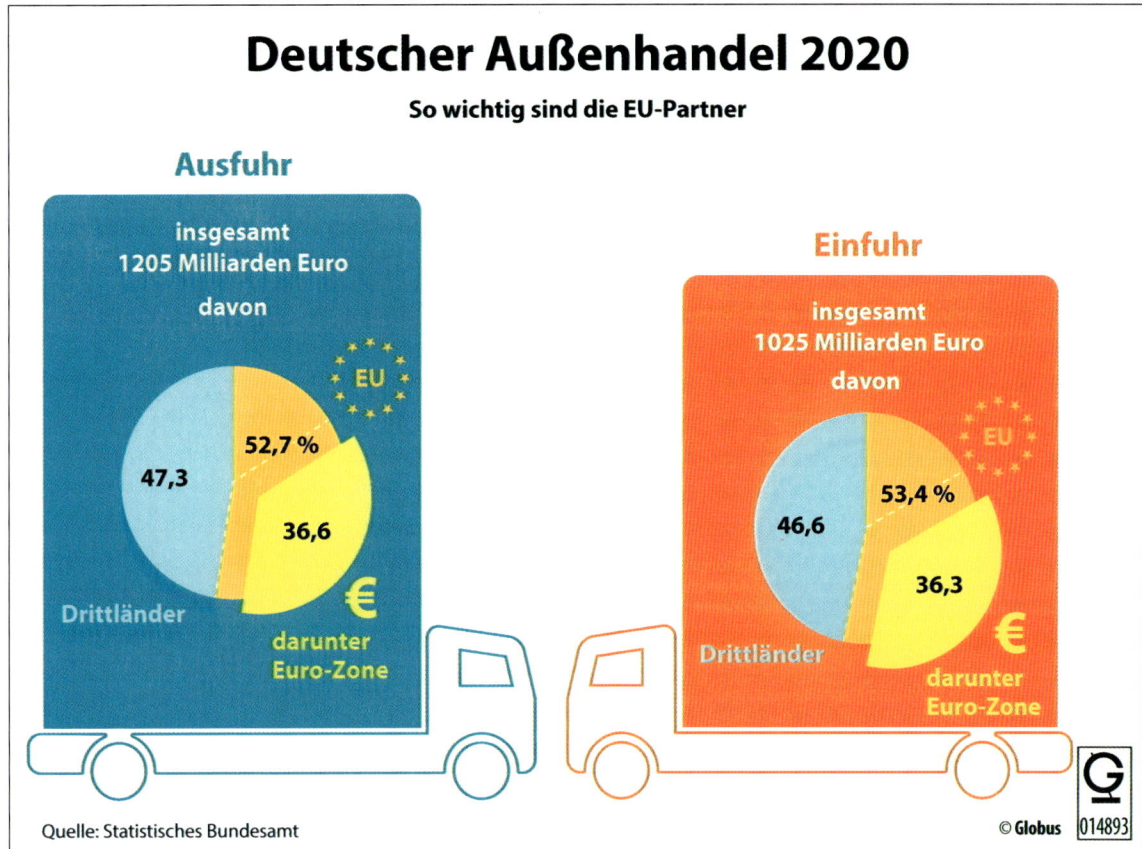

Quelle: Statistisches Bundesamt

© Globus 014893

bleiben kann. Daher stellten einerseits alle EFTA-Mitglieder außer Island und Liechtenstein Aufnahmeanträge in die EU. Andererseits kam es mit der EU zum Abkommen über den Europäischen Wirtschaftsraum EWR. Aus diesen Gründen ist ein langfristiger Fortbestand der EFTA unsicher.

Europäischer Wirtschaftsraum (EWR)

Mit dem im Mai 1992 in Porto abgeschlossenen EWR-Abkommen zwischen der EU und den EFTA-Ländern wurde der Europäische Wirtschaftsraum EWR geschaffen[1].

Das Abkommen soll es ermöglichen, innerhalb des EWR die Freizügigkeit und den freien Waren-, Dienstleistungs- und Kapitalverkehr nach dem bestehenden Recht der EU zu gewährleisten. Damit treten im Prinzip die EFTA-Staaten dem EU-Binnenmarkt bei. Anders als EU-Vollmitglieder erhalten die EFTA-Staaten keine Entscheidungsgewalt, sondern nur gewisse Mitsprache- und An-

hörungsrechte. Der EWR ist mit 30 Ländern der größte integrierte Wirtschaftsraum der Welt.

Weltweite Wirtschaftsblöcke

Die steigende Zahl von Beitritts- und Assoziierungsgesuchen zur Europäischen Union bestätigt die wachsende Attraktivität der EU und ihren Vorbildcharakter. Außerhalb der Mitgliedsländer werden diese integrationspolitischen Erfolge nicht ohne Vorbehalte beobachtet. Die Hauptsorge dabei ist, dass die EU sich handelspolitisch von den übrigen Regionen abkapseln und die weltweite Arbeitsteilung empfindlich schädigen könnte.

Zugleich wird anderen Ländern und Regionen jedoch deutlich vor Augen geführt, dass der Integrationsprozess den EU-Mitgliedsländern erhebliche Vorteile gebracht und den Wohlstand gemehrt hat. Vor diesem Hintergrund ist verständlich, dass auch in der übrigen Welt zunehmend Versuche gestartet werden oder wurden,

---

1   Zum 1. Aug. 2007 traten im Rahmen der EU auch Bulgarien und Rumänien dem EWR bei. Seit 1. Jan. 2011 gehört Estland zur Eurozone. Großbritannien hat die EU zum 1.1.2021 endgültig verlassen.

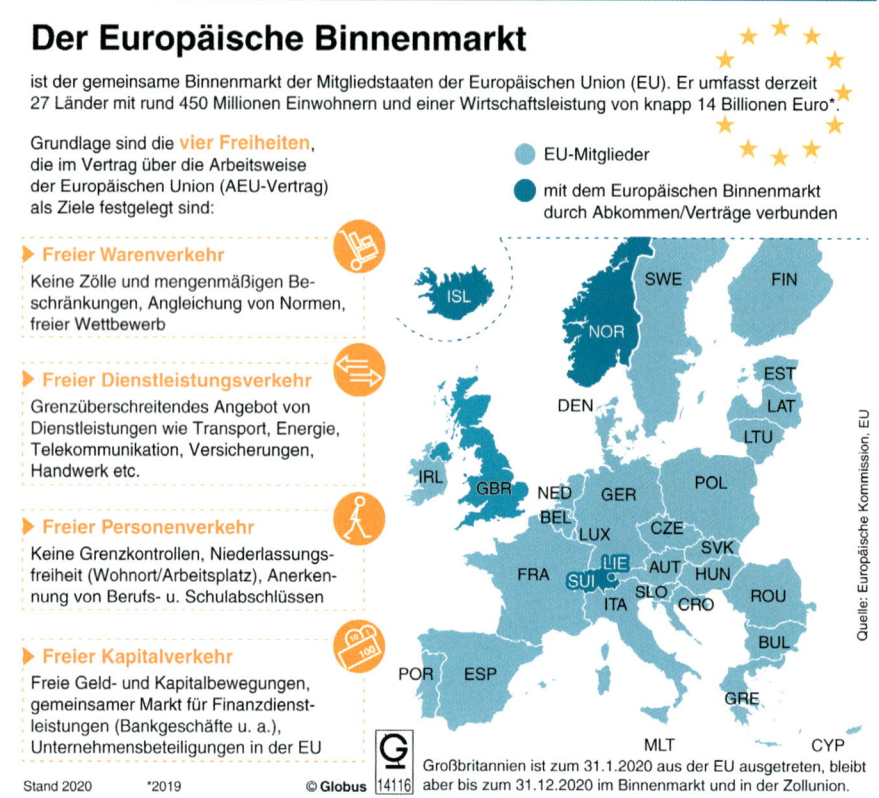

Der Europäische Binnenmarkt

ist der gemeinsame Binnenmarkt der Mitgliedstaaten der Europäischen Union (EU). Er umfasst derzeit 27 Länder mit rund 450 Millionen Einwohnern und einer Wirtschaftsleistung von knapp 14 Billionen Euro*.

Grundlage sind die **vier Freiheiten**, die im Vertrag über die Arbeitsweise der Europäischen Union (AEU-Vertrag) als Ziele festgelegt sind:

⬤ EU-Mitglieder

⬤ mit dem Europäischen Binnenmarkt durch Abkommen/Verträge verbunden

▶ **Freier Warenverkehr**
Keine Zölle und mengenmäßigen Beschränkungen, Angleichung von Normen, freier Wettbewerb

▶ **Freier Dienstleistungsverkehr**
Grenzüberschreitendes Angebot von Dienstleistungen wie Transport, Energie, Telekommunikation, Versicherungen, Handwerk etc.

▶ **Freier Personenverkehr**
Keine Grenzkontrollen, Niederlassungsfreiheit (Wohnort/Arbeitsplatz), Anerkennung von Berufs- u. Schulabschlüssen

▶ **Freier Kapitalverkehr**
Freie Geld- und Kapitalbewegungen, gemeinsamer Markt für Finanzdienstleistungen (Bankgeschäfte u. a.), Unternehmensbeteiligungen in der EU

Stand 2020   *2019   © Globus 14116

Großbritannien ist zum 31.1.2020 aus der EU ausgetreten, bleibt aber bis zum 31.12.2020 im Binnenmarkt und in der Zollunion.

Quelle: Europäische Kommission, EU

---

regionale Freihandelszonen oder Wirtschaftsgemeinschaften zu gründen. Dafür gibt es drei Antriebskräfte:

- **Regionale Inseln des Freihandels**
  In einer Welt von Protektionismus soll der Freihandel zumindest in einzelnen Regionen herrschen.

- **Regionale Intensivierung der internationalen Arbeitsteilung**
  Dadurch wird ein stetes Wirtschaftswachstum erhofft.

- **Stärkung der eigenen Verhandlungsposition**
  Die neu entstehenden Wirtschaftsgemeinschaften könnten den Zugang zu ihren Absatzmärkten nach EU-Vorbild regulieren. Damit kann ein verhandlungsstrategisches Gegengewicht zu anderen großen Wirtschaftsgemeinschaften gebildet werden.

Neben EU und EFTA gibt es weitere wichtige Freihandelszonen.

Von der NAFTA zur USMCA

Das Nordamerikanische Freihandelsabkommen NAFTA (North American Free Trade Area) wurde zwischen Mexiko, Kanada und den USA abgeschlossen. Ziel ist lediglich ein gemeinsamer Markt als Freihandelszone. Zölle und andere Handelsbeschränkungen sollen abge-

baut, die zwischenstaatlichen Exporte verdoppelt werden. Dagegen wird ein freier Personenverkehr wie in der EU nicht angestrebt. Für Kanada und Mexiko bedeutet dies den schrankenlosen Zugang zur weltweit größten Wirtschaftsmacht USA und einen erheblichen Wachstumsschub. Für die USA zählen vor allem die Gebietserweiterung ihres Patentschutzes, der Abbau von Investitionshürden und die Marktöffnung für elektronische und Printmedien-Erzeugnisse. Die drei bisherigen NAFTA-Staaten erneuerten ihre Zusammenarbeit im Juli 2020 in einem neuen Abkommen. Dieses ist auch unter dem Namen USMCA (United States-Mexico-Canada Agreement) bekannt.

Vom Andenpakt zur Andengemeinschaft

Der Andenpakt ACM (Anden Common Market) war ein Zusammenschluss der lateinamerikanischen Länder Bolivien, Kolumbien, Ecuador, Peru und Venezuela. Angestrebt wurde die Förderung von Handel, Industrialisierung und Entwicklung der Region. Erreicht werden sollte dies durch einen gemeinsamen Markt (bei dem die Zölle zwischen den Mitgliedstaaten aufgehoben sind) mit einheitlichen Außenzöllen. Mittlerweile wurde aus unterschiedlichen politischen Gründen aus dem Andenpakt die Andengemeinschaft (CAN, Comunidad Andina de

Naciones). Diese besteht momentan aus Peru, Ecuador, Kolumbien und Bolivien.

MERCOSUR

Dem „gemeinsamen Markt der Südspitze Südamerikas" MERCOSUR (Mercado Comun del Cono Sur) liegt ein Abkommen zwischen Argentinien, Brasilien, Paraguay und Uruguay zugrunde.[1] Mit dem Abbau aller Zölle und Handelshemmnisse soll eine Freihandelszone geschaffen werden. Fernziel ist die Errichtung eines Binnenmarktes nach Vorbild der EU mit gemeinsamem Parlament.

AFTA

Sechs Mitglieder (Indonesien, Malaysia, Singapur, Thailand, die Philippinen und Brunei) der südostasiatischen Staatengemeinschaft ASEAN (Association of South East Asian Nations) beschlossen im Oktober 1991, ab 1993 die Freihandelszone AFTA (ASEAN Free Trade Area) einzurichten. Damit reagierten die aufstrebenden südostasiatischen Schwellenländer auf die zunehmende Konkurrenz durch andere regionale Bündnisse. Wichtigstes Ziel war ein Liberalisierungsprogramm für den Handel, das bis 2008 eine allmähliche Senkung der Zollschranken vorsah. Die AFTA wird immer mehr in die ASEAN integriert.

ASEAN

Die Association of Southeast Asian Nations (übersetzt etwa: Verband südostasiatischer Staaten) wurde am 8. August 1967 in Bangkok (Thailand) gegründet mit dem Ziel der Festigung des Friedens in Südostasien durch wirtschaftliche, soziale und kulturelle Zusammenarbeit. 1995 wurde die ASEAN als atomwaffenfreie Zone festgelegt.

Das Abkommen „Asean Vision 2020" vom Dezember 1997 strebt offenere Gesellschaften in der Region an. Mitglieder der ASEAN sind: Brunei, Indonesien, Kambodscha, Laos, Malaysia, Myanmar, die Philippinen, Singapur, Thailand und Vietnam.

Wichtigste Organe sind der ordentliche ASEAN-Gipfel, zu dem sich die Staats- und Regierungschefs alle drei Jahre treffen, die jährliche Ministertagung der Außenminister als wichtigstes Entscheidungsorgan sowie Treffen der Fachminister.

APEC

Die APEC (Asia-Pacific Economic Cooperation) wurde als Organisation für asiatisch-pazifische Zusammenarbeit 1989 nach OECD-Vorbild gegründet. Der APEC gehören 21 Mitgliedsländer an. Zusätzlich zu den ASEAN-Staaten sind u. a. noch Australien, Japan, Kanada, die USA, Südkorea, Neuseeland, China, Taiwan und Hongkong Mitglieder. Neben der Koordinierung der wirtschaftlichen Zusammenarbeit ist der Abbau von Handelsbarrieren das Ziel dieses Diskussionsforums. Nach langfristigen Plänen wollen die Mitgliedsländer, die zum Teil keine einheitlichen Interessen haben, einen asiatisch-pazifischen Handelsblock entstehen lassen. Heranwachsen würde dann eine handelspolitische Supermacht, denn mit seinem hohen Wirtschaftswachstum gilt der asiatisch-pazifische Bereich als Zukunftsmarkt des 21. Jahrhunderts.

Das RCEP-Abkommen

Mit dem RCEP-Abkommen (Regional Comprehensive Economic Partnership) wurde Anfang November 2020 die größte Freihandelszone der Welt eingerichtet. In dieser neuen Wirtschaftszone leben 2,2 Milliarden Menschen und erwirtschaften rund ein Drittel des weltweiten Bruttosozialprodukts. Beteiligt sind die zehn Staaten aus dem Staatenverbund ASEAN: Vietnam, Singapur, Indonesien, Kambodscha, Malaysia, Thailand, die Philippinen, Myanmar (Burma), Brunei und Laos. Hinzu kommen die Staaten China, Südkorea, Neuseeland, Australien und Japan.

Das RCEP-Abkommen soll Zölle verringern und die Zusammenarbeit in grenzüberschreitenden Lieferketten erleichtern. Es umfasst Handel, Dienstleistungen und Telekommunikation.

Die AKP-Staaten

Ergänzend zur einzelstaatlichen Entwicklungspolitik ihrer Mitglieder betreibt die EU eine gemeinschaftliche Entwicklungszusammenarbeit mit Ländern der Dritten Welt. Besonders enge Beziehungen unterhält sie dabei zu den ehemaligen Kolonialgebieten ihrer Mitgliedstaaten.

Das AKP-Abkommen (Länder aus Afrika, der Karibik und dem Pazifik-Raum) umfasst momentan (Stand 2021) 79 Staaten mit einer Gesamtbevölkerung von mehr als 750 Millionen Menschen. Dieses Partnerschaftsabkommen setzt sich vor allem die Bekämpfung der Armut und die allmähliche Eingliederung der AKP-Länder in die Weltwirtschaft zum Ziel. Es sieht vor, dass die Handelsbeziehungen zwischen EU und AKP-Ländern schrittweise liberalisiert und damit den WTO-Regeln angepasst werden.

---

1 Neben einigen assoziierten Staaten war zwischenzeitlich auch Venezuela Mitglied.

AUFGABEN

1. Was sind die Grundsätze des GATT?

2. Wodurch unterscheidet sich die OECD von anderen internationalen Organisationen?

3. Nennen Sie die Mitgliedstaaten der EU.

4. Erläutern Sie
   a) Vorteile,
   b) Nachteile großer Wirtschaftsblöcke.

5. Wodurch unterscheidet sich die EFTA von der EU?

6. Was versteht man unter dem EWR?

7. Führen Sie weitere größere Wirtschaftsblöcke auf.

8. Erstellen Sie in Gruppenarbeit eine Wandzeitung, die jeweils eine internationale Wirtschaftsorganisation darstellt. Sie soll informieren über Mitglieds-länder und Ziele. Als Informationsquelle können Sie auch die folgenden Internetadressen nutzen:

   - **WTO:**
     www.wto.org
   - **ASEAN:**
     www.asean.org/,
     www.auswaertiges-amt.de
   - **NAFTA:**
     www.nafta-sec-alena.org/
   - **MERCOSUR:**
     www.mercosur.int/en/
   - **EFTA:**
     www.efta.int/

9. Lesen Sie den folgenden Text und erstellen Sie eine Mindmap mit den wichtigsten Aussagen:

Sechs ASEAN-Länder vollenden Freihandel –

Von Peter Janssen und Christiane Oelrich, dpa

Bangkok (dpa) – Pinguine sind ziemlich selten in Südostasien – so selten wie international erfolgreiche Unternehmen. Die Srithai Superware Company aus Thailand ist eine der Ausnahme. Sie ist Weltmarktführer für Tischgeschirr aus hartem Plastik. Ihr Logo: ein Pinguin – weil asiatische Tiere bei der Firmengründung schon vergeben waren. Srithai gilt als leuchtendes Beispiel, wenn am 1. Januar 2010 die Freihandelszone AFTA für die sechs größten Länder der südostasiatischen Staatengemeinschaft ASEAN vollendet wird. Beim Gipfeltreffen der Staats- und Regierungschefs vom 23. bis 25. Oktober in Cham-am in Thailand sollen die letzten Hürden für diesen Meilenstein geräumt werden.

Srithai macht gut 150 Millionen Dollar Umsatz, exportiert in 100 Länder und hat Fabriken in Vietnam, Indonesien, China und jetzt Indien. Die Freihandelszone spielt bei der Expansionsstrategie eine große Rolle. „Wir wollen unseren Umsatz in den nächsten fünf Jahren verdoppeln. Das geht, weil wir nicht mehr nur von den 65 Millionen Einwohnern Thailands, sondern von 600 Millionen in der ganzen Südostasienregion reden", sagt Unternehmenschef Sanan Angubolkul.

Die AFTA umfasst zunächst Brunei, Indonesien, Malaysia, die Philippinen, Singapur und Thailand. Die anderen vier ASEAN-Mitglieder – Birma, Kambodscha, Laos und Vietnam – haben bis 2015 Zeit, um ihre Zölle auf ASEAN-Einfuhren auf null bis fünf Prozent zu reduzieren.

Außer Srithai haben es nur wenige Unternehmen aus der Region erfolgreich in die Nachbarländer geschafft: die Elektronik-Firma Pensonic aus Malaysia noch, das Pharma-Unternehmen Kalbe aus Indonesien und Singapurs Bäckerei- und Restaurantkette Breadtalk – viel mehr sind es nicht. Das ist teils historisch bedingt.

Erst legten die Kolonialherren die Handelsstränge nach Europa, und nicht in die Nachbarländer. Dann kamen in den 80er Jahren Fabriken ausländischer Hersteller, die wegen der niedrigen Löhne hier für die USA und Europa produzierten. Die Asienkrise 1997 zwang zunächst viele Länder in der Region in die Knie. Dann kam ein neuer Exportboom, weil sich nach der Abwertung der Währungen noch billiger produzieren ließ.

Die angestrebte Ankurbelung der Binnennachfrage blieb aus.

Das regionale Geschäft kommt zwar langsam in Gang. Der Handel innerhalb ASEANs wuchs zwischen 2004 und 2008 von 261 auf 458 Milliarden Dollar. In der Zeit zog der Handel mit dem größte Partner Japan von 136 auf 212 Milliarden Dollar an, mit der EU von 132 auf 202 Milliarden Dollar und mit den USA von 136 auf 181 Milliarden Dollar. China hat sich inzwischen mit 193 Milliarden Dollar vor die USA auf den dritten Platz geschoben.

Über die ASEAN-Grenzen werden aber vor allem Komponenten für Produkte gehandelt, die am Ende doch nach Japan, Europa und in die USA exportiert werden. Deshalb sind die ASEAN-Geschäfte auch im Tandem mit den Exporten in die EU und die USA eingebrochen.

Gesamtzahlen liegen noch nicht vor, aber allein Thailand rechnet mit einem Exporteinbruch in die USA und nach Japan um jeweils 20 Prozent, in die EU um 18 Prozent und in andere ASEAN-Länder um 30 Prozent.

„Wenn wir bessere Märkte innerhalb innerhalb ASEANs entwickelt hätten, wären die Einbrüche nicht so stark gewesen", meinte der Vorsitzende der thailändischen Handelskammer, Dusit Nontanakorn.

Doch tun sich die ASEAN-Länder mit der Öffnung für die Nachbarn schwer. «Andere ASEAN-Länder sehen Indonesien als riesigen Markt, sagt der Generalsekretär des Exportverbandes, Toto Dirgantoro. „Jetzt überfluten malaysische Nahrungsmittel unseren Markt und heimische Hersteller ziehen den Kürzeren. Wir profitieren wenig von ASEAN, weil wir einfach noch nicht so weit sind." Die Philippinen wollen ihre Zölle auf Reis-Importe trotz AFTA bei 35 bis 40 Prozent belassen und nicht auf die vorgesehene Bandbreite von null bis fünf Prozent senken. Thailand will dies beim Gipfel zur Sprache bringen.

Quelle: © dpa, 22.10.2009

10. Die Auszubildenden der Exclusiva GmbH treffen sich in der Mittagspause.

Ronja Bunko:

„Wusstest du schon, dass wir in der Exclusiva GmbH mit 158 Ländern Geschäftsbeziehungen jetzt und irgendwann in der Vergangenheit unterhalten und unterhalten haben? Das sagte mir vorhin Herr Weber. Er nannte beispielhaft auch verschiedene Länder: Zypern, Norwegen, Kanada, Ecuador, Brasilien, Indonesien, Neuseeland. Das ist ganz schön beeindruckend, finde ich."

Tacdin Akay:

„Wieso? Das ist doch heutzutage genauso, wie mit einem Unternehmen in Frankreich Handel zu treiben."

Ronja:

„Na, ganz so einfach ist das nicht. Frankreich gehört ja wie die Bundesrepublik zur EU. Das bedeutet, dass der Händler beim Handel mit diesen Ländern viele Nachteile, die man sonst im Außenhandel hat, nicht befürchten muss. Also Kontakte zu französischen Unternehmen sind heute tatsächlich kein Problem mehr. Aber andere Staaten gehören oft anderen Wirtschaftsblöcken an. Innerhalb dieser Wirtschaftsbündnisse gilt meistens auch der Freihandel. Nach außen hin agieren sie aber häufig protektionistisch."

Tacdin:

„Protektionistisch? So ganz ist mir nicht klar, was das bedeutet."

Ronja:

„Da wird manchmal mit harten Bandagen gekämpft. So wurden gerade Jeans aus Japan und Südkorea von der EU mit Strafzöllen belegt, weil sie in der EU mit Dumpingpreisen angeboten wurden. Andererseits möchte China eine Erhöhung der Einfuhrquoten ..."

Tacdin:

„Also, ich weiß nicht. Das ist viel zu viel Aufwand, sich um den Außenhandel zu kümmern. Das meine ich für Deutschland im Allgemeinen, für die Exclusiva GmbH im Speziellen ... Ich gehe sogar noch weiter: Webshops brauchen sich nicht um den Außenhandel zu kümmern."

Ronja:

„Da bin ich anderer Ansicht. Jeder Webshop muss sich auch um den Außenhandel kümmern ..."

a) Führen Sie Vorteile für ein Unternehmen wie die Exclusiva GmbH auf, wenn es im Außenhandel tätig ist.

b) Unterscheiden Sie die verschiedenen Arten des Außenhandels.

c) Stellen Sie die zwei grundlegenden Strategien in der Außenwirtschaftspolitik gegenüber.

d) Geben Sie Gründe dafür an, warum protektionistische Maßnahmen ergriffen werden.

e) Stellen Sie fest, welche Auswirkungen protektionistische Maßnahmen auf die Exclusiva GmbH haben können.

f) Alle in der Handlungssituation genannten Länder gehören einem Wirtschaftsblock an.

1. Ordnen Sie die folgenden Länder einem Wirtschaftsblock zu:
   - Brasilien
   - Ecuador
   - Indonesien
   - Kanada
   - Neuseeland
   - Norwegen
   - Zypern

2. Führen Sie den jeweiligen vollen Namen des Wirtschaftsblocks auf.

3. Geben Sie einen kurzen Hinweis auf die Region, in der sich die Mitgliedstaaten des Wirtschaftsblocks befinden.

4. Führen Sie mindestens zwei weitere Mitgliedsländer des Wirtschaftsblocks auf.

g) Begründen Sie, warum die Mitgliedschaft der Bundesrepublik in der Europäischen Union Vorteile für die Exclusiva GmbH bringt.

h) Führen Sie Merkmale der Wirtschaftsunion im Rahmen der EU auf.

i) Geben Sie an, wodurch die Währungsunion gekennzeichnet ist.

j) Erläutern Sie den Begriff „Konvergenzkriterium".

k) Führen Sie auf, welche Konvergenzkriterien gemeint sind:

1. Hoher Grad an Preisniveaustabilität: Die Inflationsrate eines Landes darf – gemessen am Verbraucherpreisindex – im Jahr vor der Konvergenzprüfung um nicht mehr als 1,5 % über der Inflationsrate der drei Mitgliedstaaten mit der besten Preisstabilität liegen.

2. Der durchschnittliche langfristige Nominalzins darf im Jahr vor der Konvergenzprüfung um nicht mehr als 2 % über der Inflationsrate der drei Mitgliedstaaten mit der besten Preisstabilität liegen.

3. Ein Land gilt als qualifiziert, wenn es im Hinblick auf die Wechselkursentwicklung im Rahmen des Wechselkursmechanismus des Europäischen Währungssystems (EWS) die vorgesehenen normalen Bandbreiten zumindest in den letzten zwei Jahren vor der Prüfung ohne starke Spannungen eingehalten hat.

4. Ein Land darf kein übermäßiges Defizit (das Verhältnis zwischen Defizit und BIP darf nicht mehr als 3 % betragen) und keine übermäßige Verschuldung (das Verhältnis zwischen öffentlicher Bruttoverschuldung und BIP darf nicht mehr als 60 % betragen) aufweisen.

ZUSAMMENFASSUNG

Internationale Handelsabkommen und -organisationen

WTO
- Allgemeines Zoll- und Handelsabkommen
- Ziel: Abbau von Handelsschranken und Zöllen

OECD
- Organisation für wirtschaftliche Zusammenarbeit und Entwicklung
- Ziel: wirtschaftliche Zusammenarbeit und Koordination der westlichen Industrienationen

EU
- Europäische Union
- Ziele: – EU-Binnenmarkt
          – Einigung auf wirtschaftlichem, sozialem und politischem Gebiet

EFTA
- Europäische Freihandelsassoziation
- Ziel: nur wirtschaftliche Zusammenarbeit

EWR
- Europäischer Wirtschaftsraum
- Ziel: Anschluss der EFTA-Staaten an den EU-Binnenmarkt

Wirtschaftsblöcke außerhalb Europas
- NAFTA
- MERCOSUR
- AFTA
- ASEAN
- APEC

11.12 Selbstmanagement

Einstieg

Andreas Seeger spricht gerade mit Herrn Hertien, als Susanne Hahne-Hertien aufgeregt auf ihn zukommt.

Susanne Hahne-Hertien:
„Verlegte Papiere, vergessene Termine, beinahe vergessene Termine, wild blinkende E-Mail-Benachrichtigungen, Dauergeklingel von Telefon und Handy, nette Kollegen, die den Kopf zur Tür hereinstecken ‚Kann ich mal kurz stören?' – und dann noch Frau Altmann, die mich freundlich, aber bestimmt daran erinnert, dass ich gerade im Begriff bin, meinen Flieger zu verpassen. Ich habe kaum mehr Zeit, das alles zu schaffen. Das wächst mir alles irgendwie über den Kopf! … Sag mal, wie schaffst du das eigentlich?"

Michael Hertien:
„Ich habe mich vor einigen Jahren mal im Bereich Zeitmanagement schlau gemacht. Seitdem habe ich eigentlich immer alles halbwegs gut im Griff."

1. Stellen Sie fest, wo die Schwierigkeiten von Frau Hahne-Hertien liegen.

2. Machen Sie Verbesserungsvorschläge.

INFORMATIONEN

DEFINITION

Selbstmanagement ist die Fähigkeit einer Person, die eigene persönliche und berufliche Entwicklung (weitgehend unabhängig von äußeren Einflüssen) zu organisieren: Die Person ist in der Lage, sowohl am Arbeitsplatz als auch im privaten Bereich ihren Lebensweg selbst und erfolgreich zu gestalten.

Das Konzept des Selbstmanagements geht davon aus, dass jeder für die eigene Entwicklung und persönliche Reife verantwortlich ist. Eine Person, die über ein gutes Selbstmanagement verfügt, nimmt ihren Arbeitsalltag bewusst in die Hand.

BEISPIEL

Ronja Bunko hat ein gutes Selbstmanagement: Sie setzt sich zunächst Ziele. Diese versucht sie planvoll umzusetzen. Mithilfe verschiedener Techniken versucht sie die Arbeitsabläufe zu optimieren und ihre eigene Produktivität zu steigern. Sie versucht dabei Wesentliches von Unwesentlichem zu trennen. Den ganzen Tag über versucht sie motiviert zu bleiben.

Teilbereiche des Selbstmanagements:

- selbstständiges Setzen sinnvoller und authentischer Ziele (Zielsetzung)
- Erarbeitung eines Plans zur Umsetzung der Ziele (Planung des Vorgehens bei der Umsetzung von Zielen)
- konsequente Umsetzung des Plans mithilfe verschiedener Methoden (Zeitmanagement)
- Entspannung und Eigenmotivation am Arbeitsplatz

Zielsetzung

Um den Arbeitsalltag erfolgreich zu meistern, sollte man sich Ziele setzen.

DEFINITION

Ein **Ziel** ist ein in der Zukunft liegender angestrebter Zustand.

Mithilfe einer **Zielformulierung** wird möglichst genau eine Veränderung gegenüber einem gegenwärtigen Zustand beschrieben, die durch eigenes Handeln herbeigeführt werden kann.

Vorteile der Zielformulierung:

- Das Erreichen von Zielen motiviert.
- Viele kleine Ziele helfen dabei, Erfolg oder Scheitern bestimmter Tätigkeiten und Vorhaben besser beurteilen zu können.
- Sind Ziele konkret formuliert, können die unterschiedlichen Beteiligten besser kommunizieren.

Eine wichtige Methode im Hinblick auf eine professionelle Zielsetzung im Rahmen des Selbstmanagements ist die aus dem Projektmanagement kommende **SMART**-Methode. Ein Ziel sollte nach dieser Methode die folgenden Eigenschaften erfüllen:

- **S**pezifisch sein: Angestrebte Ziele sollten so genau wie möglich formuliert werden. Ein Ziel sollte also nicht in abstrakten Worten festgehalten, sondern möglichst konkret erfasst werden.
- **M**essbar sein: Das Ziel muss messbar sein, das heißt, es muss später klar erkenn- und nachprüfbar sein, ob das Ziel erreicht wurde oder nicht. Hierzu sollten jeweils Kriterien definiert werden, die diese Messbarkeit ermöglichen.
- **A**ttraktiv/**A**kzeptabel sein: Das Ziel muss so formuliert sein, dass es für die Person annehmbar ist und sich diese damit identifizieren kann. Für die Person muss es attraktiv sein, das Ziel zu erreichen.
- **R**ealistisch sein: Die Ziele sollten nur so gesetzt werden, dass sie auch tatsächlich erreicht werden können. Sie müssen mit den gegebenen Voraussetzungen machbar sein.
- **T**erminiert sein: Für die Umsetzung des Ziels muss ein genauer Termin, ein zeitlicher Rahmen oder eine Deadline gesetzt werden. Aufgaben sind also zeitlich bindend zu planen.

Planung des Vorgehens bei der Umsetzung von Zielen

Oft wird der Alltag in vielen Unternehmen als schwierig empfunden. Von jedem Mitarbeiter wird die Fähigkeit verlangt, durch strukturiertes Vorgehen unterschiedliche betriebliche Situationen zu meistern und die Ziele zu erreichen. Geht man dabei nicht geplant vor, scheitert man schnell. Jeder Mitarbeiter muss also über die Kompetenz verfügen, Probleme auf dem Weg zur Zielerreichung systematisch lösen zu können. Problemlösung ist im Prinzip ein einfacher Ablauf von Schritten. In der betrieblichen Praxis zeigt sich aber sehr oft, dass durch Unterlaufen einzelner Schritte entscheidende Fehler gemacht werden.

Phasen der systematischen Problemlösung

Problem erkennen

Es geht hier um die Identifizierung der Aufgabenstellung. Zunächst einmal wird das zu lösende Problem genau beschrieben. Dazu wird es in seine einzelnen Bestandteile zerlegt.

Fragen bei der Problemerfassung
- Was ist passiert bzw. wird bald passieren?
- Wann ist es passiert bzw. wird es passieren?
- Wen bzw. was betrifft das Problem?
- Wie genau äußert sich das Problem?
- Welche Faktoren haben das Problem verursacht?

Ziele formulieren

Nun wird geklärt, was erreicht werden soll. Die weiteren Phasen der Problemlösung führen nur dann zum Erfolg, wenn die Ziele sauber formuliert sind.

Lösungsmöglichkeiten suchen

In dieser Phase sollten möglichst viele Lösungswege gesucht werden. Diese werden aber noch nicht bewertet.

Entscheidung treffen

Die in der vorigen Phase gefundenen Lösungswege werden daraufhin untersucht, ob sie mit ihren kurz- oder langfristigen Konsequenzen die formulierten Ziele zu erreichen helfen. Die beste Lösung wird ausgewählt. Hat man also viele Ideen für eine Problemlösung gefunden, muss man sich für einen Lösungsansatz entscheiden.

Fragen beim Treffen von Entscheidungen

- Wie sind die Erfolgschancen des Lösungswegs?
- Kann der Lösungsweg zum angestrebten Ziel führen?
- Gibt es evtl. Zielkonflikte?
- Ist der Lösungsweg wirtschaftlich?
- Wie viel Zeit kostet der Lösungsweg?
- Ist der Lösungsweg schon einmal in ähnlicher Form durchlaufen worden?
- War er damals erfolgreich?
- Ist der Lösungsweg anderen vermittelbar?

Problemlösung durchführen

Die Lösung wird realisiert. Aktuelle Veränderungen werden selbstverständlich auch in dieser Phase berücksichtigt und nach Möglichkeit in das Lösungskonzept eingearbeitet. Für die Umsetzung der Problemlösung empfiehlt es sich, einen Arbeitsplan zu erstellen. Anschließend sollte jeder Punkt des Arbeitsplans Schritt für Schritt abgearbeitet werden.

Problemlösung kontrollieren

Die neue Situation wird analysiert. Es wird überprüft, ob die eingeleiteten Maßnahmen tatsächlich das Ausgangsproblem gelöst und zur Zielerreichung geführt haben. Eigentlich ist das Kontrollieren sogar eine prozessbegleitende Maßnahme über die gesamte Dauer der Problemlösung hinweg: Ständig sollte überprüft werden, ob man sich wirklich in die richtige Richtung bewegt. Eine fortlaufende Kontrolle hilft, mögliche Fehler schneller zu erkennen und ggf. Verbesserungen rechtzeitig vorzunehmen.

Fragen zur Kontrolle

- Welche Arbeitsschritte sind erledigt?
- Wie hoch ist der Zielerreichungsgrad?

Phasenmodell der vollständigen Handlung

Die Schritte der Problemlösung am Arbeitsplatz können ohne Weiteres auf das Lösen von Problemen im Schulunterricht übertragen werden. Hier sollte das Phasenmodell der vollständigen Handlung angewandt werden. Um ein Problem optimal lösen zu können, müssen alle Phasen der Handlung komplett durchlaufen werden.

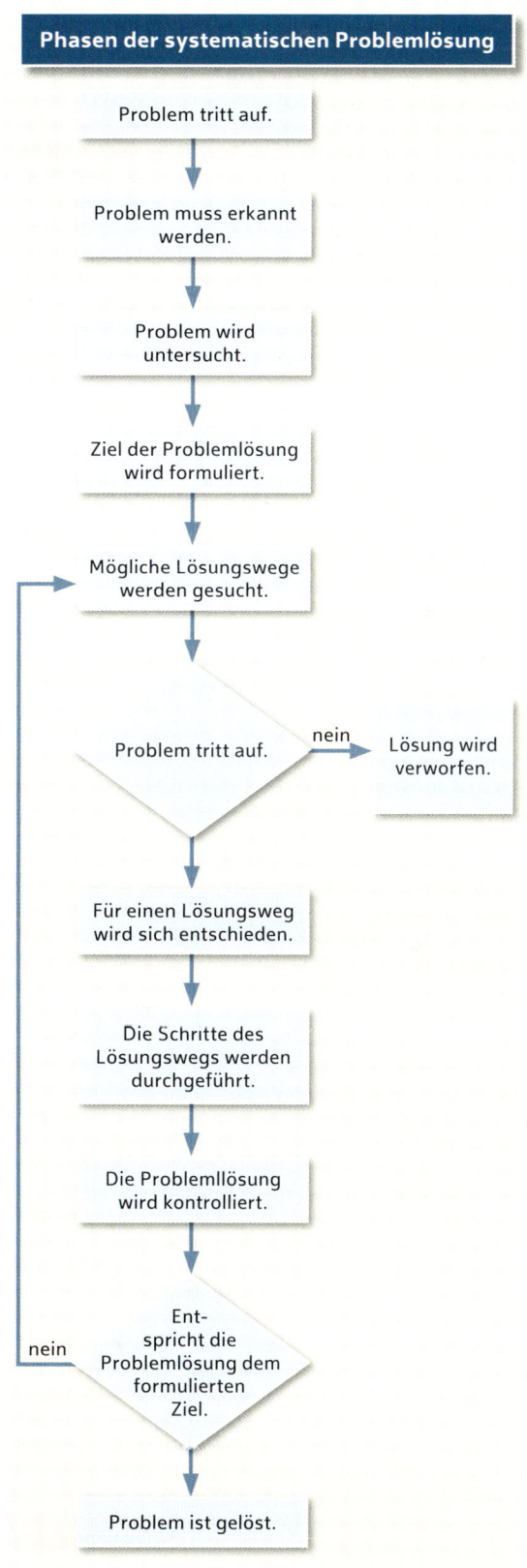

Phasen der systematischen Problemlösung

Problem tritt auf.

Problem muss erkannt werden.

Problem wird untersucht.

Ziel der Problemlösung wird formuliert.

Mögliche Lösungswege werden gesucht.

Problem tritt auf. → nein → Lösung wird verworfen.

Für einen Lösungsweg wird sich entschieden.

Die Schritte des Lösungswegs werden durchgeführt.

Die Problemllösung wird kontrolliert.

Entspricht die Problemlösung dem formulierten Ziel. → nein

Problem ist gelöst.

```
                        1. Informieren

  6. Bewerten                                        2. Planen

                   Phasen der
              vollständigen Handlung

  5. Kontrollieren                                   3. Entscheiden

                        4. Ausführen
```

Informieren

Gibt es eine zu lösende Aufgabe, muss man zuerst die dazu notwendigen Informationen beschaffen. Dazu gehören eine Analyse des Problems sowie die Festlegung des anzustrebenden Ziels.

Planen

Hat man die erforderlichen Kenntnisse erarbeitet, wird selbstständig geplant, welche Lösungsmöglichkeiten sich anbieten und welche Arbeitsschritte jeweils dazu erforderlich sind. In dieser Phase wird überlegt, welche Materialien und detaillierten Informationen zur Problemlösung nötig sein können.

Entscheiden

Die verschiedenen Möglichkeiten werden gegeneinander abgewogen. Es wird entschieden, welcher Lösungsweg genommen wird.

Ausführen

Die in der Arbeitsplanung erarbeiteten Arbeitsschritte werden selbstständig durchgeführt.

Kontrollieren

In dieser Phase wird ein Soll-Ist-Vergleich durchgeführt.

Bewerten

Die eigenen Handlungen in den vorhergehenden Phasen werden reflektiert. Das Arbeitsergebnis wird möglichst selbstständig bewertet. Bei einer ähnlichen Aufgabe kann die Bewertung des Vorgehens und der Ergebnisse wieder als Information herangezogen werden. Dadurch kann es später zu einer Verbesserung des Lösungswegs kommen.

Planung des Vorgehens bei der Umsetzung von Zielen

Zeitmanagement

> **DEFINITION**
>
> Unter **Zeitmanagement** versteht man das systematische und disziplinierte Planen der persönlichen Zeit. Es werden verschiedene Werkzeuge angewandt, um die eigene Zeit optimal zu nutzen.

Effektives Zeitmanagement ist dabei weniger eine Frage des Zeitumfangs. Es geht viel mehr darum, wie und wofür man die vorhandene Zeit nutzt. Im Vordergrund steht also, durch geschickte Planung mehr Zeit für die wichtigen Dinge im Beruf (und in der Freizeit) zu erhalten.

Durchführung des Zeitmanagements

Gutes Zeitmanagement besteht aus vier Phasen.

Vorbereitung

Zu Beginn aller Überlegungen zu einem effizienten Zeitmanagement stehen die Fragen:

- Wofür soll die zur Verfügung stehende Zeit überhaupt verwendet werden?
- Was sind die wichtigen Dinge?

Bestandsaufnahme

Grundlage der Bestandsaufnahme ist ein Zeitprotokoll. Für einen bestimmten Zeitraum wird hier erfasst, wie viel Zeit für welche Aktivitäten verbraucht wurde. Dieser Ist-Analyse sollte eine Soll-Analyse folgen: Wofür und in welchem Umfang sollte zukünftig Zeit verwendet werden?

Konkrete Planung

Ist die Bestandsaufnahme als Grundlage erarbeitet worden, benötigt man nur noch wenig Zeit für die konkrete Planung. Hier muss man sich einen Überblick über den kommenden Zeitraum verschaffen und anschließend die Prioritäten zeitlich ordnen. Dabei muss die Zeitplanung möglichst locker und unkompliziert gestaltet werden. Sie darf keinen Stress und Druck erzeugen. Als hilfreich in der Zeitplanung hat sich die Beachtung verschiedener Regeln erwiesen (siehe Mindmap).

Bewertung

Effektives Zeitmanagement versucht nicht nur, konkret zu planen, sondern wertet auch die Ergebnisse aus. Die Bewertung der letzten Zeitplanung – und der Lerneffekt daraus – ist deshalb der letzte und zugleich erste Schritt im Zeitmanagement.

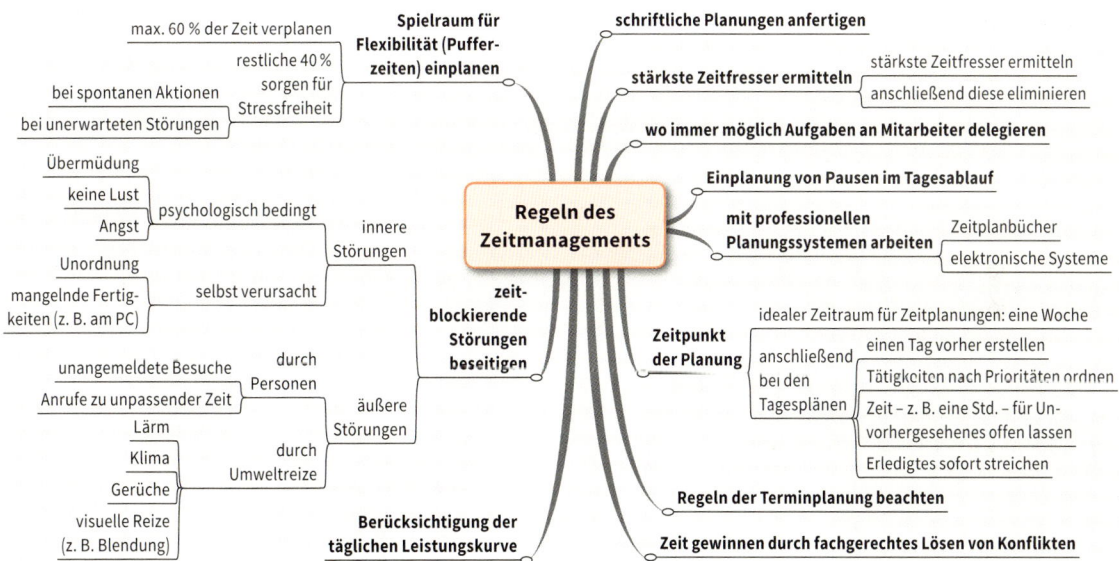

Hilfsmittel der Zeitplanung

Es gibt eine große Anzahl von Methoden, die beim Zeitmanagement helfen.

Salamitaktik

Vor allem sehr umfangreiche Aufgaben bereiten im Rahmen des Zeitmanagements große Schwierigkeiten:

- Sie sind schwer exakt zu planen. Daher entstehen gerade hier häufig Zeitfresser.

- Steht man vor einer riesig erscheinenden Aufgabe, kann dies demotivierend wirken. Oft schiebt man diese Aufgabe dann auf.

Mit der Salamitaktik werden umfangreiche, unübersichtliche und auch schwierige Aufgaben in kleinere, überschaubare Schritte zerlegt. Der Begriff nimmt sinnbildlich Bezug auf das Zuschneiden einen großen Stücks Wurst in sehr viele dünne Scheiben. Ähnlich lassen sich die komplexesten Problemaufgaben Schritt für Schritt bewältigen.

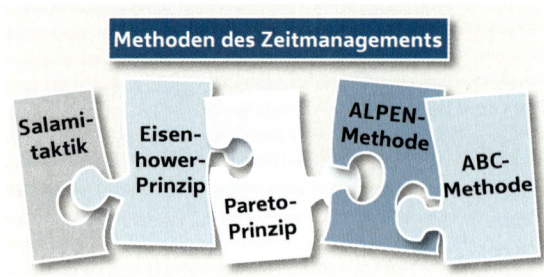

Eisenhower-Prinzip

Verfährt man im Zeitmanagement nach dem Eisenhower-Prinzip, sortiert man die zu erledigenden Aufgaben nach zwei Kriterien:

- Sind die Aufgaben **dringend**?
  Dringende Aufgaben hängen an einem bestimmten Termin (an dem sie z. B. abgeschlossen werden sein müssen). Dessen Einhaltung bringt einen hohen Nutzen, dessen Nichteinhaltung aber würde einen großen Schaden verursachen. Bei der Dringlichkeit geht es um Zeit.

- Sind die Aufgaben **wichtig**?
  Wichtige Aufgaben bringen das Unternehmen oder die handelnden Personen einem Ziel näher. Die Wichtigkeit wird im Hinblick auf das angestrebte Ziel gemessen. Sie bezieht sich auf den Inhalt. Wichtige Aufgaben sind eher strategischer, langfristiger und präventiver Natur.

Daraus ergibt sich die folgende Matrix:

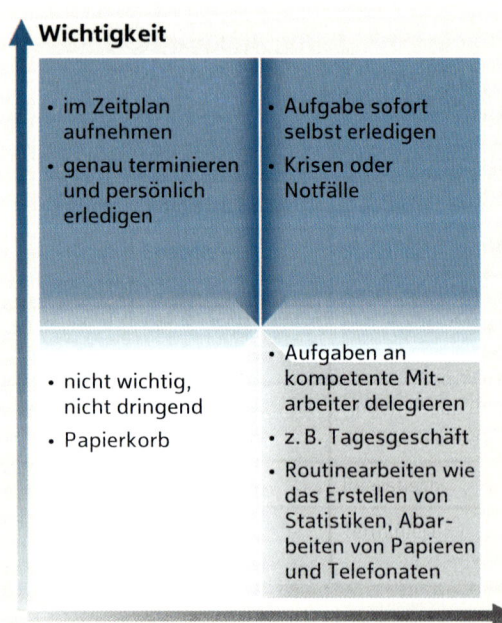

Beachtet werden sollte:

- Wichtigkeit kommt vor Dringlichkeit.
- Wichtigkeit bedeutet Arbeitserfolg.
- Dringlichkeit ist reine Terminsache.

BEISPIEL

Donnerstag morgen: Herr Hayes ordnet die verschiedenen Aufgaben seiner To-Do-Liste nach Dringlichkeit und Wichtigkeit.

Als **wichtig und dringlich** ergeben sich die folgenden Aufgaben:

- Die Projektauftaktsitzung „Die Exclusiva GmbH expandiert ins Ausland" um 14:00 Uhr muss vorbereitet werden.

- Ein Gesprächstermin muss mit dem Filialleiter der Hamburger Filiale wegen eines Brandes mit einem großen Schaden in der Nacht im dortigen Lager vereinbart werden.

→ Diese Aufgaben erledigt Herr Hoffmann persönlich und sofort.

Wichtig, aber weniger dringlich:
- Briefe an die Geschäftsleitung müssen beantwortet werden.

- Der Terminkalender muss geführt werden.

→ Bei diesen Aufgaben überlegt sich Herr Hoffmann, wann er dafür Zeit hat, und erledigt sie dann persönlich.

Dringlich, aber weniger wichtige Aufgaben:

- Das Zeugnis für einen ausscheidenden Arbeitnehmer muss geschrieben werden.

- Die neue Version eines Textverarbeitungsprogramms soll installiert werden.

→ Diese Aufgaben werden an die Mitarbeiter der entsprechenden Fachabteilungen delegiert.

Wenig dringlich und wenig wichtige Aufgabe:
- Das Zimmer soll aufgeräumt werden.

→ Diese Aufgabe wird der Reinigungskraft übergeben.

Pareto-Prinzip

Die vom Wirtschaftswissenschaftler Vilfredo Pareto entdeckte 80/20-Regel ist eine der effektivsten Zeitmanagementmethoden. Sie beruht auf der Erkenntnis, dass 20 % eines Zeitaufwands in der Regel bereits 80 % des Erfolgs bewirken.

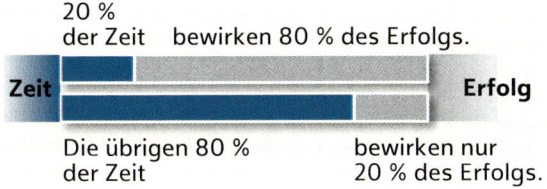

20 %
der Zeit   bewirken 80 % des Erfolgs.

Zeit

Erfolg

Die übrigen 80 %   bewirken nur
der Zeit   20 % des Erfolgs.

BEISPIEL

- 20 % der Besprechungszeiten bewirken oft 80 % der Beschlüsse.
- 20 % der Schreibtischarbeit ermöglicht häufig 80 % des Arbeitserfolgs.

Für das Zeitmanagement bedeutet das Pareto-Prinzip: Es bringt nicht viel, wenn man versucht, alles zu 100 % richtig und mit der gleichen Aufmerksamkeit und Kraftanstrengung zu machen. Besser ist es, die Priorität auf die wichtigen 20 % des Zeitaufwands zu legen: Diese Tätigkeiten sollten zuerst und mit aller Konzentration erledigt werden.

Die ALPEN-Methode

Diese Methode geht auf Lothar Seiwert zurück. Jeden Tag sollte man einige Minuten zur Erstellung eines schriftlichen Tagesplans nutzen. Dabei sollte man in fünf Schritten vorgehen.

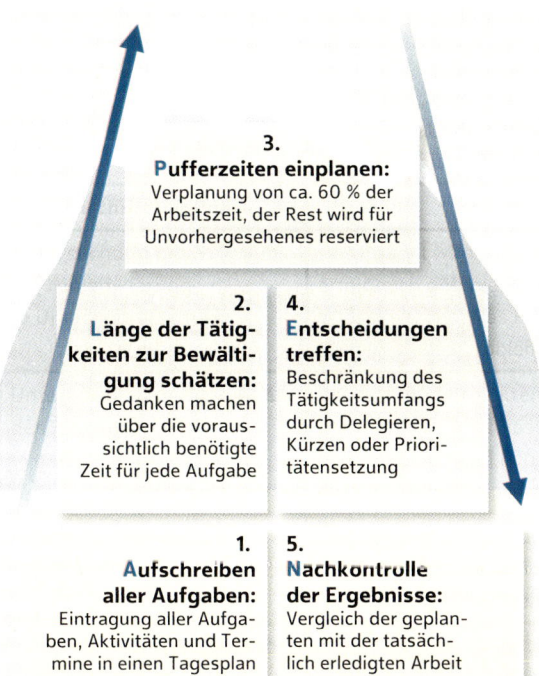

3.
Pufferzeiten einplanen:
Verplanung von ca. 60 % der Arbeitszeit, der Rest wird für Unvorhergesehenes reserviert

2.
Länge der Tätigkeiten zur Bewältigung schätzen:
Gedanken machen über die voraussichtlich benötigte Zeit für jede Aufgabe

4.
Entscheidungen treffen:
Beschränkung des Tätigkeitsumfangs durch Delegieren, Kürzen oder Prioritätensetzung

1.
Aufschreiben aller Aufgaben:
Eintragung aller Aufgaben, Aktivitäten und Termine in einen Tagesplan

5.
Nachkontrolle der Ergebnisse:
Vergleich der geplanten mit der tatsächlich erledigten Arbeit

ABC-Methode

Die ABC-Methode hilft, Prioritäten zu setzen: Alle Aufgabe werden in die drei Klassen einsortiert:

- hohe Priorität = A-Aufgabe
- mittlere Priorität = B-Aufgabe
- niedrige Priorität = C-Aufgabe

Aufgaben-Typ	zu beachten
A-Aufgaben stellen die wichtigsten Aufgaben dar. Sie machen nur einen relativ kleinen Anteil der Aufgabenmenge aus, sind aber für den Arbeitserfolg überaus bedeutsam und nicht delegierbar.	- morgens, wenn man noch ausgeruht ist, mit einer A-Aufgabe beginnen - A-Aufgaben sollten den Hauptteil der Arbeitszeit (ca. 65 %) einnehmen.
B-Aufgaben sind Aufgaben mittlerer Wichtigkeit, machen nur etwa 20 % des Arbeitserfolgs aus und sind häufig delegierbar.	- B-Aufgaben in Angriff nehmen, wenn die A-Aufgaben erledigt sind – meist nachmittags - ca. 20 % der Arbeitszeit investieren
C-Aufgaben sind weniger wichtig bis unwichtig (und delegierbar), stellen aber erfahrungsgemäß einen Großteil der Aufgaben.	- C-Aufgaben bei Leistungstiefs oder bei Hochbetrieb im Büro abarbeiten - ca. 15 % der Arbeitszeit investieren

Entspannung und Eigenmotivation am Arbeitsplatz

Der Zustand, in dem eine Person sich gerade befindet, trägt maßgeblich dazu bei, ob ihr Selbstmanagement gelingen kann.

Entspannung

Das Arbeiten gelingt in einem entspannten Zustand am besten. Umgekehrt: Sobald Druck oder Stress den Arbeitsprozess begleitet, steigt die Wahrscheinlichkeit für Misserfolge. Maßnahmen für entspanntes Arbeiten.

- verschiedene Entspannungstechniken
- sinnvolle Pausen: macht man während des Tages bewusst Pausen, wird man insgesamt produktiver.

Eigenmotivation

Je motivierter eine Person ist, desto eher wird sie vorher definierte Ziele erreichen. Maßnahmen zur Erhöhung der Eigenmotivation können sein:

- Aufbrechen von Routinen: Durch Eintönigkeit, Langeweile oder zu viele Routinetätigkeiten kann die Eigenmotivation verloren gehen. Vor diesem Hintergrund empfehlen Arbeitswissenschaftler verschiedene Maßnahmen, um Routinen aufzubrechen:
  - bei Arbeitsabläufen kleinere Abweichungen vom gewohnten Vorgehen vornehmen.
  - Standardprozesse einmal anders angehen.
  - Änderung der Reihenfolge der abzuarbeitenden Aufgaben

- Bewusstmachung von Zielen: Je mehr man sich Gedanken über ein formuliertes Ziel macht, desto eher wird man einen individuellen Sinn sehen.
- Suche von Perspektiven
- Entdeckung gemeinsamer Ziele im Team: Versucht man im Team gemeinsam definierte Ziele umzusetzen, kann auch dies nach Erfahrung von Arbeitswissenschaftler die Motivation bei der Erfüllung von Aufgaben steigern.
- An Erfolge denken: Im Arbeitsalltag erinnert man sich oft stärker an Fehler oder negative Ereignisse. Dies wirkt sich erheblich weniger negativ aus, wenn man auch versucht, sich an eigene Erfolge soll Erfolgserlebnisse zu erinnern.
- Eine Vision haben: Hat man eine lebhafte Vorstellung davon, was man erreichen möchte, fällt es leichter, darauf hinzuarbeiten.

AUFGABEN

1. Was versteht man unter Selbstmanagement?

2. Was ist ein Ziel?

3. Führen Sie Vorteile einer professionellen Zielformulierung auf.

4. Wie sollten Ziele nach der SMART-Methode formuliert sein?

5. Ronja Bunko und Tacdin Akay sind heute das erste Mal in der Einkaufsabteilung eingesetzt. Dort müssen dringend verschiedene Beschaffungsvorgänge durchgeführt werden. Wegen einer Grippewelle ist allerdings nur der Abteilungsleiter anwesend. Dieser vergibt an jeden der beiden Auszubildenden den Auftrag, einen Beschaffungsvorgang selbstständig durchzuführen.

   Tacdin:
   „Mensch, ich weiß gar nicht, wie ich da rangehen soll."
   Ronja:
   „Also ich fange erst einmal damit an, was mir gerade so einfällt ... und dann: Versuch und Irrtum!"
   Tacdin:
   „Da muss es doch noch etwas anderes geben ..."

   Stellen Sie fest, warum ein Vorgehen nach dem Prinzip „Versuch und Irrtum" nicht erfolgreich sein wird.

6. Warum müssen bei der Arbeit die Schritte der systematischen Problemlösung vorgenommen werden?

7. Führen Sie die Schritte einer systematischen Problemlösung auf.

8. Welche Fragen sollten im Schritt „Problem erkennen" gestellt werden?

9. Welche Phasen umfasst eine vollständige Handlung?

10. Was geschieht in der Phase „Planen"?

11. Welche Fragen sollten in der Phase „Kontrollieren" gestellt werden?

12. Sie sollen mit Ihrer Arbeitsgruppe Ihrer Klasse die Themen
    - vollständige Handlung
    - Präsentationsmedien
    - Mindmapping

    präsentieren. Die Art der Präsentation und das Präsentationsmedium bleiben Ihnen überlassen.
    a) Gehen Sie bei der Vorbereitung und Durchführung der Präsentation systematisch nach dem Modell der vollständigen Handlung vor.
    b) Dokumentieren Sie Ihr Vorgehen in den sechs Phasen der vollständigen Handlung.

13. Suchen Sie Beispiele aus Ihrer beruflichen Praxis für das Vorgehen nach dem Phasenmodell der vollständigen Handlung.

14. Was versteht man unter Zeitmanagement?

15. Welche Ziele verfolgt das Zeitmanagement?

16. Führen Sie die vier Phasen einer effektiven Zeitplanung auf.

17. Nennen Sie mindestens fünf Regeln des Zeitmanagements.

18. Wodurch unterscheiden sich wichtige und dringende Aufgaben?

19. Ordnen Sie nach der Eisenhower-Methode:
   a) Briefe beantworten und Kopien erstellen
   b) Ein wichtiger Kunde hat sich kurzfristig angesagt, für den eine Präsentation erstellt werden muss.
   c) Für eine Besprechung in einer Woche müssen Unterlagen erstellt werden.
   d) Die Sekretärin bringt einen Stapel unverlangt zugesandter Prospekte zum Thema *Kantinenverpflegung.*

20. Was versteht man unter dem Pareto-Prinzip?

21. In welchen Situationen wird die Salamitaktik angewandt?

22. Erläutern Sie die fünf Schritte der ALPEN-Methode.

23. Wie hilft die ABC-Analyse beim Zeitmanagement?

24. Viele Zeitfresser basieren auf Störungen. Daher sollten Sie Störungen identifizieren und ausschalten:
   a) bei der Arbeit im Ausbildungsbetrieb
   b) bei der Vorbereitung auf eine Klassenarbeit

Verwenden Sie dazu eine Tabelle in der vorliegenden Art:

Art der Störung	Störungsquelle(n)	Maßnahme(n) zur Beseitigung
Innere Störungen		
Äußere Störungen		

25. Alle Menschen sind im Tagesverlauf in ihrer Leistungsfähigkeit bestimmten Schwankungen unterworfen. Wichtige Tätigkeiten sollten in diesem Zusammenhang in Phasen hohen Leistungsvermögens gelegt werden.

Statistiker haben den folgenden durchschnittlichen Verlauf der Leistungsfähigkeit ermittelt.

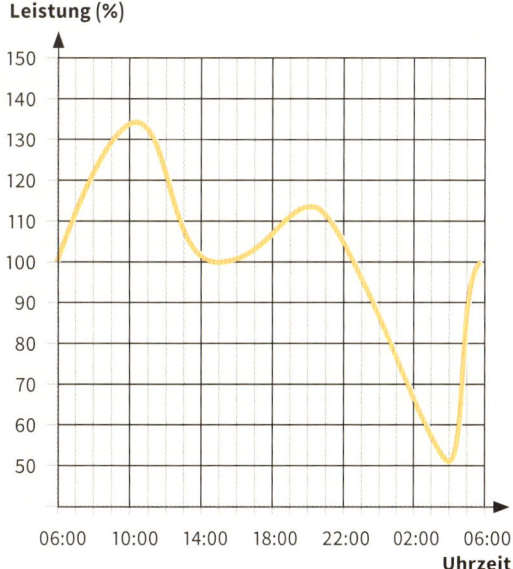

Ähnelt der durchschnittliche Verlauf der Leistungsfähigkeit dem Verlauf Ihrer Leistungsfähigkeit?

26. Führen Sie Maßnahmen zur Erhöhung der Eigenmotivation auf.

27. Welche Methode des Selbstmanagements wird in den folgenden Beispielen angesprochen?

a) This method says that a small quantity of resources or work (for example time, money, employees) can produce a large amount of results.

b) This term describes a procedure: Instead of tackling everything in one go, you divide your project into many smaller sub-steps.

c) This method goes back to a former American president who said, "I have two kinds of problems, the urgent and the important. The urgent ones are not important, and the important ones are never urgent."

28. Ronja Bunko bekommt einen Arbeitsauftrag, den sie im Rahmen einer vollständigen Handlung ausführen möchte.

Zu jeder der sechs Phasen stellt sie sich eine Frage. Leider sind ihr diese durcheinandergekommen. Bringen Sie die sechs Phasen in die richtige Reihenfolge und ordnen Sie der jeweiligen Frage die richtige Bezeichnung der Phase zu.

a) Habe ich den Arbeitsauftrag sachgerecht und fachgerecht ausgeführt, sodass das Ziel erreicht ist?

b) Welchen möglichen Lösungsweg nehme ich?

c) Was brauche ich an Informationen, an Hintergrundwissen oder an Materialien?

d) Was ist das Problem?

e) Was kann ich in Zukunft besser machen?

f) Ist die momentane Realisierung der Planung effizient und nachvollziehbar?

29. Lesen Sie den folgenden englischen Text und halten Sie die wichtigsten Aussagen in einer Mindmap fest.

Soft skills are important, there is no question about that. And they can make your work a lot easier. One of these skills is the ability to manage yourself.

Self-management is defined as the ability to independently and autonomously shape your own professional and personal development.

Any person with a good self-management skill will therefore be able to perform better and better.

They
- are able to set goals that are not only meaningful, but also realistic.
- are able to recognize tasks and subordinate them to the goals.
- are able to prioritize.
- are able to control themselves and be consistent.
- have a plan to achieve their goals.
- can proceed strategically in order to reconcile tasks and resolutions.
- can motivate themselves.
- are efficient.
- know appropriate methods and are willing to learn continuously.

ZUSAMMENFASSUNG

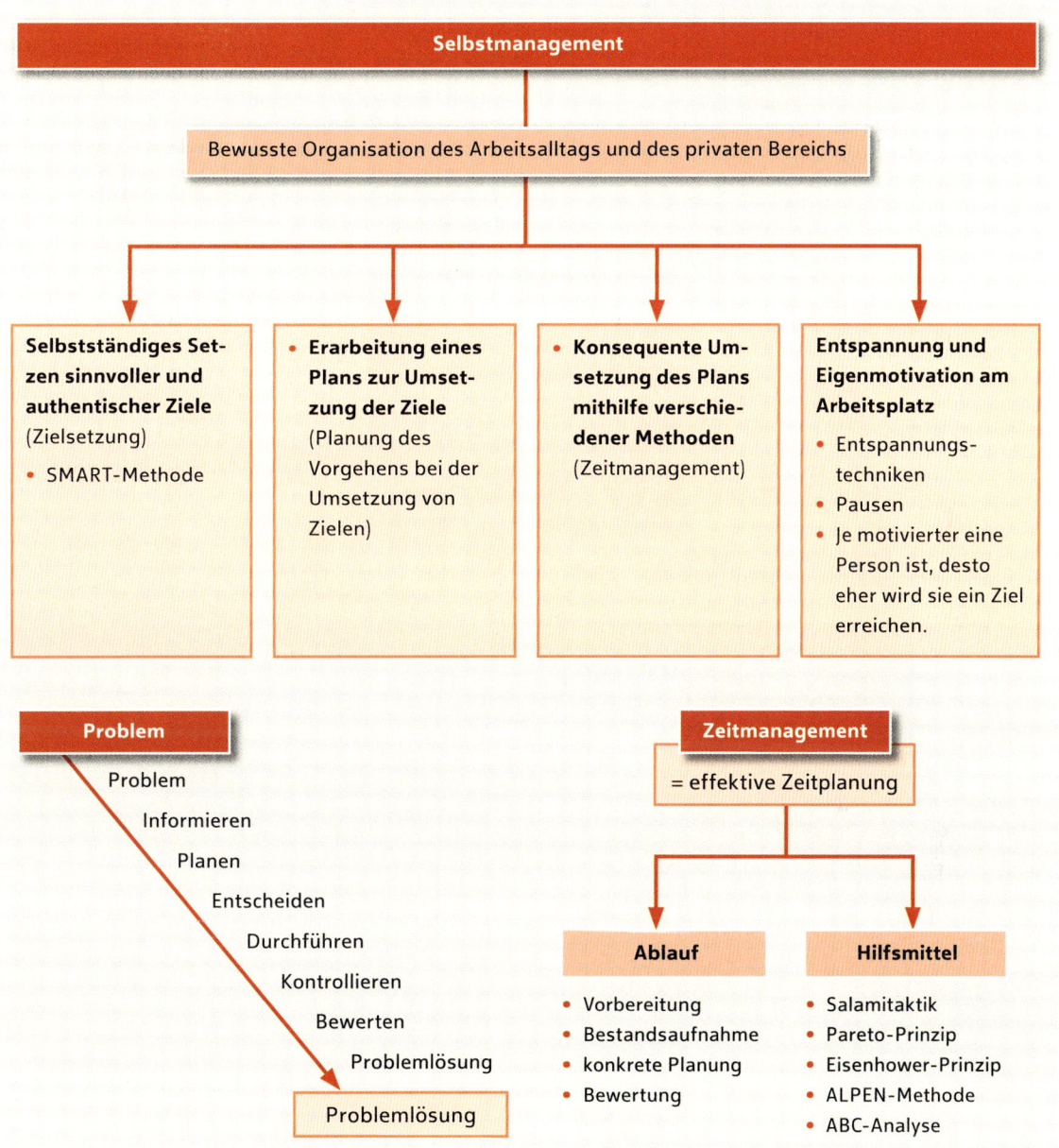

Selbstmanagement

Bewusste Organisation des Arbeitsalltags und des privaten Bereichs

Selbstständiges Setzen sinnvoller und authentischer Ziele
(Zielsetzung)
- SMART-Methode

Erarbeitung eines Plans zur Umsetzung der Ziele
(Planung des Vorgehens bei der Umsetzung von Zielen)

Konsequente Umsetzung des Plans mithilfe verschiedener Methoden
(Zeitmanagement)

Entspannung und Eigenmotivation am Arbeitsplatz
- Entspannungstechniken
- Pausen
- Je motivierter eine Person ist, desto eher wird sie ein Ziel erreichen.

Problem

Problem
Informieren
Planen
Entscheiden
Durchführen
Kontrollieren
Bewerten
Problemlösung

Problemlösung

Zeitmanagement

= effektive Zeitplanung

Ablauf
- Vorbereitung
- Bestandsaufnahme
- konkrete Planung
- Bewertung

Hilfsmittel
- Salamitaktik
- Pareto-Prinzip
- Eisenhower-Prinzip
- ALPEN-Methode
- ABC-Analyse

Projektmanagement Balkendiagramm

Arbeitspaket Planung

SMART

Projekte

Lastenheft Vorgangsliste
Meilenstein

Pflichtenheft Netzwerktechnik

Evaluation Agilität

Definitionsphase Nullphase

Kreativitätstechniken

Lernfeld 12

Berufsbezogene
Projekte durchführen
und bewerten

12.1 Projekte

Einstieg

Auf ihrer wöchentlichen Sitzung analysiert die Geschäftsleitung der Exclusiva GmbH die Unternehmenssituation. Man ist sich einig, dass die Steuerung des Unternehmens im Rahmen der herkömmlichen Aufbauorganisation vor dem Hintergrund komplexer und unübersichtlicher Marktsituationen nicht mehr optimal zu bewältigen ist. Um flexibel und schnell auf Entwicklungen reagieren zu können, möchte die Exclusiva GmbH in Zukunft wichtige Fragen und Probleme vermehrt im Rahmen von Projekten bearbeiten. Die Personalabteilung wird deshalb beauftragt, eine Stelle für die Koordination des Projektmanagements auszuschreiben.

Exclusiva GmbH seit 1949

Für die Leitung verschiedener Projekte in unserem Unternehmen suchen wir einen engagierten

Beauftragten (m/w/d) für das Projektmanagement

Mit einem Team aus erfahrenen Mitarbeitern steuern und koordinieren Sie in den jeweiligen Projekten die Realisierung der in den Pflichtenheften definierten Anforderungen, überwachen die vereinbarten Ziele bzw. Maßnahmenpakete und leiten entsprechende Korrekturmaßnahmen bei auftretenden Abweichungen ein. Dazu erkennen und fördern Sie die Realisierung von Synergieeffekten bei abteilungs- und bereichsübergreifenden Projekten.

Für diese anspruchsvolle Tätigkeit erwarten wir eine kaufmännische Ausbildung. Erfahrung im Bereich Projektmanagement setzen wir voraus. Sie beherrschen die notwendigen Projektmanagementtools und besitzen gute englische Sprachkenntnisse. Persönlich zeichnen Sie sich durch Ihren dynamischen und zielstrebigen Arbeitsstil, Ihre Kommunikations- und Teamfähigkeit sowie Ihre Eigeninitiative aus. Darüber hinaus verfügen Sie über entsprechende Führungserfahrung bzw. Führungspotenzial.

Wenn Sie an dieser Position interessiert sind, bewerben Sie sich bitte schriftlich bei unserer Personalabteilung in Hannover.

Exclusiva GmbH · Zentrale Hildesheim
Almsstr. 43–47 · 31134 Hildesheim
Tel.: 05121 3017920 · Fax: 05121 3017921
E-Mail: info@exclusiva-gmbh-wvd.de

1. Erläutern Sie den Begriff „Projekt".

2. Stellen Sie Unterschiede zwischen der Arbeit in Projekten und der normalen Arbeit in einer Abteilung eines Unternehmens heraus.

INFORMATIONEN

Projekte gibt es in vielen Bereichen des Lebens, so z. B. auch in der Wirtschaft und in der Schule. Gerade in der Wirtschaft, die heute durch einen ständigen Verbesserungsprozess der Unternehmen gekennzeichnet ist, kommt Projekten ein immer höherer Stellenwert zu: Mit ihnen können nämlich komplexe und komplizierte Vorhaben der Betriebe zielgerichtet und effektiv abgewickelt werden.

Ein Projekt liegt vor, wenn Folgendes gilt:

- Das Vorhaben ist zeitlich durch einen Anfangs- und einen Endtermin bestimmt.

- Es liegt eine eindeutige, überprüfbare Zielvorgabe vor.
- Oft geht es um die einmalige Lösung eines Problems.
- Das Vorhaben macht eine eigene Organisationsform notwendig.
- Das Vorhaben hat eine große Bedeutung für die Unternehmenspolitik.
- Es stehen im Unternehmen nur begrenzte Ressourcen zur Verfügung.
- Das Vorhaben ist in der Regel abteilungsübergreifend.
- Es werden besondere Methoden bzw. Arbeitstechniken eingesetzt, da im Vorhaben komplexe und verzahnte Arbeitsabläufe stattfinden.

eindeutige Zielsetzung

begrenzte Ressourcen

einmalig, problemhaft

Projektmerkmale

komplex

zeitlich befristet

interdisziplinär

Projektmerkmale nach DIN 699 01

Normale Arbeit	Projektarbeit
• sich wiederholende Routinetätigkeiten • überwiegend Linienorganisation • Hierarchien • Mitarbeiter erledigen straff organisierte Standardaufgaben	• Sonderaufgaben, die Einmaligkeitscharakter haben • Projektorganisation • weitgehende Hierarchiefreiheit • spezielle Aufgaben

Unter Projekten versteht man also zeitlich befristete Vorhaben, in denen umfangreiche und vielschichtige Aufgabenstellungen behandelt werden. Verschiedene Personen – also Unternehmensmitarbeiter oder die Schüler einer Gruppe – arbeiten während eines Projekts zusammen.

BEISPIEL

Projekte sind nicht neu, im Gegenteil, es hat sie schon immer gegeben. Der Bau der Pyramiden, die Errichtung des Eiffelturms, die Organisation einer Olympiade oder auch einer Betriebsfeier sind Beispiele für Leistungen mit Projektcharakter.

Pyramiden konnten nur in der Organisationsform eines Projekts geschaffen werden.

Zunehmende Bedeutung der Projekte

Projekte in Unternehmen sind nicht mehr die Ausnahme, sondern die Regel. Ihre Bedeutung nimmt in einem außergewöhnlichen Tempo zu. Im Gegensatz zur Arbeit in herkömmlichen Organisationsformen erlaubt die Arbeit in Projekten ein erheblich lösungsorientierteres und selbstständigeres Handeln. Unternehmen werden dadurch schneller und innovativer. Untersuchungen zeigen, dass Projekte sowohl für das Lösen von Aufgaben des Kerngeschäfts auch für die strategische Weiterentwicklung der Unternehmen eine hohe oder sehr hohe Bedeutung haben.

BEISPIEL

Besonders in wissensintensiven Unternehmen wird zunehmend in Projekten gearbeitet. Die für eine Produktentwicklung oder einen Beratungsauftrag benötigten Spezialisten werden eine Zeitlang zusammengeführt, nach dem Projekt gehen sie wieder auseinander. Für diese Vorgehensweise haben Unternehmen auch einen triftigen Grund: Sie ermöglicht es, schnell und flexibel auf individuelle Kundenanforderungen und sich rasch wandelnde Märkte zu reagieren.

Projekte in der Wirtschaft

In der betrieblichen Praxis hat sich für die Bewältigung umfangreicher und neuartiger Probleme die Arbeit in Projekten durchgesetzt. Im Rahmen herkömmlicher Abteilungsstrukturen können die dazu notwendigen Arbeiten nicht durchgeführt werden. Viele Aufgabenstellungen können heute daher nur noch fach- und bereichsübergreifend gelöst werden. Aus diesem Grund werden bspw. größere Entwicklungsvorhaben von Unternehmen immer mehr in Form von Projekten geplant und realisiert. Das Know-how einzelner Spezialisten wird zusammengeführt.

In der Wirtschaft unterscheidet man zwei Arten von Projekten:

• Bei **internen Projekten** wird der Anstoß zur Durchführung eines Projekts dadurch gegeben, dass im Unternehmen besondere Maßnahmen durchgeführt werden. Die Initiative zur Durchführung eines Projekts kommt aus dem Unternehmen selbst.

BEISPIEL

Die Exclusiva GmbH hat die in Baden-Württemberg operierende kleine Kette Südgeschenke übernommen. Ein Projektteam bekommt die Aufgabe, die erfolgreiche Integration der bisherigen Südgeschenke-Filialen in die Familie der Exclusiva-GmbH-Niederlassungen vorzunehmen.

- Bei **externen Projekten** kommt der Anstoß zur Projektgründung von außen. Ein Kunde außerhalb des Unternehmens fordert Unternehmensleistungen ab, für die es noch keine Standardlösungen gibt.

Projekte in der Wirtschaft unterliegen vor dem Hintergrund der Gewinnmaximierung einem großen Erfolgsdruck. Sie werden reglementiert durch Kosten- und Zeitvorgaben. Die verstärkte Anwendung des Projektmanagements im Großhandel verändert die Anforderungen an die Mitarbeiter: Sie müssen in der Planung und Durchführung von Projekten qualifiziert und erfahren sein.

Schulprojekte

In der Schule können i. d. R. keine Unternehmensprojekte durchgeführt werden. Um sich dennoch auf die in der Arbeitswelt vorherrschende Projektarbeit vorzubereiten, kann in der Schule mit Unterrichtsprojekten gearbeitet werden. Unternehmens- und Unterrichtsprojekte sind in vielen Merkmalen identisch, unterscheiden sich jedoch in einigen Aspekten.

Vorteile bietet die Arbeit in Unterrichtsprojekten, weil der Projektunterricht häufig mehr Chancen bietet als andere Unterrichtsformen, um auf Projekte in der Wirtschaft vorzubereiten.

Das ausgewählte Thema – das sich nicht durch Fächergrenzen beschränken lassen sollte – muss sehr komplex und vielschichtig sein und gleichzeitig die Schülerinnen und Schüler interessieren: Es darf der Klasse also nicht aufgezwungen werden. Ein Projekt kann nur effizient durchgeführt werden, wenn sich alle daran beteiligen. Dabei stehen die Selbstverantwortung und Selbstorganisation durch die Klasse im Vordergrund. Die Schülerinnen und Schüler müssen die gesamte Organisation selbst leisten. Wichtigste Voraussetzungen in diesem Zusammenhang sind Kooperation und Arbeitsteilung. Letztlich muss das Projekt immer zu einem Ergebnis führen, das anderen mitgeteilt wird.

Projekte	
Flexible Abwicklung von Aufträgen zur Lösung komplexer, meist neuartiger Aufgaben	
Wirtschaftsprojekte (Unternehmensprojekte)	**Unterrichtsprojekte**
Es zählt das Projektergebnis, die Erreichung und Umsetzung der gesteckten Ziele.	Von großer Bedeutung ist der Arbeitsprozess selbst. Im Vordergrund steht der Zuwachs an fachlicher, methodischer und sozialer Kompetenz der Lernenden.

Beteiligte an einem Projekt

Projektcoach
- Berater des Projektleiters

Projektauftraggeber
- wünscht die Durchführung
- erwartet ein Ergebnis

Projektmitarbeiter im Projektteam
- Übernahme der operativen Arbeit

Projektleiter
- gesamtverantwortlich für die erfolgreiche Durchführung • lenkt das Projekt
- Zusammenstellung des Projektteams • Kommunikation, Steuerung, Marketing
- verantwortlich für die richtige Einteilung von Ressourcen (Zeit, Sachmittel, Personal)

Projektmanagement

Projekte werden gesteuert durch das Projektmanagement. Darunter versteht man alle Tätigkeiten, um ein Projekt zu einem erfolgreichen Abschluss zu führen. Dazu gehören also alle Planungs-, Kontroll- und Informationstätigkeiten sowie alle Entscheidungen, die notwendig sind, um das Projekt zu realisieren. Das Projektmanagement wird unterstützt durch das Projektcontrolling. Für einen sinnvollen und ökonomischen Ablauf des Projekts wird regelmäßig Bilanz über den Projektablauf gezogen. Bei unerwünschten Entwicklungen kann dann korrigierend eingegriffen werden.

BEISPIEL

Bereits in der 2. Phase des Projekts ist das Budget für das gesamte Projekt um 300 % überzogen. Damit ist der Erfolg des gesamtem Projekts erheblich gefährdet.

Projektverlauf

Jedes Projekt weist Unterschiede zu anderen Projekten auf. Dennoch lässt sich jedes Projekt hinsichtlich des Ablaufs in fünf Phasen untergliedern. In jeder dieser Phasen müssen bestimmte Teilergebnisse auf dem Weg zum erfolgreichen Gesamtprojektergebnis erzielt werden.

- In der **Nullphase** kommt aufgrund eines Problems die Idee auf, die Lösung mithilfe eines Projekts zu erzielen.
- In der **Projektstartphase** wird zunächst das Problem analysiert. Anschließend werden die Ziele des Projekts definiert.
- Soll das Projekt erfolgreich realisiert werden, muss das Projekt in überschaubare Einheiten gegliedert werden. In der **Projektplanungsphase** werden zum Beispiel die einzelnen Arbeitspakete sowie die Bearbeitungszeiten ermittelt, die Grundlage für die spätere Durchführung des Projekts sind.
- Das in früheren Phasen Geplante wird in der **Durchführungsphase** umgesetzt.
- Die **Projektabschlussphase** beendet das Projekt formell.

Viele Aspekte müssen beim Projektmanagement berücksichtigt werden.

Projekte im E-Commerce

Gerade im E-Commerce-Bereich werden sehr häufig Projekte durchgeführt.

BEISPIELE

- Ein stationäres Einzelhandelsunternehmen möchte sich einen Webshop zulegen. Aus verschiedenen Abteilungen werden Beschäftigte in ein Projektteam berufen, das diese Aufgabe vorbereiten und durchführen soll.
- Verschiedene Indizien weisen darauf hin, dass das Design und die Struktur des Webshops des Onlinehändlers schuco GmbH nicht mehr modernen Ansprüchen genügen. Die Unternehmensleitung beauftragt ein Projektteam damit, neue Internetseiten für den Webshop zu erstellen.
- Auch die Kling GmbH möchte einen Relaunch ihres Webshops vornehmen. Sie beauftragt aber ein externes Projektteam, diese Neugestaltung vorzunehmen.
- Die Exclusiva GmbH möchte eine neue Warengruppe ins Sortiment und in den Webshop aufnehmen.

Dies liegt an den dort vorherrschenden digitalen Geschäftsprozessen. Diese verändern sich ständig. Kennzeichnend hierfür ist, dass diese Prozesse i. d. R. nicht aus normalen Routinetätigkeiten bestehen. Sie umfassen vielmehr einmalige, komplexe Problemstellungen.

Im Onlinemarketing werden Projekte oft in Form von **Kampagnen** durchgeführt. Diese spezielle Form eines Projekts hat das Ziel, den Umsatz eines Artikels oder einer Warengruppe zu steigern. Auch wenn andere Bereiche des Unternehmens einbezogen sind, gehen die Initiative und die Planung von einer für Marketing zuständigen Abteilung aus. Ziel einer Kampagne ist ein Vorgehen, bei der alle Abteilungen aufeinander abgestimmt versuchen, ein optimales Ergebnis zu erreichen. Kennzeichnend für Kampagnen ist ebenfalls, dass diese sich i. d. R. über mehrere Mediakanäle erstrecken.

BEISPIEL

Die Exclusiva GmbH möchte ein ganz neues Produkt ins Sortiment aufnehmen und es den Kunden gegenüber bekannt machen. Die Marketingabteilung plant in Zusammenarbeit mit verschiedenen anderen Beteiligten im Unternehmen sowie einer externen Eventagentur eine umfassende Werbekampagne.

OMNICHANNEL

BEISPIEL

Die Krankenkasse von Ronja Bunko versucht, neue Mitglieder zu gewinnen. Um virale Effekte zu erzielen, sollen daher Versicherte ihre Zufriedenheit mit Angeboten der Krankenkasse auf der Website äußern. Unterstützt wird dies mit weiteren darauf abgestimmten Mitteln wie Gewinnspielen auf Facebook, aber auch mit Events, Zeitungsanzeigen, Rundfunkspots und Aktivitäten in den Geschäftsstellen. Messungen zeigten eine sehr große Reichweite und eine Vielzahl von Anfragen zu den beworbenen Angeboten.

AUFGABEN

1. Was sind Projekte?

2. Nennen Sie Beispiele für Projekte.

3. Wodurch unterscheiden sich interne und externe Projekte in der Wirtschaft?

4. Warum können in der Schule keine Unternehmensprojekte durchgeführt werden?

5. Welche Vorteile bieten Unterrichtsprojekte?

6. Für die erfolgreiche Durchführung eines Projekts müssen Sie in relativ kurzer Zeit eine Vielzahl von Methoden und Arbeitstechniken einsetzen. Sie haben bisher eine Reihe von Methoden kennengelernt, die in den einzelnen Phasen eines Projekts Anwendung finden können.

   a) Überprüfen Sie in Ihren Arbeitsgruppen, ob Sie noch die wichtigsten Merkmale der jeweiligen Methode beherrschen und diese ohne Schwierigkeiten auch anwenden können. Bei Problemen ziehen Sie bitte dieses Buch, eigene Aufzeichnungen und/oder das Internet heran. Auch Ihre Lehrerin/Ihr Lehrer wird Ihnen sicher gern helfen.

   b) Erstellen Sie in Gruppenarbeit einen Reader mit dem Inhalt: „Wichtige Methoden für das Arbeits- und Berufsleben". Halten Sie sich dabei an die Vorgehensweise in den einzelnen Phasen eines Projekts.

   Bereiten Sie sich darauf vor, diesen Reader zu präsentieren.

7. Lesen Sie den folgenden Text. Erstellen Sie dann eine Mindmap, die dessen Inhalt wiedergibt.

   > Projects require structured management. You can recognize a project by its typical characteristics:
   > - In a project, there is a clear and measurable goal of what is to be achieved.
   > - Most tasks in companies are not subject to a time limit. They are simply day-to-day business. Projects, on the other hand, are defined by deadlines, they have fixed dates for their beginning and their end.
   > - A project requires its own organization. Project managers are allowed to involve employees from other departments. Projects are interdisciplinary and cross-departmental.
   > - Projects break new ground. They even solve problems that have not occurred yet.
   > - Projects have only limited resources.
   > - There is a great danger of failure in projects.

8. Geben Sie an, welche Art von Projekt in den beiden folgenden Beispielen vorliegt.

a) Hier ist in der Regel die Geschäftsführung der Auftraggeber des Projekts. Das Projektziel ist dabei häufig die Optimierung von Fertigungs- abläufen oder der Aufbau eines neuen Geschäftsfeldes.

b) Bei dieser Art von Projekt wird vom Kunden (Auftraggeber) ein Produkt oder eine Dienst- leistung in Auftrag gegeben.

ZUSAMMENFASSUNG

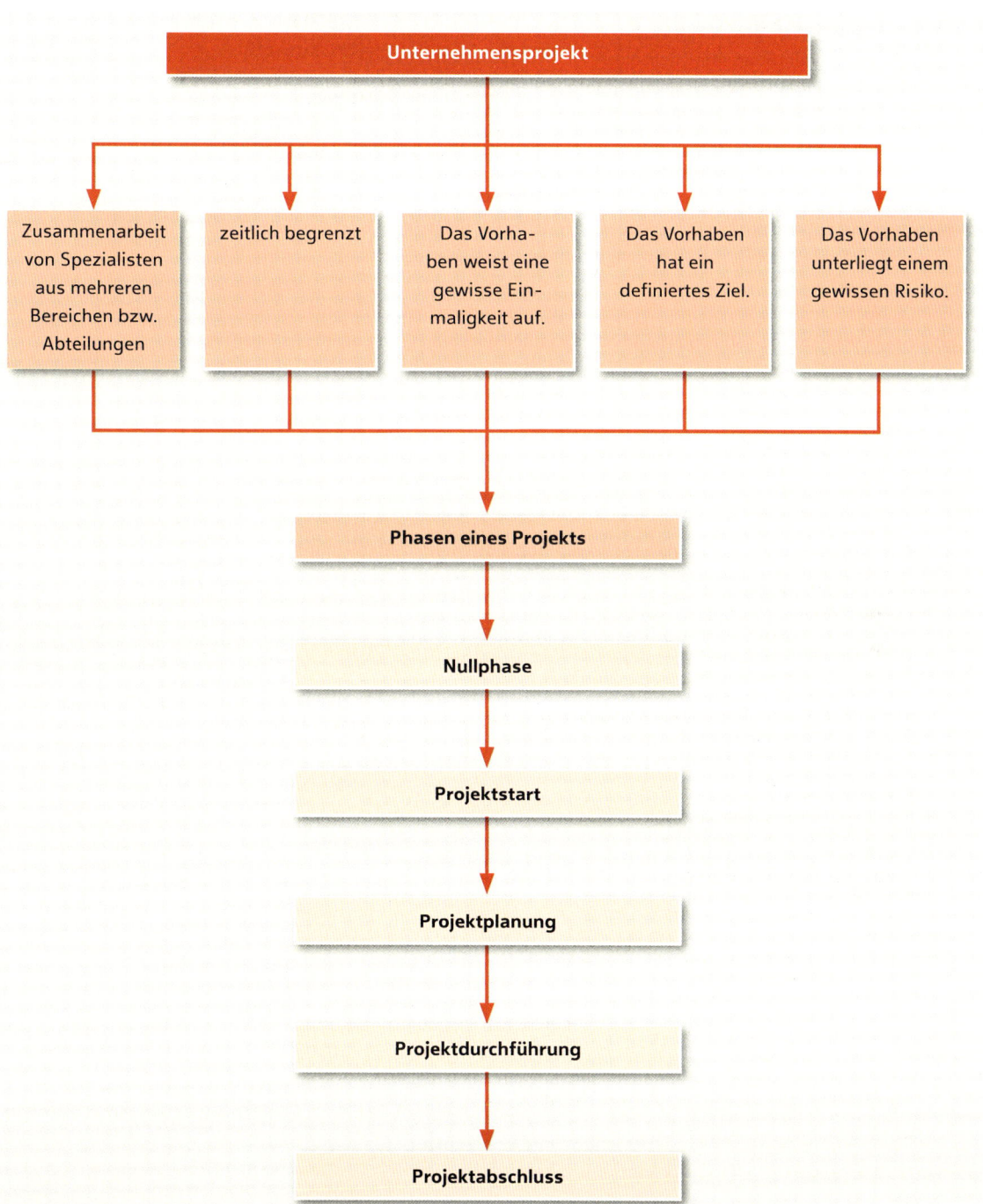

12.2 Die Projektstartphase

Einstieg

Frau Schwartzer kommt zu Ronja Bunko: „Hallo Frau Bunko, ich habe Ihnen etwas mitgebracht: Eine Einladung in das Projektteam ‚Exclusiva goes Schweiz!‘. Die Exclusiva GmbH möchte in die Schweiz expandieren. Wir sind gerade dabei, das Projekt zu starten. Momentan stellen wir ein Projektteam zusammen. Da einerseits Auszubildende lernen müssen, in Projektteams zu arbeiten, und Sie andererseits eine Schweizer Mutter haben und sowohl Französisch als auch Italienisch sprechen, haben wir Sie in das Projektteam aufgenommen. Hier ist die Tagesordnung für die Kick-off-Sitzung.“

Exclusiva GmbH
seit 1949

Einladung zu Projektteam-Sitzung

Thema der Sitzung: Projekt-Kick-off

Projektleiter: Frau Schwartzer

Projektbezeichnung: Exclusiva goes Schweiz!

Teilnehmer	Abteilung
Herr Hayes	Stabsstelle Orga
Frau Mohns	Rechnungswesen
Herr Behn	Einkauf
Herr Grodon	Logistik
Herr Runne	Verkauf
Frau Bunko	momentan Verkauf

Zeit:	Datum:	Ort:
10:00 -12:00 Uhr	17. November	Zentrale, Raum 18

Tagesordnung	Zuständig	Zeit/min
1. Begrüßung	Schwartzer	05
2. Vorstellung der Projektleitung	Schwartzer	10
3. Vorstellung Projektziel	Schwartzer	15
4. Vorstellung Projektmitarbeiter	Team	30
5. Rollenverteilung	Team	20
6. Erarbeitung der Projektregeln	Team	20
7. Absprache: Termine und Vorgehen	Team	20

Stellen Sie fest, welche Schritte in der Projektstartphase durchzuführen sind.

INFORMATIONEN

Die Nullphase im Unternehmen

Durch Problemzwänge oder durch die (Veränderungs-)Wünsche eines Auftraggebers kann es zu der Projektidee kommen.

Die Entscheidung zur Durchführung eines Projekts kommt dann zustande, wenn das zu lösende Problem so komplex und übergreifend ist, dass auch Mitarbeiter anderer Abteilungen hinzugezogen werden müssen: Die gesamte Problemlösung kann nicht mehr isoliert in den einzelnen Abteilungen von dem dortigen Personal im Rahmen der normalen Tätigkeiten (bzw. zusätzlich dazu) erledigt werden.

Das Projekt wird realisiert, wenn die Fragen nach der Durchführbarkeit und dem Durchführungswillen positiv beantwortet werden können: Für eine bestimmte Zeit (nämlich die Projektlaufzeit) wird eine Organisation eingerichtet, die die Zusammenarbeit der daran Beteiligten regelt.

Idealtypischer Ablauf der Nullphase	
Teilschritt der Phase	**Erläuterung**
Projektidee	Die Projektidee kann auf drei verschiedene Arten im Unternehmen entstehen: • Im Unternehmen kommt die Idee auf, ein zu lösendes Problem mithilfe eines Projekts zu lösen. Die Projektidee wird also von den möglichen Projektteilnehmern eingebracht. • Eine vorgesetzte Stelle beauftragt verschiedene Mitarbeiter aus unterschiedlichen Abteilungen damit, ein Projekt zu realisieren. • Ein firmenfremder Auftraggeber vergibt einen Auftrag an das Unternehmen. Der Auftrag wird von einem Projektteam abgewickelt.
Austausch über die Projektidee	In einer offenen und wertfreien Atmosphäre sollte eine Erörterung der Projektidee mit allen möglichen Beteiligten erfolgen. Zu vermeiden ist in dieser Phase die Verwendung von Killerphrasen.
Überlegungen zum Projektteam	Die möglichen Projektteilnehmer sowie der Projektleiter werden gesucht.
Formulierung der Projektidee	Es wird ein grober Entwurf der Projektidee erstellt.
Entscheidung über die Projektidee	Abhängig davon, wer das Projekt angeregt hatte, sind zwei Varianten denkbar: • Die Projektbeteiligten erzielen Einigkeit zu versuchen, die Projektidee im Rahmen eines Projekts umzusetzen. • Die Entscheidungsträger im Unternehmen geben einem Projektteam den Auftrag, ein Projekt zu realisieren.

„Es ist nicht so, wie es sein sollte. Eine Lösung muss her!"

„In unserer Abteilung allein schaffen wir das nicht! Vielleicht sollten wir es mit einem Projekt versuchen?!"

Die Nullphase (Vorprojektphase)

Die Projektinitiative in der Schule

Der Nullphase im Unternehmensprojekt entspricht die Projektinitiative in der Schule. Die Projektinitiative ist Ausgangspunkt für das Projekt: Das Projekt beginnt mit einer offenen Ausgangssituation. Sowohl Lehrer als auch Schüler können durch eine Idee ein Projekt anregen. Im Idealfall geht das Projekt komplett von den Schülerinnen und Schülern aus. Im Normalfall wird jedoch oft die grobe Themenauswahl von der Lehrkraft vorgenommen. Die Schüler sollen und können jedoch ihre Vorstellungen und Kreativität einbringen. Die Phase der Projektinitiative versteht sich also als Angebot an die Klasse und dient der Themenfindung: Es wird erst einmal abgeklärt, was die Klasse überhaupt tun will. In dieser Phase prallen nicht selten die unterschiedlichsten Vorstellungen in der Klasse aufeinander. Die Themenfindung kann bereits zum Stolperstein eines Projekts werden.

In vielen Prozessen der Ideenfindung haben sich als Methoden das Brainstorming und das Mindmapping durchgesetzt. Es ist in dieser Projektphase wichtig, dass alle Vorschläge

* zugelassen,
* nicht kommentiert
* und nicht als gut oder schlecht bewertet werden.

Vermieden werden soll zunächst eine vertiefende Diskussion. Als Ergebnis dieser Phase sollten alle Vorschläge gut sichtbar dargestellt werden.

Die Projektinitiative versteht sich also als Angebot. Ob daraus ein Projekt entsteht, entscheidet sich in der folgenden Phase.

Der Projektstart (Definitionsphase) im Unternehmen

In der Phase des Projektstarts wird das Ziel der vom Projektteam zu lösenden Aufgabe genau festgelegt und formuliert. Dazu erfolgt eine Analyse der zu lösenden Probleme.

Es wird dann in eindeutiger Weise schriftlich festgehalten,

* welche Ergebnisse in welcher Form erwartet werden,
* in welcher Zeit sie vorzuliegen haben,
* welche Rahmenbedingungen (z. B. Kosten, Organisation usw.) zu beachten sind,
* wie der Erfolg des Projekts zu überprüfen ist.

Die Zielfestlegung in einem Projekt ist extrem wichtig: Sie müssen klar und abgestimmt definiert werden. Dadurch wird die Gefahr von Missverständnissen z. B. zwischen Auftraggeber und Projektteam über den Erfolg des Projekts minimiert. Je genauer die Ziele des Projekts definiert sind, desto eher können sich alle Beteiligten zudem mit ihnen identifizieren. Deshalb sollte man bei der Formulierung von Projektzielen die folgenden Regeln beachten:

* Das Ziel muss das erwünschte Ergebnis klar, unmissverständlich und prägnant beschreiben.
* Das Ziel darf zwar komplex und anspruchsvoll sein, muss aber in jedem Fall erreichbar und realisierbar sein.
* Das Ziel muss einen Zeitpunkt der Zielerreichung enthalten.
* Das Ziel darf nicht im Widerspruch zu anderen Zielen stehen.
* Das Ziel muss messbar sein: Dadurch kann später festgestellt werden, ob es tatsächlich erreicht wurde.

BEISPIEL

Ziel: „Die Filiale Halle der Exclusiva GmbH wird Marktführer in ihrer Region." Dieses Projektziel enthält weder einen Zeitbezug („Bis wann soll dieses Ziel erreicht werden?") noch ist festgelegt, woran die Zielerreichung gemessen wird (Umsatzhöhe, Gewinnhöhe; Marktanteil usw.). Durch die unklare Formulierung dieses Projektziels kann es später zu Auseinandersetzungen über den Zielerreichungsgrad zwischen Auftraggeber und Projektteam kommen.

Für die Überprüfung eindeutig formulierter Projektziele hat sich die Formulierung mithilfe der **SMART**-Formel bewährt:

Abkürzung	Englischer Begriff	Deutscher Begriff	Bedeutung
S	Specific	Spezifisch	Das Ziel sollte eindeutig formuliert werden. Es darf kein Spielraum für Interpretationen bleiben.
M	Measurable	Messbar	Es muss erkennbar sein, ab wann das Ziel erreicht wird. Die Zielerreichung muss also messbar sein.
A	Achievable	Angemessen und aktiv erreichbar	Das Ziel sollte durch das Projektteam beeinflussbar sein. Dadurch werden die Ziele akzeptiert.
R	Relevant	Realistisch	Auch wenn das Ziel anspruchsvoll ist, sollte es erreichbar sein.
T	Timely	Terminiert	Für die Zielerreichung muss ein klarer Endtermin festgelegt werden.

Um Projekte gut zu einem erfolgreichen Abschluss zu bringen, sind also messbare Zieldefinitionen wichtig. An diesen können später Erfolg oder Misserfolg von Auftraggeber und Auftragnehmer übereinstimmend beurteilt werden. In diesem Zusammenhang spielen bei externen Projekten zwei Instrumente eine große Rolle: das Lastenheft und das Pflichtenheft.

Das **Lastenheft** beschreibt das Problem aus Sicht des Auftraggebers (z. B. des Kunden) und wird von diesem erstellt. Der Auftraggeber stellt hier seine Anforderungen an das Projekt dar. Das Lastenheft bringt den Auftraggeber also dazu, seine relativ groben und unstrukturierten Vorstellungen vom Projekt in ein umsetzbares Konzept zu verwandeln. Es hilft auch in späteren Phasen, das Projekt zu strukturieren. Für den Auftraggeber kann das Lastenheft als Grundlage für das Einholen von Angeboten verwendet werden.

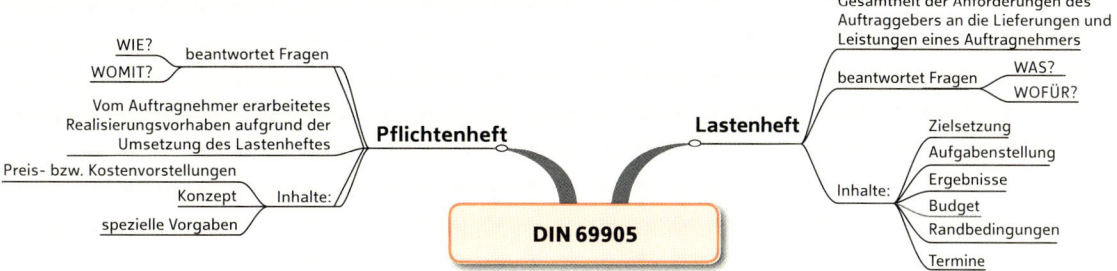

Das **Pflichtenheft** stellt dann die Lösung aus Sicht des Projektteams vor und wird von diesem erstellt. Das Projektteam legt dar, wie das vom Auftraggeber vorgegebene Lastenheft umgesetzt wird. Es beschreibt, wie und womit die vom Auftraggeber gestellten Anforderungen erfüllt und realisiert werden. Das Pflichtenheft bildet oft die Basis für die vertraglich festgehaltenen Leistungen des Auftragnehmers.

BEISPIEL

Die Exclusiva GmbH benötigt eine neue, eigens für sie programmierte Softwarelösung für das Rechnungswesen. Im Lastenheft werden alle Forderungen an das Produkt (das Programm) sowie alle erhofften Leistungen des Auftragnehmers festgehalten. Das Lastenheft wird den Anfragen an mehrere Softwarefirmen beigelegt. Die Firma softec möchte Auftragnehmer werden und untersucht das Lastenheft. Anschließend schickt sie mit dem Angebot das Pflichtenheft mit den vorgegebenen Realisierungsvorgaben an die Exclusiva GmbH zurück.

Der Projektstart endet häufig mit einer sogenannten **„Kick-off"**-Sitzung: Dort werden die Projektteammitglieder miteinander bekanntgemacht. Vorgestellt und diskutiert werden Projektziele, -inhalte, -termine und -rahmenbedingungen.

Nachdem Inhalte und Ziele festgelegt wurden, können die „Ärmel hochgekrempelt" werden – die eigentliche Arbeit beginnt.

Idealtypischer Ablauf der Projektstartphase	
Teilschritt der Phase	**Erläuterung**
Untersuchung des Problems a) Problemklärung b) Ursachenforschung	Das Projekt wird durchgeführt, um ein betriebliches Problem zu lösen. Damit das erfolgreich geschieht, müssen erst einmal alle Facetten des Problems geklärt und erfasst werden: Das Problem wird genau analysiert. Anschließend wird nach den Ursachen für das Problem gefragt.
Untersuchung der Vorgaben des Auftraggebers	Bei externen Projekten werden häufig schon detaillierte Anforderungen durch den Auftraggeber gestellt. Diese sind in einem sogenannten **Lastenheft** festgehalten. Mit diesen können die Projektziele leichter und präziser formuliert werden.
Formulierung der Projektziele	Bei der Zielformulierung muss mit großer Sorgfalt vorgegangen werden: Es müssen klare und eindeutige Ziele gefunden werden, damit sie für eine Verständigung unter allen Beteiligten nutzbar sind.
Skizzierung einer möglichen Problemlösung	Der Auftragnehmer stellt in einem groben Entwurf dar, wie das Projektergebnis aussehen kann. Dieses Lösungskonzept wird oft im sogenannten **Pflichtenheft** festgehalten.

Idealtypischer Ablauf der Projektstartphase	
Teilschritt der Phase	**Erläuterung**
Prüfung der Durchführbarkeit	Es wird noch einmal überprüft, ob die Problemlösung überhaupt durch eine Arbeit in Projektform erzielt werden kann. Analysiert wird dazu, ob • das Projektergebnis tatsächlich realisierbar ist (Kann das Projektergebnis überhaupt erreicht werden?), • mögliche Risiken bestehen (Birgt die Durchführung des Projekts Gefahren, die sonst nicht bestehen würden?), • der Aufwand für das Projekt zu groß ist (Stehen Kosten und Ergebnisse in einem angemessenen Verhältnis?).
Ernennung des Projektleiters	Spätestens jetzt muss ein Projektleiter ernannt werden. Er trägt die Verantwortung für das Erreichen der Projektziele. Seine Hauptaufgabe ist es, das Projekt im Hinblick auf die operative Planung und Steuerung eigenverantwortlich zu leiten.
Projektauftrag	In einem Schriftstück vereinbaren Auftraggeber und Auftragnehmer (rechts-)verbindlich die Rahmenbedingungen, unter denen das Projekt ablaufen soll.
Zusammenstellung des Projektteams	Aus unterschiedlichen Abteilungen werden Mitarbeiter für das Projektteam rekrutiert. Sie müssen einerseits über aufgabenbezogene fachliche und methodische Fähigkeiten, andererseits auch über viele persönliche Kompetenzen verfügen (z. B. Teamfähigkeit).
Klärung der Regeln, Ressourcen und Informationswege	Eine der wichtigsten Erfolgsfaktoren für das Gelingen eines Projekts ist der reibungslose Informationsaustausch zwischen den Projektmitarbeitern. Auch eine angemessene Projektinfrastruktur trägt dazu bei. Geklärt werden muss in diesem Zusammenhang: • welche Regeln allgemein im Projekt herrschen sollen, • welche Regeln für den Informationsaustausch gelten sollen (Wer muss wem bis wann in welcher Form berichten?), • welche Informationsmittel verwendet werden sollen (Welche Medien sollen für den Informationsaustausch zwischen den Projektmitgliedern verwendet werden?), • welche Ressourcen benutzt werden können (Welche Arbeitsmittel, Räumlichkeiten und Dienstleistungen anderer stehen zur Verfügung?).
Kick-off-Meeting	Die eigentliche Projektarbeit im Team beginnt bei diesem ersten Treffen der Teammitglieder. Neben dem gegenseitigen Kennenlernen geht es um die Erstinformation des gesamten Teams über das Projekt.

Die Projektskizzierung beim Unterrichtsprojekt

Die Projektskizzierung ähnelt der Projektstartphase bei Unternehmensprojekten. Sie besteht im Wesentlichen aus dem Sammeln von Ideenvorschlägen, aber auch kritischen Anmerkungen und Bedenken bezüglich des angestrebten Projekts. Nach den ersten Ideenvorschlägen sollten sich die Teilnehmer – also Schüler und Lehrer – mit dem Thema näher auseinandersetzen. Das Thema wird jetzt endgültig festgelegt. Für einen erfolgreichen Arbeitsprozess muss sich die Klasse als Gruppe in dem gewählten Thema wiederfinden. In dieser Phase wird also eine einschränkende Auswahl getroffen.

Die Schüler nehmen zur Projektinitiative Stellung und bringen damit auch ihre Bedürfnisse, insbesondere ihre Betätigungswünsche, zum Ausdruck. Die Teilnehmer des Projekts setzen sich mit dem zeitlichen Rahmen und den Spielregeln für den Umgang miteinander auseinander. Gegen den Willen eines Teils der Klasse sollte ein Projektthema nicht durchgesetzt werden. Ein solcher Versuch führt häufig zu Enttäuschungen sowohl aufseiten der Schülerinnen und Schüler als auch bei den Lehrkräften. Entscheidend ist hier also, dass die Idee von allen Schülern angenommen wird. Anschließend wird eine Projektskizze gestaltet, auf die sich alle einigen können.

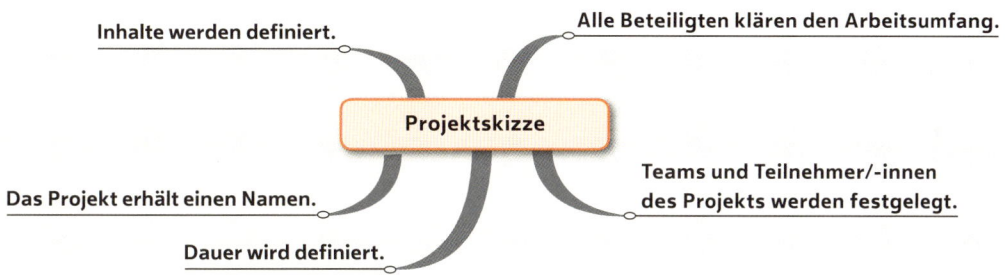

Eine Großhandelsklasse führt ebenfalls ein Projekt durch. Die Klasse hat sich auf das Thema „Aspekte der Umwelt- und Gesundheitsverträglichkeit im Großhandel" geeinigt. Anschließend stellt man die folgende Projektskizze auf:

1. Start (Kick-off)	12.03.
2. Internetrecherche und erste Materialanalyse	12.03.–23.03.
3. Endgültiger Projektplan	23.03.
4. Abstimmung mit Steuerungsperson und Aufgabenverteilung	25.03.
5. Recherche (u. a. Anfragen bei Umweltschutzverbänden)	ab 25.03.
6. Expertengespräch mit Verbraucherschützer (Verbraucherzentrale)	02.04.
7. Expertengespräch mit Vertretern eines Vereins für fairen Handel	16.04.
8. Treffen mit Steuerungsperson (Zwischenergebnisse)	21.04.
9. Ausarbeitung und Präsentationsvorbereitung	ab 23.04.
10. Treffen mit Steuerungsperson	11.05.
11. Probepräsentation	27.05.
12. Präsentation	02.06.
13. Evaluation	09.06.

Auszug aus der Projektskizze des Projekts „Aspekte der Umwelt- und Gesundheitsverträglichkeit im Großhandel" (Durchführung März bis Juni).

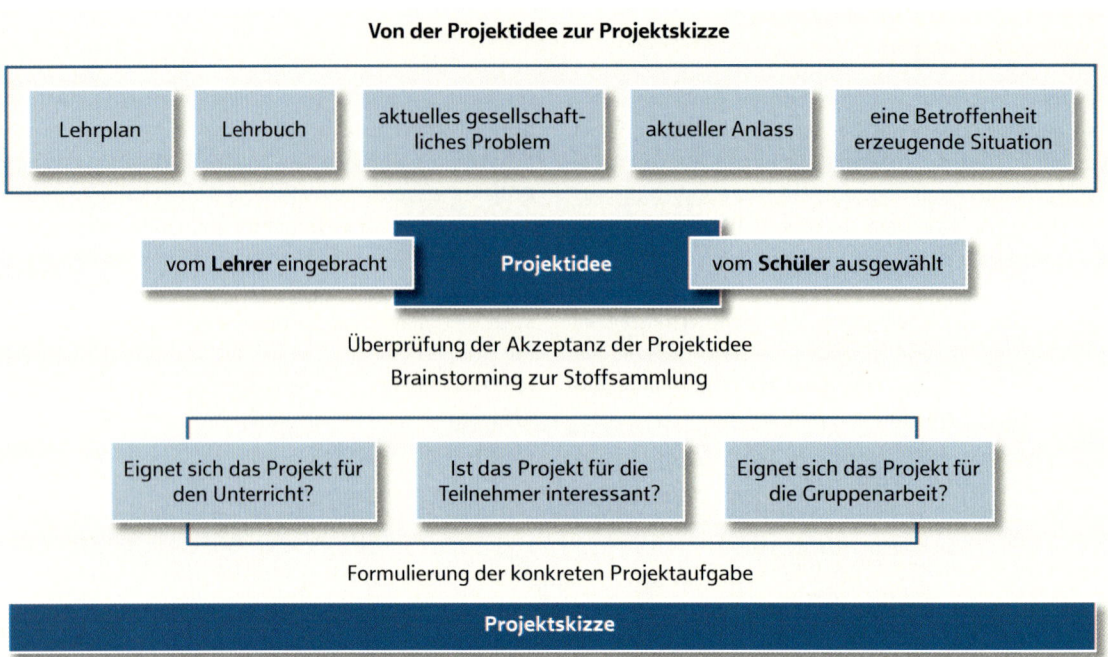

Von der Projektidee zur Projektskizze

Kreativitätstechniken in Projekten

Projekte haben i. d. R. etwas Neues zum Ziel. Ein wesentlicher Erfolgsfaktor dabei ist die Kreativität. Diese wird oft beeinträchtigt durch den hohen Termin- und Leistungsdruck. Um unter solchen Bedingungen während des gesamten Projekts kreativ sein zu können, empfiehlt sich die Anwendung von Kreativitätstechniken. Neben dem Mindmapping sind dies besonders

- das Brainstorming,
- das Brainwriting
- und die Methode „Denkhüte".

Brainstorming

Am Beginn einer Arbeit oder wenn ein Problem zur Diskussion steht, für dessen Lösung noch nicht genügend „Handwerkszeug" (Vorkenntnisse, Grundlagen, Detailinformationen) zur Verfügung steht, kann ein Verfahren angewendet werden, das die Ideenproduktion in einer möglichst kreativen und angstfreien Atmosphäre gewährleisten soll: das Brainstorming („Gehirnsturm").

In der Arbeitsgruppe werden zu einem bestimmten Thema, einem Problem oder einer Aufgabe in beliebiger Folge die spontanen Einfälle („Geistesblitze") zusammengetragen. Dabei gelten folgende Regeln:

- Jeder kann sich mehrfach äußern und nennt spontan seine – auch noch so ausgefallenen – Ideen.

- Kommentare, Rückfragen, Kritik zu den Äußerungen sind nicht erlaubt. Furcht vor Kritik hemmt die Äußerung ungewöhnlicher Ideen.
- Angestrebt ist eine Kombination von Ideen und Weiterentwicklung von Ideen.
- Die Äußerungen werden protokolliert.

Nach Beendigung der „Sturmphase" können die produzierten Ideen geordnet und unter einer bestimmten Fragestellung zusammengefasst werden. Alle Beiträge der Teilnehmer sollten dabei nicht an Maßstäben wie „utopisch", „nicht machbar" usw. gemessen werden, sondern die produzierten Ideen sollten zum weiteren Nachdenken anregen und Impulse für die Weiterarbeit sein.

Nun könnten die gesammelten Lösungsvorschläge nach internen und externen Problemen systematisiert werden.

BEISPIEL

In einem Methodenseminar trifft Frau Schwartzer den Chef eines Einzelhandelsunternehmens. Dieses verzeichnete seit längerer Zeit Umsatzeinbußen. Der Chef des Warenhauses bat deshalb zu einer Abteilungsleiterkonferenz, um in dieser Runde ein Brainstorming durchzuführen. Gefragt wurde nach den Ursachen für den Umsatzrückgang. Die Abteilungsleiter trugen nun folgende Gründe an einer Pinnwand zusammen:

Ursachen für Umsatzrückgang		
Neue Zielgruppen, die bisher nicht ausreichend berücksichtigt wurden (ältere Leute, Kinder, ...)	Einkommensreduzierung	Überangebot an Produkten insgesamt
	steigende Arbeitslosigkeit	
	Inflationsrate	Entstehung neuer Betriebs-formen, wie Fachmärkte, die z. T. preisaggressiv handeln
Neue Trends, die ebenfalls zu wenig berücksichtigt wurden (Trend zum Reisen, Auto, moderne Technologien, Erwerb von Eigentum)	fehlendes Urlaubs- bzw. Weihnachtsgeld	Zu viele Penner-Artikel
Erhöhte Abgaben: Steuern, Abgaben für Pflegeversiche-rung, Solidaritätszuschlag	Kauflust lässt nach wegen Unsicherheit über die zukünftige Lage	Mangelndes Dienstleistungs-angebot im eigenen Haus
sinkendes Realeinkommen	Verdrängungswettbewerb	Unfreundliches Verkaufspersonal
	Überangebot an Konkurrenz-produkten	

Quelle: Jecht, H., Sgonina, S.: Lernen und arbeiten in Ausbildung und Beruf. Methodenheft für den handlungsorientierten Unterricht. 1. Auflage. Darmstadt: Winklers Verlag 1998, S. 79.

Brainwriting

Eine Alternative zum Brainstorming ist das Brainwriting.

Eventuelle Nachteile des Brainstormings wie z. B.

- Verlust von Ideen,
- Verstöße gegen die Regel, jedem zuzuhören, durch Unterbrechungen

werden durch das Brainwriting vermieden. Dabei schreiben 6 Personen jeweils 3 Ideen zu einer vorgegebenen Problemstellung in einem Brainwriting-Schritt von etwa 5 Minuten in ein Formular. Diese Methode wird deshalb oft auch 6-3-5-Methode genannt.

Das Formular wird anschließend an den Nachbarn weitergegeben, der in der nächsten Zeile versucht, die drei Ideen seines Vorgängers weiterzuentwickeln. Dies geht so lange weiter, bis alle Felder des Formulars gefüllt sind. Alle Teilnehmer können ohne Beeinflussung durch andere Teilnehmer anonym und in Ruhe über das Thema nachdenken. Im Verlauf des Brainwritings kommt es zu einer Umformung, Verfeinerung oder Verbesserung der ursprunglich niedergeschriebenen Ideen. Erst jetzt werden die kreativen Lösungen der ganzen Gruppe vorgetragen. Von jetzt an darf bewertet werden.

Problem: Wie können wir die Kreativität in unserem Team steigern?			
Teilnehmernummer	1. Idee	2. Idee	3. Idee
1	Abbau von Hierarchie	Schaffen von Wohlbefinden	Selbstbewusstsein ermöglichen
2	Gutes Arbeitsklima	Freiräume schaffen	Teammitgliedern Unab-hängigkeit zugestehen
3	Teammitgliedern mit Tespekt begegnen	Büroräume entspre-chend gestalten	Schwächen haben dürfen
4	Jeder darf ausreden	Förderliche Arbeitszeiten und Pausen	Fehlerkultur entwickeln
5	...	...	...
6			

Beispiel für ein Brainwriting

Die 6 denkenden Hüte

Diese Methode fördert das systematische und strukturierte Denken. Es ist eine Mischung aus einer Gruppendiskussion und einem Rollenspiel: Eine Fragestellung bzw. ein Problem wird aus einem bestimmten Blickwinkel, der durch die Farbe eines Huts symbolisiert wird, betrachtet. Den Teilnehmern wird entsprechend der Art oder Rolle, in der sie denken sollen, ein Symbol für einen Hut in einer bestimmten Farbe zugeteilt. Sie sollen sich dann auf ihre zugeteilte Farbe mit den dazugehörigen Eigenschaften einstellen und sich in der Diskussion entsprechend diesem vorgegebenen Rahmen bewegen.

Hut	Aufgaben des Huts	Typische Fragestellungen des Hutinhabers
Weiß	Der „Träger" nimmt eine objektive Haltung ein. Er soll alle zur Verfügung stehenden Informationen sammeln, ohne irgendeine Wertung vorzunehmen.	Haben wir alle Informationen vorliegen? Brauchen wir zu einem Gesichtspunkt noch Daten?
Rot	Der „Träger" nimmt eine subjektive Haltung ein: Er denkt und empfindet emotional, sowohl positiv als auch negativ. Seine Gefühle und seine Intuition muss er nicht begründen.	Was gefällt mir? Was gefällt mir nicht? Wie sehe ich das gefühlsmäßig?
Grün	Der Inhaber dieser Rolle ist für Kreativität zuständig. Er sucht neue Ideen oder Alternativen. Er darf alles vorschlagen, was zu neuen Ansätzen führt, egal wie verrückt oder unrealistisch dies zunächst erscheint.	Wie lässt sich dieses Problem mal ganz anders lösen? Wenn wir die ganzen Rahmenbedingungen jetzt einfach mal vergessen, wie könnte dann eine Ideallösung aussehen?
Schwarz	Der „Träger" dieses Huts denkt kritisch. Er versucht, möglichst objektiv (!) alle negativen Aspekte der Problemstellung zu finden.	Welche Gefahren und Risiken gibt es hier? Was ist das Worst-Case-Szenario? Welche Probleme könnten bei der Umsetzung auftauchen?
Gelb	Der Inhaber dieser Rolle denkt optimistisch. Er sieht objektiv (!) alle möglichen vorteilhaften Aspekte der Problemstellung und -lösung.	Welche Vorteile bringt dies? Welchen Nutzen haben wir noch zusätzlich bei der Umsetzung?
Blau	Der Inhaber dieser Rolle strukturiert und kontrolliert den gesamten Denkprozess. Er fasst dessen Ergebnisse zusammen und behält den Überblick. Er übernimmt oft die Moderatorenrolle.	Wie können wir das tatsächlich umsetzen? Was brauchen wir für die Umsetzung? Wie können wir die Umsetzung kontrollieren? Wie erkennen wir die Zielerreichung?

Es sind zwei grundlegende Vorgehensweisen denkbar:

• Jeder Teilnehmer bekommt eine Rolle zugeordnet und bleibt während der gesamten Sitzung bei dieser Rolle.

• In vom Moderator vorgegebenen Zeitabständen werden die Rollen getauscht.

AUFGABEN

1. Was versteht man unter der Nullphase eines Projekts?

2. Welche Tätigkeiten werden in der Phase des Projektstarts in Wirtschaftsprojekten durchgeführt?

3. „Die Bearbeitungszeit von Reklamationen ist deutlich zu reduzieren."
   a) Beurteilen Sie dieses Projektziel.
   b) Finden Sie ggf. eine bessere Zielformulierung.

4. Was ist eine Kick-off-Sitzung?

5. Wie kann es zur Projektidee in Unterrichtsprojekten kommen?

6. Welche Punkte umfasst eine Projektskizze?

7. Warum ist das Beherrschen von Kreativitätstechniken in Projekten von erheblicher Bedeutung?

8. Warum wird das Brainwriting oft auch „6-3-5-Methode" genannt?

9. Sie sind Unternehmensberater für Projektmanagement. Beurteilen Sie die folgenden Zieldefinitionen und machen Sie Verbesserungsvorschläge.
   a) Das Projekt gilt als erfolgreich, wenn der Auftraggeber mit dem Buchführungsprogramm zufrieden ist.
   b) Die Maschine für die Fahrradproduktion wird nach der Erstellung des Fabrikgebäudes aufgebaut.
   c) Das neue Fahrradmodell Cycle-Extreme soll in nächster Zeit am Markt eingeführt werden.
   d) Die Rationalisierung der Logistik soll zufriedenstellend abgeschlossen werden.
   e) Das ERP-Programm soll schnell installiert werden.

10. Montagmorgen in der Exclusiva GmbH.

   Herr Hertien:
   „Guten Morgen, Herr Seeger!"

   Andreas Seeger:
   „Guten Morgen, Hertien."

Herr Hertien:
„Sie wundern sich sicherlich, warum ich vorbeikomme. Frau Nestmann hat sich beim Sport ein Bein gebrochen und fällt aus für das Projektteam, das ich leite. Wir haben überlegt, wer einspringen könnte – und da tauchte mit einem Mal Ihr Name auf: Sie wollen ja bei uns bleiben und werden auch von uns übernommen – so viel darf ich Ihnen schon verraten – da liegt es ja nur nahe, Sie auch Projekterfahrungen machen zu lassen … Wir haben das Ganze auch mit Ihrem Abteilungsleiter Herrn Glandorf abgesprochen. Sie fangen also sofort im Projektteam an."

Andreas Seeger:
„Okay, äh, um was für ein Projekt geht es denn?"

Herr Hertien:
„Es geht um die Einführung eines neuen Warenwirtschaftssystems für die Exclusiva GmbH. Herr Seeger, ich weiß, ich überfalle Sie damit jetzt ein bisschen. Wir brauchen aber jemand, der mir assistiert. Sie werden heute also für sich zunächst einmal klären, was ein Projekt ist und wie sich die Projektarbeit in unserem Team von der Arbeit in der Abteilung bei Herrn Glandorf unterscheidet … Und ab morgen geht es dann für Sie richtig los. Wir sind gerade in der Projektstartphase … und wir dürfen hier keinen wichtigen Schritt vergessen. Frau Nestmann hatte schon einmal angefangen, die Projektziele zu definieren und die Kick-off-Sitzung vorzubereiten. Das müssten Sie jetzt mal übernehmen. Hier sind ihre handschriftlichen Aufzeichnungen …"

Andreas Seeger:
„Ich versuche mein Bestes …"

a) Unterscheiden Sie die Arbeit in Projekten von der normalen Arbeit eines Sachbearbeiters.
b) Erläutern Sie den Begriff Projektmanagement.
c) Beurteilen Sie die vier von Tamara Nestmann formulierten Projektziele.

Teilziel	Projektziel	Beurteilung	ggf. Verbesserungsvorschlag
TZ 1	Das Warenwirtschaftssystem ist möglichst schnell im Unternehmen zu installieren.		
TZ 2	Das Warenwirtschaftssystem soll innerhalb mehrerer Wochen nach der Installation funktionieren.		
TZ 3	Das installierte Warenwirtschaftssystem soll nach der Installation große Rationalisierungsvorteile bringen.		
TZ 4	Das Warenwirtschaftssystem verursacht nur geringe laufende Kosten.		
TZ 5	Die Mitarbeiter sollen mit dem neuen Programm zufrieden sein.		

d) Andreas Seeger überfliegt die handschriftlichen Aufzeichnungen von Tamara Nestmann zum Ablauf der Kick-off-Sitzung.

Projektleiter: Herr Hertien
Was soll ich machen: Einladung zu Projektteam-Sitzung
Was soll dort passieren?
Herr Hertien:
Begrüßung (10 min); Vorstellung der Projektleitung (5 min); Vorstellung Projektziel (20 min);
Dann Team:
Vorstellung Projektmitarbeiter (25 min); Rollenverteilung (20 min); Erarbeitung der Projektregeln (20 min);
Absprache: Termine und Vorgehen (20 min);

Wie lange: 2 Stunden. Beginn 14:00 Uhr
Thema: Kick-off-Sitzung
Wann: 08.01.

Wer?
Einkauf: Herr Hertien
Verwaltung: Frau Kutzke
Logistik: Herr Liehnhoff
Verkauf: Frau Teske
Ich
Rechnungswesen: Frau Schatz

Wo?
Zentrale, Raum 20

Erstellen Sie für ihn eine Einladung zur Kick-off-Sitzung.

Thema der Sitzung:

Projektleiter:

Projektbezeichnung:

Teilnehmer   Abteilung

MUSTER

Zeit: Datum: Ort:

Tagesordnung   Zuständig   Zeit/min

ZUSAMMENFASSUNG

Nach der Entscheidung über die Durchführung des Projekts

Nullphase

- Projektidee
- Austausch über die Projektidee
- Überlegungen über das Projektteam
- Formulierung der Projektidee
- Entscheidung über die Projektidee

wird das Projekt gestartet

Projektdefinitionsphase

- Untersuchung des Problems
  – Problemklärung
  – Ursachenforschung
- Untersuchung der Vorgaben des Auftraggebers
- Formulierung der Projektziele
- Skizzierung einer möglichen Problemlösung
- Prüfung der Durchführbarkeit
- Ernennung des Projektleiters
- Projektauftrag
- Zusammenstellung des Projektteams
- Klärung der Regeln, Ressourcen und Informationswege
- Kick-off-Meeting

12.3 Die Projektplanung

Einstieg

Frau Schwartzer spricht Ronja Bunko an.

Frau Schwartzer:

„Wir können jetzt in die Projektplanung einsteigen. In dieser Phase müssen wir das Projekt in Teilaufgaben zerlegen. Dazu werden wir demnächst einen Projektstrukturplan erstellen. Zu meiner Unterstützung können Sie sich ja schon einmal in diese Thematik eindenken …"

Ronja Bunko:

„Ja, klar, mache ich."

Frau Schwartzer:

„Am besten fertigen Sie für unsere neue Filiale in Bern einen ersten Projektstrukturplan als vorläufigen Entwurf an. Sie wissen, dass wir dort auf einem gekauften Grundstück Geschäftsräume und ein Lager bauen werden. Zur Repräsentation sollen auch die Außenanlagen schön gestaltet werden."

1. Führen Sie auf, welche Schritte ein Projektteam im Rahmen der Projektplanung durchführen muss.

2. Erstellen Sie einen Projektstrukturplan.

INFORMATIONEN

Die Projektplanung in Wirtschaftsprojekten

Innerhalb dieser Phase wird die Projektarbeit inhaltlich und terminlich genau strukturiert. Zunächst einmal müssen die für das Projekt erforderlichen **Arbeitspakete** erkannt und erfasst werden. Ein Arbeitspaket stellt eine geschlossene, nicht mehr unterteilbare Aufgabenstellung innerhalb des Projekts dar. Darauf aufbauend wird ein **Projektstrukturplan** angefertigt. Dieser zeigt für das Projekt die einzelnen Teilprojekte und die jeweils dazugehörenden Arbeitspakete auf.

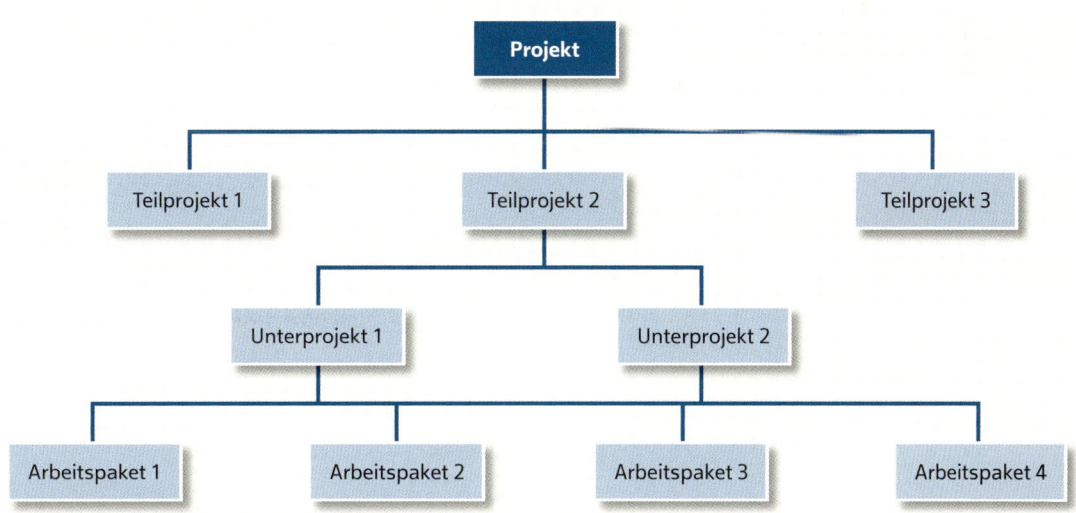

Ein Beispiel für einen Projektstrukturplan

Das Projektteam führt anschließend die **Planung des Projektablaufs** durch. Es durchdenkt also zukünftige Arbeiten im Projekt. Anschließend erfolgt die **Visualisierung des Projektablaufs:** Grafische Darstellungen erlauben es, komplexe Zusammenhänge im Projekt schnell und intuitiv zu präsentieren und zu verstehen. Auch die Termine, zu denen Ergebnisse vorliegen müssen, werden definiert. Dabei werden wesentliche Zwischenziele – die sogenannten **Meilensteine** – formuliert, die dafür Verantwortlichen werden festgelegt. In diesem Zusammenhang sind Arbeitspakete nötig, um die Meilensteine zu erreichen. Schließlich muss das Projektteam im Rahmen der **Ressourcenplanung** die für die Durchführung notwendigen Sachmittel und Personen ermitteln und eine **Kostenkalkulation** durchführen.

Projektrisiken

Projekte sind außergewöhnliche Vorhaben. Solche außergewöhnlichen Vorhaben sind durch drei Risiken gekennzeichnet:

- **Qualitätsrisiko:** Es besteht die Gefahr, dass die Projektziele nicht in vollem Umfang erreicht werden können.
- **Kostenrisiko:** Es besteht die Gefahr, dass das Projekt teurer wird als geplant.
- **Terminrisiko:** Es besteht die Gefahr, dass das Projekt nicht rechtzeitig abgeschlossen wird.

Diese drei Risiken bestehen – in unterschiedlichem Ausmaß – bei jedem Projekt. Um sie zu minimieren, müssen die kritischen Faktoren des Projekts bereits im Vorfeld erkannt und ggf. Gegenmaßnahmen geplant werden. Dabei geht man am besten in drei Schritten vor:

1. Projektrisiken erkennen
2. Projektrisiken hinsichtlich der Kategorien Eintrittswahrscheinlichkeit und Auswirkungen auf das Projekt bewerten
3. Gegenmaßnahmen planen

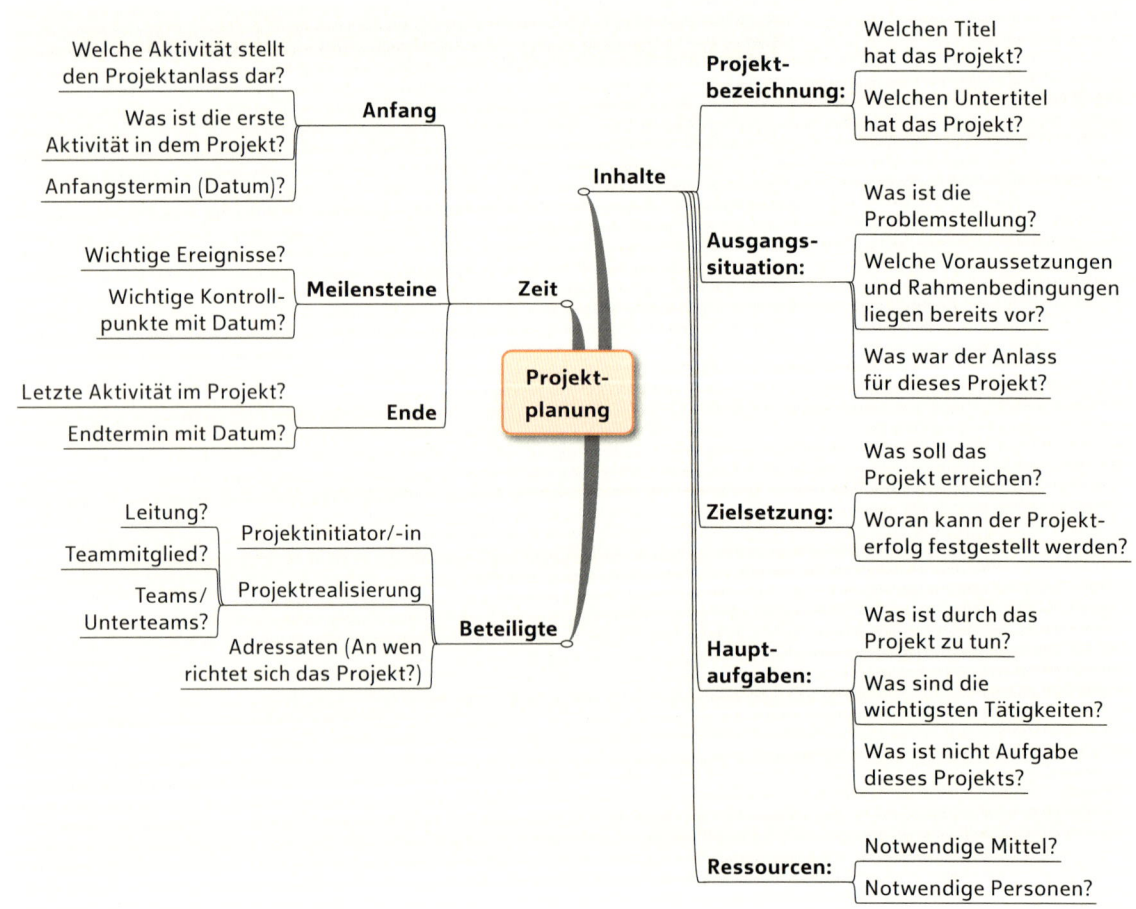

Idealtypischer Ablauf der Projektplanungsphase	
Teilschritt der Phase	**Erläuterung**
Identifikation und Beschreibung von Arbeitspaketen	Zunächst einmal muss man einen Überblick über die im Projekt zu erledigenden Aufgaben gewinnen. Damit strukturiert man das Projekt und macht es transparent. Eine solches Vorgehen gibt dem Projektteam später eine klare Richtung vor. Die Projektplanung beginnt mit dem Erkennen und Beschreiben von Arbeitspaketen. Arbeitspakete sind abgrenzbare Aufgaben, die nicht weiter sinnvoll unterteilt werden können. Um die Arbeitspakete zu identifizieren, hat es sich als sinnvoll erwiesen, stufenweise vorzugehen. Die gesamten Tätigkeiten sind in einer hierarchischen Form zu ordnen: • Ausgangspunkt des Vorgehens ist das Hauptprojektziel (also die Aufgabe, die das gesamte Projektteam betrifft). • Dieses wird in Teilaufgaben zerlegt, die hierarchisch wiederum in Unteraufgaben zerlegt werden können. • Ein Arbeitspaket liegt vor, wenn eine Unteraufgabe nicht mehr zerlegt werden kann. Dies ist der Fall, wenn das Arbeitspaket in sich abgeschlossen ist. Das Arbeitspaket ist dann in Art und Umfang übersichtlich und von anderen Tätigkeiten (Arbeitspaketen) im Projekt klar abgrenzbar. Alle festgestellten Arbeitspakete ergeben zusammengefasst den gesamten Leistungsumfang des Projekts. Für ein Arbeitspaket ist später dann eine Gruppe oder ein einzelner Mitarbeiter zuständig.
Erstellen des Projektstrukturplans	Nach dem Erkennen der Arbeitspakete wird ein Projektstrukturplan erstellt. Dieser unterteilt das Projekt visuell in einzelne Blöcke, die für das Projektteam verständlich sind. Der Projektstrukturplan gliedert das Projekt ausgehend von der Projektaufgabe in Teilprojekte und Arbeitspakete. Er enthält sämtliche zur Erreichung des Projektziels durchzuführende Arbeitspakete. Die Zergliederung der gesamten Projektaufgabe lässt sich • objektorientiert, • funktionsorientiert vornehmen. Oft kommen in einem Projektstrukturplan beide Gliederungsprinzipien vor; man spricht dann von einem gemischtorientierten Projektstrukturplan.
Planung des Projektablaufs	Steht der Projektstrukturplan, wird im nächsten Schritt der eigentliche Projektablauf geplant. Für jedes einzelne Arbeitspaket wird festgehalten, • wie viel Zeit das einzelne Arbeitspaket normalerweise verbraucht: Zu vermitteln ist also die Dauer der einzelnen Tätigkeiten, • wie die einzelnen Arbeitspakete logisch und zeitlich sinnvoll zusammenhängen. Geklärt wird, in welcher Reihenfolge die Arbeitspakete zu erledigen sind.
Visualisierung des Projektablaufs	Um einen besseren Überblick über komplexe Projekte zu bekommen, wird das Ergebnis einer Projektablaufplanung i. d. R. visualisiert, d. h. grafisch dargestellt. Zunächst wird immer eine **Vorgangsliste** erstellt. Diese ist eine Tabelle, die folgende Informationen in vier Spalten aufnimmt: • eine Vorgangsnummer, • eine eindeutige Bezeichnung für den Vorgang, • die Dauer des jeweiligen Arbeitspakets und • den Vorgänger des Arbeitspakets, der zum Beginn unbedingt beendet sein muss.

Idealtypischer Ablauf der Projektplanungsphase	
Teilschritt der Phase	**Erläuterung**
	Darauf aufbauend können für die grafische Darstellung des zeitlichen Ablaufs drei Visualisierungsinstrumente erstellt werden: • **Termintabelle:** Eine Termintabelle enthält die Arbeitspakete in der Reihenfolge ihrer Bearbeitung mit den jeweiligen Anfangs- und Endbeständen. Termintabellen werden oft nur in einfachen Projekten verwendet. • **Balkendiagramm:** Dieses ist erheblich übersichtlicher als die Termintabelle. Auf einer Zeitachse werden die einzelnen Arbeitspakete durch waagrecht verlaufende Balken dargestellt. Deren Länge lässt die Dauer der jeweiligen Tätigkeiten erkennen. • **Netzplan:** Ein wichtiger Nachteil von Balkendiagrammen ist, dass nur schwer erkennbar ist, wie die Arbeitspakete miteinander zusammenhängen. Deshalb verwenden die meisten Projektteams in komplexen Projekten immer Netzpläne. Diese stellen sämtliche Arbeitspakete und deren Abhängigkeiten voneinander in einer Form dar, die einer Netzstruktur ähnelt.
Ressourcenplanung	Um den mit den Visualisierungsmitteln erstellten Projektablauf später erfolgreich durchführen zu können, muss das Projektteam nun noch überlegen, welche Ressourcen dazu benötigt werden: Geklärt werden sollte zunächst, welche Mitarbeiter des Unternehmens für die Erledigung des jeweiligen Arbeitspakets zuständig sind. Eventuell können auch unternehmensfremde Personen hinzugezogen werden. Weiterhin müssen die benötigten Räumlichkeiten reserviert werden. Auch die erforderlichen Sachmittel wie z. B. Computer und Programme sind festzustellen.
Kostenkalkulation	Die Daten aus der Projektablauf- und Ressourcenplanung werden hinzugezogen, um die Kosten des Projekts zu berechnen. Dadurch kann entschieden werden, ob es sich überhaupt lohnt, das Projekt durchzuführen. Andererseits dient die Kostenkalkulation dem Controlling: Die eingeplanten Kosten für die einzelnen Arbeitspakete sind später in der Phase der Projektdurchführung zu überwachen. Eventuelle Überschreitungen des Kostenrahmens können andere Projekte bzw. sogar die finanzielle Lage des Unternehmens gefährden.
Qualitätsplanung	Nicht nur die Termine oder die Kosten eines Projekts müssen eingehalten werden, auch die Qualität des Projektergebnisses muss vorher definierten Ansprüchen genügen. Um die Zufriedenheit des Auftraggebers sicherzustellen, sollten im Rahmen der Qualitätsplanung Qualitätsmaßstäbe festgelegt werden. Es gibt verschiedene Verfahren, die die Beibehaltung einer hohen Qualität bzw. eine Steigerung der Qualität zum Ziel haben.

Die Projektplanung in Unterrichtsprojekten

In dieser Phase entsteht aus der Projektskizze ein konkreter Projektplan. Mit dem Projektplan wird das Betätigungsfeld genau festgelegt. Er dient während der Projektarbeit als Orientierungshilfe: Arbeitsschritte und -formen werden geplant, die notwendigen Ressourcen (Personen, Zeit, Materialien, Medien) ermittelt. Diese Phase kann auch genutzt werden, um sich auf ein Endprodukt zu konzentrieren (z. B. Präsentation, Videofilm, Ausstellung).

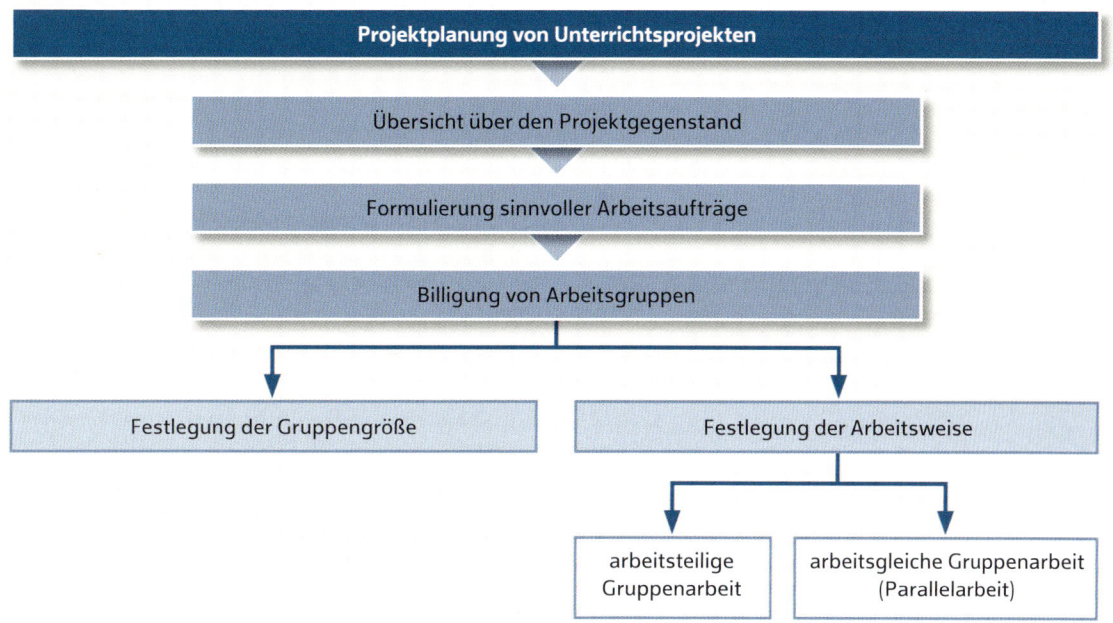

AUFGABEN

1. Was sind Arbeitspakete?

2. Erläutern Sie den Begriff „Meilenstein".

3. Was ist die Aufgabe eines Projektstrukturplans?

4. Führen Sie Projektrisiken auf, die bei der Planung berücksichtigt werden müssen.

5. Welche Informationen enthält eine Vorgangsliste?

6. Wodurch unterscheiden sich Balkendiagramme und Netzpläne?

7. Welche Ressourcen müssen im Rahmen des Projekts bedacht werden?

8. Führen Sie Ziele der Kostenkalkulation in einem Projekt auf.

9. a) Rufen Sie die Internetadresse
   *www.e-teaching.org/projekt/organisation/
   ressourcen/zeit* auf.
   b) Untersuchen Sie die dort aufgeführten Informationen zur Netzplantechnik.
   c) Bereiten Sie sich darauf vor, einen Vortrag zur Netzplantechnik zu halten.

10. Der Zeitfaktor ist ein wesentlicher Aspekt beim Projektablauf.
    Arbeitsabläufe im Rahmen von Projekten können sehr schön mithilfe von **Balkendiagrammen** visualisiert werden. Diese ermöglichen eine einfach zu erstellende Terminplanung von Arbeitspaketen und Meilensteinen, die in Form von Balken über eine Zeitskala dargestellt werden.

BEISPIEL

In der Finanzbuchhaltung eines Versandhandelsunternehmens haben die verschiedenen Mitarbeiter ihre Urlaubswünsche angemeldet:

Dies sind der Abteilungsleiter Müller, sein Stellvertreter Meier und die Sachbearbeiter Schulze, Brunotte, Putzig und Gutfried. Der Urlaub soll in einer Zeit von 8 Wochen genommen werden. In der Personalabteilung wird daraufhin zunächst der gewünschte Urlaubsplan als Balkendiagramm erstellt:

Woche / Mitarbeiter	1	2	3	4	5	6	7	8
Müller								
Meier								
Schulze								
Brunotte								
Putzig								
Gutfried								

Balkendiagramme eignen sich besonders für die Terminplanung. Die Balkendauer gibt die Zeitdauer eines Vorgangs an.

Müller und Schulze haben Kinder und können daher ihren Urlaub nur in den Schulferien (1. bis 6. Woche) nehmen. Die Unternehmensleitung gibt zudem die Anweisung, dass immer ein Vorgesetzter und möglichst die Hälfte der Sachbearbeiter im Betrieb anwesend sein sollen. Daraufhin erstellt die Personalabteilung das folgende Diagramm:

Woche / Mitarbeiter	1	2	3	4	5	6	7	8
Müller								
Meier								
Schulze								
Brunotte								
Putzig								
Gutfried								

Die Exclusiva GmbH plant auch, in Österreich eine Filiale zu eröffnen. Dazu wird ein Projektteam gebildet. Nachdem in einem Wiener Gewerbegebiet ein Grundstück gefunden wurde, soll nun das Betriebsgebäude errichtet werden. Das Projektteam plant die Zeit bis zur Fertigstellung:
Für Ausschachtarbeiten werden 2 Wochen eingerechnet. Der Rohbau wird mit 11 Wochen eingeplant. Ist er hochgezogen, werden die Installationsarbeiten (8 Wochen) vorgenommen und gleichzeitig der Dachstuhl (2 Wochen) aufgesetzt und dann die Dachdeckerarbeiten (1 Woche) ausgeführt. Erst wenn diese drei Arbeiten vorgenommen wurden, können Fenster und Türen eingesetzt werden (1 Woche). Anschließend können der Innenputz (2 Wochen) und der Außenputz (3 Wochen) parallel angebracht werden. Ist das geschehen, werden

gleichzeitig die Zufahrt zur Rampe erstellt (1 Woche) sowie die Malerarbeiten (2 Wochen) vorgenommen. 2 Wochen werden letztlich noch für die Tätigkeiten der Betriebseröffnung (Beschicken des Lagers, Einzug) benötigt.
Erstellen Sie für dieses Projekt ein Balkendiagramm.

11. Vor allem bei größeren Projekten wird die **Netzplantechnik** – in der Regel unter EDV-Einsatz – zur Darstellung von Projektabläufen angewandt.

Ein Netzplan zeigt – genau wie das Balkendiagramm – die zeitliche und logische Aufeinanderfolge von Vorgängen. Er zeigt drastisch die Ablaufstruktur eines Arbeitsprozesses. Mit einem Netzplan kann man Engpässe und mögliche Störungen frühzeitig erkennen und entsprechende Gegenmaßnahmen einleiten.

Ein Netzplan ist hervorragend dazu geeignet, bei einer größeren Anzahl an Arbeitspaketen eines Projekts die inneren Abhängigkeiten zwischen den einzelnen Arbeitspaketen abzubilden. Aus einem Netzplan können die Projektbeteiligten Folgendes ablesen:

- Wie lange wird das ganze Projekt dauern? Welche Risiken treten dabei auf?
- Welche kritischen Aktivitäten des Projekts können das gesamte Projekt verzögern, wenn sie nicht rechtzeitig fertig werden?
- Ist das Projekt im Zeitplan, wird es früher oder später fertig?
- Wenn das Projekt früher fertig werden soll, was ist am besten zu tun?
- Wie kann man eine Beschleunigung des Projekts mit den geringsten Kosten erreichen?

Der Grundgedanke der Netzplantechnik liegt in der Erkenntnis, dass wenige Tätigkeiten, die den längsten Pfad durch das Netzwerk bilden, den Erfolg des gesamten Projekts beeinflussen können. Werden diese „kritischen" Aktivitäten frühzeitig erkannt, können die Projektbeteiligten frühzeitig Gegenmaßnahmen ergreifen.

Der Netzplan erlaubt eine

- Konzentration auf die kritischen Tätigkeiten,
- Umplanung unkritischer Vorgänge, ohne dass das gesamte Projekt negativ beeinflusst wird.

Beispiel für eine Netzplanerstellung:

Die Erstellung eines Netzplans erfolgt in fünf Schritten:

Schritt 1: Vorgangsliste erstellen

Für die Erstellung eines Netzplans werden alle Vorgänge eines Projekts in einer Vorgangsliste mit dem jeweiligen unmittelbaren Vorgänger und Nachfolger erfasst:

Vorgangs-nummer	Vorgang	Unmittel-barer Vorgänger	Unmit-telbarer Nach-folger
1	Aus-schachten	–	2
2	Rohbau	1	3, 4
•	•	•	
•	•	•	•
•	•	•	•

Schritt 2: Vorgangsknoten erstellen

Aus der Vorgangsliste kann der eigentliche Netzplan erstellt werden. Dabei wird zunächst jeder einzelne Vorgang durch einen Vorgangsknoten dargestellt:

Vorgangsnummer

Vorgang

Vorgangsdauer

Schritt 3: Vorgangsknoten in Beziehung setzen

Ein Pfeil kennzeichnet im Netzplan die Beziehung zwischen Vorgänger und Netzplan:

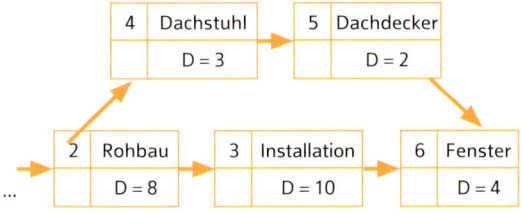

(Ausschnitt aus einem Netzplan)

Schritt 4: Anfangs- und Endzeitpunkt der einzelnen Vorgänge ermitteln

Man ermittelt zunächst für jeden Vorgangsknoten den jeweiligen **frühesten Anfangszeitpunkt** (FAZ) und **frühesten Endzeitpunkt** (FEZ). Der FAZ gibt an, wann jeder einzelne Vorgang jeweils beginnen kann. Der FEZ informiert über den Zeitpunkt, wann der Vorgang frühestens beendet sein kann. Der FAZ wird am Vorgangsknoten oben links, der FEZ oben rechts eingetragen.

Anschließend wird der **späteste Anfangszeit-punkt** (SAZ) und der **späteste Endzeitpunkt** (SEZ) des jeweiligen Vorgangsknotens unten links bzw. unten rechts eingetragen. Der SAZ gibt an, wann der Vorgang spätestens zu beginnen hat, damit die Gesamtprojektdauer nicht gefährdet wird. Der SEZ informiert darüber, bis wann ohne Beeinträchtigung des Projekts der Vorgang spätestens beendet sein muss.

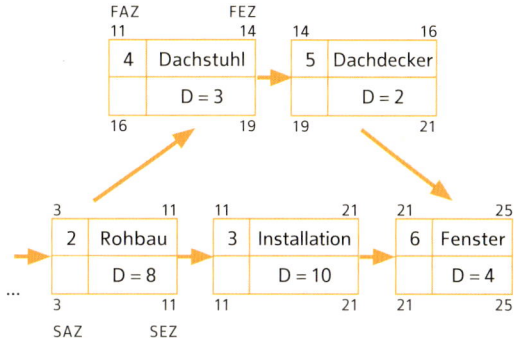

(Ausschnitt aus einem Netzplan)

Bei der Berechnung der Werte gelten die folgenden Regeln:

- Bei der Ermittlung von FAZ und FEZ beginnt man beim ersten Vorgang und geht dann vorwärts zu den nächsten.
- Der erste Vorgang erhält den FAZ 0.
- Der FEZ ergibt sich dann immer nach der folgenden Formel: FAZ + Vorgangsdauer = FEZ.
- Der FEZ des letzten Vorgangs bestimmt die Dauer des gesamten Projekts.
- Man beginnt bei der Bestimmung von SEZ und SAZ beim letzten Vorgang und geht dann rückwärts zum *jeweils letzten Vorgang.*
- Der FEZ des Endvorgangs entspricht dem SEZ des Endvorgangs.
- Der SAZ wird dann jeweils ermittelt nach der Formel: SAZ = SEZ – Vorgangsdauer.

Schritt 5: Kritischen Weg ermitteln

Für jeden Vorgang berechnet man die Gesamtpufferzeit nach der Formel

FORMEL ─────────────────
Gesamtpufferzeit = SAZ – FAZ.

Ist diese größer als null, hat man eine entsprechende Zeitreserve. Entspricht jedoch der SAZ dem FAZ (die Gesamtpufferzeit ist gleich null), ist der Vorgang kritisch: Da man keine Zeitreserven hat, führt jede Verzögerung dieses Vorgangs zu einer Verlängerung der Gesamtprojektdauer.

In einem Projekt wird also besonders auf den kritischen Weg geachtet. Diesen erhält man, wenn alle kritischen Vorgänge verbunden werden.

Im obigen Ausschnitt aus einem Netzplan gehören die Vorgänge 2, 3 und 6 zum kritischen Weg.

Das Projektteam „Neue Filiale in Österreich" entscheidet sich, den Verlauf des Projekts mit einem Netzplan darzustellen.

a) Erstellen Sie Vorgangsliste und Netzplan.
b) Bestimmen Sie den kritischen Weg.

12. a) Sammeln Sie mithilfe eines Brainstormings mögliche Projektrisiken. Stellen Sie sich die Frage: Was könnte alles schiefgehen? Halten Sie die gefundenen Projektrisiken fest.

b) Untersuchen Sie die Internetadressen *https://dieprojektmanager.com/risikomanagement-in-projekten/* und *https://www.vallee-partner.de/blog/die-10-groessten-projektrisiken-im-umfeld-von-industrie-4-0*.
Sammeln Sie alle Gegenmaßnahmen für die dort aufgeführten Projektrisiken. Halten Sie sie auf einem Medium Ihrer Wahl fest.

c) Bereiten Sie sich auf eine Präsentation zu dem Thema „Projektrisiken und Gegenmaßnahmen" vor.

13. **Herr Hertien:**
„Hallo Herr Seeger, Sie waren ja gestern wegen Ihres Berufsschultages verhindert, an der Projektteamsitzung teilzunehmen. Ich möchte Sie über die Ergebnisse der Sitzung informieren. Die Projektphase ist erfolgreich gestartet worden. Seit gestern läuft die Projektplanungsphase. Wir haben schon begonnen, die Arbeitspakete zu identifizieren. Jetzt müssen wir diese in einem Projektstrukturplan darstellen. Das könnten Sie ja mal übernehmen …"

14. Das Projektteam hat aus einer Vielzahl von Programmen zwei für das Unternehmen passende Warenwirtschaftssysteme ausgesucht. Über das weitere Vorgehen im Projekt gibt die folgende Vorgangsliste Auskunft:

Vorgang (Nummer)	Vorgang (Bezeichnung)	Dauer (in Tagen)	Unmittelbarer Vorgänger
1	Entscheidung durch Geschäftsführung und Abteilungsleiterkonferenz	8	–
2	Bestellung und Lieferung	9	1
3	Einweisung des gesamten Projektteams durch die Softwarefirma	4	1
4	Anpassung der alten Datenbestände an das neue System im Rahmen der Testinstallation	10	2
5	Erarbeitung eines Schulungskonzepts	3	3
6	Installation des Warenwirtschaftssystems an allen Arbeitsplätzen	6	2/5
7	Schulung der Mitarbeiter	5	5
8	Testlauf	2	4/6
9	Freigabe: Es kann mit dem neuen System gearbeitet werden	1	7/8

a) Stellen Sie den weiteren Projektverlauf in Form eines Balkendiagramms dar.
b) Führen Sie für den weiteren Projektverlauf die Zeitplanung mithilfe eines Netzplans durch.
c) Geben Sie an, welche Bedeutung ein kritischer Weg in einem Netzplan hat, und bestimmen Sie ihn für den obigen Netzplan.
d) Führen Sie auf, welche Unterschiede zwischen Netzplan und Balkendiagramm bestehen.

15. Unten sehen Sie einen Ausschnitt aus dem Netzplan „Errichtung eines Lagergebäudes". Der Ausschnitt ist jedoch unvollständig. Fügen Sie die fehlenden Zahlen oder Elemente hinzu.

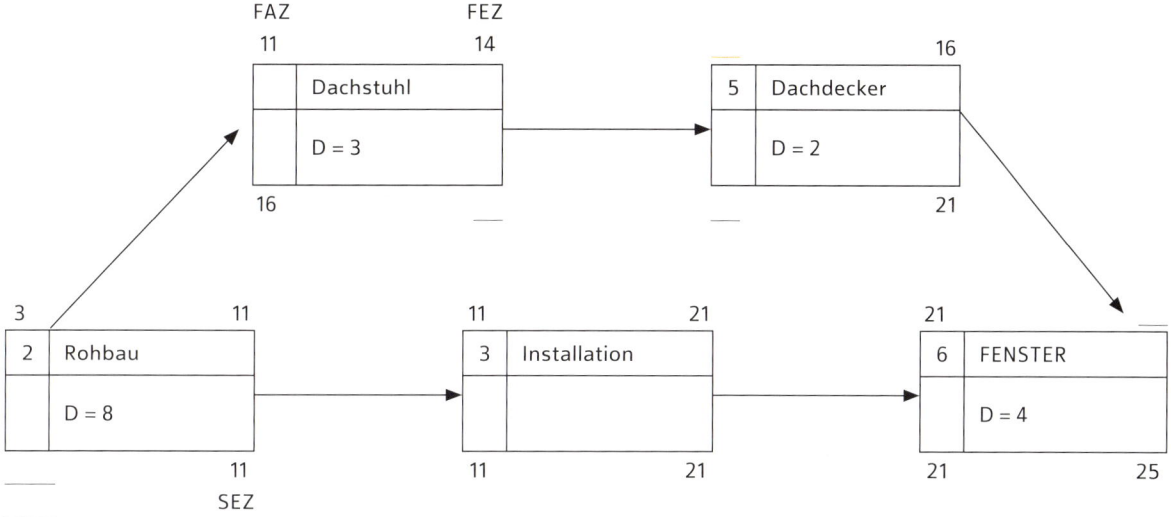

ZUSAMMENFASSUNG

12.4 Die Projektdurchführung

Einstieg

Ronja Bunko trifft Tacdin Akay.

Tacdin:
„Na, Ronja, wie läuft es bei euch im Projekt?"

Ronja:
„Och, eigentlich ganz gut. Bald sind unsere Schweizer Filialen eröffnet. Wenn da nicht nur immer dieser Papierkram

wäre. Jetzt hat mich Frau Bering gebeten mitzuhelfen, einen Projektstatusbericht zu erstellen. Der muss regelmäßig an den Projektauftraggeber – in diesem Fall also an unsere Geschäftsleitung – geschickt werden, sagte Frau Schwartzer. Ich finde das merkwürdig: Ich dachte bisher immer, wir sollten unser Projekt zum Erfolg führen. Stattdessen werden wir gezwungen, Formulare auszufüllen ..."

Beurteilen Sie die Meinung von Ronja Bunko.

INFORMATIONEN

Die Projektdurchführung in Wirtschaftsprojekten

In dieser Phase wird die Erreichung der Projektziele sichergestellt: Während der Projektdurchführung werden die Arbeitspakete in der festgelegten Reihenfolge unter Beachtung der Zeitvorgaben planmäßig abgearbeitet. Entscheidungen im Projektablauf werden kontinuierlich dokumentiert. Es erfolgt eine ständige Kontrolle zwischen den erreichten (Ist-Zustand) und den am Anfang formulierten Zielen (Soll-Zustand). Abhängig von der Qualität der erreichten Zwischenziele kann das Projekt auf unterschiedliche Weise vorangetrieben werden.

Die Projektdurchführung orientiert sich am festgelegten Projektplan und ist das Herzstück eines Projekts. Nachdem die notwendigen Planungsarbeiten im Projekt geleistet wurden, kann mit der Umsetzung begonnen werden.

In der Phase der Projektdurchführung koordiniert der Projektleiter alle Elemente eines Projekts. In dieser Phase hat er die Aufgabe, den Projektverlauf im Sinne der Projektplanung aktiv zu steuern und zu beeinflussen. Es muss regelmäßig geprüft werden, ob das Projekt nach Plan läuft: Der Projektleiter gleicht ständig den ursprünglich geplanten und den aktuellen Projektverlauf ab. Sollten diese Verläufe nicht übereinstimmen, sind geeignete Steuerungsmaßnahmen einzuleiten. In der Phase der Projektdurchführung sind also

• Planabweichungen festzustellen,
• gegebenenfalls Ursachen zu analysieren,
• gegebenenfalls Konsequenzen zu ziehen.

Der Projektleiter muss auch sicherstellen, dass alle am Projekt Beteiligten ein Feedback über den Stand des Projekts bekommen.

Hilfsmittel des Projektmanagements in der Phase der Projektdurchführung	
Hilfsmittel	**Erläuterung**
Meilensteinorientierte Fortschrittsmessung	Es wird die zeitliche und qualitative Zielerfüllung von Meilensteinen überprüft. Mit einer solchen Analyse kann der Projektfortschritt regelmäßig ermittelt werden. Für jedes Arbeitspaket gibt es laut Projektplan einen Sollwert. Diesem wird der an einem Stichtag ermittelte Istwert der Termine und Kosten gegenübergestellt.
Projektstatusbericht	Der Projektstatusbericht gibt dem Auftraggeber oder den Entscheidern eines Unternehmens Auskunft über den Stand des Projekts. Solche Berichte können erfolgen • periodisch (monatlich), • bei gravierenden Abweichungen von Terminen oder Kosten, • wenn ein Meilenstein erreicht wurde.
Projektdokumentation	Neben dem Projektergebnis wird eine Projektdokumentation erstellt. Die Dokumentation ist eine wesentliche Grundlage für die Präsentation, aber auch die Reflexion und Evaluation des Projekts. Sie sollte daher Informationen über alle wichtigen Ergebnisse, Stadien des Arbeitsprozesses und Erfahrungen der Projektmitarbeiter liefern.

Besteht die Gefahr, dass Termine oder Kosten überschritten werden, gibt es verschiedene Gruppen von Steuerungsmaßnahmen:

- Zeitliche Beeinflussung der Dauer von Arbeitspaketen: die Anzahl der Arbeitsstunden erhöhen oder weiteres Personal rekrutieren; eventuell Teilaufgaben fremd vergeben.
- Änderung der Reihenfolge von Arbeitspaketen: Arbeitspakete parallel laufen lassen bzw. diese sich überlappen lassen.
- Verschiebung von Terminen: Als letzte Möglichkeit kommt das Verschieben der Meilensteine bzw. sogar des Endtermins in Betracht.

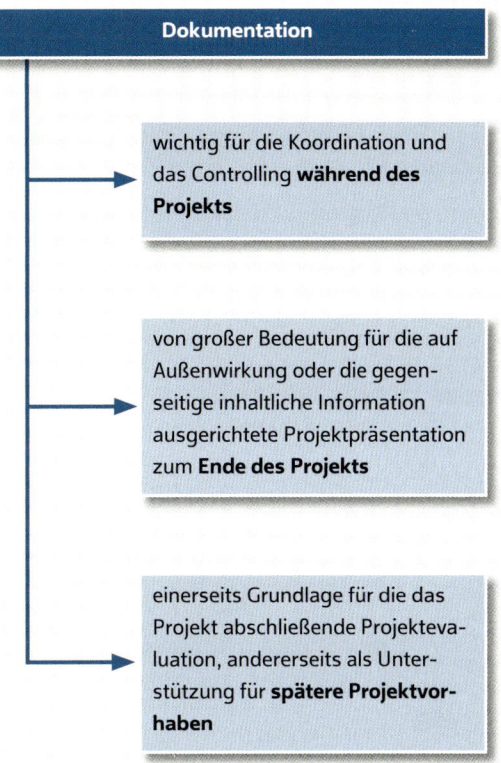

Dokumentation

wichtig für die Koordination und das Controlling **während des Projekts**

von großer Bedeutung für die auf Außenwirkung oder die gegenseitige inhaltliche Information ausgerichtete Projektpräsentation zum **Ende des Projekts**

einerseits Grundlage für die das Projekt abschließende Projektevaluation, andererseits als Unterstützung für **spätere Projektvorhaben**

Projektstatusbericht

Projekt: *Exclusiva goes Schweiz!* **Anlass:** *Monatsbericht März 20..*

Datum: *1.4.20..* **Projektleiter:** *Frau Schwartzer*

Stand der Gesamtleistung: *Das Projekt läuft insgesamt planmäßig. Alle Meilensteine in diesem Monat wurden erreicht. Abweichungen gibt es im Projektabschnitt „Bekanntmachen der Exclusiva GmbH".*

Stand der einzelnen Arbeitspakete:

Arbeitspaket 1:

...

Arbeitspaket 2:

Bekanntmachen der Exclusiva GmbH: Stand auf der Schweizer Geschenkartikelmesse

	planmäßig	abweichend	kritisch	Bemerkungen
Termine			X	*Lieferant von Material für den Messestand ist überraschend zahlungsunfähig und kann nicht mehr liefern*
Kosten		X		*Günstigster Anbieter im Angebotsvergleich*
Qualität	X			

Arbeitspaket 3:

...

Arbeitspaket 4:

...

...

Projektstatusbericht

Probleme und Risiken: *Beschaffung der Materialien für den Messestand könnte nicht rechtzeitig erfolgen und wahrscheinlich teurer als erwartet werden.*

Maßnahmen: *Beauftragung des Lieferanten, der im Rahmen des qualitativen Angebotsvergleichs eine sofortige Lieferung garantiert. Dieser ist auch bereit, im Fall einer verspäteten Lieferung eine Konventionalstrafe zu zahlen.*

Erwartete Wirkungen: *Fristgerechter Aufbau des Messestandes bei leicht erhöhten Kosten*

Ein Beispiel für einen Projektstatusbericht

Möchte man zu einer optimalen Problemlösung kommen, ist es sinnvoll, verschiedene Lösungsansätze mithilfe von Projektmanagementsoftware[1] durchzuspielen. Mit solchen Programmpaketen kann man

- den Projektstrukturplan darstellen,
- den Einsatz aller Projektressourcen festlegen und der Projektentwicklung anpassen,
- die Entwicklung der Termine und Kosten verfolgen,
- die Projektplanung anpassen.

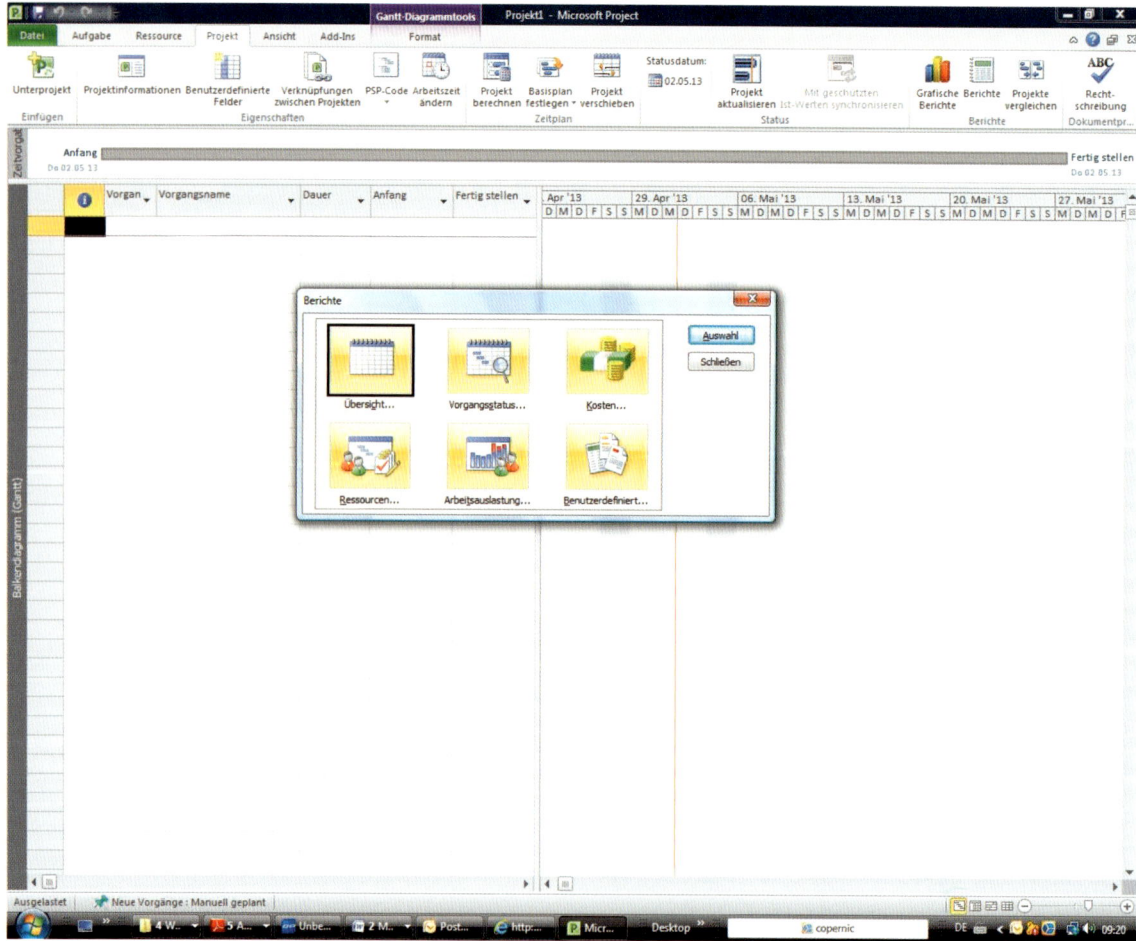

Microsoft Project ist eine Software zum Planen, Steuern und Überwachen von Projekten. Mit einem solchen Programm kann eine Vielzahl von Aufgaben des Projektmanagements erledigt werden. Die Schwerpunkte liegen dabei auf:

- Terminmanagement,
- Ressourcenmanagement,
- Projektüberwachung,
- Erstellung von Berichten.

---

1   vgl. Kapitel 12.6

Während des Projektverlaufs müssen in regelmäßigen Abständen Vergleiche zwischen Planungsdaten (Solldaten) und den tatsächlichen Zwischenständen durchgeführt werden. Betrachtet werden müssen besonders

- die Qualität,
- die Kosten,
- die Ressourcen,
- die Termine.

Werden Abweichungen zwischen Soll- und Ist-Daten festgestellt, sind sofort Korrekturmaßnahmen einzuleiten.

In diesen Zusammenhang haben sich in Projekten **Balanced-Scorecard-Systeme** bewährt. Allgemein versteht man unter der Balanced Scorecard ein Kennzahlensystem, mit dem man den Erfolg einer Strategie kontrollieren und auch erhöhen möchte: Durch Kennzahlen wird der Erfolg einer Strategie messbar gemacht. Diese Methodik kann auch auf Projekte übertragen werden. Eine **Projekt-Scorecard** dient der Steuerung eines Projekts mithilfe von Kennzahlen.

Projektbewertungsblatt						
Erfolgsmerkmal	P.	Messgrösse	Mindestwert	Abzug	Erzielter Wert	P.
Projektabschluss-termin	25	Projekt-Enddatum	31. Dezember	pro angefangene Woche Verzug: - 5 Pte	13. Januar	15
Budgeteinhaltung	10	Projektrechnung	2800.- +/- 10%	pro begonnene Fr. 100.- über 2750.- - 3 Pte	2950.-	7
Qualität des Projektprodukts	20	5 Einschätzfragen mit Skala1-5	Mittel aus 5 Schätzungen mind 3.5	Für jede angefangene 0.5 geringer: - 3 Pte	3.2	17
Kundenzufriedenheit	20	5 Einschätzfragen mit Skala1-5	Mittel aus 5 Schätzungen mind 3.5	Für jede angefangene 0.5 geringer: - 3 Pte	3.3	17
Sponsorzufriedenheit	25	3 Einschätzfragen mit Skala1-5	Mittel aus 3 Schätzungen mind 3.5	Für jede angefangene 0.5 geringer: - 4 Pte	4.4	25
Mögliche Punkte	100			Total erreichte Punkte		81

Ein anderer Begriff für „Projekt-Scorecard" ist „Projektbewertungsblatt".

Die Projektdurchführung in Unterrichtsprojekten

Die Projektteilnehmerinnen und -teilnehmer setzen sich in dieser Phase des Unterrichtsprojekts aktiv mit ihrem Arbeitsgebiet auseinander: Hier wird das angestrebte Projektergebnis erarbeitet. Dazu müssen Informationen gesammelt, aufbereitet, festgehalten und weitergegeben werden.

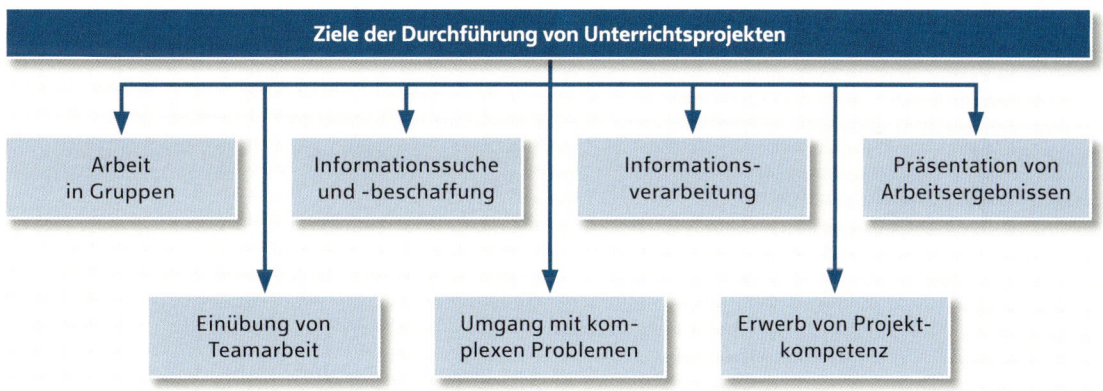

Während dieser Phase besteht – zumindest potenziell – die Gefahr, dass das Projekt aus dem Ruder läuft. Als Lösungsmöglichkeit bietet es sich an, sogenannte „Fixpunkte" einzubauen, um Planungskorrekturen zwischen den Gruppen vornehmen zu können. Beispielsweise unterbrechen die Projektmitglieder bei Bedarf ihre Arbeit, um Fragen zu klären, sich gegenseitig zu informieren, nächste Arbeitsschritte zu planen oder um vorläufige Resultate mitzuteilen.

Tätigkeiten bei der Durchführung von Projekten

- Wir präsentieren das Ergebnis des Projekts.
- Wir legen die Projektdokumentation vor.
- Bei Korrekturen überarbeiten wir die Ergebnisse in den Gruppen.
- **Wir führen den Arbeitsplan aus.**
  - Wir gewinnen Informationen.
  - Wir werten Informationen aus.
  - Wir erreichen Meilensteine.
  - Wir dokumentieren die Ergebnisse in den Gruppen.
  - Wir präsentieren untereinander die Gruppenergebnisse.
- **Im Plenum besprechen wir die Gruppenergebnisse.**
  - Diskussion
  - inhaltliche Abstimmung
- **Wir führen die Gruppenergebnisse im Plenum zusammen.**
  - Wir bereiten die Präsentation des Projektergebnisses vor.
  - Wir erstellen die Dokumentation des Projekts.

Die Dokumentation sollte folgende Punkte beinhalten:

- Gesamtergebnisse
- Teilergebnisse
- Projektverlauf
- ggf. Reflexion der Zusammenarbeit mit externen Partnerinnen/Partnern
- Anregungen zur Weiterentwicklung
- Darlegung der verwendeten Methoden und Vorgangsweisen z. B. in Form einer Übersicht
- Stimmen der Beteiligten
- ggf. Fotos
- ggf. Reaktionen der „Öffentlichkeit"
- schon vorhandene Evaluierungsergebnisse

Eine Abschlussdokumentation ist einfach zu erstellen, wenn während der gesamten Projektdauer konsequent alle relevanten Unterlagen gesammelt werden.

BEISPIELE

- Planungsunterlagen
- Protokolle
- persönliche Notizen
- Arbeitsblätter usw.

Die Phase der Projektdurchführung ist durch einen klar erkennbaren Abschluss gekennzeichnet: Das Projektergebnis wird einer „Öffentlichkeit" vorgestellt. Dazu müssen die Schüler wichtige Präsentations- und Visua-lisierungstechniken anwenden. Dabei müssen immer die beiden folgenden Fragen beachtet werden:

- Welche Zielgruppe soll vom Projektteam angesprochen werden?
- Was will das Projektteam mitteilen bzw. erreichen?

BEISPIELE

Die normale Präsentation ist die Vorstellung der Arbeitsergebnisse durch die einzelnen Projektgruppen und eine sich eventuell anschließende Diskussion. Denkbar ist jedoch u. a. auch die Präsentation

- einer Ausstellung,
- einer Informationsbroschüre oder eines Readers,
- eines Videos,
- eines Theaterstücks,
- einer Internetseite (Homepage).

Die geplanten Vorhaben werden von den Schülerinnen und Schülern selbstständig durchgeführt. Die Lehrkraft beschränkt sich auf die Rolle als

- Koordinator,
- Experte
- und ggf. Konfliktmanager.

Am Ende dieser Projektphase steht ein sichtbares Ergebnis, sei es in Form eines Produkts oder einer Dienstleistung.

AUFGABEN

1. Welche Aufgabe hat die Phase der Projektdurchführung?

2. Was ist ein Projektstatusbericht?

3. Wann werden Projektstatusberichte erstellt?

4. Warum ist es in einem Projekt sinnvoll, eine Dokumentation zu erstellen?

5. Welche Steuerungsmaßnahmen sind denkbar, wenn die Gefahr besteht, dass Termine oder Kosten überschritten werden?

6. Welche Aufgaben können mit Projektmanagementsoftware erledigt werden?

7. Führen Sie Tätigkeiten bei der Durchführung von Unterrichtsprojekten auf.

8. Was versteht man unter einer Projekt-Scorecard?

9. Stellen Sie fest, ob in
   a) Ihrem Ausbildungsbetrieb,
   b) Ihrer Berufsschule
   eine Software für Projektmanagement vorhanden ist.

10. Eine sehr bekannte Projektmanagementsoftware ist MS-Project. Arbeiten Sie sich in das Programm ein mithilfe des YouTube-Tutorials unter der Internetadresse *https://www.youtube.com/watch?v=Y-KsiUGjJmY*.

ZUSAMMENFASSUNG

12.5 Der Projektabschluss

Einstieg

Ronja Bunko trifft Frau Schwartzer auf dem Flur.

Frau Schwartzer:
„Wie Sie ja wissen, haben wir unser Hauptprojektziel in der Phase der Projektdurchführung termingerecht er- reicht. Die ersten drei Filialen in der Schweiz sind mitt- lerweile eröffnet. Jetzt müssen wir unser Projekt noch zum Abschluss bringen. Da brauche ich mal Ihre Un- terstützung.“

Führen Sie die in der Abschlussphase notwendigen Schritte auf.

INFORMATIONEN

Der Projektabschluss in Wirtschaftsprojekten

Im Rahmen des Projektabschlusses wird dem inner- oder außerbetrieblichen Auftraggeber das Projektergebnis präsentiert. Weiterhin wird der Ablauf der Projektpha- sen analysiert: Es werden Stärken und Schwächen der Projektentwicklung dokumentiert.

Der Projektabschluss wird durchgeführt, wenn das vom Projektteam klar definierte Projektziel erreicht wurde. In der Phase des Projektabschlusses erfolgen zwei Schritte:

- Das Projekt wird offiziell beendet und dokumentiert.
- Das Projekt wird deorganisiert und endgültig abge- wickelt.

Erreicht werden soll durch diese Phase:

- Wenn die Projekte gut gelaufen sind, sollen sie positiv gewürdigt werden.
- Sind die Projektergebnisse nicht zufriedenstellend, sollte das Projekt dennoch phasengerecht zu Ende gebracht werden.

Vor diesem Hintergrund ist die Abschlussphase ein wich- tiger Baustein organisationellen Lernens. Hier wird die Grundlage für zukünftige erfolgreiche Projekte gelegt. In der Projektabschlussphase wird in strukturierter Form eine Rückschau vorgenommen.

Ursachen für erfolglose Projekte		
fehlendes Gesamtkonzept	kein Phasenkonzept (bestimmte Phasen werden nicht sauber durch- geführt)	fehlende Kommunikation zwischen den Beteiligten
keine klare Aufgabenstellung	schlechtes Projektmanagement und -controlling	unklare Verteilung von Verantwortung
keine eindeutige Aufgaben- und Kompetenzabgrenzung	keine bzw. unzureichende Dokumen- tation	keine methodische Vorgehensweise

Idealtypischer Ablauf der Abschlussphase	
Teilschritt der Phase	**Erläuterung**
Projektabnahme	Zunächst einmal wird das Projekt abgenommen. Das Projektteam und die Auftraggeber stellen fest, ob die Projektziele erreicht wurden. Diese Erfolgsbewertung wird in einem **Abnahmeprotokoll** festgehalten. Ziel der Projektabnahme ist der offizielle Abschluss des Projekts sowie die Entlastung des Projektleiters und des Projektteams.
Evaluation des Projekts	Nach der Projektabnahme erfolgt die Evaluation des Projekts. Untersucht werden sollten unter anderem folgende Fragen: • War der Auftraggeber zufrieden mit dem Projektergebnis? • War der Auftraggeber zufrieden mit dem Projektverlauf? • Was ist in dem Projekt gut gelaufen? • Was ist in dem Projekt warum nicht gut gelaufen? • Was kann in Zukunft bei Projekten besser gemacht werden? • Was haben die Projektteilnehmer bzw. die Organisation während der Projektarbeit gelernt? Die Evaluation erfolgt häufig in einer **Projektabschlusssitzung**.
Projektabschluss-bericht	Das Ergebnis der Evaluation ist der Projektabschlussbericht. Hier liegt der Projektleiter Rechenschaft ab über Verlauf und Ergebnisse des Projekts. Die einzelnen Projektmitglieder haben hier auch die Möglichkeit einer persönlichen Stellungnahme. Der Projektabschlussbericht kann folgenden Aufbau haben: • Projektauftrag • Projektziele • Verlauf des Projekts • Soll-/Ist-Vergleich hinsichtlich der Qualitäts-, Zeit- und Kostenplanung • Bericht über eventuelle Störungen • Vorschläge für weitere Vorgehensweise Oft enthält der Projektabschlussbericht auch eine **Nachkalkulation:** Die ursprünglichen Planvorgaben (Termine, Kosten) werden den im Projektverlauf veränderten Plangrößen gegenübergestellt. So können die tatsächlichen Kosten aller Einzelaufgaben (Arbeitspakete) und somit schließlich die Gesamtkosten ermittelt werden. Ziel ist es herauszufinden, ob sich das Projekt finanziell gelohnt hat.
Interne Deorganisation	Schließlich muss noch der Schritt der internen Deorganisation folgen. Die Projektorganisation muss abgebaut werden, die Mitglieder des Projektteams müssen wieder in ihre alten Abteilungen integriert werden. Die Projektleitung wird formal von der Unternehmensleitung bzw. dem Projektsteuerungsgremium entlastet. Intern endet das Projekt oft durch eine inoffizielle Abschlussfeier des Projektteams.

Projektabschlussbericht

Projekt: *Exclusiva goes Schweiz*

Stand: 2.5.20..

1 Abstract (Zusammenfassung)

2 Einleitung

3 Geplantes Vorgehen

3.1 Gegenstand und Motivation

3.2 Problemstellung

3.3 Zielsetzung

3.4 Frage- und Aufgabenstellung

3.5 Arbeitspakete und Prüfsteine

3.6 Netzplan

4 Abweichungen vom geplanten Vorgehen

4.1 Zielsetzung

4.2 Termine

4.3 Kosten

4.4 Weitere Ressourcen

4.5 Behandlung der Abweichungen

5 Ergebnisse

5.1 Überblick

5.2 Ergebnisse aus Arbeitspaket 1

5.3 Ergebnisse aus Arbeitspaket 2

...

6 Evaluation

6.1 Evaluation der Vorgehensweise

6.2 Evaluation der Projektergebnisse

6.2.1 Erreichen des Projektziels 1

6.2.2 Erreichen des Projektziels 2

...

7 Ausblick

8 Dank an das Projektteam

Anhang

Erhebungsbögen

Abnahmeprotokoll

Übergabeprotokoll

...

Eine mögliche Gliederung für einen Projektabschlussbericht

Der Projektabschluss in Unterrichtsprojekten

Diese Phase dient der Überprüfung der Projektergebnisse und der Weiterentwicklung der Qualität künftiger Projekte. Grundlage für die Zielformulierungen in der Planungsphase waren die Fragestellungen: Was wollen wir zu welchem Zweck und mit welchen Mitteln erreichen?

Prozessbegleitend und am Ende des Projekts werden diese Ziele auf Basis der gesammelten Daten hinsichtlich ihrer Erreichung bzw. Umsetzung systematisch bewertet.

In den Phasen der Projektreflexion werden die Erfahrungen der Beteiligten und die laufenden Prozesse besprochen. Die Projektreflexion ist ein unabdingbares Element der Evaluation. Sie erfolgt grundsätzlich durch die Projektteilnehmer selbst. Um Betriebsblindheit zu vermeiden, ist es jedoch in manchen Bereichen der Evaluation unerlässlich, auch Außenstehende einzubeziehen.

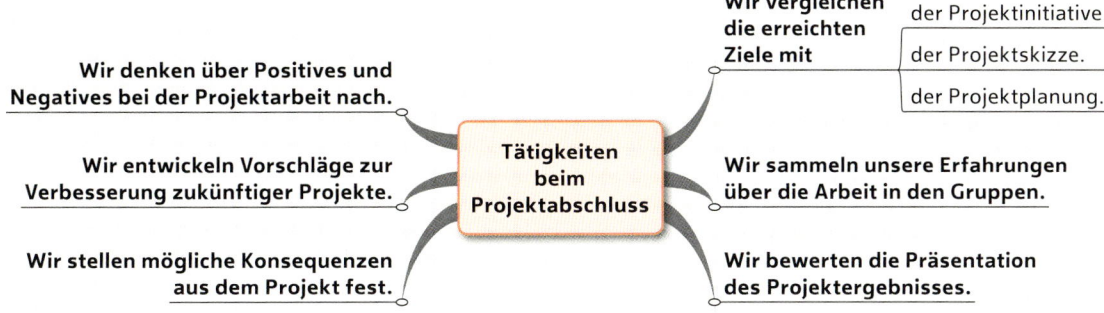

Tätigkeiten beim Projektabschluss

Wir denken über Positives und Negatives bei der Projektarbeit nach.

Wir entwickeln Vorschläge zur Verbesserung zukünftiger Projekte.

Wir stellen mögliche Konsequenzen aus dem Projekt fest.

Wir vergleichen die erreichten Ziele mit
- der Projektinitiative.
- der Projektskizze.
- der Projektplanung.

Wir sammeln unsere Erfahrungen über die Arbeit in den Gruppen.

Wir bewerten die Präsentation des Projektergebnisses.

Eine Reflexion des Projekts hilft,

- Fehler aufzudecken bzw. deren Ursachen zu erkennen,
- sich Probleme der Arbeitsgruppen (z. B. hinsichtlich der Effizienz der Teamarbeit) klarzumachen,
- den Mitgliedern der Arbeitsgruppen jeweils die eigenen Stärken oder Schwächen zu zeigen,
- zukünftige Projekte besser durchzuführen.

Insgesamt wird die Projektkompetenz jedes Klassenmitglieds gestärkt.

AUFGABEN

1. Was ist das Ziel der Projektabschlussphase?

2. Warum wird der Projektabschluss auch als „wichtiger Baustein organisationellen Lernens" bezeichnet?

3. In der Evaluation eines Projekts wird dieses als erfolglos beurteilt. Führen Sie mögliche vier Ursachen dafür auf.

4. Was ist das Ziel der Projektabnahme?

5. Welche Fragen sollten im Rahmen der Projektevaluation beantwortet werden?

6. Was ist Aufgabe der Nachkalkulation?

7. Was versteht man unter der internen Deorganisation?

8. Führen Sie Gründe für die Reflexion von Unterrichtsprojekten auf.

9. Fassen Sie die in der Phase des Projektabschlusses notwendigen Teilschritte in einer Mindmap zusammen.

10. Lösen Sie den folgenden kleinen Abschlusstest zum Projektmanagement:

    1. Was ist kein Merkmal eines Projekts?
       a) Hier arbeiten Spezialisten zusammen.
       b) Das Projekt ist zeitlich begrenzt.
       c) Ein Projekt ist ein einmaliges Vorhaben.
       d) Durch genaue Planung und Organisation kommt es immer zur Planerfüllung.
       e) Durch rechtzeitige Absprachen ergibt sich Risikominderung.

2. Was ist eine Phase eines Projekts?
   a) Meilenstein
   b) Kick-off-Sitzung
   c) Dokumentation
   d) Projektabschluss
   e) Netzplanung

3. In welcher Phase eines Projekts wird die Projektarbeit inhaltlich und terminlich genau strukturiert?
   a) Projektstart
   b) Projektplanung
   c) Projektdurchführung
   d) Projektabschluss
   e) Nullphase

4. Die Kick-off-Sitzung ist die erste gemeinsame Sitzung des Projektteams nach der Erteilung des Projektauftrags. Was wird hier nicht besprochen bzw. festgelegt?
   a) Vereinbarung von Spielregeln
   b) Zusammenstellung des Projektteams
   c) Herstellen eines gleichen Informationsstands
   d) Kennenlernen der Projektmitglieder
   e) Verteilung von Aufgaben

5. Was kennzeichnet den Begriff „Meilenstein"?
   a) eine einfach zu erstellende Terminplanung von Arbeitspaketen
   b) ein wesentliches Zwischenziel in einem Projekt
   c) den Projektstart
   d) die Präsentation des Projektergebnisses
   e) die Projektidee

6. Was versteht man unter der Nullphase?
   a) Es wird erkannt, dass ein Problem vor-
      liegt, und dieses Problem soll mithilfe eines
      Projekts gelöst werden.
   b) Die Nullphase ist der Punkt, an dem das
      Projekt beendet ist.
   c) Die Nullphase kennzeichnet den Zeitpunkt, an
      dem alle Projektmitglieder vor einem schein-
      bar unlösbaren Problem stehen und jeder
      sprichwörtlich „null Plan" hat.
   d) Die Nullphase ist der Punkt, an dem das
      Projekt beginnt.
   e) Es wird erkannt, dass während des Projekts
      keine Probleme auftauchen dürften (null
      Problem).

7. Was kennzeichnet der Pfeil in einem Netzplan?
   a) Der Pfeil zeigt die Beziehung zwischen Vor-
      gänger und Nachfolger an.
   b) Der Pfeil markiert in der Darstellung die
      Stelle des kritischen Weges, wo die meisten
      Probleme auftauchen könnten.
   c) Der Pfeil gibt an, wann jeder einzelne Vorgang
      jeweils beginnen kann.
   d) Der Pfeil informiert, wann der Vorgang frü-
      hestens beendet sein kann.
   e) Der Pfeil informiert, welche Gruppe für diesen
      Arbeitsbereich zuständig ist.

8. Wie berechnet sich der früheste Endzeitpunkt
   (FEZ) in einem Netzplan?
   a) SAZ – FAZ = FEZ
   b) FAZ + FEZ – SAZ = FEZ
   c) FAZ + Dauer des Vorgangs = FEZ
   d) Dauer des Vorgangs – SEZ = FEZ
   e) FAZ –SAZ + (Dauer des Vorgangs + SEZ) = FEZ

11. **Herr Hertien:**
    „Andreas, Sie haben ja mal wieder Berufsschultag
    gehabt. Seit gestern läuft die Projektabschluss-
    phase. Wir sind dabei, den Projektabschlussbericht
    vorzubereiten. Ich habe hier die handschriftlichen
    Aufzeichnungen. Wir haben uns Gedanken über die
    Gliederung gemacht. Die Angaben müssen aber
    noch in die richtige Form gebracht werden."

Bestandteil des Projektabschlussberichts	Reihenfolge	Gliederungsnummer
Ausblick		
Abweichungen vom geplanten Vorgehen		
Arbeitspakete und Prüfsteine		
Behandlung der Abweichungen		
Dank an das Projektteam		
Einleitung		
Ergebnisse aus Arbeitspaket 1		
Ergebnisse aus Arbeitspaket 2		
Erreichen des Projektziels 1		
Erreichen des Projektziels 2		
Evaluation		
Evaluation der Vorgehensweise		
Evaluation der Projektergebnisse		
Frage- und Aufgabenstellung		
Gegenstand und Motivation		
Geplantes Vorgehen		
Kosten		

Bestandteil des Projektabschlussberichts	Reihenfolge	Gliederungsnummer
Netzplan		
Problemstellung		
Termine		
Überblick		
Weitere Ressourcen		
Zielsetzung		
Zielsetzung		
Abnahmeprotokoll		
Abstract (Zusammenfassung)		
Anhang		
Ergebnisse		
Erhebungsbögen		
Übergabeprotokoll		

Legen Sie in der Tabelle „Erweiterung der Handlungssituation" die Reihenfolge der Gliederungspunkte fest und ordnen Sie jeweils die entsprechende Gliederungsnummer zu.

ZUSAMMENFASSUNG

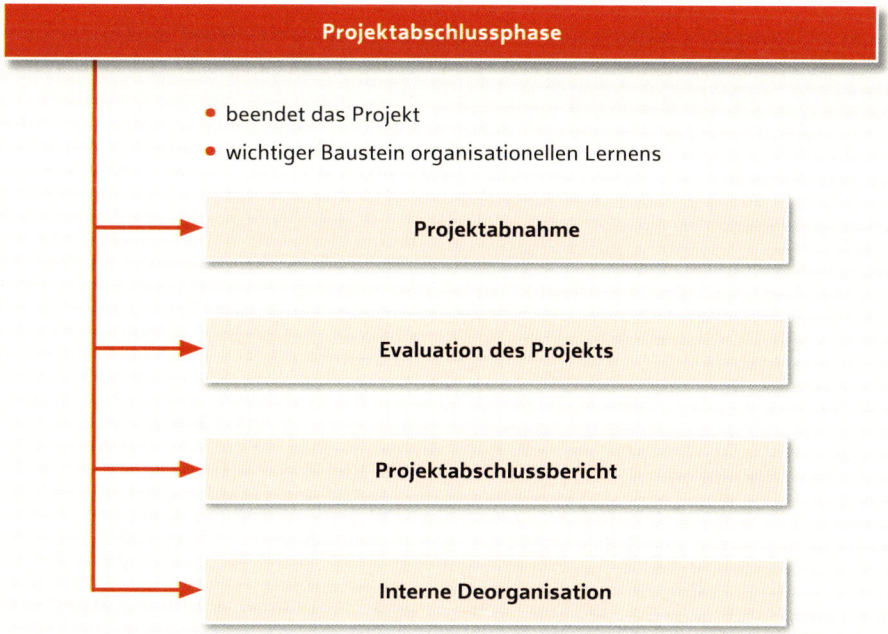

Projektabschlussphase

- beendet das Projekt
- wichtiger Baustein organisationellen Lernens

Projektabnahme

Evaluation des Projekts

Projektabschlussbericht

Interne Deorganisation

12.6   Fallstudie: Die Durchführung von Projekten mithilfe von Projektmanagementsoftware

Einstieg

Die Projektinitiierung

Zur Erweiterung der Lagerkapazitäten sowie zur Verkürzung der Lieferzeiten und -entfernungen im Großraum Essen plant die Exclusiva GmbH den Bau eines neuen Lagergebäudes. Nun soll ein neues Lager in den Außenbezirken von Essen entstehen. Für den Bau des Lagers stehen begrenzte finanzielle Mittel sowie ein fester Zeitrahmen zur Verfügung. Die Geschäftsführung der Exclusiva GmbH hat sich dazu entschlossen, die Baumaßnamen in einem Projekt durchzuführen, und beauftragt Sie als Projektmanager mit der Planung und Durchführung des Projekts.

Der Geschäftsführer der Exclusiva GmbH schickt Ihnen als Projektleiter eine E-Mail mit dem groben Rahmen des geplanten Projekts.

Von:	Geschäftsführer <geschaeftsleitung@exclusiva-gmbh-wvd.de>
Betreff:	Neues Lager in Essen
An:	Das Projektteam <projekt@exclusiva-gmbh-wvd.de>

Sehr geehrter Projektmanager,
sehr geehrte Projektmanagerin,

schön, dass Sie die Rolle der Projektleitung für das Projekt zum Bau unseres neuen Lagers übernommen haben. Wir freuen uns auf die Zusammenarbeit. Folgend habe ich Ihnen den groben Rahmen des Projekts zusammengefasst.

Ziel des Projekts ist der Bau und die Eröffnung einer neuen Lagerhalle in Essens Außenbezirken innerhalb der kommenden zwölf Monate.

Der Projektumfang umfasst:
1. Planung des Projekts mit den zugehörigen Vorgängen und Projektphasen
2. Durchführung der Bauplanung, des Rohbaus sowie des Innenausbaus

Das Projekt muss sich NICHT um die Auswahl des benötigten Personals vor Ort kümmern. Dies übernimmt unsere Personalabteilung parallel zum Projekt.

Für die Baumaßnahmen stehen 1.000.000,00 € zur Verfügung.

Mir ist es darüber hinaus wichtig, den Neubau mit den Mitarbeitern zu feiern. Bitte planen Sie ein Richtfest zur Fertigstellung des Rohbaus und ein Mitarbeiterfest zum Abschluss der gesamten Baumaßnahmen ein.

Dies sollte fürs Erste genügen. Sprechen Sie bitte mit unserer Architektin Frau Kleimenhagen, um die Details des Bauprojekts zu klären.

Mit freundlichen Grüßen

Michael Hertien
– Geschäftsführer –

Erstes Projektgespräch

In Ihrem Gespräch mit der Architektin Frau Kleimenhagen und ihrem Team wird festgelegt, dass das Projekt in mehreren Ausführungsphasen durchgeführt werden soll:

Gesprächsprotokoll

Datum: 01.03.20..
Teilnehmer: Frau Kleimenhagen (Architektin), Projektleiter
Thema: Bau des neuen Lagers in Essen

Projektphasen

Das Projekt wird in drei Phasen durchgeführt.

Erste Phase	→ Planungsphase
Zweite Phase	→ Rohbauphase
Dritte Phase	→ Innenausbauphase

Des Weiteren wurden die Ziele und grundsätzliche Aktivitäten der einzelnen Projektphasen besprochen und festgehalten.

Planungsphase

In der Planungsphase sollen Entwürfe der Bauzeichnungen durch die Architektin erstellt und durch die Geschäftsleitung der Exclusiva GmbH freigegeben werden. Die Entwürfe sowie benötigte Bauanträge werden bei den zuständigen Behörden der Stadt Essen (Bauamt) zur Prüfung und abschließenden Freigabe eingereicht. Der Kaufvertrag über das Grundstück für das Lager wird bei dem Notar Dr. Bremer geschlossen. Auf Basis der freigegebenen Bauzeichnungen sollen Gespräche mit Handwerkerbetrieben der verschiedenen Gewerke (z. B. Tiefbau, Hochbau, Sanitär & Heizung, Elektro, Dachdecker, Maler etc.) geführt und anschließend entschieden werden, welche Unternehmen den Zuschlag erhalten.

Ziele der Planungsphase

– durch den Notar beglaubigter Grundstückskaufvertrag
– durch die Geschäftsleitung freigegebene Bauzeichnungen
– durch das Bauamt der Stadt Essen genehmigte Bauanträge
– pro Gewerk mit den Handwerkerfirmen abgeschlossene Verträge

Nach Schätzung der Architektin wird die Planungsphase gut drei Kalendermonate in Anspruch nehmen.

Rohbauphase

In der Rohbauphase wird das Lager im Rohbau fertiggestellt. Dies umfasst u. a. Erdarbeiten, das Fundament, den Aufbau des Gebäudes, Einbau der Fenster sowie die Dachkonstruktion. Am Ende der Rohbauphase soll ein Richtfest gefeiert werden. Dies ist für die Geschäftsführung der Exclusiva GmbH ein wichtiger Meilenstein, der mit den Mitarbeitern gefeiert werden soll.

Ziele der Rohbauphase

– Der Rohbau für das Lager ist fertig und der Innenausbau kann beginnen.
– Das Richtfest wurde gefeiert.

Nach Schätzung der Architektin Frau Kleimenhagen wird die Rohbauphase gut drei Kalendermonate in Anspruch nehmen.

Innenausbauphase

In der Phase des Innenausbaus werden alle Gewerke koordiniert. Elektro- und Netzwerkleitungen werden verlegt, Wasserleitungen sowie Heizungen werden installiert, die Wände werden verputzt und tapeziert. Das Lager wird mit Büromöbeln und Lagerregalen ausgestattet. Zum Abschluss wird der Bau durch die Geschäftsleitung der Exclusiva GmbH abgenommen.

Ziele der Innenausbauphase

– Alle Gewerke wurden koordiniert und die betroffenen Arbeiten fertiggestellt.
– Das Lager ist mit den benötigten Möbeln bzw. Lagerregalen ausgestattet und betriebsbereit.
– Die Baumaßnahmen wurden abgenommen.
– Das Mitarbeiterfest wurde gefeiert.

Nach Schätzung der Architektin wird die Innenausbauphase gut vier bis sechs Kalendermonate in Anspruch nehmen.

Projektbeginn

Als Beginn für das Projekt wurde der erste Arbeitstag des kommenden Monats festgelegt. Nach Vorgabe der Geschäftsleitung soll das Projekt nicht länger als ein Kalenderjahr dauern.

Projektüberblick

Als Projektleiter müssen Sie die Komplexität des Projekts reduzieren können, um die Menge der Aufgaben zu überblicken. Zudem müssen Sie als Projektleiter auch Kreativitätstechniken beherrschen, um die Mengen an Aufgaben übersichtlich darzustellen.

Führen Sie die Schritte des Projekts mithilfe der Projektmanagementsoftware MS-Project durch.

INFORMATIONEN

Übersicht und Funktionen der Benutzeroberfläche von MS-Project

BEISPIEL

Planen mit MS-Project

Herr Hacker, Leiter der IT-Abteilung der Exclusiva GmbH, hat Ihnen zur Unterstützung Ihrer Arbeit als Projektleiter die Software MS-Project auf Ihrem Arbeitsrechner installieren lassen. MS-Project stellt einfache Werkzeuge zur Terminplanung, Ressourcenplanung und zum Reporting (Berichterstattung) im Projektmanagement bereit. Neben der Software überreicht Ihnen Herr Hacker eine Infobroschüre „Grundlagen und erste Schritte in MS-Project", mit der Sie sich mit der Software vertraut machen sollen.

Grundlagen und erste Schritte in MS-Project

Übersicht der MS-Project Benutzeroberfläche

Im unteren Teil der Benutzeroberfläche befindet sich der Planungsbereich. Hier werden Vorgänge angelegt und bearbeitet. Ebenfalls wird die Terminplanung grafisch als Balken-Diagramm dargestellt (Abb. I).

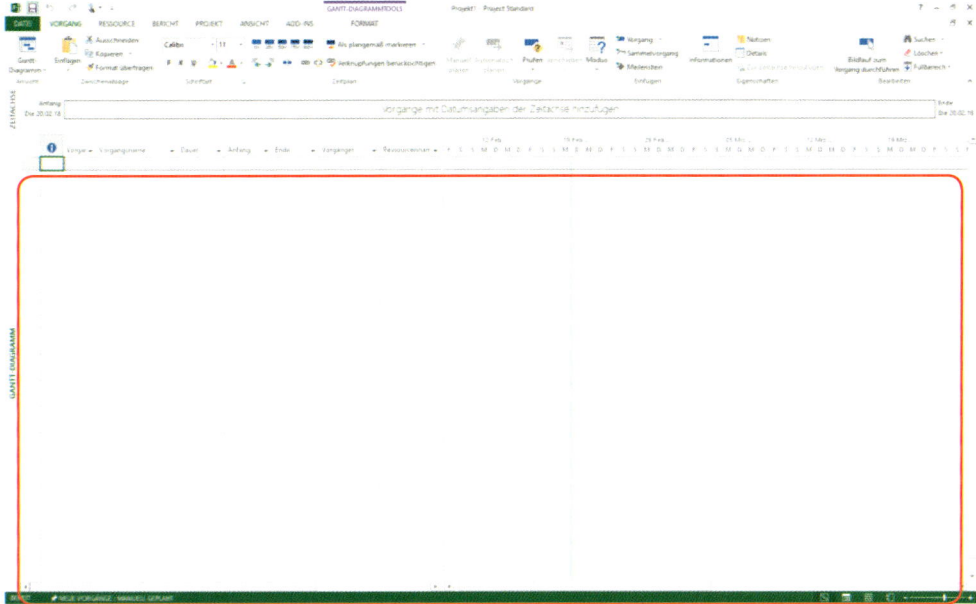

Menüband

Im oberen Bereich der Benutzeroberfläche befindet sich das Menüband mit den Registerkarten. Hier bietet MS-Project viele Möglichkeiten, Ihnen das Arbeiten möglichst leicht und einfach zu machen (Abb. II).

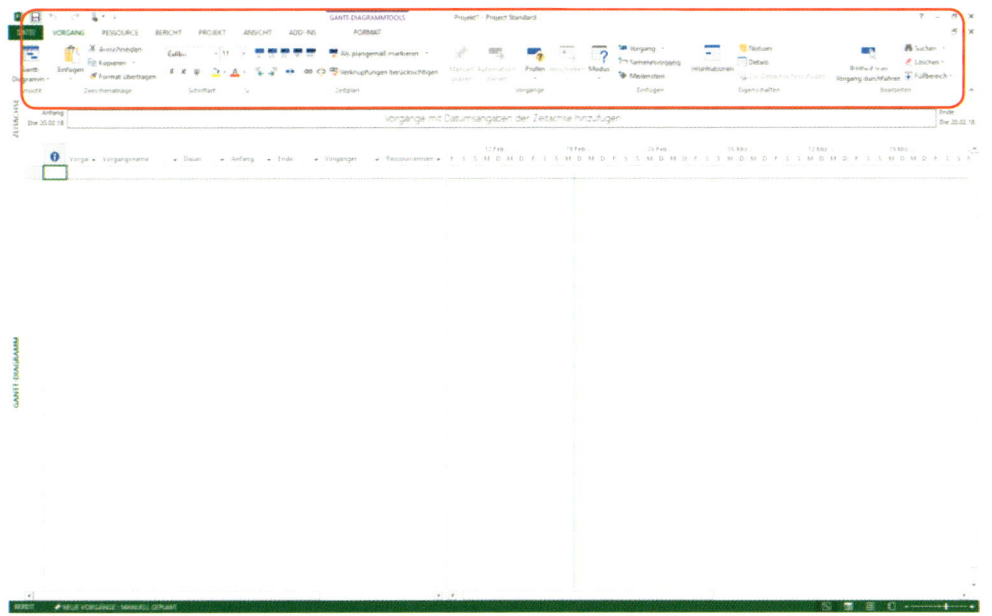

Registerkarte

Auf der Registerkarte „Datei" kann eine neue Projektdatei erstellt oder eine bestehende geöffnet werden. Darüber hinaus wird hier ein bestehendes Projekt gespeichert. Zudem finden sich hier die Druckoption sowie Möglichkeiten zur Dateifreigabe und zum Export von Dateien, um sie mit anderen Personen zu teilen.

Auf der Registerkarte „Vorgang" können einzelne oder mehrere Vorgänge eines Projekts verändert werden. Neben Standardfunktionen wie zum Beispiel das Verändern der Schriftart und -größe können hier zu einem Vorgang ein Fortschritt (0 % – 100 %) festgelegt, Verknüpfungen zwischen einzelnen Vorgängen erstellt sowie Vorgänge anderen Vorgängen über- oder untergeordnet werden.

Des Weiteren kann über die Registerkarte „Vorgang" festgelegt werden, ob ein Vorgang manuell oder automatisch geplant werden soll. Manuelle Planung bedeutet, dass Start- und Enddatum fixiert, also nicht z. B. durch Verlängerungen oder Verkürzungen vorhergehender Vorgänge verändert werden können. Dies ist sinnvoll, wenn der manuell geplante Vorgang zu einem bestimmten Zeitpunkt durchgeführt werden muss. Automatische Planung wiederum bedeutet, dass der Vorgang z. B. durch Verlängerung oder Verkürzung vorhergehende Vorgänge verschiebbar ist. Er ist also bzgl. Start- und Endtermin flexibel, ohne dass dabei die Vorgangsdauer verändert wird.

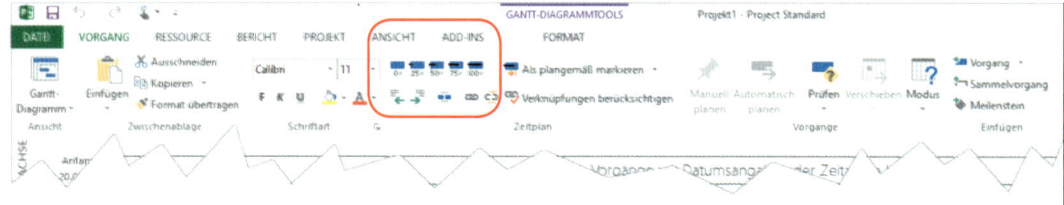

Auf der Registerkarte „Ressource" können dem Projekt Ressourcen (z. B. Personen oder Geldmittel) zugewiesen werden.

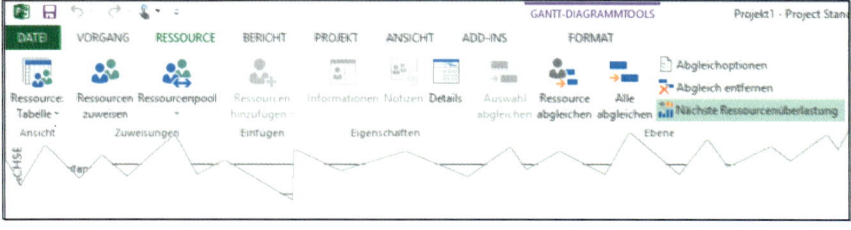

Auf der Registerkarte „Bericht" befinden sich verschiedene Berichts- und Reportingoptionen. So können hier zwei Projektplanungsstände miteinander verglichen werden. Zudem ist es möglich, schnelle und aussagekräftige Reports (z. B. Dashboard-Berichte) zu erstellen.

Auf der Registerkarte „Projekt" können grundlegende Projektinformationen bearbeitet werden.

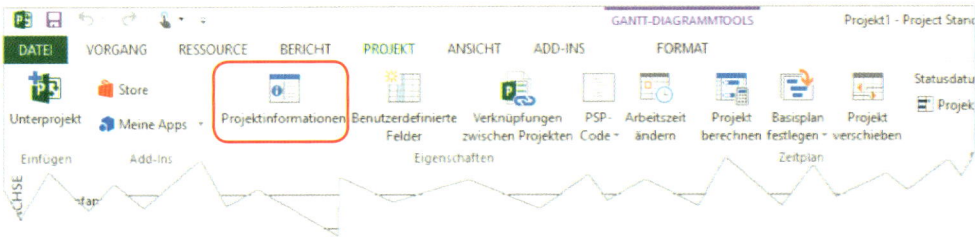

Auf der Registerkarte „Ansicht" können verschiedene Ansichten des Projekts gewählt werden. So ist es zum Beispiel möglich, das Projekt als Balkendiagramm (auch Gantt-Diagramm genannt), als Netzplan oder als Kalender darzustellen. Außerdem bestehen verschiedene Möglichkeiten zur Gliederung des Projekts oder zum Filtern von Vorgängen.

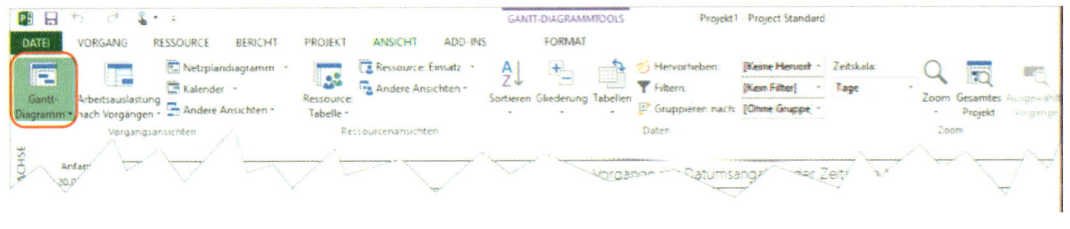

Erste Vorgänge planen

Mit MS-Project lassen sich schnell und einfach Projektpläne erstellen. Dabei wird zwischen einem einzelnen Vorgang (z. B. dem Einsetzen eines Türrahmens im Wohnzimmer eines Neubaus), einem Sammelvorgang (z. B. dem Einsetzen aller Türrahmen des Neubaus) sowie einer Projektphase (z. B. Innenausbau) unterschieden.

Einzelne Vorgänge werden mit einem Vorgangsnamen, einem Anfangs- und einem Enddatum im Planungsbereich eingegeben. MS-Project errechnet automatisch die Vorgangsdauer.

Vorgänge in MS-Project präzisieren

Wenn Sie einem Vorgang einen festen Start- und Endtermin geben, ermittelt MS-Project automatisch die Vorgangsdauer. So hat zum Beispiel der Vorgang „Einbau Türrahmen Wohnzimmer" mit Start- und Endtermin am selben Tag eine Dauer von einem Tag. Der Vorgang „Einbau Türrahmen Schiebetür Esszimmer" mit Start- und Endtermin an zwei aufeinanderfolgenden Tagen hat eine Dauer von zwei Tagen.

BEISPIEL

Abb. ist korrigiert, hier noch ersetzen.

Unter „Dauer" versteht man die Zeit, die ein Vorgang benötigt, um abgeschlossen zu werden.

Einzelne Vorgänge lassen sich zu Sammelvorgängen zusammenführen. Das ist sinnvoll, da ein Projekt bei einer großen Anzahl an Vorgängen schnell unübersichtlich wird. Sammelvorgänge umfassen eine beliebige Anzahl an Vorgängen.

Um Vorgänge zu einem Sammelvorgang zusammenzuführen, markieren Sie die gewünschten Vorgänge im Planungsbereich und klicken in der Registerkarte „Vorgang" auf „Sammelvorgang".

BEISPIEL

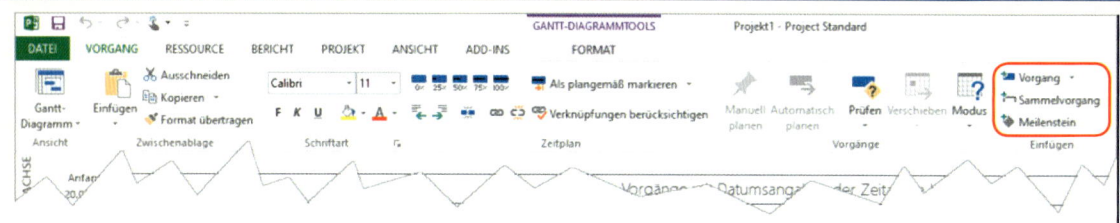

Die markierten Vorgänge werden unter dem neuen Sammelvorgang eingerückt. Sammelvorgänge werden fett dargestellt. Zum Anpassen der Bezeichnung des Sammelvorgangs klicken Sie doppelt auf den Sammelvorgang und passen Sie den Vorgangsnamen an. Die Gesamtdauer des Sammelvorgangs wird automatisch errechnet und in der Spalte „Dauer" dargestellt.

Zudem gibt es die Möglichkeit, Vorgänge nicht mit festem Start- und Enddatum zu planen, sondern über eine Vorgangsdauer. Sie werden feststellen, dass Vorgänge, die über eine Dauer, jedoch nicht über festgelegte Start- und Endtermine geplant werden, in MS-Project verschwommen dargestellt werden.

Abhängigkeiten zwischen Vorgängen darstellen

Vorgänge haben häufig Vorgänger und Nachfolger, zu denen eine logische Abhängigkeit besteht. So können Zimmertüren erst eingebaut werden, wenn die Türrahmen bereits vollständig eingebaut wurden. Diese einfache Form der Abhängigkeit nennt sich „Ende-Anfang-Beziehung". Ein Vorgang (oder Sammelvorgang) muss abgeschlossen sein, bevor ein Folgevorgang (oder Sammelvorgang) beginnen kann.

In MS-Project können Abhängigkeiten auf zwei Wege hergestellt werden, per Drag-and-Drop und per Eingabe der Vorgangsnummer des Vorgängers im Planungsbereich

Abhängigkeit per Drag-and-Drop herstellen: Um Vorgänge per Drag-and-Drop zu einer „Ende-Anfang-Beziehung" zu verknüpfen, klicken Sie im Balkenplan des Planungsbereichs auf das Ende eines Vorgängervorgangs. Halten Sie die Maustaste gedrückt und bewegen Sie den Mauszeiger zum Anfang des Nachfolgevorgangs. Lassen Sie Maustaste nun los. MS-Project wird den Nachfolgevorgang verschieben, sodass er nach Abschluss des Vorgängers beginnt. Die Abhängigkeit wird über einen Pfeil im Balkenplan grafisch dargestellt.

Abhängigkeit per Eingabe der Vorgangsnummer des Vorgängers herstellen: Um Vorgänge miteinander zu verknüpfen, geben Sie die Zeilennummer des vorhergehenden Vorgangs in der Spalte „Vorgänger" des Nachfolgevorgangs ein. MS-Project wird den Nachfolgevorgang verschieben, sodass er nach Abschluss des Vorgängers beginnt. Die Abhängigkeit wird über einen Pfeil im Balkendiagramm grafisch dargestellt.

Meilensteine und Projektphasen erstellen

Je komplexer und aufwendiger Projekte werden, desto schwieriger wird es, die Übersicht über die verschiedenen Projektaktivitäten und den Fortschritt zu behalten. Im Projektmanagement bedient man sich daher zweierlei Werkzeugen um die Übersicht zu behalten: **Meilensteinen** und **Projektphasen**.

Meilensteine sind Ereignisse, die im Projekt von besonderer Bedeutung sind. Mit ihrer Hilfe wird ein Projektverlauf in überprüfbare Etappen und Zwischenziele aufgeteilt. Durch das Erreichen von Meilensteinen wird der Projektfortschritt leicht messbar und transparent.

BEISPIEL

Meilensteine in Projekten[1]

- Abschluss von Projektphasen
- Abschluss von zusammenhängenden Arbeitseinheiten (z. B. vollständiger Einbau der Türen in einem Haus)
- Freigaben, Abnahmen oder Prüfungen (z. B. Freigabe der geplanten Baumaßnahme durch das Bauamt)

- Entscheidungen (z. B. Entscheidung über die Farbe des geplanten Außenanstrichs eines Hauses, offizieller Projektbeginn, Übergang von einer Projektphase in die nächste; offizieller Projektabschluss)

Um einen Meilenstein in MS-Project zu erstellen, fügen Sie einen neuen Vorgang im Planungsbereich ein und weisen Sie diesem eine Dauer von „0" Tagen zu. Im Balkenplan wird der Vorgang nun als Meilenstein (Rautesymbol) dargestellt.

Vorgängen Ressourcen zuweisen

MS-Project bietet die Möglichkeit, den Namen von verantwortlichen Bearbeitern eines Vorgangs in das Balkendiagramm zu integrieren. Bearbeiter werden in MS-Project in der Spalte „Ressourcenname" festgelegt. In der Spalte „Ressourcenname" wird der Name des Bearbeiters (z. B. eines Handwerkers) oder einer Firma (z. B. Tischlerei) eingetragen. Werden mehrere Ressourcen einem Vorgang zugewiesen, so werden diese mit Semikolon („;") getrennt. Der den Vorgängen zugewiesene Ressourcenname wird im Balkendiagramm dargestellt.

MS-Project bietet die Möglichkeit, Ressourcen Einheiten und Kosten zuzuweisen.

BEISPIEL

Es kann definiert werden, dass die Ressource „Tischler" den Vorgang „Türrahmen einbauen" zu 100 % der verfügbaren Zeit ausführt und dafür eine Dauer von 10 Tagen benötigt wird. Können nur 50 % der Ressource „Tischler" den Vorgang „Türrahmen einbauen" ausführen, wird durch MS-Project automatisch die Dauer des Vorgangs auf die doppelte Zeit (20 Tage) angepasst (halber Ressourceneinsatz = doppelte

Dauer). Bei 200 % Ressourceneinsatz wiederum halbiert sich die Dauer auf 5 Tage (doppelter Ressourceneinsatz = halbe Dauer).

Die Einheit und Kosten einer Ressource können durch Doppelklick auf den Vorgang angepasst werden. Im Dialogfeld „Informationen zum Vorgang" – Reiter „Ressourcen" können die Einstellungen vorgenommen werden.

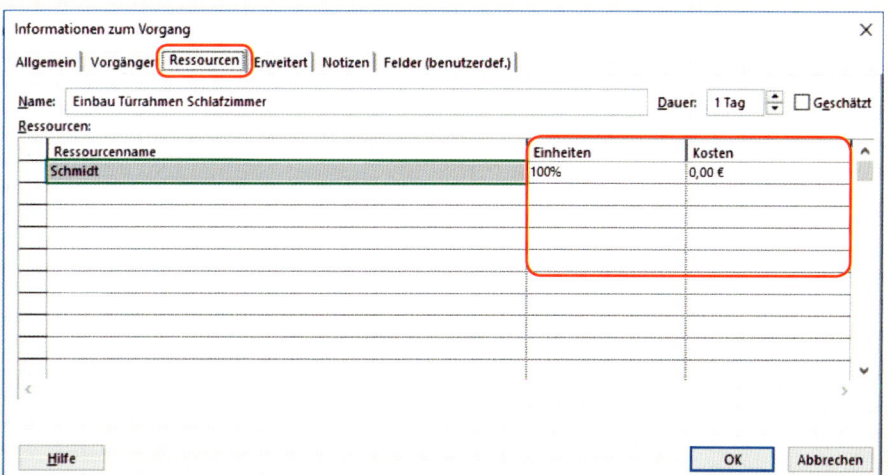

---

[1]   vgl. zu den Projektphasen Kapitel 12.2–12.5

Planung von Projekten

BEISPIEL

Planung des Bauprojekts der Exclusiva GmbH

Das Projekt zum Bau des neuen Lagers der Exclusiva GmbH in den Außenbezirken von Essen beginnt mit der Planungsphase. In der Planungsphase soll der Grundstückskaufvertrag abgeschlossen werden. Die Bauzeichnungen werden durch die Architektin erstellt, durch die Geschäftsleitung der Exclusiva GmbH freigegeben und anschließend beim Bauamt der

Stadt Essen zur Freigabe eingereicht. Die Genehmigung der Behörde wird länger dauern, deswegen will die Architektin parallel mit der Auswahl der Handwerksbetriebe beginnen.

Frau Kleimenhagen, die Architektin, versendet eine E-Mail mit den wichtigsten Planungsdaten und Zeiten.

ACHTUNG: Wenn nicht anders gefordert, sind Vorgänge „automatisch" zu planen.

Von:	Architektin Kleimenhagen <architektin@kleimenhagen-bau-wvd.de>
Betreff:	Die Vorgänge in der Planungsphase
An:	Das Projektteam <projekt@exclusiva-gmbh-wvd.de>

Sehr geehrter Projektmanager,
sehr geehrte Projektmanagerin,

schön, dass es endlich losgehen kann. Wir haben viel zu tun, packen wir es an. In der Planungsphase kümmern wir uns zunächst um die Bauzeichnungen, die Freigaben durch die Stadt Essen und die Auswahl der Handwerker für die verschiedenen Arbeiten. Ich habe Ihnen unten eine Liste der Vorgänge und der geschätzten Vorgangsdauern angehängt. Können Sie diese bitte in MS-Projekt planen und mir dann für die Übergabe an die Geschäftsleitung der Exclusiva GmbH ausdrucken lassen? Danke schon mal.

Ach ja, Sammelvorgänge habe ich fett dargestellt. Das hilft Ihnen, den Projektplan zu strukturieren. Achten Sie bitte auch auf die Vorgänger mancher Vorgänge. Dazu gibt es noch einige Vorgänge, die ein festes Datum haben müssen. Dabei handelt es sich um Freigabevorgänge durch die Geschäftsleitung, die nur an diesen Tagen Zeit hat. Bitte planen Sie dies entsprechend ein (diese Vorgänge in MS-Project nicht automatisch planen lassen).

Nr.	PHASE/Vorgang	Dauer (Tage)	Fester Termin?	Ressource	Vorgänger
1	**PLANUNGSPHASE**				
2	**Kaufvertrag**				
3	Entwurf Kaufvertrag erstellen	10		Dr. Bremer (Notar)	
4	Unterzeichnung Kaufvertrag	0 (Meilenstein)	15. Mai	Geschäftsleitung	3
5	**Bauzeichnungen**				4
6	Bauzeichnungen erstellen	5		Kleimenhagen	
7	Freigabe Bauzeichnungen	0	19. Juni	Geschäftsleitung	6
8	**Genehmigungen**				7
9	Bauanträge fertigstellen	10		Kleimenhagen	
10	Unterlagen einreichen	2		Kleimenhagen	8
11	Bearbeitung Bauamt	20		Bauamt	10
12	Freigabe der Bauzeichnungen	0		Bauamt	11
13	**Auswahl Handwerker**				7
14	Angebote Tiefbau einholen	20		Kleimenhagen	
15	Angebote Sanitär und Heizung einholen	20		Kleimenhagen	
16	Angebote Heizung einholen	20		Kleimenhagen	
17	Angebote Dachdecker einholen	20		Kleimenhagen	

18	Angebote Maler einholen	20		Kleimenhagen	
19	Angebote Tischler einholen	20		Kleimenhagen	
20	Angebote bewerten 14;15;16;17;18;19	5		Kleimenhagen	
21	Handwerker beauftragen	2		Geschäftsleitung	12; 20
22	Abschluss der Planungsphase	0		Geschäftsleitung	21

Mit freundlichen Grüßen

Kleimenhagen

Nachdem die Planungsphase in MS-Project angelegt wurde, kann die Planung der nächsten Projektphase „Rohbauphase" beginnen. In der Rohbauphase werden das Fundament gelegt, die Mauern errichtet, das Dach gedeckt sowie die Fenster eingebaut. Die Geschäftsleitung möchte den Abschluss der Rohbauphase mit einem Richtfest für die Belegschaft feiern.

Von:	Architektin Kleimenhagen <architektin@kleimenhagen-bau-wvd.de>
Betreff:	Die Vorgänge in der Planungsphase
An:	Das Projektteam <projekt@exclusiva-gmbh-wvd.de>

Sehr geehrter Projektmanager,
sehr geehrte Projektmanagerin,

danke für den Entwurf der Planungsphase in MS-Project. Das sieht gut aus. Wir können nun mit der Planung der Rohbauphase beginnen. Hier werden vorrangig die Tiefbauer, Maurer, Tischler und Dachdecker ihre Arbeiten erledigen. Vergessen Sie bitte nicht, dass ihre Geschäftsleitung den Abschluss der Rohbauphase mit einem Richtfest für die Belegschaft feiern möchte. Dies sollten Sie bitte ihn ihren Projektplan einplanen.

Unten finden Sie die Liste der Vorgänge der Rohbauphase. Bitte planen Sie in MS-Project.

Nr.	PHASE/Vorgang	Dauer (Tage)	Fester Termin?	Ressource	Vorgänger
23	**ROHBAUPHASE**				22
24	**Tiefbau**				
25	Erdarbeiten	5		Tiefbauer	
26	Fundament gießen	2		Tiefbauer	25
27	Fundament Trocknung	15		Tiefbauer	26
28	**Hochbau**				27
29	Mauern setzen	20		Maurer	
30	Einbau Fenster				29
31	Fenster in EG einbauen	5		Tischler	
32	Fenster im OG einbauen	5		Tischler	31
33	**Dach**				29
34	Dachkonstruktion	15		Dachdecker	
35	Richtest	0 (Meilenstein)		Geschäftsleitung	32;34

Mit freundlichen Grüßen

Kleimenhagen

Die Planungsphase und die Rohbauphase sind in MS-Project angelegt. Das Projekt beginnt jetzt. Die Innenausbauphase wird zu einem späteren Zeitpunkt im Detail geplant, wenn das Projekt läuft und sobald absehbar ist, ob es zu Verzögerungen kommen wird.

Von:	Architektin Kleimenhagen <architektin@kleimenhagen-bau-wvd.de>
Betreff:	Die Vorgänge in der Planungsphase
An:	Das Projektteam <projekt@exclusiva-gmbh-wvd.de>

Sehr geehrter Projektmanager,
sehr geehrte Projektmanagerin,

danke für die Planung der Rohbauphase. Damit haben wir vorerst genug geplant, um mit der Planungsphase und der Rohbauphase zu beginnen. Sobald wir absehen können, ob der Projektfortschritt den Erwartungen und Planungen entspricht, beginnen wir mit der Detailplanung der beiden verbleibenden Phasen. Bis dahin ist es ausreichend, wenn Sie die Innenausbauphase ganz grob als einzelnen Vorgang mit geschätzten Anfangs- und Enddaten planen. Ich habe Ihnen meine Annahmen kurz in der unten stehenden Liste zusammengestellt.

Nr.	PHASE/Vorgang	Enddatum	Vorgänger
36	Innenausbauphase	Letzter Arbeitstag im Februar des Folgejahrs	35

Bitte planen Sie in MS-Project.

Mit freundlichen Grüßen

Kleimenhagen

Projektausführung I

BEISPIEL

Die ersten beiden Projektphasen (Planungsphase und Rohbauphase) sind in MS-Projekt fertig geplant. Das Ergebnis sind ein Zeitplan und ein entsprechendes Balkendiagramm.

Ein wichtiger Aspekt des Projektmanagements ist die stetige Fortschrittskontrolle. Wenn die Arbeit an einzelnen Vorgängen voranschreitet (z. B. die Fundamentarbeiten zu 50 % abgeschlossen wurden), dann wird dies in MS-Project dokumentiert.

Häufig kommt es im Projektmanagement zu Abweichungen im Projektverlauf. So kann es etwa vorkommen, dass sich Vorgänge verschieben, weil die Arbeit erst verspätet begonnen werden konnte. Andere Vorgänge wiederum dauern länger oder werden schneller abgeschlossen als geplant.

Fortschrittskontrolle mit MS-Project

Ihr Projekt ist mittlerweile weit fortgeschritten. Die ersten Vorgänge wurden erfolgreich durchgeführt. Sie erhalten eine E-Mail vom Notar Dr. Bremer sowie von der Architektin Frau Kleimenhagen.

Von:	Dr. Bremer <bremer@bremer-und-partner-wvd.de>
Betreff:	Grundstückskaufvertrag Exclusiva Lager Essen
An:	Das Projektteam <projekt@exclusiva-gmbh-wvd.de>
Anhang:	kaufvertrag_entwurf.pdf

Sehr geehrter Projektmanager,
sehr geehrte Projektmanagerin,

wir haben wie geplant den Entwurf des Kaufvertrags fertiggestellt. Diesen erhalten Sie zur Ablage im Anhang dieser E-Mail.

Die Unterzeichnung des Kaufvertrags durch die Geschäftsleitung der Exclusiva GmbH und dem Vertragspartner ist ebenfalls abgeschlossen.

Dieser Vorgang ist aus unserer Sicht damit abgeschlossen.

Mit freundlichen Grüßen

Karl-Heinz Bremer

Von:	Architektin Kleimenhagen <architektin@kleimenhagen-bau-wvd.de>
Betreff:	Stand Bauzeichnungen und Freigabe durch GL
An:	Das Projektteam <projekt@exclusiva-gmbh-wvd.de>
Anhang:	bauzeichnungen_freigegeben.pdf

Sehr geehrter Projektmanager,
sehr geehrte Projektmanagerin,

wir haben die Bauzeichnungen gemäß den Vorstellungen der Exclusiva GmbH erstellt. Diese wurden bereits von Ihrer Geschäftsführung freigegeben. Ich habe Ihnen eine Kopie der Zeichnungen inkl. der Freigabe an diese E-Mail angehängt.

Die Arbeitsschritte des Sammelvorgangs „Bauzeichnungen" sind aus unserer Sicht damit abgeschlossen.

Wir werden nun damit beginnen, die Bauanträge fertigzustellen, und sehen uns auch schon mal nach den Handwerkern um.

Mit freundlichen Grüßen

Kleimenhagen

Mit Verzögerungen in MS-Project umgehen

Frau Kleimenhagen hat mit der Fertigstellung der Bauanträge begonnen. Parallel fordert sie Angebote von verschiedenen Handwerksunternehmen ein, um die unterschiedlichen Gewerke bald beauftragen zu können.

Sie erhalten eine E-Mail der Architektin Frau Kleimenhagen.

Von:	Architektin Kleimenhagen <architektin@kleimenhagen-bau-wvd.de>
Betreff:	Verzögerungen beim Bauamt
An:	Das Projektteam <projekt@exclusiva-gmbh-wvd.de>
Anhang:	bauzeichnungen_freigegeben.pdf

Sehr geehrter Projektmanager,
sehr geehrte Projektmanagerin,

die Bauanträge sind durch uns fertiggestellt und beim Bauamt fristgerecht eingereicht worden.

Ich habe heute mit dem Bauamt der Stadt Essen gesprochen. Sie haben die Unterlagen erhalten. Aufgrund der Urlaubszeit wird sich die Freigabe der Bauzeichnungen durch das Bauamt verzögern, da viele Beamte des Bauamts derzeit im Urlaub sind.

Der Leiter des Bauamts gibt den Fertigstellungsgrad des Vorgangs „Bearbeitung Bauamt" mit 50 % an. Allerdings schätzt er, dass seine Kollegen noch weitere zehn Arbeitstage zur Bearbeitung benötigen werden. Die Freigabe der Bauzeichnungen durch das Bauamt verzögert sich entsprechend.

Parallel zu diesem Vorgang holen wir weiterhin Angebote der Handwerksfirmen ein.

Mit freundlichen Grüßen

Kleimenhagen

Projektplan vervollständigen und Fertigstellungsgrade festlegen

Trotz der Verzögerungen beim Bauamt geht die Arbeit am Projekt weiter. Die Architektin Frau Kleimenhagen hat Kontakt zu verschiedenen Handwerksunternehmen aufgenommen und holt Angebote über die benötigten Leistungen ein. Sie erhalten eine E-Mail von Frau Kleimenhagen.

Von:	Architektin Kleimenhagen <architektin@kleimenhagen-bau-wvd.de>
Betreff:	Stand Handwerker Angebote
An:	Das Projektteam <projekt@exclusiva-gmbh-wvd.de>

Sehr geehrter Projektmanager,
sehr geehrte Projektmanagerin,

ich bin mit verschiedenen Handwerksbetrieben im intensiven Kontakt, um die besten Angebote für die unterschiedlichen Arbeiten zu erhalten.

Hier eine Kurzübersicht über den aktuellen Stand der Angebote und Verhandlungen:

Gewerk	Firma	Status/Dauer Angebotsabgabe	Abschluss	Preis
Tiefbau	*Tiefbau Grube*	*liegt vor (10 Tage)*	*100 %*	*120.000,00 €*
Tiefbau	*Helmut Loch & Sohn*	*eine Woche später (25 Tage)*	*50 %*	*–*
Sanitär/Heizung	*Brüter Gas, Wasser, Heizung*	*keine Antwort bisher*	*0 %*	*–*
Sanitär/Heizung	*Beckman Sanitär-Technik*	*liegt vor (15 Tage)*	*100 %*	*250.000,00 €*
Sanitär/Heizung	*Gevci Heizungs-Spezialisten*	*liegt vor (20 Tage)*	*100 %*	*220.000,00 €*
Maurer	*Stein auf Stein GmbH*	*liegt vor (5 Tage)*	*100 %*	*90.000,00 €*
Maurer	*Häusle Bauten*	*zwei Wochen später (30 Tage)*	*25 %*	*–*
Dachdecker	*Weiche Ziegel GmbH & Co. KG*	*liegt vor (20 Tage)*	*100 %*	*145.000,00 €*
Dachdecker	*Kraliczek Dächerprofis*	*liegt vor (10 Tage)*	*100 %*	*180.000,00 €*

Maler	Klecks und Partner GbR	liegt vor (20 Tage)	100 %	65.000,00 €
Maler	Malermeister Kunterbunt	liegt vor (20 Tage)	100 %	70.000,00 €
Tischler	Saphir Fensterbau GmbH	drei Tage später (23 Tage)	75 %	180.000,00 €
Tischler	Fenster Fritz	keine Antwort bisher	0 %	–

Wie Sie sehen, kommen wir gut voran. Leider verzögert sich bei einigen Handwerkern die Angebotsabgabe. Übertragen Sie die Verzögerungen bitte in Ihren Projektplan. Bekommen wir zeitliche Probleme oder haben wir noch Puffer?

Mit freundlichen Grüßen

Kleimenhagen

Die Berichterstattung

BEISPIEL

Einen Bericht mit MS-Project erstellen

Die Planungsphase ist in vollem Gange. Leider haben sich kleinere Verspätungen ergeben. Sie erhalten eine E-Mail der Geschäftsleitung der Exclusiva GmbH.

Von:	Geschäftsleitung <gl@exclusiva-gmbh.wvd.de>
Betreff:	Statusbericht des Bauprojekts
An:	Das Projektteam <projekt@exclusiva-gmbh-wvd.de>

Sehr geehrter Mitarbeiter,
sehr geehrte Mitarbeiterin,

ich hoffe, Sie kommen gut voran mit unserem Bauprojekt in Essen. Sie wissen ja, wie wichtig der neue Lagerstandort für die Entwicklung unserer Firma ist.

Lassen Sie mir bitte einen kurzen Statusbericht über den Fortschritt in unserem Projekt zukommen. Mich interessiert, wie weit die Planungsphase abgeschlossen ist und wie groß eventuelle Verzögerungen sind.

Besten Dank.

Der Geschäftsführer

Mit MS-Project lassen sich eine Vielzahl verschiedener Statusberichte erstellen. Für eine Kurzinformation der Geschäftsleitung ist der „Dashboard"-Report besonders gut geeignet. Er besteht aus den wichtigsten Kennzahlen des Projektfortschritts und lässt eine zu detaillierte Darstellung aus.

BEISPIEL

Im Menüband „Bericht" ist über den Button „Dashboards" der „Projektübersicht"-Bericht auswählbar.

Der „Projektübersicht"-Bericht informiert kurz und knapp über den Gesamtfortschritt des Projekts in Prozent, über die anstehenden Meilensteine und über den Fortschritt der einzelnen Projektphasen. Durch einen Doppelklick auf das Balkendiagram kann dieses angepasst werden. Es ist ebenfalls möglich, dem Diagramm weitere Felder hinzuzufügen. Um die Abweichung der Dauer einer Phase ebenfalls im Balkendiagramm darzustellen, muss das Feld „Dauer" → „Benutzerdefiniert" → „Abweichung Dauer" hinzugefügt werden.

Der Phasenübergang

BEISPIEL

Phasenübergänge in MS-Project steuern

Inzwischen sind die Angebote der Handwerkerfirmen eingegangen. Sie erhalten eine E-Mail der Architektin Frau Kleimenhagen und eine der Geschäftsleitung der Exclusiva GmbH.

Von:	Architektin Kleimenhagen <architektin@kleimenhagen-bau-wvd.de>
Betreff:	Handwerker Angebote und Bewertung
An:	Das Projektteam <projekt@exclusiva-gmbh-wvd.de>

Sehr geehrter Projektmanager,
sehr geehrte Projektmanagerin,

leider hat es etwas länger gedauert als ursprünglich geplant. Inzwischen sind aber alle Angebote der Handwerker eingegangen. Diese wurden von mir und meinem Team bewertet. Ich habe Ihrer Geschäftsleitung die folgenden Beauftragungen empfohlen:

Gewerk	Firma	Preis	geplante Arbeiten
Tiefbau	Tiefbau Grube	120.000,00 €	Erdarbeiten; Fundament gießen
Sanitär & Heizung	Gevci Heizungs-Spezialisten	220.000,00 €	Frisch- und Abwasserleitungen verlegen; Heizungsleitungen verlegen
Maurer	Stein auf Stein GmbH	90.000,00 €	Mauern und Wände setzen
Dachdecker	Weiche Ziegel GmbH & Co KG	145.000,00 €	Dachkonstruktion; Dach decken
Maler	Klecks und Partner GbR	65.000,00 €	Verputzen der Wände; Tapezieren der Wände
Tischler	Saphir Fensterbau GmbH	180.000,00 €	Fenster im EG einbauen; Fenster im OG einbauen

Wenn Ihre Geschäftsleitung die Handwerker beauftragt, kann damit die Planungsphase abgeschlossen werden. Als Nächstes beginnen wir mit der Rohbauphase.

Mit freundlichen Grüßen

Kleimenhagen

Von:	Geschäftsleitung <gl@exclusiva-gmbh-wvd.de>
Betreff:	Beauftragungen Handwerker
An:	Das Projektteam <projekt@exclusiva-gmbh-wvd.de>

Sehr geehrter Mitarbeiter,
sehr geehrte Mitarbeiterin,

ich folge der Empfehlung der Architektin zur Beauftragung der Handwerker. Die Beauftragungen sind fristgerecht rausgegangen. Bitte fahren Sie im Projekt wie geplant fort.

Mit freundlichen Grüßen

Der Geschäftsführer

Die Projektausführung II

BEISPIEL

Die Planungsphase des Bauprojekts wurde erfolgreich abgeschlossen. Die Rohbauphase beginnt. Sie erhalten eine E-Mail der Architektin Frau Kleimenhagen.

Von:	Architektin Kleimenhagen <architektin@kleimenhagen-bau-wvd.de>
Betreff:	Probleme mit dem Fundament
An:	Das Projektteam <projekt@exclusiva-gmbh.de-wvd>

Sehr geehrter Projektmanager,
sehr geehrte Projektmanagerin,

die Arbeiten der Rohbauphase haben begonnen. Die mit den Tischlern und Dachdeckern vereinbarten Termine sind bestätigt und fixiert. Aufgrund der aktuell hohen Auslastung der Saphir Fensterbau GmbH und der Weiche Ziegel GmbH & Co. KG sind beide Unternehmen nur innerhalb des vereinbarten Zeitrahmens verfügbar.

Die Fundamentarbeiten sind abgeschlossen. Allerdings dauert die Trocknung des Fundaments aufgrund der aktuellen Witterungslage deutlich länger als geplant. Die Trocknung ist zur Hälfte abgeschlossen, wird aber voraussichtlich zehn Tage länger dauern. Deshalb können die Maurer ihre Arbeiten erst später beginnen.

Da Tischler und Dachdecker nur zu den vereinbarten Zeiträumen arbeiten können, bleibt uns weniger Zeit für die Arbeiten der Maurer. Ich habe mit den Maurern gesprochen und erfahren, dass sie aktuell wenig ausgelastet sind. Sie können mit der doppelten Mannstärke (200 %) die Arbeiten antreten. Damit sollten wir es schaffen, die Verzögerungen auszugleichen.

Bitte bilden Sie dies in Ihrem Projektplan ab.

Mit freundlichen Grüßen

Kleimenhagen

Folgende Projektphasen planen

Das Projekt schreitet voran. Sie erhalten eine E-Mail von der Architektin Frau Kleimenhagen.

Von:	Architektin Kleimenhagen <architektin@kleimenhgen-bau-wvd.de>
Betreff:	Planung der Innenausbauphase
An:	Das Projektteam <projekt@exclusiva-gmbh-wvd.de>

Sehr geehrter Projektmanager,
sehr geehrte Projektmanagerin,

die Arbeiten der Rohbauphase schreiten gut voran. Durch den doppelten Ressourceneinsatz der Maurer konnten wir die Verzögerungen durch die verlängerte Trocknung des Fundaments ausgleichen. Gute Arbeit. Es wird nun aber Zeit, die Vorgänge der abschließenden Innenausbauphase zu planen. Ich habe heute leider keine Zeit, Ihnen eine detaillierte Liste der Vorgänge zu erstellen, daher hier die wichtigsten Informationen zusammengefasst.
a) Die Innenausbauphase kann erst beginnen, wenn die Rohbauphase abgeschlossen und das Richtfest gefeiert wurde.
b) Die Gewerke „Elektro", „Sanitär & Heizung", „Maler" sowie „Einrichtung" müssen geplant werden. Hier eine kurze Aufstellung der Vorgänge und der jeweils geplanten Dauer.

Sammelvorgang/Vorgang	Dauer (Tage)	Ressource
Elektro		
Stromleitungen verlegen	60	Elektriker
Netzwerkleitungen verlegen	30	Elektriker
Telefonleitungen verlegen	20	Elektriker
Sanitär & Heizung		
Frisch- und Abwasserleitungen verlegen	60	Klempner
Heizungsleitungen verlegen	50	Klempner
Maler		
Wände verputzen	20	Maler
Tapezieren	5	Maler
Einrichtung		
Büromöbel	10	
Lagerregale	10	

c) Die Arbeiten der Elektriker und der Klempner können parallel beginnen und durchgeführt werden.

d) Die Maler können erst beginnen, wenn die Elektriker und Klempner ihre Arbeiten abgeschlossen haben.

e) Die Einrichtung mit Büromöbeln und Lagerregalen kann erst beginnen, wenn die Maler fertig sind.

f) Wenn die Einrichtung abgeschlossen wurde, sollen die gesamten Baumaßnahmen durch die Geschäftsleitung abgenommen werden. Dies ist ein wichtiger Meilenstein.

g) Nach Abnahme durch die Geschäftsleitung kann das Mitarbeiterfest stattfinden.

h) Wenn das Mitarbeiterfest beendet ist, kann das Projekt abgeschlossen werden.

Dies ist der letzte Meilenstein. Bitte planen Sie in MS-Project.

Mit freundlichen Grüßen

Kleimenhagen

Die Vorgänge der Rohbauphase abschließen

Während die Innenausbauphase im Detail geplant wurde, schritten die Arbeiten der Rohbauphase voran und wurden indessen abgeschlossen. Sie erhalten eine E-Mail der Architektin.

Von:	Architektin Kleimenhagen <architektin@kleimenhagen-bau-wvd.de>
Betreff:	Abschluss der Rohbauphase
An:	Das Projektteam <projekt@exclusiva-gmbh-wvd.de>

Sehr geehrter Projektmanager,
sehr geehrte Projektmanagerin,

danke für die Planung der Innenausbauphase in MS-Project. Damit sind wir für die letzte Phase gut aufgestellt.

Die Arbeiten der Rohbauphase sind mittlerweile vollständig abgeschlossen. Gestern fand das Richtfest statt. Wir sind bereit, die Innenausbauphase zu beginnen.

Bitte planen Sie in MS-Project.

Mit freundlichen Grüßen

Kleimenhagen

Der Projektabschluss

BEISPIEL

Den Projektfortschritt kontrollieren

Der Rohbau des neuen Lagers steht, das Richtfest wurde gefeiert. Damit ist ein wichtiger Meilenstein erreicht. Die Innenausbauphase hat begonnen. Die Elektriker verlegen Strom-, Netzwerk-, und Telefon-leitungen. Die Klempner haben bereits begonnen, die Wasser- und Heizungsrohre zu verlegen.

Sie erhalten eine E-Mail von der Architektin Frau Kleimenhagen und eine der Geschäftsleitung der Exclusiva GmbH.

Von:	Architektin Kleimenhagen <architektin@kleimenhagen-bau-wvd.de>
Betreff:	Innenausbauphase
An:	Das Projektteam <projekt@exclusiva-gmbh-wvd.de>

Sehr geehrter Projektmanager,
sehr geehrte Projektmanagerin,

die Arbeiten der Innenausbauphase kommen gut voran. Sowohl Elektriker als auch Klempner haben ihre Arbeiten begonnen. Nach meiner Einschätzung sind die Arbeiten an den Netzwerk- und Telefonleitungen bereits zu 50 % abgeschlossen, die Arbeit an den Stromleitungen bereits zu 75 %.

Bei den Arbeiten der Klempner sind wir etwas hinterher. Hier sind jeweils erst 25 % abgeschlossen, die Klempner sind aber zuversichtlich, den Terminplan einhalten zu können.

Bitte planen Sie entsprechend in MS-Project.

Mit freundlichen Grüßen

Kleimenhagen

Von:	Geschäftsleitung <gl@exclusiva-gmbh-wvd.de>
Betreff:	Auflagen zur Ausgleichsbepflanzung
An:	Das Projektteam <projekt@exclusiva-gmbh-wvd.de>

Sehr geehrter Mitarbeiter,
sehr geehrte Mitarbeiterin,

heute hat uns die Stadt Essen darüber informiert, dass eine Ausgleichsbepflanzung auf dem Grundstück vorgenommen werden muss. Leider hat das Bauamt versäumt, uns darüber zu informieren, dass bei einem Neubau auch Bäume gepflanzt werden müssen, um den Auflagen des Naturschutzes gerecht zu werden.

Bitte planen Sie die Ausgleichsbepflanzung mit Bäumen und Sträuchern in Ihren Projektplan ein. Die Pflanzung sollten möglichst nicht im Winter durchgeführt werden. Unser Haus-und-Hof-Gärtner benötigt zwei Wochen. Planen Sie die Durchführung bitte so spät wie möglich, jedoch ohne die Meilensteine zur Abnahme der Baumaßnahmen, das Mitarbeiterfest oder den Projektabschluss zu gefährden.

Danke und Gruß

Der Geschäftsführer

Das Projekt in MS-Project abschließen

Die Arbeiten der Innenausbauphase sind nach Plan gelaufen und wurden termingerecht abgeschlossen. Auch die Ersatzbepflanzung wurde durch den Gärtner durchgeführt. Die Baumaßnahmen wurden abge-nommen und es wurde ein rauschendes Mitarbeiter-fest gefeiert.

Sie erhalten eine E-Mail der Architektin Frau Kleimen-hagen und eine der Geschäftsleitung der Exclusiva GmbH.

Von:	Architektin Kleimenhagen <architektin@kleimenhagen-bau-wvd.de>
Betreff:	Abschluss der Innenausbauphase und des Projekts
An:	Das Projektteam <projekt@exclusiva-gmbh-wvd.de>

Sehr geehrter Projektmanager,
sehr geehrte Projektmanagerin,

die Gewerke Elektro, Sanitär & Heizung, Maler sowie die Einrichtung der Büroräume und des Lagers sind aus unserer Sicht erfolgreich abgeschlossen. Es kam zu keinen weiteren Verzögerungen. Bitte dokumentieren Sie dies in MS-Projekt.

Ich freue mich, das Projekt mit Ihnen durchgeführt zu haben und auf weitere zukünftige Zusammenarbeit.

Mit freundlichen Grüßen

Kleimenhagen

Von:	Geschäftsleitung <gl@exclusiva-gmbh-wvd.de>
Betreff:	Auflagen zur Ausgleichsbepflanzung
An:	Das Projektteam <projekt@exclusiva-gmbh-wvd.de>

Sehr geehrter Mitarbeiter,
sehr geehrte Mitarbeiterin,

wir haben die Baumaßnahmen erfolgreich abgenommen, und auch das Mitarbeiterfest war ein voller Erfolg. Vielen Dank für Ihre gute Arbeit. Ein letzter Schritt bleibt noch: Bitte aktualisieren Sie abschließend Ihren Pro-jektplan. Aus meiner Sicht kann das Projekt damit beendet werden.

Mit freundlichen Grüßen

Der Geschäftsführer

AUFGABEN

1. Verschaffen Sie sich mithilfe der Ausgangssituation und des E-Mail-Verkehrs einen Überblick über die verschiedenen Aufgaben und Ziele der unterschiedlichen Projektphasen.

2. Stellen Sie die Projektliefergegenstände (detaillierte Arbeitsergebnisse eines Projekts, z. B. ein Kaufvertrag oder eine eingebaute Zimmertür) übersichtlich mithilfe einer Mindmap-Software dar.

3. Gruppieren Sie die Projektliefergegenstände nach Projektphasen. Beginnen Sie mit der Planungsphase.

4. Stellen Sie das Ergebnis Ihren Projektmitarbeitern vor, damit diese den gleichen Wissensstand wie Sie haben.

5. Legen Sie den Projektstarttermin auf den ersten Arbeitstag im Mai fest, indem Sie auf der Registerkarte „Projekt" auf „Projektinformationen" klicken. Im erscheinenden Dialogfeld wird der Anfangstermin festgelegt.

6. Am ersten Arbeitstag im Mai sollen die Türrahmen im Wohnzimmer und Schlafzimmer eingebaut werden.
   a) Legen Sie dafür jeweils einen Vorgang an.
   b) Beenden Sie beide Vorgänge am selben Tag.

7. Am zweiten Arbeitstag im Mai sollen die Türrahmen in der Küche und im Arbeitszimmer eingebaut werden.
   a) Legen Sie dafür jeweils einen Vorgang an
   b) Beenden Sie beide Vorgänge am selben Tag.

8. Am dritten Arbeitstag im Mai soll der Türrahmen der Schiebetür zum Esszimmer eingebaut werden.
   a) Legen Sie dafür einen Vorgang an.
   b) Planen Sie für diesen Vorgang zwei Arbeitstage.

9. Fassen Sie die einzeln geplanten Vorgänge zu einem Sammelvorgang zusammen.

10. Nennen Sie den neuen Sammelvorgang „Einbau der Türrahmen".

11. Die Zimmertüren im Wohnzimmer, Schlafzimmer, der Küche sowie im Arbeitszimmer können alle an einem Tag eingebaut werden. Die Einbaumaßnahmen haben eine geplante Dauer von einem Tag. Die Esszimmerschiebetür ist schwieriger einzubauen. Dieser Vorgang hat daher eine geplante Dauer von zwei Tagen. Planen Sie alle Vorgänge zum Einbau der Zimmertüren zu einem Sammelvorgang „Einbau der Zimmertüren".

12. Planen Sie einen Meilenstein „Zimmertüren fertig eingebaut" nach Einbau der letzten Zimmertür.

13. Erstellen Sie einen neuen Vorgang „Zimmertüren fertig eingebaut" im Planungsbereich (achten Sie darauf, dass der Vorgang auf der obersten Vorgangsebene geplant ist und nicht innerhalb des Sammelvorgangs „Einbau der Zimmertüren" – nutzen Sie ggf. die Buttons zum Herauf- bzw. Herunterstufen von Vorgängen in der Registerkarte „Vorgang").
   a) Weisen Sie dem Vorgang eine Dauer von „0" Tagen zu.
   b) Weisen Sie dem Vorgang den Sammelvorgang „Einbau der Zimmertüren" als Vorgänger zu.
   c) Tragen Sie dazu die entsprechende Vorgangsnummer in die Spalte „Vorgänger" des Meilensteins ein.

14. Planen Sie eine Phase „Innenausbau" im Planungsbereich, die die Sammelvorgänge „Einbau der Türrahmen" und „Einbau der Zimmertüren" umfasst.
   a) Erstellen Sie einen neuen Vorgang, indem Sie im Planungsbereich einmal auf den Sammelvorgang „Einbau der Türrahmen" rechtsklicken und „Vorgang einfügen" wählen.
   b) Geben Sie dem Vorgang den Namen „Innenausbau".

15. Markieren Sie alle Vorgänge im Planungsbereich bis auf den neuen Vorgang „Innenausbau". Stufen Sie die markierten Vorgänge über den entsprechenden Button auf der Registerkarte zum „Vorgang" herab. MS-Project rückt die markierten Vorgänge ein und stellt den Vorgang „Innenausbau" als Projektphase dar.

16. Die Sammelvorgänge „Einbau der Türrahmen" und „Einbau der Zimmertüren" werden durch eine Tischlerei ausgeführt. Weisen Sie den benannten Sammelvorgängen die Ressource „Tischlerei" zu.

17. Der Einbau der Türrahmen und Zimmertüren in Wohnzimmer, Schlafzimmer, Küche und Arbeitszimmer übernimmt der Tischlergeselle Thomas Schmidt. Weisen Sie den Vorgängen die Ressource „Schmidt" zu.

18. Der Einbau des Türrahmens im Esszimmer und der zugehörigen Schiebetür ist aufwendiger. Die Kollegin Ulrike Bergmann wird Herrn Schmidt unterstützen. Weisen Sie den entsprechenden Vorgängen die Ressourcen „Bergmann" und „Schmidt" zu.

19. Legen Sie das Projektstartdatum in MS-Project auf den ersten Arbeitstag im Mai fest.

20. Geben Sie den Vorgang „Planungsphase" in MS-Project ein.

21. Geben Sie die Sammelvorgänge „Kaufvertrag", „Bauzeichnungen", „Genehmigungen" und „Auswahl Handwerker" in MS-Project ein.
    a) Rücken Sie die Sammelvorgänge unter „Planungsphase" ein.
    b) Weisen Sie den Sammelvorgängen die jeweils untergeordneten Vorgänge mit Dauer, zugeordneter Ressource, festem Ausführungstermin (wenn zutreffend) und Vorgänger zu.
    c) Drucken Sie das fertige Ergebnis über die „Drucken"-Funktion in MS-Project aus.

22. Legen Sie die Phase „Rohbauphase" an. Planen Sie die Sammelvorgänge „Tiefbau", „Hochbau", „Einbau Fenster" und „Dach" in MS-Project

23. Legen Sie zu den Sammelvorgängen die jeweils untergeordneten Vorgänge an.

24. Berücksichtigen Sie die Dauer, zugeordnete Ressourcen, feste Ausführungstermine (wenn zutreffend) und Vorgänger.

25. Planen Sie den Termin für das Richtfest.

26. Drucken Sie das fertige Ergebnis in MS-Project aus.

27. Geben Sie die in der Email benannten Vorgänge in MS-Project ein.

28. Geben Sie jeweils das feste Enddatum ein. Achten Sie darauf, dass es sich um manuell geplante Vorgänge handelt.

29. Markieren Sie die Vorgänge des Sammelvorgangs „Kaufvertrag" in MS-Project als vollständig erledigt.

30. Markieren Sie die Vorgänge des Sammelvorgangs „Bauzeichnungen" als vollständig erledigt.

31. Setzen Sie den Fertigstellungsgrad des Vorgangs „Bauanträge fertigstellen" und „Unterlagen einreichen" auf 100 %.

32. Setzen Sie den Fertigstellungsgrad des Vorgangs „Bearbeitung Bauamt" auf 50 %.

33. Erhöhen Sie die Dauer des Vorgangs um die von der Architektin angegeben Zeit.

34. Wie wirkt sich die Verzögerung auf den Meilenstein „Freigabe der Bauzeichnungen" aus?
    a) Identifizieren Sie, ob es weitere Auswirkungen auf Folgeaktivitäten gibt.
    b) Beschreiben Sie ggf. die Auswirkungen.

35. Fügen Sie unter dem Vorgang „Angebote Tiefbau einholen" zwei weitere Vorgänge „Tiefbau Grube" und „Helmut Loch & Sohn" hinzu.

36. Definieren Sie in MS-Project den Vorgang „Angebote Tiefbau einholen" als Sammelvorgang.

37. Aktualisieren Sie Dauer und Fertigstellungsgrad der neuen Vorgänge „Tiefbau Grube" und „Helmut Loch & Sohn".

38. Aktualisieren Sie die Sammelvorgänge „Sanitär und Heizung", „Maurer", „Dachdecker", „Maler" und „Tischler".
    a) Beschreiben Sie die Auswirkungen der verzögerten Angebotsabgabe
    b) Wie wirken sich die Verzögerungen der Angebotsabgabe einiger Handwerksbetriebe auf den Vorgang „Angebote bewerten" aus?
    c) Wie wirken sich die Verzögerungen auf den Vorgang „Handwerker beauftragen" aus?
    d) Beschreiben Sie den Effekt auf den Abschluss der gesamten Planungsphase.

39. Drucken Sie das fertige Ergebnis über die „Drucken"-Funktion in MS-Project aus.

40. Erstellen Sie einen „Projektübersicht"-Bericht als Dashboard über das Menüband „Bericht".

41. Erweitern Sie das Balkendiagramm „% abgeschlossen" um die „Abweichung Dauer".

42. Drucken Sie den „Projektübersicht"-Bericht über die „Drucken"-Funktion von MS-Project aus.

43. Schließen Sie folgende Vorgänge in MS-Project ab.
    a) das Einholen der Handwerkerangebote,
    b) die voraussetzenden Vorgänge zur Beauftragung der Handwerker.

44. Beenden Sie die „Planungsphase" in MS-Project vollständig. Stellen Sie dabei sicher, dass alle Aktivitäten der Phase zu 100 % abgeschlossen sind.

45. Planen Sie die entsprechenden Vorgänge aus der E-Mail in MS-Project als „manuell geplant".

46. Bilden Sie den Fertigstellungsgrad der in der E-Mail benannten Vorgänge in Ihrem Projektplan ab.

47. Die Trocknung des Fundaments dauert zehn Tage länger.
    a) Bilden Sie die Verzögerung in MS-Project ab.
    b) Beschreiben Sie die Veränderung im Projektplan.

48. Die Maurer setzten doppelte Anzahl an Mitarbeitern ein.
    a) Bilden Sie den doppelten Ressourceneinsatz in MS-Project ab.
    b) Beschreiben Sie die Veränderung im Projektplan.

49. Planen Sie die Innenausbauphase nach den Vorgaben von Frau Kleimenhagen.
    a) Stellen Sie sicher, dass die Innenausbauphase nicht vor dem vollständigen Abschluss der Rohbauphase beginnt.
    b) Planen Sie die Sammelvorgänge für die benötigten Gewerke gemäß den Vorgaben der Architektin. Weisen Sie den Vorgängen die entsprechenden Ressourcen zu.
    c) Stellen Sie sicher, dass die Sammelvorgänge in der vorausgesetzten Reihenfolge geplant werden.
    d) Planen Sie die den Meilenstein „Abnahme der Baumaßnahme" durch die Geschäftsleitung, das Mitarbeiterfest sowie den Meilenstein „Projektabschluss" gemäß den Vorgaben.
    e) Stellen Sie sicher, dass die Abhängigkeiten zwischen den Vorgängen korrekt in MS-Project geplant sind.

50. Dokumentieren Sie den Abschluss der Vorgänge der Rohbauphase in MS-Project.

51. Übernehmen Sie den Fortschritt in den Sammelvorgängen „Elektro" und „Sanitär & Heizung" in MS-Project.

52. Planen Sie den neuen Sammelvorgang „Ausgleichsbepflanzung".

53. Planen Sie in MS-Projekt, dass die Ausgleichsbepflanzung abgeschlossen sein muss, bevor das gesamte Projekt abgeschlossen werden kann.

54. Dokumentieren Sie den Abschluss der Vorgänge in MS-Project.

55. Dokumentieren Sie den Abschluss aller Meilensteine bis zum „Projektabschluss".

56. Drucken Sie den gesamten Projektplan in MS-Project aus.

57. Präsentieren Sie Ihr Ergebnisse.
    a) Welche Erkenntnisse haben Sie mit der Arbeit in MS-Project erlangt?
    b) Wo kann MS-Project die Arbeit von Projektmanagern erleichtern?
    c) Wo stößt MS-Project ggf. an Grenzen?

12.7 Agiles Projektmanagement

Einstieg

Agathe Kwasny kommt nach überstandener Grippe das erste Mal wieder in die Exclusiva GmbH.

Agathe Kwasny:

„Ihr hattet gestern ein Gespräch mit Herrn Hertien?"

Ronja Bunko:

„Ja, weil wir vier Auszubildenden in diesem Jahr alle in Projekten im Unternehmen mitarbeiten, wollte Herr Hertien uns über eine neue Methode informieren ..."

Agathe:

„Nämlich, worum geht es?"

Andreas Seeger:

„Er hat uns über eine Vorgehensweise informiert, die sich vom normalen Projektmanagement unterscheidet: das agile Projektmanagement."

Tacdin Akay:

„Er hat uns die SCRUM-Methode vorgestellt."

Agathe:

„Was ist das denn?"

Andreas:

„Das ist ein Begriff aus dem Rugby. Warte mal, ich zeig dir das mal auf meinem Handy, was ein Scrum ist.

Andreas zeigt Agathe ein Foto auf seinem Smartphone:

Andreas:

„Das ist ein Scrum im Rugby. Das bedeutet ‚geordnetes Gedränge'. Damit wird im Rugby das Spiel zum Beispiel nach kleineren Regelverstößen neu gestartet."

Agathe:

„Und was hat das mit Projektmanagement zu tun?"

Ronja:

„So wie im Rugby wird auch bei dieser Form des Projektmanagements im Prinzip das Projekt mit seinen Schritten neu bewertet und gestartet."

Tacdin:

„Ich versuche es dir mal kulinarisch zu erklären: Es ist wesentlich einfacher, einen kleinen Bissen zu verdauen als einen großen. Deshalb schneiden wir ja auch ein Schnitzel in mundgerechte Teile, bevor wir es essen. Übertragen auf das Projektmanagement bedeutet das: Es macht Sinn, ein großes Projekt in mehrere Zwischenschritte zu unterteilen. Im Gegensatz zum normalen Projektmanagement können die Zwischenschritte sich allerdings ständig verändern."

Erläutern Sie den Unterschied zwischen dem normalen Projektmanagement und dem agilen Projektmanagement.

INFORMATIONEN

Projekte in Unternehmen dienen der Umsetzung von komplizierten und komplexen Vorhaben, die nicht allein in einzelnen Fachbereichen und Abteilungen bewältigt werden könnten. Sie sind durch feste Anfangs- und Endtermine zeitlich begrenzt. Projektziele sind klar und messbar beschrieben (SMART) und werden üblicherweise fachbereichsübergreifend bearbeitet.

Projekte

- dienen der Abwicklung von komplizierten und komplexen Vorhaben,
- sind zeitlich durch Start- und Endtermine begrenzt,
- haben überprüfbare Zielvorgaben,
- machen die Bildung einer eigenen Organisationsform notwendig,
- zeichnen sich durch begrenzt verfügbare Ressourcen wie Geld, Zeit und Personal aus,
- werden fachbereichsübergreifend durchgeführt,
- sind einmalig.

Klassisches Projektmanagement: das „Wasserfall-Modell"

Das klassische Vorgehen in einem Projekt wird auch „Vorgehen nach dem Wasserfall-Modell" genannt. Dabei werden Projekte in verschiedene Projektphasen Schritt für Schritt durchgeführt. Die einzelnen Projektphasen werden dabei klar voneinander abgegrenzt. In der grafischen Darstellung dieser Projektphasen wird der „Wasserfall" erkennbar. Dabei wird deutlich, dass die einzelnen Phasen nacheinander abgearbeitet werden.

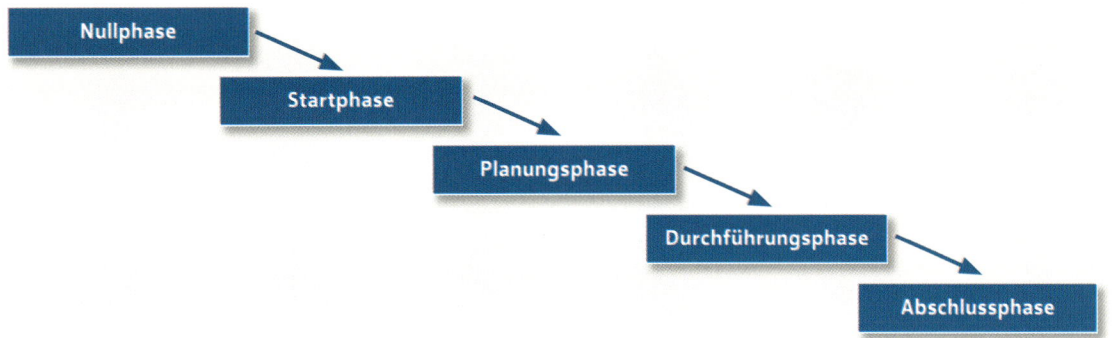

Vorteile des Wasserfall-Modells:

- hohe Planungsicherheit durch vorher festgelegten Projektablauf in definierten Phasen,
- Meilensteine und Phasenübergänge bieten sehr gute Möglichkeiten zur Projektsteuerung,
- hohe Verlässlichkeit, da der Umfang des Projekts sowie die Qualität der Projektergebnisse festgelegt sind.

Durch die geordnete Struktur und das klare Vorgehen im Wasserfall-Modell können äußerst umfangreiche Projekte klar und genau geplant sowie zuverlässig durchgeführt werden. Das Wasserfall-Modell eignet sich besonders für Projekte, die eine hohe Planungsicherheit benötigen. Kurzfristige Änderungen der Anforderungen und Prioritäten werden dabei nicht besonders berücksichtigt.

Aus den genannten Vorteilen des Wasserfall-Modells ergeben sich jedoch auch die größten Nachteile. Für Projekte, die ein hohes Maß an unvorhersehbaren Faktoren aufweisen, wie zum Beispiel sich häufig ändernde Kundenanforderungen und Prioritäten, ist das Wasserfall-Modell eher ungeeignet. Durch das starre, in der **Planungsphase** festgelegte Vorgehen zeigen sich Fehler in

der Umsetzung häufig erst am Ende des Projekts, wenn das Arbeitsergebnis geliefert wird. Die fehlerhaften Ergebnisse können zum Beispiel unzufriedene Kunden, eine verlängerte Projektlaufzeit und höhere Kosten sein.

Nachteile des Wasserfall-Modells:

- geringere Flexibilität durch festgelegtes und starres Vorgehen,
- häufig eher theoretisches Vorgehen, da sich Projektphasen und die darin durchgeführten Arbeiten nicht immer klar voneinander abgrenzen lassen oder strikt sequenziell bearbeitet werden können,
- das durch das Projekt bearbeitete Produkt (z. B. ein Softwareprogramm) wird erst zum Ende des Projekts eingeführt:
  - so werden Fehler erst spät erkannt und behoben,
  - der durch das Produkt erwartete Nutzen tritt erst spät ein.
- Durch die Schwierigkeit, alle Arbeitsschritte und -ergebnisse zu Beginn eines Projekts im Detail zu planen, besteht das Risiko, dass das fertige Produkt letztlich nicht den Anforderungen des Auftraggebers entspricht.

Wasserfall-Modell: Pro und Kontra

Pro Wasserfall-Modell	Kontra Wasserfall-Modell
hohe Planungssicherheit	weniger flexibel aufgrund des starren Vorgehens in Phasen
einfache Projektsteuerung und Fortschrittskontrolle	Fehler im Projekt werden ggf. spät erkannt.
besonders für umfangreiche Projekte ohne regelmäßige Änderungen der Anforderungen und Prioritäten geeignet	Nutzen des Produkts tritt erst sehr spät oder nach Projektabschluss ein.
	Produkt entspricht ggf. nicht den Anforderungen, da eine detaillierte Vorabplanung häufig schwierig ist.

BEISPIEL

Die Exclusiva GmbH hat ihre Anforderungen an eine Software zur Unterstützung des Rechnungswesens in einem Lastenheft beschrieben und den Auftrag zur Programmierung an die Firma softec vergeben. softec beschreibt die Umsetzung der Softwarelösung in einem Pflichtenheft und macht sich an die Arbeit. Die Projektlaufzeit beträgt sechs Monate. Nach Projektabschluss stellt man gemeinsam fest, dass sich die Anforderungen der Exclusiva GmbH in der Zwischenzeit verändert haben und die fertige Software den Anforderungen nun nicht mehr entspricht.

Agiles Projektmanagement

Um die Nachteile im Vorgehen nach dem klassischem Wasserfall-Modell abzumildern, wurden agile Vorgehensweisen im Projektmanagement entwickelt, die zum einen eine höhere Flexibilität sicherstellen, zum anderen die Planungssicherheit, vorrangig bezüglich Zeit und Kosten, weiterhin sicherstellen.

Das agile Vorgehen im Projekt unterscheidet sich dabei vom klassischen Wasserfall-Modell. Beim Wasserfall-Modell werden die Anforderungen an das durch das Projekt zu liefernde Produkt bereits in der Planungsphase definiert, der Projektumfang wird festgelegt und das Produkt wird zum Projektabschluss geliefert. Dagegen werden beim agilen Projektmanagement Anforderungen dauerhaft in schnellen Iterationen (Iteration = Prozess mehrfacher Wiederholungen) erfasst und priorisiert. Der Projektumfang ist im Gegensatz zu den Faktoren Zeit und Geld flexibel und das Produkt wird bereits im Laufe des Projekts in Teilprodukten bereitgestellt.

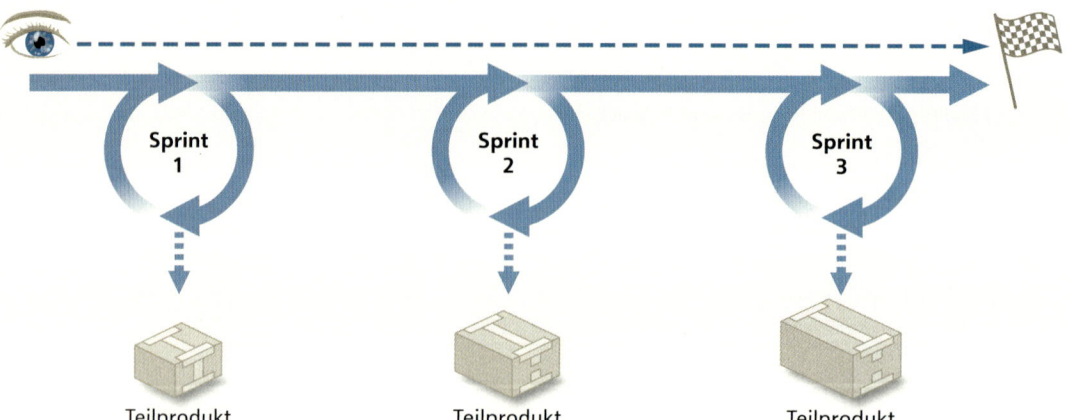

Sprint 1	Sprint 2	Sprint 3
Teilprodukt	Teilprodukt	Teilprodukt

Es werden verschiedene agile Vorgehensweisen unterschieden, die sich in das jeweilige Projektmanagement einbetten lassen. Ein in der Praxis erfolgreiches agiles Vorgehensmodell ist Scrum. Dies wurde ursprünglich in der Softwaretechnik entwickelt.

Im Gegensatz zum klassischen Vorgehen nach dem Wasserfall-Modell wird beim agilen Projektmanagement nicht nach einem langfristigen Plan vorgegangen. Innerhalb kurzer, sich wiederholender Entwicklungs- und Bearbeitungsschritte – sogenannten **Sprints** – werden Anforderungen erfasst, detailliert und priorisiert und fertiggestellte Teilprodukte getestet. Bei erfolgreichem Test werden diese an den Auftraggeber ausgeliefert und somit abgeschlossen. Sprints dauern in der Regel zwischen ein bis vier Wochen.

Vorteile des agilen Projektmanagements:

- Veränderte Anforderungen werden schnell erkannt und es kann entsprechend zügig reagiert werden.
- Anforderungen werden gemeinsam zwischen Auftraggeber und Auftragnehmer detailliert besprochen und somit besser verstanden.
- Regelmäßiges Priorisieren der Anforderungen stellt sicher, dass die wichtigsten Anforderungen zuerst geliefert werden.
- Regelmäßiges Liefern von Teilprodukten bzw. Teilergebnissen stellt sicher, dass das Produkt schneller (wenn auch nicht im vollen Umfang) genutzt werden kann.
- Neue Anforderungen, die sich aus der Nutzung des Teilprodukts ergeben, werden aufgenommen.

Nachteile des agilen Projektmanagements:

- Zu Projektbeginn ist noch nicht absehbar, wie das fertige Produkt aussehen wird.
- Agile Projekte haben nicht immer einen festen Endzeitpunkt.

- Agile Projekte neigen dazu, dass immer mehr Anforderungen aufgenommen werden und somit die Projektlaufzeit verlängert wird.

Ein Sprint im Detail

Ein Sprint setzt sich üblicherweise aus verschiedenen Arbeitsschritten zusammen.

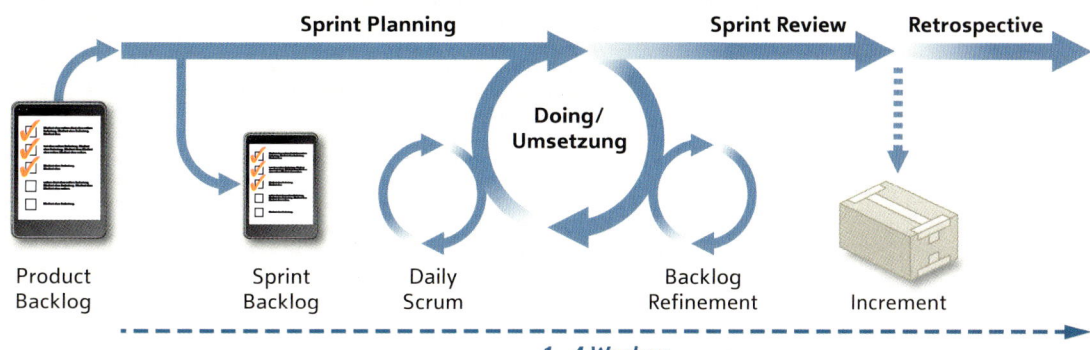

Arbeitsschritt	Erläuterung
Sprint Planning	Im „Sprint Planning"-Meeting wird entschieden, welche Anforderungen im kommenden Sprint umgesetzt werden sollen. Die Anforderungen werden dem „Product Backlog", einer priorisierten Liste aller Projektanforderungen, entnommen. Die gewählten Anforderungen bilden das „Sprint Backlog".
Doing/Umsetzung	Im „Doing" oder „der Umsetzung" werden die Anforderungen des „Sprint Backlogs" umgesetzt.
Backlog Refinement	Im „Backlog Refinement"-Meeting werden Anforderungen gemeinsam mit dem Kunden detailliert und priorisiert, um sie in einem kommenden Sprint bearbeiten zu können.
Daily Scrum	Im „Daily Scrum"-Meeting bespricht das Projektteam/Entwicklerteam regelmäßig, z. B. täglich, aktuelle Fortschritte, Herausforderungen oder neue Erkenntnisse wie etwa Risiken.
Sprint Review	Im „Sprint Review"-Meeting präsentiert das Projektteam/Entwicklerteam das Ergebnis der Arbeit des aktuellen Sprints.
Inkrement	Entspricht das Arbeitsergebnis des aktuellen Sprints den Anforderungen, wird es als Teilprodukt („Inkrement") geliefert.
Retrospective	Im „Retrospective" – der Retroperspektive = Rückblick – bespricht das Projektteam/Entwicklerteam den zu Ende gegangenen Sprint. Dabei wird identifiziert, was gut gelaufen ist und gefördert wird. Alles, was schlecht gelaufen ist, wird verbessert. Im Anschluss an die Retroperspektive beginnt der nächste Sprint mit dem „Sprint Planning"-Meeting.

Beteiligte an einem agilen Projekt

Die Rollen und Aufgaben der Beteiligten an einem agilen Projekt (am Beispiel SCRUM) sind mit denen im klassischen Projektmanagement vergleichbar. Die zu verantwortenden Aufgaben ergänzen sich jedoch um die Tätigkeiten, die das agile Projektmanagement sicherstellen.

Rolle im agilen Projektmanagement	Aufgabe	Vergleichbare Rolle im klassischen Projektmanagement
Scrum Master	Der Scrum Master sorgt dafür, dass agile Prozesse korrekt eingehalten werden.	Projectcoach und/oder Projektleitung
Product Owner	Der Product Owner vertritt die fachliche Sicht, entscheidet über die Prioritäten im Product Backlog und stellt Anforderungen in Hinblick auf Funktionalitäten und Benutzbarkeit.	Projektauftraggeber
Team	Das Team sorgt für die Umsetzung der Anforderungen in Produktfunktionalitäten.	Projektmitarbeiter im Projektteam

Beschreiben der Projektanforderungen mit „User Stories"

Die Anforderungen an ein Projekt ergeben sich im agilen Projektmanagement aus den „User Stories". Der Zweck von „User Stories" ist es, ein gemeinsames Verständnis zwischen Auftraggeber und Auftragnehmer über die Anforderungen und Bedürfnisse des Auftraggebers herzustellen. Dabei wird nicht nur die erwartete Funktionalität beschrieben (z. B. ein Kontaktformular auf einer Internetseite), sondern die erwartete Handlung, die der Nutzer der Funktionalität mit einem Kontaktformular ausführen wird. Der Fokus liegt also auf dem Nutzen einer Funktionalität für den Kunden statt auf der technischen Beschreibung einer Funktionalität allein.

„User Stories" werden dabei üblicherweise mit der Rolle des Nutzers, der erwarteten Funktionalität und dem gewünschten Nutzen beschrieben.

Muster einer „User Story": „Als <Rolle> möchte ich <Funktionalität> um <Nutzen>."

BEISPIEL

User Story	Klassische Anforderung
Als Besucher der Webseite der Exclusiva GmbH möchte ich über ein Formular meinen Namen, meine E-Mail-Adresse und meine Telefonnummer angeben können, um mit der Exclusiva in Kontakt zu treten.	Die Webseite muss ein HTML-Kontaktformular enthalten.

Auf den ersten Blick erscheint die Beschreibung von Anforderungen mittels „User Stories" aufwendiger. Sie stellt jedoch sicher, dass Kundenanforderungen klarer beschrieben und somit besser vom Projektteam/Entwicklerteam verstanden werden können.

Die Gesamtheit aller „User Stories" bildet das „Product Backlog".

User Stories   Product Backlog

Vorteile des Product Backlogs gegenüber dem klassischen Pflichtenheft

Das Pflichtenheft legt dar, wie die vom Auftraggeber gestellten Anforderungen erfüllt und realisiert werden müssen. Im agilen Projektmanagement ist das Product Backlog, das die Gesamtheit aller User Stories umfasst, am ehesten mit dem Pflichtenheft vergleichbar. Es bietet im Vergleich jedoch entscheidende Vorteile.

Product Backlog	Pflichtenheft
umfasst die Gesamtheit aller User Stories	umfasst die Anforderungen des Kunden und eine Beschreibung, wie diese umgesetzt werden sollen
ist nach Wichtigkeit priorisiert	ist üblicherweise nicht priorisiert
Inhalte werden regelmäßig in jedem Sprint detailliert und ggf. umpriorisiert.	wird zu Projektbeginn angefertigt und bleibt dann über die Laufzeit des Projekts unverändert

Priorisieren von Anforderungen

Das Priorisieren von Anforderungen ist ein wichtiger Teil des agilen Projektmanagements. Das regelmäßige Priorisieren stellt sicher, dass die wichtigsten Anforderungen zuerst und weniger wichtige Anforderungen im Anschluss umgesetzt werden können.

Es gibt verschiedene Techniken zur Priorisierung von Anforderungen. Zwei Techniken, die jeweils einen anderen Anwendungsbereich haben, werden hier vorgestellt.

Priorisierungstechnik	Anwendung
MoSCoW-Methode	eignet sich besonders gut, wenn grundlegende Ziele und Anforderungen über einen längeren Zeitraum priorisiert werden müssen
Sortieren (1, 2, 3, …)	eignet sich besonders gut für Priorisierungen auf Detailebene, zum Beispiel für die Priorisierung verschiedener technischer Arbeitsschritte ohne Abhängigkeiten untereinander

Im agilen Projektmanagement werden Anforderungen regelmäßig bei jedem Sprint in den „Backlog Refinement" Meetings vom Kunden priorisiert.

M = **M**ust have (MUSS-Anforderung)

o

S = **S**hould have (SOLLTE-Anforderung)

C = **C**ould have (KÖNNTE-Anforderung)

o

W = **W**on't have now (NICHT JETZT-Anforderung)

Die MoSCoW-Methode

Die MoSCoW-Methode unterteilt Anforderungen in vier Gruppen mit jeweils unterschiedlicher Wichtigkeit.

Priorität	Erläuterung
M = Must have	„Must have" oder MUSS-Anforderungen beschreiben Mindestanforderungen, die essenziell für das Projekt bzw. das zu liefernde Produkt sind. Das Produkt und auch das Projekt werden nicht abgenommen, solange nicht alle MUSS-Anforderungen erfüllt sind. Als Faustformel sollten nicht mehr als 60 % aller Forderungen MUSS-Anforderungen sein.
S = Should have	„Should have" oder SOLLTE-Anforderungen haben eine hohe Relevanz für den Kunden sowie für den Erfolg des Projekts bzw. Produkts. Diese sind allerdings keine erfolgskritischen Mindestanforderungen.

Priorität	Erläuterung
C = Could have	„Could have" oder KÖNNTE-Anforderungen haben eine geringere Relevanz. Sie werden erst berücksichtigt, wenn alle MUSS- und SOLLTE-Anforderungen umgesetzt wurden. „Could have"-Anforderungen werden auch gerne als „Nice-to-have"-Anforderungen bezeichnet.
W = Won't have now	„Won't have now" oder NICHT JETZT-Anforderungen sind die Anforderungen mit der niedrigsten Priorität. Sie sind zwar fachlich oder technisch wichtig, jedoch zeitlich nicht kritisch. Die Umsetzung kann daher verschoben werden.

BEISPIEL

Ein Kugelschreiber mit Verschlusskappe und Firmenlogo soll produziert werden.

User Story	Priorität	Erläuterung
Als Nutzer des Kugelschreibers erwarte ich, dass der Kugelschreiber eine Mine enthält, damit ich schreiben kann.	M = Must have	Ohne Mine kann der Kugelschreiber nicht schreiben und wäre nutzlos.
Als Nutzer des Kugelschreibers erwarte ich, dass der Kugelschreiber einen Griff hat, der die Mine umschließt, damit ich ihn greifen kann, ohne farbverschmierte Finger zu bekommen.	S = Should have	Einen Griff sollte der Kugelschreiber haben, damit man sich beim Schreiben die Finger nicht schmutzig macht. Theoretisch wäre die Mine zum Schreiben allein jedoch ausreichend.
Als Nutzer des Kugelschreibers erwarte ich, dass dieser eine Verschlusskappe hat, damit der Kugelschreiber nicht austrocknet.	C = Could have	Eine Kappe für den Kugelschreiber wäre sicherlich praktisch, damit er nicht austrocknet. Jedoch wäre der Kugelschreiber auch ohne Kappe voll funktionsfähig.
Als Nutzer des Kugelschreibers erwarte ich, dass auf den Kugelschreiber ein Logo der Exclusiva GmbH gedruckt ist, damit ich erkennen kann, dass ich den Kugelschreiber von der Exclusiva GmbH erhalten habe.	W = Won't have now	Ein auf den Kugelschreiber gedrucktes Logo ist unabhängig von allen anderen Anforderungen. Das Logo kann beliebig später nachgedruckt werden.

Nachteil der MoSCoW- Methode: Es kann dazu kommen, dass zu viele Anforderungen als MUSS-Anforderungen eingeteilt werden.

Priorisierung durch Sortieren

Die Priorisierung durch Sortieren unterscheidet nicht nach MUSS-, SOLLTE- oder KÖNNTE-Anforderungen, sondern priorisiert Anforderungen als Liste von 1 bis n.

BEISPIEL

Priorität	Anforderung
1	Anforderung 1
2	Anforderung 2
...	...
n	Anforderung n

Bei dieser Art der Priorisierung hat die Anforderung an Position 1 die höchste Priorität. Die folgenden Anforderungen sind demnach von geringerer Wichtigkeit.

Die Priorisierung durch Sortieren hat den Vorteil, dass es nicht zu einer Inflation von MUSS-Anforderungen kommen kann. Dem priorisierenden Auftraggeber fällt es jedoch häufig schwer, eine klare Unterscheidung in der Wichtigkeit seiner verschiedenen, einzelnen Anforderungen zu formulieren. Daher eignet sich die Priorisierung durch Sortieren eher für das Priorisieren einzelner Detailanforderungen.

AUFGABEN

1. Beschreiben Sie das Vorgehen in einem Projekt nach dem Wasserfall-Modell.

2. Nennen Sie Vorteile des Wasserfall-Modells.

3. Nennen Sie Nachteile des Wasserfall-Modells.

4. Erläutern Sie, zu welchem Zeitpunkt im agilen Projektmanagement Anforderungen des Auftraggebers erfasst und priorisiert werden.

5. Wie werden die sich wiederholenden Entwicklungs- und Bearbeitungsschritte im agilen Projektmanagement genannt?

6. Nennen Sie die Vorteile des agilen Projektmanagements.

7. Nennen Sie die Nachteile des agilen Projektmanagements.

8. Nennen Sie die wichtigsten Arbeitsschritte in einem agilen Projekt.

9. Nennen Sie die Beteiligten an einem agilen Projekt und beschreiben Sie ihre Aufgaben.

10. Erklären Sie den Unterschied zwischen User Stories und klassischen Anforderungen.

11. Nennen Sie, woraus sich das Product Backlog zusammensetzt.

12. Nennen Sie die Vorteile eines Product Backlogs.

13. Nennen Sie zwei unterschiedliche Methoden zur Priorisierung von Anforderungen.

14. Erläutern Sie die Prioritäten der MoSCoW-Methode.

ZUSAMMENFASSUNG

Normales Projektmanagement

- Wasserfall-Modell
- Definition des Projektergebnisses und -umfangs in der Planungsphase
- Lieferung des Projektergebnisses beim Projektabschluss

- mehr Flexibilität
- höhere Kundenzufriedenheit
- schnelle Bereitstellung von Lieferergebnissen

Agiles Projektmanagement

- Anforderungen werden während des Projekts mehrfach erfasst und priorisiert.
- Projektumfang ist flexibel.
- Projektergebnis wird in Teilergebnissen geliefert.

Sachwortverzeichnis

Bildquellenverzeichnis

2.0Promotion GbR, Leipzig: 136.1

action press - die bildstelle, Hamburg: REX FEATURES LTD. 401.1

Alamy Stock Photo (RMB), Abingdon/Oxfordshire: Roxby, Kay 32.1

Arvato Systems GmbH, Gütersloh: 27.1

Bergmoser + Höller Verlag AG, Aachen: Zahlenbilder 281.1, 337.1

billiton internet services GmbH, Siegen: 79.2, 79.5

Bitkom e.V, Berlin: 36.4. |Campus Verlag GmbH, Frankfurt/Main: 87.1

Dipl. Betriebswirt (FH) Montag, Torsten - Gründerlexikon, Dingelstädt: 183.2

DIVSI – Deutsches Institut für Vertrauen und Sicherheit im Internet, Hamburg: Brucerius Law School -Hochschule für Rechts-wissenschaft gGmbH 198.1

dreamstime.com, Brentwood: Ethnica 408.1, 408.2

EHI Retail Institute GmbH, Köln: 18.3, 210.2, 225.1

fotolia.com, New York: Apart Foto 107.1; asaflow 394.1; azeller 115.3; Christian Jung 79.3; cirquedesprit 147.5; Dan Race 321.2; fotomek 75.1, 257.1; Herrndorff, M. 309.1; jasoncphoto 109.2; Marco2811 19.1; Oxlock 147.2; PR Image Factory 44.2; tunedin 215.1; White, Alex 147.1, 147.3; zapp2photo 45.1

Getty Images, München: Coneyl Jay 46.2

Google Germany GmbH, Hamburg: Suche vom 20.12.2021 239.1

Görmann, Felix, Berlin: 119.1, 126.1, 285.1, 294.1, 351.1, 381.1

Görmann, Felix (RV), Berlin: 338.1, 356.1, 359.1, 360.1, 395.1

Handelsverband Deutschland - HDE - e. V., Berlin: 7.2, 8.1, 8.3, 53.2; HDE-Onlinemonitor 2017; Ergebnisse einer IFH-Befragung von 1.500 Konsumenten im März 2017 8.2

Hild, Claudia, Angelburg: 44.1, 86.1, 93.1, 94.1, 101.1, 101.3, 101.4, 101.5, 101.6, 101.7, 101.8, 101.9, 101.10, 101.11, 104.1, 105.1, 106.1, 108.1, 133.1, 134.1, 135.1, 148.1, 148.2, 177.1, 177.2, 273.1, 299.1, 299.2, 302.1, 316.1, 346.1, 349.1, 349.2, 349.3, 349.4, 371.1, 371.2, 386.1, 386.2, 387.1, 387.2, 393.1, 400.1, 458.1, 459.1, 460.1

iStockphoto.com, Calgary: Issaurinko 188.2; Mnich, Marek 79.4

Jecht, Birk, Hildesheim: 84.1, 84.2, 149.1, 149.2, 150.1, 150.2, 151.1, 151.2, 152.1, 152.2, 153.1, 153.2, 154.1, 154.2, 186.1, 187.1, 187.2, 188.1, 233.1

Jecht, Hans, Hildesheim: 169.1, 170.1, 171.1, 171.2, 172.1, 172.2, 172.3, 425.1

Katholnigg, Johannes, Mainz: 244.1

Microsoft Deutschland GmbH, München: 131.1, 157.1, 157.2, 157.3, 158.1, 158.2, 158.3, 159.1, 159.2, 159.3, 159.4, 159.5, 159.6, 159.7, 160.1, 160.2, 160.3, 160.4, 160.5, 160.6, 161.1, 161.2, 162.1, 162.2, 162.3, 163.1, 164.1, 424.1, 437.1, 437.2, 438.1, 438.2, 438.3, 439.1, 439.2, 439.3, 440.1, 440.2, 441.1, 447.1. |Peter M. Hoffmann, Leipzig: 35.1, 35.2, 35.3

Picture-Alliance GmbH, Frankfurt a.M.: Cau, Abaca Antoine 34.1; Charisius, Christian 38.2; dpa-infografik 20.1, 22.1, 23.1, 295.1, 295.2, 300.1, 301.1, 306.1, 309.2, 310.1, 311.1, 312.1, 313.1, 313.2, 314.1, 317.1, 317.2, 318.1, 319.1, 327.1, 327.2, 328.1, 329.1, 330.1, 344.1, 344.2, 345.1, 345.2, 355.1, 361.1, 374.1, 375.1, 376.1; dpa-infografik GmbH 16.2, 17.1; dpa/Koch 315.1; Hitij, Maja 39.1; Joel, Philippon 37.1; Martin Guhl 352.1; Multhaup, Oliver 38.1; Schuler, Alexandra 33.2; Weigel, Armin 32.2

plainpicture, Hamburg: A. Koschate 348.1

PricewaterhouseCoopers GmbH Wirtschaftsprüfungsgesellschaft (PwC Deutschland), Düsseldorf: 30.1

Shutterstock.com, New York: igorlale 128.1, 128.2, 128.3, 128.4, 128.5, 128.6, 128.7, 128.8, 128.9, 128.10, 128.11, 128.12, 128.13, 128.14, 128.15, 128.16, 128.17, 128.18, 128.19, 128.20, 128.21, 128.22, 128.23, 128.24, 128.25, 128.26, 128.27, 128.28, 128.29; MONOPOLY919 33.1

sozialpolitik-aktuell.de - Uni Duisburg-Essen, Duisburg: 324.1

stock.adobe.com, Dublin: 3D Sparrow 257.3; aa_amie 80.1, 278.1; ake1150 31.1; alexlmx 115.2; andyller 268.1; anyaberkut 205.1; AON 43.2; auremar 251.1; Aurielaki 14.1; Bacho Foto 436.1; bagiuiani 53.1; beebright 45.2; besjunior 111.1; Bildgigant 326.1; bismillah_bd 227.3; Bokeh Art Photo 115.1; Bowden, Alison 456.1; cacaroot 389.2; chika_milan Titel, 196.1; Coprid 113.1; creativeteam 305.1; Daxenbichler, Patrick 47.1; designer491 49.1; Destina 112.1; Dietl, Jeanette 7.1; Ernst, Daniel 77.1; Es sarawuth 38.3; fotogestoeber 390.1; fotomek 259.1, 389.1; grigvovan 368.1; Gstudio Group 398.1; Gudrun 101.2; hafakot 51.1; Heart Vector 147.4; Heggie 19.3; Hor 168.2; i3alda 219.1, 219.2, 227.1, 232.1, 232.2; Ignatov, Pavel 118.1; iQoncept 278.2, 289.1; ivanko80 272.1; JackF 17.2; jackfrog 62.1; jd-photodesign 249.1; Jedi_Academi 227.2; Jemastock 246.1, 246.2, 246.3, 246.4, 246.5, 246.6, 248.1, 248.2, 248.3, 248.4, 248.5, 248.6, 253.1; Jirsák, Jakub 216.1; kebox 36.3; kentoh 195.1; Kneschke, Robert 36.2, 42.1; koya979 370.1; Kruk, Ivan 197.1; Losevsky, Pavel 18.1; lucadp 36.1; maciek905 64.2; macrovector 141.1; makaule 174.3; Marco2811 19.2; meryll 434.1; metamorworks 89.1; Milert, Roman 140.1, 140.2; Miles, Stuart 257.4; mjaud 142.2; momius 80.2, 82.1; Montri 41.1;

nanuvision 397.1; Nelos 88.1; patpitchaya 382.1; Petrov, Michail 398.2; Pfluegl, Franz 298.1; phonlamaiphoto 16.1; photographicss 43.1; pictworks 343.1; pixs4u 34.2; Popov, Andrey 62.2; R-DESIGN 141.4; Rawpixel.com 60.1, 83.1; ribkhan 109.1; RomainQuéré 141.5; Ronald 141.2; Rosenthal, Mathias 64.1; rrice 65.1; Sbytova, Maria 31.2; semisatch 155.2; Senoldo 168.1; sergray 210.1; singkham 166.1; spainter_vfx 54.1; Stanislau_V 75.2; Stifter, Michael 247.1; Stockfotos-MG 321.1; tatajantra 142.1; thodonal 90.1; Tierney 174.2; Trueffelpix 155.1; ttanothai 176.1; Ugorenkov, Aleksandr 141.3; Vasilius 174.1; vectorfusionart 212.1; WavebreakMediaMicro 79.1; weedezign 10.1; wladimir1804 61.1; Yemelyanov. Maksym 257.2; yong hong 18.2

TM Börsenverlag AG, Rosenheim: boerse.de Finanzportal AG 217.1

Umweltbundesamt, Dessau-Roßlau: 331.1, 332.1

Zagel, Prof. Dr. Christian, Coburg: Zagel, Dr. Christian; Malcher, Lukas 46.1; Zagel, Dr. Christian; Süßmuth, Dr. Jochen 46.3

Zalando SE, Berlin: 239.2, 239.3, 240.1, 240.2, 241.1

Zeitfracht GmbH, Stuttgart: 183.1